Grundkurs des Steuerrechts
Band 4
Umsatzsteuer

Grundkurs des Steuerrechts

Band 4

Umsatzsteuer

von

Dieter Völkel

Professor an der Hochschule
für öffentliche Verwaltung und Finanzen Ludwigsburg

Helmut Karg

Professor an der Hochschule
für öffentliche Verwaltung und Finanzen Ludwigsburg

20., neu bearbeitete Auflage

2009 SCHÄFFER-POESCHEL VERLAG STUTTGART

Bearbeiterübersicht
Karg: A–N; Y
Völkel: G; O–Z; Zeittafel

Bibliografische Information der Deutschen Bibliothek
Die Deutsche Bibliothek verzeichnet diese Publikation
in der Deutschen Nationalbibliografie; detaillierte bibliografische Daten sind im Internet über <http://dnb.d-nb.de>
abrufbar.

ISBN: 978-3-7910-2843-9

© 2009 Schäffer-Poeschel Verlag
für Wirtschaft · Steuern · Recht GmbH
www.schaeffer-poeschel.de
info@schaeffer-poeschel.de

Typographie: Hans Peter Willberg und Ursula Steinhoff
Satz: primustype Hurler GmbH, Notzingen
Druck und Bindung: Kösel, Krugzell · www.koeselbuch.de
Gedruckt auf säure- und chlorfreiem alterungsbeständigem
Papier

Printed in Germany
April / 2009
Schäffer-Poeschel Verlag Stuttgart
Ein Tochterunternehmen der Verlagsgruppe Handelsblatt

Vorwort zur 20. Auflage

Der vorliegende Band gibt eine systematische Einführung in das USt-Recht. Anhand von typischen Fällen kann sich der Leser gründlich mit den wesentlichen Vorschriften des Umsatzsteuergesetzes vertraut machen. Er soll nach dem Studium dieses Buches zumindest die wichtigsten und in der Praxis am häufigsten vorkommenden Fälle sicher lösen können. Als Hilfe hierzu wurden im Unterricht erprobte Prüfungsschemata in Form von Ablaufdiagrammen entwickelt.

Nach der Darstellung eines bestimmten Wissensstoffes werden Lernzielkontrollen in Form von Fällen angeboten. Zur Kontrolle der dabei gefundenen Lösungen befindet sich am Ende des Buches ein ausführlicher Lösungsteil.

Das Lehrbuch ist so abgefasst worden, dass es aus sich heraus verständlich ist. Für denjenigen jedoch, der sein Wissen vertiefen will, dienen die umfangreichen Richtlinienzitate dem schnellen Auffinden weitergehender Erläuterungen.

Das Lehrbuch ist auf dem Stand der Gesetzgebung, Rechtsprechung und Verwaltungsregelungen bis 31.01.2009.

Soweit die Arbeit mit dem Lehrbuch im Unterricht neue Erkenntnisse für eine verbesserte Darstellung gebracht haben, wurde dies berücksichtigt. In diesem Zusammenhang möchten wir uns wieder bei allen Studenten, Kollegen und Lesern bedanken, die uns hierfür Anregungen gegeben haben.

Bei der Auswahl der behandelten Stoffgebiete wurde auch dem Bedürfnis derjenigen Rechnung getragen, die sich auf die Bilanzbuchhalterprüfung und Fachgehilfenprüfung für steuerberatende Berufe vorbereiten wollen.

Wir wünschen dem Leser beim Studium viel Erfolg und sind für Anregungen und Kritik weiterhin sehr dankbar.

Ludwigsburg, im Februar 2009   Dieter Völkel und Helmut Karg

Inhaltsverzeichnis

Teil A Einführung

Teil B Allgemeiner Überblick über das Umsatzsteuergesetz

Teil C Umsatzart Lieferungen und sonstige Leistungen
gemäß § 1 Abs. 1 Nr. 1 UStG

Teil D Inland, Gemeinschaftsgebiet, Drittlandsgebiet

Teil M Bemessungsgrundlage bei der Umsatzart Lieferungen und sonstige Leistungen

Teil N Steuersätze

Teil O Sonderfälle zu den Lieferungen und sonstigen Leistungen

Teil P Unternehmer, Unternehmen

Teil Q Unentgeltliche Leistungsabgaben

Teil R Innergemeinschaftlicher Erwerb

Teil S Steuerschuldnerschaft des Leistungsempfängers (Umkehr der Steuerschuldnerschaft nach § 13b UStG)

Teil T Prüfungsschema zur Feststellung der Umsatzsteuer bei Einzelsachverhalten

Teil U Vorsteuer (Eingangsumsatzsteuer)

Abkürzungsverzeichnis

A	Abschnitt
aaO	am angegebenen Ort
AblEG	Amtsblatt der Europäischen Wirtschaftsgemeinschaft
Abn.	Abnehmer
Abs.	Absatz
Abschn.	Abschnitt
AfA	Absetzung/en für Abnutzung
AN	Arbeitnehmer
AO	Abgabenordnung
Art.	Artikel
Az.	Aktenzeichen
betr.	betreffend
BewG	Bewertungsgesetz
BfF	Bundesamt für Finanzen
BFH	Bundesfinanzhof
BFHE	Sammlung der Entscheidungen und Gutachten des Bundesfinanzhofs
BFH/NV	Sammlung amtlich nicht veröffentlichter Entscheidungen des Bundesfinanzhofes
BGB	Bürgerliches Gesetzbuch
BGBl	Bundesgesetzblatt
BMF	Bundesminister der Finanzen
BStBl	Bundessteuerblatt
Buchst.	Buchstabe
BZSt	Bundeszentralamt für Steuern
bzw.	beziehungsweise
DB	Deutsche Bahn AG
DBP	Deutsche Bundespost
d. h.	das heißt
EG	Europäische Gemeinschaft
EG-RL	EG-Richtlinie zur Harmonisierung der Umsatzsteuer
ErwUSt	Erwerbsumsatzsteuer
ESt	Einkommensteuer
EStG	Einkommensteuergesetz
EU	Europäische Union
EuGH	Europäischer Gerichtshof
EUSt	Einfuhrumsatzsteuer
EWG	Europäische Wirtschaftsgemeinschaft
f., ff.	folgende, fortfolgende
Fa.	Firma
GbR	Gesellschaft des bürgerlichen Rechts
gem.	gemäß
ggf.	gegebenenfalls
GmbH	Gesellschaft mit beschränkter Haftung
GrEStG	Grunderwerbsteuergesetz
HGB	Handelsgesetzbuch
HS	Halbsatz
i. d. R.	in der Regel
i. H. v.	in Höhe von
i. R.	im Rahmen
i. S. d.	im Sinne der/des

i. S. v.	im Sinne von
i. V.	in Verbindung
i. V. m.	in Verbindung mit
Id-Nr.	Identifikations-Nummer
JStG	Jahressteuergesetz
KG	Kommanditgesellschaft
KJ	Kalenderjahr
LE	Leistungsempfänger
LG	Leistungsgeber
LSt	Lohnsteuer
LStR	Lohnsteuer-Richtlinien
lt.	laut
Mio	Million
MwStSystRL	Mehrwertsteuersystemrichtlinie
Nr.	Nummer
o. Ä.	oder Ähnliches
OFD	Oberfinanzdirektion
OHG	Offene Handelsgesellschaft
Rz	Randziffer
S.	Seite
sog.	so genannte/n/r/s
StADV	Steueranmeldungs-Datenträger-Verordnung
stpfl.	steuerpflichtig
Tz.	Textziffer
UR	Umsatzsteuer-Rundschau
USt	Umsatzsteuer
UStBG	Umsatzsteuerbinnenmarktgesetz
UStDV	Umsatzsteuer-Durchführungsverordnung
UStG	Umsatzsteuergesetz
USt-Id-Nr.	Umsatzsteueridentifikationsnummer
UStR	Umsatzsteuer-Richtlinien
UStRE	Umsatzsteuer-Richtlinien (Entwurf)
Vfg.	Verfügung
vgl.	vergleiche
VJ	Vierteljahr
VStA	Vorsteuerabzug
VZ	Voranmeldungszeitraum
WG	Wirtschaftsgut
z. B.	zum Beispiel
ZM	Zusammenfassende Meldung
zuzügl.	zuzüglich

Teil A Einführung

1 Bedeutung der Umsatzsteuer

Die USt ist neben der Einkommensteuer (inklusive Lohnsteuer) die wichtigste Einnahmequelle von Bund und Ländern. Infolge der Erhöhung des Regelsteuersatzes von 16 auf 19 % zum 01.01.2007 trägt die USt am meisten zum Steueraufkommen von Bund und Ländern bei. Sie löst damit ab 01.01.2007 die Einkommensteuer (inklusive Lohnsteuer und Kapitalertragsteuer) als ertragsstärkste Steuer ab. Wie sich das Steueraufkommen bisher darstellte, geht aus folgender Übersicht hervor:

Steueraufkommen in Milliarden			
Steueraufkommen insgesamt	**2006** 488,444	**2007** 538,243	**2008** 403,256
Davon u. a.			
• Lohnsteuer	122,612	131,773	141,895
• veranlagte ESt	17,566	25,027	32,684
• Körperschaftsteuer	22,898	22,929	15,868
• **Umsatzsteuer**	**146,688**	**169,636**	**175,989**

Neben der aufgezeigten finanzpolitischen Bedeutung dient die USt auch wirtschaftspolitischen und sozialpolitischen Zwecken, z. B. durch Subventionen der Land- und Forstwirtschaft, durch unterschiedliche Steuersätze (ermäßigter Steuersatz für den lebensnotwendigen Bedarf), durch Steuerbefreiungen (Wohnungsvermietung, ärztliche Leistungen).

Das Aufkommen an der USt fließt Bund und Ländern **gemeinsam** zu. Außerdem erhalten auch die Gemeinden seit dem 01.01.1998 einen Anteil an dem Aufkommen der USt (Art. 106 Abs. 5a GG). Die USt gehört somit zur Gruppe der Gemeinschaftssteuern nach Art. 106 GG. Am USt-Aufkommen sind Bund, Länder und Gemeinden mit einem durch einfaches Gesetz veränderbaren Schlüssel beteiligt. Wie sich das Aufkommen verteilt, regelt das Finanzausgleichsgesetz. Durchschnittlich erhalten die Länder ca. 48 % und der Bund ca. 52 % des Umsatzsteueraufkommens.

Die genaue Berechnung erfolgt in einem komplizierten Verfahren nach dem Finanzausgleichsgesetz, das zugleich den Länderfinanzausgleich regelt.

2 Umsatzsteuer in der Europäischen Union

Die USt ist die erste und bisher einzige **einheitliche Steuer** innerhalb der Europäischen Gemeinschaft. Mit geringfügigen Abweichungen sind die Besteuerungsgrundlagen für die USt in allen EU-Länder einheitlich gestaltet. Unterschiedlich sind im Übrigen derzeit lediglich noch die Steuersätze. Auch hier wird durch eine EU-Richtlinie eine Harmonisierung angestrebt. Die EU-Länder haben sich geeinigt, dass der Regelsteuersatz in allen EU-Ländern bei mindestens 15 % liegen soll.

Welche unterschiedlichen Steuersätze innerhalb der EU gelten, soll die nachfolgende Übersicht (Stand Januar 2009) zeigen:

Staaten	Normalsatz	ermäßigte Sätze
Belgien	21	6; 12
Bulgarien	20	7
Dänemark	25	–
Deutschland	19	7
Estland	18	5
Finnland	22	8; 17
Frankreich	19,6	2,1; 5,5
Griechenland	19	4,5; 9
Irland	21,5	4,8; 13,5
Italien	20	4; 10
Luxemburg	15	3; 6; 12
Lettland	21	10
Litauen	19	5; 9
Malta	18	5
Niederlande	19	6
Österreich	20	10; 12
Polen	22	3; 7
Portugal	20	5; 12
Rumänien	19	9
Schweden	25	6; 12
Slowakische Republik	19	10
Slowenien	20	8,5
Spanien	16	4; 7
Tschechien	19	9
Ungarn	20	5
Vereinigtes Königreich	15	5
Zypern	15	5; 8

Die Umsatzsteuer wird in den einzelnen Mitgliedstaaten wie folgt bezeichnet:

Staaten	Bezeichnung der Umsatzsteuer
Belgien	taxe sur la valeur ajoutée (TVA) oder belasting over de toegevoegde waarde (BTW)
Bulgarien	Dank dobaweha stoinost (DDS)
Dänemark	omsaetningsavgift (MOMS)
Deutschland	Umsatzsteuer
Estland	Käibemaks
Finnland	arvonlisävero (AVL) oder mervärdesskatt (ML)
Frankreich	taxe sur la valeur ajoutée (TVA)
Griechenland	foros prostithemenis axias (FPA)
Irland	value added tax (VAT)
Italien	imposta sul valore aggiunto (IVA)
Lettland	Pievienotas vertibas nodoklis
Litauen	Pridetines vertes mokestis
Luxemburg	taxe sur la valeur ajoutée (TVA)
Malta	value added tax (VAT)
Niederlande	omzetbelasting (OB) oder belasting over de toegevoegde waarde (BTW)
Österreich	Umsatzsteuer
Polen	Podatek od tomaròw i uslug
Portugal	imposto sobre o valor acrescentado (IVA)
Rumänien	Codul de inregistrare in scopul de TVA
Schweden	mervärdeskatt (ML)
Slowakai	dan z pridanej hodnoty
Slowenien	Davek na dodano vred nost
Spanien	impuesto sobre el valor añadido (IVA)
Tschechien	Dani z pridané hotnotý
Ungarn	Általános forgalmi adó
Vereinigtes Königreich	value added tax (VAT)
Zypern	foros prostithemenis axias (FPA)

Die einheitliche Regelung der Umsatzsteuer innerhalb der EU geht auf die vom EG-Ministerrat am 17.05.1977 verabschiedete 6. EG-RL zur Harmonisierung der Umsatzsteuern zurück. Die EU-Länder haben sich dabei verpflichtet, ihre nationalen Umsatzsteuergesetze nach dieser 6. EG-RL abzuändern (vgl. AblEG vom 13.06.1977 Nr. L 145 Satz 1). Sinn dieser Vereinheitlichung der nationalen Umsatzsteuergesetze ist zum einen das Bestreben, die innergemeinschaftlichen Steuergrenzen aufzuheben, zum andern, der Europäischen Union eigene Einnahmen zu verschaffen. Dies geschieht in der Weise, dass die Europäische Union von allen EU-Ländern einen bestimmten Anteil des Umsatzsteueraufkommens erhält. Zur gerechten Verteilung der Beiträge richtet sich der Anteil wegen der unterschiedlichen Steuersätze nicht direkt nach dem Umsatzsteueraufkommen. Vielmehr dient als Basis für die Errechnung dieses Anteils der im jeweiligen EU-Land getätigte Umsatz an den Endverbraucher. Dieser lässt sich nunmehr auf Grund der einheitlichen Bestimmungen ohne Schwierigkeiten ermitteln (vgl. Verordnung des Rates der EG vom 19.12.1977, AblEG vom 27.12.1977 Nr. L 336/8 i. V. m. BGBl I 1977, 154).

Eine weitergehende Vereinheitlichung des Umsatzsteuerrechts innerhalb der EU erfolgte Ende 1991 durch die so genannte Binnenmarktrichtlinie. Ziel war die Schaffung eines einheitlichen Binnenmarkts. Deshalb wurden ab 01.01.1993 die Zollgrenzen zwischen den einzelnen Mitgliedstaaten abgeschafft. Wegen der weiterhin bestehenden unterschiedlichen Steuersätze wurden als Ersatz für den Wegfall der Einfuhrumsatzsteuer und der Steuerfreiheit der Ausfuhrlieferungen Sonderregelungen für den innergemeinschaftlichen Warenverkehr eingeführt. Sie sollten nur für eine Übergangszeit von vier Jahren gelten, um dann durch einen echten Binnenmarkt, wie er innerhalb der einzelnen Mitgliedstaaten besteht, abgelöst zu werden. Allerdings haben sich diese Übergangsregelungen als sehr beständig erwiesen. Es ist auch derzeit noch nicht absehbar, ob und wann es zu einem echten Binnenmarkt kommt.

Am 28.11.2006 wurde die Richtlinie 2006/112/EG über das gemeinsame Mehrwertsteuersystem verabschiedet. Mit der Richtlinie wurde insbesondere die 6. EG-RL (Basisrechtsakt) neu gefasst. Die Neufassung ist am 01.01.2007 in Kraft getreten. Zum gleichen Zeitpunkt wurden die 1. EG-RL, die 6. EG-RL und die jeweiligen Änderungsrechtsakte aufgehoben.

Mit der Neufassung des geltenden Gemeinschaftsrechts durch die Richtlinie 2006/112/EG sind allerdings keine Änderungen des geltenden Rechts verbunden. Es wurde lediglich eine Neustrukturierung der einzelnen Artikel durchgeführt. Die Änderungen sollen zu einer besseren Übersichtlichkeit der Bestimmungen führen.

3 Rechtsgrundlagen des Umsatzsteuerrechts

Rechtsgrundlagen für die Umsatzsteuer sind im Wesentlichen:
- das Umsatzsteuergesetz (UStG),
- die Umsatzsteuer-Durchführungsverordnung (UStDV).

Daneben gibt es die Umsatzsteuer-Richtlinien (UStR). Sie sind als allgemeine Verwaltungsvorschrift zur Ausführung des UStG von wesentlicher Bedeutung. Die Verwaltung ist grundsätzlich an diese Richtlinien gebunden, soweit sie nicht durch Gesetzesänderungen und Änderungen in der Verwaltungsauffassung überholt sind. Von den UStR zu unterscheiden ist die Mehrwertsteuer-Systemrichtlinie (MwStSystRL) (s. 2). Sie richtet sich zwar in erster Linie an die gesetzgebenden Organe der Mitgliedstaaten, die gehalten sind, ihre nationalen Umsatzsteuergesetze entsprechend anzupassen. Sie wird jedoch ständig zur Auslegung der nationalen Vorschriften des Umsatzsteuerrechts herangezogen. Soweit der nationale Gesetzgeber eine für den Steuerpflichtigen günstige Regelung der MwStSystRL nicht in das nationale Umsatzsteuerrecht umgesetzt hat, kann sich der Steuerpflichtige unmittelbar auf die für ihn günstige Regelung der MwStSystRL berufen.

Teil B Allgemeiner Überblick über das Umsatzsteuergesetz

1 Allgemeines

Die Umsatzsteuer (USt) ist die Steuer, mit der Sie tagtäglich konfrontiert werden. Sie kommen mit der USt in Berührung, wenn Sie
- Waren einkaufen,
- Werkleistungen bzw. Dienstleistungen in Anspruch nehmen (sich z. B. beim Friseur die Haare schneiden lassen (Werkleistung), ins Kino gehen bzw. sich von einem Rechtsanwalt beraten lassen).

Mit dem Preis für diese Leistungen müssen Sie im Regelfalle auch USt bezahlen. **USt fällt also bei der Ausführung derartiger Leistungen an.**

Diese Leistungen fallen unter den Sammelbegriff Umsätze. Er umfasst außer solchen oben beschriebenen Leistungen auch noch andere Umsätze wie z. B. die Einfuhr. Jedoch genügt es für Sie zunächst, dass Sie wissen, **Leistungen** fallen unter den Oberbegriff **Umsatz.** Deshalb der Name Umsatzsteuergesetz, also Gesetz zur Besteuerung der Umsätze.

Allerdings löst nicht jeder Umsatz USt aus. Beispielsweise fällt keine USt an, wenn Sie als Privatperson Ihren gebrauchten Pkw verkaufen. Denn USt fällt grundsätzlich nur dann an, wenn die Warenverkäufe bzw. sonstigen Leistungen durch einen **Unternehmer** ausgeführt werden.

Typische Unternehmer i. S. d. UStG sind u. a.:
- Gewerbetreibende (z. B. der Kaufmann, der Fabrikant, der Bauunternehmer),
- Freiberufler (z. B. der Rechtsanwalt, der Steuerberater, der Architekt).

Neben dem Begriff des Umsatzes kommt dem Begriff des **Unternehmers** im Umsatzsteuerrecht eine Schlüsselfunktion zu. In der Regel fällt nur dann USt an, wenn **Unternehmer** Umsätze[1] tätigen. Abgesehen von Ausnahmefällen betreffend juristische Personen ist nur der Unternehmer **Schuldner** der USt. Im Allgemeinen schuldet der Unternehmer, der eine Leistung erbringt, die hierfür anfallende Umsatzsteuer. Dieses Prinzip wird jedoch zunehmend durchbrochen durch Regelungen, die den Unternehmer, der eine Leistung empfängt, zum Schuldner der Umsatzsteuer machen. Dies ist der Fall bei der Besteuerung des innergemeinschaftlichen Erwerbs (vgl. R) und im so genannten Reverse-Charge-Verfahren (vgl. S).

Soweit allerdings Unternehmer Umsätze an private Endverbraucher erbringen, schuldet immer der leistende Unternehmer die anfallende Umsatzsteuer.

Die Umsatzsteuer ist im weiteren Sinn eine Verbrauchsteuer[2]. Ziel der Umsatzsteuer ist die Besteuerung des Endverbrauchs innerhalb der EU. Der Endverbrauch soll zum einen nicht unversteuert bleiben und zum andern nicht mehrfach besteuert werden. Dieses Ziel wird dadurch erreicht, dass auf jeder Umsatzstufe Umsatzsteuer anfällt, die anfallende Umsatzsteuer innerhalb der Unternehmerkette jedoch wieder als Vorsteuer abgezogen wird. Im Ergebnis fällt dann einmal Umsatzsteuer auf der Endstufe beim Umsatz an den Endverbraucher an.

---

1 Ausgenommen die Einfuhr, und den innergemeinschaftlichen Erwerb von neuen Fahrzeugen.
2 Im engeren Sinn sind Verbrauchsteuern nur Einfuhrumsatzsteuer und Steuern wie Mineralölsteuer und Sektsteuer.

BEISPIEL

> Der Pkw-Hersteller P liefert einen Pkw zum Preis von 20 000 € zuzüglich 19 % Umsatzsteuer = 3 800 € an den Großhändler G. G liefert den Pkw an den Einzelhändler E mit 10 % Aufschlag zum Preis von 22 000 € zuzüglich 19 % Umsatzsteuer = 4 180 €. E liefert den Pkw an den privaten Endverbraucher V mit weiteren 10 % Aufschlag zum Preis von 24 200 € zuzüglich 19 % Umsatzsteuer = 4 598 €.
>
> **LÖSUNG** P hat aus seiner Lieferung an G 3 800 € Umsatzsteuer an das Finanzamt abzuführen. G hat für seine Lieferung an E 4 180 € Umsatzsteuer abzuführen. Er hat jedoch aus der Lieferung des P den Vorsteuerabzug in Höhe von 3 800 €. Per Saldo hat er also lediglich 4 180 € ./. 3 800 € = 380 € an das Finanzamt zu entrichten. E hat aus seiner Lieferung an V 4 598 € Umsatzsteuer an das Finanzamt abzuführen. Er hat jedoch aus der Lieferung des G den Vorsteuerabzug in Höhe von 4 180 €. Per Saldo hat er also lediglich 4 598 € ./. 4 180 € = 418 € an das Finanzamt zu entrichten. Insgesamt erhält das Finanzamt somit 3 800 € + 380 € + 418 € = 4 598 €. Das ist genau der Umsatzsteuerbetrag, der für die Lieferung an den Endverbraucher V anfällt.

Die jeweils anfallende Umsatzsteuer kalkulieren die Unternehmer in ihre Preise ein. Damit erhöht sich der Preis für den Endverbraucher. Er zahlt indirekt über den Kaufpreis die Umsatzsteuer, die der Unternehmer an das Finanzamt abzuführen hat. Deshalb bezeichnet man die Umsatzsteuer auch als indirekte Steuer, weil der wirtschaftliche Träger der Steuer nicht identisch ist mit demjenigen, der die Steuer an das Finanzamt abzuführen hat.

Dieses Prinzip der indirekten Steuer gilt im Ergebnis auch dann, wenn der Unternehmer selbst zum Endverbraucher wird.

BEISPIEL

> Der Großhändler G liefert den Pkw an den Einzelhändler E zum Preis von 22 000 € zuzüglich 19 % Umsatzsteuer = 4 180 €. E überlässt das Fahrzeug seiner Ehefrau zur ausschließlich privaten Nutzung und entnimmt dementsprechend das Fahrzeug aus seinem Unternehmen.
>
> **LÖSUNG** G hat für seine Lieferung an E 4 180 € Umsatzsteuer abzuführen. E hat aus der Lieferung des G den Vorsteuerabzug in Höhe von 4 180 €. E muss jedoch die Entnahme des Fahrzeugs aus seinem Unternehmen versteuern mit 19 % seines Einkaufspreises von 22 000 € und somit Umsatzsteuer in Höhe von 4 180 € an das Finanzamt abführen. Per Saldo hat er also nichts an das Finanzamt zu entrichten. Insgesamt erhält das Finanzamt somit 4 180 €. Das ist genau der Umsatzsteuerbetrag, der für die Entnahme aus dem Unternehmen zum privaten Verbrauch anfällt.

Über den Vorsteuerabzug wird die Umsatzsteuer im Unternehmensbereich ausgeglichen. Deshalb kommt es vor, dass bei einem Unternehmer zweimal Umsatzsteuer anfällt, ohne dass dies einen Systembruch darstellt.

BEISPIEL

> Der Großhändler G in der Schweiz (Drittlandsgebiet) liefert einen Pkw zum Preis von 20 000 € aus der Schweiz an den Einzelhändler E in Deutschland. Aus der Sicht der Schweiz tätigt G eine steuerfreie Ausfuhrlieferung. E holt den Pkw in der Schweiz ab und hat bei der Einfuhr nach Deutschland Einfuhrumsatzsteuer in Höhe von 19 % = 3 800 € zu entrichten. Anschließend liefert E den Pkw an den privaten Endverbraucher V mit 10 % Aufschlag zum Preis von 22 000 € zuzüglich 19 % Umsatzsteuer = 4 180 €.

> **LÖSUNG** Die entrichtete Einfuhrumsatzsteuer darf E als Vorsteuer abziehen. Per Saldo hat
> E somit Umsatzsteuer in Höhe von 4 180 € zu entrichten. Das ist genau der Umsatzsteuer-
> betrag, der für die Lieferung an den Endverbraucher V anfällt.

Auch bei Lieferungen aus einem anderen Mitgliedstaat wird das Prinzip der einmali-
gen Besteuerung des Endverbrauchs gewahrt.

> **BEISPIEL**
> Der Großhändler G im EU-Mitgliedstaat Frankreich liefert einen Pkw zum Preis von 20 000 €
> aus Frankreich an den Einzelhändler E in Deutschland. Anschließend liefert E den Pkw in
> Deutschland an den privaten Endverbraucher V mit 10 % Aufschlag zum Preis von 22 000 €
> zuzüglich 19 % Umsatzsteuer = 4 180 €.
> **LÖSUNG** Die Lieferung des G ist in Frankreich als innergemeinschaftliche Lieferung steuer-
> frei. Dafür hat E in Deutschland für den Erwerb des Pkw Erwerbsumsatzsteuer in Höhe
> von 19 % von 20 000 € = 3 800 € zu entrichten. Weiterhin hat E für die Lieferung an V 19 %
> Umsatzsteuer = 4 180 € an das Finanzamt zu entrichten. Die entrichte Erwerbsumsatzsteuer
> darf E als Vorsteuer abziehen.

Am vorstehenden Beispiel ist ersichtlich, dass innerhalb der EU das Prinzip gilt, die
Besteuerung in dem Land vorzunehmen, in welchem der Endverbrauch erfolgt (Bestimmungslandprinzip). Dieses Prinzip wird allerdings in bestimmten Fällen, in denen das
Steueraufkommen der beteiligten Mitgliedstaaten nicht allzusehr beeinträchtigt wird, auf-
gegeben zugunsten der Besteuerung im Ursprungsland (Ursprungslandprinzip).

> **BEISPIEL**
> Der private Endverbraucher V aus Deutschland reist nach Paris. U. a. erwirbt er dort im
> Bekleidungsgeschäft B einen neuen Anzug zum Preis von 500 € zuzüglich 19,6 % Umsatz-
> steuer = 98 €. Er nimmt den Anzug sofort mit nach Deutschland.
> **LÖSUNG** B hat die Lieferung des Anzugs in Frankreich zu versteuern und dort die Umsatz-
> steuer in Höhe von 98 € abzuführen. In Deutschland findet dagegen keine Umsatzbesteue-
> rung statt. Die Einfuhr des Anzugs von Frankreich nach Deutschland ist umsatzsteuerrecht-
> lich irrelevant. Hier gilt aus praktischen Gründen das Ursprungslandprinzip. An der
> Grenze zwischen Frankreich und Deutschland findet keine Zollkontrolle statt. Auch ist es
> für B nicht ohne weiteres erkennbar, dass sein Kunde aus einem anderen Mitgliedstaat
> kommt und den Liefergegenstand dorthin mitnimmt.

Im oben dargestellten Fall der Fahrzeuglieferung aus Frankreich musste der Großhändler G in Frankreich überhaupt keine Umsatzsteuer abführen. Dies wurde dadurch ausgeglichen, dass sein Erwerber E gleich zweimal Umsatzsteuer abzuführen hatte, zum einen
für den Erwerb und zum anderen für die Weiterlieferung an V. Das Gleiche gilt auch in
den Fällen des Reverse-Charge-Verfahrens (vgl. S).

> **BEISPIEL**
> Der private Endverbraucher V beauftragt den Bauunternehmer B in Kehl mit der schlüssel-
> fertigen Erstellung eines Einfamilienhauses in Kehl (Deutschland). B beauftragte seinerseits
> den Subunternehmer S in Straßburg (Frankreich) damit.

LÖSUNG S erbringt eine in Deutschland steuerpflichtige Werklieferung an B und B erbringt ebenfalls eine steuerpflichtige Werklieferung an V. Da S aus deutscher Sicht ein im Ausland ansässiger Unternehmer ist, schuldet nicht S die Umsatzsteuer aus der Werklieferung an B, sondern der Abnehmer B (Reverse-Charge-Verfahren gem. § 13b UStG). Für die Werklieferung an V schuldet B nochmals Umsatzsteuer. Die im Reverse-Charge-Verfahren geschuldete Umsatzsteuer darf B als Vorsteuer geltend machen. Per Saldo hat B somit einmal Umsatzsteuer in Höhe von 19 % des von V zu zahlenden Entgelts zu entrichten.

2 Typische Merkmale des Allphasennetto-Umsatzsteuersystems mit Vorsteuerabzug

Betrachten wir nochmals das oben dargestellte Beispiel:

BEISPIEL

Der Pkw-Hersteller P liefert einen Pkw zum Preis von 20 000 € zuzüglich 19 % Umsatzsteuer = 3 800 € an den Großhändler G. G liefert den Pkw an den Einzelhändler E mit 10 % Aufschlag zum Preis von 22 000 € zuzüglich 19 % Umsatzsteuer = 4 180 €. E liefert den Pkw an den privaten Endverbraucher V mit weiteren 10 % Aufschlag zum Preis von 24 200 € zuzüglich 19 % Umsatzsteuer = 4 598 €.

LÖSUNG Die umsatzsteuerrechtliche Behandlung lässt sich wie folgt darstellen (in €):

	Einkaufspreis netto	Netto-Umsatz	Verkaufspreis netto	USt	Vorsteuer	Zahllast	Bruttoverkaufspreis
P	–	20 000	20 000	3 800	0	3 800	23 800
G	20 000	2 000	22 000	4 180	3 800	380	26 180
E	22 000	2 200	24 200	4 598	4 180	418	28 798
V	24 200	–	–	–	–	0	–

Aus diesem Beispiel sind folgende Systemmerkmale erkennbar:

a) Der Unternehmer versteuert im Endeffekt lediglich die Differenz zwischen Nettoeinkaufspreis und Nettoverkaufspreis, also den so genannten Nettoumsatz. Z. B. beträgt die Differenz beim Einzelhändler E 2 200 €. Multipliziert man diesen Betrag mit dem Steuersatz von 19 %, so ergibt sich genau die oben dargestellte Zahllast des E von 418 €. Dies lässt sich damit erklären, dass durch den Vorsteuerabzug die Umsatzbesteuerung auf der Vorstufe vollständig rückgängig gemacht wird. Die effektive Besteuerung des Nettoumsatzes nennt man **Besteuerung des Mehrwertes**. Davon stammt die im allgemeinen Sprachgebrauch übliche Bezeichnung **Mehrwertsteuer**. Wie Sie am obigen Beispiel erkennen können, bedeutet dies jedoch nicht, dass tatsächlich ein Mehrwert geschaffen wurde, da der Pkw sich auf den einzelnen Umsatzstufen nicht verändert hat. Sicherlich wird häufig Hand in Hand mit dem Mehrwert i. S. d. UStG auch ein tatsächlicher Mehrwert geschaffen.

b) **Die USt ist innerhalb der Unternehmerkette kostenneutral.** Infolge des Vorsteuerabzugs erhält der Unternehmer seine an den Vorunternehmer bezahlte USt indirekt zurückerstattet und braucht sie somit nicht als Kosten in seine Kalkulation einzubeziehen. Ebenso ist die beim Ausgangsumsatz entstandene USt dann kostenneutral, wenn der Umsatz an einen Unternehmer für dessen Unternehmen bewirkt wird. In diesem Falle kann die USt voll auf den Abnehmer überwälzt werden, weil die Höhe der USt beim Abnehmer wegen des Vorsteuerabzugs ebenfalls keine Rolle spielt.

Sehen Sie sich dazu nochmals das obige Beispiel an und gehen Sie in Abwandlung dieses Beispiels davon aus, dass auch V Unternehmer ist und den Pkw für sein Unternehmen einkauft.

Es ergibt sich dann beim Unternehmer E, lässt man sonstige Faktoren außer Betracht, folgende Einnahmen- und Ausgabenrechnung:

Kostenmäßige Darstellung		
	Kaufpreis Ausgabe (./.)/ Einnahme (+)	Umsatzsteuer Ausgabe (./.)/ Einnahme (+)
E bezahlt an G: 22 000 € Kaufpreis + 4 180 € Umsatzsteuer	./. 22 000 €	./. 4 180 €
E erhält von V: 24 200 € Kaufpreis + 4 598 € Umsatzsteuer	+ 24 200 €	+ 4 598 €
E bezahlt an das Finanzamt als Zahllast 418 €		./. 418 €
Gesamtergebnis:	+ 2 200 €	0 €

Die USt hat also auf den Gewinn keinen Einfluss.

Ist dagegen V – wie im Ausgangsbeispiel – Nichtunternehmer, ist es durchaus denkbar, dass eine Überwälzung der USt von E auf V nicht oder nicht in vollem Umfang erfolgen kann. Da V als Nichtunternehmer keinen Vorsteuerabzug hat, wird seine Kaufentscheidung ausschließlich vom Bruttoeinkaufspreis abhängen. Ist ihm dieser zu hoch, wird E unter Umständen gezwungen sein, seinen Bruttoverkaufspreis zu Lasten seines Gewinns zu senken. Unterstellt, E würde in diesem Fall seinen Preis um 5 % auf brutto 27 358 € ermäßigen, ergäbe sich bei M folgende Einnahmen- und Ausgabenrechnung:

Kostenmäßige Darstellung		
	Kaufpreis Ausgabe (./.)/ Einnahme (+)	Umsatzsteuer Ausgabe (./.)/ Einnahme (+)
E bezahlt an G: 22 000 € Kaufpreis + 4 180 € Umsatzsteuer	./. 22 000 €	./. 4 180 €
E erhält von V: 22 990 € Kaufpreis + 4 368 € Umsatzsteuer	+ 22 990 €	+ 4 368 €
E bezahlt an das Finanzamt als Zahllast 188 €	0 €	./. 188 €
Gesamtergebnis:	+ 990 €	0 €

Die USt wirkt sich in diesem Fall nur scheinbar kostenneutral aus, denn M erhält seinen ursprünglich angestrebten kalkulatorischen Gewinn von 2 200 € nicht. Wäre der USt-Satz entsprechend niedriger, könnte er bei gleichem Endverkaufspreis den angestrebten Gewinn erzielen.

c) **Die USt realisiert sich für das Finanzamt letztlich erst auf der Endverbraucherstufe.** Das Finanzamt erhält, wie Sie am obigen Beispiel ersehen, im Endeffekt genau die USt, die dem Endverbraucher vom Unternehmer in Rechnung gestellt wird. Das

Finanzamt bekommt diesen Betrag gewissermaßen in Raten. 3 800 € von P, 380 € von G und 418 € von E (fraktionierte Zahlungsweise).

Gelangt die Ware nicht an den Endverbraucher, so erhält das Finanzamt im Endeffekt keinen Cent USt. Stellen Sie sich dazu vor, dass im obigen Falle der Pkw bei E verbrennt, bevor er ihn veräußern konnte. E hat nach wie vor den Vorsteuerabzug in Höhe von 4 180 €. Mangels Ausgangsumsatz kann bei E keine Ausgangsumsatzsteuer anfallen. E hat somit einen Vergütungsanspruch von 4 180 €. Damit muss das Finanzamt gewissermaßen den von P und G erhaltenen Betrag von 4 180 € (3 800 € + 380 €) wieder an E ausbezahlen.

Der gleiche Effekt tritt bei einem Verkauf in das Dritt-Ausland ein. Verkauft der Einzelhändler E den Pkw an einen Abnehmer im Drittlandsgebiet (z. B. Schweiz), ist der von ihm getätigte Umsatz steuerbefreit. E kann trotzdem einen Vorsteuerabzug in Höhe von 4 180 € vornehmen. Ein Steueraufkommen für den Fiskus liegt nicht vor. Allerdings kommt der Gegenstand auch in diesem Fall nicht unversteuert an den Endverbraucher, weil der Einfuhrstaat in der Regel Einfuhrumsatzsteuer erhebt. Das Steueraufkommen fließt dann dem Einfuhrstaat zu.

MERKSATZ ▬▬▬

Das USt-Aufkommen realisiert sich nur dann, wenn der Umsatz im Inland an einen Endverbraucher gelangt. Nur in diesem Falle fließen dem Fiskus Steuereinnahmen zu.

Bleibt der Umsatz im Unternehmensbereich stecken (Investition) bzw. liegt ein Exportgeschäft vor, fließen dem deutschen Fiskus keine USt-Einnahmen zu. Der beträchtliche Betrag von ca. 403,2 Milliarden € Umsatzsteuer-Aufkommen im Kalenderjahr 2008 wird somit ausschließlich[1] vom inländischen Endverbraucher getragen.

3 Anwendung des Allphasennetto-Umsatzsteuersystems mit Vorsteuerabzug in der Praxis

Aus dem oben angeführten Beispiel (vgl. 2) könnten Sie nun den Eindruck gewonnen haben, dass der Unternehmer bezüglich jedes einzelnen Umsatzes durch Saldierung der Ausgangsumsatzsteuer mit der Vorsteuer eine Zahllast zu errechnen hat. Wenn Sie sich dabei überlegen, dass ein Unternehmer i. d. R. täglich eine Vielzahl von Umsätzen tätigt, stellen Sie sofort fest, dass es so nicht sein kann.

Lesen Sie hierzu § 18 Abs. 1 Satz 1 UStG!

Nach § 18 Abs. 1 UStG ist der Unternehmer verpflichtet, i. d. R. für jeden Kalendermonat bzw. für jedes Kalendervierteljahr (Voranmeldungszeitraum) eine sog. **USt-Voranmeldung** abzugeben. Näheres hierzu vgl. X 2. Darin hat er sämtliche Umsätze, die er in dem betreffenden Kalendermonat getätigt hat, anzumelden und die Ausgangs-USt zu berechnen. Ferner muss er sämtliche in diesem Zeitraum angefallenen Vorsteuerbeträge ermitteln und die Summe ebenfalls in die Voranmeldung aufnehmen. Aus beiden Summen muss er selbst seine Zahllast für den betreffenden Voranmeldungszeitraum errechnen und diesen Betrag bis zum zehnten Tag nach Ablauf des Voranmeldungszeitraums als Vorauszahlung an das Finanzamt abführen (Selbstveranlagungsprinzip).

---

1 Dies gilt auch dann, wenn der Umsatz auf der Endstufe steuerfrei ist und auf Vorstufen Umsatzsteuer anfällt, da auch diese Umsatzsteuer in den Preis auf der Endstufe einkalkuliert wird.

Lesen Sie jetzt § 18 Abs. 3 Satz 1 UStG!

Ist das KJ abgelaufen, muss der Unternehmer nach demselben Prinzip die endgültige Zahllast für das ganze KJ in der USt-Jahresanmeldung berechnen und dem Finanzamt anmelden. Der Unternehmer muss somit im Regelfall neben zwölf USt-Voranmeldungen auch noch eine USt-Jahresanmeldung beim Finanzamt einreichen.

Durch die Verpflichtung zur Abgabe der zwölf bzw. vier Voranmeldungen wird erreicht, dass die USt verhältnismäßig zeitnah an das Finanzamt abgeführt wird. Die zusätzliche Erfassung sämtlicher Umsätze und Vorsteuern in der USt-Jahresanmeldung schafft sowohl für den Unternehmer als auch für das Finanzamt die Möglichkeit, die Zahllast für das betreffende KJ nochmals zu ermitteln.

Ist die Summe der Vorauszahlungen niedriger als die Zahllast in der Jahressteueranmeldung, muss der Unternehmer die Differenz gem. § 18 Abs. 4 Satz 1 UStG innerhalb eines Monats nach Abgabe der Jahressteueranmeldung nachentrichten.

Anmerkung: Tätigt der Unternehmer Warenverkäufe an Unternehmer, die in den anderen Mitgliedstaaten der EU ansässig sind, muss er neben den Voranmeldungen, noch sog. »zusammenfassende Meldungen« gem. § 18a UStG beim Bundeszentralamt für Steuern einreichen. Die zusammenfassenden Meldungen sind vierteljährlich abzugeben. Näheres hierzu vgl. X 12.

4 Sonderregelungen für den innergemeinschaftlichen Warenverkehr

Für den Warenverkehr mit dem Ausland galt bis Ende des Kalenderjahrs 1992 allgemein der Grundsatz:
- Einfuhren werden mit Einfuhrumsatzsteuer belastet.
- Ausfuhren werden von der Umsatzsteuer als steuerfreie Ausfuhrlieferungen entlastet.

Mit dem Wegfall der innergemeinschaftlichen Zollgrenzen konnte diese Behandlung für den innergemeinschaftlichen Warenverkehr nicht mehr beibehalten werden.

Als Alternativen boten sich an:
- Besteuerung am Ort der Leistung (Ursprungslandprinzip) und Verteilung der insgesamt innerhalb der EU angefallenen Umsatzsteuer auf die Mitgliedstaaten auf makroökonomischer Basis (z. B. nach Einwohnerzahl). Dies hätte jedoch einheitliche Steuersätze innerhalb der EU vorausgesetzt. Da die Vereinheitlichung der Steuersätze bisher nicht zustande kam, schied diese Alternative aus.
- Besteuerung am Ort des Verbrauchs (Bestimmungslandprinzip), was aber nach Wegfall der innergemeinschaftliche Zollgrenzen Ersatzlösungen erforderte. Diese Alternative wurde mit gewissen Einschränkungen realisiert.

Hieraus ergaben sich verschiedene Fallgruppen:

a) Fallgruppe 1

Da der größte Teil des innergemeinschaftlichen Warenverkehrs auf den Warenverkehr zwischen Unternehmen bzw. im Unternehmensbereich entfällt, wurde für diesen Bereich das bisherige Bestimmungslandprinzip dadurch aufrecht erhalten, dass an Stelle der Einfuhrumsatzsteuer die Erwerbsumsatzsteuer eingeführt wurde.

BEISPIELE

a) Der Unternehmer A in Frankreich liefert dem Unternehmer B in Deutschland Waren.
LÖSUNG Die Lieferung des A an den Erwerber B in Frankreich ist als innergemeinschaftliche Lieferung in Frankreich steuerfrei. B tätigt in Deutschland einen innergemeinschaftlichen Erwerb, der als eigenständiger Umsatz beim Erwerber E (als Ersatz für die frühere Einfuhrumsatzsteuer) steuerbar und steuerpflichtig ist.

b) Der Unternehmer A in Deutschland hat eine unselbständige Zweigniederlassung in Frankreich. Er befördert Waren von seinem Unternehmensteil in Deutschland zur Zweigniederlassung nach Frankreich.
LÖSUNG Der Transport der Waren von Deutschland nach Fankreich ist ein rechtsgeschäftsloses Verbringen. Das rechtsgeschäftslose Verbringen ist normalerweise ein nichtsteuerbarer Vorgang. Beim Verbringen von einem Mitgliedstaat in einen anderen Mitgliedstaat wird jedoch eine steuerfreie innergemeinschaftliche Lieferung im Ursprungsland und ein steuerpflichtiger innergemeinschaftlicher Erwerb im Bestimmungsland fingiert, den A im Bestimmungsland zu versteuern hat.

Zur Gewährleistung der Besteuerung im Bestimmungsland wurden Kontrollmechanismen geschaffen. Dies führt dazu, dass die Befreiung der innergemeinschaftlichen Lieferung nur dann gewährt wird, wenn Lieferer und Abnehmer bei ihrem Umsatzgeschäft Umsatzsteueridentifikationsnummern (USt-Id-Nr.) ihres Mitgliedstaates verwenden. Der Lieferer ist in der Folge verpflichtet über eine so genannte zusammenfassende Meldung seine Lieferung an den Abnehmer und dessen USt-Id-Nr. dem Mitgliedstaat, aus welchem die Lieferung kommt, zu melden. Der Mitgliedstaat der Lieferung meldet dann dies dem Mitgliedstaat des Erwerbs, damit dieser kontrollieren kann, ob der Erwerber den Erwerb versteuert.

Innerhalb dieser Fallgruppe kann jedoch ausnahmsweise das Ursprungslandprinzip zum Zug kommen, wenn die Erwerber zwar Waren für ihr Unternehmen erwerben, es sich jedoch z. B. um Kleinunternehmer handelt und die Erwerbe nicht über bestimmte Umsatzgrenzen (so genannte Erwerbsschwellen) hinaus gehen.

b) Fallgruppe 2

Der danach bedeutsamste Bereich des innergemeinschaftlichen Warenverkehrs ist der so genannte Versandhandel an Privatpersonen, wobei der Lieferer die Waren zum Abnehmer in einen anderen Mitgliedstaat befördert oder versendet. Da die Besteuerung des Erwerbs bei Privatpersonen kaum realisierbar ist, wird in diesen Fällen der Lieferort vom Ursprungsland, wo die Ware abgeht, in das Bestimmungsland verlagert, wo die Ware ankommt. Der Versandhändler hat dann jeweils die Lieferung im Bestimmungsland zu versteuern.

BEISPIEL

Der Versandhändler V in Deutschland beliefert Kunden in den anderen Mitgliedstaaten, welche ihre Bestellungen anhand eines Katalogs vornehmen. Die bestellten Waren werden von V zu den Kunden versandt.
LÖSUNG Der Lieferort wird in das Bestimmungsland verlagert. Die Lieferung ist im Ursprungsland nicht steuerbar. Sie ist im Bestimmungsland steuerpflichtig. Der Lieferer hat die Umsatzsteuer im Bestimmungsland zu entrichten.

Auch innerhalb dieser Fallgruppe kann jedoch ausnahmsweise das Ursprungslandprinzip zum Zug kommen, wenn die Lieferungen des Versandhändlers in einen Mitgliedstaat bestimmte Umsatzgrenzen (so genannte Lieferschwellen) nicht übersteigen.

c) Fallgruppe 3

Wenn eine in einem Mitgliedstaat ansässige Privatperson in einem anderen Mitgliedstaat Ware erwirbt und diese Ware von ihr als Abnehmer in den Mitgliedstaat, in dem sie ansässig ist, befördert oder versendet wird, ist das Bestimmungslandprinzip kaum durchführbar. Weder kann vom Erwerber verlangt werden, dass er den Erwerb im Bestimmungsland versteuert, noch kann vom Lieferer verlangt werden, dass er die Lieferung im Bestimmungsland versteuert, zumal er oftmals nicht weiß, ob die Ware im Ursprungsland bleibt oder in einen andern Mitgliedstaat mitgenommen wird. Da Fälle dieser Art im Allgemeinen keine sehr große Auswirkung auf das Umsatzsteueraufkommen eines Mitgliedstaats haben, bleibt es in diesen Fällen bei der Besteuerung im Ursprungsland.

> **BEISPIEL**
>
> Die Privatperson P aus Deutschland verbringt ihren Urlaub in Österreich. Sie erwirbt dort einige Souvenirs, die sie mit nach Deutschland nimmt.
> **LÖSUNG** Die Lieferungen sind in Österreich steuerbar und steuerpflichtig. In Deutschland erfolgt hierfür keine Besteuerung.

Innerhalb dieser Fallgruppe wird ausnahmsweise doch das Bestimmungslandprinzip angewandt, sofern es sich um den Erwerb neuer Fahrzeuge handelt. Würde hierbei das Ursprungslandprinzip angewandt, käme es zu einer nicht hinnehmbaren Wettbewerbsverzerrung zugunsten der Unternehmer, die ihr Unternehmen in einem Mitgliedstaat betreiben, in welchem der maßgebliche Steuersatz besonders niedrig ist. Auch würde dadurch das Umsatzsteueraufkommen der Mitgliedstaaten mit höheren Steuersätzen nicht unwesentlich beeinträchtigt. In diesen Fällen ist auch die Kontrolle dadurch erleichtert, dass Fahrzeuge dort, wo sie genutzt werden, angemeldet werden müssen.

5 Besteuerungsformen des Umsatzsteuergesetzes

Das bisher vorgestellte Allphasennetto-Umsatzsteuersystem mit Vorsteuerabzug tritt Ihnen im UStG nicht stets in Reinform gegenüber, sondern erfährt teils aus Vereinfachungsgründen, teils auch aus wirtschaftspolitischen und sozialpolitischen Gründen verschiedene Abwandlungen und auch Systembrüche.

Besteuerungsformen	
Regelbesteuerung	Allphasennettobesteuerung mit Vorsteuerabzug
Differenzbesteuerung	• Besteuerung von Reiseleistungen (§ 25 UStG) • Wiederverkäuferregelung (§ 25a UStG)
Besteuerung mit pauschalem Vorsteuerabzug	• Besteuerung der land- und forstwirtschaftlichen Betriebe (§ 24 UStG) • Besteuerung begünstigter Vereinigungen i. S. v. § 5 Abs. 1 Nr. 9 KStG (§ 23a UStG) • Besteuerung nach allgemeinen Durchschnittssätzen (§§ 69 und 70 UStDV)
Nichtbesteuerung	Kleinunternehmerregelung (§ 19 UStG)

Im weiteren Verlauf dieses Lehrbuches werden Sie insbesondere die Regelbesteuerung näher kennen lernen. Ob ein Unternehmer die Besteuerung nach dem Normalfall der Regelbesteuerung vorzunehmen hat, hängt davon ab, ob er bestimmte Umsatzgrenzen überschreitet. Im Augenblick genügt es für Sie, wenn Sie hierzu wissen, dass der Normalfall auf alle Fälle dann vorliegt, wenn der Vorjahresgesamtumsatz des Unternehmers mehr als 17 500 € betragen hat (Näheres hierzu vgl. V). Wenn im Folgenden von einem Unternehmer die Rede ist und aus dem Sachverhalt sich nicht ausdrücklich etwas Gegenteiliges ergibt, können Sie davon ausgehen, dass es sich stets um einen Unternehmer handelt, der seine Umsätze nach dem **Normalfall** der Regelbesteuerung zu versteuern hat.

6 Ausgangsumsatzsteuer

6.1 Steuergegenstand

Die Zahllast des Unternehmers ergibt sich als Saldo von Ausgangs-USt und Vorsteuer. Ausgangs-USt und Vorsteuer stellen somit die beiden Säulen dar, auf denen das USt-System ruht. Als Gegenstand der Ausgangs-USt (Steuergegenstand) haben Sie bereits den **Umsatz** (Ausgangsumsatz) kennen gelernt. Mit den einzelnen Arten der Umsätze, die unter das UStG fallen, sollen Sie nun näher vertraut gemacht werden.

Die **Umsatzarten** sind im § 1 Abs. 1 UStG abschließend aufgeführt.

Es müssen folgende drei Umsatzarten unterschieden werden:
- Lieferungen und sonstige Leistungen gegen Entgelt (§ 1 Abs. 1 Nr. 1 UStG),
- Einfuhr (§ 1 Abs. 1 Nr. 4 UStG),
- innergemeinschaftlicher Erwerb (§ 1 Abs. 1 Nr. 5 UStG).

6.1.1 Umsatzart Lieferungen und sonstige Leistungen

Typische Fälle dieser Umsatzart sind:
- Lieferungen, z. B. die Veräußerung von Waren und sonstigen Gegenständen,
- sonstige Leistungen, z. B. Dienstleistungen, Werkleistungen und Vermietungsleistungen. Unentgeltliche Lieferungen und sonstige Leistungen an den Unternehmer selbst oder andere Personen werden unter den Voraussetzungen des § 3 Abs. 1b und Abs. 9a UStG entgeltlichen Lieferungen und sonstigen Leistungen gleichgestellt und sind dann nach § 1 Abs. 1 Nr. 1 UStG ebenfalls steuerbar. Auf diese entgeltlichen Lieferungen und sonstigen Leistungen gleichgestellte Tatbestände wird in Kapitel Q näher eingegangen.

a) Typische Fälle von **unentgeltlichen Lieferungen** nach § 3 Abs. 1b UStG sind:
 – Warenentnahmen für den Privatbedarf,
 – Sachgeschenke an Dritte oder an das Personal.

b) Typische Fälle von **unentgeltlichen sonstigen Leistungen** nach § 3 Abs. 9a UStG sind:
 – Privatnutzung von Betriebsgegenständen,
 – Einsatz von Personal im Privatbereich.

Näheres vgl. C.

6.1.2 Einfuhr

Die Umsatzart »Einfuhr« liegt dann vor, wenn Gegenstände aus Gebieten außerhalb der EU (sog. Drittlandsgebiet) in das Inland eingeführt werden. Die Besteuerung dieses

Einfuhrtatbestandes soll verhindern, dass Waren aus dem Drittlandsgebiet unversteuert in den Endverbrauch gelangen. Durch die Einfuhrbesteuerung wird gewährleistet, dass die eingeführten Waren immer mit der inländischen USt (Bestimmungslandprinzip) belastet werden. Die bei der Einfuhr anfallende USt, die von den Zollämtern z. B. an den Flughäfen erhoben wird, wird als Einfuhrumsatzsteuer (EUSt) bezeichnet. Ein typischer Fall ist z. B. die Einfuhr von Videorecordern von Japan nach Deutschland.

6.1.3 Innergemeinschaftlicher Erwerb

Der innergemeinschaftliche Erwerb nach §1a UStG besteuert Warenerwerbe eines Unternehmens von Unternehmern aus dem Gebiet eines anderen Mitgliedstaates.

Durch die Besteuerung des innergemeinschaftlichen Erwerbs soll erreicht werden, dass Ware, die aus dem Gebiet eines anderen Mitgliedstaates bezogen wird, grundsätzlich mit der USt (sog. Erwerbs-USt) des Bestimmungslandes belastet wird. Näheres vgl. R.

7 Übersicht über die steuerbaren Umsätze

Das Vorliegen einer dieser Umsatzarten führt jedoch nicht automatisch dazu, dass USt anfällt. Grundvoraussetzung hierfür ist es, dass der einzelne Umsatz auch **steuerbar** ist (unter den Zuständigkeitsbereich des UStG fällt). Hierfür müssen je nach Umsatzart bestimmte Tatbestandsmerkmale, die im § 1 UStG aufgeführt sind, erfüllt sein.

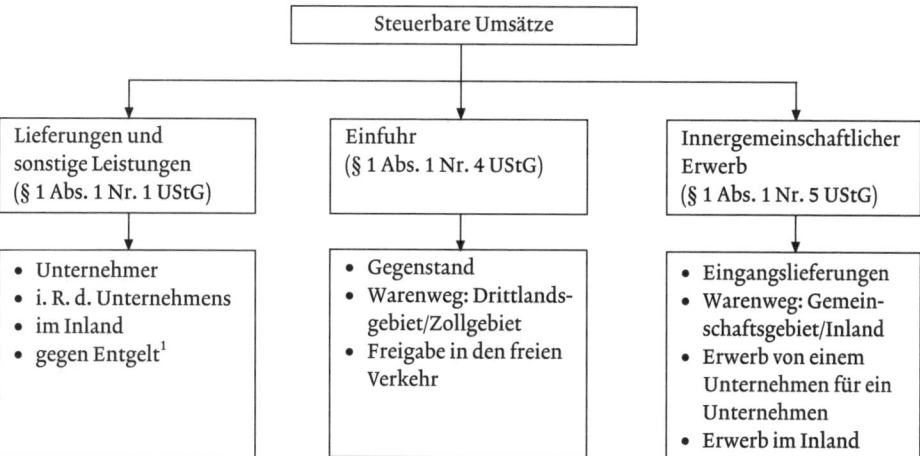

Bei den hier aufgeführten Tatbestandsmerkmalen handelt es sich weitgehend um abstrakte Begriffe, die der näheren Erläuterung bedürfen. Im vorliegenden Band werden die Tatbestandsmerkmale für die Lieferungen und sonstigen Leistungen gem. § 1 Abs. 1 Nr. 1 UStG und für den innergemeinschaftlichen Erwerb näher erläutert. Die Umsatzart »Einfuhr« wird nur im Rahmen des Vorsteuerabzugs behandelt, da die EUSt als Verbrauchsteuer aus dem Rahmen der übrigen USt herausfällt und von den Zollbehörden erhoben wird (vgl. T 4).

---

1 Das fehlende Engelt wird in den Fällen des § 3 Abs. 1b und Abs. 9a UStG fingiert (vgl. Q).

Für die **Steuerbarkeit** einer Umsatzart ist es erforderlich, dass jeweils **sämtliche** zu ihr gehörenden Tatbestandsmerkmale erfüllt sind. Fehlt auch nur ein Tatbestandsmerkmal (z. B. Inland[1]), ist der Umsatz **nichtsteuerbar**, d. h. der Umsatz fällt nicht unter das UStG und es kann keine inländische USt anfallen.

Bei Leistungsentnahmen und unentgeltlichen Leistungsabgaben fehlen zwar Tatbestandsmerkmale (z. B. Leistung oder Entgelt), die nach § 1 Abs. 1 Nr. 1 UStG für die Steuerbarkeit erforderlich sind. Die fehlenden Tatbestandsmerkmale können jedoch über § 3 Abs. 1b und Abs. 9a UStG fingiert werden (Näheres vgl. Q).

8 Schema zur Lösung umsatzsteuerrechtlicher Sachverhalte

Wenn sämtliche Tatbestandsmerkmale bei einer Umsatzart vorliegen, ist der Umsatz **steuerbar**, d. h., i. d. R. auch **steuerpflichtig**. Er ist ausnahmsweise dann nicht steuerpflichtig, wenn eine Steuerbefreiungsvorschrift nach § 4 Nr. 1–28 bzw. § 4b UStG eingreift. In diesem Fall ist der Umsatz zwar **steuerbar**, jedoch **steuerfrei**.

Entsprechend dieser Systematik des UStG ist es bei der Lösung umsatzsteuerrechtlicher Sachverhalte notwendig, grundsätzlich in der Ziffernfolge vorzugehen, wie sie im folgenden Schema dargestellt ist:

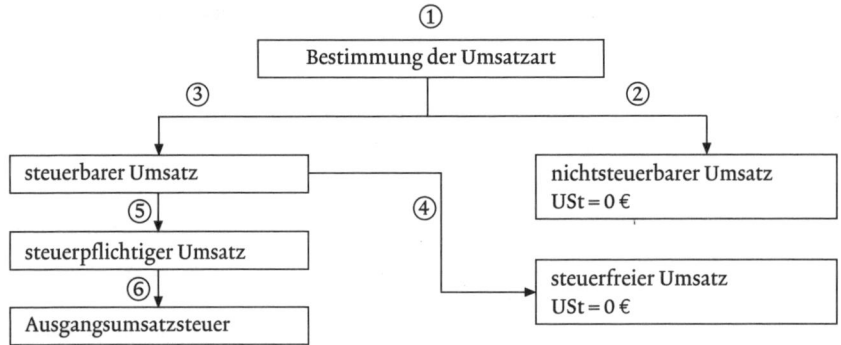

Vom Ergebnis her scheint es gleichgültig zu sein, ob ein Umsatz **nichtsteuerbar** oder ob er zwar steuerbar, aber **steuerfrei** ist.

Die Unterscheidung der Nichtsteuerbarkeit von der Steuerfreiheit kann jedoch an anderer Stelle im USt-Recht von Bedeutung sein, z. B.

- bei der Ermittlung des Gesamtumsatzes nach § 19 Abs. 3 UStG,
- bei der Frage, ob ein Nachweis (z. B. durch Belege) erbracht werden muss,
- bei der Ausfüllung der Steueranmeldungen.

MERKSATZ

Die Überprüfung eines Sachverhalts auf seine umsatzsteuerrechtliche Auswirkung ist in folgender Reihenfolge vorzunehmen:
1. Zuordnung zu einer bestimmten Umsatzart,
2. Feststellung der Steuerbarkeit (Steuerbarkeitsprüfung),
3. Feststellung der Steuerpflicht (negative Steuerbefreiungsprüfung).

---

[1] Das Inland deckt sich im Wesentlichen mit dem Gebiet der Bundesrepublik Deutschland (Näheres vgl. D).

FALL 1

Lösen Sie die nachfolgenden Aufgaben entsprechend der im obigen Schema dargestellten Reihenfolge. Gehen Sie dabei davon aus, dass im Falle der Steuerbarkeit eines Umsatzes keine Steuerbefreiungsvorschrift Anwendung findet.

1. Der Fabrikant F veräußert für 10 000 € eine Maschine in New York.
2. Der Arbeitnehmer A veräußert in Stuttgart seinen Pkw an den Gebrauchtwagenhändler H für 4 000 €.
3. Der Lebensmittelhändler L entnimmt aus seinem Geschäft in Köln Lebensmittel für seinen privaten Bedarf.
4. Das Mietwagenunternehmen M in Frankfurt vermietet dem Privatmann P einen Klein-Lkw für dessen Umzug von Frankfurt nach Wiesbaden.
5. Der selbständige Architekt A veräußert die Waschmaschine aus seinem Privathaushalt in Stuttgart für 400 €.

Teil C Umsatzart Lieferungen und sonstige Leistungen gemäß § 1 Abs. 1 Nr. 1 UStG

1 Allgemeines

Sie sollen nun den Haupttatbestand des UStG näher kennen lernen. Dabei werden jedoch zunächst die Tatbestandsmerkmale Unternehmer, im Rahmen des Unternehmens, gegen Entgelt, im Inland nicht weiter vertieft. Gehen Sie im Nachfolgenden davon aus, dass diese Merkmale zweifelsfrei vorliegen.

Der Gesetzgeber hat innerhalb der Umsatzart Nr. 1 zwischen **Lieferungen** und **sonstigen Leistungen** unterschieden, obwohl er beides ohne weiteres unter einem Oberbegriff, nämlich dem Begriff **Leistungen,** hätte zusammenfassen können. Die Unterscheidung zwischen diesen beiden Begriffen ist jedoch im USt-Recht in verschiedener Hinsicht von Bedeutung. Oft kommen bei den Lieferungen andere Vorschriften zur Anwendung als bei den sonstigen Leistungen, z. B.

- beim Leistungsort,
- bei Steuerbefreiungsvorschriften,
- in einigen Fällen bei den Steuersätzen.

Aus systematischen Gründen ist es somit erforderlich, dass Sie bei der Beurteilung eines Sachverhalts auf seine Steuerbarkeit gemäß § 1 Abs. 1 Nr. 1 UStG eine Aufteilung vornehmen und prüfen, ob eine

- steuerbare Lieferung oder eine
- steuerbare sonstige Leistung
  vorliegt.

2 Teilumsatzart Lieferungen

Gem. § 3 Abs. 1 UStG liegen Lieferungen eines Unternehmers dann vor, wenn er jemandem die **Verfügungsmacht** an einem **Gegenstand** verschafft. Es müssen also zwei Tatbestandsvoraussetzungen gegeben sein:

1. Gegenstand,
2. Verschaffung der Verfügungsmacht an dem Gegenstand.

3 Liefergegenstand

Der Begriff des Gegenstandes im USt-Recht ist nicht identisch mit dem Gegenstandsbegriff des Bürgerlichen Gesetzbuches (BGB). Während das **BGB** unter dem Gegenstandsbegriff sowohl **körperliche** als auch **nichtkörperliche Gegenstände** (Rechte) zusammenfasst, versteht man im UStG darunter grundsätzlich nur körperliche Gegenstände, also i. d. R. Sachen i. S. d. § 90 BGB[1].

---

1 Vgl. A 24 Abs. 1 UStR.

Unter diesen Begriff fallen somit:

- **unbewegliche Sachen** (z. B. Grund und Boden, Gebäude, Eigentumswohnungen),
- **bewegliche Sachen** (z. B. Waren, Rohstoffe, Maschinen, Kfz),
- **lebende Sachen** (Pflanzen),
- **Tiere,**
- **Sachen in flüssigem und gasförmigem Aggregatszustand** (z. B. Benzin, Öl, Wasser, Gase).

Lebende Tiere sind zwar lt. § 90a BGB keine Sachen. Da aber auf sie die für Sachen geltenden Vorschriften entsprechend anzuwenden sind, liegt bei lebenden Tieren umsatzsteuerrechtlich nach wie vor ein Liefergegenstand vor.

Neben den oben aufgeführten Sachen fallen unter den Gegenstandsbegriff des UStG auch noch Wirtschaftsgüter, die im Geschäftsverkehr wie Sachen umgesetzt werden (z. B. Elektrizität, Wärme, sonstige Energien). Dies ist darauf zurückzuführen, dass das USt-Recht in besonderem Maße der wirtschaftlichen Betrachtungsweise Rechnung trägt.

Keine Sachen sind dagegen:

- Geld als bloßes Zahlungsmittel (es hat lediglich die Funktion als Entgelt[1]),
- Personen (z. B. lebende Menschen),
- immaterielle Wirtschaftsgüter (Rechte[2], Patente, Know-how).

Bei Rechten kommt es häufig vor, dass das Recht in einem Papier verbrieft ist, z. B. ergibt sich aus einer Theaterkarte das Recht zum Besuch der Theatervorstellung. Gleichwohl handelt es sich nicht um einen Liefergegenstand, da das Papier gegenüber der Übertragung des Rechtes von nur untergeordneter Bedeutung ist. In Zweifelsfällen entscheidet die Verkehrsauffassung.

Bei Sachen stellt sich zuweilen die Frage, ob nur eine oder mehrere Lieferungen vorliegen. Es gilt hierzu der Grundsatz: **So viele Sachen, so viele Lieferungen.**

3.1 Sachgesamtheit

Eine Ausnahme von diesem Grundsatz ist die **Sachgesamtheit** (z. B. Kaffeeservice). Hier liegt grundsätzlich nur ein Gegenstand i. S. d. UStG und damit nur eine Lieferung vor. Dies kann z. B. für den Lieferort bedeutsam sein, wenn die Sachgesamtheit nicht insgesamt sondern in Teilen befördert oder versendet wird.

Eine Sachgesamtheit liegt dann vor, wenn mehrere Einzelsachen durch einen gemeinsamen Zweck derart verbunden sind, dass die Gesamtheit etwas qualitativ anderes darstellt, als die Einzelteile für sich (vgl. auch A 24 Abs. 1 Satz 3 UStR).

MERKSATZ

▌ Die Gesamtheit ist mehr wert[3] als die Summe der Einzelwerte.

Häufig erkennt man die Sachgesamtheit daran, dass sie im allgemeinen Sprachgebrauch mit einem besonderen Namen belegt ist, z. B. Warenlager, Geschenkkorb, Menü, ein Paar Schuhe, Selbstbausatz.

---

1 Vg. A 1 Abs. 3 Satz 3 UStR.

2 Vgl. A 24 Abs. 1 Satz 5 UStR.

3 Der Wert darf jedoch nicht generell mit dem Preis gleichgesetzt werden. Der Preis einer Sachgesamtheit kann im Einzelfall niedriger sein, als die Summe der Preise für die in der Sachgesamtheit enthaltenen Einzelteile.

3.2 **Vertretbare Sachen**

Die gleiche Frage, ob es sich um einen oder um mehrere Liefergegenstände handelt, stellt sich bei **vertretbaren Sachen.** Vertretbare Sachen sind nach § 91 BGB bewegliche Sachen, die im Verkehr nach **Zahl, Maß** oder **Gewicht** bestimmt zu werden pflegen, z. B. Benzin, Öl, Gas, Kohle, Zucker, Kaffee u. Ä., Serienprodukte wie z. B. Serienkraftwagen.

Handelt es sich um vertretbare Sachen, die im Verkehr nach Zahl bestimmt werden, so entspricht die Zahl der Sachen der Zahl der Liefergegenstände. Bei den vertretbaren Sachen, die im Verkehr nach Maß und Gewicht bestimmt werden, wird die Zahl der Liefergegenstände grundsätzlich durch den Kaufvertrag festgelegt. Sind dabei abgepackte Sachen Gegenstand des Kaufvertrages, ist regelmäßig jede einzelne Packung ein Liefergegenstand. Handelt es sich um unverpackte Sachen, die nach Maß oder Gewicht bestimmt werden, so ist der gesamte Gegenstand des Kaufvertrags ein Liefergegenstand.

BEISPIELE

a) Die Veräußerung von 100 kg Kaffee, abgepackt in 1-kg-Pakete, stellt 100 Lieferungen dar.

b) Die Veräußerung von 20 000 Liter Heizöl an einen Kunden stellt eine Lieferung dar.

Anmerkung: In der Praxis ist die Frage, ob eine oder mehrere Lieferungen vorliegen, meistens bedeutungslos. Deshalb wird oft von **einer** Lieferung gesprochen, obwohl genau genommen **mehrere** Lieferungen vorliegen.

FALL 2

Prüfen Sie in den nachfolgenden Fällen, ob ein Liefergegenstand und ggf. wie viele Liefergegenstände vorliegen.

Sachverhalt	Liefergegenstand nein	Liefergegenstand ja	Zahl
1. Das Wasserwerk berechnet einem Kunden für ein Kalendervierteljahr 120,36 cbm Wasser.		X	1
2. Das kinderlose Ehepaar S adoptiert ein Kind und zahlt einem Händler dafür 5 000 €.	X		
3. Das kinderlose Ehepaar S kauft von einem Händler zwei Hunde zum Gesamtpreis von 1 000 €.		X	2
4. Erwerb einer Fahrkarte der DB.	X		
5. Schriftsteller S veräußert das Manuskript seines Romans an einen Verlag zwecks Veröffentlichung.	X		
6. Buchhändler B veräußert zehn Exemplare eines Liederbuchs an einen Gesangverein.		X	10
7. Kunstmaler K veräußert eines seiner Originalgemälde.		X	1
8. Veräußerung eines komplett ausgestatteten Werkzeugkastens, bestehend aus 75 Einzelteilen.		X	1

4 Verschaffung der Verfügungsmacht an einem Gegenstand

Unter der Verfügungsmacht versteht man die umfassende Herrschaftsmacht an einer Sache, d.h., der Inhaber der Verfügungsmacht an einer Sache kann diese benutzen, verbrauchen, veräußern und zerstören[1].

Ausgangspunkt für die Verschaffung der Verfügungsmacht an einem solchen Gegenstand ist im Regelfall ein Verkaufsgeschäft[2], wonach sich die Vertragsparteien verpflichtet haben, dass der Verkäufer (Lieferer) dem Käufer (Abnehmer) einen Gegenstand übergibt und dieser dafür ein Entgelt entrichtet (Leistungsaustausch gem. § 1 Abs. 1 Nr. 1 UStG). Wird die Verfügungsmacht im obigen Sinne verschafft, liegt die Umsatzart »Lieferung« vor.

Der Zeitpunkt der Verschaffung der Verfügungsmacht ist zugleich der Zeitpunkt der Lieferung. Diesem Lieferzeitpunkt kommt eine zentrale Bedeutung zu. Er ist zum Beispiel maßgebend für die Frage, wann eine Umsatzsteuer fällig ist und an das Finanzamt abgeführt werden muss oder ab wann ein Vorsteuerabzug vorgenommen werden kann.

Bei der Frage, ab wann die Verfügungsmacht am Gegenstand verschafft wird und somit eine Lieferung vorliegt, muss grundsätzlich unterschieden werden, ob der Liefergegenstand durch den Lieferer oder den Abnehmer befördert oder versendet (bewegt bzw. transportiert) wird oder ob der Liefergegenstand **nicht** befördert oder versendet (nicht bewegt) wird.

Weiterhin setzt die Verschaffung der Verfügungsmacht stets einen Lieferwillen des Lieferers voraus.

4.1 Verschaffung der Verfügungsmacht (= Lieferung) bei Beförderung bzw. Versendung des Gegenstandes

Wird der Liefergegenstand durch den Lieferer oder Abnehmer befördert oder versendet, gilt als Verschaffung der Verfügungsmacht der Tag, an dem die Beförderung oder Versendung beginnt[3]. Voraussetzung ist allerdings, dass zu diesem Zeitpunkt ein Verkaufsgeschäft vorliegt.

> **BEISPIEL**
>
> Ein Kunde unterschreibt am 01.07.01 bei einem Kfz-Händler den Kaufvertrag für einen Pkw. Er holt den Pkw am 15.08.01 beim Händler ab.
>
> **LÖSUNG** Es liegt eine Beförderung durch den Kunden (Abnehmer) in Form eines Abholfalles vor. Da zu diesem Zeitpunkt (15.08.01) eine Leistungsaustauschvereinbarung[4] (Kaufvertrag) vorliegt, wird zu diesem Zeitpunkt dem Erwerber Verfügungsmacht am Pkw verschafft und damit die Lieferung vom Händler (Lieferer) an den Kunden (Abnehmer) ausgeführt. Der Abschluss des Kaufvertrags am 01.07.01 stellt umsatzsteuerrechtlich noch keine Lieferung dar.

---

1 Vgl. A 24 Abs. 2 UStR.

2 BFH vom 06.12.2007 BFH/NV 2008, 713.

3 A 185 Abs. 16 Nr. 2 UStR.

4 BFH vom 21.04.2005 BStBl II 2007, 63; vom 18.01.2005 BFH/NV 2005, 1394.

4.2 **Verschaffung der Verfügungsmacht (= Lieferung) ohne Beförderung bzw. Versendung des Gegenstandes**

Verschaffung der Verfügungsmacht (= Lieferung) erfolgt in diesen Fällen i.d.R. durch Übergang des bürgerlichen oder des wirtschaftlichen Eigentums am Gegenstand. Liegt sowohl wirtschaftliches als auch bürgerliches Eigentum vor, ist der Übergang des wirtschaftlichen Eigentums vorrangig.

Solche Fälle liegen z.B. bei Grundstücksveräußerungen vor bzw. bei Verkaufsgeschäften, die erst zu einem Zeitpunkt abgeschlossen werden, wo der Abnehmer bereits im Besitz des Liefergegenstandes ist, also eine Beförderung oder Versendung des Liefergegenstandes nicht mehr erfolgen kann (z.B. Verkäufer hat dem Käufer einen Gegenstand zunächst zur Ansicht überlassen).

BEISPIEL

Der Eigentümer eines eigengenutzten Fabrikgebäudes verkauft dieses an den Käufer K. Im notariell beurkundeten Kaufvertrag (§ 311 BGB) wurde der Übergang von Nutzen und Lasten auf den Erwerber am 01.10.01 vermerkt. Der Übergang des bürgerlichen Eigentums (Grundbucheintragung, § 873 BGB) erfolgte am 08.09.02.

LÖSUNG Es liegt hier ein Verkaufsgeschäft ohne Beförderung oder Versendung des Liefergegenstandes vor. Verschaffung der Verfügungsmacht (= Lieferung) erfolgt in diesen Fällen durch Übergang des bürgerlichen oder des wirtschaftlichen Eigentums.

Der Eigentumsübertragung an einem Grundstück geht regelmäßig ein Kaufvertrag voraus, der der notariellen Beurkundung bedarf (§ 311 BGB). Durch diesen Kaufvertrag wird jedoch noch nicht die Verfügungsmacht verschafft.

Der Zeitpunkt des Eigentumsübergangs hängt gem. § 873 BGB davon ab, wann die Eintragung des Eigentumsübergangs im Grundbuch erfolgt. Da der Zeitpunkt der Grundbucheintragung vom Grundbuchamt und nicht von den Vertragsparteien bestimmt werden kann, ist der Zeitpunkt des Eigentumsübergangs i.d.R. nicht identisch mit dem Zeitpunkt, zu dem Nutzen und Lasten am Grundstück auf den Erwerber übergehen. Erfolgt der Übergang von Nutzen und Lasten vor der Eintragung des neuen Eigentümers ins Grundbuch (Regelfall), liegt zu diesem Zeitpunkt bereits das wirtschaftliche Eigentum vor. Die Verschaffung der Verfügungsmacht und somit die Lieferung ist nach der wirtschaftlichen Betrachtungsweise bereits zu diesem Zeitpunkt (hier: 01.10.01) erfolgt.

Anmerkung: Vielleicht wissen Sie bereits, dass Grundstückslieferungen von der USt befreit sind und haben sich deshalb nach dem Sinn der obigen Ausführungen gefragt. Nehmen Sie bitte jetzt zur Vervollständigung Ihres Wissens zur Kenntnis, dass im Wege einer freiwilligen Versteuerung unter bestimmten Umständen auch bei Grundstücksveräußerungen, insbesondere wenn es sich um Geschäftsgrundstücke handelt, USt anfallen kann (vgl. L 4.3 und L 4.4).

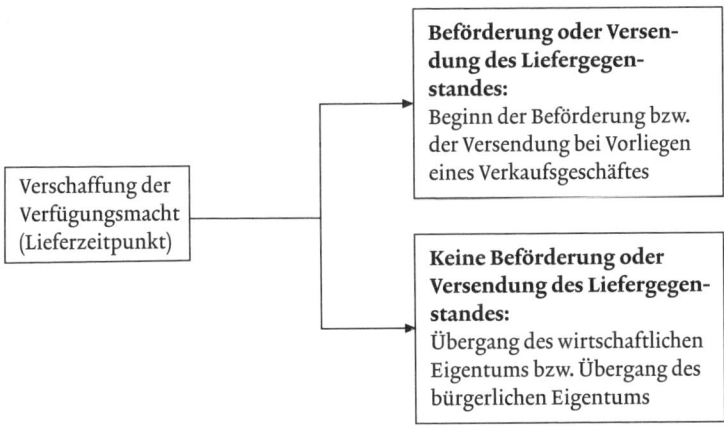

4.3 **Verschaffung der Verfügungsmacht in Sonderfällen**

Die Frage, ob eine Lieferung erfolgt ist und ggf. die Frage des Lieferzeitpunkts bestimmt sich grundsätzlich nach dem Beginn der Beförderung oder Versendung des Liefergegenstandes. Wird der Liefergegenstand nicht befördert oder versendet, liegt die Lieferung im Normalfall mit dem bürgerlich-rechtlichen Eigentumsübergang vor, weil hiermit i.d.R. auch das wirtschaftliche Eigentum übergeht. Entscheidend für die Frage der Lieferung ist allerdings der Übergang des wirtschaftlichen Eigentums[1]. Fallen die Zeitpunkte des Übergangs von bürgerlich-rechtlichem und wirtschaftlichem Eigentum auseinander, ist Lieferzeitpunkt der Zeitpunkt des Übergangs des wirtschaftlichen Eigentums.

Nachfolgend werden einige typische Fälle dargestellt, in denen wirtschaftliches und bürgerlich-rechtliches Eigentum auseinander fallen. Dabei ist die Mindestanforderung für die Verschaffung der Verfügungsmacht, dass beim Lieferer ein Lieferwille vorliegt[2].

Darüber hinaus gibt es jedoch auch Fälle der Lieferung und des Lieferzeitpunktes, bei denen das bürgerlich-rechtliche Eigentum an der Sache nicht übergeht. Diese Sonderfälle sollen nachstehend erläutert werden.

MERKSATZ

Verschaffung der Verfügungsmacht setzt einen Lieferwillen voraus.

BEISPIELE

a) Ein Spielzeughändler veräußert an einen Sechsjährigen ein Spielzeugauto.
LÖSUNG In diesem Falle ist **kein Eigentum** nach § 929 BGB übergegangen, da der Sechsjährige geschäftsunfähig ist und somit keine wirksame Einigungserklärung nach § 929 BGB abgeben kann.
Es wurde jedoch ein Leistungsaustausch (Verkaufsgeschäft) mit dem Minderjährigen vereinbart. Nach der Rechtsprechung des BFH[3] ist ein wirksamer Vertrag für die Verschaffung der Verfügungsmacht keine notwendige Voraussetzung, sofern tatsächlich ein Leistungsaustausch erfolgte. Mit der Übergabe des Spielzeugautos (Abholfall) bewirkt der Händler eine Liefe-

---

1 Vgl. auch § 39 Abs. 2 Nr. 1 AO.
2 Ausnahme: Vgl. § 1 Abs. 1 Nr. 1 Satz 2 UStG.
3 BFH vom 24.02.2005 BFH/NV 2005, 1160, unter II.1.b.

rung, da er dem Minderjährigen das Auto willentlich übergeben hat und somit auch ein Lieferwille vorliegt. Zeitgleich erfolgt zwar auch der Übergang des wirtschaftlichen Eigentums, da der Minderjährige wie ein Eigentümer über den Gegenstand verfügen kann. Weil es aber vorrangig auf den Beginn der Beförderung ankommt, ist dies nicht mehr maßgebend.

b) Ein Dieb veräußert gestohlene Gegenstände an einen Hehler.

LÖSUNG An gestohlenen Sachen kann bürgerlich-rechtlich kein Eigentum übertragen werden. Da der Dieb mit dem Hehler einen Leistungsaustausch (Verkaufsgeschäft) vereinbart und da nach der Rechtsprechung des BFH[1] ein wirksamer Vertrag für die Verschaffung der Verfügungsmacht keine notwendige Voraussetzung ist, liegt mit der Übergabe der Ware eine Lieferung des Diebs an den Hehler vor, sofern tatsächlich ein Leistungsaustausch erfolgte (Ware gegen Geld). Liegt keine Beförderung oder Versendung vor, erfolgt die Verschaffung der Verfügungsmacht (= Lieferungszeitpunkt) durch Übergang des wirtschaftlichen Eigentums.

c) Ein Dieb hat im Beispiel b) die Sachen aus dem Lager eines Lebensmittelgroßhändlers gestohlen.

LÖSUNG Der Dieb hat an den gestohlenen Sachen, da er wie ein Eigentümer über sie verfügen kann, wirtschaftliches Eigentum erlangt. Verfügungsmacht wurde ihm jedoch **nicht** vom Lebensmittelgroßhändler **verschafft, sondern** er hat sie sich selbst **genommen.** Beim Händler liegt der für die **Verschaffung** der Verfügungsmacht erforderliche **Lieferwille** und somit die Vereinbarung eines Leistungsaustausches nicht vor. Es liegt somit **keine** Lieferung vom Händler an den Dieb vor.

d) Ein Gerichtsvollzieher pfändet bei einem Unternehmer Ware und versteigert sie.

LÖSUNG Der Gerichtsvollzieher hat im Wege einer hoheitlichen Maßnahme die Verfügungsmacht vom Unternehmer auf den Ersteigerer übertragen. Der Unternehmer hat also nicht willentlich die Verfügungsmacht abgegeben. Es fehlt somit bei ihm am Lieferwillen. Gem. § 1 Abs. 1 Nr. 1 Satz 2 UStG wird in diesem Falle, weil eine behördliche Anordnung vorliegt, dennoch die Verschaffung der Verfügungsmacht und somit eine Lieferung vom Unternehmer unmittelbar an den Ersteigerer angenommen (vgl. auch A 2 Abs. 2 UStR). § 1 Abs. 1 Nr. 1 Satz 2 UStG stellt eine Ausnahme von dem Grundsatz dar, dass ein Lieferwille und eine Leistungsvereinbarung des Lieferanten erforderlich sind. Aus der Existenz dieser Ausnahmeregelung ergibt sich durch Umkehrschluss eindeutig, dass eine Lieferung im Normalfall einen **Lieferwillen** voraussetzt.

e) Ein Mietwagenunternehmer vermietet an einen Kunden einen Pkw.

LÖSUNG Der Mieter hat die Möglichkeit, den Pkw zu nutzen, nicht jedoch zu veräußern. Er hat zwar eine gewisse, aber nicht die umfassende Sachherrschaft. Er hat keine Verfügungsmacht, sondern lediglich ein Nutzungsrecht am Pkw erlangt. Eine Lieferung liegt mangels Verkaufsgeschäfts nicht vor. Allerdings stellt die Vermietung des Pkw eine sonstige Leistung dar.

f) Wie Fall e), jedoch hat der Kunde von vornherein die unlautere Absicht, diesen Pkw bei der ersten sich bietenden Gelegenheit zu verkaufen. Entsprechend dieser Absicht veräußert er den Pkw.

LÖSUNG In diesem Falle verschafft sich der Kunde mit dem Erhalt des Pkw sofort die tatsächliche Möglichkeit, seiner Absicht entsprechend, den Pkw zu veräußern. Er fühlt sich nicht wie ein Mieter verpflichtet, den Pkw nach Ablauf der Mietzeit zurückzugeben, sondern eignet sich den Pkw im Wege der Unterschlagung an.

---

[1] BFH vom 24.02.2005 BFH/NV 2005, 1160, unter II.1.b.

Er hat dadurch zwar das wirtschaftliche Eigentum, aber nicht die umsatzsteuerrechtliche Verfügungsmacht. Eine Lieferung des Mietwagenunternehmers an diesen Kunden liegt auch deshalb nicht vor, weil beim Mietwagenunternehmer **kein Lieferwillen** vorliegt.

g) Der Kunde K kauft am 01.02.01 bei dem Elektrohändler E ein hochwertiges Fernsehgerät. Der Kaufpreis i. H. v. 2 000 € soll wie folgt bezahlt werden:
500 € sofort bei Übergabe des Geräts am 01.02.01, die restlichen 1 500 € in 15 Monatsraten à 100 €, beginnend ab 01.03.01. E behält sich lt. Vertrag bis zur vollständigen Bezahlung des Kaufpreises das Eigentum am Gerät zurück. Mit der Zahlung der letzten Rate wird K gem. § 158 Abs. 1 BGB sofort Eigentümer.
LÖSUNG Es handelt sich bürgerlich-rechtlich um einen Kauf unter Eigentumsvorbehalt. Obwohl das bürgerlich-rechtliche Eigentum gemäß § 929 BGB i. V. m. § 158 Abs. 1 BGB erst mit der vollständigen Bezahlung des Kaufpreises übergeht, kann der Kunde bereits ab der Übergabe am **01.02.01** wie ein Eigentümer über das Fernsehgerät verfügen. Wenn er seine Raten pünktlich bezahlt, kann ihm niemand das Gerät wegnehmen. Weil der Kunde das Gerät abholt, liegt eine Beförderung vor. Lieferzeitpunkt ist der Beförderungsbeginn (01.02.01), da zu diesem Zeitpunkt (01.02.01) eine Leistungsaustauschvereinbarung (Kaufvertrag) erfolgt ist und von Seiten des Elektrohändlers auch ein Lieferwillen besteht. Das Vorhandensein des wirtschaftlichen Eigentums verstärkt zusätzlich diese Annahme (vgl. A 24 Abs. 2 Satz 89 UStR).

h) Im Fall g) stellt der Kunde ab 01.09.01 seine Ratenzahlungen ein. Der Händler holt am 01.11.01 auf Grund seines Eigentumsvorbehalts das Fernsehgerät beim Kunden wieder ab, weil der Kunde zahlungsunfähig geworden ist. Die Anzahlung und die bisher bezahlten Raten behält er entsprechend den vertraglichen Vereinbarungen als Entgelt für die bisherige Benutzung.
LÖSUNG Wie im Fall g) ausgeführt erfolgte die Lieferung an den Kunden bereits am 01.02.01. Durch die Rückholung des Fernsehgeräts wird diese Lieferung nachträglich am 01.11.01 aufgehoben[1]. An die Stelle der Lieferung tritt allerdings nunmehr eine Vermietungsleistung (sonstige Leistung).

i) Der Kunstsammler K (Unternehmer) möchte aus seiner Kunstsammlung einen »Rembrandt« verkaufen, ohne dass er als Verkäufer bekannt wird. Er übergibt deshalb das Bild dem Kunsthändler H und beauftragt diesen, das Bild unter seinem eigenen Namen (des H) zu verkaufen. Dieser veräußert das Bild an die Kunstgalerie G. Vom erhaltenen Kaufpreis darf H vereinbarungsgemäß 10 % Provision einbehalten, den Restbetrag hat er unverzüglich dem K zu überweisen.
LÖSUNG Wer gewerbsmäßig Waren im eigenen Namen für Rechnung eines anderen verkauft, ist Verkaufskommissionär (§ 383 HGB). Da H das Bild im eigenen Namen für Rechnung des K verkauft, liegt eine Verkaufskommission vor. Nach bürgerlichem Recht (§ 929 i. V. m. § 185 Abs. 1 BGB) geht in diesem Fall das Eigentum am »Rembrandt« direkt vom Kunstsammler auf die Kunstgalerie über. Dementsprechend dürfte eigentlich keine Lieferung vom Kunstsammler an den Kunsthändler vorliegen. § 3 Abs. 3 UStG bestimmt jedoch dazu: »Beim Kommissionsgeschäft (§ 383 HGB) liegt zwischen dem Kommittenten (Kunstsammler) und dem Kommissionär (Kunsthändler) eine Lieferung vor. Bei der Verkaufskommission gilt der Kommissionär als Abnehmer.«
Das bedeutet, dass auf Grund der ausdrücklichen Regelung des UStG der Kunstsammler K die Verfügungsmacht dem Kunsthändler verschafft. H gibt die Verfügungsmacht dann an die Kunstgalerie weiter. Demzufolge liegen bei der Verkaufskommission zwei Lieferungen vor. Die erste Lieferung erfolgt vom Kunstsammler (Kommittent) an den Kunsthändler (Kommissionär). Die zweite Lieferung erfolgt vom Kunsthändler (Kommissionär) an die

---

1 Vgl. A 1 Abs. 4 UStR.

Kunstgalerie. Beide Lieferungen erfolgen gleichzeitig. Wird das Bild von H oder von G befördert, ist die zweite Lieferung mit Beginn der Beförderung oder Versendung erfolgt, da zu diesem Zeitpunkt eine Leistungsaustauschvereinbarung und ein Lieferwillen vorliegt. Die erste Lieferung von K an H erfolgt zeitgleich, da H zumindest eine logische Sekunde vorher über das Bild verfügen muss, wenn er seinerseits dem G mit Beginn der Beförderung oder Versendung die Verfügungsmacht verschafft hat[1].

(Weitere Einzelheiten s. O 4.)

j) Der Versandhändler V in Stuttgart hat Ware an den Kunden K in Straßburg (Frankreich) verkauft. V gibt dem Frachtführer F am 30.05.01 die Ware zum Versand an K. Die Ware wird dem K am 02.06.01 von F übergeben.

LÖSUNG Es liegt eine Versendung (Transport durch einen Frachtführer) der Ware durch V vor. Da zu Beginn der Versendung am 30.05.01 eine Leistungsaustauschvereinbarung (Kaufvertrag) und ein Lieferwillen vorliegt, wird zu diesem Zeitpunkt dem K Verfügungsmacht an der Ware verschafft und damit die Lieferung bewirkt. Der Übergang des bürgerlichen Eigentums gem. § 929 BGB am 02.06.01 ist in diesem Falle nicht maßgebend[2].

k) Der Versandhändler V gibt bei der Deutschen Bundesbahn (DB) eine Ware zum Versand an den Kunden K auf. Der Versand erfolgt nach den vereinbarten Lieferbedingungen auf Gefahr des Kunden K. Die Ware wird während des Transportes gestohlen. Nach bürgerlichem Recht (§ 447 BGB i. V. m. § 269 BGB) war K verpflichtet, trotz des Verlustes der Ware, den Kaufpreis zu bezahlen.

LÖSUNG Die Lieferung ist bereits mit Beginn der Versendung erfolgt[2] weil zu diesem Zeitpunkt eine Leistungsaustauschvereinbarung (Kaufvertrag) vorliegt. Dass danach die Ware gestohlen wurde, spielt keine Rolle. Da K den Kaufpreis zu zahlen hat, ist die Lieferung steuerbar und steuerpflichtig.

MERKSATZ

1. Im Falle der Beförderung und Versendung des Gegenstandes erfolgt die Verschaffung der Verfügungsmacht und somit die Lieferung grundsätzlich mit Beginn der Beförderung bzw. Versendung.
2. Wird der Gegenstand nicht befördert oder versendet, erfolgt die Lieferung i.d.R. mit Übergang des bürgerlichen Eigentums. Spaltet sich das Eigentum in bürgerlich-rechtliches und wirtschaftliches Eigentum auf, genügt für die Verschaffung der Verfügungsmacht der Übergang des wirtschaftlichen Eigentums. Die Verfügungsmacht wird also auch in den Fällen verschafft, in denen lediglich das wirtschaftliche Eigentum ohne das bürgerlich-rechtliche Eigentum übertragen wird.
3. Beim Kommissionsgeschäft wird Verfügungsmacht im Wege der gesetzlichen Fiktion gem. § 3 Abs. 3 UStG verschafft.

FALL 3

Prüfen Sie, ob bei den nachfolgenden Sachverhalten Lieferungen vorliegen. Bestimmen Sie ggf. den Lieferanten und den Abnehmer sowie den Zeitpunkt der Lieferung, sofern die erforderlichen Datumsangaben vorliegen.

---

1 Vgl. BFH vom 25.11.1986 BStBl II 1987, 278 und A 15b Abs. 7 Satz 1 UStR.
Bei den innergemeinschaftlichen Kommissionsgeschäften geht die Verwaltung allerdings aus Vereinfachungsgründen davon aus, dass die Lieferungen zwischen Kommittent und Kommissionär und Kommissionär und Abnehmer nicht zeitgleich erfolgen. Hier erfolgt die Lieferung vom Kommittenten an den Kommissionär bereits bei der Auslieferung des Gegenstandes an den Kommissionär. Näheres hierzu vgl. A 15b Abs. 7 UStR.
2 Vgl. Tz. 2 des BMF-Schreibens vom 26.09.2005 BStBl I 2005, 936.

1. Der Kfz-Händler H schließt mit dem Kunden K einen Kaufvertrag über den Verkauf eines Pkw ab. Vor Auslieferung des Pkw tritt K vom Kaufvertrag zurück und es kommt nicht mehr zur Auslieferung.
2. Der Fabrikant F verkauft an den Unternehmer U am 01.12.01 mit notariell beurkundetem Kaufvertrag eine Lagerhalle. Die Auflassung erfolgt gleichzeitig. Nach dem Kaufvertrag sollen Nutzen und Lasten bezüglich der Lagerhalle zum 01.01.02 auf U übergehen. Die Eintragung des U als Eigentümer im Grundbuch erfolgte im Februar 02.
3. Der Kunde K bestellt am 15.09.01 beim Reifenhändler R vier Winterreifen. Am 20.10.01 fährt er zu R und lässt sich die Winterreifen auf sein Fahrzeug montieren.
4. Der Kunde kauft beim Teppichhändler T am 29.09.01 einen Teppich für 1 500 €, von dessen Sorte T 10 Stück auf Lager hat. K leistete eine Anzahlung i. H. v. 500 € und vereinbart mit T, dass er den Teppich eine Woche später abholen und dabei den restlichen Kaufpreis in bar entrichten werde. T legte keinen der Teppiche für K besonders zurück, da er davon ausging, dass nicht alle Teppiche innerhalb einer Woche verkauft werden. Am 06.10.01 erklärte K dem T, dass er den Teppich nun doch nicht abnehmen wolle. T erteilte daraufhin dem K bezüglich der angezahlten 500 € einen Gutschein.
5. Der Kunstliebhaber H in Ludwigsburg bestellt beim Kunsthändler D in Prag (CR) anhand eines Kataloges ein Bild des Malers M. Auftragsgemäß bringt D das Bild mit seinem Pkw von seinem Laden in Prag zur Wohnung des H in Ludwigsburg. Gleichzeitig bringt er zwei weitere Bilder desselben Malers zur Ansicht mit. Eines davon erwirbt H zusätzlich. Das andere nimmt D wieder mit. Der Transport sämtlicher Bilder erfolgt auf Gefahr des D.
6. Der sechsjährige S wird im Selbstbedienungsladen von einer Verkäuferin beobachtet, wie er eine Schachtel Konfekt unter seinem Pullover verschwinden lässt. Sie stellt ihn zur Rede, verlangt und erhält den dafür vorgesehenen Kaufpreis.
7. Kunde K sucht sich am 30.11.01 im Lager des Möbelgroßhändlers G eine Couch und einen Tisch aus (keine Sachgesamtheit). Den Tisch nimmt er sofort in seinem Pkw mit, die Couch lässt ihm der Möbelgroßhändler G durch den Rollfuhrunternehmer R zusenden. G übergibt die Couch dem Rollfuhrunternehmer R am 15.12.01. Sie kommt bei K am 02.01.02 an.
8. Der selbständige Rechtsanwalt R gibt seinen Angestellten je Arbeitstag einen Gutschein im Wert von 2 €, den diese in der nahegelegenen Bäckerei und Metzgerei einlösen können. Die Angestellten können dabei nach freier Wahl Ware kaufen. Der Gutschein wird auf den Kaufpreis angerechnet.
9. Der Verlag V schickt mit der Deutschen Post AG dem Buchhändler B 10 Exemplare eines vom Verlag herausgegebenen Buches als Kommissionsware. Der Buchhändler veräußert davon 5 Exemplare. Die restlichen Bücher schickt er dem Verlag zurück.

5 Lieferweg

5.1 Allgemeines

Im vorangegangenen Abschnitt haben Sie in erster Linie die Fähigkeit erworben zu entscheiden, ob eine Lieferung überhaupt vorliegt. Entscheidend hierfür war meistens das Vorliegen einer Leistungsaustauschvereinbarung und der Beginn der Beförderung bzw. Versendung des Liefergegenstandes. Nachfolgend sollen Sie in die Lage versetzt werden, genau zu bestimmen,

- **wer** die Lieferung ausführt (Lieferer) und
- an **wen** sie erfolgt (Abnehmer).

In den meisten Fällen gibt hierüber das zivilrechtliche **Verpflichtungsgeschäft** Auskunft:

- Lieferer ist derjenige, der sich im zivilrechtlichen Verpflichtungsgeschäft (z. B. Kaufvertrag) verpflichtet hat, eine Sache zu verkaufen.
- Abnehmer ist derjenige, der im zivilrechtlichen Verpflichtungsgeschäft als Auftraggeber (Besteller) auftritt (z. B. im Kaufvertrag der Käufer).

Bei der Verschaffung der Verfügungsmacht ist zu beachten, dass den dabei mitwirkenden Erfüllungsgehilfen sowohl des Lieferers als auch des Abnehmers keine eigene Verfügungsmacht am Liefergegenstand verschafft wird und sie somit in der Eigenschaft als Erfüllungsgehilfen weder Lieferer noch Abnehmer sind. Ihre Tätigkeit wird dem jeweiligen Auftraggeber zugerechnet.

> **BEISPIEL**
>
> Der A ist im Ladengeschäft des Unternehmers B angestellt. C ist Angestellter des Unternehmers D. C kauft bei A im Namen des D eine Ware, die ihm A sofort übergibt.
> **LÖSUNG** Mit der Übergabe der Ware von A an C geht die Verfügungsmacht unmittelbar von B auf D über. B liefert somit direkt an D. A und C sind bloße Erfüllungsgehilfen von B und D. Ihre Handlungen werden so behandelt, als ob sie von B und D selbst vorgenommen würden.

Erfüllungsgehilfen sind u. a.:

- Arbeitnehmer im Rahmen ihres Dienstverhältnisses,
- Frachtführer (Rollfuhrunternehmer, Post, Binnenschiffer, Bundesbahn),
- Verfrachter (Reeder),
- Spediteure (§ 407 HGB),
- Handelsvertreter (§ 416 HGB),
- Be- und Verarbeiter (Werkunternehmer), vgl. I.

Von den Arbeitnehmern (nichtselbständige Erfüllungsgehilfen) abgesehen, handelt es sich hierbei um selbständige Personen, welche die Unternehmereigenschaft besitzen. Soweit sie im Rahmen ihrer Branche tätig werden, erbringen sie an ihre Auftraggeber keine Lieferungen, sondern sonstige Leistungen.

5.2 Lieferwege bei der Einschaltung von Erfüllungsgehilfen

Nachfolgend sollen die wesentlichen Möglichkeiten dargestellt werden, die sich bei Einschaltung von Erfüllungsgehilfen ergeben. Dabei ist davon auszugehen, dass zwischen dem Lieferer und dem Abnehmer entweder unmittelbar oder stellvertretend durch Erfüllungsgehilfen ein Kaufvertrag abgeschlossen wurde.

a) **Übergabe von Ware vom Lieferer (L) an seinen Arbeitnehmer ANL, Transport von ANL zum Abnehmer (A), Übergabe der Ware vom ANL zum Arbeitnehmer des A (ANA)**

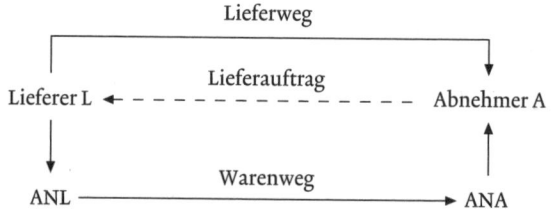

Geliefert wird von L an A.

b) **Übergabe von Ware vom Lieferer (L) bzw. seinem Arbeitnehmer ANL an den von L beauftragten Frachtführer (F), Transport von F zum Abnehmer (A), Übergabe Ware vom F an den Arbeitnehmer ANA des Abnehmers A**

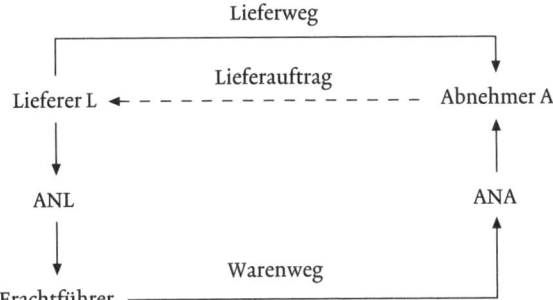

Geliefert wird von L an A. Erfolgt der Transport durch einen selbständigen Frachtführer bezeichnet man die Lieferung als Versendungslieferung (vgl. hierzu § 3 Abs. 6 Satz 3 UStG). Wird die Ware zunächst vom ANL zum Frachtführer und von diesem zum Abnehmer transportiert, bezeichnet man die Lieferung von L an A als gebrochene Beförderungs-/Versendungslieferung.

c) **Übergabe von Ware vom Lieferer (L) bzw. seinem Arbeitnehmer ANL an den Frachtführer (FA) des Abnehmers (A), Transport von FA zum Abnehmer (A), Übergabe Ware vom FA an den Arbeitnehmer ANA des A**

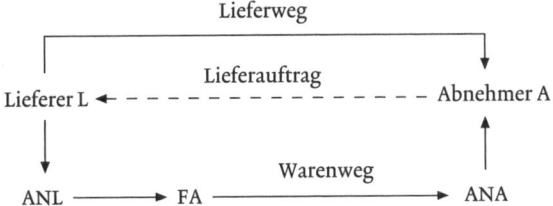

Geliefert wird von L an A. Auch in den Fällen, in denen ein Frachtführer des Abnehmers den Transport übernimmt, bezeichnet man die Lieferung als Versendungslieferung (§ 3 Abs. 6 Satz 1 und 3 UStG). Übernimmt der AN des A ein Teilstück des Transportes, liegt eine gebrochene Versendungs-Beförderungslieferung vor.

d) **Übergabe von Ware vom Lieferer (L) bzw. seinem Arbeitnehmer ANL an den Arbeitnehmer ANA des Abnehmers (A), Transport von ANA und Übergabe der Ware von ANA an A**

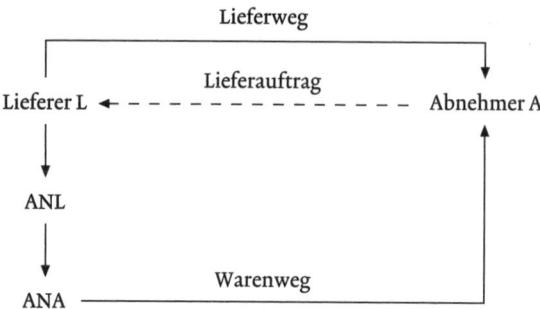

Geliefert wird von L an A. Erfolgt der Transport durch einen AN des Abnehmers wird die Lieferung ebenfalls als Beförderungslieferung bezeichnet (§ 3 Abs. 6 Satz 1 und 2 UStG).

e) **Übergabe von Ware vom Lieferer (L) an Werkunternehmer des Abnehmers (A), Transport von L zum Werkunternehmer, Be- oder Verarbeitung der Ware durch Werkunternehmer, Transport vom Werkunternehmer zum Abnehmer**

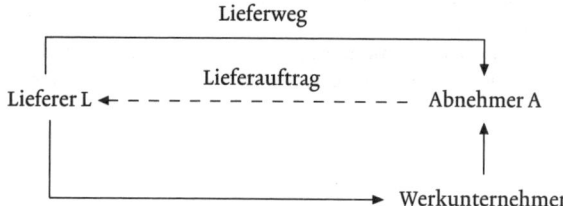

Geliefert wird von L an A. Es liegt eine Beförderungslieferung vor. Die Bearbeitung der Ware durch den Werkunternehmer erfolgt außerhalb des Liefergeschäftes zwischen L und A, weil L dem A die unbearbeitete Ware schuldet. Der nachfolgende Transport des Werkunternehmers zum Abnehmer ist ein innerbetrieblicher Vorgang bei A (so genanntes rechtsgeschäftsloses Verbringen).

In den Fällen der Einschaltung eines Be- oder Verarbeiters (Werkunternehmers) seitens des Abnehmers kann es sein, dass die Ware als Gegenstand völlig neuer Marktgängigkeit beim Abnehmer ankommt, z. B. Gusseisen in Form von Gussstücken. Trotzdem hat L Gusseisen und keine Gussstücke geliefert.

Wie Sie aus den obigen Skizzen erkennen können, geht der Lieferweg immer in die Gegenrichtung des Lieferauftrags. Wer den Lieferauftrag an wen erteilt, ist aus dem Verpflichtungsgeschäft (Kaufvertrag) zu entnehmen. Die Lieferung erfolgt immer an den Besteller oder Käufer des Gegenstandes.

Der Lieferweg ist nicht identisch mit dem Warenweg. Dies ist darauf zurückzuführen, dass die Tätigkeiten der Erfüllungsgehilfen des Lieferers dem Lieferer und die Tätigkeiten der Erfüllungsgehilfen des Abnehmers dem Abnehmer zugerechnet werden.

MERKSATZ

▌ Erfüllungsgehilfen sind der verlängerte Arm ihres Geschäftsherrn.

In der Praxis ist die Zurechnung der AN als Erfüllungsgehilfen ihrer Dienstherren so selbstverständlich, dass die AN der Einfachheit halber überhaupt nicht mehr erwähnt werden. Es würde somit bei Lieferung a) bereits die Aussage ausreichen: »Der Lieferer übergibt dem Abnehmer die Ware.«

Bei der Lösung von unübersichtlichen Fällen empfiehlt es sich, zur Feststellung des Lieferweges eine Skizze in der oben dargestellten Form anzufertigen.

FALL 4

Prüfen Sie bei den nachfolgenden Sachverhalten, welcher Falltyp einer Lieferung (Beförderungslieferung, Versendungslieferung) vorliegt.

1. Der Arbeitnehmer LA des Lieferers L übergibt im Ladengeschäft des Lieferers L die Ware dem Arbeitnehmer AA des Abnehmers A. AA befördert die Ware zum Betrieb des A.
2. Der Arbeitnehmer LA des Lieferers L befördert die Ware zum Frachtführer LF. LF transportiert die Ware im Auftrag des L zum Betrieb des Abnehmers A und übergibt dort die Ware dem Arbeitnehmer AA des Abnehmers A.
3. Der Arbeitnehmer LA des Lieferers L befördert die Ware zum Frachtführer AF. AF befördert die Ware im Auftrag des Abnehmers A zum Betrieb des Abnehmers A und übergibt dort die Ware dem Arbeitnehmer AA des Abnehmers A.
4. Der Arbeitnehmer LA des Lieferers L befördert die Ware zum Frachtführer LF. LF transportiert die Ware im Auftrag des L zum Frachtführer AF. AF befördert die Ware im Auftrag des Abnehmers A zum Betrieb des Abnehmers A und übergibt dort die Ware dem Arbeitnehmer AA des Abnehmers A.
5. Lieferer L befördert die Ware zum Werkunternehmer AW. AW bearbeitet die Ware im Auftrag des Abnehmers A. Nach erfolgter Bearbeitung befördert AW die Ware zum Betrieb des A.

5.3 Reihengeschäft

Von einem Reihengeschäft spricht man, wenn mehrere Unternehmer über denselben Gegenstand Umsatzgeschäfte abschließen und dieser Gegenstand bei der Beförderung oder Versendung unmittelbar vom ersten Unternehmer an den letzten Abnehmer gelangt. Für Reihengeschäfte gilt, dass so viele Lieferungen vorliegen, wie Umsatzgeschäfte über den Gegenstand abgeschlossen worden sind. Dabei erfolgt die einzelne Lieferung jeweils zwischen den beiden Beteiligten des Umsatzgeschäftes in die Gegenrichtung der Bestellung (vom Verkäufer an den Käufer). Die gesetzliche Definition des Reihengeschäftes kann aus § 3 Abs. 6 Satz 5 UStG entnommen werden.

Da beim Reihengeschäft zwar mehrere Lieferungen aber nur ein Warenweg vorliegt, muss nach § 3 Abs. 6 Satz 5 UStG zwischen einer Lieferung mit Warenweg und Lieferungen (eine oder mehrere) ohne Warenweg unterschieden werden. Die Lieferungen (Verschaffung der Verfügungsmacht) erfolgen dabei zu unterschiedlichen Zeitpunkten. Bei der nur einmal vorhandenen Lieferung mit Warenweg ist der Lieferzeitpunkt der Beginn der Beförderung oder Versendung des Liefergegenstandes[1] (vgl. hierzu Ausführungen lt. Teil C 4). Bei der/n Lieferung/en ohne Warenbewegung findet keine Beförderung bzw. Versendung statt. Sie werden nach § 3 Abs. 7 Satz 2 UStG entweder vor (Zeitpunkt zu Beginn des Wa-

---

1 A 31a Abs. 2 Satz 2 UStR.

renweges) oder nach der Beförderungslieferung ausgeführt (Zeitpunkt am Ende des Warenweges).

Bei Vorliegen eines Reihengeschäftes muss somit zu allererst festgestellt werden, welcher Lieferung der Warenweg zuzuordnen ist. Die Zuordnung muss dabei über die beteiligten Unternehmer erfolgen. Hat der erste Unternehmer in der Reihe den Transport (Beförderung oder Versendung) übernommen, ist der von ihm ausgeführten Lieferung der Warenweg zuzuordnen. Hat der letzte Abnehmer in der Reihe den Transportauftrag erteilt, ist der an ihn erfolgten Lieferung der Warenweg zuzuordnen. Hat ein innerhalb der Unternehmerkette sich befindlicher Unternehmer (mittlerer Unternehmer) den Transport ausgeführt, kann der Warenweg entweder der an ihn erbrachten Lieferung (Normalfall) oder der von ihm ausgeführten Lieferung zugeordnet werden. Maßgebend ist, ob er den Transportauftrag als Abnehmer oder als Lieferer erteilt hat[1].

BEISPIEL

Der Lieferer L (Unternehmer) hat die von seinem Abnehmer A bestellte Ware nicht vorrätig. Er bestellt die Ware bei seinem Vorlieferer V (Unternehmer) und beauftragt diesen, die Ware unmittelbar dem A auszuhändigen.

LÖSUNG Im Reihengeschäft liegen zwei Lieferungen vor. V liefert an L und L liefert an A. Da V den Transport übernommen hat, ist seiner Lieferung der Warenweg zuzurechnen. Bei der Lieferung des L an den A handelt es sich somit um eine Lieferung ohne Warenweg. Lieferzeitpunkt der Lieferung V an L ist der Beginn der Beförderung. Lieferzeitpunkt der Lieferung des L an A ist die Übergabe der Ware an A am Ende des Warenweges, da diese Lieferung nach der Beförderungslieferung erfolgt (vgl. § 3 Abs. 7 Nr. 2 UStG).

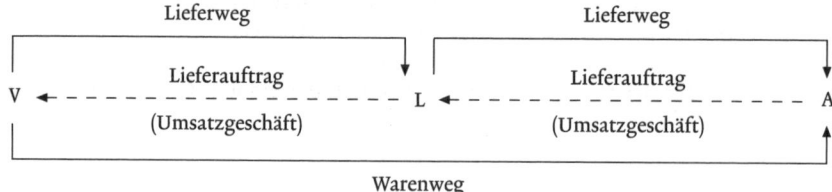

FALL 5

Stellen Sie in den nachfolgenden Sachverhalten fest, ob eine bzw. mehrere Lieferungen vorliegen und bestimmen Sie gegebenenfalls den Lieferweg! Bestimmen Sie auch den Lieferzeitpunkt, sofern die hierfür erforderlichen Angaben im Sachverhalt vorliegen.

1. Kunde K bestellt beim Händler C am 29.09.01 eine Waschmaschine. C hat die Waschmaschine nicht vorrätig und bestellt diese am gleichen Tag beim Großhändler B. B hat die Waschmaschine ebenfalls nicht vorrätig und bestellt sie sofort am 29.09.01 beim Hersteller A. K vereinbart mit C, dass ihm die Waschmaschine möglichst rasch zugesandt wird. C vereinbart mit B, dass die Waschmaschine so schnell wie möglich zu K transportiert wird. B vereinbart mit A, dass dieser die Waschmaschine unverzüglich zu K transportieren lässt. A übergibt die Waschmaschine am 30.09.01 dem Frachtführer F und beauftragt diesen, die Waschmaschine zu K zu transportieren. F liefert die Waschmaschine am 04.10.01 bei K ab.

2. Der Unternehmer K hat beim Pkw-Händler P am 01.02.01 einen Pkw mit Liefertermin 01.09.01 zum Kaufpreis von 20 000 € bestellt. Am 15.08.01 veräußert K seine Rechte aus dem Kaufvertrag an E zum Preis von 1 000 €. E holt am 01.09.01 bei P den Pkw gegen Zahlung von 20 000 € ab. Im Vertrag zwischen P und K war die Möglichkeit der Abtretung der Rechte des K an einen Dritten nicht ausgeschlossen.

---

1 Nähere Ausführungen hierzu vgl. E 1.2.

3. Der Kunde K in Bonn bestellt am 10.05.01 bei dem Möbelhändler H in Köln eine Schrankwand. Der Möbelhändler H bestellt diese Schrankwand sofort beim Möbelgroßhändler G in Düsseldorf, der sie seinerseits bei dem Möbelfabrikanten F in Frankfurt bestellt. Es wurde zwischen H und G sowie zwischen G und F vereinbart, dass die Schrankwand zerlegt per Bundesbahn von Frankfurt nach Köln versandt und dort von H am Bahnhof abgeholt wird. F übergibt vereinbarungsgemäß die Schrankwand am 30.06.01 der Deutschen Bahn AG zum Transport zu H nach Köln.
Die Deutsche Bahn AG in Köln teilt H am 02.07.01 mit, dass die Schrankwand in Empfang genommen werden kann. H beauftragt sofort seinen Arbeitnehmer A, die Schrankwand mit dem betriebseigenen Lkw am Bahnhof abzuholen, zu K nach Bonn zu transportieren und dort bei K entsprechend der mit K getroffenen Vereinbarungen aufzubauen. Der Transport und Aufbau erfolgten noch am 02.07.01.

6 Ausführung der Lieferung im Inland

Damit eine Lieferung steuerbar ist, muss der Lieferort im Inland liegen. Wird eine Ware innerhalb eines Ortes, der eindeutig im Inland liegt, geliefert, braucht die Steuerbarkeit nicht weiter geprüft zu werden. Es genügt die Feststellung, die Lieferung ist steuerbar.

> **BEISPIEL**
> Der Fabrikant F in Frankfurt hat Ware an den Großhändler G in Frankfurt verkauft und transportiert die Ware von seiner Fabrik in Frankfurt zum Lager des G in Frankfurt.
> **LÖSUNG** Die Lieferung der Ware von F an G ist steuerbar.

Gleiches gilt, wenn eine Ware von einem Ort, der eindeutig im Inland liegt, zu einem anderen Ort, der ebenfalls eindeutig im Inland liegt, geliefert wird.

> **BEISPIEL**
> Der Fabrikant F in München hat Ware an den Großhändler G in Frankfurt verkauft und transportiert die Ware von seiner Fabrik in München zum Lager des G in Frankfurt.
> **LÖSUNG** Die Lieferung der Ware von F an G ist steuerbar.

Gelangt bei einer Lieferung die Ware jedoch von einem Ort, der möglicherweise im Ausland liegt, zu einem Ort, der möglicherweise im Inland liegt, oder von einem Ort, der möglicherweise im Inland liegt, zu einem Ort, der möglicherweise im Ausland liegt, ist festzuhalten,
  a) wo der genaue Ort der Lieferung liegt,
  b) ob sich der Lieferort im umsatzsteuerrechtlichen Inland befindet.
Für die Feststellung, ob sich der Lieferort im Inland befindet, müssen Sie zunächst in der Lage sein, in jedem Falle entscheiden zu können, ob ein Ort zum umsatzsteuerrechtlichen Inland oder Ausland gehört.

Teil D Inland, Gemeinschaftsgebiet, Drittlandsgebiet

1 Inland

Nach § 1 Abs. 2 UStG ist Inland das Gebiet der Bundesrepublik Deutschland abzüglich folgender Gebiete:

- Büsingen,
- Insel Helgoland,
- Freihäfen des Kontrolltyps I nach § 1 Abs. 1 Satz 1 des Zollverwaltungsgesetzes),
- Gewässer und Watten zwischen der Hoheitsgrenze und der jeweiligen Strandlinie,
- deutsche Schiffe und deutsche Luftfahrzeuge in Gebieten, die zu keinem Zollgebiet gehören.

2 Büsingen

Das Zollausschlussgebiet Büsingen ist staatsrechtlich deutsches Gebiet, welches zollrechtlich der Schweiz angeschlossen wurde. Büsingen ist Ausland und zwar gem. § 1 Abs. 2a Satz 3 UStG Drittlandsgebiet.

3 Zollfreigebiete

Bei der Insel Helgoland, den Freihäfen des Kontrolltyps I, den Gewässern und Watten zwischen der Hoheitsgrenze und der jeweiligen Strandlinie, den deutschen Schiffen und deutschen Luftfahrzeugen in Gebieten, die zu keinem Zollgebiet gehören, handelt es sich um Zollfreigebiete.

Zollfreigebiete sind deutsche Hoheitsgebiete, die vom deutschen Zollgebiet ausgeschlossen und einem ausländischen Zollgebiet nicht angeschlossen sind. Sie werden umsatzsteuerrechtlich dem Drittlandsgebiet zugerechnet (§ 1 Abs. 2a Satz 3 UStG).

Freihäfen sind vom Zollgebiet der Europäischen Gemeinschaften ausgeschlossene Teile von See- und Binnenhäfen. Hierzu gehören (vgl. Nr. ③ bis ⑦ der Skizze):

Freihafen Bremerhaven, Freihafen Cuxhaven, Freihafen Emden, Freihafen Hamburg (Alter Hafen und Waltershof) und Freihafen Kiel.

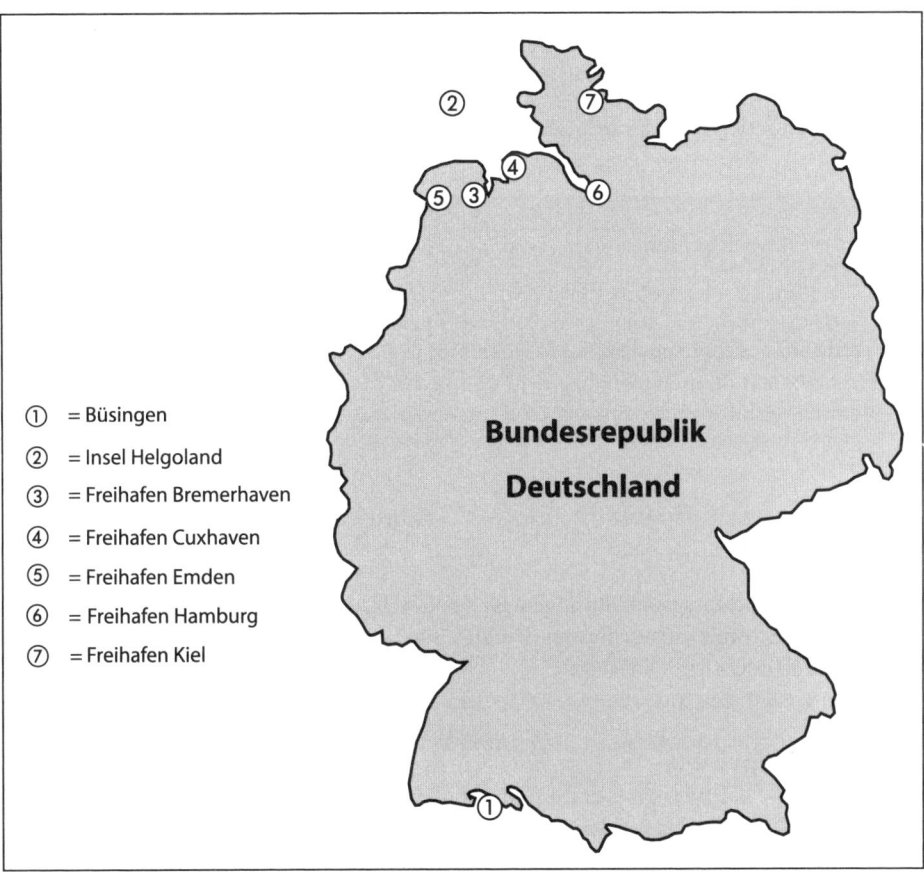

① = Büsingen

② = Insel Helgoland

③ = Freihafen Bremerhaven

④ = Freihafen Cuxhaven

⑤ = Freihafen Emden

⑥ = Freihafen Hamburg

⑦ = Freihafen Kiel

4 Besonderheiten

Zum Inland i. S. d. USt-Rechts gehören auch:
- Gesandtschafts- und Botschaftsgebäude ausländischer Mächte im Bundesgebiet,
- Duty-free-Shops, z. B. auf Flughäfen für den Flugverkehr mit Drittländern[1],
- Militärbereiche ausländischer Streitkräfte im Bundesgebiet[2],
- ausländische Flugzeuge und Schiffe im Bundesgebiet,
- Luftraum über dem Bundesgebiet[3],
- beim Bodensee jeder Punkt, der dem deutschen Staatsgebiet näher liegt als einem fremden Staatsgebiet.

Die Freihäfen des Kontrolltyps I sowie die Gewässer und Watten zwischen der Hoheitsgrenze und der Zollgrenze an der Küste sind zwar kein Inland. Sie gehören grundsätzlich zum Drittlandsgebiet, werden jedoch gem. § 1 Abs. 3 UStG bei bestimmten Umsätzen (z. B. an den Endverbraucher) wie Inland behandelt.

---

1 Die Sonderregelung für den innergemeinschaftlichen Flugverkehr nach § 4 Nr. 6b UStG lief am 30.06.1999 ab.

2 Vgl. hierzu Steuerbefreiungen nach § 26 Abs. 5 UStG.

3 Vgl. hierzu Erlassregelung nach § 26 Abs. 3 UStG.

Bei Güterbeförderungen werden sie wie Gemeinschaftsgebiet behandelt (vgl. A 42d Abs. 3 UStR).

Definition des Begriffs Inland im Sinne des UStG:

Deutsches Staatsgebiet
abzüglich   • Büsingen   • Helgoland   • Freihäfen des Kontrolltyps I   • Gewässer und Watten zwischen der Hoheitsgrenze und der jeweiligen Strandlinie   • deutsche Schiffe und deutsche Luftfahrzeuge in Gebieten, die zu keinem Zollgebiet gehören
= Inland

5 Gemeinschaftsgebiet, übriges Gemeinschaftsgebiet und Drittlandsgebiet

Neben dem Begriff Inland verwendet das UStG auch die Begriffe Gemeinschaftsgebiet und Drittlandsgebiet.

Gem. § 1 Abs. 2a UStG umfasst das Gemeinschaftsgebiet das Inland (BRD mit Ausnahme von Büsingen und der Zollfreigebiete) und die Gebiete der übrigen Mitgliedstaaten der EU.

Definition des Begriffs Gemeinschaftsgebiet im Sinne des UStG:

Inland im Sinne des UStG
zuzüglich Gebiete der übrigen Mitgliedstaaten der EU abzüglich bestimmter als Drittlandsgebiet zu behandelnde Sondergebiete (vgl. nachstehende Ausführungen zum Begriff Drittlandsgebiet)
= Gemeinschaftsgebiet

Die der EU zugehörigen Staaten außerhalb des Inlandes werden im Gesetz als **übriges Gemeinschaftsgebiet** definiert. Nach dem Vertragsrecht der Europäischen Union gehören auf Grund von **Sonderregelungen** (A 13a UStR) auch zum übrigen Gemeinschaftsgebiet:
- die Balearen (Spanien),
- Madeira (Portugal),
- die Azoren (Portugal),
- das Fürstentum Monaco (Frankreich),
- die Insel Man (Vereinigtes Königreich).

Definition des Begriffs übriges Gemeinschaftsgebiet im Sinne des UStG:

Gebiete der übrigen Mitgliedstaaten der EU

Drittlandsgebiet ist das Gebiet, welches nicht zum Gemeinschaftsgebiet gehört (sog. Dritt-Ausland). Nach dem EU-Vertragsrecht werden bestimmte Bereiche des Gemeinschaftsgebietes aus unterschiedlichen Gründen (Subventionen u. Ä.) als Drittlandsgebiet behandelt. Dazu gehören u. a:

- Aland-Inseln (Finnland),
- Aruba (Niederlande),
- Berg Athos (Griechenland),
- Gemeinde Büsingen (Deutschland),
- Campione d'Italia (Italien),
- Ceuta (Spanien),
- Färöer (Dänemark),
- Grönland (Dänemark),
- Guadeloupe, Guyana, Martinique und Réunion (Frankreich),
- Helgoland (Deutschland),
- Kanalinseln Jersey und Guernsey (Vereinigtes Königreich),
- Kanarische Inseln (Spanien),
- Livigno (Italien),
- Luganer See (auch soweit er zum italienischen Hoheitsgebiet gehört),
- Melilla (Spanien),
- Niederländische Antillen,
- San Marino (Italien).

Klassische Drittlandsgebiete sind alle Gebiete, die nicht zum Gemeinschaftsgebiet gehören. Dies sind u. a. auch:

- Andorra,
- Gibraltar,
- Vatikan,
- Teile von Zypern.

Definition des Begriffs Drittlandsgebiet im Sinne des UStG:

Gebiete außerhalb des Gemeinschaftsgebiets zuzüglich gemeinschaftsrechtlicher Sondergebiete

Grafische Übersicht über das Gemeinschaftsgebiet

① = Königreich Belgien
② = Königreich Dänemark
③ = Republik Frankreich
④ = Republik Griechenland
⑤ = Republik Irland
⑥ = Republik Italien
⑦ = Großherzogentum Luxemburg
⑧ = Königreich der Niederlande
⑨ = Vereinigtes Königreich Groß-
      britannien und Nordirland
⑩ = Königreich Spanien
⑪ = Republik Portugal
⑫ = Republik Österreich
⑬ = Republik Finnland
⑭ = Königreich Schweden
⑮ = Estland
⑯ = Lettland
⑰ = Litauen
⑱ = Malta
⑲ = Polen
⑳ = Slowakei
㉑ = Slowenien
㉒ = Tschechien
㉓ = Ungarn
㉔ = Zypern
㉕ = Bulgarien
㉖ = Rumänien

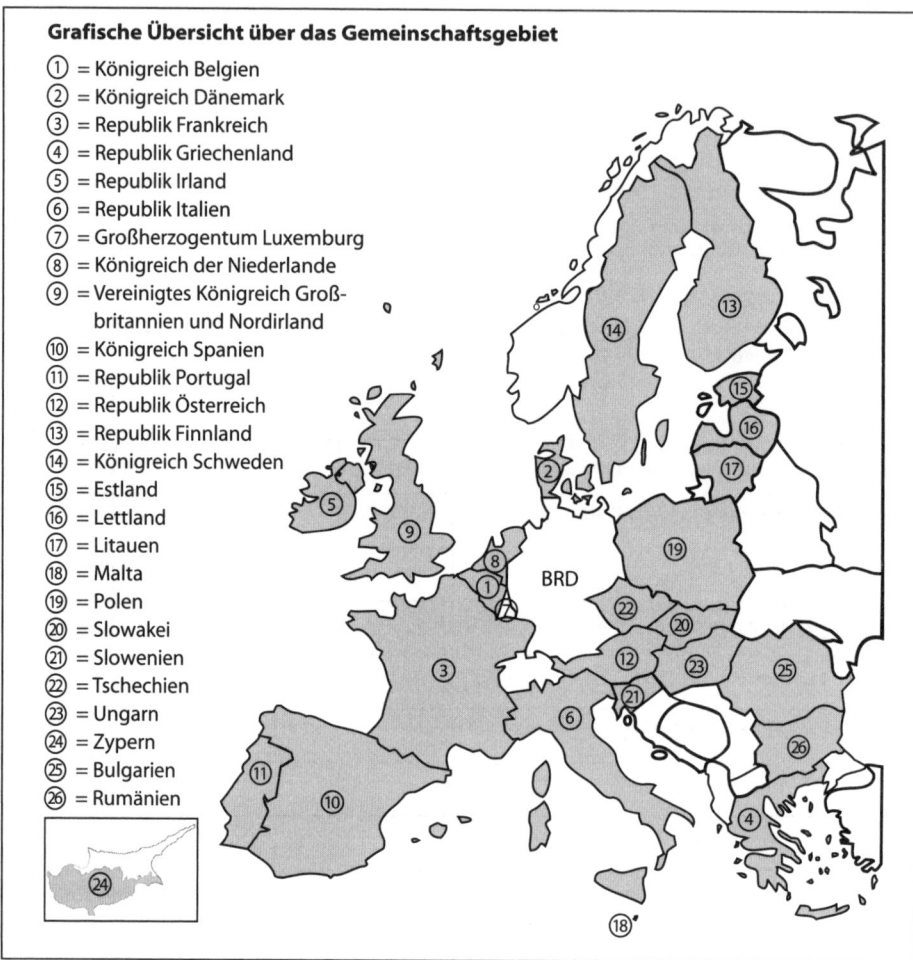

FALL 6

Welche Gebiete zählen nach § 1 Abs. 2 und 2a UStG zum umsatzsteuerrechtlichen Inland, zum Gemeinschaftsgebiet, übrigen Gemeinschaftsgebiet oder Drittlandsgebiet?

	Inland	Gemein-schafts-gebiet	übriges Gemein-schafts-gebiet	Dritt-lands-gebiet
1. Stuttgart				
2. Dresden				
3. Insel Helgoland				
4. Berlin				
5. Insel Sylt				
6. Monaco				
7. Freihafen Hamburg				
8. Mittelberg (Österreich)				
9. Büsingen				
10. Rom				
11. Moskau				
12. Bodensee bei Bregenz				
13. Amerikanische Kaserne in Stuttgart				
14. Deutsche Botschaft in Prag				
15. Deutsches Schiff auf hoher See				
16. Zolllager in Hamburg				
17. Umsatzsteuerlager in Stuttgart				

Teil E Lieferort

1 Grundsatz

Das UStG regelt den Ort der Lieferung in § 3 Abs. 6 bis 8 UStG und in den §§ 3c, e, f und g UStG. Es unterscheidet hierbei zwischen Lieferungen mit Warenbewegung (§ 3 Abs. 6 Satz 1 UStG) und Lieferungen ohne Warenbewegung (§ 3 Abs. 7 UStG). Entsprechend der Reihenfolge in Art. 8 Abs. 1 der MwStSystRL wird an erster Stelle (§ 3 Abs. 6 Satz 1 UStG) als Grundfall die Beförderungs- und Versendungslieferung geregelt. Der Lieferort ist bei der Beförderungs- bzw. Versendungslieferung dort, wo die Beförderung oder Versendung beginnt. Beförderungs- bzw. Versendungslieferungen liegen nicht nur dann vor, wenn der Lieferer oder ein vom Lieferer Beauftragter den Liefergegenstand zum Abnehmer befördert, sondern auch dann, wenn der Abnehmer den Liefergegenstand beim Lieferer abholt. Demzufolge liegen in den meisten Lieferfällen Beförderungs- bzw. Versendungslieferungen vor. Die Lieferortsregelung kann in bestimmten Fällen durch die Spezialregelungen des § 3 Abs. 8 UStG und des § 3c UStG ersetzt werden. In diesen Fällen wird der Lieferort in ein anderes Land verlagert.

In allen anderen Fällen, in denen der Liefergegenstand weder befördert noch versendet wird, richtet sich der Lieferort grundsätzlich nach § 3 Abs. 7 Satz 1 UStG. Danach ist der Lieferort dort wo sich der Liefergegenstand zur Zeit der Verschaffung der Verfügungsmacht befindet. Ersetzt wird diese Regelung im Falle des Reihengeschäfts durch § 3 Abs. 7 Satz 2 UStG. Die Regelungen des § 3f UStG bestimmt den Lieferort bei den unentgeltlichen Wertabgaben nach §§ 3 Abs. 1b und 9a UStG. Bei den Lieferortsregelungen des § 3e und g UStG handelt es sich um Sonderfälle (Warenverkauf auf Schiffen und in Flugzeugen während der Beförderung, Verkauf von Gas und Elektrizität), auf die hier nicht näher eingegangen wird.

1.1 Ort der Beförderungs- und Versendungslieferung

Der Lieferort ist bei der Beförderungs- bzw. Versendungslieferung nach § 3 Abs. 6 Satz 1 UStG dort, wo die Beförderung oder Versendung beginnt.

Eine **Beförderungslieferung** liegt vor, wenn der Liefergegenstand durch den Lieferer oder den Abnehmer ohne Einschaltung eines **selbständigen** Beauftragten (Transporteur) befördert wird. Der Liefergegenstand muss also entweder durch den Lieferer oder Abnehmer selbst oder durch einen unselbständigen Erfüllungsgehilfen des Lieferers oder Abnehmers transportiert werden. Die Beförderung beginnt dort, wo der Liefergegenstand zur Erfüllung des Liefergeschäfts in Bewegung gesetzt wird (fortbewegt wird).

Eine **Versendungslieferung** liegt vor, wenn der Liefergegenstand durch einen selbständigen Beauftragten des Lieferers oder Abnehmers befördert wird oder wenn der Lieferer oder Abnehmer die Beförderung durch einen selbständigen Beauftragten vornehmen lässt. Die Versendung beginnt nach § 3 Abs. 6 Satz 4 UStG dort, wo der Liefergegenstand an den Beauftragten übergeben wird.

Eine Beförderungs- oder Versendungslieferung setzt voraus, dass der Liefergegenstand fortbewegt wird. Dies ist nicht der Fall, wenn der Lieferer Material zum Abnehmer transportiert, um es dort erst zu dem Liefergegenstand zusammmenzufügen. Der Materialtransport erfolgt außerhalb des Regelungsbereichs des § 3 Abs. 6 Satz 1 UStG. Einen solchen Transport nennt man »rechtsgeschäftsloses Verbringen«.

Eine Versendungslieferung durch einen Beauftragten des Lieferers beginnt am Ort der Übergabe an den Beauftragten, wenn die Übergabe bereits mit dem Auftrag verbunden ist, den Liefergegenstand zum Abnehmer zu transportieren. Wird ein Gegenstand einem solchen Beauftragten zum Transport übergeben, ohne dass dieser bereits den Auftrag hat, ihn zu einem bestimmten Abnehmer zu transportieren, liegt am Ort der Übergabe noch keine Lieferung vor. Der Transport durch den Beauftragten des Lieferers erfolgt dann zunächst außerhalb des Regelungsbereichs des § 3 Abs. 6 Satz 1 UStG. Einen solchen Transport nennt man ebenfalls »rechtsgeschäftsloses Verbringen«. In den Fällen des rechtsgeschäftslosen Verbringens liegt grundsätzlich noch keine Lieferung vor. Ausnahmsweise wird beim rechtsgeschäftslosen Verbringen eine Lieferung fingiert, wenn ein Gegenstand von einem EU-Land in ein anders EU-Land verbracht wird (§ 3 Abs. 1a UStG).

Der Lieferort bestimmt sich dann nach § 3 Abs. 6 UStG (Beginn der Beförderung bzw. der Versendung), wenn die nachstehenden Voraussetzungen vorliegen:

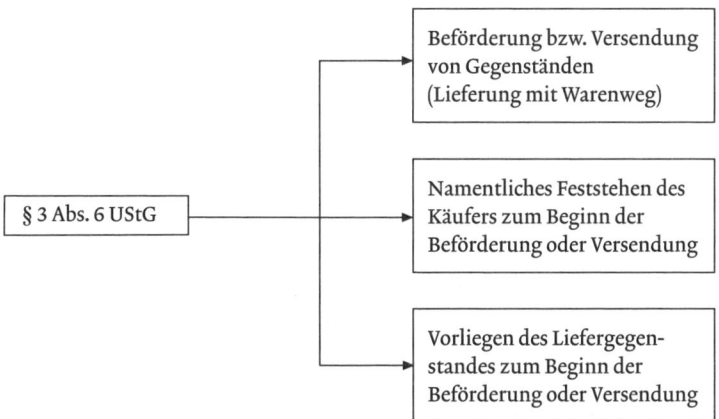

1.2 Ort der Lieferung bei Reihengeschäften

Bei Reihengeschäften haben mehrere Unternehmer über denselben Liefergegenstand Umsatzgeschäfte abgeschlossen und der Liefergegenstand gelangt bei der Beförderung oder Versendung unmittelbar vom ersten Unternehmer an den letzten Abnehmer. In einem solchen Fall liegen so viele Lieferungen vor, wie Umsatzgeschäfte abgeschlossen worden sind. Da beim Reihengeschäft nur ein Warenweg vorliegt, kann dieser nur einer Lieferung in der Reihe zugerechnet werden. Nur bei dieser Lieferung liegt eine Beförderungs- oder Versendungslieferung vor, bei der sich der Lieferort nach § 3 Abs. 6 Satz 1 UStG bestimmt. Der Warenweg wird immer der Lieferung zugerechnet, für die der Unternehmer die Beförderung durchführt oder den Transportauftrag erteilt hat. Für alle anderen Lieferungen bestimmt sich der Lieferort nach § 3 Abs. 7 Satz 2 UStG. Dieser Regelung liegt das Prinzip zugrunde, dass die Lieferungen in der Kette logisch aufeinander folgen und deshalb die Lieferung des ersten Unternehmers in der Kette zeitlich und räumlich vor der Lieferung des zweiten Unternehmers in der Kette liegt.

a) Der Kunde K in Basel bestellt bei dem Musikinstrumentenhändler M in Freiburg ein Klavier. M, der das Klavier nicht vorrätig hat, bestellt dieses Klavier bei dem Hersteller H in Mannheim und beauftragt diesen, das Klavier unmittelbar zu K zu transportieren. H lässt das Klavier durch einen angestellten Fahrer (F) zu K transportieren.

LÖSUNG Da H mit M und M mit K über das Klavier Umsatzgeschäfte abgeschlossen haben und beide Umsatzgeschäfte erfüllt werden, erbringt H eine Lieferung an M und M eine Lieferung an K. Die Beförderung erfolgt unmittelbar von H zu K durch den Lieferer H. Die Beförderungslieferung wird der Lieferung des H zugerechnet, da dieser den Transport übernommen und durchgeführt hat. Der Ort der Lieferung des H ist daher gemäß § 3 Abs. 6 Satz 1 UStG im Inland (Mannheim). Der Ort der Lieferung des M ist nach § 3 Abs. 7 Satz 2 Nr. 2 UStG in der Schweiz, da die Lieferung des M der Beförderungslieferung des H folgt und die Beförderung in Basel endet.

Die Lieferung des M an K ist somit nicht steuerbar.

Hinweis: Die Lieferung des H an M ist zwar steuerbar, jedoch steuerfrei nach § 4 Nr. 1a i. V. m. § 6 Abs. 1 Nr. 1 UStG, da H als Lieferer das Klavier ins Drittlandsgebiet befördert.

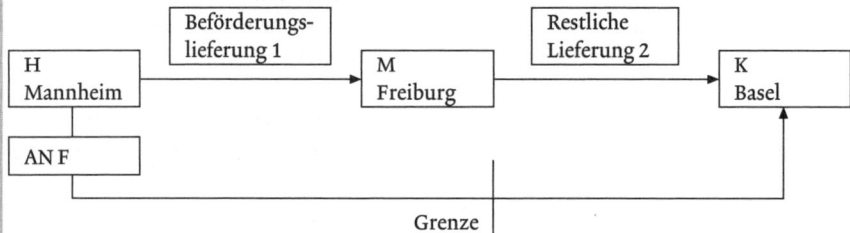

b) Der Kunde K in Basel bestellt bei dem Musikinstrumentenhändler M in Freiburg ein Klavier. M, der das Klavier nicht vorrätig hat, bestellt dieses Klavier bei dem Hersteller H in Mannheim und beauftragt diesen, das Klavier unmittelbar dem Abholer K zu übergeben. K holt das Klavier bei H ab und befördert es nach Basel.

LÖSUNG Da H mit M und M mit K über das Klavier Umsatzgeschäfte abgeschlossen haben und beide Umsatzgeschäfte erfüllt werden, erbringt H eine Lieferung an M und M eine Lieferung an K. Die Beförderung erfolgt unmittelbar von H zu K durch den Abholer K. Die Beförderungslieferung wird daher der Lieferung des M an K zugerechnet, da K den Transport durchgeführt hat. Der Ort der Lieferung des M ist nach § 3 Abs. 6 Satz 1 UStG im Inland (Mannheim). Der Ort der Lieferung des H ist nach § 3 Abs. 7 Satz 2 Nr. 1 UStG ebenfalls im Inland (Mannheim), da die Lieferung des H der Beförderungslieferung des M vorangeht und die Beförderung im Inland beginnt.

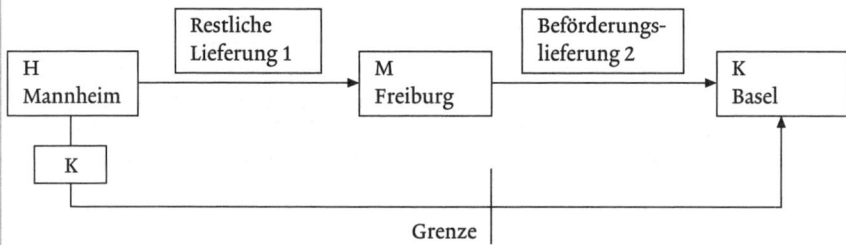

Hinweis: Die Lieferung des M an K ist steuerfrei nach § 4 Nr. 1a i. V. m. § 6 Abs. 1 Nr. 2 UStG, da das Klavier durch den Abnehmer ins Drittlandsgebiet befördert wird und K ausländischer Abnehmer ist. Da die Lieferung von H an M eine unbewegte Lieferung ist, liegt bei dieser Lieferung keine Ausfuhr vor. Sie ist deshalb nicht als Ausfuhrlieferung steuerfrei und somit steuerpflichtig.

Da eine Beförderungs- oder Versendungslieferung sowohl dann vorliegt, wenn der Lieferer befördert oder versendet, als auch dann, wenn der Abnehmer befördert oder versendet, ergibt sich ein Zuordnungsproblem, wenn die Beförderung oder Versendung im Reihengeschäft durch einen Unternehmer erfolgt, der sich weder am Anfang noch am Ende, sondern innerhalb der Kette befindet. Das Zuordnungsproblem löst § 3 Abs. 6 Satz 6 UStG dadurch, dass im Regelfalle davon ausgegangen wird, dass dieser Unternehmer als Abnehmer der an ihn erfolgten Lieferung befördert oder versendet, die Beförderung oder Versendung also der an ihn erbrachten Lieferung zugeordnet wird. Nur wenn der Unternehmer nachweist, dass er als Lieferer befördert oder versendet, wird die Beförderung oder Versendung seiner von ihm selbst erbrachten Lieferung zugerechnet. Nachzuweisende Merkmale für die Funktion als Lieferer sind nach A 31a Abs. 9 und 10 UStR:

a) das Auftreten mit deutscher USt-Id-Nr. (USt-Id-Nr. des Mitgliedstaates, in dem der Transport beginnt) und

b) entsprechende Vereinbarungen mit seinem Vorlieferanten und seinem Abnehmer, aus denen hervorgeht, dass er die Gefahr und die Kosten der Beförderung oder Versendung übernommen hat. Diesen Anforderungen ist genügt, wenn handelsübliche Lieferklauseln (z. B. Incoterms) verwendet werden. Der betreffende Unternehmer muss dies durch Belege nachweisen können.

Entsprechende Lieferklauseln mit denen der mittlere Unternehmer den Nachweis führen kann, dass er die Beförderung oder Versendung in seiner Eigenschaft als Lieferer durchführen will, sind:

- Incoterm EXW (ab Werk) bezüglich der Vorlieferung,
- Incoterm DDP (frei Haus) bezüglich der eigenen Lieferung.

BEISPIEL

Der Kunde K in Basel bestellt bei dem Musikinstrumentenhändler M in Freiburg ein Klavier. M, der das Klavier nicht vorrätig hat, bestellt dieses Klavier bei dem Hersteller H in Mannheim. M holt das Klavier bei H in Mannheim ab und befördert es auf Gefahr und Kosten des K direkt zu seinem Abnehmer K in Basel.

LÖSUNG Da H mit M und M mit K über das Klavier Umsatzgeschäfte abgeschlossen haben und beide Umsatzgeschäfte erfüllt werden, erbringt H eine Lieferung an M und M eine Lieferung an K. Die Beförderung erfolgt unmittelbar von H zu K durch den Abholer M. Da nach § 3 Abs. 6 Satz 5 UStG nur eine der beiden Lieferungen eine Beförderungslieferung sein kann, M aber sowohl Abholer als auch Lieferer ist, muss geklärt werden, welcher der beiden Lieferungen die Beförderung zuzuordnen ist. Hierfür stellt § 3 Abs. 6 Satz 6 UStG die widerlegbare Vermutung auf, dass die Beförderung der Lieferung des H zuzuordnen ist. Da M diese Vermutung nicht widerlegt, wird die Beförderungslieferung der Lieferung des H an M zugerechnet. Der Ort der Lieferung des H ist somit gem. § 3 Abs. 6 Satz 1 UStG im Inland (Mannheim). Die Lieferung des H ist steuerbar. Der Ort der Lieferung des M ist nach § 3 Abs. 7 Satz 2 Nr. 2 UStG in der Schweiz, da die Lieferung des M der Beförderungslieferung des H folgt und die Beförderung in Basel endet. Die Lieferung des M ist nicht steuerbar.

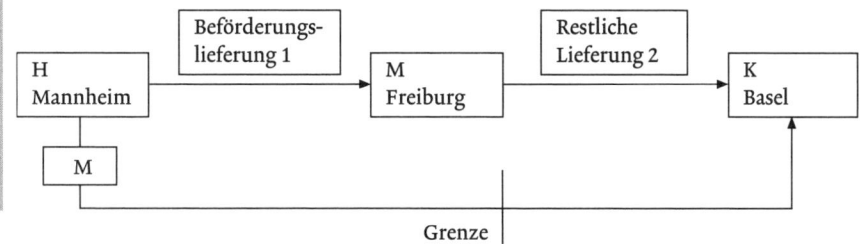

Hinweis: Die Lieferung des H an M ist nicht steuerfrei nach § 4 Nr. 1a i. V. m. § 6 Abs. 1 Nr. 2 UStG. Zwar transportiert M das Klavier als Abnehmer des H ins Drittlandsgebiet. M ist jedoch kein ausländischer Abnehmer. Die Lieferung des H an M ist daher steuerpflichtig.

Würde M mit H die Lieferklausel »ab Werk« (EXW) und mit K die Klausel »frei Haus« (DDP) vereinbaren, wäre die Lieferung M an K als Beförderungslieferung mit Warenweg Mannheim-Basel anzusehen. Der Fall wäre entsprechend des vorhergehenden Beispiels b) zu lösen.

1.3 Ort der Lieferung bei Lieferungen ohne Warenbewegung

Bei Lieferungen, die keine Beförderungslieferungen bzw. Versendungslieferungen sind, richtet sich der Lieferort gem. § 3 Abs. 7 Satz 1 UStG nach dem Ort, an dem sich der Gegenstand zur Zeit der Verschaffung der Verfügungsmacht befindet. Solche Lieferungen liegen z. B. vor bei einer Werklieferung, bei welcher der Liefergegenstand direkt beim Abnehmer hergestellt wird. Sie liegen weiterhin stets dann vor, wenn die Verfügungsmacht durch Übergang des bürgerlichen oder wirtschaftlichen Eigentums erfolgt, z. B. bei einer

- Lieferung durch bloße Einigung nach § 929 Satz 2 BGB, nachdem der Lieferer den Gegenstand dem Abnehmer zuvor zur Ansicht übergeben hat,
- Lieferung durch Abtretung des Herausgabeanspruchs,
- Lieferung durch Vereinbarung eines Besitzkonstituts,
- Lieferung durch Übergabe eines handelsrechtlichen Traditionspapiers,
- Grundstückslieferung.

In diesen Fällen muss zunächst der Lieferzeitpunkt ermittelt werden (Zeitpunkt des zivilrechtlichen bzw. wirtschaftlichen Eigentumsübergangs). Dann wird ermittelt, wo sich der Liefergegenstand zu diesem Zeitpunkt befand. Dieser Ort ist der Lieferort. Bei einer Lieferung durch Abtretung des Herausgabeanspruchs kommt es also für den Lieferort keinesfalls darauf an, wo die Vereinbarung über die Abtretung des Herausgabeanspruchs getroffen wird.

2 Sonderregelungen nach § 3 Abs. 8 UStG und § 3c UStG

2.1 Sonderregelung nach § 3 Abs. 8 UStG

Die Sonderregelung setzt voraus, dass eine Beförderungs- oder Versendungslieferung nach § 3 Abs. 6 Satz 1 UStG vorliegt. Wird der Liefergegenstand bei einer solchen Lieferung vom Drittlandsgebiet ins Inland befördert, fällt Einfuhrumsatzsteuer an. Ist nun der Lieferer oder sein Beauftragter Schuldner dieser Einfuhrumsatzsteuer, so verlagert sich der Lieferort vom Drittlandsgebiet (Ort des Beginns der Beförderung oder Versendung) in das Inland. Die Verlagerung des Lieferorts nach § 3 Abs. 8 UStG setzt voraus:

a) Beförderungs- oder Versendungslieferung,
b) Transport des Liefergegenstands vom Drittlandsgebiet ins Inland,
c) Lieferer oder sein Beauftragter ist Schuldner der Einfuhrumsatzsteuer.

Zu c): Schuldner der EUSt ist derjenige, in dessen Namen die Einfuhranmeldung für die Abfertigung der Waren zum freien Verkehr bei der zuständigen Zolldienststelle abgegeben wird (Anmelder). Gegen diesen wird die EUSt mit Bescheid festgesetzt. Als Anmelder können dabei auftreten:

- der Lieferer,
- Erfüllungsgehilfen des Lieferers,
- der Abnehmer,
- Erfüllungsgehilfen des Abnehmers.

Wer als Anmelder (auch Zollbeteiligter genannt) auftritt, ergibt sich i. d. R. aus den Lieferbedingungen. Lautet die Kondition auf »**verzollt und versteuert**«, kann davon ausgegangen werden, dass der Lieferer bzw. sein Erfüllungsgehilfe als Anmelder auftritt.

Lautet die Kondition »**unverzollt und unversteuert**«, ist i. d. R. der Abnehmer bzw. sein Erfüllungsgehilfe der Anmelder.

Im Zusammenhang mit § 3 Abs. 8 UStG ergeben sich folgende Beispiele:

BEISPIELE

a) Lieferer L in Basel (Schweiz) hat an den Abnehmer A in Freiburg eine Ware verkauft. Er befördert die Ware mit eigenem Fahrzeug zu A nach Freiburg. Entsprechend der Lieferkondition »verzollt und versteuert« meldet L die Ware bei der Einfuhr in die Bundesrepublik zum freien Verkehr an.

LÖSUNG Der Lieferort, der sich nach § 3 Abs. 6 Satz 1 UStG in Basel befindet, wird gem. § 3 Abs. 8 UStG ins Inland verlagert. Die Lieferung des L ist somit steuerbar und stpfl. L hat somit sowohl Einfuhrumsatzsteuer als auch Umsatzsteuer für seine Lieferung an A zu entrichten. Eine Doppelbesteuerung wird in diesem Fall dadurch vermieden, dass L die Einfuhrumsatzsteuer als Vorsteuer abziehen darf. Macht er die Einfuhrumsatzsteuer als Vorsteuer geltend, erfährt das Finanzamt von dieser Ware und kann überwachen, ob L die für die Lieferung an A anfallende Umsatzsteuer anmeldet und abführt.

b) Sachverhalt wie in Beispiel a), jedoch lautet die Lieferkondition »unverzollt und unversteuert«. L meldet die Ware zum freien Verkehr im Namen des A an.

LÖSUNG Da in diesem Falle der Abnehmer A Schuldner der EUSt ist, findet § 3 Abs. 8 UStG keine Anwendung. Lieferort ist gem. § 3 Abs. 6 Satz 1 UStG Basel. Die Lieferung des L ist nicht steuerbar und fällt somit nicht unter das deutsche UStG. Für L entstehen in diesem Fall in Deutschland keinerlei umsatzsteuerrechtliche Verpflichtungen. Erwirbt A die Ware für sein Unternehmen, darf er die Einfuhrumsatzsteuer als Vorsteuer abziehen. Dadurch erfährt jedoch das Finanzamt von dieser Ware und kann überwachen, ob A die bei Weiterveräußerung anfallende Umsatzsteuer anmeldet und abführt.

Sinn der Regelung des § 3 Abs. 8 UStG ist es, dass derjenige Unternehmer, der bei der gleichzeitig vorliegenden Umsatzart »Einfuhr« Schuldner der EUSt ist, diese als Vorsteuer geltend machen kann. Die Einfuhrumsatzsteuer darf nämlich derjenige geltend machen, der im Zeitpunkt der Freigabe der Ware in den freien Verkehr im Inland (bei der zollamtlichen Abfertigung) die Verfügungsmacht am Gegenstand hat. Wenn über die Regelung des § 3 Abs. 8 UStG der Lieferort im Inland liegt, hat der Lieferer im Zeitpunkt der Freigabe der Ware in den freien Verkehr im Inland die Verfügungsmacht über den Gegenstand, da er die Verfügungsmacht erst nach der zollamtlichen Abfertigung abgibt. Wenn der Lieferer die Einfuhrumsatzsteuer als Vorsteuer geltend macht, wird von der deutschen Finanzverwaltung registriert, dass er im Inland eine steuerpflichtige Lieferung tätigt. Sie kann gegebenenfalls den Vorsteueranspruch des Lieferers mit seiner aus der Lieferung resultierenden Umsatzsteuerschuld verrechnen.

Durch die Vereinbarung, dass der Abnehmer Schuldner der EUSt sein soll, hat es der Lieferer in der Hand, den Lieferort im Drittausland zu belassen und eine Registrierung im

Inland zu vermeiden. In diesem Falle kann nur der Abnehmer die EUSt als Vorsteuer geltend machen. Weiteres zu § 3 Abs. 8 UStG vgl. A 31 UStR und zum Abzug der EUSt vgl. T 4.

2.2 Sonderregelung nach § 3c UStG

Während bei der Einfuhr eines Gegenstandes vom Drittlandsgebiet ins Inland EUSt anfällt, wird bei der Einfuhr eines Gegenstandes durch Unternehmer im Rahmen ihres Unternehmens aus einem anderen Mitgliedstaat grundsätzlich Erwerbsumsatzsteuer erhoben. Anders als bei der EUSt wird keine Erwerbsumsatzsteuer erhoben, wenn ein Privatmann einen Liefergegenstand aus einem anderen EU-Land einführt (Ausnahme: Liefergegenstand ist ein sog. Neufahrzeug i. S. v. § 1b Abs. 2 UStG).

Befördert oder versendet ein Unternehmer bei einer Lieferung einen Liefergegenstand von einem anderen Mitgliedstaat ins Inland und ist der Erwerber eine Privatperson, so wird ebenfalls keine Erwerbsumsatzsteuer erhoben. Dies hätte an und für sich zur Folge, dass die Besteuerung nach dem Ursprungslandprinzip und nicht nach dem Bestimmungslandprinzip erfolgt. Zur Vermeidung von Wettbewerbsverzerrungen wegen der noch unterschiedlichen Steuersätze und auch zur Vermeidung eventuell größerer Steuerausfälle im Bestimmungsland, wurde jedoch dem Bestimmungslandprizip dadurch Rechnung getragen, dass sich der Lieferort, der an sich nach § 3 Abs. 6 Satz 1 UStG im Ursprungsland liegt, in bestimmten Fällen nach § 3c UStG ins Bestimmungsland verlagert. Tätigt z. B. ein Unternehmer mit Sitz in Frankreich derartige Lieferungen nach Deutschland und übersteigen seine Umsätze nach Deutschland mit diesen Lieferungen die Lieferschwelle von 100 000 €, so verlagert sich der Ort für diese Lieferungen nach Deutschland. Der französische Unternehmer hat also diese Lieferungen in Deutschland zu versteuern. Zuständiges Finanzamt für französische Unternehmer ist in Deutschland das Finanzamt Kehl. (Näheres hierzu vgl. Umsatzsteuerzuständigkeits-Verordnung, BStBl I 2001, 743).

Die Verlagerung des Lieferorts nach § 3c UStG ins Bestimmungsland tritt darüber hinaus auch dann ein, wenn die Lieferschwelle zwar nicht überschritten ist, wenn es sich jedoch bei den Liefergegenständen um so genannte verbrauchsteuerpflichtige Waren handelt (§ 3c Abs. 5 Satz 2 UStG). Verbrauchsteuerpflichtige Waren in diesem Sinn sind Mineralöle, Alkohol, alkoholische Getränke und Tabakwaren (vgl. § 1a Abs. 5 Satz 2 UStG).

Die Verlagerung des Lieferorts nach § 3c UStG gilt jedoch nicht nur, wenn ein Unternehmer Ware aus einem anderen EU-Land nach Deutschland liefert, sondern auch im umgekehrten Fall, wenn ein deutscher Unternehmer Ware von Deutschland in ein anderes EU-Land liefert. Die Lieferschwellen der anderen EU-Länder sind jedoch unterschiedlich. Die Lieferschwellen in den einzelnen Mitgliedstaaten der EU sind in A 42j Abs. 3 UStR aufgeführt.

Die Lieferschwellen für Frankreich, Österreich und die Niederlande betragen z. B. ebenfalls 100 000 €.

Für die Beurteilung, ob die Lieferschwelle überschritten ist, wird nur auf die Lieferungen i. S. v. § 3c UStG abgestellt, die der Unternehmer in dem betreffenden Mitgliedstaat tätigt.

Für die Frage, ob ein Unternehmer mit seinen Lieferungen i. S. d. § 3c UStG in ein anderes EU-Land die Lieferschwelle dieses Landes überschreitet, stellt § 3c Abs. 3 Satz 1 UStG grundsätzlich auf dessen Vorjahresumsätze ab. Hat er nach ihnen die Lieferschwelle überschritten, verlagert sich im Folgejahr der Lieferort nach § 3c UStG in das Bestimmungsland.

Nach § 3c Abs. 3 Satz 1 UStG findet eine Ortsverlagerung auch dann statt, sobald im laufenden KJ die maßgebliche Lieferschwelle überschritten wird. Für die Lieferung, mit welcher die Lieferschwelle überschritten wird, sowie für alle nachfolgenden Lieferungen des betreffenden Jahres und des nachfolgenden Jahres verlagert sich der Lieferort ins Bestimmungsland (vgl. A 42j Abs. 3 Satz 6 UStR).

Weiterhin tritt die Verlagerung des Lieferorts nach § 3c UStG auch dann ein, wenn die Lieferschwelle nicht überschritten wird, der Unternehmer jedoch an der Verlagerung des Lieferorts interessiert ist und deshalb auf die Anwendung der Lieferschwelle verzichtet (§ 3c Abs. 4 UStG). Ein solcher Verzicht bindet den Unternehmer auf insgesamt zwei Kalenderjahre (§ 3c Abs. 4 Satz 2 UStG). Die Verlagerung des Lieferorts ins Bestimmungsland liegt unter Umständen im Interesse des Unternehmers, wenn im Bestimmungsland ein günstigerer Steuersatz angewandt wird. Der Nachteil ist aber, dass er nun im Bestimmungsland Umsatzsteuererklärungen abgeben muss.

Prüfungsschema für die Bestimmung des Lieferorts nach § 3c UStG:

Eine Verlagerung des Lieferorts nach § 3c UStG in das Bestimmungsland liegt dann vor, wenn folgende Voraussetzungen vorliegen:

1. Beginn und Ende des Warenwegs in zwei verschiedenen Mitgliedstaaten der EU (innergemeinschaftliche Lieferung);
2. Beförderung oder Versendung durch Lieferer, kein Abholfall durch den Abnehmer;
3. **keine Erwerbsbesteuerung durch den Käufer im Bestimmungsland;**
4. Überschreitung der für den betreffenden Mitgliedstaat festgelegten Lieferschwelle
   – durch Lieferer im Vorjahr bzw. im laufenden Jahr oder
   – Lieferer hat bei Nichtüberschreiten der betr. Lieferschwellen die Anwendung des § 3c UStG beantragt (Option nach § 3c Abs. 4 UStG) oder
   – Lieferer liefert verbrauchspflichtige Waren nach § 1a Abs. 5 UStG.

= **Lieferort Bestimmungsland (= Ende Warenweg)**

Die Verlagerung des Lieferorts nach § 3c UStG setzt voraus, dass keine Erwerbsbesteuerung im Bestimmungsland erfolgt. Dies ist z. B. der Fall

- bei Lieferungen an Privatpersonen,
- bei Lieferungen an natürliche Personen, die zwar Unternehmer sind, jedoch die Gegenstände nicht für ihr Unternehmen erwerben,
- bei Lieferungen an bestimmte Unternehmer, die das Gesetz in die Nähe von Privatpersonen rückt, sog. Halbunternehmer (vgl. § 1a Abs. 3 UStG und § 3c Abs. 2 Nr. 2 UStG).

BEISPIEL

U in Stuttgart betreibt eine Buchhandlung. Am 28.01.02 liefert er auf Bestellung der Privatperson P in Den Haag (Niederlande) Bücher im Nettowert von 100 € an P aus. Die Bücher werden mit der Post nach Den Haag versandt.

Die Lieferentgelte des U für Lieferungen an Privatleute in den Niederlanden lagen im Vorjahr 01 bei 65 000 € im Zeitraum 01.01.02 bis 28.01.02 bei 2 500 €.

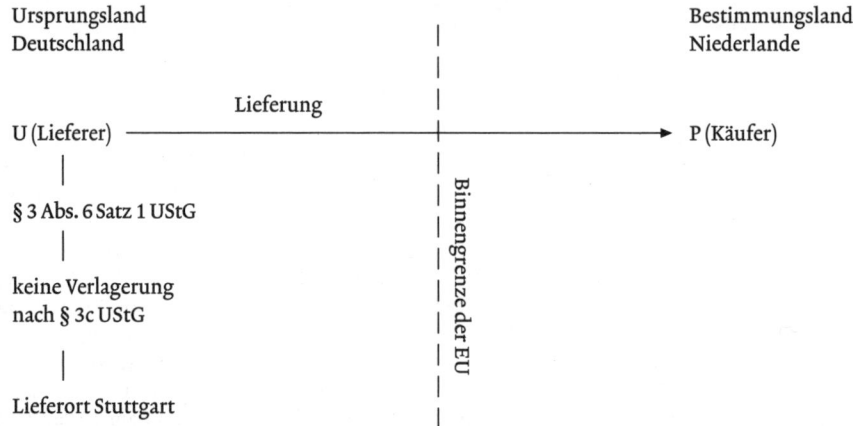

LÖSUNG Bei der Lieferung des U an P handelt es sich um eine Versendungslieferung nach § 3 Abs. 6 Satz 1 UStG. Der Lieferort ist danach in Stuttgart, sofern sich keine Verlagerung in die Niederlande nach § 3c UStG ergibt. Hierzu ergibt sich nach dem oben dargestellten Prüfungsschema:

1. Es handelt sich um eine Versendungslieferung nach § 3 Abs. 6 Satz 1 UStG mit Versendung durch den Lieferer U.
2. Der Warenweg verläuft vom EU-Land Deutschland in das EU-Land Niederlande.
3. Da der Erwerber Privatmann ist, erfolgt keine Erwerbsbesteuerung in den Niederlanden.
4. Die für die Niederlande maßgebliche Lieferschwelle (100 000 €) ist weder im KJ 01 noch bis zum 28.01.02 überschritten worden und U möchte auch nicht auf die Lieferschwelle verzichten.

Somit tritt keine Verlagerung des Lieferorts von Deutschland nach den Niederlanden gem. § 3c UStG ein.

Die Lieferung ist in Deutschland steuerbar und steuerpflichtig (Steuersatz für Bücher 7 %).

FÄLLE 7–8

FALL 7 Stellen Sie in den nachfolgenden Sachverhalten fest:
a) Wer liefert an wen?
b) Wo ist der Lieferort?
c) Befindet sich der Lieferort im Inland?
d) Zu welchem Zeitpunkt erfolgt die Lieferung?

1. Der Unternehmer A schließt mit dem Unternehmer B am 01.12.01 in Hamburg einen notariell beurkundeten Kaufvertrag über ein Ferienhaus auf der Insel Helgoland ab. Gleichzeitig erfolgt die Auflassung. Nach dem Kaufvertrag sollen Nutzen und Lasten bezüglich des Ferienhauses zum 01.01.02 auf B übergehen. Die Eintragung des B als Eigentümer ins Grundbuch erfolgte im Februar 02.
2. Der Kunde K in Stuttgart unterschreibt am 01.07.01 beim Kfz-Händler H in Straßburg den Kaufvertrag für einen Pkw. Er holt den Pkw am 15.08.01 in einem Auslieferungslager des Händlers in Freiburg ab.

3. Der Mietwagenunternehmer M mit Sitz in Ludwigsburg vermietet an den Kunden K mit Wohnort in Stuttgart am 16.01.01 für eine Woche einen Pkw. M übergibt K den Pkw sofort in Ludwigsburg. K hat von vornherein die unlautere Absicht, diesen Pkw bei der ersten sich bietenden Gelegenheit zu veräußern. Er fährt mit ihm nach Amsterdam und veräußert ihn dort am 17.01.01 an den Händler A.

4. Der Maschinenfabrikant M (Sitz München) schließt mit dem Fabrikanten F (Sitz London) fernmündlich am 06.01.01 einen Kaufvertrag über den Verkauf einer Maschine ab. M übergibt am 31.01.01 die Maschine seinem Arbeitnehmer A im Werk in München und beauftragt diesen, die Maschine mit dem firmeneigenen Pkw entsprechend den getroffenen Vereinbarungen zum Empfangsspediteur E des F in den Freihafen Hamburg zu transportieren. Der Arbeitnehmer fährt am 31.01.01 um 19.00 Uhr in München los, kommt am 01.02.01 um 9.30 Uhr beim Empfangsspediteur E im Freihafen Hamburg an und übergibt diesem sofort die Maschine. E, der bereits am 06.01.01 von F beauftragt worden war, den Transport der Maschine von Hamburg nach London zu besorgen, übergibt am 20.02.01 die Maschine dem Reeder R, der sie am 01.03.01 nach London verschifft. F holt die Maschine am 02.03.01 im Londoner Hafen ab.

5. Der Großhändler G in Nürnberg verkauft an den Kunden K am 10.05.01 in Augsburg 10 Tonnen Zellstoff zur Lieferkondition verzollt und versteuert. Er beauftragt den Frachtführer F, den Zellstoff am 16.05.01 in seinem Auslieferungslager im Freihafen Cuxhaven abzuholen und ihn direkt zu seinem Kunden K nach Augsburg zu transportieren. Beim Zollgrenzübergang vom Freihafen ins Inland meldet F die Ware im Auftrag des G zum freien Verkehr an. Der Frachtführer F übergibt am 17.05.01 den Zellstoff dem K in Augsburg.

6. Das Kaufhaus H in Stuttgart bestellt am 03.01.01 beim Möbelgroßhändler M in Basel zehn Polstergarnituren. H beauftragt am 31.01.01 den Frachtführer F, die Polstergarnituren im Zweigbetrieb des M in Konstanz abzuholen. Sie werden dem F am 02.02.01 übergeben. F liefert sie bei H am 03.02.01 an.

7. Der Verlag V in Heidelberg übergibt der Deutsche Post AG am 07.08.01 in Heidelberg ein Paket mit 10 Exemplaren eines von V herausgegebenen Buches zum Versand an den Buchhändler B in Zagreb/Kroatien als Kommissionsware. B bekommt am 10.08.01 das Paket von der Post zugestellt. Am 11.08.01 veräußert er in seinem Ladengeschäft ein Exemplar an den Kunden K in Zagreb.

8. Privatperson P mit Wohnort in Straßburg erwirbt am 06.03.03 beim Händler H in Karlsruhe einen Videorecorder für 1 500 €. P nimmt den Videorecorder sofort in der Originalverpackung mit.

9. Das deutsche Einrichtungshaus E in Aachen verkauft im KJ 03 eine neue Wohnzimmereinrichtung an das belgische Ehepaar Gartier in Spa (Belgien).
Der Umsatz an Privatpersonen nach Belgien im Versandhandelsgeschäft lag in den Kalenderjahren 02 und 03 über der belgischen Lieferschwelle. Bei Abschluss der Kaufverträge vermittelt das Einrichtungshaus dem Ehepaar einen Spediteur, der den Transport von Aachen nach Spa im Auftrag des Ehepaars vornahm.

10. Winzer W in Selestat/Frankreich hat im KJ 03 an den Privatmann P in Stuttgart 200 Flaschen Wein verkauft. Der Wein wird mit Hilfe einer von W beauftragten Spedition bei P ausgeliefert.
Der Weinverkauf an Privatleute in Deutschland liegt sowohl im KJ 02 als auch 03 unter 10 000 €.

FALL 8 Stellen Sie in den nachfolgenden Sachverhalten fest:
a) Wer liefert an wen?
b) Wo ist der Lieferort?
c) Ist die Lieferung steuerbar?
d) Zu welchem Zeitpunkt erfolgt die Lieferung?

1. Der Unternehmer F in Freiburg bestellt beim Unternehmer W in Waldshut 100 Flaschen Whisky zum Kaufpreis von 4 000 €. W bestellt den Whisky seinerseits beim Unternehmer

Z in Zürich zum Preis von 3000 €. Zwischen W und Z wurde vereinbart, dass Z den Whisky direkt von Zürich zum Abnehmer des W (F) nach Freiburg zur Lieferkondition verzollt und versteuert versendet.

Auftragsgemäß übergab Z am 06.05.01 um 17.00 Uhr in Zürich die 100 Flaschen Whisky dem Transportunternehmer T. Bei Ankunft am Grenzzollamt Weil-Otterbach am 07.05.01 um 8.00 Uhr beantragte T (im Namen des Z) entsprechend der Lieferkondition die Abfertigung der 100 Flaschen Whisky zum freien Verkehr. Der Whisky wurde von T am 07.05.01 um 11.00 Uhr dem F in Freiburg übergeben.

2. Wie Nr. 1, jedoch lautet lediglich die Lieferkondition für die Lieferung des W »verzollt und versteuert«, während Z zur Kondition »unverzollt und unversteuert« liefert. Dementsprechend meldet T im Namen des W die Ware zum freien Verkehr an.

3. Der Kunde K in Sindelfingen kauft am 10.04.01 beim Händler H in Stuttgart eine Spezialmaschine, die dieser nicht vorrätig hat. H bestellt deshalb am 11.04.01 diese Maschine bei der Firma L in Liechtenstein mit dem Auftrag, die Maschine zur Kondition unverzollt und unversteuert bis zum Bahnhof Stuttgart zu liefern. Die Firma L beauftragt am 15.04.01 den Angestellten A, die Maschine in ihrem Auslieferungslager im Freihafen Hamburg zu verpacken und sofort zur Deutschen Bahn AG zu bringen. Nachdem H am 03.05.01 von der Bundesbahn in Stuttgart die Mitteilung erhalten hat, die Maschine sei angekommen, beauftragt er seinerseits den Rollfuhrunternehmer R mit dem Transport der Maschine zum Betrieb des K in Sindelfingen. R meldet beim Hauptzollamt Stuttgart die Ware zum freien Verkehr an. Der Transport erfolgte am 04.05.01.

Teil F Teilumsatzart »sonstige Leistungen«

1 Begriff der Leistung

Gem. § 3 Abs. 9 UStG fallen unter den Begriff sonstige Leistungen alle Leistungen, die keine Lieferungen sind. Es ist somit zweckmäßig, zunächst zu prüfen, ob eine Lieferung vorliegt. Ist dies nicht der Fall, müssen Sie, um festzustellen, ob eine sonstige Leistung gegeben ist, zunächst prüfen, ob eine **Leistung** vorliegt.

Der Begriff der Leistung ist ein sehr umfassender Begriff. Inhalt einer Leistung kann alles sein, was zum Inhalt eines Verpflichtungsgeschäfts gemacht werden kann.

MERKSATZ

Eine Leistung liegt i.d. R. dann vor, wenn ein Verpflichtungsgeschäft (z. B. Kaufvertrag, Mietvertrag, Dienstvertrag) erfüllt wird.

Keine Leistung liegt in folgenden beiden Ausnahmefällen vor:
1. wenn die Erfüllung eines Verpflichtungsgeschäfts ausschließlich die Funktion einer Entgeltsentrichtung und kein darüber hinausgehendes wirtschaftliches Ziel hat (z. B. bei Geldzahlung, Geldüberweisung zum Erwerb einer Leistung),
2. bei privaten Sparanlagen in Form von Giro- und Sparkonten oder Wertpapieranlagen (A 1 Abs. 3 Satz 7 UStR).

Bei der Veräußerung von Geldsorten (z. B. ausländisches Geld) und der Darlehensgewährung sind somit Leistungen anzunehmen.

Darüber hinaus kann eine Leistung auch dann gegeben sein, wenn kein wirksames Verpflichtungsgeschäft vorliegt. In solchen Fällen ist lediglich erforderlich, dass:
- ein Leistungsgeber (LG) und ein Leistungsempfänger (LE) vorhanden sind und
- beim LG ein Leistungswille und beim LE ein Empfangswille gegeben sind.

Regelmäßig liegt zwar auch in diesen Fällen ein Verpflichtungsgeschäft vor, es ist jedoch wegen zivilrechtlicher Mängel nicht wirksam (z. B. wegen Verstoßes gegen die guten Sitten, gegen ein gesetzliches Verbot oder wegen mangelnder Geschäftsfähigkeit).

Typische **sonstige Leistungen** sind:
- Vermietungsleistungen (z. B. Vermietung von Grundstücken, § 4 Nr. 12a UStG),
- Darlehensgewährung (§ 4 Nr. 8a UStG),
- Dienstleistungen (z. B. rechtliche Beratung durch Rechtsanwälte, § 3a Abs. 4 Nr. 3 UStG),
- Werkleistungen (z. B. Theater- oder Kinovorführungen, Handwerkerleistungen ohne wesentlichen Materialeinsatz, § 3a Abs. 2 Nr. 3a und c UStG),
- Beförderungsleistungen (§ 3b UStG),
- Vermittlungsleistungen (z. B. Tätigkeit der Handelsvertreter, § 3a Abs. 2 Nr. 4 UStG),
- Verzichtsleistungen (z. B. Wettbewerbsverzichte, vgl. § 3a Abs. 4 Nr. 9 UStG).

Die Abgabe von Speisen und Getränken kann ebenfalls eine sonstige Leistung darstellen. Dies ist dann der Fall, wenn aus der Sicht des Durchschnittsverbrauchers das Element der Dienstleistung qualitativ überwiegt[1] (Näheres hierzu vgl. N 3).

---

1 BFH vom 26.10.2006 BStBl II 2007, 487 und vom 10.08.2006 BStBl II 2007, 480.

FALL 9

Prüfen Sie in den nachfolgenden Sachverhalten, ob eine sonstige Leistung i. S. v. § 3 Abs. 9 UStG vorliegt!

Sachverhalt	Lieferung	sonstige Leistung	keines von beiden
1. Modeschöpferin M veräußert eine Skizze mit dem Entwurf eines Modellkleides.			
2. Hausbesitzer H vermietet ein Zimmer an einen Studenten.			
3. Gewerbetreibender G nimmt bei der B-Bank ein Darlehen über 10 000 € auf.			
4. G (Fall 3) verwendet die 10 000 € zur Bezahlung seiner ESt.			
5. Unternehmer A veräußert sein Einfamilienhaus an B.			
6. K erwirbt eine Theaterkarte und besucht damit eine Theatervorführung.			
7. Kunde A nimmt die Dienste der Prostituierten P in Anspruch.			
8. A verprügelt im Auftrag des B den C.			
9. Unternehmer A befördert einen Gegenstand des B im Auftrag des B von Stuttgart nach München.			
10. Unternehmer A verzichtet gegenüber Unternehmer B auf die weitere Herstellung einer Spezialmaschine.			
11. Eiscafe C veräußert an den Gast G einen Eisbecher, den dieser im Restaurant einnimmt.			

2 Leistungsweg

Entsprechend den Grundsätzen, die Sie beim Lieferweg kennen gelernt haben, gilt auch für den Weg der sonstigen Leistung Folgendes: Die sonstige Leistung erfolgt stets an denjenigen, der den Auftrag hierfür erteilt hat.

Wer den Auftrag zur sonstigen Leistung erteilt hat, ergibt sich aus dem regelmäßig zugrunde liegenden Verpflichtungsgeschäft (Dienstvertrag, Mietvertrag, Werkvertrag usw.). Dies gilt auch dann, wenn ein bürgerlich-rechtlich unwirksames Verpflichtungsgeschäft vorliegt, welches von den Beteiligten gleichwohl vollzogen wird.

Wie bei der Lieferung ist die Tätigkeit des Erfüllungsgehilfen dem Leistungsgeber bzw. dem Leistungsempfänger zuzurechnen. Erteilt jemand als Vertreter im Namen des Vertretenen einen Auftrag, so ist der Vertretene Auftraggeber und nicht der Vertreter.

FALL 10

Prüfen Sie in den nachfolgenden Sachverhalten,
a) welche Art einer sonstigen Leistung vorliegt,
b) wer diese Leistung an wen erbringt!

1. Hausbesitzer H beauftragt den Flaschnermeister F, eine defekte Wasserleitung abzudichten. F lässt den Auftrag durch seinen Gesellen G ausführen.
2. F mietet für seinen Gesellen G beim Hausbesitzer H eine Wohnung an. Vertragsparteien des Mietvertrags sind F und H. F schließt seinerseits einen Mietvertrag mit G ab. G zieht in die Wohnung ein.
3. Der Bauherr B beauftragt den Architekten A mit der Erstellung eines Gutachtens über die Bebaubarkeit eines Grundstücks. A beauftragt seinerseits mit der Erstellung des Gutachtens im eigenen Namen und für eigene Rechnung seinen freien Mitarbeiter M. Dieser sendet das Gutachten unmittelbar dem B zu.
4. Der Handelsvertreter H schließt im Namen und für Rechnung der Firma W mit der Firma E einen Kaufvertrag über die Lieferung eines Baukrans ab. Die Firma W übergibt den Baukran dem H, wo ihn die Firma E abholt.

Teil G Ort der sonstigen Leistung

1 Allgemeines

Am 12.02.2008 wurde vom Rat der EU die Richtlinie 2008/8/EG verabschiedet, die für den Ort der sonstigen Leistung einige Änderungen der MwStSystRL bringt. Diese Änderungen sind jedoch von den Mitgliedstaaten erst zum 01.01.2010, teilweise sogar erst zum 01.01.2013 oder 01.01.2015 in das nationale Recht umzusetzen. Im Wesentlichen soll damit das Bestimmungslandprinzip verstärkt durchgesetzt werden. Im Zusammenhang damit wird die Möglichkeit der Ortsverlagerung durch Verwendung einer USt-Id-Nr. beseitigt. Der Leistungsort wird in diesen Fällen an den Sitz des leistungsempfangenden Unternehmers verlagert. Die nachfolgenden Ausführungen (in 2) stellen zunächst die bis Ende 2009 geltenden Regelungen dar.

Durch das Jahressteuergesetz 2009 wurde die Richtlinie 2008/8/EG bereits umgesetzt, wobei die geänderten Vorschriften erst am 01.01.2010 in Kraft treten. Diese Regelungen werden in 3 dargestellt. Die Übungsfälle (Fall 11) werden sowohl nach bis Ende 2009 als auch nach ab 01.01.2010 geltendem Recht gelöst.

2 Ort der sonstigen Leistung nach den bis Ende 2009 geltenden Regelungen

2.1 Aufbau der bis Ende 2009 geltenden Regelungen zum Ort der sonstigen Leistung

Der Ort der sonstigen Leistungen wird in den §§ 3a und 3b UStG geregelt. Zunächst gilt nach § 3a Abs. 1 UStG der Grundsatz, dass der Ort der sonstigen Leistung dort ist, von wo aus der Unternehmer sein Unternehmen betreibt (Ursprungslandprinzip). Dies ist dort, wo sich die Geschäftsleitung bzw. bei mehreren Betrieben die geschäftliche Oberleitung befindet. Ist dieser Ort bei natürlichen Personen nicht eindeutig bestimmbar, ist der Wohnsitz bzw. der gewöhnliche Aufenthalt maßgebend (A 33 Abs. 1 Satz 3 UStR). Hat der Unternehmer mehrere Betriebsstätten (§ 12 AO), ist der Ort die **Betriebsstätte**, von der die sonstige Leistung ausgeführt wird. Den sich nach § 3a Abs. 1 UStG ergebenden Leistungsort bezeichnen wir im Folgenden als **Sitzort**. Von diesem Grundsatz gibt es jedoch eine Reihe von Ausnahmen, die in den Abs. 2 bis 4 des § 3a und § 3b UStG sowie in § 1 UStDV näher erläutert sind.

§ 3a **Abs. 2** UStG und § 3b UStG bringen in bestimmten Fällen sonstiger Leistungen leistungsspezifische Leistungsorte, z. B. ist der Ort der sonstigen Leistungen im Zusammenhang mit einem Grundstück gem. § 3a Abs. 2 Nr. 1 UStG am Lageort des Grundstücks.

§ 3a **Abs. 3 und 3a** i. V. m. **Abs. 4** UStG stellt in bestimmten Fällen sonstiger Leistungen auf den Leistungsempfänger ab (Bestimmungslandprinzip), und zwar auf dessen Wohnort (§ 8 AO), Sitz (§ 11 AO) oder Betriebsstätte (§ 12 AO).

Bei der Prüfung des Ortes der sonstigen Leistung gemäß § 3a UStG empfiehlt es sich zweckmäßigerweise, wie folgt vorzugehen (vgl. auch Prüfungsschema in 2.8):

a) Prüfung, ob eine Beförderungsleistung, eine mit der Beförderung eines Gegenstandes zusammenhängende Leistung oder die Vermittlung einer innergemeinschaftlichen Beförderung von Gegenständen vorliegt. Ist dies der Fall, bestimmt sich der Leistungsort nach § 3b UStG. Ist dies nicht der Fall:

b) Prüfung, ob eine der in § 3a **Abs. 2** UStG genannten sonstigen Leistungen vorliegt. Ist dies der Fall, bestimmt sich der Leistungsort ausschließlich nach § 3a Abs. 2 **Nr. 1–4** UStG. Ist dies nicht der Fall:

c) Prüfung, ob eine der in § 3a **Abs. 4** UStG genannten Leistungen vorliegt. Ist dies nicht der Fall, dann bestimmt sich der Leistungsort nach § 3a Abs. 1 UStG. Ist dies der Fall:

d) Prüfung, ob sich aus § 3a **Abs. 3** UStG ein auf den Leistungsempfänger abgestellter Leistungsort ergibt. Ist dies nicht der Fall:

e) Prüfung, ob der Leistungsort nach § 3a Abs. 1 UStG im Gemeinschaftsgebiet liegt.

f) Prüfung, ob sich nach § 1 UStDV eine Verlagerung des Leistungsortes ergibt.

2.2 Ort der Beförderungsleistungen oder Vermittlung von Beförderungsleistungen (§ 3b UStG)

Zunächst muss geprüft werden, ob es sich um eine Personenbeförderung oder um eine Beförderung von Gegenständen handelt.

Bei einer Personenbeförderung ist gem. § 3b Abs. 1 UStG der Ort der Leistung dort, wo die Beförderung ausgeführt wird (Beförderungsort). Erfolgt die Personenbeförderung grenzüberschreitend, so ist die Beförderungsleistung entsprechend der zurückgelegten Strecke in einen inländischen und ausländischen Anteil aufzuteilen. Nur der inländische Anteil der Beförderungsleistung ist steuerbar.

Bei der Beförderung von Gütern bestimmt sich der Ort der Beförderungsleistung grundsätzlich ebenfalls nach § 3b Abs. 1 UStG.

Von diesem Grundsatz gibt es eine wichtige Ausnahmeregelung für die sog. innergemeinschaftlichen Güterbeförderungsleistungen gem. § 3b Abs. 3 UStG.

Liegt eine grenzüberschreitende Beförderungsleistung von Gegenständen vor und beginnt und endet die Beförderungsleistung in zwei verschiedenen Mitgliedstaaten (sog. innergemeinschaftliche Güterbeförderungsleistung gem. § 3b Abs. 3 UStG), ist der Ort der Beförderungsleistung dort, wo mit der Beförderung des Gegenstandes begonnen worden ist. Verwendet der Leistungsempfänger gegenüber dem Beförderungsunternehmer eine ihm von einem anderen Mitgliedstaat erteilte USt-Id-Nr. (vgl. A 245j UStR), verlagert sich der Leistungsort in das Land, welches die Id-Nr. ausgestellt hat. Bezugspunkt für die Prüfung, ob der Leistungsempfänger eine Identifikationsnummer eines anderen Mitgliedstaates verwendet, ist dabei der Ort des Beförderungsbeginns. Die Mitgliedstaaten erteilen auf Antrag jedem Unternehmer eine USt-Id-Nr., der ein berechtigtes Interesse daran geltend macht. Ein Unternehmer kann sich so von jedem Mitgliedstaat eine USt-Id-Nr. erteilen lassen.

Eine Verlagerung des Leistungsorts durch die Verwendung einer USt-Id-Nr. kann darüber hinaus auch dann erfolgen, wenn eine Beförderung im selben Mitgliedstaat beginnt und endet, sofern es sich um eine Beförderung handelt, die einer innergemeinschaftlichen Beförderungsleistung vor- oder nachgeschaltet ist (vgl. § 3b Abs. 3 Satz 3 UStR).

Vermittelt ein Unternehmer eine Beförderung von Gegenständen und handelt es sich hierbei um eine innergemeinschaftliche Güterbeförderungsleistung, bestimmt sich der Leistungsort nach denselben o. g. Kriterien (vgl. § 3b Abs. 5 UStG).

Der Ort der Vermittlungsleistung ist in diesen Fällen i.d.R. dort, wo auch der Ort der vermittelten Beförderungsleistung ist.

> **MERKSATZ**
>
> Bei innergemeinschaftlichen Güterbeförderungen ist grundsätzlich der Beförderungsort im Ausstellerland einer vom Auftraggeber verwendeten Id-Nr. (Wahlrecht). Verwendet der Auftraggeber keine Id-Nr., ist der Beförderungsort der Ort, an dem die Beförderung beginnt.

2.3 Ort der sonstigen Leistung nach § 3a Abs. 2 UStG

2.3.1 Sonstige Leistungen im engen Zusammenhang mit Grundstücken (§ 3a Abs. 2 Nr. 1 UStG, A 34 UStR)

Hierunter fallen insbesondere:

- Vermietungen von Grundstücken und Grundstücksteilen (Wohnungen, Zimmer), § 3a Abs. 2 **Nr. 1a** UStG,
- Vermittlungsleistungen von Grundstücksmaklern, § 3a Abs. 2 Nr. 1b UStG,
- Vermittlung von Grundstücksvermietungen (vgl. A 34 Abs. 8 Satz 2 UStR),
- Dienstleistungen von Architekten im Zusammenhang mit der Erschließung von Grundstücken oder der Ausführung von Bauleistungen, § 3a Abs. 2 **Nr. 1c** UStG,
- Vermietungen von Betriebsvorrichtungen, sofern diese wesentliche Grundstücksbestandteile sind (z. B. Tennisplätze, Kegelbahnen, Maschinen),
- Dienstleistungen am Grundstück (z. B. Gärtnerarbeiten, Wartung von Aufzugsanlagen).

Der **Ort der Leistung** ist gem. § 3a Abs. 2 Nr. 1 Satz 1 UStG in diesen Fällen dort, wo das Grundstück liegt (**Lageort**).

Der Leistungsort bestimmt sich nach dem Lageort des Grundstücks nur bei solchen Leistungen, die in einem engen Zusammenhang mit dem Grundstück stehen. Dies ist z. B. nicht der Fall bei der Veröffentlichung von Immobilienanzeigen durch Zeitungen (vgl. A 34 Abs. 9 Nr. 2 UStR).

2.3.2 Sonstige Leistungen im Zusammenhang mit Kunst, Sport und Wissenschaft (§ 3a Abs. 2 Nr. 3a UStG, A 36 UStR)

Hierunter fallen insbesondere:

- künstlerische Leistungen (z. B. Oper, Schauspiel), einschließlich der damit zusammenhängenden Leistungen (z. B. der Tontechniker),
- wissenschaftliche Leistungen (z. B. wissenschaftliche Vorträge, auch Gutachten, die nicht auf die Beratung des Auftraggebers ausgerichtet sind),
- unterrichtende Leistungen (z. B. Veranstaltung von Kursen),
- sportliche Leistungen (z. B. Tennis, Radsport, Fußball),
- unterhaltende Leistungen (z. B. Filmvorführungen, Tanzveranstaltungen),
- ähnliche Leistungen.

Ort der Leistung ist in diesen Fällen gem. § 3a Abs. 2 Nr. 3 1. HS UStG dort, wo der Unternehmer jeweils ausschließlich oder zum wesentlichen Teil tätig wird (Tätigkeitsort mit Schwerpunktprinzip). Erstreckt sich eine solche sonstige Leistung sowohl auf das Inland als auch auf das Ausland, so ist darauf abzustellen, wo der Schwerpunkt der sonstigen Leistung liegt. Dieser ist im Zweifel dort, wo die entscheidenden Bedingungen für den Erfolg gesetzt werden.

Entscheidende Bedingungen werden am Ort der typischen Haupttätigkeit gesetzt (beim Künstler, Redner etc. der Ort des Auftritts, beim Gutachter, der ein schriftliches Gutachten schuldet, der Ort der Fertigung des Gutachtens).

Bedient sich der Unternehmer bei der Ausführung einer derartigen Leistung eines selbstständigen Erfüllungsgehilfen (Subunternehmer), so ist der Leistungsort für beide Unternehmer dort, wo der **Subunternehmer** ausschließlich oder zum wesentlichen Teil tätig wird.

Soweit bei Leistungen nach § 3a Abs. 2 Nr. 3a UStG Urheberrechte übertragen werden, bestimmt sich der Leistungsort nicht nach § 3a Abs. 2 Nr. 3a UStG, sondern nach § 3a Abs. 4 Nr. 1 UStG.

2.3.3 Arbeiten an beweglichen Gegenständen und deren Begutachtung (§ 3a Abs. 2 Nr. 3c UStG)

Hierunter fallen insbesondere:

- Reparaturleistungen mit unwesentlichem Materialeinsatz an Maschinen oder ähnlichen Gegenständen,
- Wartungsarbeiten,
- Reinigungsarbeiten,
- Montagearbeiten,
- Abfallbeseitigung,
- Erstellung eines Schätzgutachtens über den Wert eines Pkw, Bildes o. ä. Gegenstandes.

Maßgebend für diese sonstigen Leistungen ist der Tätigkeitsort, d. h. der Ort, wo der Unternehmer bei der Erbringung der Leistungen selbst oder über seine Erfüllungsgehilfen ausschließlich oder zum wesentlichen Teil tätig geworden ist. Unter bestimmten Voraussetzungen kann aber der Leistungsort durch die Verwendung einer USt-Id-Nr. in ein anderes Land verlagert werden. Näheres vgl. hierzu 2.3.3.2.

2.3.3.1 Sonderregelung bei Reparaturleistung

Bei Reparaturleistungen kann es sich je nach Umfang des zur Reparatur erforderlichen Materials entweder um Werklieferungen oder um Werkleistungen handeln. Daraus ergeben sich häufig Abgrenzungsprobleme. Die Verwaltung lässt es aus Vereinfachungsgründen zu, dass eine Werklieferung und damit **keine Werkleistung** angenommen wird, wenn der Entgeltsanteil, der auf das bei der Reparatur verwendete Material entfällt, mehr als 50 % des berechneten Gesamtentgelts beträgt (vgl. A 144 Abs. 2 UStR und BMF vom 12.10.1993 BStBl I 1993, 915). Bei Werklieferungen richtet sich der Leistungsort nach den Regeln über den Lieferort (insbesondere § 3 Abs. 6 und 7 UStG).

2.3.3.2 Verlagerung des Leistungsorts bei Verwendung einer Umsatzsteuer-Identifikationsnummer

Ist der Tätigkeitsort in einem Mitgliedstaat der EU, kann der Leistungsempfänger den Leistungsort nach § 3a Abs. 2 Nr. 3c Satz 2 und 3 UStG durch Verwendung der USt-Id-Nr. eines anderen Mitgliedstaates in den Mitgliedstaat verlagern, der die verwendete USt-Id-Nr. erteilt hat. Die Verlagerung erfolgt unter folgenden Voraussetzungen:

- der Tätigkeitsort ist in einem EU-Land,
- der Leistungsempfänger verwendet im Vergleich zum Tätigkeitsort eine Id-Nr. eines anderen Mitgliedstaates,
- der Gegenstand verbleibt nicht in dem Mitgliedstaat, in dem der Tätigkeitsort liegt.

BEISPIEL

> Unternehmer U in Stuttgart erhält von der Fa. Smith mit Sitz in London den Auftrag, eine Maschine zu reparieren. Die Maschine wird von London nach Stuttgart transportiert und dort von U repariert. Der Wert der verwendeten Ersatzteile liegt unter 50 % des Gesamtentgelts. Nach erfolgter Reparatur wird die Maschine wiederum nach London zurückgesandt. Smith teilte U seine englische Id-Nr. mit.
>
> **LÖSUNG** U erbringt mit der Reparatur eine Werkleistung an Smith. Der Leistungsort ist dabei nach § 3a Abs. 2 Nr. 3c UStG grundsätzlich der Tätigkeitsort Stuttgart. Durch die Verwendung einer Id-Nr. eines anderen Mitgliedstaates und die anschließende Ausfuhr der Maschine nach England wird der Leistungsort nach England verlagert. Die sonstige Leistung ist nicht steuerbar.

Mit der Verlagerungsmöglichkeit soll die umsatzsteuerrechtliche Behandlung des Geschäftsvorfalles vereinfacht werden. Wird der Leistungsort nicht verlagert, ist die sonstige Leistung in Deutschland steuerbar und steuerpflichtig. U müsste in diesem Falle dem S deutsche Umsatzsteuer berechnen. S könnte sich diese deutsche Umsatzsteuer nur über das zeitaufwendige und umständliche Vorsteuervergütungsverfahren für ausländische Abnehmer wiederum zurückholen. Dies kann dadurch vermieden werden, dass S durch die Verwendung seiner englischen USt-Id-Nr. den Leistungsort nach England verlagert. Die sonstige Leistung ist dann in Deutschland nicht steuerbar, sie ist aber in England steuerbar und steuerpflichtig. Dabei geht die Steuerschuld im so genannten Reverse-Charge-Verfahren (entsprechend § 13b UStG) von U auf S über. S muss als Schuldner der englischen Umsatzsteuer diese abführen, kann sie jedoch zugleich wieder als Vorsteuer abziehen.

2.3.4 Vermittlungsleistungen (§ 3a Abs. 2 Nr. 4 UStG)

Für Vermittlungsleistungen bestimmt sich grundsätzlich der Leistungsort nach der Regel des § 3a Abs. 2 Nr. 4 UStG. Ausnahmsweise gilt die Vorschrift nicht für die nachfolgend genannten Vermittlungsleistungen:

- Vermittlung von innergemeinschaftlichen Beförderungsleistungen von Gegenständen (vgl. § 3b Abs. 5 UStG),
- Vermittlung von Grundstücksverkäufen (§ 3a Abs. 2 Nr. 1 UStG),
- Vermittlung von Grundstücksvermietungen (§ 3a Abs. 2 Nr. 1 UStG),
- Vermittlung von sonstigen Leistungen, die im Katalog des § 3a Abs. 4 UStG aufgeführt sind.

Bei den restlichen Vermittlungsleistungen ist der Leistungsort grundsätzlich dort, wo der vermittelte Umsatz aufgeführt wird. Die Vermittlungsleistung soll umsatzsteuerlich dort erfasst werden, wo auch der vermittelte Umsatz erfasst wird.

Verwendet jedoch der Auftraggeber des Vermittlers eine USt-Id-Nr. eines anderen Mitgliedstaates, verlagert sich der Ort der Vermittlungsleistung in das Ausstellerland der Id-Nr. (§ 3a Abs. 2 Nr. 4 Satz 2 UStG). Eine Id-Nr. eines anderen Mitgliedstaates liegt in diesem Falle dann vor, wenn die Nummer im Vergleich zum Ort nach § 3a Abs. 2 Nr. 4 Satz 1 UStG (Ort der vermittelten Leistung) aus einem anderen Mitgliedstaat stammt. Die

Formulierung »von einem **anderen** Mitgliedstaat erteilte Umsatzsteuer-Identifikations-nummer« setzt voraus, dass sich der Ort des vermittelten Umsatzes in einem Mitglied-staat befindet.

Eine typische unter § 3a Abs. 2 Nr. 4 UStG fallende Vermittlungsleistung ist die Ver-mittlung des Verkaufs von Handelsware durch einen selbständigen Handelsvertreter. Nähe-re Ausführungen zum Begriff »Vermittlungsleistungen« vgl. O 4.1.2.

Der Sinn der Verlagerungsmöglichkeit ist derselbe wie bei den bei 2.3.3.2 beschriebe-nen Arbeiten an beweglichen Gegenständen.

MERKSATZ

> Tätigt ein Unternehmer eine Vermittlungsleistung gem. § 3a Abs. 2 Nr. 4 UStG und ver-wendet sein Auftraggeber (Geschäftsherr) eine Id-Nr., ist der Leistungsort im Ausstel-lerland der Id-Nr. (Ausnahme: Der Ort der vermittelten Leistung befindet sich im Dritt-landsgebiet).
>
> Verwendet der Auftraggeber keine Id-Nr., ist der Leistungsort dort, wo der Ort des ver-mittelten Umsatzes ist.
>
> Der Auftraggeber hat mit der Möglichkeit der Ver- oder Nichtverwendung einer Id-Nr. ein Wahlrecht und kann in gewissem Umfang den Leistungsort bestimmen.

2.4 Ort der sonstigen Leistung nach § 3a Abs. 3 i. V. m. Abs. 4 UStG

Zur Gruppe dieser sonstigen Leistungen gehören u. a. (vgl. auch A 39 UStR):
- Übertragung von Urheberrechten (§ 3a Abs. 4 Nr. 1 UStG, A 168 UStR),
- rechtliche, wirtschaftliche und technische Beratung, Tätigkeiten als Rechtsanwälte, Steuerberater, Wirtschaftsprüfer und Ingenieure, § 3a Abs. 4 **Nr. 3** UStG,
- Aufsichtsratstätigkeit, § 3a Abs. 4 **Nr. 3** UStG,
- Übersetzungs- u. Dolmetscherleistungen, § 3a Abs. 4 **Nr. 3** UStG,
- Darlehensgewährung, § 3a Abs. 4 **Nr. 6** i. V. m. § 4 Nr. 8a UStG,
- Personalgestellung, § 3a Abs. 4 **Nr. 7** UStG,
- Wettbewerbsverzichte, § 3a Abs. 4 **Nr. 9** UStG,
- Vermietung beweglicher körperlicher Gegenstände, ausgenommen Beförderungsmit-tel, § 3a Abs. 4 **Nr. 11** UStG,
- Telekommunikationsleistungen, § 3a Abs. 4 **Nr. 12** UStG,
- elektronische sonstige Leistung, § 3a Abs. 4 **Nr. 14** UStG.

2.4.1 Bestimmung des Leistungsorts bei den Leistungen nach § 3a Abs. 4 UStG

Für die Feststellung des Leistungsortes sind drei Fälle zu unterscheiden:[1]
1. Leistungsempfänger (LE) = Unternehmer
   Ist der LE Unternehmer gilt das Leistungsempfänger-Prinzip, d. h., der Leistungsort ist der Sitzort des LE.
   In diesen Fällen ist der Leistungsort dort, wo der Unternehmer sein Unternehmen betreibt. Er betreibt dort sein Unternehmen, wo sich seine geschäftliche Oberlei-tung befindet (vgl. dazu auch Giesberts in Rau/Dürrwächter, Flick/Geist, § 3a An-merkung 37).

---

[1] Nicht einbezogen sind die sonstigen Leistungen an juristische Personen des öffentlichen Rechts.

Erfolgt die sonstige Leistung an eine Betriebsstätte des Unternehmers, ist der Ort der Betriebsstätte maßgebend. A 33 Abs. 3 UStR definiert einen eigenen Betriebsstättenbegriff für Zwecke der Umsatzsteuer. Es ist nicht mehr der Begriff nach § 12 AO maßgebend. Eine Betriebsstätte i. S. d. Umsatzsteuer ist jede feste Anlage, die der Tätigkeit des Unternehmers dient; sie muss aber über einen ausreichenden Mindestbestand an Personal- und Sachmitteln verfügen.

Wird die sonstige Leistung an den außerunternehmerischen Bereich des Unternehmers erbracht, ist nach A 38 Abs. 5 Satz 2 UStR davon auszugehen, dass die sonstige Leistung an einen Nichtunternehmer bewirkt wird. Es sind dann die Regeln für Nichtunternehmer maßgebend.

2. Leistungsempfänger (LE) = Nichtunternehmer mit Wohnort im Dritt-Ausland

Ist der LE Nichtunternehmer mit Wohnort im Dritt-Ausland, ist ebenfalls der Sitzort des LE maßgebend. Die sonstige Leistung ist in diesen Fällen immer nichtsteuerbar.

3. Leistungsempfänger (LE) = Nichtunternehmer mit Wohnort innerhalb der EU

Ist der LE Nichtunternehmer mit Wohnort oder Sitz innerhalb der EU gilt mangels Regelung im Abs. 3 die Grundregel des § 3a Abs. 1 UStG. In diesem Falle ist der Sitzort des Leistungsgebers maßgebend.

4. Ergibt sich aus § 3a Abs. 1 UStG ein Leistungsort im Drittlandsgebiet, kann sich bei Leistungen i. S. v. § 3a Abs. 4 Nr. 12 bis 14 UStG über § 3a Abs. 3a UStG bzw. § 1 UStDV der Leistungsort ins Inland verlagern.

Wird z. B. eine Telekommunikationsdienstleistung (§ 3a Abs. 4 Nr. 12 UStG, A 39a UStR) von einem im Drittlandsgebiet ansässigen Unternehmer an eine im Inland wohnhafte Privatperson erbracht, so ist der Leistungsort im Inland, wenn die Leistung im Inland ganz oder überwiegend genutzt wird.

2.4.2 Sonderregelung für elektronische Dienstleistungen (§ 3a Abs. 4 Nr. 14 UStG) nach § 3a Abs. 3a UStG

Zunehmend werden Dienstleistungen über das Internet erbracht. Hierunter fallen insbesondere:
- Bereitstellung von Software und deren Aktualisierung (Updates),
- Bereitstellung von Bildern, Texten und Informationen,
- Bereitstellung von Datenbanken,
- Bereitstellung von Filmen, Musik und Spielen.

Der leistende Unternehmer kann dabei die Leistungen von einem beliebigen Ort auf der Welt aus erbringen. Auch lässt sich in diesen Fällen oft schwer ermitteln, wo die jeweilige Dienstleistung genutzt oder ausgewertet wird. Deshalb bestimmt hierfür § 3a Abs. 3a UStG zur Vermeidung von Wettbewerbsnachteilen inländischer Unternehmer als Leistungsort den Wohnsitz oder Sitz des Leistungsempfängers, wenn sich nicht bereits aus § 3a Abs. 3 UStG ein Leistungsort ergibt.

Wird z. B. eine solche Leistung von einem im Drittlandsgebiet ansässigen Unternehmer an eine Privatperson mit Wohnort im Inland erbracht, ist der Leistungsort im Inland, gleichgültig, wo die Leistung genutzt oder ausgewertet wird.

Problematisch ist hierbei die Durchführung der Besteuerung. Deshalb ermöglicht hierfür § 18 Abs. 4b und 4c UStG dem leistenden Unternehmer, die Besteuerung sämtlicher Umsätze nach § 3a Abs. 3a UStG im Gemeinschaftsgebiet in einem Mitgliedstaat seiner Wahl vorzunehmen. Die Besteuerung muss gleichwohl nach den Steuersätzen erfolgen, die in dem Mitgliedstaat gelten, in welchem der jeweilige Leistungsempfänger seinen Wohnort hat.

2.4.3 Grafische Darstellung der Leistungsortbestimmung nach § 3a Abs. 3 UStG

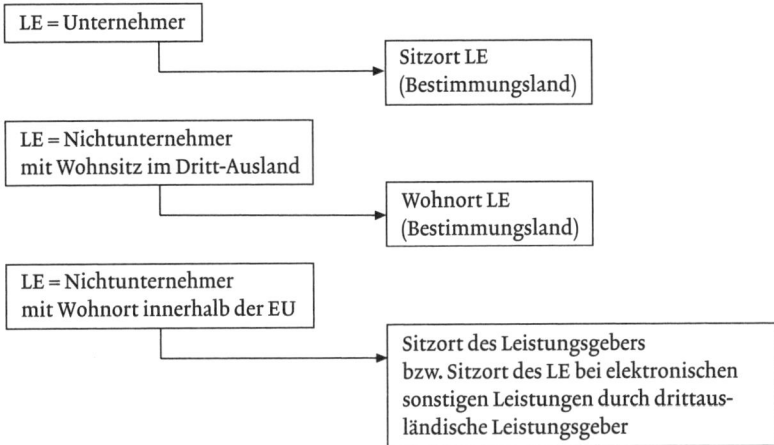

2.5 Konkurrenz der Leistungsorte nach § 3a Abs. 2 und Abs. 3 UStG

Liegt eine sonstige Leistung vor, die sowohl unter § 3a **Abs. 4** UStG als auch unter § 3a **Abs. 2** UStG fällt, muss jeweils nach Sinn und Zweck der Regelungen entschieden werden, welcher Regelung die erbrachte Leistung unterliegt.

BEISPIELE

a) Ein Bauingenieur mit Wohnsitz in Straßburg erstellt in Straßburg einen Bauplan für einen Bauherrn mit Wohnsitz in der Schweiz bezüglich eines Ferienhauses im Schwarzwald.
LÖSUNG Die sonstige Leistung (Werkleistung) fällt sowohl unter § 3a **Abs. 2 Nr. 1c** UStG als auch unter § 3a **Abs. 4 Nr. 3** UStG. Da vorliegend § 3a Abs. 4 Nr. 3 UStG die allgemeinere und § 3a Abs. 2 Nr. 1c UStG die speziellere Vorschrift ist, bestimmt sich der Leistungsort nach dem **Lageort** des Grundstücks (Schwarzwald). Die sonstige Leistung ist somit steuerbar.

b) Ein Ingenieur (Kfz-Sachverständiger) erstellt anlässlich eines Kfz-Unfalls ein Gutachten über die Schadenshöhe beim Kfz.
LÖSUNG Die Leistung fällt sowohl unter § 3a Abs. 4 Nr. 3 UStG als auch unter § 3a Abs. 2 Nr. 3c UStG. Da vorliegend § 3a Abs. 4 Nr. 3 UStG die allgemeinere und § 3a Abs. 2 Nr. 3c UStG die speziellere Vorschrift ist, bestimmt sich der Leistungsort nach § 3a Abs. 2 Nr. 3c UStG (vgl. A 36 Abs. 8 UStR).

2.6 Ort der sonstigen Leistung nach § 3a Abs. 1 UStG

In allen übrigen Fällen, in denen es sich weder um sonstige Leistungen nach § 3a **Abs. 2** UStG noch nach § 3a **Abs. 4** UStG handelt, bestimmt sich der Leistungsort grundsätzlich nach § 3a **Abs. 1** UStG. Leistungsort ist danach der **Sitzort** des Leistungsgebers. Falls der Leistungsgeber mehrere Betriebsstätten hat, tritt an die Stelle des Sitzortes die

Betriebsstätte, von der aus die sonstige Leistung überwiegend erbracht wurde (A 33 Abs. 2 UStR). Typische sonstige Leistungen, die unter § 3a Abs. 1 UStG fallen, sind:

- Vermögensverwaltungen,
- Abgabe von Speisen zum Verzehr an Ort und Stelle,
- Leistungen der Tierärzte,
- Schönheitsoperationen durch Ärzte,
- Vermietung von Beförderungsmitteln.

Definition des Begriffs Beförderungsmittel

Beförderungsmittel sind Gegenstände, deren Hauptzweck auf die Beförderung von Personen und Gütern gerichtet ist und die sich auch tatsächlich fortbewegen, weil sie z. B. Räder haben.

Hiernach sind u. a. folgende Gegenstände als Beförderungsmittel bzw. nicht als Beförderungsmittel anzusehen (vgl. A 33a Abs. 2 UStR):

Beförderungsmittel	keine Beförderungsmittel
Kraftfahrzeuge (auch Transportbetonmischer, fahrbereite Wohnwagen)	Bagger Planierraupen Kräne Transportbänder Gabelstapler Elektrokarren Rohrleitungen Container
Luftfahrzeuge (auch Sportflugzeuge und Segelflugzeuge)	
Schiffe (auch Segel-, Ruder-, Paddel- und Motorboote)	
Tiere (Pferde, Maulesel)	

2.7 Verlagerung des Leistungsortes bei der Vermietung von Beförderungsmitteln nach § 1 UStDV

Liegt eine sonstige Leistung in der Form der Vermietung eines Beförderungsmittels vor und ergibt sich nach § 3a Abs. 1 UStG ein Leistungsort außerhalb des Gebiets der EU, kann es nach § 1 Abs. 1 Nr. 3 UStDV zu einer Verlagerung des Leistungsortes in das Inland kommen.

§ 1 Abs. 1 Nr. 3 UStDV greift unter folgenden Voraussetzungen ein:

- Vermietung eines Beförderungsmittels,
- Leistungsort nach § 3a Abs. 1 UStG Drittlandsgebiet,
- überwiegende Nutzung des Beförderungsmittels im Inland.

Die auf Grund der Verlagerung anfallende USt muss grundsätzlich der Leistungsgeber in Deutschland anmelden und abführen. Ist allerdings der Leistungsempfänger ein Unternehmer und hat der LG seinen Sitz/Wohnort im Ausland, geht die Steuerschuld im Reverse-Charge-Verfahren gemäß § 13b UStG auf den Leistungsempfänger über. Näheres hierzu vgl. S 2.

Ergibt sich bei der Vermietung von Straßen- oder Schienenfahrzeugen, die ausschließlich zur Beförderung von Gegenständen bestimmt sind, sowie von Kraftomnibussen nach § 3a Abs. 1 UStG ein Leistungsort im Inland, kann sich der Leistungsort nach § 1 Abs. 2 UStDV in das Drittlandsgebiet verlagern, wenn das Fahrzeug für das Unternehmen eines im Drittlandsgebiet ansässigen Unternehmers bestimmt ist und dort genutzt wird.

Der Sinn der Verlagerungsregelung ist die Vermeidung von Wettbewerbsverzerrungen zu Lasten der im Inland ansässigen Unternehmer. Der Unternehmer, der z. B. ein Beförderungsmittel vom Drittausland an eine Privatperson vermietet, darf gegenüber dem inländischen Vermieter umsatzsteuerrechtlich nicht besser gestellt werden. Durch die Verlagerung des Leistungsortes muss er wie der inländische Unternehmer die Vermietungsleistung der Umsatzsteuer unterwerfen.

2.8 **Prüfungsschema zum Ort der sonstigen Leistung nach § 3a UStG**[1]

Zur Bestimmung des Orts der sonstigen Leistung nach § 3a UStG benutzen Sie bitte folgendes Prüfungsschema:

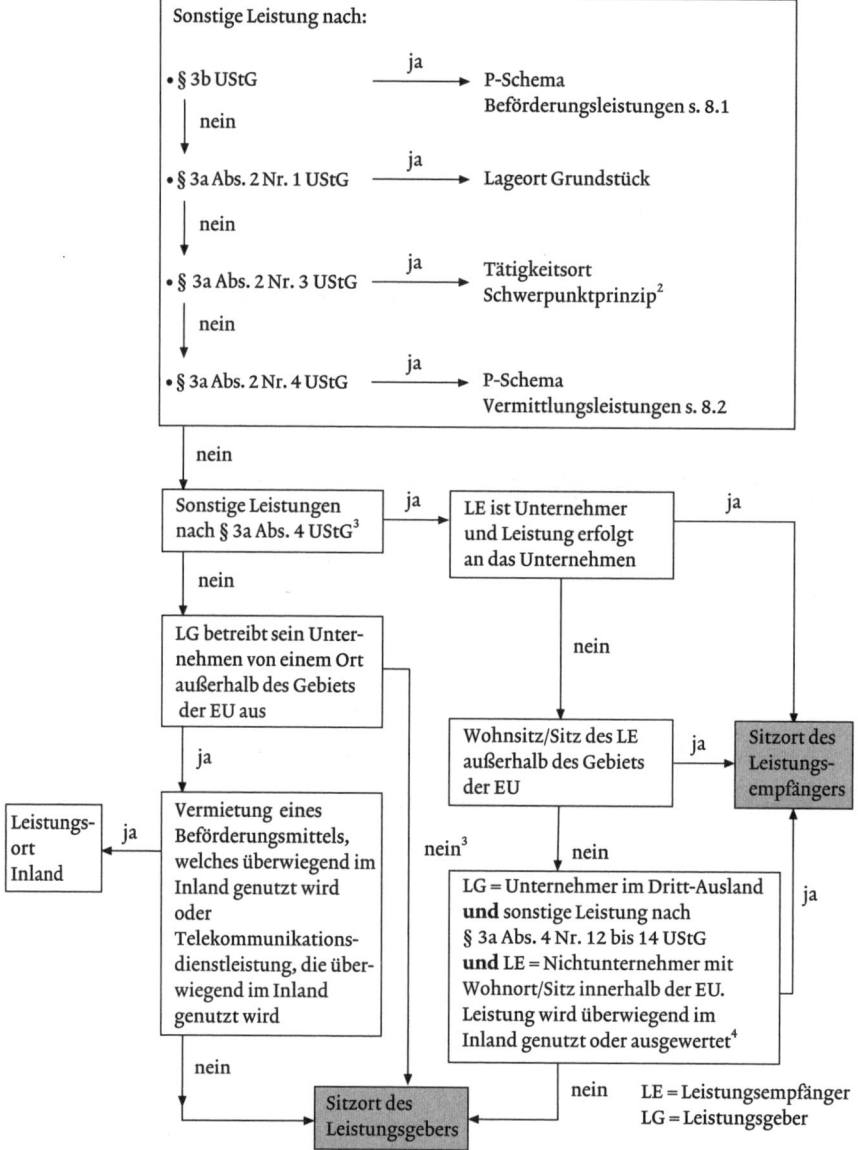

1 Nicht einbezogen sind die sonstigen Leistungen an juristische Personen des öffentlichen Rechts.

2 Abweichend vom Tätigkeitsort, kann sich in den Fällen des § 3a Abs. 2 Nr. 3c UStG der Leistungsort durch die Verwendung einer USt-Id-Nr. verlagern (vgl. 2.3.3.2).

3 Nicht einbezogen ist die Vermietung von Straßen- oder Schienenfahrzeugen bzw. Kraftomnibussen an im Drittlandsgebiet ansässige Unternehmen (vgl. 2.7).

4 Nicht erforderlich bei Leistung nach § 3a Abs. 4 Nr. 14 UStG.

2.8.1 Prüfungsschema zu den Beförderungsleistungen[1]

Zur Prüfung des Ortes bei den Beförderungsleistungen verwenden Sie bitte folgendes Schema:

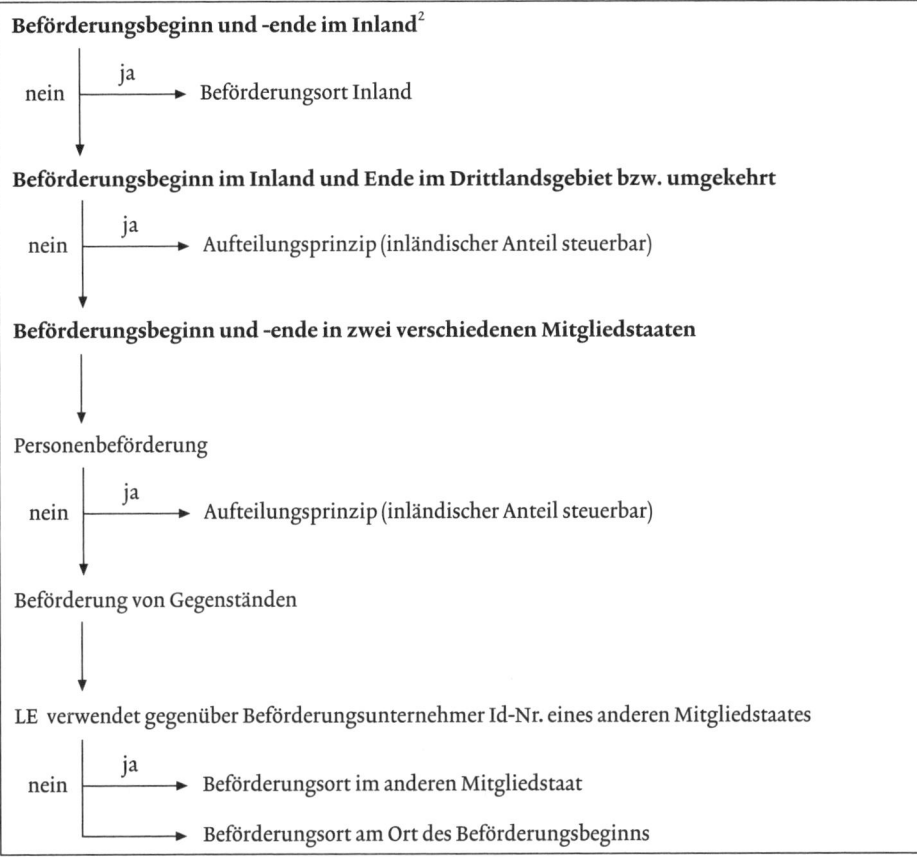

Beförderungsbeginn und -ende im Inland[2]

nein   ja → Beförderungsort Inland

Beförderungsbeginn im Inland und Ende im Drittlandsgebiet bzw. umgekehrt

nein   ja → Aufteilungsprinzip (inländischer Anteil steuerbar)

Beförderungsbeginn und -ende in zwei verschiedenen Mitgliedstaaten

Personenbeförderung

nein   ja → Aufteilungsprinzip (inländischer Anteil steuerbar)

Beförderung von Gegenständen

LE verwendet gegenüber Beförderungsunternehmer Id-Nr. eines anderen Mitgliedstaates

nein   ja → Beförderungsort im anderen Mitgliedstaat

→ Beförderungsort am Ort des Beförderungsbeginns

---

[1] Nicht einbezogen sind die Sonderregelungen nach §§ 2 bis 7 UStDV.
[2] Nicht einbezogen sind Beförderungen von Gegenständen, wenn die Beförderung unmittelbar mit einer innergemeinschaftlichen Beförderung der Gegenstände im Zusammenhang steht (ihr vorangeht oder nachfolgt). In diesem Fall wird die Beförderung nach § 3b Abs. 3 Satz 3 UStG wie eine Beförderung behandelt, die in einem Mitgliedstaat beginnt und in einem anderen Mitgliedstaat endet.

2.8.2 Prüfungsschema von Vermittlungsleistungen

Zur Prüfung des Ortes von Vermittlungsleistungen verwenden Sie bitte folgendes Schema:

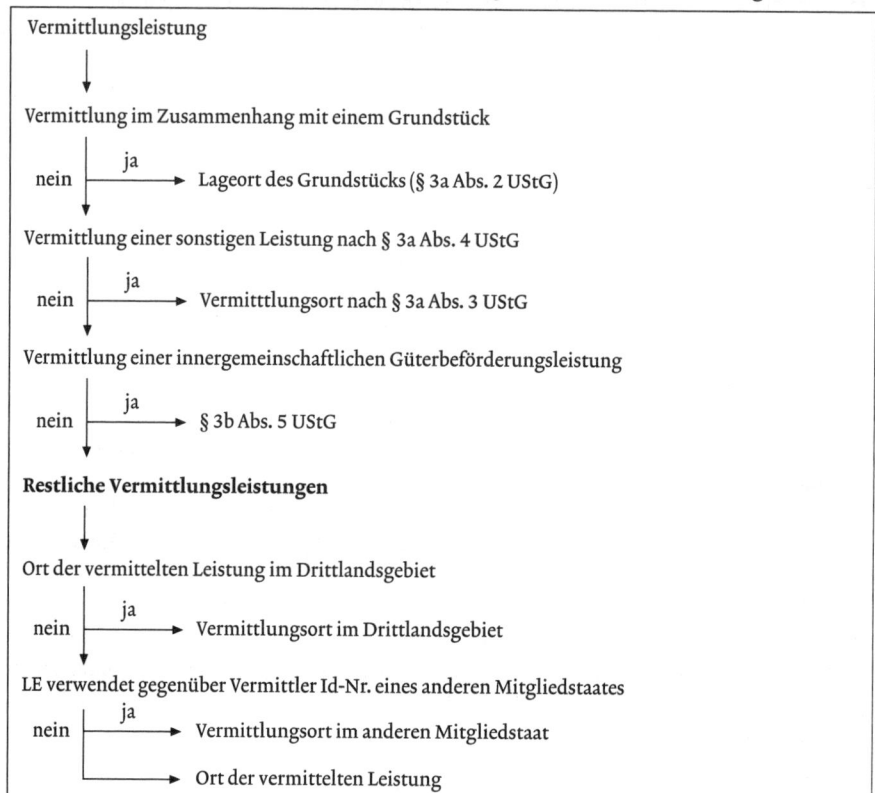

3 Ort der sonstigen Leistungen ab 01.01.2010

3.1 Allgemeine Grundsätze zum Ort der sonstigen Leistungen ab 01.01.2010

Nach § 3a Abs. 1 Satz 1 und 2 UStR befindet sich der Leistungsort am Sitz des Unternehmens bzw. am Ort einer Betriebsstätte des Unternehmers. Der Leistungsort nach § 3a Abs. 1 UStG wird nachfolgend vereinfachend als **Dienstleisterort** bezeichnet. Der Dienstleisterort ist jedoch nur dann maßgeblich, wenn nicht eine der zahlreichen Ausnahmen in § 3a Abs. 2 bis 7 UStG und § 3b UStG zutrifft.

Falls der Unternehmer neben seinem Unternehmen noch eine oder mehrere Betriebsstätten in anderen Ländern unterhält, wird für den Dienstleisterort gem. § 3a Abs. 1 Satz 2 UStG auf den Ort abgestellt, von dem aus die Leistung ausgeführt wird. Der Dienstleisterort ist am Ort einer Betriebsstätte, wenn die für die sonstige Leistung erforderlichen einzelnen Arbeiten ganz oder überwiegend durch Angehörige oder Einrichtungen der Betriebsstätte ausgeführt werden. Es ist nicht erforderlich, dass das Umsatzgeschäft von der Betriebsstätte aus abgeschlossen wurde. Wird ein Umsatz sowohl an dem Ort, von dem aus der Unternehmer sein Unternehmen betreibt, als auch an einer anderen Betriebsstätte ausgeführt, ist der Dienstleisterort nach dem Ort zu bestimmen, an dem die sonstige Leistung überwiegend erbracht wird (vgl. A 33 Abs. 2 UStR).

Der Dienstleisterort nach § 3a Abs. 1 UStG wird vor allem durch § 3a Abs. 2 UStG verdrängt, wonach die sonstigen Leistungen, die an einen Unternehmer für dessen Unternehmen ausgeführt werden, dort bewirkt werden, wo der Leistungsempfänger sein Unternehmen betreibt bzw. wo sich die Betriebsstätte befindet, an welche die Leistung ausgeführt wird. Falls der leistungsempfangende Unternehmer neben seinem Unternehmen noch eine oder mehrere Betriebsstätten in anderen Ländern unterhält, wird für den Leistungsort auf den Ort des Unternehmensteils abgestellt, an dem die Leistung ausgeführt wird.

Der Ort der Leistung ist am Ort einer Betriebsstätte, wenn die Leistung ausschließlich oder überwiegend für die Betriebsstätte bestimmt ist. Es ist nicht erforderlich, dass der Auftrag von der Betriebsstätte aus an den Unternehmer erteilt wird, der die sonstige Leistung erbringt. Auch ist unerheblich, ob das Entgelt für die Leistung von der Betriebsstätte aus bezahlt wird (vgl. A 38 Abs. 2 Satz 2, 4 und 5 UStR). Wenn nachfolgend der Ort für eine Leistung nach § 3a Abs. 2 UStG zu bestimmen ist, wird dieser Leistungsort zur Vereinfachung als **Leistungsempfängerort** bezeichnet.

Der Anwendungsbereich des § 3a Abs. 2 UStG wird durch § 3a Abs. 2 Satz 3 UStG ausgedehnt auf sonstige Leistungen an nicht unternehmerisch tätige juristische Personen, denen eine USt-Id-Nr. erteilt worden ist.

Nachfolgend werden alle Leistungsempfänger, die Unternehmer sind und die Leistung für ihr Unternehmen beziehen, als **Leistungsempfänger nach § 3a Abs. 2 UStG** bezeichnet.

Erfolgt eine sonstige Leistung nach § 3a Abs. 2 UStG an einen Leistungsempfänger mit Leistungsempfängerort in einem anderen Mitgliedstaat, ist der Leistungsort in dem anderen Mitgliedstaat. Zur Kontrolle darüber, dass die Leistung tatsächlich in dem anderen Mitgliedstaat versteuert wird, wird § 18a Abs. 1 UStG dahin ergänzt, dass der leistende Unternehmer über diese Leistung gem. § 18a Abs. 1 Satz 2 UStG eine Zusammenfassende Meldung abzugeben hat.

In § 3a Abs. 4 Satz 2 Nr. 1 bis 14 UStG sind sonstige Leistungen aufgeführt, für welche als Leistungsort das Drittlandsgebiet bestimmt wird, sofern der Leistungsempfänger kein Leistungsempfänger nach § 3a Abs. 2 UStG ist. Zur Abgrenzung von den Leistungsempfängern nach § 3a Abs. 2 UStG werden diese Leistungsempfänger nachfolgend als **übrige Leistungsempfänger** bezeichnet. Auch in diesen Fällen wird nachfolgend zur Vereinfachung der Leistungsort als **Leistungsempfängerort** bezeichnet.

Neben den vorbezeichneten **Dienstleisterorten** und **Leistungsempfängerorten** gibt es noch leistungsbezogene Leistungsorte. Sie sind geregelt in § 3a Abs. 3 Nr. 1, Nr. 2, Nr. 3a, Nr. 3b und § 3b Abs. 1 UStG und gehen den übrigen Ortsregelungen vor. So ist der Ort für sonstige Leistungen im Zusammenhang mit einem Grundstück am Lageort des Grundstücks (§ 3a Abs. 3 Nr. 1 UStG).

Daneben gibt es noch einige Sonderregelungen, die gesondert dargestellt werden (vgl. 3.3).

3.2 Prüfungsschema zum Ort der sonstigen Leistung ab 01.01.2010

Bei der Prüfung des Orts der sonstigen Leistung ist zunächst mit den speziellsten Regelungen zu beginnen, um dann stufenweise die allgemeinen Regelungen zu prüfen. Abgesehen von einigen ganz besonderen Ausnahmeregelungen ergibt sich für die Prüfung des Ortes der sonstigen Leistung folgende Prüfungsabfolge:

	Art der Leistung	Ort der Leistung
1. a)	Leistungen im Zusammenhang mit einem Grundstück (§ 3a Abs. 3 Nr. 1 UStG)	Lageort des Grundstücks
1. b)	Kurzfristige Vermietung eines Beförderungsmittels (§ 3a Abs. 3 Nr. 2 UStG)	Ort der Übergabe des Beförderungsmittels
1. c)	Leistungen nach § 3a Abs. 3 Nr. 3a UStG (kulturelle, künstlerische usw.)	Ort der tatsächlichen Leistungserbringung
1. d)	Restaurationsleistungen (§ 3a Abs. 3 Nr. 3b UStG)	Ort der tatsächlichen Leistungserbringung
1. e)	Vermittlungsleistungen an übrige Leistungsempfänger	Ort des vermittelten Umsatzes
1. f)	Personenbeförderungen (§ 3b Abs. 1)	Ort der Beförderungsstrecke
2.	Übrige Leistungen und Leistungsempfänger nach § 3a Abs. 2 UStG	Leistungsempfängerort
3.	Übrige Leistungsempfänger	
3. a)	Arbeiten an beweglichen körperlichen Gegenständen und die Begutachtung dieser Gegenstände (§ 3a Abs. 3 Nr. 3c UStG)	Ort der tatsächlichen Leistungserbringung
3. b)	Vermittlungsleistungen (§ 3a Abs. 3 Nr. 4 UStG)	Ort des vermittelten Umsatzes
4.	Sonstige Leistungen im Leistungskatalog nach § 3a Abs. 4 Satz 2 Nr. 1 bis 14 UStG an übrige Leistungsempfänger mit Wohnort oder Sitz im Drittlandsgebiet	Leistungsempfängerort im Drittlandsgebiet
5.	Sonstige Leistungen im Leistungskatalog nach § 3a Abs. 4 Satz 2 Nr. 1 bis 14 UStG an übrige Leistungsempfänger mit Wohnort oder Sitz im Gemeinschaftsgebiet	Dienstleisterort gem. § 3a Abs. 1 UStG
6.	Alle übrigen sonstige Leistungen an übrige Leistungsempfänger	Dienstleisterort gem. § 3a Abs. 1 UStG

3.3 Einzelheiten

3.3.1 Restaurationsleistungen

Restaurationsleistungen werden grundsätzlich nach § 3a Abs. 3 Nr. 3 Buchst. b UStG dort erbracht, wo die Leistungen tatsächlich erbracht werden.

Werden allerdings Restaurationsleistungen an Bord eincs Schiffes, in einem Luftfahrzeug oder in einer Eisenbahn während einer Beförderung innerhalb des Gemeinschaftsgebiets erbracht, ist der Leistungsort nach § 3e UStG am Abgangsort des jeweiligen Beförderungsmittels.

3.3.2 Vermietung von Beförderungsmitteln

Beförderungsmittel sind Gegenstände, deren Hauptzweck auf die Beförderung von Personen und Güter gerichtet ist (vgl. A 33a Abs. 2 UStR und 2.6). Es ist zu unterscheiden zwischen kurzfristiger und langfristiger Vermietung von Beförderungsmitteln.

Eine kurzfristige Vermietung von Beförderungsmitteln liegt nach § 3a Abs. 3 Nr. 2 UStG vor, wenn die Vermietung über einen ununterbrochenen Zeitraum von
a) bei Wasserfahrzeugen nicht mehr als 90 Tagen,
b) bei anderen Beförderungsmitteln nicht mehr als 30 Tagen dauert.

Der Leistungsort ist in diesen Fällen dort, wo das Beförderungsmittel dem Empfänger tatsächlich zur Verfügung gestellt wird, also wo es ihm übergeben wird. Wird das Beförderungsmittel ganz oder überwiegend im Inland genutzt und ist der Leistende ein Unternehmer, der sein Unternehmen von einem im Drittlandsgebiet liegenden Ort aus betreibt, so ist der Leistungsort, unabhängig davon, wo das Beförderungsmittel übergeben wird, nach § 3a Abs. 6 Nr. 1 UStG im Inland.

Ist die Vermietung nicht kurzfristig, also bei Wasserfahrzeugen über einen ununterbrochenen Zeitraum von mehr als 90 Tagen oder bei anderen Beförderungsmitteln mehr als 30 Tage, so erfolgt die Leistung bei einem Leistungsempfänger nach § 3a Abs. 2 UStG am Leistungsempfängerort.

Bei den übrigen Leistungsempfängern ist der Leistungsort grundsätzlich am Dienstleisterort. Ist der Dienstleisterort nach § 3a Abs. 1 UStG allerdings im Drittlandsgebiet, verlagert sich der Leistungsort gemäß § 3a Abs. 6 Nr. 1 UStG ins Inland, wenn das Beförderungsmittel ganz oder überwiegend im Inland genutzt wird.

Folgende weitere Sonderregelung enthält § 3a Abs. 7 UStG für Schienenfahrzeuge, Kraftomnibusse und ausschließlich zur Beförderung von Gegenständen bestimmte Straßenfahrzeuge: Der Leistungsort ist in diesen Fällen im Drittlandsgebiet, wenn die Leistung an einen im Drittlandsgebiet ansässigen Unternehmer für dessen Unternehmen erbracht wird und im Drittlandsgebiet genutzt wird.

3.3.3 Beförderungsleistungen

Bei Beförderungsleistungen ist zunächst zu unterscheiden zwischen **Personenbeförderungen** und **Güterbeförderungen**.

Für Personenbeförderungen bestimmt sich der Leistungsort grundsätzlich nach der Beförderungsstrecke. Ist die Beförderungsstrecke teilweise im Inland und teilweise im Ausland, wird die Leistung grundsätzlich in einen steuerbaren inländischen und einen nicht steuerbaren ausländischen Teil aufgeteilt. Für bestimmte kurze inländische Streckenanteile bringen allerdings hierzu die §§ 2f. UStDV Vereifachungen, dahin, dass sie wie ausländische Strecken behandelt werden.

Bei **Güterbeförderungen** ist zu unterscheiden, ob sie an Leistungsempfänger nach § 3a Abs. 2 UStG oder an die übrigen Leistungsempfänger erbracht werden.

Werden Güterbeförderungen an Leistungsempfänger nach § 3a Abs. 2 UStG erbracht, ist der Leistungsort am Leistungsempfängerort.

Werden Güterbeförderungen an die übrigen Leistungsempfänger erbracht, ist zu unterscheiden, ob es sich um die innergemeinschaftliche Beförderung eines Gegenstandes handelt (§ 3b Abs. 3 UStG) oder um andere Güterbeförderungen.

Der Leistungsort für die innergemeinschaftliche Beförderung eines Gegenstandes an übrige Leistungsempfänger ist gemäß § 3b Abs. 3 UStG an dem Ort, an dem die Beförderung des Gegenstandes beginnt.

Der Leistungsort für andere Güterbeförderungen an übrige Leistungsempfänger bestimmt sich nach § 3b Abs. 1 Satz 3 UStG wie bei den Personenbeförderungen nach der Beförderungsstrecke. Ist die Beförderungsstrecke teilweise im Inland und teilweise im Ausland, wird die Leistung grundsätzlich in einen steuerbaren inländischen und einen nicht steuerbaren ausländischen Teil aufgeteilt. Der steuerbare inländische Teil kann nach § 4 Nr. 3 Buchst. a Doppelbuchst. aa oder bb steuerfrei sein.

3.3.4 Auf elektronischem Weg erbrachte sonstige Leistungen

Ist der Empfänger einer auf elektronischem Weg erbrachten sonstigen Leistung (Leistung nach § 3a Abs. 4 Nr. 13 UStG vgl. A 39c UStR) ein Leistungsempfänger nach § 3a Abs. 2 UStG, ist der Leistungsort am Leistungsempfängerort.

Ist der Empfänger einer solchen Leistung ein übriger Leistungsempfänger und hat er seinen Wohnort oder Sitz im Drittlandsgebiet, so ist der Leistungsort nach § 3a Abs. 4 Satz 1 UStG im Drittlandsgebiet.

Ist der Empfänger einer solchen Leistung ein übriger Leistungsempfänger und hat er seinen Wohnort oder Sitz im Gemeinschaftsgebiet, so ist der Leistungsort nach § 3a Abs. 1 UStG am Dienstleisterort. Ergibt sich jedoch in diesen Fällen ein Leistungsort im Drittlandsgebiet, ist der Leistungsort nach § 3a Abs. 5 UStG am Leistungsempfängerort, also im Gemeinschaftsgebiet.

Für die Besteuerung gilt das sog. **Einortprinzip** (vgl. § 18 Abs. 4c und 4d UStG). Der im Drittlandsgebiet ansässige Unternehmer kann danach seine sämtlichen Umsätze in der EU in einem von ihm gewählten Mitgliedstaat anmelden.

3.3.5 Sonstige Leistungen auf dem Gebiet der Telekommunikation und Rundfunk- und Fernsehdienstleistungen

Ist der Empfänger einer solchen Leistung (vgl. A 39a und 39b UStR) ein Leistungsempfänger nach § 3a Abs. 2 UStG, ist der Leistungsort am Leistungsempfängerort (§ 3a Abs. 2 UStG).

Ist der Empfänger einer solchen Leistung ein übriger Leistungsempfänger mit Wohnort oder Sitz im Drittlandsgebiet, so ist der Leistungsort nach § 3a Abs. 4 Satz 1 UStG im Drittlandsgebiet.

Ist der Empfänger einer solchen Leistung ein Leistungsempfänger nach § 3a Abs. 2 UStG mit Wohnort oder Sitz im Gemeinschaftsgebiet, so ist der Leistungsort nach § 3a Abs. 1 UStG am Dienstleisterort. Ergibt sich hiernach jedoch ein Leistungsort im Drittlandsgebiet und wird die Leistung im Inland genutzt oder ausgewertet, so verlagert sich der Leistungsort nach § 3a Abs. 6 Nr. 3 UStG ins Inland.

3.3.6 Werkleistungen an beweglichen Gegenständen

Ist der Empfänger einer solchen Werkleistung ein Leistungsempfänger nach § 3a Abs. 2 UStG, ist der Leistungsort am Leistungsempfängerort nach § 3a Abs. 2 UStG.

Ist der Empfänger einer solchen Leistung ein übriger Leistungsempfänger, ist der Leistungsort gemäß § 3a Abs. 3 Nr. 3c UStG dort, wo die Leistung tatsächlich erbracht wird.

FALL 11

Stellen Sie in den nachfolgenden Sachverhalten fest, wo der Ort der sonstigen Leistung ist und ob die sonstige Leistung steuerbar ist.
1. Architekt A, wohnhaft in Bregenz (Österreich), erstellt einen Bauplan für den Auftraggeber B, wohnhaft ebenfalls in Bregenz. Der Bauplan betrifft die Errichtung eines Geschäftshauses auf einem in Konstanz gelegenen Grundstück.
2. Der Reinigungsunternehmer R in Schaffhausen (Schweiz) reinigt Gebäude
   a) für den Privatmann P in Singen dessen Wohnhaus in Singen,
   b) für den Geschäftsmann G, wohnhaft in Schaffhausen, die Geschäftsräume einer Filiale in Singen,
   c) für den Geschäftsmann G, wohnhaft in Singen, die Geschäftsräume einer Filiale in Schaffhausen.
3. Der Unternehmer U in Straßburg (Frankreich) installiert, repariert und wartet Aufzugsanlagen.
   a) U.a. wartet er den Aufzug in einem Geschäftshaus in Kehl. Inhaber ist I, wohnhaft in Straßburg.
   b) Er repariert (Werkleistung) den defekten Aufzug in einem Betrieb in Straßburg. Inhaber des Betriebs ist I, wohnhaft in Kehl.
4. Omnibusunternehmer O in Karlsruhe vermietet einen Omnibus mit Fahrer zum 14.10. für einen Betriebsausflug an den Betrieb B in Straßburg. O lässt den Bus am 14.10. um 8.00 Uhr bei B vorfahren. Die Fahrt geht von Straßburg nach Baden-Baden, Freudenstadt, Offenburg und zurück nach Straßburg, wo er am Betrieb des B um 23.00 Uhr ankommt und die Fahrgäste aussteigen lässt. Das Fahrziel wurde zwischen B und O nicht verbindlich festgelegt. Die Abrechnung erfolgte in der Weise, dass eine Tagesgrundgebühr von 500 € anfällt und für jeden gefahrenen km 1 € berechnet wird. Insgesamt wurden 200 km zurückgelegt, davon 20 km in Frankreich.
5. Omnibusunternehmer O in Karlsruhe befördert die Mitglieder eines Kunstvereins im Auftrag des Kunstvereins von Freiburg zu einer Kunstausstellung in Zürich (Schweiz) und zurück. Die gefahrene Strecke beträgt insgesamt 400 km, davon 130 km in Deutschland.
6. Frachtführer F befördert im Auftrag des Unternehmers U in Stuttgart Maschinenteile von Heilbronn nach Zürich. Die Beförderungsstrecke beträgt insgesamt 270 km, davon 230 km in Deutschland. F berechnet U hierfür insgesamt 2 700 €.
7. Steuerberater S mit Sitz in Stuttgart berät die Firma F in London bezüglich der umsatzsteuerrechtlichen Behandlung einer in Stuttgart getätigten Lieferung. F hat in Deutschland keine Betriebsstätte.
8. Steuerberater S mit Sitz in Stuttgart berät die Firma F in London bezüglich der umsatzsteuerrechtlichen Behandlung der in ihrer Betriebsstätte in Stuttgart getätigten Umsätze.
9. Die Firma F in Stuttgart betreibt in erheblichem Umfang Versandhandel mit Abnehmern in Tschechien. Die hierbei anfallende schriftliche Korrespondenz lässt sie von dem in Prag ansässigen Dolmetscher D übersetzen.

10. Die in Stuttgart ansässige Fa. S vermietet Baumaschinen an Bauunternehmer im In- und Ausland.

    a) Sie vermietet einen Kran an die Fa. B in Budweis (Tschechien), die ihn auf einer Betriebsstätte in Nürnberg einsetzt.

    b) Sie vermietet einen Kran an die Fa. B in Budweis (Tschechien), die ihn auf einer Baustelle (keine Betriebsstätte) in Nürnberg einsetzt.

    c) Sie vermietet einen Kran an die Firma T in Stuttgart, die ihn auf einer Betriebsstätte in Budapest (Ungarn) einsetzt.

    d) Sie vermietet einen Kran an die Firma T in Stuttgart, die ihn auf einer Baustelle (keine Betriebsstätte) in Budapest (Ungarn) einsetzt.

11. A (Privatperson) in New York gibt dem Vermögensverwalter V in Stuttgart 1 Mio €, damit dieser sie für A gewinnbringend anlegt. V berechnet für diesbezügliche Tätigkeiten in der Zeit von Januar bis Juni 01 1 % von 1 Mio = 10 000 €.

12. Der Bauunternehmer B (Wohnsitz Stuttgart) vermietet seinen in Jungholz (Österreich) errichteten Bungalow an ständig wechselnde Feriengäste. Er gibt dazu regelmäßig in der Stuttgarter Zeitung eine Annonce auf und schließt mit den Interessenten die Mietverträge in Stuttgart ab.

13. Unternehmer A in Stuttgart vermietet im Rahmen eines Leasingvertrags einen Computer an die Firma B, die den Computer in ihrem Unternehmen in Zürich aufstellt.

14. Unternehmer Z in Zürich vermietet im Rahmen eines Leasingvertrags an die Firma S in Stuttgart langfristig einen Abschleppwagen, den S im Großraum Stuttgart einsetzt.

15. Unternehmer T (Sitz Ludwigsburg) vermietet kurzfristig Wohnmobile für Urlaubsreisen. Die Fahrzeuge werden von den Mietern im In- und Ausland genutzt. T kann jedoch nicht feststellen, wo die Nutzung im Einzelnen liegt.

16. Der Unternehmer A mit Sitz in Zürich vermietet einen Bagger an den Unternehmer B mit Sitz in Stuttgart. Der Bagger wird in Zürich von B genutzt. B unterhält in der Schweiz keine Betriebsstätte.

17. Der Unternehmer A mit Sitz in Zürich/Schweiz vermietet Videogeräte, Videofilme, Farbfernsehgeräte und ähnliche Gegenstände an Privatleute im Raum Süddeutschland.

18. Der Unternehmer A mit Sitz in Stuttgart vermietet Transport-Container an den Unternehmer B in Zürich. Diese Container werden jeweils überwiegend in der Bundesrepublik Deutschland für Transporte eingesetzt.

19. Rechtsanwalt R mit Sitz in Stuttgart vertritt die Fa. B mit Sitz in Barcelona (Spanien) wegen eines Kfz-Unfalles vor einem deutschen Gericht.

20. Der Rock-Sänger R mit Wohnsitz in London tritt für eine Gage von 10 000 € für die Konzertagentur K mit Sitz in Zürich in einer Abendveranstaltung in der Liederhalle in Stuttgart auf. Die Konzertagentur K vertreibt die Eintrittskarten über die Agentur A mit Sitz in Stuttgart. Die Eintrittskarten kosten zwischen 10 € und 80 €. A erhält hiervon 10 % Provision.

    Die Schallplattenfirma P mit Sitz in Wien zeichnet die Darbietungen des R auf Tonträger auf und zahlt dem R vereinbarungsgemäß 12 000 €. R erteilt dafür der Fa. P die Erlaubnis, eine CD über diese Abendveranstaltung zu produzieren und zu vertreiben.

21. Der Bankangestellte A mit Wohnsitz in Stuttgart ist Aufsichtsratsmitglied der Gesellschaft G mit Sitz in Lyon (Frankreich). Für seine Aufsichtsratstätigkeit bezüglich des Jahres 01 vergütet ihm G umgerechnet 3 000 €.

22. P ist in New York freier Mitarbeiter der Frankfurter Allgemeinen Zeitung (FAZ). Für seine in New York verfassten Berichte über das wirtschaftliche und politische Leben in den USA schrieb ihm die FAZ 25 000 € für das Jahr 01 gut.

23. Der Unternehmer K mit Sitz in Karlsruhe überlässt dem Fabrikationsbetrieb F mit Sitz in Reims (Frankreich) gegen eine stückzahlabhängige Lizenzgebühr i. H. v. 0,02 €/Stück ein patentiertes Herstellungsverfahren zur Herstellung von Ventilen, welches K in seinem Betrieb entwickelt hat.

24. Das Übersetzungsbüro Flott in Ludwigsburg erhält von der Fa. X in Italien den Auftrag, Geschäftsbriefe von der italienischen in die deutsche Sprache zu übersetzen.

25. Der Spediteur und Frachtführer S mit Sitz in Stgt erhält von der Fa. X mit Sitz in Marseille den Auftrag, eine Maschine von Stgt nach Marseille/Frankreich zu befördern. X gibt S seine französische Id-Nr. bekannt.

26. Handelsvertreter H, Sitz Stgt, vermittelt am 06.04.03 im Auftrag der FA. X mit Sitz in Stgt den Verkauf einer Maschine zwischen der Fa. X in Stgt und der Fa. Y mit Sitz in Lyon. Die Maschine wird am 10.04.03 mit einem Firmen-Lkw der Fa. X von Stgt nach Lyon transportiert.

27. Handelsvertreter H, Sitz Stgt, vermittelt im Auftrag der Fa. O in Norwegen den Verkauf von Papierrollen an den Zeitungsverlag V in Stgt. O verwendet gegenüber H keine Id-Nr. Die Papierrollen wurden unmittelbar von Norwegen mit dem Schiff nach Hamburg und von dort nach Stgt transportiert.

    O liefert zur Kondition:

    a) verzollt und versteuert,

    b) unverzollt und unversteuert.

28. Die in Frankfurt ansässige Zweigniederlassung des in Italien ansässigen Industrieunternehmens I beauftragt unter Verwendung einer italienischen USt-Id-Nr. die Entsorgungsfirma E mit Sitz in Frankfurt mit der Entsorgung ihres Industrieabfalls. E holt den Industrieabfall bei I in Frankfurt ab und sortiert ihn in Frankfurt. Auf diese Weise können 75 % des Abfalls als so genannte Wertstoffe von E an inländische Unternehmen veräußert werden. 25 % des Abfalls bleiben als so genannter Sondermüll zurück. E beauftragt unter Verwendung einer deutschen USt-Id-Nr. die in Frankreich ansässige Firma F, diesen Abfall zu entsorgen. F holt ihn ab und deponiert ihn auf einer in Frankreich hierfür zugelassenen Sondermülldeponie.

29. Die in Ohio/USA ansässige Fa. Jenesson PTLP (Public Traded Limited) bietet im KJ 04 Software zum Download einschließlich Dokumentation im Internet an. Die Kunden in Deutschland und Österreich erhalten nach Entrichtung des Entgelts eine Freischaltung zum Download.

    a) Die Kunden sind Unternehmer und beziehen die Leistung für ihr Unternehmen.

    b) Die Kunden sind Nichtunternehmer.

Teil H Grundsatz der Einheitlichkeit der Leistung

Sie haben unter C 4.3 die Beförderungslieferung und Versendungslieferung kennen gelernt. Sie wissen, dass in diesen Fällen eine Lieferung vorliegt und dass dabei für den Lieferort § 3 Abs. 6 Satz 1 UStG Anwendung findet. Sie könnten dabei auf den Gedanken gekommen sein, dass der Lieferant neben der Lieferung des Gegenstandes auch noch eine sonstige Leistung (Beförderungsleistung) erbracht hat, also bezüglich der Steuerbarkeit zwei selbständig zu beurteilende Leistungen vorliegen. Hier greift nun der **Grundsatz der Einheitlichkeit der Leistung** ein, wonach ein einheitlicher Vorgang im wirtschaftlichen Sinne umsatzsteuerrechtlich nicht in Einzelbestandteile aufgeteilt werden darf.

Die Beförderung einer Ware vom Lieferanten zum Abnehmer durch den Lieferanten bzw. dessen Beauftragten ist mit der Lieferung der Ware wirtschaftlich untrennbar verbunden und stellt somit eine einheitliche Leistung dar. Beim Vergleich der Elemente dieser einheitlichen Leistung hat das Element Warenlieferung gegenüber dem Element Beförderung eindeutig das Übergewicht. Man nennt im umsatzsteuerrechtlichen Sprachgebrauch das Hauptelement **Hauptleistung** und das Nebenelement **Nebenleistung**. Da Haupt- und Nebenleistung untrennbar miteinander verbunden sind, muss sich die Nebenleistung der Hauptleistung unterordnen.

Daraus folgt:

- Ist die **Hauptleistung** eine **Lieferung** und die **Nebenleistung** eine **sonstige Leistung,** richtet sich der Ort der einheitlichen Leistung nach den Regeln der **Lieferung.**
- Ist die **Hauptleistung** eine **sonstige Leistung** und die **Nebenleistung** eine **Lieferung,** richtet sich der Ort der einheitlichen Leistung nach den Regeln der **sonstigen Leistung.**
- Fällt die Hauptleistung unter eine **Steuerbefreiungsvorschrift,** so umfasst die Steuerbefreiungsvorschrift die gesamte einheitliche Leistung. Der für die Hauptleistung maßgebliche **Steuersatz** gilt auch für die Nebenleistung.

MERKSATZ

❚ Nebenleistungen teilen das Schicksal der Hauptleistung.

Wegen dieser Folgen ist es häufig für die umsatzsteuerrechtliche Würdigung ausschlaggebend, ob eine Nebenleistung zu einer Hauptleistung vorliegt. Eine Nebenleistung ist anzunehmen, wenn:

a) mindestens zwei Leistungselemente gegeben sind,

b) beide Leistungselemente vom **selben Leistungsgeber** an **denselben Leistungsempfänger** erbracht werden,

c) das eine Leistungselement (Nebenleistung) üblicherweise im Gefolge des anderen Leistungselements vorkommt, mit diesem eng zusammenhängt und nur von **untergeordneter Bedeutung** ist (vgl. A 29 Abs. 5 UStR).

FALL 12

Prüfen Sie in den nachfolgenden Sachverhalten, inwieweit einheitliche Leistungen vorliegen und was ggf. Haupt- und Nebenleistung ist.

1. Der Getreidehändler G (Sitz Heilbronn) übergibt in Heilbronn dem Frachtführer F (Sitz Mannheim) 10 Tonnen Getreide für den Transport zum Mehlfabrikanten M in Kehl.

2. Hausbesitzer H vermietet an den Mieter M eine Wohnung. Er berechnet ihm monatlich 400 € Kaltmiete. Für die Zentralheizung stellt er ihm monatlich gesondert 50 € in Rechnung.

3. Versandhändler V in Hamburg befördert durch seinen Angestellten A ein hochwertiges Fernsehgerät zu seinem Abnehmer K in München.

   V stellt K folgende Rechnung aus:

Lieferung eines Fernsehgeräts	1 800 €
Verpackungsmaterial	25 €
Transportkosten inkl. Versicherung	100 €
=	1 925 €

4. Vermieter V vermietet an den Mieter M eine Wohnung und eine auf demselben Grundstück befindliche Garage.

Teil I Werklieferungen und Werkleistungen

1 Allgemeines

Eine Werklieferung bzw. Werkleistung liegt grundsätzlich dann vor, wenn das zugrunde liegende Verpflichtungsgeschäft ein **Werkvertrag** i. S. v. § 631 ff. BGB ist.

Nach § 631 Abs. 1 BGB wird der Unternehmer durch den Werkvertrag zur Herstellung des versprochenen Werkes verpflichtet. Bei dem versprochenen Werk kann es sich nach § 631 Abs. 2 BGB sowohl um die Herstellung oder Veränderung einer Sache als auch um einen anderen durch Arbeit oder Dienstleistung herbeizuführenden Erfolg handeln.

Demnach kann Inhalt eines Werkvertrags ausschließlich eine sonstige Leistung sein (**Werkleistung**, z. B. Wartungsleistungen an Maschinen, vgl. A 36 Abs. 7 Satz 2 UStR), oder der Werkvertrag kann sich auf die Herstellung bzw. Be- oder Verarbeitung eines Liefergegenstandes beziehen. Im letzteren Falle kann entweder eine **Werklieferung** oder eine **Werkleistung** vorliegen.

Werklieferungen und **Werkleistungen**, die sich auf die Herstellung bzw. Be- oder Verarbeitung von Liefergegenständen beziehen, stehen im USt-System im Grenzbereich zwischen Lieferungen und sonstigen Leistungen. Sie enthalten Elemente der Lieferung und der sonstigen Leistung, wobei diese Elemente so eng miteinander verbunden sind, dass sie wirtschaftlich nicht trennbar sind. Demzufolge kann nach dem Grundsatz der Einheitlichkeit der Leistung nur eine **einheitliche Leistung** vorliegen.

Überwiegen bei dieser einheitlichen Leistung die Elemente der Lieferung, liegt eine Werklieferung vor. Überwiegen dagegen die Elemente der sonstigen Leistung, liegt eine Werkleistung vor.

Die Werklieferung ist eine Unterart der Lieferung, die Werkleistung eine Unterart der sonstigen Leistung. Die bei den Lieferungen und den sonstigen Leistungen jeweils geltenden Grundsätze finden somit auch bei der Werklieferung bzw. der Werkleistung Anwendung. Die Unterscheidung zwischen Werklieferung und Werkleistung ist z. B. für den Ort, die Steuerfreiheit und den Zeitpunkt der Leistung von Bedeutung.

2 Definition Werklieferung, Werkleistung

§ 3 Abs. 4 UStG beantwortet die Frage, wann die Elemente der Lieferung überwiegen (also eine Werklieferung vorliegt). Dies ist dann der Fall, wenn ein Unternehmer (Werkunternehmer):

a) im Auftrag des Abnehmers (Bestellers) einen Liefergegenstand herstellt, be- oder verarbeitet und

b) das zur Herstellung bzw. zur Be- oder Verarbeitung erforderliche Material (Hauptstoffe) ganz oder zum Teil selbst beschafft.

Im Umkehrschluss liegt eine **Werkleistung** nur dann vor, wenn ein Unternehmer (Werkunternehmer) im Zuge der Erfüllung eines Werkvertrages:

a) überhaupt keinen Liefergegenstand herstellt, bzw. be- oder verarbeitet oder

b) zwar einen Liefergegenstand herstellt, bzw. be- oder verarbeitet, der Besteller jedoch das zur Herstellung bzw. Be- oder Verarbeitung des Liefergegenstandes erforderliche Material (Hauptstoffe) dem Werkunternehmer **vollständig** zur Verfügung stellt.

2.1 Hauptstoff, Nebenstoff

Für die Beurteilung, ob eine Werklieferung und **keine** Werkleistung vorliegt, kommt es also nur darauf an, dass der Werkunternehmer **Hauptstoffe** ganz oder teilweise beschafft hat.

Soweit es sich bei dem verwendeten Material nur um Nebenstoffe (Zutaten) handelt, sind diese für die Beurteilung der Frage, ob eine Werklieferung oder eine Werkleistung vorliegt, völlig unbeachtlich. Dabei ist es gleichgültig, ob der Werkunternehmer oder der Besteller die Nebenstoffe beschafft hat.

Eine **Werkleistung** liegt demzufolge auch dann vor, wenn der Werkunternehmer eigene Nebenstoffe und sein Werkzeug jedoch keine Hauptstoffe verwendet. Der Beurteilung, ob es sich bei dem verwendeten Material um Hauptstoff oder um Nebenstoff (Zutaten oder sonstige Nebensachen) handelt, kommt somit eine entscheidende Bedeutung zu. Dies bestimmt sich:

a) nach dem Willen der Beteiligten,

b) nach der Verkehrsauffassung.

Ausgangspunkt für die Unterscheidung zwischen Haupt- oder Nebenstoff ist immer das fertig gestellte Werk. Hauptstoff liegt vor, wenn das betreffende Material im Vergleich zum fertigen Werk von **nicht nur untergeordneter Bedeutung ist.** Dabei spielt i.d.R. der Wert bzw. das Kriterium der Entbehrlichkeit des Materials keine entscheidende Rolle (weitere Einzelheiten vgl. A 27 Abs. 1 UStR).

Bei Reparaturleistungen kann aus Vereinfachungsgründen immer dann eine Werklieferung angenommen werden, wenn der Entgeltsanteil, der auf das bei der Reparatur verwendete Material entfällt, mehr als 50 % des berechneten Gesamtentgelts beträgt. Liegt der verwendete Materialanteil unter der 50 %-Grenze, kann von einer Werkleistung ausgegangen werden (vgl. BMF vom 12.10.1993 BStBl I 1993, 913 und A 144 Abs. 2 UStR).

Anstrichmittel (Farbe, Lacke) sind grundsätzlich als Nebenstoffe zu behandeln.

Nach der neueren Rechtsprechung hat sich die Grenze zwischen Werklieferung und Werkleistung zugunsten der Werkleistung verschoben. So wird die Abgabe von Speisen und Getränken zum Verzehr an Ort und Stelle als sonstige Leistung (Werkleistung) behandelt. Entsprechend ist die Kfz-Inspektion mit Ölwechsel ebenfalls eine sonstige Leistung (Werkleistung) vgl. A 26 Abs. 3 Satz 3 UStR.

2.2 Begriff der Beschaffung

Wenn es sich um einen Hauptstoff handelt, muss geprüft werden, ob dieser vom Werkunternehmer oder Besteller **beschafft** wurde. Den Hauptstoff hat derjenige beschafft, der ihn selbst

a) erworben hat (z. B. durch Kauf),

b) hergestellt hat,

c) gewonnen hat (z. B. Sandgewinnung aus Sandgrube).

Hat der Werkunternehmer **sämtliche** Hauptstoffe im **Namen** und auf **Rechnung** des **Bestellers** erworben, ist dies eine Beschaffung durch den Besteller. Es liegt somit in diesem Falle eine Werkleistung vor. Das in diesem Falle vom Lieferanten des Bestellers dem Werkunternehmer unmittelbar übergebene Material stellt keine Lieferung an den Werkunternehmer, sondern an den Besteller dar. Der Werkunternehmer ist in Bezug auf den Empfang des Materials nur Erfüllungsgehilfe des Bestellers (vgl. auch C 5.2 e)).

3 Prüfungsschema zur Abgrenzung der Werklieferung von der Werkleistung

Zur Abgrenzung der Werklieferung von der Werkleistung prüfen Sie bitte wie folgt:

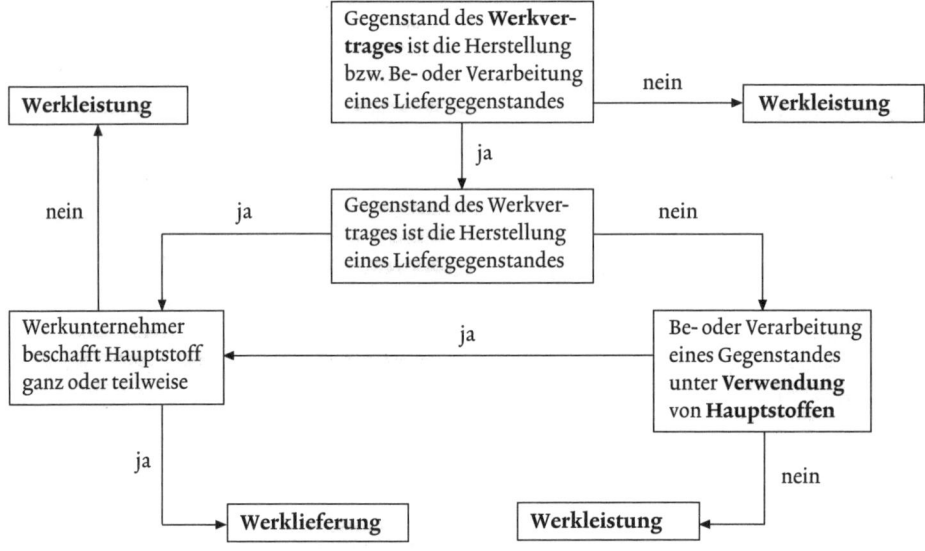

FALL 13

Prüfen Sie, ob in den nachfolgenden Sachverhalten eine Werklieferung oder Werkleistung vorliegt.
1. Kunde K kauft im Kaufhaus H einen Anzug von der Stange.
2. Kunde B bestellt einen Anzug beim Schneider S. Er sucht sich aus den Stoffen des S den Anzugstoff aus.
3. B bestellt beim Schneider S einen Anzug. Den Stoff hat er selbst bei einem Stoffhändler erworben. Knöpfe, Nähgarn und Futter nimmt S aus seinen eigenen Beständen.
4. Der Inhaber der Kfz-Werkstätte W baut in das Kfz des Kunden K einen Austauschmotor ein. Den Austauschmotor entnimmt W aus seinem Ersatzteillager.
5. W repariert in seiner Werkstätte den defekten Motor im Kfz des K. Er verwendet dabei Schrauben und Splinte aus seinem Ersatzteillager.
6. W repariert in seiner Werkstatt den verbeulten Kotflügel am Pkw des K, indem er ihn ausbeult und neu lackiert.
7. Kunde K übergibt der Druckerei D Papier mit dem Auftrag, es zu bedrucken.
8. Bauunternehmer B errichtet auf dem Grundstück des G in dessen Auftrag einen Rohbau. Das Baumaterial entnimmt B seinem Materiallager.

9. Die Malerarbeiten im Gebäude des G werden vom Malermeister M durchgeführt. M entnimmt die Farbe aus seinen eigenen Beständen. Die Kosten hierfür betragen 20% des insgesamt dem G berechneten Preises.
10. M führt im Gebäude des G die Tapezierarbeiten durch. Die Tapetenrollen hat M im Namen und für Rechnung des G bestellt.
11. A lässt in einem Kopierladen einige Seiten aus einem Fachbuch kopieren.

4 Ort der Werklieferung

Der Ort der Werklieferung richtet sich nach den Regeln des Lieferorts. Wird der Liefergegenstand direkt auf dem Gelände oder in den Räumen des Bestellers hergestellt, ist der Lieferort nach § 3 Abs. 7 Satz 1 UStG dort, wo das fertige Werk vom Besteller abgenommen wird, also auf dem Gelände oder in den Räumen des Bestellers.

Es kommt jedoch auch vor, dass der Werkunternehmer den Liefergegenstand bei sich herstellt und der Liefergegenstand zum Besteller transportiert wird. In diesen Fällen ist der Lieferort nach § 3 Abs. 6 Satz 1 UStG am Ort des Beginns der Beförderung oder Versendung.

Voraussetzung ist jedoch, dass der Werkunternehmer das **fertige Werk** an den Besteller befördert oder versendet. Der Ort der Werklieferung ist in diesen Fällen dort, wo sich das fertige Werk im Zeitpunkt des Beginns der Beförderung bzw. im Zeitpunkt der Übergabe an den selbständigen Beauftragten befindet. Es ist in diesen Fällen jedoch stets zu prüfen, ob die Sonderregelungen nach §§ 3 Abs. 8 und 3c UStG zum Zuge kommen (vgl. E 2).

Wird nicht das fertige Werk befördert bzw. versendet, sondern muss der Gegenstand am Bestimmungsort **durch den Werkunternehmer** noch **installiert** oder **montiert** werden, ist Lieferort nach § 3 Abs. 7 Satz 1 UStG der Ort, an dem die **Installation** oder **Montage** vorgenommen wird (A 30 Abs. 4 Satz 3 UStR). Dies gilt dann nicht, wenn das bereits fertige Werk (z. B. ein Baukran) lediglich zum Zwecke eines besseren und leichteren Transportes zerlegt wird und dann von einem Monteur des Lieferers am Bestimmungsort wieder zusammengesetzt wird (vgl. A 30 Abs. 4 Satz 7 UStR). Wird die Installation oder Montage vom Besteller vorgenommen, handelt es sich um einen Fall des § 3 Abs. 6 Satz 1 UStG, da Leistungsgegenstand das nicht installierte bzw. nicht montierte Werk ist.

5 Ort der Werkleistung

Der Ort der Werkleistung richtet sich nach den Regeln des § 3a UStG, insbesondere nach § 3a Abs. 2 Nr. 3c UStG (vgl. G).

FALL 14

Prüfen Sie, ob in dem nachfolgenden Sachverhalt Werklieferungen oder Werkleistungen vorliegen, und bestimmen Sie den Leistungsort.
Bauherr B (Nichtunternehmer) in Hamburg bestellt beim Möbelhändler M in Zürich eine komplette Einbauküche. M übergibt die Küchenteile in Zürich dem Frachtführer F mit dem Auftrag, sie zu B nach Hamburg zu transportieren. Die Küchenteile werden nach ihrer Ankunft bei B vom Schreinermeister S im Auftrag von M montiert.

Teil K Leistungsaustausch

1 Allgemeines

Bisher wurde die Umsatzart **Lieferungen** und **sonstige Leistungen** näher erläutert. Für die Steuerbarkeit dieser Umsatzart ist neben dem Tatbestandsmerkmal »**Inland**« auch das Tatbestandsmerkmal »**gegen Entgelt**« notwendig, sofern nicht die Fiktionen nach § 3 Abs. 1b und 9a UStG eingreifen (vgl. Q). In den bisherigen Fällen sind Sie stets davon ausgegangen, dass ein Entgelt vorliegt. Sie sollen nun das Tatbestandsmerkmal »**gegen Entgelt**« näher kennen lernen.

Unter diesem Tatbestandsmerkmal versteht man, dass der vom Leistungsgeber ausgeführten Leistung ein Entgelt gegenübersteht. Man spricht in diesem Zusammenhang vom **Leistungsaustausch**. Im Normalfall besteht das Entgelt in einer Geldzahlung des Leistungsempfängers an den Leistungsgeber. Das Entgelt kann jedoch auch in einer Leistung (Gegenleistung) bestehen. Diesen Sonderfall des Leistungsaustausches nennt man **Tausch** bzw. **tauschähnlichen Umsatz**. Diesen werden Sie später unter O 1 näher kennen lernen. Die Tatbestandsvoraussetzung »**gegen Entgelt**« (Leistungsaustausch) liegt immer dann vor, wenn folgende Voraussetzungen erfüllt sind:
a) Leistung und Entgelt (Gegenleistung),
b) mehrere (mindestens zwei) Beteiligte,
c) wirtschaftliche Verknüpfung zwischen Leistung und Entgelt (Gegenleistung).

2 Leistung und Entgelt (Gegenleistung)

I.d.R. werden die Leistung vom Leistungsgeber und das Entgelt vom Leistungsempfänger erbracht. Ist der Leistungsgeber kein Unternehmer, ist die Leistung von vornherein nicht steuerbar, und es braucht nicht mehr geprüft zu werden, ob ein Leistungsaustausch vorliegt. Dagegen braucht der Leistungsempfänger kein Unternehmer zu sein.

3 Mehrere Beteiligte

Ein Leistungsaustausch kann überhaupt nur dann in Frage kommen, wenn mindestens zwei Beteiligte vorliegen[1]. Ist nur einer allein an einem Geschäft beteiligt, kann begrifflich weder eine Leistung noch ein Entgelt vorhanden sein. Es ist daher auch kein Leistungsaustausch möglich. Spielt sich in einem solchen Fall die Tätigkeit im unternehmerischen Bereich ab, spricht man von einem **nichtsteuerbaren Innenumsatz**.

---

1 Drei Beteiligte können z.B. vorkommen, wenn das Entgelt von dritter Seite stammt.

> **BEISPIEL**
>
> Ein Unternehmer besitzt in Ludwigsburg eine Metzgerei und in Stuttgart eine Gastwirtschaft. Von der Metzgerei werden Fleisch- und Wurstwaren zur Gastwirtschaft gebracht und dort an die Gäste verkauft.
>
> **LÖSUNG** Das Verbringen der Fleisch- und Wurstwaren von der Metzgerei zur Gastwirtschaft ist ein nichtsteuerbarer Innenumsatz (**rechtsgeschäftsloses Verbringen**) und somit keine Leistung und kein Leistungsaustausch. Die Leistung wird erst dann erbracht, wenn die Wurstwaren in der Gastwirtschaft den Unternehmensbereich des Unternehmers verlassen und an einen Gast übergeben werden.

Wenn ein Wirtschaftsgut vom unternehmerischen Bereich des Unternehmers unmittelbar in seinen außerunternehmerischen Bereich hineinfließt, fehlt es zwar grundsätzlich an einer Leistung und einem Leistungsaustausch, jedoch wird in einem solchen Fall unter den Voraussetzungen des § 3 Abs. 1b und 9a UStG eine Leistung gegen Entgelt fingiert.

> **BEISPIEL**
>
> Der Unternehmer entnimmt aus seiner Metzgerei für seinen Haushalt Fleisch- und Wurstwaren.
>
> **LÖSUNG** An sich liegt weder eine Leistung noch ein Leistungsaustausch vor. Jedoch wird diese Entnahme für Zwecke außerhalb seines Unternehmens nach § 3 Abs. 1b UStG einer Lieferung gegen Entgelt gleichgestellt (Näheres vgl. Q 2).

Gelangt ein Gegenstand im Wege des rechtsgeschäftslosen Verbringens von einem Mitgliedstaat in einen anderen Mitgliedstaat der EU, wird unter den Voraussetzungen des § 3 Abs. 1a UStG eine entgeltliche Lieferung fingiert.

4 Wirtschaftliche Verknüpfung zwischen Leistung und Entgelt

Zwischen Leistung und Entgelt muss ein wirtschaftlicher Zusammenhang bestehen. Der wirtschaftliche Zusammenhang ist stets dann gegeben, wenn die Leistung auf einem gegenseitigen Vertrag (z. B. Kaufvertrag) beruht, wenn also nach dem Vertrag:
- der Leistungsgeber die Leistung um des **Entgelts** willen und
- der Leistungsempfänger das Entgelt um der **Leistung** willen
  erbringt.

> **BEISPIEL**
>
> Unternehmer A veräußert für 10 000 € eine Ware an den Abnehmer B.
>
> **LÖSUNG** A erbringt als Leistungsgeber die Lieferung aufgrund des Kaufvertrages um der 10 000 € willen. B bezahlt die 10 000 € aufgrund des Kaufvertrages, um die Ware von A zu erhalten.

Nach Verwaltungsauffassung reicht es aber für den wirtschaftlichen Zusammenhang bereits aus, wenn ohne Bestehen eines gegenseitigen Vertrages der Leistungsgeber aus der Erwartungshaltung heraus ein Entgelt zu erhalten eine Leistung erbringt und der Leistungsempfänger das erwartete Entgelt entrichtet (vgl. hierzu BFH vom 07.05.1981 BStBl II 1981, 495 und A 1 Abs. 1 UStR).

> Autofahrer A hat auf der Autobahn eine Motorpanne. Unternehmer K (Kfz-Meister) hält und bringt nach einstündiger Bemühung den Motor des A wieder in Gang. Während der Reparatur erzählt K dem A, dass er vor kurzem in einem ähnlichen Falle 100 € Trinkgeld für die Reparatur erhalten habe. Aufgrund dieser erfreulichen Erfahrungen sei er immer gerne bereit, bei Motorpannen Hilfe zu leisten.
> Zum Dank für die erfolgte Reparatur händigt A dem K 50 € aus.

In der Praxis wird es schwierig sein, in Fällen der o. g. Art festzustellen, ob ein Entgelt vom Leistungsgeber erwartet wird. Dies kann nur durch die Heranziehung von objektiven Kriterien erfolgen. Eine Erwartungshaltung auf Leistungsvergütung kann dann unterstellt werden, wenn der Leistungsgeber eine Leistung erbringt, die

- ihrer Art nach üblicherweise vergütet wird oder
- nach den Umständen des Falles eine Vergütung erwarten lässt.

Im Übrigen ist darauf hinzuweisen, dass es sich bei Fällen letzterer Art stets um Ausnahmen handelt. In den weitaus meisten Fällen liegt ein gegenseitiger Vertrag vor.

5 Fehlender Leistungsaustausch

Für die Feststellung, ob ein Leistungsaustausch vorliegt, müssen Sie, wie oben dargestellt, folgende Prüfung vornehmen:

1. Liegt eine Leistung vor?
2. Liegt ein Entgelt vor?
3. Stammen Leistung und Entgelt von verschiedenen Wirtschaftsgebilden?
4. Besteht ein wirtschaftlicher Zusammenhang?

Können alle vier Fragen mit **Ja** beantwortet werden, ist die Steuerbarkeitsvoraussetzung »gegen Entgelt« erfüllt.

Muß auch nur eine Frage mit **Nein** beantwortet werden, ist der Vorgang mangels Leistungstausches nicht steuerbar, sofern nicht die Sonderfälle nach § 3 Abs. 1a, 1b und 9a UStG vorliegen. Es gibt nun typische Fälle, in denen eines oder mehrere Merkmale des Leistungsaustausches fehlen und deshalb eine steuerbare Leistung nach § 1 Abs. 1 Nr. 1 UStG nur vorliegt, wenn die Voraussetzungen der Sonderregelungen nach § 3 Abs. 1a, 1b und 9a UStG vorliegen. Sie kennen davon bereits:

- den Innenumsatz,
- die Wertabgaben vom Unternehmensbereich an den außerunternehmerischen Bereich des Unternehmers.

Weitere typische Fälle des fehlenden Leistungsaustausches sind die Erbschaft, die echte Schenkung und der echte Schadensersatz. Über die echte Schenkung und den echten Schadensersatz werden Sie nachfolgend Näheres erfahren.

5.1 Echte Schenkung

Eine echte Schenkung liegt nach § 516 BGB dann vor, wenn bei einer **Leistung** Leistungsgeber und Leistungsempfänger darüber einig sind, dass die Leistung unentgeltlich erfolgt. D. h., es liegt zwar eine **Leistung** vor, aber **kein Entgelt**.

Leistung

Echte Schenkung: U   LE
LG

kein Entgelt

BEISPIELE

a) Pelzhändler P schenkt seiner Ehefrau E zum ersten Hochzeitstag eine Nerzstola.
LÖSUNG Es liegt eine echte Schenkung vor. P tätigt zwar eine Leistung an E, jedoch fehlt
es an einem Entgelt. Deshalb ist die Sonderregelung nach § 3 Abs. 1b Nr. 1 UStG zu prüfen.
P entnimmt den Pelzmantel aus seinem Unternehmen für die Schenkung an seine Ehefrau,
also für Zwecke, die außerhalb seines Unternehmens liegen. Die Entnahme wird somit
gem. § 3 Abs. 1b Nr. 1 UStG einer Lieferung gegen Entgelt gleichgestellt und ist damit
steuerbar nach § 1 Abs. 1 Nr. 1 UStG.

b) Pelzhändler P verschickt an verschiedene Kunden zu Weihnachten je ein Tischfeuerzeug
mit Firmengravur und der Aufschrift »Kauft Rauchwaren«. Die Anschaffungskosten je
Feuerzeug betrugen 90 €.
LÖSUNG Auch hier handelt es sich um echte Schenkungen, bei denen es an einem Entgelt
fehlt. P schenkt aus betrieblichem Anlass zu Werbezwecken. Deshalb kann die Sonderregelung nach § 3 Abs. 1b Nr. 3 UStG eingreifen. Voraussetzung ist jedoch, dass die Feuerzeuge
zum Vorsteuerabzug berechtigt haben (§ 3 Abs. 1b Satz 2 UStG). P ist jedoch beim Einkauf
der Feuerzeuge gem. § 15 Abs. 1a Nr. 1 UStG nicht zum Vorsteuerabzug berechtigt, da es
sich bei den Schenkungen um nichtabzugsfähige Betriebsausgaben nach § 4 Abs. 5 Satz 1
Nr. 1 EStG handelt (Näheres vgl. Q). Da der Tatbestand des § 3 Abs. 1b Nr. 3 UStG nicht
vorliegt, tätigt P mit den Geschäftsfreundegeschenken nichtsteuerbare Lieferungen.

c) Pelzhändler P schenkt der Einkäuferin E eines Warenhauses einen Pelzmantel, weil sie
ihm einen größeren Lieferauftrag an das Warenhaus vermittelt hat. P hat der E schon vor
der Vermittlung des Lieferauftrages zugesagt, sie dürfe sich aus seiner Kollektion einen
Pelzmantel aussuchen, wenn der Lieferauftrag zustande käme.
LÖSUNG Es liegt eine Lieferung von P an E vor. E hat gegenüber P eine sonstige Leistung
(Vermittlungsleistung) erbracht. Ein wirtschaftlicher Zusammenhang zwischen Leistung
und Gegenleistung liegt vor, da P die Lieferung um der Gegenleistung (Vermittlungsleistung) willen und E die Gegenleistung um der Lieferung willen erbracht hat. Die Lieferung
des Pelzmantels erfolgt daher im Rahmen eines tauschähnlichen Umsatzes (vgl. O 1) und
ist steuerbar und steuerpflichtig. Es liegt keine echte, sondern eine **unechte Schenkung**
vor.

5.2 **Echter Schadensersatz**

Schadensersatz muss derjenige leisten, der einen Schaden verursacht hat (Schädiger)
und auf Grund gesetzlicher oder vertraglicher Bestimmungen zum Ersatz dieses Schadens
verpflichtet ist.

Der Schadensersatz kann darin bestehen,

- dass der Schaden beseitigt wird (Naturalrestitution) oder
- dass eine Geldzahlung erfolgt.

Die meisten Schadensersatzfälle werden durch Geldzahlungen ausgeglichen. In diesen Fällen fehlt es an einer Leistung vom Geschädigten an den Schädiger und damit am Leistungsaustausch. Der Schädiger zahlt nicht deshalb, weil er eine Leistung erhalten, sondern weil er einen Schaden verursacht hat und zum Ersatz dieses Schadens verpflichtet ist.

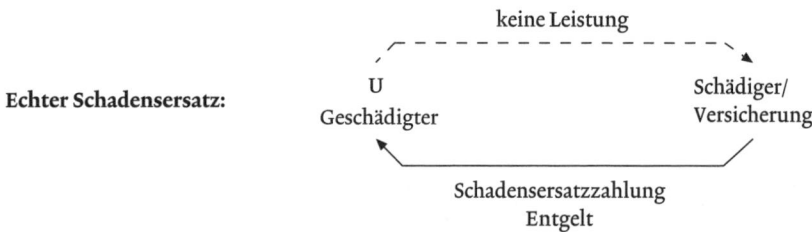

Echter Schadensersatz:

keine Leistung

U
Geschädigter

Schädiger/
Versicherung

Schadensersatzzahlung
Entgelt

BEISPIELE

a) Der Lkw des Unternehmers U wird durch den Autofahrer A beschädigt. Die Haftpflichtversicherung des A zahlt an U 1 000 €.
LÖSUNG Die Zahlung der Haftpflichtversicherung an U ist, da sie für A erfolgt, so zu behandeln, als ob A bezahlt hätte. Die Zahlung erfolgte jedoch nicht für eine Leistung des U an A, sondern weil A als **Schädiger** zum Schadensersatz verpflichtet ist. Der Erhalt der 1 000 € ist bei U ein nichtsteuerbarer Vorgang.

b) U ist Inhaber einer Kfz-Reparaturwerkstätte. A beschädigt den Pkw des U. A beauftragt U mit der Reparatur des Schadens und bezahlt die ihm von U berechneten Reparaturkosten.
LÖSUNG U repariert seinen beschädigten Pkw im Auftrag des A (Werkvertrag). Er erbringt somit eine sonstige Leistung (Reparaturleistung) gegenüber A. Dieser Leistung steht eine Geldzahlung von A an U gegenüber. Da die Zahlung um der Reparaturleistung willen erfolgt, ist ein wirtschaftlicher Zusammenhang zwischen Leistung und Entgelt gegeben. Damit liegt ein Leistungsaustausch vor und die Reparaturleistung des U ist steuerbar und steuerpflichtig. Man spricht hier von eine**m sog. unechten Schadensersatz** (vgl. hierzu auch A 3 Abs. 1 Satz 5 UStR).

c) Kfz-Händler H liefert dem Kunden K am 04.07.01 einen Pkw zum Preis von 20 000 €. K zahlt den Kaufpreis nicht wie vereinbart bis 04.08.01. Er zahlt erst, nachdem ihm H am 08.01.02 einen Mahnbescheid über 20 000 € zuzüglich 600 € Verzugszinsen und 800 € Mahnkosten (außergerichtliche Mahnkosten, Gerichts- und Rechtsanwaltsgebühren) zuschicken ließ. K überwies darauf am 15.01.02 an H 21 400 €.
LÖSUNG Es handelt sich um einen Fall des Schadensersatzes wegen nicht gehöriger (nicht rechtzeitiger) Erfüllung. Die über den ursprünglichen Kaufpreis hinausgehenden Zahlungen sind Schadensersatz. K wendet sie nicht auf, weil er den Pkw erhalten hat, sondern weil er seiner vertraglichen Verpflichtung zur Zahlung des Kaufpreises nicht rechtzeitig nachgekommen und deshalb zum Schadensersatz verpflichtet ist (vgl. auch A 3 Abs. 1 Satz 5 UStR).

Teil L Die Steuerbefreiungsvorschriften bei den Lieferungen und sonstigen Leistungen (§ 4 UStG)

1 Allgemeines

Wie Sie in B 8 gelesen haben, führt nicht jeder **steuerbare Umsatz** auch zu einer Steuerpflicht. Dies ist erst dann der Fall, wenn **keine** Steuerbefreiung eingreift. Die Steuerbefreiungen für Lieferungen und sonstige Leistungen sind im § 4 Nr. 1–28 UStG aufgeführt. Von diesen zahlreichen Befreiungsvorschriften sollen nachfolgend einige wichtige behandelt werden.

Wenn eine Steuerbefreiung eingreift, hat das u. U. auch noch Auswirkungen auf den Vorsteuerabzug beim leistenden Unternehmer. Bestimmte Befreiungsvorschriften schließen den Vorsteuerabzug bei dem Unternehmer, der die steuerfreie Leistung ausführt, ganz oder teilweise aus (**Vorsteuerabzugsverbot** gem. § 15 Abs. 2 UStG). Demzufolge ist es zweckmäßig, die Steuerbefreiungen von vornherein in folgende vier Gruppen aufzugliedern:

1. **Absolut zum Vorsteuerabzug berechtigende Steuerbefreiungen (§ 4 Nr. 1–7 UStG)**
    (Davon werden Sie § 4 Nr. 1a und b UStG näher kennen lernen.)
2. **Befreiungen mit absolutem Vorsteuerabzugsverbot (§ 4 Nr. 8 ff. UStG, ausgenommen die unter Punkt 3. und 4. genannten Befreiungen)**
    (Davon werden Sie § 4 Nr. 14 UStG und § 4 Nr. 28 UStG näher kennen lernen.)
3. **Befreiungen mit Optionsmöglichkeit gemäß § 9 UStG (§ 4 Nr. 8a–g und k, Nr. 9a, Nr. 12, Nr. 13 und Nr. 19)**
    (Davon werden Sie § 4 Nr. 9a und Nr. 12 UStG näher kennen lernen.)
4. **Bedingt zum Vorsteuerabzug berechtigende Steuerbefreiungen (§ 4 Nr. 8a–g und k, Nr. 10a UStG)**
    (Davon werden Sie § 4 Nr. 8a UStG näher kennen lernen.)

2 Absolut zum Vorsteuerabzug berechtigende Steuerbefreiungen (§ 4 Nr. 1–7 UStG)

2.1 Allgemeines

Tätigt ein Unternehmer einen Umsatz, der unter diese Gruppe der Steuerbefreiungen fällt, führt dies auf Grund der Vorsteuerabzugsmöglichkeit zu einer totalen Umsatzsteuerentlastung. Die bei seinem Vorlieferer entstandene USt wird vom Unternehmer über den Vorsteuerabzug zurückgeholt, obwohl er selbst auf Grund der Steuerbefreiung keine USt abzuführen hat.

2.2 Ausfuhrlieferungen nach § 4 Nr. 1a UStG i. V. m. § 6 UStG

Steuerfreie Ausfuhrlieferungen im obigen Sinne können nur dann vorliegen, wenn im Gefolge einer Lieferung die Ware vom Inland ins Drittlandsgebiet gelangt. Zum Begriff des Drittlandsgebiets vgl. D 5.

Damit eine steuerfreie Ausfuhrlieferung vorliegen kann, muss die Lieferung zunächst **steuerbar** sein. Insbesondere muss der **Ort der Lieferung** immer im Inland liegen.

Weiterhin ist stets eine **Ausfuhr** notwendig, d. h., der Liefergegenstand muss vom Inland in das Drittlandsgebiet gelangt sein. Die Ausfuhr ist beleg- und buchmäßig nachzuweisen.

Darüber hinaus wird für die Steuerfreiheit u. U. noch das Vorliegen weiterer Tatbestandsmerkmale gefordert, z. B. ausländischer Abnehmer, Beförderungs- bzw. Versendungslieferung nach § 3 Abs. 6 Satz 1 UStG.

Bei den Ausfuhrlieferungen unterscheidet man folgende drei Grundarten:

1. Ausfuhrlieferung nach § 6 Abs. 1 **Nr. 1** UStG,
2. Ausfuhrlieferung nach § 6 Abs. 1 **Nr. 2** UStG,
3. Ausfuhrlieferung nach § 6 Abs. 1 **Nr. 3** UStG.

Im Zusammenhang mit den Ausfuhrtatbeständen des § 6 Abs. 1 Nr. 2 und Nr. 3 UStG unterscheidet das UStG noch die speziellen Ausfuhrtatbestände des § 6 Abs. 3 UStG (Ausfuhr von Ausrüstungs- und Versorgungsgegenständen für Beförderungsmittel) und des § 6 Abs. 3a UStG (Ausfuhr im Reisegepäck).

Welche Tatbestandsmerkmale im Einzelnen für die Steuerfreiheit erforderlich sind, richtet sich danach:

a) ob der Lieferant (§ 6 Abs. 1 Nr. 1 und 3 UStG) oder der Abnehmer (§ 6 Abs. 1 Nr. 2 und 3 UStG) der **Ausführer** ist,
b) wohin der Gegenstand bei der Ausfuhr gelangt (§ 6 Abs. 1 Nr. 3 UStG),
c) ob die Ausfuhr im Reisegepäck oder auf eine andere Art erfolgt (§ 6 Abs. 3a i. V. m. § 17 UStDV).

Um die Vorschriften über die Ausfuhrlieferungen richtig verstehen zu können, müssen Sie zunächst folgende Begriffe kennen:

- Ausland,
- Ausfuhr,
- Ausführer,
- ausländischer Abnehmer.

2.3 **Begriffsbestimmungen**

2.3.1 **Ausland**

Im Hinblick auf die Steuerbefreiungen des Exports unterscheidet das UStG folgende drei Gruppen von Ausland:

1. Gebiete i. S. v. § 1 Abs. 3 UStG (Freihäfen des Kontrolltyps I),
2. übriges Gemeinschaftsgebiet,
3. Drittlandsgebiet.

2.3.1.1 **Gebiete i. S. v. § 1 Abs. 3 UStG**

Unter diese Auslandsgruppe fallen in erster Linie die **Freihäfen**. Es gehören auch die Gewässer und Watten zwischen der Hoheitsgrenze und der Zollgrenze an der Küste dazu. Auf diese Gebiete wird jedoch nicht näher eingegangen. Die **Insel Helgoland** sowie die **deutschen Schiffe** und **Luftfahrzeuge** auf bzw. über hoher See gehören **nicht** zu dieser Auslandsgruppe. Näheres hierzu unter D.

2.3.1.2 Übriges Gemeinschaftsgebiet

Übriges Gemeinschaftsgebiet sind grundsätzlich die nicht zum Inland gehörenden Gebiete der Staaten, die Mitglieder der Europäischen Gemeinschaft sind. Vgl. hierzu D 5.

Warenlieferungen in diese Gebiete fallen grundsätzlich nicht unter die Steuerfreiheit für Ausfuhrlieferungen nach § 4 Nr. 1a UStG i. V. m. § 6 UStG. Solche Warenlieferungen können allerdings unter die Steuerbefreiung für innergemeinschaftliche Lieferungen gem. § 4 Nr. 1b i. V. m. § 6a UStG fallen.

2.3.1.3 Drittlandsgebiet

Drittlandsgebiet sind die Gebiete, die nicht zum Inland, zu den Gebieten i. S. v. § 1 Abs. 3 UStG und nicht zum übrigen Gemeinschaftsgebiet gehören. Auch die Insel **Helgoland** und die Gemeinde **Büsingen** (Zollausschlussgebiet) gehören dazu.

2.3.2 Ausfuhr

Ausfuhr ist jedes Verbringen eines Gegenstandes vom Inland ins Drittlandsgebiet bzw. in Gebiete i. S. d. § 1 Abs. 3 UStG. Grundsätzlich muss der Liefergegenstand mit dem ausgeführten Gegenstand identisch sein. Wird allerdings der Liefergegenstand von einem **selbständigen Beauftragten** (Unternehmer) des **Abnehmers** vor der Ausfuhr be- oder verarbeitet, ist dies für die Ausfuhr des Liefergegenstandes unschädlich (vgl. § 6 Abs. 1 Satz 2 UStG).

> **BEISPIEL**
>
> Abnehmer A bestellt beim Lieferanten L in Reutlingen Garne, lässt diese beim Werkunternehmer W in Rottweil zu Tuchen verarbeiten und führt anschließend die Tuche in die Schweiz aus.
>
> **LÖSUNG** Obwohl nicht **Garne**, sondern das zu Tuch verarbeitete Garn ausgeführt wird, liegt eine Ausfuhr des Liefergegenstandes »Garne« vor. Würde der Abnehmer A die Garne im Inland selbst zu Tuchen verarbeiten und anschließend ausführen, wäre eine Ausfuhr des Liefergegenstandes »Garne« nicht mehr gegeben, da die Sonderregelung des § 6 Abs. 1 letzter Satz UStG nicht eingreift.

2.3.3 Ausführer

Ausführer ist grundsätzlich jeder, der im Zeitpunkt der Ausfuhr (Grenzübergang) im **Besitz** des Liefergegenstandes ist. Für die Einordnung in die richtige Fallgruppe der Ausfuhrlieferungen muss geprüft werden, ob der Ausführer in der Eigenschaft des Lieferers, des Abnehmers oder eines Erfüllungsgehilfen tätig wird. Ist Ausführer ein Erfüllungsgehilfe, wird dies so behandelt, als ob sein Auftraggeber der Ausführer wäre.

Ist Ausführer der Lieferer, kann für seine Lieferung nur die Vorschrift des § 6 Abs. 1 **Nr. 1** bzw. **Nr. 3** UStG zur Anwendung kommen. Ist Ausführer der Abnehmer, kann für die an ihn erfolgte Lieferung nur § 6 Abs. 1 **Nr. 2**, Nr. 3 bzw. 3a UStG in Betracht kommen. Ist Ausführer weder der Lieferer noch sein Abnehmer, noch deren Erfüllungsgehilfe, ist eine Steuerbefreiung für diese Lieferung ausgeschlossen (z. B. der Abnehmer des Abnehmers führt aus).

BEISPIELE

a) A in Stuttgart liefert an B in Zürich und beauftragt mit dem Transport der Ware den Frachtführer F.

LÖSUNG Im Zeitpunkt der Ausfuhr ist der Erfüllungsgehilfe F im Besitz des Gegenstandes. Somit ist sein Auftraggeber A in seiner Eigenschaft als Lieferer der Ausführer.

b) Wie a), jedoch ist F von B beauftragt, die Lieferung bei A abzuholen.

LÖSUNG Ausführer ist der Abnehmer B, da sein Erfüllungsgehilfe bei der Ausfuhr im Besitz des Gegenstandes war.

2.3.4 Ausländischer Abnehmer

Ein ausländischer Abnehmer liegt gem. § 6 Abs. 2 Nr. 1 UStG vor, wenn er seinen **Wohnort/Sitz** im Ausland hat. Einen Sitz haben nur Unternehmer und im übrigen Abnehmer, die keine natürlichen Personen sind (z. B. Gesellschaften). Der Sitz bestimmt sich nach § 11 AO.

Ist eine **natürliche Person** Abnehmer in ihrer Eigenschaft als Privatperson, so ist der Wohnort i. S. d. § 6 Abs. 2 Nr. 1 UStG maßgebend. Darunter ist derjenige Ort zu verstehen, an dem der Abnehmer für längere Zeit Wohnung genommen hat und der nicht nur auf Grund subjektiver Willensentscheidung, sondern auch bei objektiver Betrachtung als der örtliche Mittelpunkt seines Lebens anzusehen ist (vgl. BFH vom 31.07.1975 BStBl II 1976, 80). Der Wohnortbegriff ist nicht deckungsgleich mit dem Begriff des Wohnsitzes nach § 8 AO (A 129 Abs. 2 Satz 4 UStR).

BEISPIEL

Der AN A der amerikanischen Fa. Bell reist am 06.03.08 nach Deutschland für eine Dauer von 8 Monaten ein. Der AN ist für seine Fa. in Deutschland bei der Erstellung von Software für die Bank X tätig. Das Datum der Rückreise stand schon bei der Einreise fest.

Der AN A erwirbt am 10.03.08 vom Autohaus H einen Pkw. Der Pkw wird von ihm während des Aufenthalts in Deutschland genutzt. Bei der Rückreise nimmt er den Pkw in die USA mit.

LÖSUNG Durch das eindeutige Feststehen der Wiederausreise hat A in Deutschland keinen Wohnort begründet. Er ist somit ausländischer Abnehmer. Bezüglich des Pkw liegt der Tatbestand der Ausfuhr vor. Die vorherige Benutzung des Pkw ist unschädlich. Entscheidend ist nur, dass der Liefergegenstand ausgeführt wird. Der hierfür erforderliche Ausfuhrnachweis wird nur erteilt, wenn für das Fahrzeug ein internationaler Zulassungsschein erteilt wurde und ein Ausfuhrkennzeichen (Zollnummer) ausgegeben worden ist (vgl. A 135 Abs. 10 UStR).

Der Abnehmer muss seinen Wohnort/Sitz zum Zeitpunkt der Lieferung im Ausland haben. Auf die Staatsangehörigkeit des Abnehmers kommt es nicht an. Ausländische Abnehmer sind z. B. auch:

- **ausländische Touristen und Künstler,** die sich nur vorübergehend im Inland aufhalten,
- **deutsche Auslandsbeamte,** die ihren Wohnort im Ausland haben,
- **Bewohner von Büsingen** und der Insel **Helgoland.**

Keine ausländischen Abnehmer sind z. B.:

- im Inland wohnhafte **ausländische Zuwanderer,**
- Abnehmer mit Wohnort/Sitz im Freihafen (§ 6 Abs. 2 Nr. 1 UStG).

Weitere Einzelheiten vgl. A 129 Abs. 3 UStR.

2.4 Ausfuhrlieferung nach § 6 Abs. 1 Nr. 1 UStG

Diese Ausfuhrlieferung ist dann steuerfrei, wenn:

a) der Lieferer bzw. sein Erfüllungsgehilfe der **Ausführer** ist,
b) die Ausfuhr des Liefergegenstandes in das Drittlandsgebiet erfolgt,
c) ein Ausfuhrnachweis nach §§ 9 bzw. 10 UStDV vorliegt,
d) ein Buchnachweis nach § 13 UStDV vorliegt.

Zu b): Eine Ausfuhr liegt in diesem Fall dann vor, wenn der Liefergegenstand im Zuge der **Beförderung** bzw. **Versendung** durch den Lieferanten bzw. seinem Erfüllungsgehilfen vom Inland ins Drittlandsgebiet gelangt. § 6 Abs. 1 Nr. 1 UStG kommt nicht zur Anwendung, wenn die Ausfuhr in einen Freihafen erfolgt. Diese Ausfuhr kann nach § 6 Abs. 1 **Nr. 3** UStG steuerfrei sein.

Zu c): Liegt der Ausfuhrnachweis nicht vor, so ist die Lieferung nicht steuerbefreit. Der Ausfuhrnachweis muss durch Belege erbracht werden. Der Inhalt dieser Belege ergibt sich aus den §§ 9 und 10 UStDV. Bei den Beförderungsfällen ist u. a. eine Bestätigung der Ausfuhr der den Ausgang des Gegenstandes aus dem Gemeinschaftsgebiet überwachenden Zollstelle eines Mitgliedstaates erforderlich (vgl. § 9 Abs. 1 Nr. 4 UStDV und A 132 UStR). Bei den Versendungsfällen genügt dagegen z. B. eine Bescheinigung des beauftragten inländischen Spediteurs (Frachtbrief u. Ä., vgl. § 10 Abs. 1 UStDV, A 133 UStR). Nach der neuesten BFH-Rechtsprechung[1] ist der Ausfuhrnachweis allerdings keine materielle, sondern nur noch eine formelle Voraussetzung. Die Nachweispflichten begrenzen verfahrensrechtlich die Sachaufklärungspflicht des Finanzamtes. Wird der amtlich vorgeschriebene Nachweis nicht geführt, spricht dies zunächst gegen die Steuerfreiheit der Lieferung. Kann der Unternehmer allerdings anderweitig nachweisen, dass der Liefergegenstand physisch in das Drittland gelangt ist, reicht dies nunmehr für die Anerkennung der Steuerfreiheit aus[2].

Zu d): Auch beim Buchnachweis handelt es sich nicht mehr um eine materielle, sondern nur noch um eine formelle Voraussetzung für die Steuerbefreiung. Der Buchnachweis ist vom Lieferanten im Inland zu führen. Wie er im Einzelnen aussieht, ergibt sich aus § 13 UStDV und A 136 UStR.

2.5 Ausfuhrlieferung nach § 6 Abs. 1 Nr. 3 UStG

Diese Ausfuhrlieferung ist steuerfrei, wenn:

a) der Lieferer bzw. der Abnehmer der Ausführer ist,
b) die Ausfuhr des Liefergegenstandes in einen Freihafen erfolgt,
c) der Abnehmer ein Unternehmer ist, der den Liefergegenstand für sein Unternehmen erworben hat oder ausländischer Nichtunternehmer ist, und der Gegenstand vom Freihafen in das übrige Drittlandsgebiet gelangt,
d) ein Ausfuhrnachweis vorliegt (§§ 9 bzw. 10 UStDV),
e) ein Buchnachweis vorliegt (§ 13 UStDV),
f) bei Gegenständen zur Ausrüstung oder Versorgung eines Beförderungsmittels die besonderen Voraussetzungen des § 6 Abs. 3 UStG erfüllt sind (vgl. 2.6.3),
g) bei für private Zwecke erworbenen Gegenständen, die durch den Abnehmer im persönlichen Reisegepäck ausgeführt werden, die besonderen Voraussetzungen des § 6 Abs. 3a i. V. m. § 17 UStG erfüllt sind (vgl. 2.6.4).

---

1 BFH vom 08.11.2007 DStR 2008, 716.
2 Näheres vgl. BMF vom 06.01.2009, IV B9–S7141/08/10001.

Zu c): Erste Alternative »Unternehmer«

Ist der Abnehmer Unternehmer, ist zu prüfen, ob dieser den Gegenstand für sein Unternehmen erworben hat (Einzelheiten hierzu vgl. P 3).

Zu d) und e): Für den Ausfuhr- und Buchnachweis bestehen dieselben Anforderungen wie in den Fällen des § 6 Abs. 1 Nr. 1 UStG (vgl. 2.4).

2.6 Ausfuhrlieferung nach § 6 Abs. 1 Nr. 2 UStG

2.6.1 Allgemeines

Erfolgt im Inland eine steuerbare Lieferung an einen ausländischen Abnehmer und wird der Liefergegenstand durch den ausländischen Abnehmer selbst bzw. durch seinen Erfüllungsgehilfen ausgeführt, sind für die Prüfung der Steuerfreiheit folgende drei Fälle zu unterscheiden:

1. Ausfuhr von Gegenständen zur Ausrüstung oder Versorgung eines Beförderungsmittels (**§ 6 Abs. 3 UStG**),
2. Ausfuhrlieferungen im persönlichen Reisegepäck (**§ 6 Abs. 3a UStG**),
3. Ausfuhr von Gegenständen, die nicht unter die bei 1. und 2. genannten Sonderregelungen fallen, nach **§ 6 Abs. 1 Nr. 2 UStG**.

In allen vorgenannten Fällen darf keine Ausfuhr von Gegenständen in Freihäfen vorliegen, sondern es muss sich um Ausfuhren in das übrige Drittlandsgebiet handeln.

2.6.2 Ausfuhr von Gegenständen nach § 6 Abs. 1 Nr. 2 UStG

Die Steuerbefreiung für diese Ausfuhr greift dann ein, wenn

a) der Abnehmer bzw. sein Erfüllungsgehilfe **Ausführer** des Liefergegenstandes ist,
b) die Ausfuhr des Liefergegenstandes in das Drittlandsgebiet erfolgt,
c) ein ausländischer Abnehmer gegeben ist,
d) ein Ausfuhrnachweis nach §§ 9 oder 10 UStDV vorliegt,
e) ein Buchnachweis vorliegt (§ 13 UStDV).

Zu a): Es handelt sich i. d. R. um Lieferungen nach § 3 Abs. 6 Satz 1 UStG, bei denen der Abnehmer die Ware mit dem Lkw oder einem ähnlichen Transportmittel entweder selbst oder durch einen selbständigen Beauftragten (Frachtführer oder Spediteur) ins Drittlandsgebiet transportiert bzw. transportieren lässt. Die Ausfuhr ins Drittlandsgebiet kann auch nach bereits abgeschlossener Lieferung außerhalb des § 3 Abs. 6 Satz 1 UStG im Wege des rechtsgeschäftslosen Verbringens erfolgen.

Zu d): Wird der Gegenstand durch den Abnehmer selbst bzw. durch einen unselbständigen Beauftragten befördert, ist der Ausfuhrnachweis nach § 9 UStDV mit **Ausfuhrbestätigung der maßgebenden Zollstelle** zu führen. Erfolgt die Ausfuhr durch einen **selbständigen Beauftragten,** so kann der Ausfuhrnachweis nach § 10 UStDV erbracht werden.

2.6.3 Ausfuhr von Gegenständen zur Ausrüstung oder Versorgung eines Beförderungsmittels (§ 6 Abs. 3 UStG)

Zu dieser Fallgruppe gehören nach Sinn und Zweck der Vorschrift nur die Lieferungen von Gegenständen, die:

a) Ausrüstungs- bzw. Versorgungsgegenstände für Beförderungsmittel sind,
b) für das **eigene** Beförderungsmittel des ausländischen Abnehmers bestimmt sind,
c) nicht im Zuge einer Werklieferung fest mit dem Beförderungsmittel verbunden sind.

Fällt die Lieferung unter den Tatbestand des § 6 Abs. 3 UStG, sind die Lieferungen nur dann steuerfrei, wenn neben den Grundvoraussetzungen des § 6 Abs. 1 Nr. 2 oder Nr. 3 UStG (nähere Ausführungen vgl. hierzu 2.5 und 2.6.2) noch die zusätzlichen Voraussetzungen des § 6 Abs. 3 UStG erfüllt werden.

Zu a): Zu den Ausrüstungsgegenständen gehören Gegenstände, die in einem Beförderungsmittel (Kfz, Schiff, Flugzeug) zum Gebrauch mitgeführt werden (z. B. Abschleppseil, Ankerkette, Verbandskasten, Warndreieck, Werkzeug), bzw. andere nicht fest eingebaute Zubehörgegenstände (z. B. Reservereifen, Ersatzteile, Dachgepäckträger).

Zu den Versorgungsgegenständen gehören Verbrauchsgegenstände, die zur Versorgung eines Beförderungsmittels bestimmt sind (z. B. Treibstoff, Schmiermittel, Proviant). Näheres hierzu vgl. A 130 Abs. 1 UStR.

Zu b): Erwirbt der ausländische Abnehmer Ausrüstungs- bzw. Versorgungsgegenstände zum Zweck der Weiterlieferung (für seinen Handel, für seine Reparaturwerkstätte), greift § 6 Abs. 3 UStR nicht ein (A 130 Abs. 4 UStR). Diese Lieferungen sind nach der unter 2.6.2 dargestellten Fallgruppe zu beurteilen.

Zu c): Werden Ausrüstungsgegenstände in ein Beförderungsmittel fest eingebaut und liegt somit eine Werklieferung vor, greift § 6 Abs. 3 UStG ebenfalls nicht ein. Die Vorschrift ist soweit einschränkend auszulegen (vgl. A 130 Abs. 1 Satz 3 und 4 UStR). Derartige Einbauten fallen unter den Ausfuhrtatbestand des § 6 Abs. 1 Nr. 2 UStG.

Werden Ausrüstungs- bzw. Versorgungsgegenstände geliefert, die für das **eigene** Beförderungsmittel des ausländischen Abnehmers bestimmt sind, ist gem. § 6 Abs. 3 UStG die Lieferung dann steuerfrei, wenn die Gegenstände

a) in das Drittlandsgebiet ausgeführt werden,
b) der Abnehmer **Unternehmer** mit Sitz im Ausland ist (ausländischer Unternehmer),
c) das Beförderungsmittel den Zwecken des Unternehmens des Abnehmers dient. Nach A 136 Abs. 7 Nr. 2 Satz 3 UStR geht die Verwaltung davon aus, dass Pkws, Sportboote oder Sportflugzeuge grundsätzlich nichtunternehmerischen Zwecken dienen. Hier muss der Unternehmer eine unternehmerische Nutzung besonders nachweisen, wobei man aus A 128 Abs. 3 Satz 2 UStR entnehmen kann, dass das Beförderungsmittel im Allgemeinen nur dann dem Unternehmen dient, wenn es überwiegend für das Unternehmen genutzt wird.

2.6.4 Ausfuhrlieferungen im persönlichen Reisegepäck (§ 6 Abs. 3a UStG)

Für die Ausfuhrlieferungen im persönlichen Reisegepäck gelten Sonderregelungen. Das bedeutet, dass die Steuerbefreiung nicht schon dann eintritt, wenn die Voraussetzungen des § 6 Abs. 1 Nr. 2 UStG erfüllt sind. Es müssen zusätzlich noch die Voraussetzungen des § 6 Abs. 3a UStG und § 17 UStDV vorliegen. Dies sind:

a) ausländischer Abnehmer mit Wohnort im Drittlandsgebiet,
b) Ausfuhr der Gegenstände im persönlichen Reisegepäck durch den ausländischen Abnehmer oder seinen Beauftragten,
c) Erwerb für private Zwecke,
d) Lieferzeitpunkt und Ausfuhrzeitpunkt innerhalb eines Zeitraums von drei Monaten,
e) Ausfuhrnachweis mit Identitätsbescheinigung nach § 17 UStDV,
f) Buchnachweis.

Zu a): Abnehmer kann in diesen Fällen **nur eine natürliche Person** mit Wohnort im Drittausland sein. Zum Begriff Ausführer vgl. 2.3.3.

Zu b): Zu den Gegenständen des persönlichen Reisegepäcks gehören die Gegenstände, welche der ausländische Abnehmer bzw. sein Beauftragter beim Grenzübertritt z. B. im Handgepäck oder im Pkw mit sich führt. Ferner zählt hierzu auch das anlässlich einer Reise aufgegebene Handgepäck.

Zu c): Führt ein Unternehmer in seinem persönlichen Reisegepäck Handelsware aus, richtet sich die Befreiung ausschließlich nach § 6 Abs. 1 Nr. 2 UStG. Dies ist z. B. der Fall, wenn ein Juwelier in seinem Koffer eine Schmuckkollektion mit sich führt.

Zu e): Ein Ausfuhrnachweis mit Identitätsbestätigung (§ 17 Nr. 2 UStDV) liegt dann vor, wenn die zum Drittlandsgebiet maßgebende Grenzzollstelle bestätigt, dass Name und Anschrift des ausländischen Abnehmers mit den Eintragungen in dem vorgelegten Pass bzw. Personalausweis desjenigen übereinstimmen, der den Gegenstand in das Ausland verbringt. Die amtliche Identitätsbestätigung kann durch einen Abnehmernachweis einer deutschen Behörde im Bestimmungsland (z. B. konsularische Vertretung) ersetzt werden, wenn ein Identitätsnachweis an der Grenze nicht möglich ist. Solche Fälle liegen dann vor, wenn der Ausführer ein Erfüllungsgehilfe des Abnehmers ist. Nähere Einzelheiten hierzu vgl. A 137 UStR.

2.7 Ausfuhrlieferungen im Rahmen eines Reihengeschäfts

Bei Reihengeschäften (vgl. E 1.2) liegen zwar mehrere Lieferungen, jedoch nur eine einzige Beförderungs- oder Versendungslieferung vor. Nur für diese Beförderungs- oder Versendungslieferung kommt die Befreiung nach § 4 Nr. 1a i. V. m. § 6 UStG in Betracht. Alle übrigen Lieferungen im Reihengeschäft sind entweder steuerbar und steuerpflichtig, soweit sie sich in der Kette logisch vor der Beförderungs- oder Versendungslieferung befinden oder nichtsteuerbar, soweit sie sich in der Kette logisch hinter der Beförderungs- oder Versendungslieferung befinden.

BEISPIEL

U1 mit Sitz in Stuttgart verkauft eine Maschine an U2 mit Sitz in Brüssel. Dieser verkauft als Zwischenhändler die Maschine weiter an U3 mit Sitz in Zürich. U2 weist U1 an, die Maschine direkt von Stuttgart nach Zürich auszuliefern. U1 beauftragt mit dem Transport den Spediteur S mit Sitz in Stuttgart.

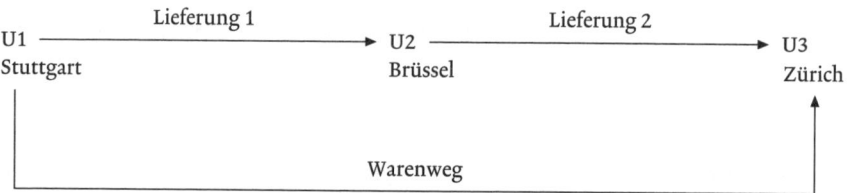

LÖSUNG Entsprechend den Kaufverträgen tätigt U1 an U2 und U2 an U3 eine Lieferung.

Lieferung 1
Es wurden über denselben Gegenstand mehrere Liefergeschäfte abgeschlossen. Somit muss nach der Sonderregelung des § 3 Abs. 6 Satz 5 UStG geprüft werden, welchem Lieferer die Versendung zuzurechnen ist. Dies ist eindeutig U1. Mit der Beauftragung eines Spediteurs tätigt U1 eine ihm zuzurechnende Versendung. Der Lieferort ist somit dort, wo mit der Versendung begonnen wird. Dies ist Stuttgart, die Lieferung ist steuerbar.

Da der Warenweg in das Drittlandsgebiet verläuft und U1 der Ausführer ist, handelt es sich bei der Lieferung jedoch um eine gem. § 6 Abs. 1 Nr. 1 UStG steuerfreie Ausfuhrlieferung.

Lieferung 2
Bei der Lieferung des U2 in Brüssel an U3 in Zürich, handelt es sich um eine auf die Versendung folgende Anschlusslieferung. Gem. § 3 Abs. 7 Satz 2 Nr. 2 UStG ist der Lieferort dort, wo die Versendung endet. Dies ist Zürich. Die Lieferung des U2 ist nichtsteuerbar. U2 muss nicht in Deutschland zur USt veranlagt werden.

2.8 Lohnveredelung nach § 4 Nr. 1a UStG i. V. m. § 7 UStG

2.8.1 Allgemeines

Unter Lohnveredelung versteht man jede Werkleistung bzw. Arbeiten an einem Gegenstand. Auch das bloße Reinigen oder Zusammenmontieren von beweglichen Gegenständen fällt darunter. Voraussetzung für die Steuerfreiheit der Lohnveredelung nach § 7 UStG ist, dass der Gegenstand, an dem die Werkleistung vorgenommen worden ist, in das Drittlandsgebiet ausgeführt wurde. Weiterhin muss der Auftraggeber den Gegenstand zuvor **zum Zwecke der Be- oder Verarbeitung** in das Gemeinschaftsgebiet eingeführt oder zu diesem Zweck im Gemeinschaftsgebiet erworben haben. Entsprechend den Steuerbefreiungen bei den Ausfuhrlieferungen sind folgende Fälle zu unterscheiden.

2.8.2 Lohnveredelung nach § 7 Abs. 1 Nr. 1 UStG

Befördert oder versendet der Werkunternehmer den lohnveredelten Gegenstand in das Drittlandsgebiet, gelten für die Steuerfreiheit sinngemäß die Tatbestandsvoraussetzungen nach § 6 Abs. 1 **Nr. 1** UStG (vgl. 2.4). Der Werkunternehmer bzw. sein Erfüllungsgehilfe muss der **Ausführer** sein.

2.8.3 Lohnveredelung nach § 7 Abs. 1 Nr. 3 UStG

Befördert oder versendet der Werkunternehmer den Gegenstand der Lohnveredelung in einen Freihafen (Gebiet i. S. v. § 1 Abs. 3 UStG), ist die Lohnveredelung dann steuerfrei, wenn der Auftraggeber (Leistungsempfänger)
- ein ausländischer Auftraggeber ist oder
- ein im Inland ansässiger Unternehmer, der die Werkleistung für sein Unternehmen erworben hat.

2.8.4 Lohnveredelung nach § 7 Abs. 1 Nr. 2 UStG

Befördert oder versendet der **Auftraggeber** den Gegenstand der Lohnveredelung (Abholfall) in das Drittlandsgebiet, gelten für die Steuerfreiheit sinngemäß die Tatbestandsvoraussetzungen nach § 6 Abs. 1 Nr. 2 UStG (vgl. 2.6.4). Der Auftraggeber bzw. sein Erfüllungsgehilfe muss ausländischer Auftraggeber sein. Der ausländische Auftraggeber entspricht dem ausländischen Abnehmer im Sinne von § 6 Abs. 2 UStG (vgl. § 7 Abs. 2 UStG).

Die einschränkenden Voraussetzungen bei Ausfuhrlieferungen im Reisegepäck und bei der Lieferung von Ausrüstungs- und Versorgungsgegenständen sind jedoch auf die Lohnveredelungstatbestände nicht sinngemäß anzuwenden.

2.9 Innergemeinschaftliche Lieferung nach § 4 Nr. 1b i. V. m. § 6a UStG

Liegen Lieferungen vor, bei denen der Liefergegenstand vom Inland in ein anderes Gemeinschaftsgebiet transportiert wird, handelt es sich um keine steuerfreien Ausfuhrlieferungen. Da diese Lieferungen innerhalb des einheitlichen Wirtschaftsgebietes »Binnenmarkt« erfolgen, unterliegen sie grundsätzlich einer Umsatzbesteuerung. Wegen der derzeit unterschiedlich hohen Steuersätze erfolgt i. d. R. die Besteuerung im Bestimmungsland. Dadurch werden Wettbewerbsverzerrungen wegen unterschiedlicher Steuersätze innerhalb der einzelnen Mitgliedstaaten weitestgehend vermieden.

Normalerweise müsste der Lieferer die USt im Bestimmungsland anmelden und sich dort registrieren lassen. Da dies aber zu umständlich wäre, hat man in bestimmten Fällen (bei den so genannten innergemeinschaftlichen Lieferungen) den Leistungsempfänger (Erwerber) zur Anmeldung der USt in Form der Erwerbs-USt verpflichtet (Näheres hierzu vgl. R). Wenn der Leistungsempfänger die USt (Erwerbs-USt) anzumelden hat, ist die Lieferung als innergemeinschaftliche Lieferung steuerfrei. Der Lieferer muss zu Kontrollzwecken eine so genannte Zusammenfassende Meldung (§ 18a UStG) abgeben, über die der Mitgliedstaat, in welchem der Erwerb erfolgt, darüber informiert wird, dass bei ihm die Erwerbsumsatzsteuer zu entrichten ist. Die im § 6a UStG geregelte Steuerbefreiung greift dabei unter folgenden Voraussetzungen ein:

a) Lieferer unterliegt der Regelbesteuerung (kein § 19 Abs. 1-Unternehmer),

b) Lieferort ist im Inland,

c) Beförderung oder Versendung durch Lieferer oder Abnehmer in übriges Gemeinschaftsgebiet,

d) Leistungsempfänger ist Unternehmer,

e) Eingangsleistung erfolgt an Unternehmen des Leistungsempfängers,

f) Leistungsempfänger unterliegt der Erwerbs-USt im übrigen Gemeinschaftsgebiet,

g) Belegnachweis,

h) Buchnachweis.

Keine eigentlichen Tatbestandsmerkmale, aber im Zusammenhang mit der Steuerbefreiung vorgeschrieben, sind:

i) Rechnung i. S. v. § 14a UStG,

j) Erfassung in der »Zusammenfassenden Meldung«,

k) Erfassung in der USt-Voranmeldung.

Zu d) und e): Leistungsempfänger ist Unternehmer und die Eingangsleistung erfolgt an ein Unternehmen des Unternehmers

Grundsätzlich muss der Lieferer prüfen, ob diese Voraussetzungen vorliegen. Erwirbt der Unternehmer den Gegenstand z. B. nicht für sein Unternehmen oder unterliegt der Gegenstand nicht der Erwerbs-USt in dem betr. Mitgliedstaat, greift die Steuerbefreiung grundsätzlich nicht. Dies bedeutet, dass die Lieferung stpfl. ist. Unter Beachtung der Lieferortsregelungen des § 3 Abs. 6 und § 3c UStG muss dann geprüft werden, ob die Lieferung im Ursprungsland oder im Bestimmungsland zu versteuern ist.

Die Verwaltung geht dabei davon aus, dass in den Fällen, in denen der Erwerber dem Lieferer seine ausländische Id-Nr. mitteilt, grundsätzlich die Vermutung dafür spricht (typisierende Betrachtungsweise), dass die o. g. Voraussetzungen vorliegen. Liegen in einem solchen Falle dennoch nicht die Voraussetzungen des § 6a UStG vor, wird nach § 6a Abs. 4 UStG der Lieferer dann nicht mit der Rechtsfolge der Steuerpflicht belastet, wenn die Inanspruchnahme der Steuerfreiheit auf unrichtigen Angaben des Abnehmers beruht.

Dies gilt allerdings nur, wenn der Lieferer die Unrichtigkeit dieser Angaben auch bei Beachtung der Sorgfalt eines ordentlichen Kaufmannes nicht erkennen konnte. Die USt schuldet in diesem Falle der Abnehmer.

Zu f): Leistungsempfänger unterliegt der Erwerbs-USt im übrigen Gemeinschaftsgebiet

Die Steuerbefreiung kommt bei der innergemeinschaftlichen Lieferung nur dann zur Anwendung, wenn der Leistungsempfänger Erwerber i. S. v. § 1a und b UStG ist, also den Umsatz »innergemeinschaftlicher Erwerb« nach § 1 Abs. 1 Nr. 5 UStG tätigt. Die §§ 1a und b UStG können dabei sinngemäß auch auf in einem anderen Gemeinschaftsgebiet ansässige Leistungempfänger angewandt werden. Nur wenn der Erwerber in einem anderen Mitgliedstaat der Erwerbs-Umsatzbesteuerung unterliegt, wird der Lieferer von der Besteuerung seiner Lieferung freigestellt. An die Stelle der Umsatzsteuer für die Lieferung tritt die Steuer für den innergemeinschaftlichen Erwerb im Bestimmungsland. Diese Steuer für den innergemeinschaftlichen Erwerb wird vom Leistungsempfänger im Bestimmungsland angemeldet.

Der leistungsempfangende Unternehmer unterliegt grundsätzlich dann der Erwerbs-USt im übrigen Gemeinschaftsgebiet, wenn er den Gegenstand für sein Unternehmen erworben hat und ganz oder teilweise zum Vorsteuerabzug berechtigt ist. Näheres hierzu vgl. R.

Auch hier geht die Verwaltung davon aus, dass dieser Tatbestand i. d. R. dann erfüllt ist, wenn der Abnehmer dem Lieferer seine Id-Nr. mitgeteilt hat.

Fällt der Abnehmer unter die Unternehmergruppe des § 1a Abs. 3 UStG (so genannte Exoten, z. B. Kleinunternehmer) und überschreitet bei ihnen das Entgelt der innergemeinschaftlichen Erwerbe die in ihrem Mitgliedstaat maßgebliche Erwerbsschwelle nicht, unterliegt der Erwerb der Ware bei ihnen grundsätzlich nicht der ErwUSt. Allerdings kann der Erwerber freiwillig die Erwerbsbesteuerung anwenden (Option nach der dem § 1a Abs. 4 UStG entsprechenden Vorschrift im anderen Mitgliedstaat). Dann wäre die Lieferung beim Lieferer wiederum steuerfrei.

Wird vom Erwerber eine gültige ausländische Id-Nr. vorgelegt, kann der Lieferer davon ausgehen, dass der Erwerber grundsätzlich nicht unter die Unternehmergruppe des § 1a Abs. 3 UStG fällt. Die Gültigkeit der Id-Nr. anderer Mitgliedstaaten kann beim BZSt abgefragt werden. Die Anfrage kann schriftlich, telefonisch oder über das Internet erfolgen. Um eine Bestätigung zu erhalten, muss der Unternehmer seine eigene Id-Nr. mit angeben. Das BZSt teilt dabei nur mit, ob die Id-Nr. gültig bzw. ungültig ist.

Zu g): Belegnachweis

Die Voraussetzungen des § 6a UStG müssen beim Lieferer durch Belege nachgewiesen werden. Nach § 17a UStDV kann ein solcher Nachweis wie folgt geführt werden:
- **bei Beförderung durch Lieferer oder Abnehmer:**
  - durch Doppel der Rechnung i. S. v. §§ 14, 14a UStG und
  - durch einen handelsüblichen Beleg, aus dem sich der Bestimmungsort ergibt, und
  - durch eine Empfangsbestätigung des Abnehmers oder seines Beauftragten;
- **bei Beförderung durch Abnehmer:**
  zusätzlich durch eine Versicherung des Abnehmers, dass Liefergegenstand in das übrige Gemeinschaftsgebiet befördert wird;
- **bei Versendung durch Lieferer oder Abnehmer:**
  - Belege entsprechend § 10 UStDV (z. B. Spediteurbescheinigung) und
  - Doppel der Rechnung i. S. d. §§ 14, 14a UStG
  (hier auch Nachweis wie in Beförderungsfällen zulässig).

Da nach der neuesten BFH-Rechtsprechung[1] der Belegnachweis keine materielle, sondern nur noch eine formelle Voraussetzung ist, kann der Belegnachweis auch durch andere Unterlagen erfolgen. Kann der Unternehmer damit nachweisen, dass der Liefergegenstand physisch in ein anderes Gemeinschaftsgebiet gelangt ist, reicht dies nunmehr auch für die Anerkennung der Steuerfreiheit der innergemeinschaftlichen Lieferung aus[2].

Zu h): Buchnachweis

Gem. § 17c UStDV muss der Unternehmer die Voraussetzung der Steuerfreiheit der innergemeinschaftlichen Lieferung im Inland buchmäßig nachweisen. Hierbei ist die Aufzeichnung der Id-Nr. des Erwerbers eine Muss-Vorschrift. Fehlt die Aufzeichnung der Id-Nr. des Erwerbers ist die Lieferung wegen eines fehlenden Buchnachweises stpfl. Bezüglich der anderen Buchnachweise enthält § 17c Abs. 2 UStDV Soll-Vorschriften.

Dies bedeutet, dass wegen einer fehlenden Id-Nr. des Erwerbers die Lieferung der deutschen USt zu unterwerfen ist. Der Lieferort bestimmt sich in diesen Fällen nach den Regeln des § 3 Abs. 6 UStG und ist somit immer im Inland.

Nach BFH vom 02.04.1997 BFH/NV 1997, 629 setzt die Steuerbefreiung einer innergemeinschaftlichen Lieferung voraus, dass der Lieferer die richtige Id-Nr. des wirklichen Abnehmers buchmäßig aufzeichnet.

Im Einzelnen hat der Unternehmer folgende Aufzeichnungen zu tätigen:

- Name und Anschrift des Abnehmers,
- Name und Anschrift des Beauftragten des Abnehmers,
- Gewerbezweig und Beruf des Abnehmers,
- USt-Id-Nr. des Abnehmers,
- handelsübliche Bezeichnung und Menge des Liefergegenstandes,
- Tag der Lieferung,
- vereinbartes Entgelt,
- Angabe, ob Beförderung oder Versendung in das übrige Gemeinschaftsgebiet,
- Bestimmungsort im übrigen Gemeinschaftsgebiet

(Anmerkung: Diese Aufzählung erfasst nur typische Fälle, ist also unvollständig; Näheres vgl. § 17c UStDV.)

---

1 BFH vom 08.11.2007 DStR 2008, 716.
2 Näheres vgl. BFH vom 06.01.09, IV B9–S7141/08/10001.

Muster eines kombinierten Beleg- und Buchnachweises

Fa. XY
Id-Nr. _____
     (Veräußerer)

Lieferschein

An Fa. _____   Id-Nr. _____
                                                                           (Erwerber)

Gewerbezweig/Beruf _____

Wir lieferten Ihnen am _____

durch _____

Bestimmungsort _____

Menge, Art, Einzelpreis, Gesamtpreis _____

Empfangsbestätigung:
Der Empfänger (Beauftragte) bestätigt, die o.g. Ware ordnungsgemäß erhalten zu haben.

Versicherung:
Im Falle der Eigenbeförderung versichert der Empfänger (Beauftragte), die Liefergegenstände zum o.g. Bestimmungsort zu verbringen.

_____   _____
Ort, Datum   (Empfänger/Beauftragter)

Zu i): Rechnung i.S.v. § 14a UStG

Führt der Lieferer eine steuerfreie Lieferung i.S.v. § 6a UStG aus, so ist er zur Ausstellung von Rechnungen verpflichtet, an die besondere Formerfordernisse geknüpft werden.

In den Rechnungen ist auf Folgendes hinzuweisen:

- Steuerfreie Behandlung der Lieferung,
- Id-Nr. Lieferer,
- Id-Nr. Abnehmer.

Für den Abnehmer der Ware im anderen Mitgliedstaat signalisiert der Hinweis auf die Steuerfreiheit, dass er den Erwerb der Erwerbs-USt unterwerfen muss (Prinzip der spiegelbildlichen Tatbestände).

Die Rechnung muss grundsätzlich in einem Doppel ausgestellt werden, wobei eine Ausfertigung beim Unternehmer zehn Jahre aufzubewahren ist.

Der Lieferer hat nach der Vorschrift des § 14a UStG die Pflicht eine entsprechende Rechnung auszustellen. Zu dem notwendigen Belegnachweis gehört auch das Doppel der Rechnung i.S.d. § 14a UStG. Fehlt auf der Rechnung lediglich der gesetzlich vorgeschriebene Hinweis auf die Steuerfreiheit, hat dies nach der Rechtsprechung des BFH[1] für die Steuerfreiheit der innergemeinschaftlichen Lieferung keine negative Auswirkung.

Aufgrund der Verpflichtung im Gesetz, hat der Abnehmer einen Anspruch auf Erhalt einer solchen Rechnung.

Gem. § 26a UStG kann weiterhin gegenüber dem Unternehmer ein Bußgeld bis maximal 5 000 € verhängt werden, wenn er das Doppel der Rechnung i.S.d. § 14a UStG nicht aufbewahrt.

---

1 BFH vom 30.03.2006 BStBl II 2006, 634.

Muster einer Ausgangsrechnung für innergemeinschaftliche Lieferungen

---

Fa. XY

Id-Nr. _____

    (Veräußerer)

Lieferschein

An Fa. _____

                                             Id-Nr. _____

Gewerbezweig/Beruf _____   (Erwerber)

Wir lieferten Ihnen am _____

durch _____

Bestimmungsort _____

Menge, Art, Einzelpreis, Gesamtpreis _____

_____

In Deutschland umsatzsteuerfrei (§ 4 Nr. 1b i. V. m. § 6a UStG)

Zu j): Erfassung in der »Zusammenfassenden Meldung«

Nach § 18a Abs. 4 UStG muss der Unternehmer die steuerfreie innergemeinschaftliche Lieferung in der Zusammenfassenden Meldung erfassen. Näheres hierzu vgl. X 12.

2.9.1 Innergemeinschaftliche Verbringenstatbestände

Das Verbringen eines Gegenstandes vom inländischen Unternehmensteil in einen anderen Mitgliedstaat gelegenen Unternehmensteil und umgekehrt wird beim abgebenden Unternehmensteil im Wege der Fiktion wie eine innergemeinschaftliche Lieferung (vgl. § 3 Abs. 1a i. V. m. § 6a Abs. 2 UStG) und beim ankommenden Unternehmensteil wie ein innergemeinschaftlicher Erwerb gegen Entgelt behandelt (nach der dem § 1a Abs. 2 UStG entsprechenden Vorschrift des Mitgliedstaats).

Ein solcher einer innergemeinschaftlichen Lieferung bzw. einem innergemeinschaftlichen Erwerb gleichgestellter Verbringenstatbestand liegt dann vor, wenn z. B. ein Gegenstand vom inländischen Unternehmensteil in einen ausländischen Unternehmensteil (Zweigstelle, Auslieferungslager) transportiert wird.

Grundsätzliche Voraussetzungen für das Vorliegen eines innerbetrieblichen Verbringenstatbestandes sind:

  a) der Unternehmer befördert oder versendet einen Gegenstand seines Unternehmens vom Mitgliedstaat A (Ausgangsmitgliedstaat),

  b) zu seiner Verfügung,

  c) in den Mitgliedstaat B (Bestimmungsmitgliedstaat) und

  d) verwendet den Gegenstand im Bestimmungsmitgliedstaat nicht nur vorübergehend (Näheres vgl. A 15b Abs. 5 bis 12 UStR).

Der Unternehmer gilt im Ausgangsmitgliedstaat als Lieferer und im Bestimmungsmitgliedstaat als Erwerber.

BEISPIEL

U1 in Stuttgart besitzt in Tarragona/Spanien eine Zweigniederlassung. Am 10.03.03 lässt er mit Hilfe des Spediteurs S Maschinenteile zu seiner Zweigniederlassung transportieren, die dort zusammenmontiert werden. Die Maschinenteile werden anschließend an Kunden in Spanien verkauft.

LÖSUNG U1 tätigt mit dem Transport der Maschinenteile einen Innenumsatz. Da er aber einen Gegenstand des Unternehmens in das übrige Gemeinschaftsgebiet **zu seiner Verfügung** verbringt, wird dieser Innenumsatz einer Lieferung gegen Entgelt gleichgestellt (fiktive innergemeinschaftliche Lieferung gemäß § 3 Abs. 1a UStG). Die Vorschriften für die tatsächliche innergemeinschaftlichen Lieferungen sind sinngemäß anzuwenden. Ein Verbringen zu einer nur vorübergehenden Verwendung, welches nicht einer innergemeinschaftlichen Lieferung gleichgestellt ist, kann im vorliegenden Falle nicht angenommen werden, da der Gegenstand anschließend in Spanien verarbeitet wird (vgl. A 15b Abs. 5 Satz 2 UStR). Lieferort der fiktiven Lieferung ist Stuttgart. Die fiktive Lieferung fällt somit unter den Anwendungsbereich des deutschen UStG. Sie ist steuerbar, jedoch gem. § 6a Abs. 2 UStG nach § 4 Nr. 1b i. V. m. § 6a UStG steuerfrei.

2.9.2 Einzelheiten zum innergemeinschaftlichen Verbringen

Im Zusammenhang mit dem innergemeinschaftlichen Verbringen sind folgende Punkte zu beachten:

a) Ausländischer Unternehmensteil

Der ausländische Unternehmensteil (Betriebsstätte, Auslieferungslager, Zweigniederlassung o. Ä.) wird wie ein eigenständiger Unternehmer behandelt. Aus diesem Grunde erhält er auch eine eigene Id-Nr. des betreffenden Mitgliedstaates.

b) Belegnachweis (§ 17c UStDV)

Die für eine tatsächliche innergemeinschaftliche Lieferung erforderlichen Belege sind sinngemäß zu führen. Die Zweigstelle oder Betriebsstätte wird wie ein selbständiger Unternehmer behandelt.

Dies bedeutet aber auch, dass eine Nichtanmeldung des Verbringens in dem betreffenden Bestimmungsland mangels Vorliegens einer Id-Nr. des ausländischen Unternehmensteiles zur Folge hat, dass die im Inland getätigte fiktive innergemeinschaftliche Lieferung steuerpflichtig ist.

c) Buchnachweis

Nach § 17c Abs. 3 UStDV soll der Unternehmer Folgendes aufzeichnen:
– handelsübliche Bezeichnung und Menge der verbrachten Gegenstände,
– Anschrift und die Id-Nr. des im anderen Mitgliedstaat gelegenen Unternehmensteils,
– Tag des Verbringens,
– Bemessungsgrundlage nach § 10 Abs. 4 Nr. 1 UStG (Einkaufspreis bzw. Selbstkosten).

d) Aufzeichnungen

Gem. § 22 Abs. 4a UStG muss der Unternehmer die Verbringensgegenstände gesondert aufzeichnen. Entsprechende Aufzeichnungen sind vom Unternehmensteil im Bestimmungsland für Zwecke der Anmeldung der Erwerbs-USt durchzuführen.

e) Pro-forma-Rechnung i. S. v. § 14a UStG

Die Verpflichtung zur Ausstellung einer Rechnung i. S. v. § 14a UStG greift bei innergemeinschaftlichen Verbringenstatbeständen grundsätzlich nicht ein. Gleichwohl muss der

Unternehmer eine fiktive Rechnung (sog. Pro-forma-Rechnung) an seinen ausländischen Unternehmensteil erstellen, in der die handelsübliche Bezeichnung der verbrachten Gegenstände, die Bemessungsgrundlage, die deutsche und die ausländische Id-Nr. enthalten sind (vgl. A 190a Abs. 3 UStR).

f) Erfassung in der »Zusammenfassenden Meldung« und der USt-Voranmeldung
Auch dieser Vorgang ist in beiden Meldungen zu erfassen.

2.9.3 Begriff: »Nicht nur vorübergehende Verwendung«

Wird der Gegenstand nur zur vorübergehenden Verwendung in den innergemeinschaftlichen Unternehmensteil verbracht, ist dieser Tatbestand keiner innergemeinschaftlichen Lieferung und keinem innergemeinschaftlichen Erwerb gleichgestellt (§ 3 Abs. 1a UStG).

Ein Gegenstand wird dann nicht nur zur vorübergehenden Verwendung in einen anderen innergemeinschaftlichen Unternehmensteil verbracht, wenn der Gegenstand im Bestimmungsland dem Anlagevermögen des Unternehmensteils zugeführt wurde oder dort als Roh-, Hilfs- oder Betriebsstoff verarbeitet oder verbraucht wird.

Ebenfalls eine nicht nur vorübergehende Verwendung liegt dann vor, wenn der Gegenstand mit der konkreten Absicht in das Bestimmungsland verbracht worden ist, ihn dort unverändert weiterzuliefern. Typische Fälle hierfür ist das Verbringen von Gegenständen in ein Auslieferungslager des Bestimmungslandes. Das Auslieferungslager wird dabei als innergemeinschaftlicher Unternehmensteil im Bestimmungsland behandelt. Die Voraussetzungen einer Betriebsstätte müssen hierbei nicht erfüllt sein.

Lt. A 15b Abs. 6 UStR kann die Fiktion für die Annahme einer innergemeinschaftlichen Lieferung auf die verbrachten Gegenstände beschränkt werden, die auch im Bestimmungsland tatsächlich verkauft worden sind.

BEISPIEL

Der in Stuttgart ansässige Textilienhändler B befördert mit eigenen Lkw Textilien nach Salzburg/Österreich und verkauft sie dort auf dem Wochenmarkt. Die nicht verkauften Textilien nimmt er wiederum nach Deutschland zurück.

LÖSUNG B tätigt hinsichtlich der verkauften Textilien zunächst einen innergemeinschaftlichen Verbringenstatbestand. Dies ist immer dann der Fall, wenn zum Beförderungsbeginn noch kein feststehender Abnehmer vorliegt.

Dieser Verbringenstatbestand muss von B in Deutschland als innergemeinschaftlicher Lieferung und im Bestimmungsland Österreich als innergemeinschaftlicher Erwerb nach der dem § 1a Abs. 2 UStG entsprechenden Vorschrift (Binnenmarktregelung, Anhang zum UStG Art. 1 Abs. 3 Nr. 1 österreichisches UStG) behandelt werden. B hat somit in Deutschland eine innergemeinschaftliche Lieferung und im Bestimmungsland österreichische Erwerbs-USt anzumelden, die er im Normalfall sofort wiederum als Vorsteuer geltend machen kann.

Mit dem tatsächlichen Verkauf der Textilien in Österreich tätigt B dort eine steuerbare und stpfl. Lieferung. Auch dies muss von B in Österreich angemeldet werden.

Die nicht verkauften Textilien müssen **nicht** als Verbringenstatbestand behandelt werden und scheiden aus der ust-rechtlichen Erfassung aus.

2.9.4 Nichterfassung von bestimmten innergemeinschaftlichen Verbringenstatbeständen als innergemeinschaftliche Lieferung bzw. Erwerb

Die Lieferungs- und Erwerbsfiktion findet nach A 15b Abs. 9 und 10 UStR keine Anwendung, wenn

a) der Gegenstand zur Ausführung einer Werklieferung in das Bestimmungsland verbracht wird. Dies gilt auch für die Hilfsmittel, die später wieder in den Ausgangsmitgliedstaat zurückgelangen;

b) der Gegenstand im Zusammenhang mit einer vom Unternehmer ausgeführten sonstigen Leistung in das Bestimmungsland verbracht wird;

c) vom Unternehmer Material zu einer an ihn ausgeführten Werklieferung in das Bestimmungsland verbracht wird;

d) der Unternehmer an den in das Bestimmungsland verbrachten Gegenstand dort sonstige Leistungen (z. B. Reparaturleistung) ausführen lässt;

e) der Gegenstand nur befristet in das Bestimmungsland verbracht wird. Die ist dann der Fall, wenn der Gegenstand innerhalb einer vorgeschriebenen Verwendungsfrist wiederum in den Ausgangsmitgliedstaat zurückgelangt. Es müssen zweimonatige, zwölfmonatige und 24-monatige Verwendungsfristen unterschieden werden (Näheres vgl. hierzu A 15b Abs. 12 UStR).

BEISPIELE

a) Bauunternehmer B in Freiburg errichtet in Colmar/Frankreich den Rohbau für ein Hotelgebäude. B transportiert Baumaterial und einen Baukran nach Frankreich. Nach Fertigstellung des Rohbaues wird der Kran wiederum nach Deutschland zurück gebracht.
LÖSUNG Das Verbringen des Baumaterials und des Baukrans wird keiner innergemeinschaftlichen Lieferung gleichgestellt (s. o. Ausnahmefall a)). Beide Gegenstände werden zur Ausführung einer Werklieferung verwendet, die im Bestimmungsland Frankreich steuerbar und steuerpflichtig ist.
Die Steuerschuld geht im Reverse-Charge-Verfahren (entsprechend § 13b UStG) auf den französischen Auftraggeber über.

b) Die Leasinggesellschaft L in Stuttgart vermietet eine Baumaschine an die Fa. X in Novara/Italien. Die Maschine wird zu Beginn der Mietdauer nach Novara transportiert. Nach Beendigung der Mietdauer (36 Monate) wird die Maschine wiederum nach Deutschland zurückgebracht.
LÖSUNG Das Verbringen ist keiner fiktiven innergemeinschaftlichen Lieferung gleichgestellt, da der Gegenstand im Zusammenhang mit einer sonstigen Leistung in das Bestimmungsland verbracht wurde. Vgl. hierzu Ausnahmefall b).

c) Unternehmer U in Stuttgart versendet eine defekte Maschine zur Reparatur nach London/England. Nach der erfolgten Reparatur wird die Maschine wiederum nach Deutschland zurück transportiert.
LÖSUNG Das Versenden der Maschine zur Reparatur nach England stellt einen innergemeinschaftlichen Verbringtatbestand dar. Da die Maschine aber im Zusammenhang mit einer an U erfolgten Reparaturleistung nach England versandt wurde, muss dieser Fall nicht einer innergemeinschaftlichen Lieferung gleichgestellt werden. Es bleibt bei einem nichtsteuerbaren Verbringen. In diesem Falle spielt die Dauer der Verwendung im Bestimmungsland keine Rolle. Vgl. hierzu Ausnahmefall e) und d).

2.9.5 Innergemeinschaftliche Lieferungen nach § 4 Nr. 1b i. V. m. § 6a UStG im Rahmen eines Reihengeschäfts

Bei Reihengeschäften (vgl. E 1.2) liegen zwar mehrere Lieferungen, jedoch nur eine einzige Beförderungs- oder Versendungslieferung vor. Nur für diese Beförderungs- oder Versendungslieferung kommt die Befreiung nach § 4 Nr. 1b i. V. m. § 6a UStG in Betracht. Alle übrigen Lieferungen im Reihengeschäft sind entweder steuerbar und steuerpflichtig, soweit sie sich in der Kette logisch vor der Beförderungs- oder Versendungslieferung befinden oder nichtsteuerbar, soweit sie sich in der Kette logisch hinter der Beförderungs- oder Versendungslieferung befinden.

BEISPIEL

Lieferer Inland, Erwerber übriges Gemeinschaftsgebiet:
U1 mit Sitz in Stuttgart verkauft eine Maschine an U2 mit Sitz in Straßburg. Dieser verkauft als Zwischenhändler die Maschine weiter an U3 mit Sitz in Lyon. U2 weist U1 an, die Maschine direkt von Stuttgart nach Lyon auszuliefern.
U1 beauftragt mit dem Transport den Spediteur S mit Sitz in Stuttgart.
U1 und U2 haben gegenseitig ihre Id-Nr. ausgetauscht.

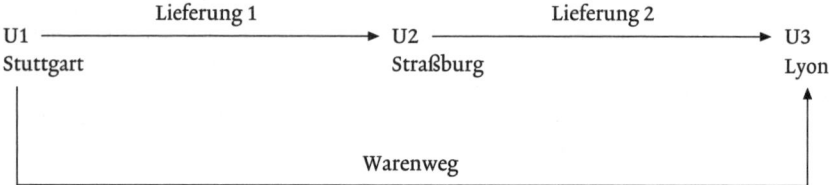

LÖSUNG Entsprechend der Verkaufsgeschäfte tätigt U1 an U2 und U2 an U3 eine Lieferung. Da über denselben Gegenstand mehrere Liefergeschäfte abgeschlossen werden, liegt ein Reihengeschäft nach § 3 Abs. 6 Satz 5 UStG vor. Es ist jede Lieferung für sich zu untersuchen.
Lieferung 1: Da U1 mit dem Transport einen Spediteur beauftragt, ist die Versendung seiner Lieferung an U2 zuzurechnen. Der Lieferort ist dort, wo mit der Versendung begonnen wird. Dies ist in Stuttgart, die Lieferung somit steuerbar. Bei der Lieferung handelt es sich um eine steuerfreie innergemeinschaftliche Lieferung gem. § 6a UStG.
Lieferung 2: Bei der Anschlusslieferung des U2 an U3 bestimmt sich der Lieferort nach § 3 Abs. 7 Satz 2 Nr. 2 UStG. Dieser ist dort, wo der Warenweg endet und somit in Lyon. Es handelt sich um eine nichtsteuerbare Lieferung.
Anmerkung: U2 tätigt mit dem Einkauf der Maschine gleichzeitig einen innergemeinschaftlichen Erwerb. Da der Warenweg in Lyon endet, ist der Erwerb in Frankreich anzumelden. Näheres hierzu vgl. R.

FALL 15

Prüfen Sie, ob in den nachfolgenden Sachverhalten eine steuerfreie Ausfuhrlieferung, innergemeinschaftliche Lieferung bzw. Lohnveredelung gegeben ist (erforderliche Ausfuhr- und Buchnachweise liegen vor).

1. Der Unternehmer A in Stuttgart verkauft dem Unternehmer W in Amsterdam am 20.04.01 eine Spezialmaschine. W hat diese Maschine am 21.04.01 sofort an den Zigarrengroßhändler S in Amsterdam weiterverkauft. Er beauftragt daher A, die Maschine sofort dem S in Amsterdam auszuliefern.
   Dementsprechend beauftragt A am 22.04.01 seinen Angestellten H, die Spezialmaschine sofort von Stuttgart mit dem Geschäfts-Lkw nach Amsterdam zu S zu befördern. H

übergibt dem S die Maschine am 23.04.01. Alle Beteiligten haben bei der Auftragserteilung die USt-Id-Nr. des Mitgliedstaates verwendet, in dem sie ansässig sind. Es handelt sich um keine Abnehmer i. S. v. § 3c Abs. 2 Nr. 1 UStG.

2. Wie Nr. 1, jedoch erfolgt die Beförderung an den Zigarrengroßhändler S in Zürich. S hat keine Id-Nr.

3. Der Maschinenhersteller A in Stuttgart verkauft an die Düsseldorfer Exportfirma E eine Druckmaschine. Die Firma E beauftragt A, die Maschine an ihren Empfangsspediteur P im Freihafen Hamburg zu versenden. A übergibt am 20.08.01 die Maschine dem Frachtführer F zum Transport in den Freihafen. F liefert die Maschine am 22.08.01 beim Empfangsspediteur P ab. E verkauft die Maschine am 23.08.01 an die japanische Firma K in Tokio und beauftragt sofort den P mit dem Versand der Maschine nach Japan.

4. Fachhändler F in Paris kauft von der Lederfabrik L in Stuttgart Leder. Er beauftragt die Lederfabrik, das Leder nicht zu ihm, sondern zur Färberei H in Ludwigsburg zu liefern. L transportiert das Leder mit eigenem Lkw zu H. H färbt das Leder im Auftrag des F und sendet das gefärbte Leder durch den von ihm beauftragten Spediteur S nach Paris. Alle beteiligten Unternehmer haben bei der Auftragserteilung die USt-Id-Nr. des Mitgliedstaates verwendet, in dem sie ansässig sind.

5. Der amerikanische Tourist T wurde auf der Durchreise in München mit seinem Pkw in einen Unfall verwickelt. In der Kfz-Werkstätte des W lässt er den eingedrückten Kotflügel ausbeulen und lackieren. Mit dem reparierten Pkw fährt T in die Schweiz weiter.

6. Der Privatmann S (Wohnort Tübingen) hat in Kroatien ein Ferienappartement erworben. Anläßlich einer Ferienreise erwirbt er für dieses Ferienappartement bei der Firma E in Tübingen einen Kühlschrank und ein Fernsehgerät.

   Das Fernsehgerät nimmt er sofort in seinem Pkw nach Kroatien mit. Den Kühlschrank lässt er sich von E nachsenden. E übergibt den Kühlschrank in Tübingen zum Zwecke des Transports dem Spediteur S.

3 Befreiungen mit absolutem Vorsteuerabzugsverbot (§ 4 Nr. 8 ff. UStG, ausgenommen die unter 4 und 5 genannten Befreiungen)

3.1 Allgemeines

Leistungen, die unter diese Gruppe von Steuerbefreiungen fallen, werden in aller Regel an den Endverbraucher getätigt.

Tätigt ein Unternehmer einen Umsatz, der unter diese Gruppe der Steuerbefreiungen fällt, führt dies auf Grund der Vorschrift des § 15 Abs. 2 Nr. 1 UStG zwar zu einem Vorsteuerabzugsverbot bezüglich der in diesem Zusammenhang beim Unternehmer angefallenen Vorsteuern. Die Steuerfreiheit führt jedoch bei einem steuerfreien Umsatz an den Endverbraucher zu einer insgesamt geringeren Steuerbelastung, da die Wertschöpfung (Rohgewinn) auf der Umsatzstufe zum Endverbraucher unversteuert bleibt.

3.2 Heilberufliche Leistungen nach § 4 Nr. 14 UStG

Die Steuerbefreiung des § 4 Nr. 14 UStG umfasst heilberufliche Tätigkeiten. Es handelt sich zum Beispiel um die Umsätze von Ärzten, Heilpraktikern, Krankengymnasten, Hebammen. Nachfolgend sollen Sie den § 4 Nr. 14 UStG so weit kennen lernen, dass Sie in der Lage sind, bei der Gruppe der Ärzte begründet entscheiden zu können, ob deren Umsätze unter § 4 Nr. 14 UStG fallen.

Von den Ärzten sind die **Tierärzte** nach § 4 Nr. 14a UStG von vornherein von der Steuerbefreiung ausgenommen.

Für Humanärzte wurde bisher (vgl. A 88 UStR) die Steuerbefreiung nach § 4 Nr. 14 UStG dann angewandt, wenn es sich um Leistungen handelte, die im Rahmen des Berufsbildes Arzt bewirkt wurden. Mit Urteil vom 14.09.2000 (Rs. C-384/98 UR 2000, 432) hat der EuGH hierzu entschieden, dass die Befreiung eng auszulegen ist und derartige Leistungen nur dann steuerfrei sind, wenn sie der medizinischen Betreuung von Personen dienen. Die Verwaltung wendet das Urteil an (vgl. BMF vom 13.02.2001 BStBl I 2001, 157 und vom 08.11.2001 BStBl I 2001 826). Darunter fallen alle Maßnahmen,

- die der Feststellung, Heilung oder Linderung von Krankheiten, Leiden oder Körperschäden beim Menschen dienen (bei Zahnärzten sind dies die Feststellung und Behandlung von Zahn-, Mund- und Kieferkrankheiten),
- die der vorbeugenden Gesundheitspflege dienen.

Nicht mehr unter die Befreiung fallen z. B.:

- nicht heilberuflich indizierte Schönheitsoperationen (vgl. A 91a Abs. 3 Nr. 8 UStR),
- Erstellung eines ärztlichen Gutachtens über den Gesundheitszustand eines Menschen (z. B. als Grundlage für Versicherungsabschlüsse, Schadensersatzprozesse),
- Gutachten über die Berufstauglichkeit, Minderung der Erwerbsfähigkeit,
- gerichtsmedizinische Gutachten über eine Todesursache.

Nicht unter die Befreiung nach § 4 Nr. 14 UStG fallen schon immer (vgl. A 91a Abs. 3 und 4 UStR):

- schriftstellerische Tätigkeit (auch soweit es sich um einen medizinischen Aufsatz in einer Fachzeitschrift handelt),
- Vortragstätigkeit (auch wenn der Vortrag vor Ärzten zu deren beruflichen Fortbildung gehalten wird) und Lehrtätigkeit (diese kann jedoch nach § 4 Nr. 21 UStG steuerfrei sein),
- Veräußerung von Praxiseinrichtungsgegenständen bzw. des Pkw, der der Praxis gedient hat (hierbei greift jedoch in aller Regel die Steuerbefreiung nach § 4 Nr. 28 UStG ein).

3.2.1 Sonderregelung bei Zahnärzten

Wenn ein Zahnarzt Zahnprothesen (z. B. Kronen, Brücken, künstliche Gebisse) oder kieferorthopädische Apparate (z. B. Spangen) i. R. einer Zahnbehandlung eines Patienten liefert oder repariert, greift die Steuerbefreiung nach § 4 Nr. 14 UStG **nur** dann ein, wenn er diese Gegenstände **nicht** in seinem eigenen Unternehmen hergestellt oder repariert hat (vgl. § 4 Nr. 14b UStG).

BEISPIELE

a) Der Zahnarzt Z zieht dem Patienten L sämtliche Zähne und setzt ihm ein künstliches Gebiss ein. Das Gebiss lässt er von dem selbständigen Zahntechniker T (Unternehmer) herstellen.

LÖSUNG Da Z das Gebiss nicht im eigenen Unternehmen hergestellt hat, greift die Ausnahmeregelung des § 4 Nr. 14b UStG nicht ein. Die Werklieferung von Z an L ist nach § 4 Nr. 14 UStG steuerfrei. Die Werklieferung des T an Z ist dagegen steuerpflichtig. Da Z einen steuerfreien Umsatz mit absolutem Vorsteuerabzugsverbot ausführt, kann er die ihm von T in Rechnung gestellte Umsatzsteuer (7%) nicht als Vorsteuer abziehen.

b) Wie Beispiel a), jedoch ist T bei Z angestellt.

LÖSUNG In diesem Falle stellt Z das Gebiss in seinem eigenen Unternehmen her. Die Werklieferung von Z an L ist gem. § 4 Nr. 14b UStG mit dem auf das Gebiss entfallenden Entgeltsanteil (Material und zahntechnische Laborkosten) steuerpflichtig. Bezüglich des übrigen Entgeltsanteils ist nach wie vor die Steuerfreiheit nach § 4 Nr. 14 UStG gegeben.

Da Z bei der Herstellung des Gebisses einen steuerpflichtigen Umsatz ausführt, kann er die ihm diesbezüglich in Rechnung gestellte USt (z. B. beim Materialeinkauf) als Vorsteuer abziehen.

Der Sinn dieser Sonderregelung ist die wirtschaftliche Gleichstellung von Zahnärzten und selbständigen Zahntechnikern (Unternehmer) bei der Lieferung bzw. Wiederherstellung von Zahnprothesen und kieferorthopädischen Apparaten. Die Gleichstellung wird dadurch erreicht, dass entweder Steuerpflicht besteht oder im Falle der Steuerbefreiung das Vorsteuerabzugsverbot eingreift. Näheres hierzu vgl. A 89 UStR.

3.3 Steuerbefreiung nach § 4 Nr. 28 UStG bei der Lieferung von Gegenständen

Die Steuerbefreiung nach § 4 Nr. 28 UStG kommt u. a. dann zur Anwendung, wenn ein Unternehmer einen Gegenstand veräußert, den er **ausschließlich**[1] **für eine steuerfreie Leistung nach § 4 Nr. 8 bis 27 UStG verwendet hat.**

BEISPIEL

Der Arzt A veräußert zehn Sessel, die er bisher in seinem Wartezimmer für seine Patienten aufgestellt hatte.

LÖSUNG Die zehn Lieferungen sind als **sog. Hilfsgeschäfte** steuerbar. Da A die Sessel bisher ausschließlich für steuerfreie Leistungen nach § 4 Nr. 14 UStG verwendet hat, sind die Lieferungen nach § 4 Nr. 28 UStG steuerfrei.

Mit der Vorschrift wird erreicht, dass Gegenstände, die ein Unternehmer für eine den Vorsteuerabzug ausschließende Tätigkeit erworben hat, insgesamt nur einmal (beim Erwerb) mit USt belastet werden.

4 Befreiungen mit Optionsmöglichkeit gemäß § 9 UStG (§ 4 Nr. 8 a – g, Nr. 9a, Nr. 12, Nr. 13 und Nr. 19 UStG)

4.1 Allgemeines

Während die Steuerbefreiungen mit absolutem Vorsteuerabzugsverbot in aller Regel nur bei Leistungen an Endverbraucher eingreifen, handelt es sich bei dieser Gruppe von Befreiungen um solche, die sowohl auf der Endverbraucherstufe als auch bereits innerhalb der Unternehmerkette eintreten können. Soweit die Befreiungen auf der Endverbraucherstufe eingreifen, ergibt sich der bereits erwähnte Effekt, dass die Wertschöpfung auf der Umsatzstufe zum Endverbraucher unversteuert bleibt und damit eine geringere Steuerbelastung eintritt. Welche Folgen die Befreiungen dagegen innerhalb der Unternehmerkette haben können, sollen folgende Beispiele verdeutlichen.

---

[1] Die Verwaltung lässt die Steuerbefreiung auch noch dann zu, wenn der Gegenstand zu mehr als 95 % für steuerfreie Leistungen nach § 4 Nr. 8–27 UStG verwendet wird (vgl. A 122 Abs. 2 UStR).

BEISPIELE

a) Vermieter V vermietet Räume an den Rechtsanwalt R, der sie als Büroräume nutzt. V erhält dafür monatlich 1 000 € Miete. In dieser Miete sind auch die Kosten für die Beheizung der Räume enthalten. Die gesamte Miete ist gem. § 4 Nr. 12a UStG steuerfrei. V bezieht die Wärme für diese Räume vom Fernheizwerk F, das ihm hierfür pro Monat durchschnittlich 200 € zuzüglich 19 % Umsatzsteuer = 38 € in Rechnung stellt.

LÖSUNG Da die Wärmelieferung an V im Zusammenhang mit dem nach § 4 Nr. 12a UStG steuerfreien Mietumsatz steht, kann V die ihm von F in Rechnung gestellte USt nicht als Vorsteuer abziehen. Die Vorsteuer wird also Kostenbestandteil bei V und geht bei ihm in die Kalkulation der Miete ein. R seinerseits hat Kosten i. H. v. 1 000 €. Einen Vorsteuerabzug hat er nicht, da ihm keine USt in Rechnung gestellt wird.

Kostenrechnung bei V:

monatliche Mieteinnahme	1 000 €
abzüglich Heizkosten	./. 238 €
Rohgewinn des V	762 €

Kostenrechnung bei R:

monatliche Mietkosten des R inklusive Heizung	1 000 €

b) Der Sachverhalt ist wie im Beispiel a). Nehmen Sie nun einmal an, die Vermietung von V an R wäre nicht nach § 4 Nr. 12a UStG steuerbefreit und V würde mit dem gleichen Rohgewinnaufschlag von 762 € (1 000 € ./. 238 €) kalkulieren.

LÖSUNG In diesem Falle könnte V, da er nun einen steuerpflichtigen Mietumsatz ausführt und die an ihn erbrachte Wärmelieferung damit in Zusammenhang steht, die Vorsteuer i. H. v. 38 € abziehen. Die Kosten für die Wärmelieferung würden daher per Saldo nur 200 € betragen. Die Nettomiete müsste sich bei einem Rohgewinn von 762 € dementsprechend auf 962 € bemessen. Hierauf müsste V noch die USt i. H. v. 182,78 € (19 % von 962 €) aufschlagen.

R würde also für die Büroräume 962 € zuzüglich 182,78 € = 1 144,78 € aufwenden. Da er seinerseits mit Hilfe der Büroräume steuerpflichtige Umsätze als Rechtsanwalt ausführt, kann er die ihm in Rechnung gestellte USt als Vorsteuer abziehen. Seine Kosten betragen im Endeffekt also nur 962 €, während sie sich im Falle der steuerfreien Vermietung auf 1 000 € belaufen.

Kostenrechnung bei V mit Option:

monatliche Mieteinnahme	1 144,78 €
abzüglich Umsatzsteuer	./. 182,78 €
abzüglich Heizkosten	./. 238,00 €
zuzüglich Vorsteuer	38,00 €
Rohgewinn des V	762,00 €

Kostenrechnung bei R mit Option:

monatliche Mietkosten des R inklusive Heizung	1 144,78 €
abzüglich Vorsteuer	./. 182,78 €
Kosten	962,00 €

An diesem Beispiel zeigt sich, dass die Steuerbefreiungen, bei denen das Vorsteuerabzugsverbot eingreift, innerhalb der Unternehmerkette zu einer höheren USt-Belastung (+ 38 €) führen, als dies der Fall wäre, wenn die Steuerbefreiungsvorschriften nicht bestünden. Da sich der Sinn der Steuerbefreiungen damit ins Gegenteil verkehren würde, hat der Gesetzgeber in diesen Fällen gemäß § 9 UStG die Möglichkeit geschaffen, auf die Steuerbefreiungen zu verzichten. Diesen Verzicht nennt man **Option nach § 9 UStG** (Näheres hierzu vgl. 4.4).

4.2 Vermietung von Grundstücken nach § 4 Nr. 12a UStG

4.2.1 Allgemeines

Nach § 4 Nr. 12a UStG ist u.a. die Vermietung von Grundstücken unter bestimmten Voraussetzungen steuerfrei. Soweit im § 4 Nr. 12a UStG darüber hinaus noch weitere Fälle von Befreiungen angesprochen werden, soll darauf im Rahmen dieses Lehrbuchs nicht näher eingegangen werden.

Die Steuerbefreiung nach § 4 Nr. 12a UStG setzt grundsätzlich voraus, dass

a) ein **Grundstück** vorliegt und
b) dieses Grundstück **vermietet** wird.

4.2.2 Begriff des Grundstücks

Der im UStG verwendete Grundstücksbegriff deckt sich weitestgehend mit dem Grundstücksbegriff nach bürgerlichem Recht (vgl. A 76 Abs. 1 UStR). Man versteht darunter einen abgegrenzten Teil der Erdoberfläche, der im Bestandsverzeichnis eines Grundbuchblattes unter einer besonderen Nummer geführt wird, einschließlich der dazugehörigen wesentlichen Bestandteile. Dabei umfasst die Steuerbefreiung auch die Vermietung von **Grundstücksteilen** (vgl. A 76 Abs. 3 UStR).

Grundstücke i. S. d. § 4 Nr. 12a UStG liegen vor bei:
- unbebautem Grund und Boden,
- Gebäuden, die mit dem Grund und Boden fest verbunden sind,
- einzelnen Wohnungen bzw. Zimmern in solchen Gebäuden,
- Eigentumswohnungen,
- Parkplätzen, Tennisplätzen, Campingplätzen,
- Betriebsvorrichtungen, sofern sie wesentliche Bestandteile von Grundstücken sind (z. B. Kegelbahnen, Lastenaufzüge, Gleisanlagen, beachten Sie jedoch § 4 Nr. 12 letzter Satz UStG!).

Nach der Rechtsprechung des EuGH kann ein Gebäude auch dann Grundstück im Sinne des § 4 Nr 12 UStG sein, wenn es nicht wesentlicher Bestandteil des Grundstücks im Sinne des BGB ist. So ist ein aus Fertigteilen errichtetes Gebäude, das so in das Erdreich eingelassen wird, dass es weder leicht demontiert noch leicht versetzt werden kann, ein Grundstück i. S. v. § 4 Nr. 12 UStG, auch wenn es nach Beendigung des Mietvertrages entfernt und auf einem anderen Grundstück wieder verwendet werden soll und somit nicht wesentlicher Bestandteil des Grundstück im Sinne des BGB geworden ist (vgl. A 76 Abs. 4 UStR).

Dagegen sind Baududen und Kioske, die leicht demontiert und versetzt werden können, keine Grundstücke im Sinne des § 4 Nr. 12 UStG (vgl. A 76 Abs. 4 UStR).

4.2.3 Begriff Vermietung

Unter der Vermietung i. S. d. § 4 Nr. 12a UStG versteht man die **entgeltliche Gebrauchsüberlassung** eines Grundstücks vom Vermieter an den Mieter. Gebrauchsüberlassung heißt, dass der Mieter während der Mietzeit das ausschließliche Nutzungsrecht am gemieteten Grundstück hat und Dritte von Einwirkungen auf das Grundstück abhalten kann. Eine Nutzung kann dabei auch in der Weitervermietung liegen.

Im Gefolge der Vermietung von Grundstücken werden regelmäßig auch Nebenleistungen erbracht. Derartige Nebenleistungen sind z. B. bei der Vermietung von Wohnungen:

- Wärmelieferungen,
- Treppenbeleuchtung,
- Fahrstuhlbenützung,
- Überlassung von Mobiliar,
- Hausmeisterservice.

Auch hier gilt der unter Teil H dargestellte Grundsatz: **Nebenleistungen teilen das Schicksal der Hauptleistung.** D. h., auch die Nebenleistungen werden von der Steuerbefreiung erfasst, obwohl sie für sich gesehen nicht steuerbefreit wären.

4.2.4 Reine Grundstücksmietverträge

Treten im Gefolge der Vermietung von Grundstücken nur Nebenleistungen auf, spricht man noch von **reinen Grundstücksmietverträgen.** Davon sind im Zusammenhang mit Mietverträgen solche Fälle zu unterscheiden, in denen neben der Vermietung von Grundstücken noch weitere Leistungen erbracht werden, die keine Nebenleistungen sind. Solche Verträge bezeichnet man entweder als **gemischte Verträge** oder **Verträge besonderer Art.**

4.2.5 Verträge besonderer Art

Verträge besonderer Art liegen vor, wenn die Grundstücksvermietung im Verhältnis zu den weiteren Leistungen von nur untergeordneter Bedeutung und damit Nebenleistung zu diesen weiteren Leistungen ist.

BEISPIEL

Ein Hausbesitzer überlässt einer Firma eine Hauswand für Reklamezwecke bzw. zur Anbringung von Zigarettenautomaten.

LÖSUNG Im Vordergrund steht hier die Duldung der Werbung bzw. der Gewerbeausübung. Die Mitvermietung des Grundstücks ist dazu nur Nebenleistung. Im Falle der Reklame an der Hauswand liegt überhaupt keine Vermietungsleistung vor, weil die Firma kein ausschließliches Nutzungsrecht an einem Grundstücksteil hat. Da also die Hauptleistung nicht in der Vermietung eines Grundstücks besteht und somit steuerpflichtig ist, ist auch die Nebenleistung nach dem Grundsatz der Einheitlichkeit der Leistung steuerpflichtig, obwohl sie für sich gesehen nach § 4 Nr. 12a UStG steuerbefreit wäre.

Näheres vgl. A 81 UStR.

4.2.6 Gemischte Verträge

Gemischte Verträge liegen vor, wenn zwischen der Grundstücksvermietung und den weiteren Leistungen kein Über-/Unterordnungsverhältnis besteht. Beide Leistungsarten stehen sich nach der Verkehrsauffassung in etwa gleichwertig gegenüber.

a) Für eine Parteiveranstaltung wird eine Kongresshalle mit Bestuhlung und Bühne vermietet.
b) Ein Unternehmer gewährt den in seinem Arbeiterwohnheim untergebrachten Arbeitnehmern gegen ein bestimmtes Entgelt Kost und Logis.
LÖSUNG Da keine Nebenleistung vorliegt, haben in beiden Fällen beide Leistungsarten, obwohl sie zu einer einheitlichen Leistung zusammengefasst sind, im Hinblick auf die Steuerbefreiung ihr eigenes Schicksal. § 4 Nr. 12a UStG findet nur auf die Grundstücksvermietung Anwendung. Das Entgelt ist anteilsmäßig, ggf. im Schätzungswege, in einen steuerpflichtigen und in einen steuerfreien Anteil aufzuteilen.

Näheres, insbesondere zur Überlassung von Sportanlagen, vgl. A 86 UStR.

4.2.7 Ausschluss der Steuerfreiheit bei Grundstücksvermietungen

Bei den reinen Grundstücksmietverträgen sowie bei den gemischten Verträgen kommt die Steuerbefreiungsvorschrift des § 4 Nr. 12a UStG grundsätzlich ganz bzw. teilweise zur Anwendung. In bestimmten Fällen, die im § 4 Nr. 12 letzter Satz UStG aufgeführt sind, tritt gleichwohl **Steuerpflicht** ein. Im Einzelnen handelt es sich um folgende Ausnahmen:

*   Vermietung von Wohn- und Schlafräumen, die zur kurzfristigen Beherbergung von Fremden bereitgehalten werden,
*   Vermietung von Abstellplätzen für Fahrzeuge,
*   kurzfristige Vermietung von Campingplätzen,
*   Vermietung von Betriebsvorrichtungen.

Die Ausnahmeregelung der kurzfristigen Beherbergung betrifft in erster Linie die Vermietung von Zimmern in Hotels, Herbergen und Pensionen. Sie gilt jedoch auch bei Zimmervermietungen durch »Privatleute« an Kurgäste und Feriengäste. Entscheidend ist die Absicht des Unternehmers, die Räume nicht auf Dauer (für weniger als sechs Monate) und damit nicht für einen dauernden Aufenthalt i. S. v. §§ 8 und 9 AO zur Verfügung zu stellen (A 84 UStR). Auf die tatsächliche Dauer der Vermietung kommt es nicht an.

Die Vermietung von Abstellplätzen für Fahrzeuge, z. B. Garagen, ist grundsätzlich stpfl. Dies gilt nur dann nicht, wenn der Abstellplatz im Zusammenhang mit einer Wohnung vermietet wird. In diesem Falle steht die Mitvermietung des Abstellplatzes eine Nebenleistung dar, die das Schicksal der steuerfreien Hauptleistung (Wohnungsvermietung) teilt.

Eine kurzfristige Vermietung von Campingplätzen liegt vor, wenn sich die Vermietung auf einen bestimmten Zeitraum erstreckt, der sich auf Stunden, Tage, Wochen oder sogar auf Monate belaufen kann. Nach Verwaltungsauffassung liegt eine kurzfristige Vermietung dann vor, wenn – unabhängig vom Mietvertrag – die tatsächliche Gebrauchsüberlassung weniger als sechs Monate beträgt (A 78 Abs. 2 UStR).

Hinsichtlich der Vermietung von Betriebsvorrichtungen gilt abweichend vom Grundsatz der Einheitlichkeit der Leistung (vgl. H) das so genannte Aufteilungsgebot. Bei der Vermietung eines Grundstücks mit Betriebsvorrichtungen muss die Miete hinsichtlich der Steuerfreiheit nach § 4 Nr. 12 UStG aufgeteilt werden

*   in einen steuerpflichtigen Teil, der auf die Betriebsvorrichtung entfällt und
*   in einen steuerfreien Teil, der auf den Teil entfällt, der nicht Betriebsvorrichtung ist.

Unter den Voraussetzungen des § 9 UStG (vgl. 4.4) kann bezüglich des steuerfreien Teils auf die Befreiung verzichtet werden. Im Falle des Verzichts erübrigt sich die Aufteilung.

Betriebsvorrichtungen kommen z. B. häufig vor bei Sportanlagen. In A 86 UStR ist dargestellt, inwieweit es sich bei Sportanlagen um Grundstücksteile bzw. um Betriebsvorrichtungen handelt. In A 86 Abs. 2 UStR bietet die Verwaltung eine vereinfachte Aufteilungsmethode hinsichtlich des Mietentgelts an. Allerdings ist A 86 UStR infolge der Rechtsprechung des BFH (Urteil vom 31.05.2001 BStBl II 2001, 658 und BMF vom 17.04.2003 BStBl I 2003, 279) weitgehend bedeutungslos geworden, weil man nunmehr bei der kurzfristigen Überlassung von Sportanlagen an Sporttreibende (z. B. von Tennishallenplätzen) nicht mehr von einer Grundstücksvermietung, sondern von einer anders gearteten sonstigen Leistung (Möglichkeit einer sportlichen Betätigung) ausgeht, die keine Grundstücksvermietung im Sinne von § 4 Nr. 12 UStG darstellt und von vornherein insgesamt steuerpflichtig ist. A 86 UStR ist somit nur noch anwendbar auf die längerfristige Vermietung einer Sportstätte, z. B. von einem so genannten Investor an einen Betreiber, der dann seinerseits die Sportstätte kurzfristig an Sporttreibende im Rahmen eines Vertrages besonderer Art überlässt und damit an diese steuerpflichtige sonstige Leistungen erbringt. In einem solchen Fall wird jedoch in der Regel bei der Vermietung an den Betreiber auf die Befreiung verzichtet. Steuerfreie Vermietungen von Sportstätten kommen demnach im Wesentlichen nur noch bei der längerfristigen Vermietung an Nichtunternehmer (z. B. Sportvereine) vor.

4.3 Veräußerung von Grundstücken nach § 4 Nr. 9a UStG

Die Veräußerung von Grundstücken fällt regelmäßig unter das Grunderwerbsteuergesetz (GrEStG) und ist somit nach § 4 Nr. 9a UStG steuerfrei. Die Steuerbefreiung greift auch dann ein, wenn der Grundstücksverkauf unter eine Befreiungsvorschrift des GrEStG fällt.

Nicht unter das GrEStG fällt allerdings die Veräußerung von Betriebsvorrichtungen, auch wenn diese wesentliche Bestandteile eines Grundstücks sind. Ebenso wie die Vermietung von Betriebsvorrichtungen **nicht** nach § 4 Nr. 12a UStG steuerfrei ist, ist auch die Veräußerung einer Betriebsvorrichtung nicht steuerfrei nach §4 Nr. 9a UStG.

Wird allerdings ein vermietetes Grundstück veräußert, liegt gem. § 1 Abs. 1a UStG eine Veräußerung eines Vermietungsunternehmens oder ein in der Gliederung eines Unternehmens gesondert geführter Vermietungsbetrieb vor. Die Veräußerung stellt gem. § 1 Abs. 1a UStG einen nichtsteuerbaren Vorgang dar.

4.4 Option nach § 9 UStG

Bei der dritten Gruppe der Steuerbefreiungen, also auch bei § 4 Nr. 9a UStG und § 4 Nr. 12a UStG, kann auf die Steuerfreiheit verzichtet werden. Den Sinn dieses Verzichts haben Sie bereits unter 4.1 kennen gelernt. Der Verzicht ist nach § 9 Abs. 1 UStG nur dann möglich, wenn der Umsatz
a) an einen **anderen Unternehmer** bewirkt und
b) für **dessen Unternehmen** ausgeführt wird.
Bei einer Grundstücks**lieferung** ist gem. § 9 Abs. 3 Satz 2 UStG eine wirksame Option nur dann gegeben, wenn sie (zwingend) im notariell zu beurkundenden Vertrag (§ 311b Abs. 1 BGB) erklärt worden ist. Weiterhin ist zu beachten, dass bei Grundstückslieferungen eine Umkehr der Steuerschuld erfolgt und der Grundstückskäufer der Steuerschuldner ist (§ 13b Abs. 1 Satz 1 Nr. 3 UStG).

Liegt eine Grundstücks**vermietung** vor und sind die oben genannten Vorausetzungen erfüllt, muss zusätzlich noch geprüft werden, ob das Optionsverbot gem. § 9 Abs. 2 UStG zum Zuge kommt. Greift das »Verbot zur Option« ein, kann der Grundstücksvermieter auch dann nicht auf die Steuerfreiheit gem. § 4 Nr. 12a UStG verzichten, wenn er an einen Unternehmer für dessen Unternehmen vermietet.

4.4.1 Optionsvoraussetzung gemäß § 9 Abs. 2 UStG bei Grundstücksvermietungen

Nach § 9 Abs. 2 UStG kann auf die Steuerfreiheit einer Grundstücksvermietung nur verzichtet werden, wenn der Mieter das Grundstück ausschließlich für Umsätze verwendet oder zu verwenden beabsichtigt, die den Vorsteuerabzug nicht ausschließen. Solche Umsätze sind vor allem die stpfl. Umsätze, aber auch die steuerfreien Umsätze nach § 4 Nr. 1–6 UStG.

Die Optionsvoraussetzung nach § 9 Abs. 2 UStG wurde im Jahr 1985 eingeführt und schrittweise verschärft, zuletzt zum 01.01.1994. Im Zusammenhang mit der Einführung und Verschärfung wurden objektbezogene und nutzungsbezogene Übergangsregelungen nach § 27 Abs. 2 UStG getroffen.

Die Optionsvoraussetzung nach § 9 Abs. 2 UStG kommt auf jeden Fall für solche Vermietungen zur Anwendung, bei denen mit der Errichtung des Gebäudes nach dem 10.11.1993 begonnen worden ist. Im Zusammenhang mit der Übergangsregelung nach § 27 Abs. 2 UStG bezeichnet man Gebäude, auf die § 9 Abs. 2 UStG Anwendung findet, als Neugebäude und Gebäude, auf die § 9 Abs. 2 UStG aufgrund der Übergangsregelungen nicht anzuwenden ist, als Altgebäude.

Im Einzelnen gilt Folgendes: Die Vorschrift des § 27 Abs. 2 UStG gliedert die Gebäude entsprechend der Nutzung in drei Fallgruppen auf und zwar in Gebäude, die beim Endmieter zu

1. Wohnzwecken,
2. anderen nichtunternehmerischen Zwecken (als Wohnzwecken),
3. unternehmerischen Zwecken

dienen oder zu dienen bestimmt sind.

Zu 1.: Nutzung für Wohnzwecke

Dient das Gebäude zu Wohnzwecken, ist es dann ein Altgebäude, wenn es vor dem

- 01.04.1985 fertig gestellt und
- mit der Errichtung vor dem 01.06.1984 begonnen

worden ist.

Fälle dieser Art liegen dann vor, wenn das Gebäude an einen Unternehmer für dessen Unternehmen vermietet worden ist und dieser es untervermietet hat und der Endmieter das Gebäude für Wohnzwecke nutzt.

Zu 2.: Nutzung für andere nichtunternehmerische Zwecke (als Wohnzwecke)

Dient das Gebäude anderen nichtunternehmerischen Zwecken, ist es dann als Altgebäude anzusehen, wenn es vor dem

- 01.01.1986 fertig gestellt und
- mit der Errichtung vor dem 01.06.1984 begonnen

worden ist.

Fälle dieser Art liegen dann vor, wenn das Gebäude an einen Unternehmer für dessen Unternehmen vermietet worden ist und dieser es untervermietet hat und der Endmieter das Gebäude für private Zwecke nutzt, die nicht in Wohnzwecken bestehen.

> **BEISPIEL**
>
> Unternehmer Xaver errichtet eine Tennishalle und vermietet diese an die Betreibergesellschaft Bavaria GmbH. Die Bavaria GmbH vermietet die Tennishalle an einen Tennissportverein, der die Tennishalle im Rahmen seines ideellen Vereinszwecks nichtunternehmerisch nutzt.
> **LÖSUNG** Das Gebäude dient auf der Stufe des Tennissportvereins (= Endmieter) nichtunternehmerischen Zwecken.

Zu 3.: Nutzung für unternehmerische Zwecke

Dient das Gebäude unternehmerischen Zwecken, ist es dann ein Altgebäude, wenn es vor dem

- 01.01.1998 fertig gestellt und
- mit der Errichtung vor dem 11.11.1993 begonnen

worden ist.

Unternehmerische Nutzung in diesem Sinne ist eine eigenunternehmerische Nutzung durch den Mieter (keine Weitervermietung). Eine solche Nutzung für unternehmerische Zwecke liegt auch dann vor, wenn der Erstmieter weitervermietet und der Endmieter das Grundstück eigenunternehmerisch nutzt (z. B. für seine ärztliche Praxis).

4.4.2 Begriff Errichtung

Unter Errichtung versteht man den Zeitpunkt, in dem einer der folgenden Sachverhalte als erster verwirklicht worden ist (vgl. A 148a Abs. 5 UStR):

- Beginn der Ausschachtungsarbeiten,
- Erteilung eines spezifizierten Bauauftrages an den Bauunternehmer, oder
- Anfuhr nicht unbedeutender Mengen von Baumaterial auf dem Bauplatz.

4.4.3 Begriff Fertigstellung

Lt. Verwaltungsmeinung sind für den Begriff der Fertigstellung die einkommensteuerlichen Grundsätze anzuwenden. Danach ist das Gebäude als fertig gestellt anzusehen, sobald es bewohnbar ist. Bei einer Eigentumswohnanlage kommt es auf die Bezugsfertigkeit der einzelnen Eigentumswohnung an.

Liegt ein Altgebäude im obigen Sinne vor, ist es immun gegen das Optionsverbot nach § 9 Abs. 2 UStG, d. h., es kann auf die Steuerfreiheit verzichtet werden, soweit das Gebäude an einen Unternehmer für sein Unternehmen vermietet wird. Dies gilt auch, wenn ein Altgebäude veräußert wird, für die Vermietung durch den neuen Erwerber.

4.4.4 Eingreifen des Optionsverbotes

Liegt ein Neugebäude im obigen Sinne vor, kann der Vermieter dann nicht mehr auf die Steuerfreiheit seines Vermietungsumsatzes verzichten, soweit der Mieter das Gebäude zur Ausführung von steuerfreien Umsätzen verwendet, die den Vorsteuerabzug ausschließen. Da das Nutzungsrecht an einem Gebäude beim Mieter aufspaltbar ist (kleinste Einheit der einzelne Raum), ist dies vom Vermieter für jeden vom Mieter genutzten einzelnen Raum zu prüfen. Der Vermieter trägt die Beweislast gegenüber der Finanzverwaltung.

Er muss somit vertraglich sicherstellen, dass ihm der Mieter jährlich die Nutzung der Räume für evtl. vorsteuerschädliche Umsätze anzeigt. Die Prüfung, ob das Grundstück beim Mieter für vorsteuerschädliche Zwecke genutzt wird, muss nach Kostenzurechnungsgesichtspunkten erfolgen.

Nach dem Wortlaut des Gesetzes würde bereits eine geringfügige steuerschädliche Nutzung eines einzelnen Raumes insoweit das Optionsverbot auslösen. Nach A 148a Abs. 3 UStR wendet die Verwaltung das Optionsverbot jedoch dann nicht an, wenn die steuerschädliche Nutzung eines Raumes 5 % nicht übersteigt (Bagatellgrenze).

Mit dem Optionsverbot nach § 9 Abs. 2 UStG soll erreicht werden, dass der Vermieter im Hinblick auf den Vorsteuerabzug seinem Mieter gleichgestellt wird. Kann der Mieter im Falle der Eigenerrichtung des Gebäudes keinen Vorsteuerabzug geltend machen, soll dies auch für den Vermieter gelten, der an ihn das Gebäude vermietet.

Das seit 01.01.1994 gültige verschärfte Optionsverbot betrifft vor allem Grundstücksvermietungen an Ärzte, Versicherungsvertreter, Banken und Altenheime.

BEISPIEL

Bauherr B errichtet ab dem 02.12.1993 (Baubeginn) ein Bürogebäude. Das Gebäude wurde Anfang März 1995 fertig gestellt. Ab Fertigstellung hat B, wie schon bei Baubeginn beabsichtigt, das Gebäude an einen Grundstücksmakler vermietet, der auch als Versicherungsvertreter tätig ist. Der Mieter nutzt die Räume jeweils zu etwa 20 % für die Tätigkeit als Versicherungsvertreter.

LÖSUNG Maßgebend für die Frage, ob B aus der Errichtung des Gebäudes die Vorsteuer abziehen darf, ist die Absicht, das Gebäude steuerpflichtig zu vermieten. Es ist daher zu prüfen, ob B durch Verzicht auf die Steuerbefreiung nach § 4 Nr. 12 UStG gem. § 9 UStG die Vermietung steuerpflichtig machen kann. Aufgrund des Baubeginns nach dem 10.11.1993 liegt auf jeden Fall ein Neugebäude vor, auf das § 9 Abs. 2 UStG uneingeschränkt anwendbar ist. B vermietet zwar an einen Unternehmer für dessen Unternehmen (§ 9 Abs. 1 UStG). Die optionsschädliche Nutzung durch den Mieter übersteigt jedoch die Bagatellgrenze von 5 %, da die Umsätze aus der Tätigkeit als Versicherungsvertreter nach § 4 Nr. 11 UStG steuerfrei sind und diese Befreiung gem. § 15 Abs. 2 i. V. m. Abs. 3 UStG den Vorsteuerabzug ausschließt.

Damit ist die beabsichtigte Vermietung von B aufgrund des Optionsverbotes nach § 9 Abs. 2 UStG zwingend steuerfrei. Ein Vorsteuerabzug bei B aus der Errichtung des Gebäudes scheidet aus. Hätte B mit der Errichtung des Gebäudes noch vor dem 11.11.1993 angefangen, würde es sich bei Fertigstellung vor dem 01.01.1998 um ein Altgebäude handeln. In diesem Falle eines sog. Altgebäudes hätte B noch wirksam auf die vorsteuerschädliche Steuerbefreiung nach § 4 Nr. 12a UStG verzichten können. Die vorsteuerschädliche Nutzung durch den Mieter hat hier auf die Option keine Auswirkung.

4.4.5 Allgemeine Grundsätze zur Option gemäß § 9 UStG

Ein Verzicht nach § 9 UStG ist für jeden **einzelnen Umsatz gesondert** möglich, soweit die o. g. Voraussetzungen vorliegen. Da Teilleistungen wie selbständige Leistungen behandelt werden, ist der Verzicht auch für jede Teilleistung gesondert möglich.

Der Verzicht wird dadurch wirksam, dass der Unternehmer einen Umsatz, bei dem die Voraussetzungen nach § 9 UStG vorliegen, als stpfl. behandelt. Er bedarf keiner besonderen Form. Der Verzicht kann z. B. darin liegen, dass der Unternehmer dem Leistungsempfänger die USt offen in Rechnung stellt oder den Umsatz in der USt-Anmeldung als stpfl. Umsatz erfasst (vgl. A 148 Abs. 3 UStR).

Für den Verzicht ist auch keine bestimmte Frist vorgeschrieben. Er ist bis zur Unanfechtbarkeit der Steuerfestsetzung möglich (vorbehaltlich der Ausnahmeregelung für Zwangsversteigerungen nach § 9 Abs. 3 UStG). Eine bereits abgegebene Verzichtserklärung kann auch bis zur Unanfechtbarkeit der Steuerfestsetzung widerrufen werden.[1]

---

1 Hierbei ist allerdings § 14c Abs. 1 UStG zu beachten.

Verzichtet ein Unternehmer auf die Steuerbefreiung und liegen die Voraussetzungen für den Verzicht nach § 9 UStG vor, so wird der an sich steuerfreie Umsatz steuerpflichtig. Wegen der Steuerpflicht kann das Vorsteuerabzugsverbot nach § 15 Abs. 2 UStG nicht mehr eingreifen, und der Unternehmer kann die mit diesem Umsatz im Zusammenhang stehenden Vorsteuern abziehen.

FALL 16

> Stellen Sie im nachfolgenden Sachverhalt fest:
> Werden steuerbare Umsätze bewirkt?
> Fallen diese unter eine Befreiungsvorschrift?
> Kann ggf. auf diese Steuerbefreiung wirksam verzichtet werden?
> P ist Eigentümer eines Gebäudes (Baubeginn 1991) in Stuttgart mit vier Etagen. Er nutzt das Gebäude im KJ 03 wie folgt:
> Das Keller-, Erdgeschoss und das erste Stockwerk ist in einem einheitlichen Mietvertrag an den Gastwirt G vermietet. Im Erdgeschoss betreibt G seine Gastwirtschaft, und im ersten Stockwerk unterhält er Fremdenzimmer. Im Keller befindet sich eine von P eingerichtete und an G mitvermietete Kegelbahn.
> Das zweite Stockwerk nutzt P eigenbetrieblich für seine Praxis als Rechtsanwalt. Das dritte Stockwerk hat P an den Arzt A vermietet, der darin seine Praxis betreibt.
> Der Gastwirt G hat seinerseits dem Zigarettenautomatenaufsteller S gegen eine prozentuale Gewinnbeteiligung die Aufstellung eines Zigarettenautomaten in der Gastwirtschaft gestattet.
> P hat in einem Schreiben an das Finanzamt im KJ 01 erklärt, er wolle bezüglich der Vermietung dieses Gebäudes soweit wie möglich nach § 9 UStG auf die Steuerbefreiung verzichten.
> Am 06.01.04 verkauft P das Gebäude an den Gastwirt G. Im notariell beurkundeten Kaufvertrag ist geregelt, dass Nutzen und Lasten am Grundstück zum 01.09.04 auf G übergehen sollen. Zugleich schließt P mit G einen Mietvertrag ab 01.09.04 bezüglich des zweiten Stockwerks.

5 Bedingt zum Vorsteuerabzug berechtigende Steuerbefreiungen (§ 4 Nr. 8a–g, Nr. 10a UStG)

5.1 Allgemeines

Diese Befreiungen fallen mit Ausnahme der Steuerbefreiung nach § 4 Nr. 10a UStG auch unter die Gruppe der Steuerbefreiungen mit Optionsmöglichkeit. Die Besonderheit der Steuerbefreiungen dieser Gruppe liegt darin, dass sie – sofern nicht zulässigerweise auf die Steuerbefreiung verzichtet wird – grundsätzlich **nicht** zum Vorsteuerabzug berechtigen. Ausnahmsweise schließen sie den Vorsteuerabzug dann nicht aus, wenn sich die steuerfreien Leistungen unmittelbar auf Gegenstände beziehen, die in das **Drittlandsgebiet** ausgeführt werden (vgl. § 15 Abs. 3 Nr. 1b UStG).

Die Steuerbefreiungen betreffen in erster Linie den Geldverkehr. Sie werden davon nachfolgend nur die Kreditgewährung nach § 4 Nr. 8a UStG kennen lernen.

5.2 Steuerfreie Kreditgewährung nach § 4 Nr. 8a UStG

Diese Steuerbefreiung betrifft in erster Linie die Darlehensgewährung durch Banken, jedoch auch die Darlehen anderer Unternehmer (nicht jedoch die Spareinlagen, da insofern von vornherein keine unternehmerische Betätigung und damit keine steuerbare sonstige Leistung vorliegt).

Normalerweise hat die Gewährung eines steuerfreien Darlehens zur Folge, dass der Vorsteuerabzug bezüglich der mit der Darlehensgewährung im Zusammenhang stehenden Vorumsätze gem. § 15 Abs. 2 UStG ausgeschlossen ist. Dies gilt jedoch nicht in den Fällen des § 15 Abs. 3 Nr. 1b UStG. Wird z. B. ein Darlehen zur Finanzierung einer Ausfuhrlieferung in das **Drittlandsgebiet** gewährt, tritt beim Darlehensgeber bezüglich der mit der Darlehensgewährung im Zusammenhang stehenden Vorsteuern – trotz Ausführung einer steuerfreien sonstigen Leistung nach § 4 Nr. 8a UStG – **kein Vorsteuerabzugsverbot** gemäß § 15 Abs. 2 UStG ein. Solche Vorsteuern fallen beispielsweise an, wenn die Bank für derartige Darlehen Werbung macht.

Wird das Darlehen einem Unternehmer für dessen Unternehmen gewährt, kann im Übrigen gem. § 9 Abs. 1 UStG auf die Steuerfreiheit nach § 4 Nr. 8a UStG verzichtet werden.

Teil M Bemessungsgrundlage bei der Umsatzart Lieferungen und sonstige Leistungen

1 Allgemeines

Im vorangegangenen Abschnitt haben Sie die Steuerbefreiungen kennen gelernt und sind dadurch bei einem beträchtlichen Teil der Fälle von steuerbaren Umsätzen in der Lage festzustellen, dass eine Steuerbefreiung nicht eingreift (negative Steuerbefreiungsprüfung) und damit die **Steuerpflicht** besteht. Sie kennen damit allerdings noch nicht die **Höhe** der angefallenen **USt.** Dazu wissen Sie aber bereits, dass sich die Steuer aus einer Multiplikation von Nettokaufpreis (Bemessungsgrundlage) mit einem bestimmten Steuersatz ergibt. Nachfolgend sollen Sie in die Lage versetzt werden, in einigen typischen Fällen diese Bemessungsgrundlage zu ermitteln.

Nach § 10 Abs. 1 Satz 1 UStG richtet sich die Bemessungsgrundlage bei Leistungen nach dem Entgelt. Sie haben den Begriff des Entgelts bereits im Teil K kennen gelernt. Das Entgelt war dort Tatbestandsmerkmal für die Steuerbarkeit nach § 1 Abs. 1 Nr. 1 UStG. Nun wird dem Entgelt nach § 10 Abs. 1 Satz 1 UStG auch noch die Funktion der Bemessungsgrundlage beigelegt. Das Entgelt hat also Doppelfunktion. Während es allerdings bei der Steuerbarkeitsprüfung nur darauf ankommt, dass überhaupt ein Entgelt vorliegt, ist bei der Bemessungsgrundlage die genaue Höhe dieses Entgelts zu ermitteln. Hierzu bestimmt § 10 Abs. 1 Satz 2 UStG: Entgelt ist alles, was der **Leistungsempfänger**[1] aufwendet, um die Leistung zu erhalten, jedoch abzüglich der USt.

Ausgangspunkt für die Ermittlung der Bemessungsgrundlage ist also immer, was der Leistungsempfänger **insgesamt** aufwenden muss, um die Leistung zu erhalten. Dies gilt nicht nur in den Fällen, in denen die Bezahlung (Entgelt) sofort bei Ausführung der Leistung erbracht wird, sondern auch dann, wenn die Bezahlung erst später erfolgt (im gleichen oder in einem späteren Voranmeldungszeitraum).

Nach § 13 **Abs. 1 Nr. 1a** UStG entsteht nämlich die Umsatzsteuer (im Regelfall der **Soll-Besteuerung,** Näheres hierzu X 5) bereits mit Ablauf des Voranmeldungszeitraums, in dem die Leistung ausgeführt wurde; **auch wenn die Bezahlung später erfolgt.** Da das Entgelt zu diesem Zeitpunkt noch nicht aufgewendet wurde, muss sich die Versteuerung zwangsläufig nach dem **vereinbarten** Entgelt richten. Das ist i. d. R. der Betrag, der im Verpflichtungsgeschäft für die Leistung vereinbart wurde und in der Rechnung zutage tritt.

In dem vom Leistungsempfänger **insgesamt** aufgewendeten bzw. aufzuwendenden Betrag ist die USt immer in der richtigen Höhe enthalten (Bruttobetrag). Das Entgelt (Be-

---

1 Hinweis: Diese Regelung deckt sich nicht in allen Fällen mit der MwStSystRL. Nach Art. 73 MwStSystRL ist die Besteuerungsgrundlage bei Lieferungen von Gegenständen und Dienstleistungen alles, was den Wert der Gegenleistung bildet, die der Lieferer oder Dienstleistende für diese Umsätze vom Abnehmer oder Dienstleistungsempfänger oder von einem Dritten erhält oder erhalten soll. Besteuerungsgrundlage ist also entgegen der Formulierung im deutschen UStG nicht, was der Leistungsempfänger für die Leistung aufwendet, sondern was der Leistungsgeber für die Leistung erhält. Deshalb ist Brutto-Bemessungsgrundlage für die Leistung der Betreiber von Geldspielautomaten nur der nach Ausschüttung von Gewinnen verbleibende Kasseninhalt und nicht die von den Spielern eingeworfenen Beträge (vgl. EuGH vom 05.05.1994 BStBl II 1994, 548 und BMF vom 05.07.1994 BStBl I 1994, 465).

messungsgrundlage) ergibt sich infolgedessen dadurch, dass man vom Bruttobetrag die USt in der richtigen Höhe abzieht (Nettobetrag). Wie das Entgelt im Einzelnen zu ermitteln ist, soll Ihnen anhand der nachfolgenden Fälle gezeigt werden.

2   Einzelfälle

2.1 Bruttoentgelt

BEISPIELE

a) Der Lebensmittelhändler L veräußert dem Kunden K eine Kiste Wein und stellt ihm folgende Rechnung aus:

15 Flaschen Wein à 7 €	105,00 €
zuzüglich 19 % USt	19,95 €
insgesamt	124,95 €

LÖSUNG Der insgesamt vom Leistungsempfänger für die 15 Flaschen Wein (steuerpflichtige Lieferungen zum Regelsteuersatz) aufzuwendende Betrag beläuft sich auf 124,95 €. Davon ist die USt i. H. v. 19,95 € abzuziehen. Das Entgelt i. S. v. § 10 Abs. 1 Satz 2 UStG beträgt also 105 €.

b) Der Sachverhalt entspricht Beispiel a), jedoch berechnet L dem K einen Gesamtbetrag von 100 €.

LÖSUNG Auch in diesem Falle ist zur Ermittlung des Entgelts die USt von dem vom Leistungsempfänger aufzuwendenden Bruttobetrag abzuziehen. Die in diesem Betrag steckende USt muss also zunächst herausgerechnet werden. Dies erfolgt durch folgende Rechenoperation: Der Bruttobetrag von 100 € setzt sich zusammen aus dem Entgelt zuzüglich der USt i. H. v. 19 % des Entgelts. 100 € entsprechen also 119 % des Entgelts. Das Entgelt beträgt somit:

$$\frac{\text{Bruttobetrag } (100 \text{ €}) \times 100}{119} = \text{Entgelt } (84,03 \text{ €})$$

Das Entgelt kann mittels eines Divisors ermittelt werden. Das Entgelt wird hierbei nach folgender Formel berechnet:

$$\frac{\text{Rechnungspreis brutto}}{\text{Divisor}}$$

Der Divisor beträgt bei einem Steuersatz von:
- 19 % = 1,19 (119/100)
- 7 % = 1,07 (107/100).

Das Entgelt wird wie folgt berechnet:

100 € : 1,19 = 84,03 €

Die USt beträgt 19 % von 84,03 € = 15,97 €. Entgelt zuzüglich USt ergeben wiederum den Bruttobetrag von 100 €. Da es letztlich auf die Ermittlung der USt ankommt, lässt sich diese auch unmittelbar aus dem Bruttobetrag wie folgt errechnen:

$$\frac{\text{Bruttobetrag } (100 \text{ €}) \times 19}{119} = \text{USt } (15,97 \text{ €})$$

Zur Herausrechnung der USt aus dem Bruttobetrag gelten folgende amtlich anerkannte Umrechnungsfaktoren (vgl. A 194 Abs. 3 UStR) beim Steuersatz von:
- 19 % = 15,97 %,
- 7 % = 6,54 %.

Anmerkung: Diese Faktoren können zu geringfügigen Abweichungen von der exakt richtigen Steuer führen (meist nur Centbeträge). Solche Abweichungen werden vom Finanzamt nicht beanstandet.

c) L stellt K für die steuerpflichtige Lieferung von 15 Flaschen Wein folgende Rechnung aus:

15 Flaschen Wein à 7 €	105,00 €
zuzüglich 7 % USt	7,35 €
insgesamt	112,35 €

LÖSUNG Der vom Leistungsempfänger insgesamt aufzuwendende Bruttobetrag beläuft sich auf 112,35 €. Der objektiv richtige Steuersatz beträgt nicht, wie in der Rechnung aufgeführt wurde, 7 %, sondern 19 %. Die USt beträgt somit: 19/119 von 112,35 € = 17,94 €. Das Entgelt beträgt: 112,35 € : 1,19 = 94,41 €.

Das Beispiel zeigt, dass der Unternehmer durchaus eine andere Steuer schulden kann, als er in der Rechnung ausgewiesen hat. Durch einen falschen, zu niedrigen USt-Ausweis kann er seine Steuerschuld nicht mindern. Da fehlerhafte USt-Berechnungen häufig vorkommen, empfiehlt es sich, zur Ermittlung der USt immer nach der oben dargestellten **Bruttomethode** vorzugehen.

BEISPIEL

Der Unternehmer F vermietet ein Ferienappartement an Urlauber für 500 €. Da er von der Steuerfreiheit dieses Vermietungsumsatzes ausging, hat er in dem Mietpreis keine USt einkalkuliert.

LÖSUNG Der Vermietungsumsatz ist wegen der Ausnahmeregelung des § 4 Nr. 12 letzter Satz UStG steuerpflichtig. Die 500 € sind somit ein Bruttobetrag und enthalten die USt (Steuersatz 19 %). Sie beträgt: 19/119 von 500 € = 79,83 €. Das Entgelt beträgt 420,17 €.

2.2 Kosten

BEISPIEL

Der Maschinenfabrikant M beauftragt den Frachtführer F, eine Maschine an den Abnehmer A auszuliefern. F kassiert im Auftrag des M bei A den Kaufpreis i. H. v. 1 000 €. Nach Abzug von 100 € für den Transport händigt F dem M die restlichen 900 € aus.

LÖSUNG Der Leistungsempfänger wendet insgesamt 1 000 € auf, um die steuerpflichtige Lieferung zu erhalten. Die bei M angefallene USt beträgt somit (Steuersatz 19 %): 19/119 von 1 000 € = 159,66 €. Das Entgelt beträgt 840,34 €.

Es darf somit nicht auf den Zuflussbetrag bei M abgestellt werden. Bei der Auszahlung von 900 € durch F an M handelt es sich um eine Verrechnung, die aufgelöst werden muss. F schuldet aufgrund seiner Inkassofunktion 1 000 € an M und hat seinerseits einen Anspruch von 100 €. Die von M dem F bezahlten Frachtkosten von 100 € mindern das Entgelt nicht.

MERKSATZ

▌ Die Kosten des Leistungsgebers mindern nicht das Entgelt.

BEISPIEL

M liefert an A eine Maschine. Er stellt ihm folgende Rechnung aus:

Maschine	1 000 €
+ 19 % USt	190 €
+ Frachtkosten	100 €
+ Versicherung	40 €
+ Verpackung	10 €
insgesamt	1 340 €

LÖSUNG Der Leistungsempfänger A muss für die steuerpflichtige Lieferung der Maschine insgesamt 1 340 € aufwenden. Die USt beträgt somit: 19/119 von 1 340 € = 180,17 €. Das Entgelt beträgt 1 159,83 €.

MERKSATZ

Auch die dem Abnehmer zusätzlich in Rechnung gestellten Kosten gehören mit zum Entgelt.

BEISPIEL

Der Kunde A beauftragt den Frachtführer F, bei seinem Lieferanten M eine Maschine abzuholen. M berechnet A für die Maschine 1 000 € zuzüglich 190 € USt. F berechnet A für den Transport der Maschine 200 € zuzüglich 38 € USt.

LÖSUNG An A werden zwei selbständige Leistungen erbracht, eine steuerpflichtige Lieferung der Maschine von M und eine steuerpflichtige sonstige Leistung (Beförderungsleistung) von F. Eine einheitliche Leistung an A kann nicht vorliegen, weil verschiedene Leistungsgeber vorhanden sind.

A wendet für die Lieferung der Maschine des M insgesamt 1 190 € auf. Die USt bei M beträgt: 19/119 von 1 190 € = 190 €. Das Entgelt beträgt 1 000 €.

Für die an ihn erbrachte Beförderungsleistung wendet A insgesamt 238 € auf. Die USt bei F beträgt: 19/119 von 238 € = 38 €. Das Entgelt beträgt 200 €.

2.3 Trinkgelder

BEISPIEL

a) Der Friseurmeister F schneidet dem Kunden K die Haare. Er berechnet ihm dafür 18 €. K gibt ihm zusätzlich noch 2 € Trinkgeld, das F wie immer erwartet und bereitwillig annimmt.

LÖSUNG K wendet für die an ihn erbrachte steuerpflichtige Werkleistung insgesamt 20 € auf (vgl. A 149 Abs. 5 UStR). Die USt beträgt: 19/119 von 20 € = 3,19 €. Das Entgelt beträgt 16,81 €.

b) Der Kunde K lässt sich im Friseurladen des F von dessen Gehilfen G die Haare schneiden. K zahlt für das Haarschneiden 18 € und gibt dem G außerdem 2 € Trinkgeld.

LÖSUNG G schneidet K als Erfüllungsgehilfe des F die Haare. Die Werkleistung wird somit von F an K erbracht. Für diese Werkleistung wendet K insgesamt 18 € auf. Das Trinkgeld von 2 € gibt K dem G persönlich und nicht in dessen Eigenschaft als Erfüllungsgehilfe. Das Trinkgeld wird also nicht für die Werkleistung des F aufgewendet. Die USt beträgt: 19/119 von 18 € = 2,87 €. Das Entgelt beträgt 15,13 €.

MERKSATZ

Freiwillig an das Personal gezahlte Trinkgelder gehören nicht zum Entgelt. Trinkgelder an den Unternehmer selbst gehören dagegen zum Entgelt (vgl. A 149 Abs. 5 UStR).

2.4 Skonto

BEISPIEL

Der Maschinenfabrikant M liefert an den Abnehmer A eine Maschine zum Kaufpreis von 10 000 € zuzüglich 1 900 € USt. Auf der Rechnung ist der Vermerk angebracht »bei Zahlung innerhalb von 8 Tagen 200 € + 38 € USt Skonto«. A überweist M sofort 11 662 € (11 900 € ./. 238 €).

LÖSUNG A wendet insgesamt für die erhaltene steuerpflichtige Lieferung 11 662 € auf. Die USt beträgt: 19/119 von 11 662 € = 1 862 €. Das Entgelt beträgt 9 800 €.

Der vom Kunden abgezogene Skonto mindert das Entgelt, weil der Leistungsempfänger auf Grund des Skontoabzugs für die erhaltene Leistung insgesamt weniger aufzuwenden hat (vgl. A 29a Abs. 5 Satz 1 UStR). Dabei ist allerdings zu beachten, dass die Entgeltsminderung erst dann eintritt, wenn der Kunde den Skontoabzug in Anspruch nimmt, also bei tatsächlicher Bezahlung der Rechnung.

Fallen Lieferung und Bezahlung der Rechnung in verschiedene Voranmeldungszeiträume, hat der Lieferant zunächst die sich aus dem vollen Rechnungsbetrag ergebende USt abzuführen. Nimmt der Kunde dann bei Bezahlung den Skontoabzug in Anspruch, mindert sich nachträglich die USt, und es ist eine Berichtigung nach § 17 Abs. 1 Nr. 1 UStG durchzuführen.

Eine nachträgliche Entgeltsminderung tritt auch dann ein, wenn der Unternehmer dem Leistungsempfänger nachträglich einen Rabatt einräumt oder wenn er infolge einer Mängelrüge einen Preisnachlass gewährt.

2.5 Forderungsausfall

BEISPIEL

Der Lebensmittelgroßhändler H hat im KJ 01 an den Gastwirt G eine Spirituosenlieferung zum Gesamtpreis von 900 € auf Ziel getätigt. Im KJ 02 hat H diese Forderung einkommensteuerrechtlich zulässig als Verlust ausgebucht, da über das Vermögen des G das Insolvenzverfahren eröffnet worden war. Im KJ 03 erbrachte G wider Erwarten eine Teilzahlung von 500 €.

LÖSUNG Der vereinbarungsgemäß von G für die an ihn ausgeführte Lieferung insgesamt aufzuwendende Betrag beläuft sich auf 900 €. Die USt beträgt (Steuersatz 19%) 19/119 von 900 € = 143,70 €. Das Entgelt beträgt 756,30 €.

Diese USt muss H in dem Voranmeldungszeitraum, in dem die Lieferung ausgeführt wurde, an das Finanzamt entrichten, obwohl noch keine Bezahlung erfolgte (Sollbesteuerung, Näheres vgl. X 5).

Im KJ 02 ist auf Grund der Eröffnung des Insolvenzverfahrens dieses vereinbarte Entgelt uneinbringlich geworden (vgl. A 223 Abs. 5 Satz 4 UStR). Hierzu bestimmt § 17 Abs. 2 Nr. 1 Satz 1 UStG, dass die USt im Voranmeldungszeitraum der Uneinbringlichkeit auf 0 € zu berichtigen ist.

Im KJ 03 wendet G für die erhaltene Lieferung tatsächlich insgesamt 500 € auf. Diese 500 € stellen nun wieder ein Bruttoentgelt für die erhaltene Lieferung dar. Die USt beträgt somit: 19/119 von 500 € = 79,83 €. Das Entgelt beträgt 420,17 €.

Nach § 17 Abs. 2 Nr. 1 Satz 2 UStG ist dieser USt-Betrag von H im Voranmeldungszeitraum der Zahlung erneut an das Finanzamt abzuführen.

Vom Forderungsverlust sind die Fälle der dubiosen (zweifelhaften) Forderungen streng zu unterscheiden. Da die dubiosen Forderungen noch nicht ausgefallen sind, liegt eine Entgeltsminderung noch nicht vor. Eine USt-Berichtigung nach § 17 Abs. 2 Nr. 1 UStG kann somit noch nicht erfolgen.

2.6 Zuschüsse

Liegen Zuschüsse vor, ist wie folgt zu verfahren:

a) Es ist festzustellen, was der Leistungsempfänger insgesamt aufwendet, um die Leistung zu erhalten.

b) Es ist festzustellen, was ein Dritter **für die Leistung an den Leistungsempfänger** insgesamt als Zuschuss gewährt.

c) Aus der Summe dieser Beträge ist die USt mit dem maßgeblichen Umrechnungssatz herauszurechnen.

BEISPIEL

Die Arbeitnehmer des Fabrikanten F nehmen das Mittagessen in der Kantine des Kantinenpächters P ein. Sie zahlen dem Kantinenpächter dafür je Essen 4 €. F gibt seinerseits dem P zu jedem Essen einen Zuschuss von 2 €.

LÖSUNG P tätigt eine steuerpflichtige sonstige Leistung gem. § 3 Abs. 9 Satz 4 UStG an die Arbeitnehmer des F (Steuersatz 19 %). Der insgesamt von den Arbeitnehmern jeweils aufzuwendende Betrag beläuft sich auf 4 €. Nach den bisher dargestellten Grundsätzen wäre die USt aus diesem Betrag herauszurechnen. § 10 Abs. 1 Satz 3 UStG bestimmt jedoch hierzu, dass zum Entgelt auch das gehört, was ein Dritter für die an den Leistungsempfänger erbrachte Leistung aufwendet.

Im vorliegenden Fall beträgt die USt 19/119 von 6 € = 0,96 €. Das Entgelt beträgt 5,04 €.

2.7 Mindestbemessungsgrundlage

BEISPIEL

Kfz-Händler H bezieht vom Automobilwerk W einen Pkw zum Preis von 40 000 € zuzüglich 7 600 € USt. Er veräußert diesen Pkw sofort an seinen Neffen N zum Preis von 15 000 €.

LÖSUNG Es liegt eine steuerpflichtige Lieferung des Pkw von H an N vor. Der insgesamt von N aufzuwendende Betrag beläuft sich auf 15 000 €. Nach den bisher dargestellten Grundsätzen wäre dies die Bruttobemessungsgrundlage für die Berechnung der USt.

$$\frac{15\,000\,\text{€} \times 100}{119} = 12\,605,04\,\text{€}$$

Ungewöhnlich an diesem Fall ist jedoch, dass ein Händler – ohne betrieblichen Anlass – ein Verlustgeschäft tätigt. Der Grund für dieses Verhalten kann nur im familiären Bereich liegen. H gibt seinem Neffen N gewissermaßen einen Zuschuss zum Erwerb eines Pkw. Dementsprechend bestimmt § 10 Abs. 5 Nr. 1 UStG i. V. m. § 10 Abs. 4 Nr. 1 UStG, dass bei der Lieferung an eine nahe stehende Person als Bemessungsgrundlage – wie bei Lieferungen i. s. d. § 3 Abs. 1b UStG (vgl. Q) – mindestens der Einkaufspreis des gelieferten Gegenstandes ohne USt anzusetzen ist. Da der Einkaufspreis das Entgelt übersteigt, ist er als maßgebende Bemessungsgrundlage anzusetzen. Die USt beträgt somit:

19 % von 40 000 € = 7 600 €.

Dieses Beispiel zeigt, dass bei Leistungen von Unternehmern an **ihnen nahe stehende Personen** eine an die Besteuerung für Lieferungen i. s. d. § 3 Abs. 1b UStG und sonstige Leistungen i. s. d. § 3 Nr. 9a UStG anknüpfende **Mindestbemessungsgrundlage** der Besteuerung zugrunde zu legen ist.

Der aus privaten Gründen erfolgte Verkauf unter Preis stellt eine **sog. gemischte Schenkung** dar. Diese Regelung nach § 10 Abs. 5 Nr. 1 UStG stellt nun die gemischte Schenkung hinsichtlich der USt-Belastung der reinen Schenkung aus privatem Anlass (Lieferung i. s. d. § 3 Abs. 1b Nr. 1 UStG, vgl. Q) gleich[1].

Eine entsprechende Regelung gilt auch bei Leistungen von Arbeitgebern an ihre Arbeitnehmer gem. § 10 Abs. 5 Nr. 2 UStG (Näheres hierzu vgl. O 3.4).

In den Fällen, in denen die Mindestbemessungsgrundlage in Betracht kommt, weil an nahe stehende Personen oder an Arbeitnehmer geleistet wird, ist grundsätzlich wie folgt vorzugehen:

---

1 Im Gegensatz zu Lieferungen i. s. d. § 3 Abs. 1b UStG kann jedoch die aufgrund der Mindestbemessungsgrundlage entstandene USt gesondert in Rechnung gestellt werden und bei Vorliegen der übrigen Voraussetzungen nach § 15 UStG beim Leistungsempfänger abgezogen werden (Näheres vgl. U 2.6.3).

1. Es ist das Entgelt gemäß § 10 Abs. 1 UStG zu ermitteln.
2. Es ist die Bemessungsgrundlage nach § 10 Abs. 4 UStG zu ermitteln.
3. Beide Beträge werden verglichen, der größere ist der für die Ermittlung der Umsatzsteuer maßgebliche Betrag.

Beim Vergleich der beiden Beträge ist zu beachten, dass es sich entweder in beiden Fällen um Nettobeträge oder in beiden Fällen um Bruttobeträge handelt. Davon darf jedoch abgewichen werden, wenn eindeutig erkennbar ist, dass der eine Betrag wesentlich größer ist als der andere. Im obigen Beispiel betrug der Einkaufspreis (Bemessungsgrundlage nach § 10 Abs. 4 Nr. 1 UStG) netto 40 000 €. Damit war klar, dass er größer als das Entgelt ist, da das Bruttoentgelt von 15 000 € bereits niedriger war und das Nettoentgelt noch geringer ist. Man hätte sich also die Ermittlung des Nettoentgelts mit 12 931 € sparen können.

2.8 Durchlaufende Posten

BEISPIEL

Der Rechtsanwalt R verklagt im Namen seines Mandanten M den S auf Zahlung von Schadensersatz. Nach verlorenem Prozess stellt R dem M folgende Rechnung aus:

Gebühren	500,00 €
zuzüglich Schreib- und Portokosten	50,00 €
=	550,00 €
zuzüglich 19 % USt	104,50 €
=	654,50 €
zuzüglich verauslagte Gerichtsgebühren	200,00 €
insgesamt	854,50 €

LÖSUNG R erbringt an M eine steuerpflichtige sonstige Leistung (Steuersatz 19 %). Entgelt bei R ist alles, was M aufzuwenden hat, um die sonstige Leistung zu erhalten, abzüglich USt. Zum Entgelt gehören auch die weiterberechneten **Kosten des R**. Es fragt sich, ob M auch die ihm berechnete Gerichtsgebühr für die erhaltene Leistung des R aufzuwenden hat. Die Gerichtsgebühr ist jedoch für eine Leistung des Gerichts gegenüber M angefallen. Sie wurde von R **im Namen und für Rechnung** des M an das Gericht bezahlt. M muss sie infolgedessen auch wieder dem R erstatten. M wendet die 200 € also nicht für die von R erhaltene Leistung auf. Es handelt sich um einen **sog. durchlaufenden Posten**, bei dem der Gesetzgeber im § 10 Abs. 1 Satz 5 UStG klarstellt, dass er **nicht** zum Entgelt gehört. Die USt beträgt somit: 19/119 von 654,40 € = 104,50 €. Das Entgelt beträgt 550 €.

Durchlaufende Posten liegen nach § 10 Abs. 1 Satz 6 UStG immer dann vor, wenn der Unternehmer Beträge im Namen und für Rechnung eines anderen vereinnahmt und verausgabt (Legaldefinition). Dies ist nur dann der Fall, wenn der Unternehmer selbst weder Gläubiger noch Schuldner des Betrags ist, sondern bezüglich des Betrags lediglich die Eigenschaft einer Mittelsperson zwischen Schuldner und Gläubiger hat und dies gegenüber den Beteiligten in der Weise offen legt, dass der Schuldner seinen Gläubiger und dieser seinen Schuldner kennt. Außerdem muss die Höhe des Geldbetrages sowohl dem Schuldner als auch dem Gläubiger bekannt sein.

Eine Ausnahme hiervon gilt für öffentliche Abgaben (Gebühren und Beiträge). Hier braucht der Zahlungsempfänger den Namen des anderen und die Höhe des von ihm bezahlten Betrages nicht zu erfahren (vgl. A 152 Abs. 2 Satz 2 UStR). Entscheidend ist in diesen Fällen, wer nach der betreffenden Gebührenordnung Schuldner der Gebühren ist. Kosten (Gebühren und Auslagen), die z. B. Rechtsanwälte, Notare und Angehörige verwandter Berufe bei Behörden und ähnlichen Stellen für ihre Auftraggeber auslegen, können als durchlaufende Posten nur dann anerkannt werden, wenn die Kosten nach Kosten-(Gebühren-)Ordnungen berechnet werden und den Auftraggeber (Mandanten) als Kosten-(Gebüh-ren-)Schuldner bestimmen[1], z.B. Gebühren nach dem Gerichtskostengesetz (GKG). Steuern, Öffentliche Gebühren und Abgaben, die vom Unternehmer (Rechtsanwalt, Notar, Steuerbe-rater) geschuldet werden, sind bei ihm keine durchlaufenden Posten, auch wenn sie dem Leistungsempfänger gesondert berechnet werden[2] (z.B. Grundbuchabrufgebühren, Akten-versendungspauschalen, Gebühren über Grundbuchauszüge, Handelsregisterauszüge und Einwohnermeldeamtsanfragen).

2.9 Materialgestellung, Materialbeistellung

BEISPIEL

Der Hausbesitzer H lässt sich vom Schreinermeister S in seinem Wohnzimmer eine Holz-decke einziehen. Das dazu benötigte Holz hat H unmittelbar vom Holzgroßhändler G zum Preis von 2 000 € erworben. S stellt H folgende Rechnung aus:

Einbau Holzdecke lt. Angebot 30 qm à 100 €	3 000 €
abzüglich zur Verfügung gestelltes Holz 30 qm à 40 €	./. 1 200 €
=	1 800 €
zuzüglich 19 % USt	342 €
insgesamt	2 142 €

LÖSUNG Es liegt eine steuerpflichtige Werkleistung von S an H vor, da H den gesamten Hauptstoff stellt. Für die Holzdecke wendet H insgesamt 2 142 € + 2 000 € = 4 142 € auf. Dabei werden jedoch zwei selbständige Leistungen an H erbracht, nämlich eine Holzliefe-rung von G und eine Werkleistung von S. Für die Werkleistung von S wendet H insgesamt nur 2 142 € auf. Die USt beträgt 19/119 von 2 142 € = 342 €. Das Entgelt beträgt 1 800 €.

Prägen Sie sich nun zur Werklieferung bzw. Werkleistung noch folgende Begriffe ein:
Beschafft der Besteller den **gesamten** Hauptstoff, spricht man von einer **Material-gestellung.**

Beschafft der Besteller
- nur einen Teil des Hauptstoffes,
- einen Teil des Hauptstoffes und alle bzw. einen Teil der Nebenstoffe,
- alle bzw. einen Teil der Nebenstoffe,

spricht man dagegen von einer **Materialbeistellung.**

Sowohl bei der Materialgestellung als auch bei der Materialbeistellung gehört das ge- bzw. beigestellte Material **nicht zum Entgelt** beim Werkunternehmer.

Materialgestellung und Materialbeistellung unterscheiden sich dadurch, dass im Falle der Materialgestellung **immer eine Werkleistung** und im Falle der Materialbeistellung – vorausgesetzt es wird überhaupt ein Liefergegenstand hergestellt – **immer eine Werklie-ferung** vorliegt.

---

1 BFH vom 24.08.1967 BStBl III 1967, 719.
2 BFH vom 04.06.1970 BStBl II 1970, 648 und A 149 Abs.6 UStR.

FALL 17

Ermitteln Sie in den nachfolgenden Sachverhalten die USt in der richtigen Höhe. Gehen Sie dabei, sofern kein anderer Steuersatz angegeben ist, davon aus, dass der Regelsteuersatz mit 19 % Anwendung findet.

1. A hält sich zwei Tage im Hotel H im Luftkurort Triberg (Schwarzwald) auf. Bei seiner Abreise berechnet ihm H:

2 Übernachtungen mit Frühstück à 72 €	144 €
Telefon 24 Einheiten à 0,50 €	12 €
Garage für 2 Tage à 7 €	14 €
Kurtaxe für die Stadt Triberg à 2 € pro Tag	4 €
Gesamtbetrag	174 €

   Vor der Abreise lässt A in seinem Zimmer noch 5 € für das Zimmermädchen zurück.

2. Obsthändler O in Stuttgart bestellt beim Großhändler G in Mannheim eine Tonne Bananen. G liefert durch einen Angestellten die Bananen mit eigenem Lkw am 25.06.01 an. G stellt O folgende Rechnung aus:

1 000 kg Bananen à 1,50 €	1 500,00 €
+ Verpackungsmaterial	100,00 €
+ Transportkosten	150,00 €
=	1 750,00 €
+ 7 % USt	122,50 €
insgesamt	1 872,50 €

   Auf der Rechnung befindet sich der Vermerk »Bei Bezahlung innerhalb von zehn Tagen 44,94 € Skonto«.

   Nach Erhalt der Lieferung stellt O fest, dass ein Teil der Bananen angefault war. Er ruft deshalb sofort bei G an und vereinbart mit diesem eine Herabsetzung des Kaufpreises um 20 %. O überweist am 04.07.01 an G 1 453,06 €. Der Betrag ergibt sich nach Abzug der Kaufpreisminderung von 20 % von 1 872,50 € = 374,50 € und nach Abzug des Skonto von 3 % von 1 498,00 € = 44,94 €.

   Anmerkung: Bananen unterliegen dem ermäßigten Steuersatz von 7 %.

3. Der Busunternehmer B veranstaltet eine Tagesreise von Nürnberg nach Pilsen und Umgebung (Tschechien). Er berechnet dafür den 20 Teilnehmern je 60 €. Von der Gesamtfahrstrecke von 300 km entfallen 100 km auf das Inland.

Teil N Steuersätze

1 Allgemeines

Im Teil M (Bemessungsgrundlage) sind Sie bereits mit der Anwendung von Steuersätzen vertraut gemacht worden. Nun sollen Sie in die Lage versetzt werden, in einigen typischen Fällen entscheiden zu können, was für ein Steuersatz anzuwenden ist. Sie wissen bereits, dass es derzeit einen Steuersatz mit 19 % und einen Steuersatz mit 7 % gibt (bezüglich der früher gültigen Steuersätze vgl. Zeittafel lt. Teil Z). Damit kennen Sie schon die wichtigsten und am häufigsten vorkommenden Steuersätze. Daneben gibt es noch weitere Steuersätze für Land- und Forstwirte, z. B. von 5,5 % und 10,7 % (vgl. § 24 UStG), auf die jedoch hier nicht weiter eingegangen werden soll.

Im Nachfolgenden werden wir uns also mit dem **sog. Regelsteuersatz** von 19 % und dem **sog. ermäßigten Steuersatz** von 7 % befassen. Diese beiden Steuersätze stehen in einem Regel-Ausnahmeverhältnis. D. h., der Regelsteuersatz kommt immer dann zur Anwendung, wenn die Ausnahmeregelung des ermäßigten Steuersatzes nicht eingreift. Dementsprechend haben Sie bei der Anwendung der Steuersätze stets zunächst zu prüfen, ob der **ermäßigte Steuersatz** anzuwenden ist.

Die Fälle, in denen der ermäßigte Steuersatz gegeben ist, sind in § 12 Abs. 2 Nr. 1–10 UStG abschließend geregelt. Wir werden uns jedoch auch hier auf typische Fälle beschränken, nämlich § 12 Abs. 2 Nr. 1, Nr. 2 und Nr. 6 UStG.

2 Ermäßigter Steuersatz bei Lieferungen nach § 12 Abs. 2 Nr. 1 UStG

Nach § 12 Abs. 2 Nr. 1 UStG unterliegen die Lieferungen bestimmter Gegenstände, welche in einer Anlage zum UStG aufgeführt sind, dem ermäßigten Steuersatz. Die Gegenstände sind in dieser Anlage[1] abschließend aufgezählt, eine analoge Anwendung auf andere Gegenstände ist nicht möglich. Die Gegenstände dieser Anlage lassen sich in folgende sechs Warengruppen aufgliedern:

1. Land- und forstwirtschaftliche Erzeugnisse,
2. Futtermittel,
3. Lebensmittel und Getränke,
4. Verlagserzeugnisse und Erzeugnisse des graphischen Gewerbes,
5. Körperersatzstücke und ähnliche Gegenstände,
6. Kunstgegenstände und Sammlungen.

Zur näheren Erläuterung der Waren wird durchweg auf **Kapitel bzw. Nummern des Zolltarifs** verwiesen. Bei diesem handelt es sich um ein wegen seines Umfangs sehr unhandliches Werk, in dem alle denkbaren Waren für die Verzollung äußerst detailliert beschrieben und aufgegliedert werden. Ist zweifelhaft, ob ein Gegenstand der Anlage vorliegt, empfiehlt es sich, im Zolltarif nachzuschlagen.

Nicht unter den ermäßigten Steuersatz fallen sämtliche Energieträger wie Gas, elektrischer Strom, Heizöl, Benzin.

---

1 Anlage 2 zu § 12 Abs. 2 Nr. 1 UStG.

2.1 Land- und forstwirtschaftliche Erzeugnisse

Darunter fallen z. B. lebende Haustiere, Fleisch, Fische, Milch, Eier, Getreide, Gemüse und Früchte, Brennholz.

2.2 Futtermittel

Dazu gehört nach Nr. 37 der Anlage neben zubereitetem Futter für Tiere auch Abfall der Lebensmittelindustrie.

2.3 Lebensmittel

Unter die Lebensmittel fallen auch Süßigkeiten wie Bonbons und Schokolade (**Nr. 29 und 30**).

Vom ermäßigten Steuersatz ausgenommen sind nur sog. Luxuslebensmittel wie Zubereitungen von Kaviar sowie zubereitete oder haltbar gemachte Langusten, Hummer und Schnecken (vgl. **Nr. 28**). Bei Restaurationsumsätzen mit Lebensmitteln (z. B. Bewirtung in Gaststätten) ist zu beachten, dass es sich nicht um Lieferungen, sondern um sonstige Leistungen handelt. Der ermäßigte Steuersatz kommt deshalb selbst dann nicht zur Anwendung, wenn die Lebensmittel in der Anlage aufgeführt sind, da § 12 Abs. 2 Nr. 1 UStG auf sonstige Leistungen von vornherein nicht anwendbar ist (Näheres hierzu vgl. N 3).

2.4 Getränke

Von den Getränken fallen unter den ermäßigten Steuersatz nur **Milch** (**Nr. 4**), Milchmischgetränke mit einem Milchanteil von mindestens 75 % (**Nr. 35**) und einfaches natürliches Wasser (Leitungs- und Quellwasser). In Flaschen abgefülltes Wasser, welches als stilles oder Mineralwasser verkauft wird, fällt nicht darunter (vgl. **Nr. 34**). Ebenso unterliegen alkoholische Getränke jeder Art sowie sonstige **zubereitete** Getränke wie Kaffee, Tee, Obst- und Gemüsesäfte dem Regelsteuersatz. Dagegen sind Kaffeepulver und Teeblätter mit dem ermäßigten Steuersatz zu besteuern (**Nr. 12**).

2.5 Verlagserzeugnisse und Erzeugnisse des grafischen Gewerbes

Bücher, Zeitschriften und Briefmarken unterliegen grundsätzlich dem ermäßigten Steuersatz (**Nr. 49**). Inländische Briefmarken, die zum aufgedruckten Wert veräußert werden, sind jedoch nach § 4 Nr. 8i UStG steuerbefreit.

Nicht ermäßigt sind Baupläne, technische Zeichnungen, Post- und Glückwunschkarten, Kalender, Vordrucke und Prospekte.

Erzeugnisse, die auf dem Index jugendgefährdender Schriften stehen, unterliegen dem Regelsteuersatz (vgl. Gesetz über die Verbreitung jugendgefährdender Schriften).

2.6 Rollstühle, Körperersatzstücke und ähnliche Gegenstände

Nach Nr. 51 der Anlage sind Rollstühle für Kranke und Körperbehinderte begünstigt.

Unter die in **Nr. 52** der Anlage aufgeführten Gegenstände fallen z. B. Prothesen wie künstliche Hände, Arme, Beine, Augen, Schwerhörigengeräte und Zahnprothesen, nicht jedoch Brillen.

Teile von Körperersatzstücken und Zubehör sind ebenfalls nicht ermäßigt.

2.7 Kunstgegenstände und Sammlungen

Kunstgegenstände, z. B. Gemälde und Skulpturen, unterliegen nach **Nr. 53** der Anlage dem ermäßigten Steuersatz. Nicht dazu gehören gewerblich hergestellte Kunsterzeugnisse (Souvenirs) und Antiquitäten, deren Wert mehr auf ihrem Alter und ihrer Seltenheit beruht. Antiquarische Bücher sind jedoch i. d. R. nach **Nr. 49** begünstigt.

Sammlungsstücke unterliegen ebenfalls nach **Nr. 54** dem ermäßigten Steuersatz. Dazu gehören: Zoologische, botanische, mineralogische Sammlungsstücke und Münzen von münzkundlichem Wert.

Platin- und Silbermünzen sind nur dann Sammlungsstücke, wenn die Bemessungsgrundlage (Entgelt) mehr als 250 % des Metallwertes ohne USt betragen. Goldmünzen sind unter bestimmten Voraussetzungen nach § 25c UStG steuerfrei. Münzen aus unedlen Metallen unterliegen grundsätzlich dem ermäßigten Steuersatz (Nr. 54c Doppelbuchst. bb). Sind Münzen gesetzliche Zahlungsmittel, so sind sie grundsätzlich nach § 4 Nr. 8b UStG steuerbefreit, es sei denn, dass sie wegen ihres Metallgehalts oder Sammlerwertes umgesetzt werden (vgl. A 59 UStR).

3 Abgabe von Speisen und Getränken zum Verzehr an Ort und Stelle

Wie unter 2 dargestellt wurde, unterliegen grundsätzlich die Lieferungen von Lebensmitteln und von bestimmten Getränken (Milch, Milchmischgetränke) gem. § 12 Abs. 2 Nr. 1 UStG dem ermäßigten Steuersatz.

Der ermäßigte Steuersatz nach § 12 Abs. 2 Nr. 1 UStG findet jedoch nur auf Lieferungen Anwendung. Das bedeutet, dass die Abgabe von Speisen und Getränken zum Verzehr an Ort und Stelle, sofern es sich um eine sonstige Leistung handelt, nicht dem ermäßigten Steuersatz unterliegt. Die Frage, unter welchen Umständen die Abgabe von Speisen und Getränken (nur relevant bei Milch, Milchmischgetränken und Leitungswasser) eine sonstige Leistung darstellt, muss aufgrund der Rechtsprechung des EuGH und des BFH neu definiert werden.

Die bislang in § 3 Abs. 9 Satz 4 und 5 UStG vorgesehene Sonderregelung, nach der bei der Abgabe von Speisen und Getränken zum Verzehr an Ort und Stelle – automatisch – eine sonstige Leistung vorliegt und damit dem Regelsteuersatz zu unterwerfen ist, wurde vom Gesetzgeber ab dem 01.01.2008 **aufgehoben**. Anlass ist die Rechtsprechung des EuGH und des BFH. Danach ist bei jeder einzelnen Speisenabgabe darauf abzustellen, ob bei der Abgabe die Elemente der Lieferung oder der sonstigen Leistung qualitativ überwiegen (vgl. BFH vom 10.08.2006 BStBl II 2007, 480, vom 26.10.2006 BStBl II 2007, 487 und EuGH vom 02.05.1996 – Rs. C-231/94 und vom 10.03.2005 – Rs. C-491/03).

Die Gesetzesänderung verlangt, dass bei Abgabe von Speisen nunmehr geprüft werden muss, ob aus der Sicht eines Durchschnittsverbrauchers das Element der Lieferung oder das Element der Dienstleistung, qualitativ überwiegt. Der Zeitaufwand für die Herstellung der Speise ist dabei unbeachtlich. Maßgebend sind die Leistungselemente nach der Herstellung der Speisen.

Bei der Abgabe von Speisen und Getränke in Restaurants liegt nach den obigen Kriterien unstreitig eine sonstige Leistung vor, mit der Folge des Regelsteuersatzes. Die Gesetzesänderung hat im Wesentlichen Auswirkungen für Catering-Unternehmer und Imbissbudenbesitzer. Soweit der Catering-Unternehmer Speisen anliefert und beim Kunden eine

Dienstleistung erbringt, die über das bloße Anliefern (in die Räume bringen) hinausgeht, muss eine dem Regelsteuersatz unterliegende sonstige Leistung angenommen werden. Dies ist dann der Fall, wenn ein gaststättenähnlicher Service erbracht wird, wobei das Mitliefern von zusätzlichem Geschirr und Besteck bereits ausreichend ist. Lt. BFH reicht es für die Annahme einer sonstigen Leistung aus, wenn das Essen auf einem Porzellanteller ausgeliefert wird und dieser vom Unternehmer wieder zurückgenommen und endgereinigt wird.

Somit sind insbesondere die folgenden Elemente nicht notwendig mit der Vermarktung von Speisen verbunden und führen zur Annahme einer sonstigen Leistung:

- Zur-Verfügung-Stellen von Verzehreinrichtungen (z. B. Räumlichkeiten, (Steh-)Tische, Bänke oder Stühle). Dies gilt jedoch nicht, soweit diese Verzehreinrichtungen tatsächlich nicht genutzt, d.h. die Speisen lediglich »zum Mitnehmen« abgegeben werden[1],
- Servieren der Speisen oder Gestellung von Bedienungs- oder Kochpersonal oder Portionieren und Ausgeben der Speisen vor Ort,
- Nutzungsüberlassung von Geschirr oder Besteck oder Reinigung bzw. Entsorgung der überlassenen Gegenstände[2].

Die genannten Elemente führen auch dann zur Annahme einer sonstigen Leistung, wenn sie von Dritten im Rahmen eines zwischen dem die Speise abgebenden Unternehmer und dem Dritten abgestimmten Gesamtkonzepts erbracht werden. Dagegen ist die Erbringung solcher Dienstleistungselemente durch den Leistungsempfänger unschädlich.

Folgende Elemente sind hingegen notwendig mit der Vermarktung von Speisen verbunden und im Rahmen der vorzunehmenden Gesamtbetrachtung – als unschädlich – nicht zu berücksichtigen:

- übliche Nebenleistungen (z.B. Portionieren und Abgabe »über die Verkaufstheke«, Verpacken, Anliefern – auch in Einweggeschirr, Beigabe von Einwegbesteck),
- Bereitstellung von Papierservietten[3],
- Abgabe von Senf, Ketchup, Mayonnaise oder Apfelmus,
- Bereitstellung von Abfalleimern an Kiosken, Verkaufsständen, Würstchenbuden usw.,
- Bereitstellung von Einrichtungen und Vorrichtungen, die dem Verkauf von Waren dienen (z. B. Verkaufstheken und -tresen sowie Ablagebretter an Kiosken, Verkaufsständen, Würstchenbuden usw.) und die nicht zur Einnahme von Speisen geeignet sind,
- bloße Erstellung von Leistungsbeschreibungen (z. B. Speisekarten oder -pläne),
- Erläuterung des Leistungsangebots.

Diese Grundsätze gelten gleichermaßen für Imbissstände wie für Verpflegungsleistungen in Schulen und Kantinen, Krankenhäusern oder ähnlichen Einrichtungen (Imbissecken in Bäckereien und Metzgereien), bei Leistungen von Catering-Unternehmen (Partyservice) und Mahlzeitendiensten (»Essen auf Rädern«).

---

1 BFH vom 26.10.2006 BStBl II 2007, 487.
2 BFH vom 10.08.2006 BStBl II 2007, 480.
3 BFH vom 26.10.2006 BStBl II 2007, 487.

3.1 Abgabe von Speisen und Getränken im Catering-Bereich

BEISPIELE

a) Eine Metzgerei betreibt einen **Partyservice**. Die Kunden bringen eigene Platten vorbei, die Metzgerei belegt sie mit kalten Käse- und Wurstwaren und gibt noch Brot und Brötchen dazu. Die fertig belegten Platten werden von
   a) den Kunden abgeholt;
   b) der Metzgerei zu den Kunden geliefert.
LÖSUNG Es liegen begünstigte Lieferungen i. S. d. § 12 Abs. 2 Nr. 1 UStG vor, da neben den Speisenlieferungen nur Dienstleistungen erbracht werden, die notwendig mit der Vermarktung der Speisen verbunden sind.

b) Eine Metzgerei betreibt einen Partyservice. Die Kunden bringen eigene Platten vorbei, die Metzgerei belegt sie mit kalten Käse- und Wurstwaren und gibt noch Brot und Brötchen dazu. Die Metzgerei verleiht zudem Besteck und Essgeschirr. Die fertigen Speisen sowie Besteck und Geschirr werden von
   a) den Kunden abgeholt;
   b) der Metzgerei zu den Kunden geliefert.
LÖSUNG Es liegen in beiden Fällen nicht begünstigte sonstige Leistungen i. S. d. § 3 Abs. 9 UStG mit 19 % Umsatzsteuer vor, weil die Metzgerei neben der Speisenlieferung die Dienstleistung »Zur-Verfügung-Stellen von Besteck und Geschirr« erbringt.

c) Der Betreiber eines Partyservice liefert verzehrfertige Speisen für die Hochzeitsfeier eines Auftraggebers an. Der anliefernde Bedienstete übernimmt die Portionierung und Ausgabe der warmen Gerichte. Alle anderen erforderlichen Maßnahmen (einschließlich des zur-Verfügung-Stellens von Besteck und Geschirr) erbringt der Gastgeber mit Hilfe von Familienangehörigen selbst.
LÖSUNG Es liegen nicht begünstigte sonstige Leistungen i. S. d. § 3 Abs. 9 UStG vor, da zu der Lieferung der Speisen noch Dienstleistungselemente (Portionierung und Ausgabe der Speisen vor Ort) hinzukommen. Diese Dienstleistungen sind keine Dienstleistungen, die notwendig mit der Vermarktung der Speisen verbunden sind.

d) Der **Catering-Unternehmer** A verabreicht in einer Schule auf Grund eines mit dem Schulträger geschlossenen Vertrags verzehrfähig angeliefertes Mittagessen. A übernimmt mit eigenem Personal die Ausgabe des Essens, die Reinigung der Räume sowie der Tische, des Geschirrs und des Bestecks.
LÖSUNG Es liegen nicht begünstigte sonstige Leistungen i. S. d. § 3 Abs. 9 UStG vor, da neben den Speisenlieferungen noch Dienstleistungselemente (Portionierung und Ausgabe der Speisen vor Ort, Reinigung der Räume sowie der Tische, des Geschirrs und des Bestecks) hinzukommen und nicht nur Dienstleistungen erbracht werden, die notwendig mit der Vermarktung der Speisen verbunden sind.

e) Ein Schulverein bietet in der Schule für die Schüler ein Mittagessen an. Das verzehrfertige Essen wird von dem Catering-Unternehmer A in Großgebinden oder einzelportioniert in Warmhaltevorrichtungen angeliefert und anschließend durch die Mitglieder des Schulvereins im Rahmen der Selbstbedienung an die Schüler ausgegeben. Das Essen wird von den Schülern in einem Mehrzweckraum, der über Tische und Stühle verfügt, eingenommen. Der Schulverein übernimmt auch die Reinigung der Räume sowie der Tische, des Geschirrs und des Bestecks.
LÖSUNG Der Catering-Unternehmer A erbringt begünstigte Lieferungen i. S. d. § 12 Abs. 2 Nr. 1 UStG, da neben den Speisenlieferungen nur Dienstleistungen erbracht werden, die notwendig mit der Vermarktung der Speisen verbunden sind. Das Transportieren in den Warmhaltevorrichtungen ist unschädlich. Der Schulverein erbringt sonstige Leistungen

i. S. d. § 3 Abs. 9 UStG, da neben den Speisenlieferungen noch Dienstleistungselemente hinzukommen und nicht nur Dienstleistungen erbracht werden, die notwendig mit der Vermarktung der Speisen verbunden sind. Bei Vorliegen der weiteren Voraussetzungen können die Umsätze jedoch dem ermäßigten Steuersatz nach § 12 Abs. 2 Nr. 8 UStG unterliegen.

f) Ein Unternehmer beliefert ein **Krankenhaus** mit Mittag- und Abendessen für die Patienten. Er bereitet die nur teilweise verzehrfähig angelieferten Speisen bzw. Nahrungsmittel in der Küche des auftraggebenden Krankenhauses fertig zu und portioniert sie. Den Transport auf die Stationen, die Ausgabe der Speisen an die Patienten und die anschließende Reinigung des Geschirrs und Bestecks übernimmt das Krankenhauspersonal.

LÖSUNG Es liegen begünstigte Lieferungen i. S. d. § 12 Abs. 2 Nr. 1 UStG vor, da zu den Speisenlieferungen nur Dienstleistungselemente hinzutreten, die notwendig mit der Vermarktung der Speisen verbunden sind. Die durch das Krankenhauspersonal erbrachten Dienstleistungselemente sind bei der Beurteilung der Speisenlieferungen als begünstigte Lieferungen i. S. d. § 12 Abs. 2 Nr. 1 UStG oder als nichtbegünstigte sonstige Leistungen i. S. d. § 3 Abs. 9 UStG nicht zu berücksichtigen.

g) Sachverhalt wie bei f). Ein Dritter ist jedoch verpflichtet, das Geschirr und Besteck in der Küche des Krankenhauses zu reinigen. Die Speisenlieferungen und die Reinigungsleistungen werden im Rahmen eines zwischen dem die Speisen abgebenden Unternehmer und dem Dritten abgestimmten Gesamtkonzepts erbracht. Die zwischen dem Krankenhaus und den leistenden Unternehmern geschlossenen Verträge sind so miteinander verknüpft, dass jeder Vertrag mit dem anderen »steht oder fällt«.

LÖSUNG Es liegen nicht begünstigte sonstige Leistungen i. S. d. § 3 Abs. 9 UStG vor, da neben den Speisenlieferungen noch ein Dienstleistungselement (Reinigung des Geschirrs und Bestecks) hinzukommt und damit nicht nur Dienstleistungselemente erbracht werden, die notwendig mit der Vermarktung der Speisen verbunden sind. Da die Leistungen im Rahmen eines zwischen dem die Speisen abgebenden Unternehmer und dem Dritten abgestimmten Gesamtkonzepts erbracht werden, ist das von dem Dritten erbrachte Dienstleistungselement – trotz getrennter zivilrechtlicher Verträge – bei der Beurteilung der Speisenlieferungen als nicht begünstigte sonstige Leistungen heranzuziehen.

3.2 Abgabe von Speisen im Bereich der Imbissbuden und Imbissecken in Ladengeschäften (Bäckereien u. Ä.)

Bei der Auslieferung von Speisen durch Imbissbudenbesitzer und Imbissecken in Ladengeschäften kommt es nur noch darauf an, ob die Kunden die Speisen mitnehmen (abgepackt oder unverpackt) oder ob die Speisen vor der Imbissbude oder im Ladengeschäft auf Verzehrvorrichtungen verzehrt werden. Verzehrvorrichtungen eines anderen Besitzers sind dabei dem Unternehmer zuzurechnen, wenn sie sich in unmittelbare Nähe befinden und von seinen Kunden genutzt werden (vgl. BFH vom 10.08.2006 BStBl II 2007, 487).

BEISPIELE

a) Der Betreiber eines **Imbissstandes** gibt verzehrfertige Speisen an seine Kunden in Pappbehältern ab. Der Kunde erhält dazu eine Serviette, ein Einwegbesteck und auf Wunsch Ketchup, Mayonnaise oder Senf. Der Imbissstand verfügt an drei Seiten über eine Verkaufstheke. Für die Rücknahme des Einweggeschirrs und Bestecks stehen Abfalleimer bereit. Die Kunden verzehren die Speisen im Stehen in der Nähe des Imbissstandes oder entfernen sich mit den Speisen gänzlich vom Imbissstand.

LÖSUNG Es liegen begünstigte Lieferungen i. S. d. § 12 Abs. 2 Nr. 1 UStG vor, da neben den Speisenlieferungen nur Dienstleistungen erbracht werden, die notwendig mit der Vermarktung der Speisen verbunden sind. Eine spezielle Verpackung der Speisen ist nicht erforderlich.

b) Der Betreiber eines Imbissstandes gibt verzehrfertige Speisen an seine Kunden in Papp-behältern ab. Der Kunde erhält dazu eine Serviette, ein Einwegbesteck und auf Wunsch Ketchup, Mayonnaise oder Senf. Der Imbissstand verfügt an drei Seiten über eine breite Theke. Der Betreiber hat vor dem Stand drei Stehtische aufgestellt. 70 % der Kunden ver-zehren die Speisen an der Theke oder an den Stehtischen. Die übrigen 30 % entfernen sich mit den Speisen gänzlich vom Imbissstand.

LÖSUNG Soweit die Speisen zum Mitnehmen abgegeben werden, liegen begünstigte Liefe-rungen i. S. d. § 12 Abs. 2 Nr. 1 UStG vor, da der Unternehmer in diesen Fällen nur Dienst-leistungselemente erbringt, die notwendig mit der Vermarktung der Speisen verbunden sind. Dabei spielt es keine Rolle, ob die Speisen zum Mitnehmen verpackt werden. Soweit die vorhandenen Verzehrvorrichtungen (Theke oder Stehtische) von den Kunden genutzt werden, liegen nicht begünstigte sonstige Leistungen i. S. d. § 3 Abs. 9 UStG vor, da nun-mehr eine Dienstleistung in Anspruch genommen wird, die nicht notwendig mit der Ver-marktung der Speisen verbunden ist.

c) Der Betreiber eines Imbissstandes gibt verzehrfertige Speisen an seine Kunden in Papp-behältern ab. Der Kunde erhält dazu eine Serviette, ein Einwegbesteck und auf Wunsch Ketchup, Mayonnaise oder Senf. Der Imbissstand verfügt an drei Seiten über eine Verkaufs-theke. In der Nähe des Imbissstandes werden vom Standnachbarn/von der Kommune Ti-sche und Bänke bereitgestellt. 70 % der Kunden verzehren die Speisen an den von dem Drit-ten bereit gestellten Verzehrvorrichtungen. Die übrigen 30 % entfernen sich mit den Speisen gänzlich vom Imbissstand.

LÖSUNG Soweit die Speisen »zum Mitnehmen« angegeben werden, liegen begünstigte Lie-ferungen i. S. d. § 12 Abs. 2 Nr. 1 UStG vor. Soweit die vorhandenen Verzehrvorrichtungen von den Kunden genutzt werden, liegen nicht begünstigte sonstige Leistungen i. S. d. § 3 Abs. 9 UStG vor. Es ist nicht entscheidend, in wessen Eigentum die Verzehrvorrichtungen stehen.

3.3 Abgabe von Speisen in Theatern, Kinos, Multiplexkinos[1]

Die Abgabe von Speisen und Getränken in Theatern und Cabarets ist keine steuerbe-freite Nebenleistung zur Theateraufführung[2]. Die Abgabe von Speisen und Getränken ist sowohl in Theatern als auch in Kinos eine sonstige Leistung, wenn der Betreiber des Thea-ters oder Kinos mit der Bereitstellung von Stehtischen und/oder integrierten Abstellborden und -plätzen eine über die Vermarktung der Speisen und Getränke hinausgehende Dienst-leistung erbringt. Bei einem Multiplexkino wird von der Verwaltung bereits die Bereitstel-lung der Bestuhlung im Kinosaal als Dienstleistung angesehen. Ein Multiplexkino ist ein Kinozentrum mit mehreren Vorführsälen, hohem technischem Standard und großem Foyer-bereich mit Sitzgelegenheiten und Gastronomie. Das Gesamterlebnis lässt die Bedeutung der Filmvorführung gegenüber der Filmvorführung in einem Programmkino zurücktreten. An das Dienstleistungselement sind deshalb geringe Anforderungen zu stellen.

3.4 Personalbeköstigung

Gibt ein Arbeitgeber seinen Arbeitnehmern Mahlzeiten kostenlos oder verbilligt ab, liegen sonstige Leistungen vor, wenn der Arbeitgeber Dienstleistungen erbringt, die nicht notwendig mit der Vermarktung der Mahlzeiten verbunden sind (z. B. Bereitstellung von Tischen und Stühlen, Bereitstellung von Geschirr und dessen Reinigung). Es kommt nicht darauf an, ob der Arbeitgeber die Dienstleistungen in besonders hergerichteten Räumen (z. B. Betriebskantinen), in den Betriebsräumen oder in seinen Privaträumen erbringt. Bei

---

1 OFD Hannover, Vfg. vom 09.04.2008, S 7100 – 441 – StO 171.
2 BFH vom 14.05.1998 BStBl II 1999, 145.

der Beköstigung im Gaststättengewerbe und Handwerk (Metzgereien, Bäckereien, usw.) liegen deshalb regelmäßig sonstige Leistungen vor.

Häufig werden Speisen in der Zentralküche des Arbeitgebers zubereitet und im warmen, verzehrfertigen Zustand, jedoch unportioniert in Essenskübel abgefüllt. Die Behälter werden zu anderen Betriebsteilen des Arbeitgebers transportiert, wo die Speisen portioniert und in Aufenthaltsräumen ausgegeben werden, in denen Tische und Stühle sowie Geschirr und Besteck bereitgehalten werden. Auch in diesen Fällen erbringt der Arbeitgeber sonstige Leistungen an die Arbeitnehmer.

4 Ermäßigter Steuersatz nach § 12 Abs. 2 Nr. 2 UStG bei der Vermietung von Gegenständen der Anlage

Auch die Vermietung der in der Anlage bezeichneten Gegenstände unterliegt nach § 12 Abs. 2 Nr. 2 UStG dem ermäßigten Steuersatz. Beispielsweise wird die Vermietung eines Reitpferdes und das Ausleihen (Vermietung) von Büchern mit dem ermäßigten Steuersatz besteuert.

5 Ermäßigter Steuersatz bei Zahntechnikern und Zahnärzten nach § 12 Abs. 2 Nr. 6 UStG

Ist ein Zahntechniker selbständiger Unternehmer, so unterliegen seine typischen zahntechnischen Leistungen dem ermäßigten Steuersatz nach § 12 Abs. 2 Nr. 6 UStG. Ebenso unterliegen die Zahnärzte mit ihren Leistungen, soweit sie gem. § 4 Nr. 14b UStG von der Steuerbefreiung ausgeschlossen sind (vgl. L 3.2.1), dem ermäßigten Steuersatz. Mit § 12 Abs. 2 Nr. 6 UStG wird erreicht, dass die Herstellung z. B. einer Zahnprothese dem ermäßigten Steuersatz unterliegt.

6 Steuersatz und Grundsatz der Einheitlichkeit der Leistung

Liegt eine einheitliche Leistung vor, so ist auf diese einheitliche Leistung grundsätzlich auch ein einheitlicher Steuersatz anzuwenden. Besteht eine einheitliche Leistung aus Haupt- und Nebenleistung, so ist nach dem Grundsatz der Einheitlichkeit der Leistung der **Steuersatz der Hauptleistung** für die gesamte Leistung maßgebend z. B. Lieferung von Erdbeeren in Spankörben. Obwohl die Lieferung des Spankorbs an sich dem Regelsteuersatz unterliegt, fällt sie hier als Nebenleistung zur Obstlieferung unter den ermäßigten Steuersatz. Setzt sich eine einheitliche Lieferung aus mehreren Liefergegenständen zusammen, ohne dass es sich dabei um Nebenleistungen handelt (Sachgesamtheit), und unterliegen die einzelnen Liefergegenstände unterschiedlichen Steuersätzen, so ist die Lieferung der Sachgesamtheit in Bezug auf die Anwendung der Steuersätze aufzuteilen, z. B. die Lieferung eines Warenkorbes bestehend aus Wein und Konfekt.

Das einheitliche Entgelt ist in einen Entgeltsanteil für den Wein (Regelsteuersatz) und in einen Entgeltsanteil für das Konfekt (ermäßigter Steuersatz) aufzuteilen.

Anmerkung: Bezüglich dieser Aufteilung treffen den Unternehmer besondere Aufzeichnungspflichten. Erfüllt er diese nicht, unterliegt der gesamte Warenkorb dem Regelsteuersatz.

FÄLLE 18–19

FALL 18 Stellen Sie in den nachfolgenden Sachverhalten fest, ob der Regelsteuersatz oder der ermäßigte Steuersatz Anwendung findet. Gehen Sie davon aus, dass steuerpflichtige Umsätze vorliegen.

Sachverhalt	7 %	19 %
1. Gastwirt W veräußert gegrillte Hähnchen in Warmhaltepackungen über die Straße.		
2. Verlag V liefert Tageszeitungen und Zeitschriften.		
3. Die Stadtwerke S liefern Gas an Haushalte.		
4. Die Fernküche F liefert in Warmhaltecontainern abgefülltes Essen an die W-Werke, die das Essen an ihre Arbeitnehmer ausgeben.		
5. Steuerberater S berät einen Mandanten.		
6. Aufsichtsratsvorsitzender A kassiert für seine Aufsichtsratstätigkeit Tantiemen.		
7. Die Stadtwerke S liefern Wasser an Haushalte.		
8. Lebensmittelhändler L veräußert abgepackte Teeblätter.		
9. Die Brauerei B veräußert ein Brauereipferd.		
10. Architekt A entwirft für einen Bauherrn einen Bauplan.		
11. Der Großmarkt G veräußert Tomaten in Holzkisten.		
12. Der am Strandbad sich befindliche Kiosk K veräußert – bereits vom Hersteller verpacktes – Eis aus der Tiefkühltruhe zum Mitnehmen.		
13. Die Bäckerei B veräußert Brot.		
14. Die Sektkellerei K veräußert Sekt.		
15. Das Reformhaus R veräußert Obst- und Gemüsesäfte.		
16. Die Apotheke A veräußert Arzneimittel.		
17. Ingenieur I veräußert einen ausgedienten Zeichentisch.		
18. Zahnarzt Z hält einen Vortrag über Gebisspflege.		
19. Das Blumengeschäft B veräußert Schnittblumen.		
20. Die Bücherei B vermietet Bücher.		
21. Die Getränkegroßhandlung G veräußert Mineralwasser.		
22. Das Stehcafé S veräußert tassenweise Kaffee, der an Stehtischen getrunken werden kann.		
23. Die Konditorei K veräußert Schokoladetafeln.		
24. Briefmarkenhändler B veräußert Sammlerbriefmarken.		
25. Reitlehrer R gibt in seiner eigenen Reithalle Reitunterricht mit Hilfe eigener Pferde.		
26. Das Museum M vermietet Kunstgegenstände.		

FALL 19 Prüfen Sie in den nachfolgenden Sachverhalten, welche steuerbaren und steuerpflichtigen Umsätze vorliegen und welcher Steuersatz zur Anwendung kommt. Errechnen Sie die USt.

1. Unternehmer S hat mit dem Gastwirt G einen Vertrag über die Abgabe von Mittagessen an seine Angestellten abgeschlossen. Die Angestellten nehmen das von S ausgesuchte Essen in der Gaststätte des G ein. G berechnet dem S für das einzelne Essen 7 €. Die Angestellten zahlen an S für das Essen 5 €.

2. Privatpatient P lässt sich beim Zahnarzt Z einen Zahn ziehen und dafür eine Zahnprothese einsetzen. Z stellt in seinem Labor mit Hilfe von Angestellten den künstlichen Zahn her und setzt ihn dem P ein. Z stellt P folgende Rechnung aus:

Zahnbehandlung	700 €
Zahnersatz	250 €
insgesamt	950 €

3. Adelsberger in Ludwigsburg veranstaltet eine Party. Er bestellt dazu bei der Fa. Tischlein-Deck-Dich-GmbH in Stuttgart ein komplettes Buffet einschließlich Getränke. Die Waren werden vom Personal der Fa. Tischlein-Deck-Dich-GmbH bei Adelsberger angeliefert. Besondere Dienstleistungen, wie Servieren, Gestellung von zusätzlichem Geschirr oder Reinigung der Tische, werden nicht erbracht. Adelsberger erhält folgende Rechnung:

Buffet lt. Angebot	1050 €
10 Flaschen Champagner à 25 €	250 €
5 Flaschen Orangensaft à 2 €	10 €
10 Flaschen Mineralwasser à 0,60 €	6 €
8 Flaschen Pils à 1,50 €	12 €
Fahrt- und Transportkosten	30 €
insgesamt	1358 €

Das Menü besteht ausschließlich aus Gegenständen der Anlage 2 zum UStG.

Teil O Sonderfälle zu den Lieferungen und sonstigen Leistungen

1 Tausch/tauschähnlicher Umsatz

1.1 Allgemeines

Definition Tausch:
Ein Tausch liegt vor, wenn das Entgelt für eine Lieferung (bzw. Werklieferung) in einer Gegenlieferung (bzw. Werklieferung) besteht (§ 3 Abs. 12 Satz 1 UStG).

Definition tauschähnlicher Umsatz:
Ein tauschähnlicher Umsatz liegt vor, wenn das Entgelt für eine sonstige Leistung (bzw. Werkleistung) in einer Lieferung (bzw. Werklieferung) oder sonstigen Leistung (bzw. Werkleistung) besteht oder umgekehrt (§ 3 Abs. 12 Satz 2 UStG).

Häufig stehen sich beim Tausch bzw. tauschähnlichen Umsatz die beiden Leistungen nicht gleichwertig gegenüber. Da im Wirtschaftsverkehr regelmäßig nichts verschenkt wird, erfolgt i.d.R. in Höhe der Wertdifferenz eine Ausgleichszahlung. In diesen Fällen spricht man vom Tausch bzw. tauschähnlichen Umsatz mit Baraufgabe.

Typische Fälle des Tausches mit Baraufgabe treten überall dort auf, wo Unternehmer versuchen, den Verkauf höherwertiger Wirtschaftsgüter dadurch zu fördern, dass sie gebrauchte Wirtschaftsgüter derselben Art in Zahlung nehmen (z.B. im Kfz-Handel).

1.2 Bemessungsgrundlage (§ 10 Abs. 2 Satz 2 UStG)

Falls die ausgetauschten Leistungen steuerbar und steuerpflichtig sind, stellt sich die Frage nach der Bemessungsgrundlage für die USt. Nach § 10 Abs. 2 Satz 2 UStG ist Bemessungsgrundlage der **gemeine Wert der empfangenen Leistung** abzüglich der im gemeinen Wert (Bruttobetrag) enthaltenen USt.

Bemessungsgrundlage ist somit **nicht**, wie fälschlicherweise oft angenommen wird, der gemeine Wert der **hingegebenen Leistung**.

Der **gemeine Wert** ist im § 9 Abs. 2 BewG wie folgt definiert: »Der gemeine Wert wird durch den Preis bestimmt, der im gewöhnlichen Geschäftsverkehr nach der Beschaffenheit des Wirtschaftsgutes bei einer Veräußerung zu erzielen wäre. Dabei sind alle Umstände, die den Preis beeinflussen, zu berücksichtigen. Ungewöhnliche oder persönliche Verhältnisse sind nicht zu berücksichtigen.«

Ist ein Marktpreis, ein Verkehrswert oder ein Veräußerungspreis feststellbar, so kann i.d.R. davon ausgegangen werden, dass dieser dem gemeinen Wert entspricht.

1.3 Besonderheit der Bemessungsgrundlage beim Tausch bzw. tauschähnlichen Umsatz mit Baraufgabe

Der Barausgleich bewirkt in den Fällen des Tausches mit Baraufgabe, dass beim Empfänger des Barausgleichs in Höhe dieses Barausgleichs eine Entgeltserhöhung und beim Geber eine entsprechende Entgeltsminderung eintritt (die Hingabe des Geldes stellt auch hier keine Leistung, sondern nur Entgelt dar).

Demzufolge können das Entgelt und die USt nach folgender Formel ermittelt werden:

a) **beim Empfänger des Barausgleichs:**

Gemeiner Wert des erhaltenen Umsatzes

+ empfangener Barausgleich

= Bruttobetrag

./. Umsatzsteuer

= Entgelt

b) **beim Geber des Barausgleichs:**

Gemeiner Wert des erhaltenen Umsatzes

./. hingegebener Barausgleich

= Bruttobetrag

./. Umsatzsteuer

= Entgelt

MERKSATZ

1. Die Anwendung der Formel setzt voraus, dass gemeiner Wert und Barausgleich als Bruttobeträge vorliegen. Sind ausnahmsweise Nettobeträge angegeben, so sind diese zunächst auf Bruttobeträge umzurechnen.

2. Nimmt ein Unternehmer einen Gegenstand zu einem höheren Preis als seinem gemeinen Wert in Zahlung, ist dennoch die Formel unverändert unter Ansatz des gemeinen Wertes anzuwenden. Der Unternehmer gewährt in diesem Fall einen sog. verdeckten Preisnachlass. Dieser mindert sein Entgelt.

FALL 20

Ermitteln Sie in den nachfolgenden Sachverhalten die Bemessungsgrundlage und die USt bei den in den Sachverhalten genannten Unternehmern.

1. Kfz-Händler K veräußert einen neuen Pkw zum Listenpreis von 22 800 € an den Handelsvertreter H (Unternehmer), der seinen gebrauchten Geschäfts-Pkw (unbestrittener gemeiner Wert 4 000 €) dafür in Zahlung gibt. Den Differenzbetrag i. H. v. 18 800 € zahlt er in bar.

2. Kfz-Händler K veräußert an den Rechtsanwalt R einen neuen Pkw zum Listenpreis von 21 300 €. R gibt seinen gebrauchten Geschäfts-Pkw (unbestrittener gemeiner Wert 4 000 €) dafür in Zahlung. K rechnet R dafür 5 000 € an. R muss noch 16 300 € in bar zuzahlen.

2 Rückgabe (Rücknahme)

Im Geschäftsleben kommen Fälle vor, in denen eine Lieferung zwar ausgeführt wurde, der Liefergegenstand jedoch aus irgendwelchen Gründen vom Abnehmer wiederum an den Lieferanten zurückgegeben wird. Wird in diesen Fällen das der ursprünglichen Lieferung zugrunde liegende Verpflichtungsgeschäft aufgehoben, spricht man von Rückgabe bzw. Rücknahme.

Typische Fälle der Rückgabe liegen vor, wenn

- ein Leistungsempfänger einen Liefergegenstand innerhalb der Gewährleistungsfrist dem Lieferanten wieder zurückgibt, weil der Gegenstand Mängel aufweist;
- ein Unternehmer einen Gegenstand unter Eigentumsvorbehalt geliefert hat und sich den Gegenstand wieder zurückgeben lässt, weil der Abnehmer den Kaufpreis nicht bezahlen kann (vgl. A 1 Abs. 4 UStR).

Liegt ein Fall einer Rückgabe vor, wird durch die Rückgabe die ursprüngliche Lieferung annulliert. Erfolgt die Rückgabe noch im selben Voranmeldungszeitraum, in dem die Lieferung erfolgt ist, wird dies im Ergebnis so behandelt, als ob überhaupt keine Lieferung erfolgt wäre (vgl. A 1 Abs. 4 Satz 1 UStR). Erfolgt die Rückgabe erst nach Ablauf des Voranmeldungszeitraums, in dem die Lieferung erfolgt ist, muss die Lieferung für den Voranmeldungszeitraum der Lieferung versteuert werden und zwar auch dann, wenn die Rückgabe schon erfolgt ist, bevor die Umsatzsteuervoranmeldung für diesen Voranmeldungszeitraum erstellt worden ist. Für den Voranmeldungszeitraum der Rückgabe muss dann in sinngemäßer Anwendung des § 17 Abs. 1 UStG der Lieferant seine USt-Schuld und der Abnehmer ggf. den Vorsteuerabzug berichtigen.

FALL 21

Stellen Sie in den nachfolgenden Fällen die umsatzsteuerliche Auswirkung fest.

1. Elektrohändler E bezieht beim Elektrogroßhändler G 100 Leuchtstoffröhren einer bestimmten Serie. E holt die Röhren bei G am 28.06.01 ab. Die Rechnung lautet auszugsweise wie folgt:

100 Leuchtstoffröhren à 20 €	2 000 €
+ 19 % USt	380 €
insgesamt	2 380 €

»Bei Zahlung innerhalb von 8 Tagen 3 % Skonto vom Nettobetrag.«

E stellt fest, dass sämtliche Röhren mit einem Materialfehler behaftet sind und nicht funktionieren. Er bringt deswegen die Röhren am 03.07.01 zu G zurück. G storniert daraufhin die Rechnung.

2. Kunde K erwirbt am 01.02.01 beim Elektrohändler E ein Fernsehgerät. Der Kaufpreis i. H. v. 2 000 € soll wie folgt bezahlt werden:

500 € sofort bei Übergabe des Gerätes am 01.02.01, die restlichen 1 500 € in 15 Monatsraten à 100 €, beginnend ab 01.03.01.

E behält sich im Vertrag bis zur vollständigen Bezahlung des Kaufpreises das Eigentum am Gerät zurück.

K stellte nach Bezahlung der Rate für August 01 seine Ratenzahlungen ein, weil es ihm unmöglich war, sich das dafür erforderliche Geld zu beschaffen. E holte daraufhin am 01.11.01 das Fernsehgerät bei K wieder ab. Für diesen Fall war hilfsweise vereinbart, dass K für jeden Monat der Nutzung 100 € Miete bezahlt. Dementsprechend verrechnet E 900 € Miete für die Monate Februar bis Oktober (9 Monate) mit der Anzahlung von 500 € und den 6 Ratenzahlungen (März bis August 600 €) und zahlt den Restbetrag i. H. v. 200 € an K zurück.

---

3 Leistungen des Unternehmers an sein Personal (Arbeitnehmer)

3.1 Allgemeines

Bei Leistungen des Unternehmers, die dieser auf Grund des Dienstverhältnisses an seine Arbeitnehmer (AN) oder deren Angehörige ausführt, gelten Sonderregelungen. Das UStG unterscheidet dabei folgende beiden Fallgruppen:

1. Die AN wenden für die erhaltene Leistung kein Entgelt auf.
2. Die AN entrichten für die erhaltene Leistung ein Entgelt, ggf. in Form einer zusätzlichen Arbeitsleistung.

Zu beachten ist dabei, dass eine Leistung des Unternehmers an den Arbeitnehmer nur dann vorliegen kann, wenn der Arbeitnehmer sie in seiner Eigenschaft als Privatperson erhält. Erhält der Arbeitnehmer Gegenstände oder Dienstleistungen aus betrieblichem Anlass, liegt keine Leistung vom Arbeitgeber an den Arbeitnehmer vor. Hier handelt es sich um einen innerbetrieblichen Vorgang. Der Arbeitnehmer wird in diesem Falle als Erfüllungsgehilfe dem Arbeitgeber zugerechnet.

3.2 **Unentgeltliche Leistungsabgabe an das Personal (Arbeitnehmer)**

Eine unentgeltliche Leistungsabgabe liegt dann vor, wenn der Arbeitnehmer für die erhaltene Leistung kein Entgelt, auch nicht in Form einer zusätzlichen Arbeitsleistung, aufzuwenden hat.

Liegt ein solcher Fall vor, wird diese unentgeltliche Leistung nach den Vorschriften des § 3 Abs. 1b und 9a UStG wie eine entgeltliche Leistung behandelt. Eine Besteuerung erfolgt jedoch nur dann, wenn es sich hierbei nicht um sog. Aufmerksamkeiten handelt bzw. der Arbeitgeber beim Einkauf der Leistung ganz oder teilweise zum Vorsteuerabzug berechtigt war. Weitere Ausführungen hierzu vgl. Q.

3.3 **Entgeltliche Leistungsabgabe an das Personal (Arbeitnehmer)**

Gibt der Unternehmer (Arbeitgeber) eine Leistung an seinen AN ab, kann neben einer klassischen Entgeltszahlung in Geld auch ein Entgelt des AN in Form einer Arbeitsleistung vorliegen. Liegt ein solcher Tatbestand vor, handelt es sich um einen tauschähnlichen Umsatz (§ 3 Abs. 12 Satz 2 UStG). Vgl. hierzu A 12 Abs. 1 UStR.

Im Falle der Entgeltlichkeit kann das für die unentgeltliche Leistungsabgabe geltende Besteuerungsverbot in den Vorschriften des § 3 Abs. 1b und 9a UStG **nicht** angewandt werden. Dies bedeutet, dass der Arbeitgeber eine Besteuerung seiner Leistung auch dann vornehmen muss, wenn er beim Leistungseinkauf nicht zum Vorsteuerabzug berechtigt war.

Überlässt ein Unternehmer (Arbeitgeber) seinem Arbeitnehmer ein Kraftfahrzeug auch zur privaten Nutzung, ist dies lt. Verwaltungsmeinung grundsätzlich als entgeltliche Leistung i.S.d. § 1 Abs. 1 Nr. 1 Satz 1 UStG anzusehen (vgl. 4.1 BMF vom 27.08.2004 BStBl I 2004, 864). Die Gegenleistung des Arbeitnehmers besteht in der anteiligen Arbeitsleistung, die er für die Privatnutzung des gestellten Kraftfahrzeugs erbringt. Die Überlassung des Kraftfahrzeugs ist als Vergütung für geleistete Dienste und damit als entgeltlich anzusehen, wenn sie im Arbeitsvertrag geregelt ist, oder auf mündlichen Abreden oder sonstigen Umständen des Arbeitsverhältnisses (z. B. der faktischen betrieblichen Übung) beruht. Von Entgeltlichkeit ist stets auszugehen, wenn das Kraftfahrzeug dem Arbeitnehmer für eine gewisse Dauer und nicht nur gelegentlich zur Privatnutzung überlassen wird. Die Verwaltung geht ausnahmsweise dann von einer unentgeltlichen Überlassung des Kraftfahrzeuges an den Arbeitnehmer aus, wenn die vereinbarte private Nutzung des Fahrzeugs derart gering ist, dass sie für die Gehaltsbemessung keine wirtschaftliche Rolle spielt, und nach den objektiven Gegebenheiten eine weitergehende private Nutzungsmöglichkeit ausscheidet (vgl. BFH vom 04.10.1984 BStBl II 1984, 808). Danach wird von der Verwaltung eine unentgeltliche Fahrzeugüberlassung nur dann angenommen, wenn dem Arbeitnehmer das Fahrzeug nur gelegentlich (von Fall zu Fall) an nicht mehr als fünf Kalendertagen im Kalendermonat für private Zwecke überlassen wird (vgl. 4.2.2.1, BMF vom 27.08.2004 BStBl I 2004, 864).

3.3.1 **Ansatz lohnsteuerlicher Werte**

In den Fällen, in denen das Entgelt in einer zusätzlichen Arbeitsleistung angenommen wird, wird es von der Verwaltung aus Vereinfachungsgründen nicht beanstandet, wenn für die umsatzsteuerliche Bemessungsgrundlage von den lohnsteuerlichen Werten ausgegangen wird. Diese Werte sind dann als Bruttowerte anzusehen, aus denen die Umsatzsteuer herauszurechnen ist (vgl. A 12 Abs. 8 UStR).

In folgenden Fällen können die lohnsteuerlichen Pauschalwerte übernommen werden:

a) Abgabe von Mahlzeiten an AN durch AG-Kantinen, in denen das Essen selbst hergestellt wird,

– Ansatz lohnsteuerl. Sachbezugswert mit 2,57 € ab dem KJ 2007 (R 8.1 Abs. 7 LStR 2008);

b) Gestellung von Kraftfahrzeugen

– bei Fahrten des Arbeitnehmers zwischen Wohnung und Arbeitsstätte 0,03 % vom Bruttolistenpreis des Neufahrzeugs als pauschale Kosten pro Monat pro Entfernungs-km (§ 8 Abs. 2 Satz 3 EStG),

– bei Heimfahrten im Rahmen einer doppelten Haushaltsführung 0,002 % vom Bruttolistenpreis des Neufahrzeugs als pauschale Kosten pro Entfernungs-km und pro Fahrt (§ 8 Abs. 2 Satz 5 EStG),

– für die übrigen Privatfahrten 1 % des Listenpreises des Neufahrzeugs pro Monat (§ 8 Abs. 2 Satz 2 i. V. m. § 6 Abs. 1 Nr. 4 Satz 2 EStG).

BEISPIEL

Der Unternehmer A hat einen Pkw zum Listenpreis von 100 000 € (inkl. USt) erworben und ihn seinem Unternehmen zu 100 % zugeordnet. A überlässt den Pkw unentgeltlich seinem Arbeitnehmer N für betriebliche Fahrten, reine Privatfahrten, Fahrten zwischen Wohnung und Arbeitsstätte sowie für Familienheimfahrten. N nutzt den Pkw an 15 Tagen im Monat (180 Tage im Jahr) für Fahrten zwischen Wohnung und Betrieb. Die einfache Fahrstrecke (Entfernungs-km) beträgt 10 km. Außerdem nutzt er den Pkw auch für Privatfahrten (ca. 30 bis 35 %). N hat auch eine doppelte Haushaltsführung und tätigt einmal im Monat eine Familienheimfahrt. Die einfache Fahrstrecke (Entfernungs-km) beträgt 100 km.

LÖSUNG Bei der Überlassung des Pkw handelt es sich um sonstige Leistungen von A an N, die auf Grund des Arbeitsverhältnisses erbracht werden. Lt. Verwaltungsauffassung steht der sonstigen Leistung ein Entgelt in Form einer zusätzlichen Arbeitsleistung gegenüber. Die Leistung ist mangels einer Steuerbefreiung auch steuerpflichtig. Der Steuersatz beträgt 19 %. Die Bemessungsgrundlage bestimmt sich gem. § 10 Abs. 4 Nr. 2 UStG nach den durch die Fahrten des N verursachten Kosten.

Zur Vereinfachung der Kostenermittlung kann vom lohnsteuerlichen Ansatz des geldwerten Vorteils ausgegangen werden (vgl. Tz. 4.2 des BMF vom 27.08.2004 BStBl I 2004, 864). Der Werbungskostenanteil für die Fahrten zwischen Wohnung und Arbeitsstätte und die Familienheimfahrten darf jedoch bei der Umsatzsteuer nicht abgezogen werden. Der pauschale Kostenansatz (Bruttowert) berechnet sich wie folgt:

1. **Reine Privatfahrten:**

1 % vom Bruttolistenpreis:	1 000,00 €
Umsatzsteuer hieraus für einen Monat (Bruttobetrag) 19/119	159,66 €
Umsatzsteuer hierauf für ein volles Jahr 12 × 159,66 €	1 915,92 €

2. **Fahrten zwischen Wohnung und Arbeitsstätte:**

0,03 % vom Bruttolistenpreis als pauschale Kosten pro Monat pro Entfernungs-km	30,00 €
kein Abzug der Arbeitnehmerpauschale!	
Bemessungsgrundlage pro Monat 30,00 € × 10 km	300,00 €
Umsatzsteuer hieraus für einen Monat (Bruttobetrag!) 19/119	47,90 €
Umsatzsteuer hieraus für ein volles Jahr 12 × 47,90 €	574,80 €

3. **Familienheimfahrten:**

0,002 % vom Bruttolistenpreis als pauschale Kosten pro Entfernungs-km pro Fahrt	2,00 €
kein Abzug der Arbeitnehmerpauschale!	
Bemessungsgrundlage brutto pro Fahrt 100 × 2,00 €	200,00 €
Umsatzsteuer hieraus für eine Familienheimfahrt (Bruttobetrag) 19/119	31,93 €
Umsatzsteuer für die 12 Familienheimfahrten im Jahr 12 × 31,93 €	383,16 €

3.4 Mindestbemessungsgrundlage bei Leistungen des Unternehmers an sein Personal gegen besonders berechnetes Entgelt

Soweit der Unternehmer eine Leistung an seine AN erbringt und ihnen hierfür ein Entgelt in Geld berechnet, ist grundsätzlich das von den AN entrichtete Entgelt als Bemessungsgrundlage anzusetzen. Dies gilt dann nicht, wenn der Unternehmer auf Grund des Dienstverhältnisses die Leistung verbilligt an die AN abgibt. In diesem Fall ist gem. § 10 Abs. 5 Nr. 2 UStG der sich nach § 10 Abs. 4 UStG ergebende Wert (sog. Mindestbemessungsgrundlage) anzusetzen. Zum Zwecke der Prüfung, ob der Unternehmer die Leistung verbilligt an seine AN abgibt und somit die Mindestbemessungsgrundlage eingreift, muss zunächst ein Vergleichswert ermittelt werden. Dieser bestimmt sich bei einer Lieferung nach dem Einkaufspreis oder den Selbstkosten und bei einer sonstigen Leistung nach den Ausgaben (§ 10 Abs. 4 UStG). Liegt der lt. Gesetz anzusetzende Mindestwert über dem Marktpreis, beschränkt sich die Mindestbemessungsgrundlage auf diesen Marktpreis, wenn das vom AN entrichtete Entgelt dem Marktpreis entspricht (vgl. A 158 Abs. 1 Satz 4 UStR).

Soweit in diesen Fällen nach Verwaltungsregelungen lohnsteuerrechtliche Werte anzusetzen sind, sind diese Werte auch für den Vergleichswert maßgebend.

Ist der ermittelte Vergleichswert höher als das vom AN tatsächlich entrichtete Entgelt, liegt ein Fall der Mindestbemessungsgrundlage gem. § 10 Abs. 5 Nr. 2 UStG vor und es ist der Vergleichswert als maßgebende Bemessungsgrundlage anzusetzen.

BEISPIEL

Unternehmer U in Stuttgart gewährt seinen AN in der nahegelegenen Gastwirtschaft arbeitstäglich ein Mittagessen für 1,50 €. Der Einkaufspreis pro Essen beträgt 3 € zuzüglich 0,57 € Umsatzsteuer.

LÖSUNG Umsatzsteuerlich liegt eine sonstige Leistung (Restaurationsumsatz) vom Gastwirt an U und eine sonstige Leistung (Restaurationsumsatz) von U an seine AN vor.

Zu prüfen ist, ob U an seine AN auf Grund des Dienstverhältnisses »verbilligte Restaurationsumsätze« nach § 10 Abs. 5 Nr. 2 UStG tätigt. Hierzu ist zunächst der Wert zu ermitteln (Vergleichswert), der im Falle eines Restaurationsumsatzes ohne besonders berechnetes Entgelt anzusetzen wäre. Dieser Vergleichswert beträgt 3 € netto bzw. 3,57 € brutto.

Da das tatsächlich entrichtete Bruttoentgelt von 1,50 € pro Essen niedriger ist als der Bruttovergleichswert, greift die Mindestbemessungsgrundlage gem. § 10 Abs. 5 Nr. 2 UStG ein. Der als Bemessungsgrundlage anzusetzende Wert beträgt 3 € netto. Die USt errechnet sich mit 19 % von 3 € = 0,57 €.

4 Kommissions- und Agenturgeschäfte

4.1 Allgemeines

Wenn ein Unternehmer Gegenstände veräußert, handelt es sich i. d. R. um solche Gegenstände, die in seinem Eigentum stehen und die er auf eigenes Risiko verkauft. Daneben gibt es nun Fälle, in denen ein Unternehmer Gegenstände **im Auftrag eines anderen** verkauft. In diesen Fällen trägt nicht der Unternehmer, sondern der Auftraggeber das Verkaufsrisiko. Solche Fälle liegen vor bei:

- Kommissionsgeschäften oder
- Agenturgeschäften.

4.1.1 Definition Kommissionsgeschäft

Den Fall der Kommission haben Sie bereits unter C 4.3 Beispiel i) kennen gelernt. Das Besondere am Kommissionsgeschäft (Verkaufskommission) ist es, dass jemand Waren **für Rechnung eines anderen im eigenen Namen** veräußert. Nach § 383 HGB nennt man denjenigen, der ein solches Geschäft gewerbsmäßig tätigt, **Kommissionär** und denjenigen, der ein solches Geschäft in Auftrag gibt, **Kommittenten.**

Der Kommissionär ist stets Unternehmer. Der Kommittent kann Unternehmer, aber auch Privatmann sein. Typische Fälle der Kommission kommen vor im Buchhandel, Möbelhandel, Viehhandel.

4.1.2 Definition Agenturgeschäft

Ein Agenturgeschäft liegt dann vor, wenn jemand Waren für **Rechnung eines anderen in dessen Namen** veräußert. Wenn jemand ständig als Selbständiger solche Agenturgeschäfte im Auftrag eines anderen Unternehmers (Auftraggeber) tätigt, nennt man ihn Handelsvertreter (§ 84 HGB).

Der Handelsvertreter und sein Auftraggeber sind beide stets Unternehmer. Agenturgeschäfte im umsatzsteuerlichen Sinne kommen jedoch auch bei Unternehmern vor, die keine Handelsvertreter sind. Auch kann ein Privatmann der Auftraggeber sein. Typische Fälle der Agentur treten auf beim Handelsvertreter, Grundstücksmakler, Tankstellenpächter oder Auktionator.

4.2 Die Leistung des Kommissionärs und des Handelsvertreters (Agenten)

Wie Sie unter C 4.3 Beispiel i) gesehen haben, erbringt der Kommissionär bei der Verkaufskommission eine Lieferung an den Abnehmer der Ware, obwohl das Eigentum unmittelbar vom Kommittenten auf den Abnehmer übergeht. Der Kommittent erbringt seinerseits auf Grund der Fiktion des § 3 Abs. 3 UStG eine Lieferung an den Kommissionär.

Weil die **Fiktion des § 3 Abs. 3 UStG nur beim Kommissionsgeschäft** gilt, liegt beim Agenturgeschäft **unmittelbar** eine Lieferung vom bisherigen Eigentümer der Ware (Auftraggeber) an den Abnehmer vor. Der Handelsvertreter (Agent) erbringt eine sonstige Leistung (Vermittlungsleistung) an den Auftraggeber.

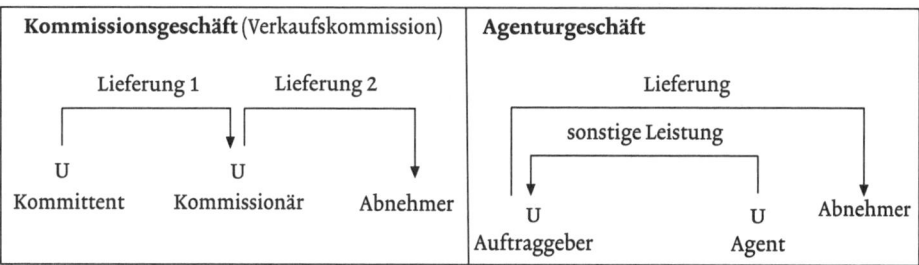

Der Zeitpunkt für die Lieferung des Kommittenten an den Kommissionär fällt mit dem Zeitpunkt der Lieferung vom Kommissionär an den Abnehmer zusammen (vgl. A 24 Abs. 2 Satz 9 UStR). Allerdings wendet die Verwaltung in den Fällen, in denen die Kommissionsware von einem Mitgliedstaat der EU in einen anderen Mitgliedstaat der EU befördert oder versendet wird, § 3 Abs. 6 UStG aus Vereinfachungsgründen auf die Lieferung des Kommittenten an (vgl. A 24 Abs. 2 Satz 10 und A 15b Abs. 7 UStR).

4.3 Abgrenzung Kommissionsgeschäft – Agenturgeschäft

Wegen der unterschiedlichen Behandlung von Kommission und Agentur im USt-Recht ist es wichtig, diese Fälle scharf unterscheiden zu können. Gemeinsam ist beiden Geschäften, dass sowohl der Kommissionär als auch der Agent für **fremde Rechnung** tätig werden.

Sie unterscheiden sich aber darin, dass der Kommissionär im **eigenen Namen,** der Agent dagegen im **fremden Namen** (des Auftraggebers) tätig wird.

4.3.1 Handeln für fremde Rechnung

Wer auf fremde Rechnung handelt, hat das Interesse des Auftraggebers, nicht sein eigenes wahrzunehmen und insbesondere bezüglich des Verkaufspreises die Weisungen des Auftraggebers zu befolgen. Wenn der Kommissionär die Lieferung ausgeführt hat, muss er den Kommittenten hiervon unverzüglich unterrichten. Er hat den Abnehmer zu nennen und auch sonst über das Geschäft Rechenschaft abzulegen. Weiterhin muss er den Verkaufserlös nach Abzug seiner Provision herausgeben (§ 384 HGB). Entsprechendes gilt für den Agenten, wenn er bevollmächtigt worden ist, den Verkaufspreis entgegenzunehmen. Wer auf fremde Rechnung handelt, trägt kein eigenes Verkaufsrisiko, hat andererseits aber auch **nur** einen Anspruch auf **Provision.** Handelt jemand nicht für fremde Rechnung, ist er Eigenhändler bzw. wird, auch wenn er im bzw. unter fremden Namen auftreten sollte, wie ein Eigenhändler behandelt (sog. unechter Agent).

4.3.2 Handeln im fremden Namen

Nur der Agent handelt im fremden Namen. Während das Handeln für fremde Rechnung das Innenverhältnis zwischen Agent und **Auftraggeber** betrifft, bezieht sich das Handeln im fremden Namen auf das Außenverhältnis zwischen Agent und Abnehmer. Handeln im fremden Namen heißt: Dem Abnehmer der Ware muss beim Vertragsabschluss eindeutig erkennbar sein, dass er nicht in Rechtsbeziehungen zum Agenten, sondern zum Auftraggeber des Agenten tritt. Der Abnehmer muss den Auftraggeber **namentlich** kennen.

4.4 Bemessungsgrundlage beim Kommissionsgeschäft (Verkaufskommission)

4.4.1 Bemessungsgrundlage für die Lieferung des Kommissionärs

Entgelt für die Lieferung des Kommissionärs ist alles, was der Abnehmer aufzuwenden hat, um die Lieferung zu erhalten, abzüglich der USt. Es wäre also falsch, wenn der Kommissionär nur die ihm zustehende Provision versteuern würde, denn bei dem vom Abnehmer erhaltenen und an den Kommittenten weitergeleiteten Erlös handelt es sich um **keinen durchlaufenden Posten** gem. § 10 Abs. 1 Satz 6 UStG.

4.4.2 Bemessungsgrundlage für die Lieferung des Kommittenten an den Kommissionär

Gem. § 3 Abs. 3 UStG **gilt** der Kommissionär als Abnehmer des Kommittenten. Entgelt beim Kommittenten ist infolgedessen alles, was der Kommissionär an ihn abzuführen hat, abzüglich USt. **Kosten** und **Provision** des Kommissionärs, die dieser vom Verkaufserlös einbehält, gehören **nicht** zum Entgelt des Kommittenten.

4.5 Bemessungsgrundlage beim Agenturgeschäft

4.5.1 Bemessungsgrundlage für die sonstige Leistung des Agenten

Entgelt ist alles, was der Auftraggeber für die **erhaltene Vermittlungsleistung** aufzuwenden hat, abzüglich USt. Dazu gehören neben der Provision auch Kosten, die der Auftraggeber dem Agenten ersetzt. Im Falle, dass der Agent den Kaufpreis für den Abnehmer einzieht, liegt insoweit beim Agenten ein **durchlaufender Posten** vor, der nicht zum Entgelt des Agenten gehört.

4.5.2 Bemessungsgrundlage für die Lieferung des Auftraggebers an den Abnehmer

Entgelt ist alles, was der Abnehmer für die erhaltene Lieferung aufzuwenden hat, abzüglich der USt. Falls der Agent den Kaufpreis beim Abnehmer einzieht und nach Abzug seiner Provision und etwaiger Kosten an den Auftraggeber weiterleitet, ist darauf zu achten, dass zum Entgelt des Auftraggebers auch die Provision und die einbehaltenen Kosten gehören. Denn der Abnehmer hat auch diese Beträge für die Lieferung aufgewendet.

4.6 Dienstleistungskommission

Die Grundsätze des »klassischen« Kommissionsgeschäftes, die nur für Liefergeschäfte gelten, wurden gem. § 3 Abs. 11 UStG ab dem 01.01.2004 auch auf die sonstigen Leistungen übertragen. Wird ein Unternehmer in die Erbringung einer sonstigen Leistung eingeschaltet und handelt er dabei im eigenen Namen, jedoch für fremde Rechnung, gilt diese Leistung als an ihn und von ihm erbracht.

Die Vorschrift fingiert dabei eine Leistungskette. Sie behandelt einen Unternehmer (Geschäftsbesorger), der bei der Erbringung einer sonstigen Leistung im eigenen Namen, aber für fremde Rechnung tätig wird, als habe er die sonstige Leistung selbst erhalten und selbst erbracht. Der Unternehmer wird auf diese Weise – fiktiv – zum Empfänger der ersten und zum Erbringer der zweiten Leistung (Näheres hierzu vgl. A 32 UStR).

Die beiden Leistungen, d.h. die an den Geschäftsbesorger erbrachte und die von ihm ausgeführte Leistung, werden vom Leistungsinhalt her gleich behandelt. Dennoch ist jede der beiden Leistungen (Auftraggeber des Geschäftsbesorgers an Geschäftsbesorger; Geschäftsbesorger an Empfänger der Leistung) – unter Berücksichtigung der Leistungsbeziehung – gesondert für sich nach den allgemeinen Regeln des Umsatzsteuergesetzes zu beurteilen.

§ 3 Abs. 11 UStG greift somit z. B. nicht in die Regelung über den Ort der sonstigen Leistung oder eine Steuerbefreiung ein.

BEISPIEL

Der im Inland ansässige Eigentümer E eines in Spanien belegenen Ferienhauses beauftragt G mit Sitz im Inland im eigenen Namen, aber für seine Rechnung, Mieter für kurzfristige Ferienaufenthalte in seinem Ferienhaus zu besorgen.

LÖSUNG Da G in die Erbringung sonstiger Leistungen (kurzfristige Vermietungsleistungen gemäß § 4 Nr. 12 Satz 2 UStG) eingeschaltet wird und dabei im eigenen Namen, jedoch für fremde Rechnung handelt, gelten die Leistungen als an ihn und von ihm erbracht.

E ⟶ G ⟶ Mieter
kurzfristige   kurzfristige
Vermietungsleistungen   Vermietungsleistungen

Die Vermietungsleistungen des E an G und die Vermietungsleistungen des G an die Mieter sind im Inland nicht steuerbar. Der Ort der sonstigen Leistungen ist gemäß § 3a Abs. 2 Nr. 1 Satz 2 Buchst. a UStG Spanien (Belegenheitsort). Die Besteuerung von E und G in Spanien erfolgt nach spanischem Recht und ist dort steuerbar und steuerpflichtig.

FALL 22

Prüfen Sie in den nachfolgenden Fällen, welche steuerbaren und steuerpflichtigen Umsätze vorliegen. Errechnen Sie die USt.

1. Möbelhändler M hat von der Möbelfirma F 10 Schrankwände in Kommission genommen. Die Schrankwände wurden von der Firma F mit eigenem Lkw bei M am 15.11.01 angeliefert. Nach den zwischen M und F getroffenen Vereinbarungen ist M für den Weiterverkauf ein Verkaufspreis von je 6 000 € netto vorgeschrieben. Transportkosten zum Abnehmer darf M zusätzlich berechnen. Je Schrankwand erhält M eine Provision i. H. v. 1 000 € netto sowie die evtl. angefallenen und dem Kunden berechneten Transportkosten.

Am 10.12.01 konnte M an den Kunden K eine solche Schrankwand verkaufen. Die Auslieferung erfolgte am 13.12.01. M stellt K folgende auszugsweise dargestellte Rechnung aus:

Lieferung Schrankwand	6 000 €
+ Transportkosten	200 €
=	6 200 €
+ 19 % USt	1 178 €
insgesamt	7 378 €

Am 17.12.01 rechnete M mit F über diese Schrankwand wie folgt ab:

Verkauf einer Schrankwand an den Kunden K	6 000 €
+ Transportkosten	200 €
./. Provision	./. 1 000 €
./. Transportkosten	./. 200 €
=	5 000 €
+ 19 % USt	950 €
Ihr Guthaben	5 950 €

2. Privatmann P beauftragt den Grundstücksmakler G mit dem Verkauf seines bisher selbst bewohnten Einfamilienhauses. P und G schließen am 10.05.01 einen Vermittlungsvertrag ab, wonach G ermächtigt wird, das Haus im Namen des P zum Mindestverkaufspreis von 500 000 € zu verkaufen. Vom Verkaufserlös erhält G von P eine Provision i. H. v. 2 %. Am 03.06.01 veräußert G das Haus zum Preis von 540 000 € im Namen des P an A. G berechnet P für die Vermittlung eine Provision von 10 800 €.

Teil P Unternehmer, Unternehmen

1 Unternehmer

1.1 Allgemeines

In den bisherigen Fällen konnten Sie stets ohne weiteres davon ausgehen, dass das Tatbestandsmerkmal Unternehmer gegeben ist. Nachfolgend sollen Sie in die Lage versetzt werden, dies selbst beurteilen zu können. Hierzu bestimmt § 2 Abs. 1 Satz 1 UStG:

»Unternehmer ist, **wer eine gewerbliche oder berufliche Tätigkeit selbständig** ausübt.«

Die Definition enthält **drei** Tatbestandsvoraussetzungen, die vorliegen müssen, damit jemand Unternehmer ist.

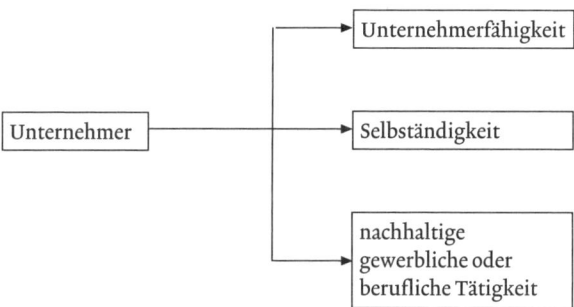

1.2 Unternehmerfähigkeit

Darunter versteht man die Fähigkeit, überhaupt Unternehmer sein zu können. Diese Unternehmerfähigkeit hat zunächst einmal jeder Mensch, und zwar von Geburt an bis zu seinem Tode. Bei natürlichen Personen (Menschen) deckt sich also die Unternehmerfähigkeit mit der bürgerlich-rechtlichen **Rechtsfähigkeit**. Unternehmerfähigkeit setzt **keine Geschäftsfähigkeit** und nicht einmal Handlungsfähigkeit voraus.

BEISPIEL

Der zwei Monate alte Säugling S erbt die Fabrik seines Onkels O. Seine Eltern leiten als seine gesetzlichen Vertreter die Fabrik bis zu seiner Volljährigkeit.

In diesem Falle ist S der Unternehmer und nicht seine Eltern. Es kommt für die Unternehmereigenschaft nicht darauf an, wer die Geschäfte tätigt, sondern in **wessen Namen** dies geschieht. Neben den **natürlichen Personen** besitzen auch die **juristischen Personen** (z. B. Aktiengesellschaft, GmbH) sowie – im Regelfall – die **Personenvereinigungen des bürgerlichen Rechts ohne Rechtsfähigkeit** (z. B. OHG, KG und GbR) die Unternehmerfähigkeit.

Gegenstand dieses Lehrbuchs soll jedoch nur die Unternehmereigenschaft von natürlichen Personen sein.

1.3 Selbständigkeit

§ 2 Abs. 2 Nr. 1 UStG trifft hierzu folgende negative Begriffsbestimmung: »Die Tätig-keit wird nicht selbständig ausgeübt, soweit natürliche Personen einem Unternehmen so eingegliedert sind, dass sie den Weisungen des Unternehmers zu folgen verpflichtet sind.«

D. h., derjenige, welcher nur als **Arbeitnehmer** i. S. d. Lohnsteuerrechts tätig ist, kann kein Unternehmer sein. In Zweifelsfällen ist die Frage der Selbständigkeit bzw. Unselb-ständigkeit nach lohnsteuerlichen Kriterien vorzunehmen. Einzelheiten hierzu vgl. Band 7, Lohnsteuer (B 2).

Allerdings ist die Beurteilung nach dem nationalen Lohnsteuerrecht nicht zwingend. In Zweifelsfällen entscheidend ist letztlich Art. 10 MwStSystRL. Diese Bestimmung schließt Lohn- und Gehaltsempfänger und sonstige Personen von der Besteuerung aus, soweit sie an ihren Arbeitgeber durch einen Arbeitsvertrag oder ein sonstiges Rechtsverhältnis gebun-den sind, da ein Arbeitsvertrag hinsichtlich der Arbeitsbedingungen und des Arbeitsent-gelts sowie der Verantwortlichkeit des Arbeitgebers ein Verhältnis der Unterordnung schafft.

Lt. BFH vom 03.02.2000 BFH/NV 2000, 997 sind auch die Kriterien des Arbeitsrechts und des Sozialrechts für die steuerrechtliche Einstufung als unselbständige Tätigkeit ohne Bedeutung. Für das Steuerrecht sind nur steuerrechtliche Kriterien maßgebend. Der BFH legt hier besonderen Wert auf das Merkmal des Unternehmerrisikos in Form des Ver-gütungsrisikos. Wird eine Vergütung für Ausfallzeiten nicht gezahlt, spricht dies für die Selbständigkeit.

Andererseits spricht für die Unselbständigkeit, wenn der Steuerpflichtige von einem Vermögensrisiko der Erwerbstätigkeit freigestellt ist (z. B. Entgeltsfortzahlung im Krank-heitsfalle).

1.4 Gewerbliche oder berufliche Tätigkeit

Im Normalfall liegt eine gewerbliche oder berufliche Tätigkeit immer dann vor, wenn jemand einkommensteuerrechtlich
- Einkünfte aus Land- und Forstwirtschaft,
- Einkünfte aus Gewerbebetrieb,
- Einkünfte aus selbständiger Tätigkeit,
- Einkünfte aus Vermietung und Verpachtung

bezieht. Die Begriffsbestimmung der gewerblichen oder beruflichen Tätigkeit ist jedoch nach § 2 Abs. 1 Satz 3 UStG noch umfassender. Sie beinhaltet jede nachhaltige Tätigkeit zur Erzielung von Einnahmen (**Einnahmeerzielungsabsicht**).

1.4.1 Nachhaltige Tätigkeit

Unter Tätigkeit in diesem Sinne versteht man in erster Linie das Erbringen von Leis-tungen, darüber hinaus jedoch auch Vorbereitungshandlungen für Leistungen.

Nachhaltigkeit liegt grundsätzlich dann vor, wenn die Tätigkeit planmäßig wiederholt wird und auf eine gewisse Dauer angelegt ist. Durch Art. 9 MwStSystRL ist jedoch der Un-ternehmerbegriff etwas eingeschränkt worden. Dementsprechend ist § 2 UStG richtlini-enkonform auszulegen. Hiernach gelten folgende Grundsätze.

a) Wer als Nichtunternehmer Gegenstände aus seinem Privatvermögen veräußert, wird dadurch allein nicht zum Unternehmer, selbst wenn er dabei in Wiederholungsabsicht und planmäßig handelt. Zu den Gegenständen des Privatvermögens gehören auch diejenigen Gegenstände, die i. R. eines Hobbys erworben wurden, z. B. eine Briefmarkensammlung oder eine Münzsammlung (vgl. A 18 Abs. 4 Satz 2 UStR). Zum Unternehmer wird eine Person in derartigen Fällen erst dann, wenn sie nach Art und Umfang der Tätigkeit wie ein vergleichbarer Gewerbetreibender, z. B. Münzhändler oder Briefmarkenhändler auftritt (vgl. BFH vom 29.06.1987 BStBl II 1987, 744).

b) Die Nachhaltigkeit ist nach dem **Gesamtbild der Verhältnisse** zu beurteilen und muss eine gewisse Intensität erreichen. Ein Werksangehöriger eines Automobilwerks, der regelmäßig einen Jahreswagen veräußert, tritt zwar aufgrund seines Werksangehörigenrabatts wie ein vergleichbarer Pkw-Händler auf. Jedoch ist die Veräußerung von Fahrzeugen im Abstand von mehr als einem Jahr noch nicht so intensiv, dass der Werksangehörige zum Unternehmer würde (vgl. A 18 Abs. 4 Satz 2 UStR).

c) Die Vermietung allein eines einzigen Gegenstandes ist i. d. R. bereits als nachhaltige Tätigkeit zu behandeln. Der BFH nimmt sogar dann eine nachhaltige Tätigkeit an, wenn ein Ehepartner nur einen Gegenstand an den anderen Ehepartner vermietet (vgl. hierzu BFH vom 04.05.1994 BStBl II 1994, 829).

Die nur gelegentliche Vermietung eines Freizeitgegenstandes (überwiegend privat genutztes Wohnmobil) durch den Eigentümer ist dagegen keine unternehmerische Tätigkeit. Bei der Beurteilung, ob zur nachhaltigen Erzielung von Einnahmen vermietet wird, kann ins Gewicht fallen, dass nur ein einziges, seiner Art nach für die Freizeitgestaltung geeignetes Fahrzeug angeschafft, es überwiegend für private eigene Zwecke und für nichtunternehmerische Zwecke des Ehegatten genutzt worden ist, dass es nur mit Verlusten eingesetzt und weitestgehend von dem Ehegatten finanziert und unterhalten wurde, dass es nur für die Zeit der effektiven Nutzung als Mietfahrzeug versichert worden war und dass weder ein Büro noch besondere Einrichtungen zur Unterbringung und Pflege des Fahrzeugs vorhanden waren (vgl. A 18 Abs. 6 UStR und BFH vom 12.12.1996 BStBl II 1997, 368).

1.4.2 Einnahmeerzielungsabsicht

Die Tätigkeit muss nur auf die Erzielung von Einnahmen, nicht jedoch auf die Erzielung von Gewinn gerichtet sein (vgl. § 2 Abs. 1 Satz 3 UStG). Der umsatzsteuerrechtliche Unternehmerbegriff darf nicht durch die einkommensteuerlichen Grundsätze der »Liebhaberei« eingeschränkt werden (vgl. BFH vom 23.01.1992 UR 1992, 202). Die Höhe der Einnahmen spielt zwar für die Beurteilung der nachhaltigen Tätigkeit eine Rolle, jedoch schadet es nicht, wenn den Einnahmen weit höhere Ausgaben gegenüber stehen. Entscheidend ist, dass die Tätigkeit vorwiegend zur Einnahmeerzielung und nicht als Hobby o. Ä. ausgeführt wird (vgl. hierzu BFH vom 21.05.1987 BStBl II 1987, 735).

FALL 23

Stellen Sie fest, ob in den nachfolgenden Sachverhalten der Leistungsgeber Unternehmer ist, und begründen Sie diese Entscheidung.

1. Arbeitnehmer A veräußert sein Motorrad an den Gebrauchtwagenhändler E in Stuttgart für 5 000 €.

2. Der in einem Industriebetrieb angestellte Hausmeister H betreibt in diesem Betrieb auf eigene Rechnung eine Kantine.

3. Der Amerikaner A, der seinen Wohnsitz in New York innehat, besitzt in Stuttgart einen Fabrikationsbetrieb zur Herstellung von elektronischen Schaltelementen. Der Betrieb wird von dem angestellten Geschäftsführer G im Namen des A geführt. G hat von A hierfür alle Vollmachten erhalten. A ist bisher überhaupt noch nie nach Deutschland gekommen.

4. Der Handelsreisende H hat mit seinem Auftraggeber, der Firma S, folgende Vereinbarungen getroffen:

a) Er verpflichtet sich, seine Arbeitskraft ausschließlich der Firma S zur Verfügung zu stellen.

b) Kundenbesuche kann er nach eigener Auswahl und Zeiteinteilung durchführen.

c) Als Entlohnung erhält er ein Fixum und eine Provision.

d) Der Pkw wird von der Firma S gestellt.

e) H muss täglich einen Reisebericht erstellen.

f) Er hat Anspruch auf Jahresurlaub und nimmt an der betrieblichen Altersversorgung teil.

5. Privatperson P lässt sich auf dem Dach seines Einfamilienhaus eine Photovoltaikanlage installieren. Den erzeugten Strom gibt P gegen Entgelt an E-Werk ab.

2 Unternehmen

2.1 Allgemeines

Bei der Umsatzart »Lieferungen und sonstige Leistungen« sind Sie bisher ohne weiteres davon ausgegangen, dass Leistungen **im Rahmen des Unternehmens** vorliegen.

Damit Sie selbst beurteilen können, ob dieses Tatbestandsmerkmal vorliegt, wird nachfolgend der Begriff des **Unternehmens** erläutert. Dieser Begriff ist außerdem auch für unentgeltliche Lieferungen i. S. v. § 3 Abs. 1b Nr. 1 UStG, unentgeltliche Leistungen i. S. d. § 3 Abs. 9a UStG und für den Vorsteuerabzug von Bedeutung.

Nach § 2 Abs. 1 Satz 2 UStG umfasst das Unternehmen die **gesamte** gewerbliche oder berufliche Tätigkeit des Unternehmers. Diese Vorschrift beinhaltet folgenden wichtigen Grundsatz:

Jeder Unternehmer hat immer nur ein einziges Unternehmen (Einheitstheorie).

Auf Grund dieser Einheitstheorie liegt bei einem Unternehmer, der z. B. mehrere gewerbliche oder freiberufliche Betriebe besitzt, dennoch nur ein **einziges Unternehmen** vor.

BEISPIEL

Unternehmer U besitzt in Stuttgart eine Nachtbar, in Ludwigsburg eine Gaststätte und in Heilbronn eine Metzgerei.

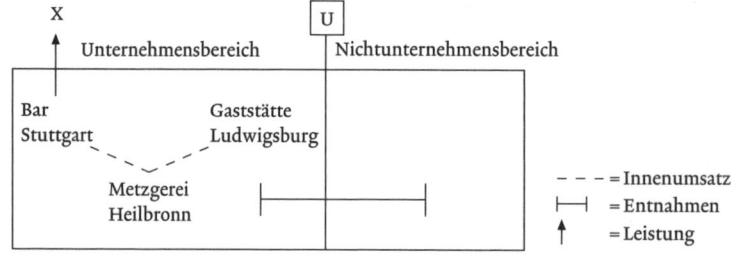

Sämtliche Gewerbebetriebe zusammen bilden **das eine Unternehmen** des U. Neben dem Unternehmensbereich hat U als natürliche Person noch einen nichtunternehmerischen Bereich.

Warenbewegungen innerhalb des Unternehmensbereichs (z. B. von der Metzgerei zur Gaststätte oder zur Bar) stellen zwar Tätigkeiten i. R. d. Unternehmens dar, es liegen jedoch keine Lieferungen vor, da die Gegenstände nicht in die Verfügungsmacht eines Dritten gelangen. Entsprechend können innerhalb des Unternehmensbereichs keine sonstigen Leistungen erbracht werden. Man spricht von nichtsteuerbaren **Innenumsätzen**[1].

Bei **Entnahmen** vom Unternehmensbereich in den Privatbereich werden zwar keine Leistungen bewirkt, die Entnahmen können jedoch nach § 3 Abs. 1b Nr. 1 und Abs. 9a UStG entgeltlichen Leistungen gleichgestellt sein (vgl. Q).

2.2 Leistungen vom Unternehmensbereich an Dritte

Erfolgen Leistungen vom Unternehmensbereich an Dritte, werden diese i. R. d. Unternehmens ausgeführt. Leistungen vom Unternehmensbereich liegen stets dann vor, wenn es sich um

- Grundgeschäfte,
- Hilfsgeschäfte,
- Nebengeschäfte

handelt.

Grundgeschäfte liegen bei Leistungen des Unternehmers vor, die den Hauptzweck der unternehmerischen Tätigkeit bilden.

Hilfsgeschäfte liegen bei solchen Leistungen vor, die sich im Gefolge der Haupttätigkeit des Unternehmers ergeben, z. B. die Veräußerung von nicht mehr benötigten Gegenständen des Anlagevermögens (vgl. A 20 Abs. 2 UStR).

Nebengeschäfte liegen bei Leistungen vor, die auch noch Ausfluss der Haupttätigkeit des Unternehmers sind und mit ihr in einem wirtschaftlichen Zusammenhang stehen (z. B. Werbeleistungen eines selbständigen Berufssportlers).

Hinweis: Nach A 20 Abs. 2 Satz 2 UStR gehört zu den Hilfsgeschäften jede Tätigkeit, die die Haupttätigkeit mit sich bringt. Der Begriff Hilfsgeschäft wird danach als Oberbegriff für Hilfsgeschäfte und Nebengeschäfte verwendet.

2.3 Umsätze aus Vermietung und Verpachtung

Neben den Betrieben eines Unternehmers (gewerbliche und freiberufliche Betriebe) gehört zum Unternehmensbereich auch die **Vermietung und Verpachtung** (insbesondere von Grundstücken). Dies gilt selbst dann, wenn das Grundstück einkommensteuerrechtlich als Privatvermögen behandelt wird.

2.4 Verfahrensrechtliche Auswirkung der Einheitstheorie

Ausfluss der Einheitstheorie ist, dass der Unternehmer, auch wenn er zahlreiche Betriebe hat, alle in diesen Betrieben erzielten Umsätze und angefallenen Vorsteuern in nur einer **einzigen Steueranmeldung** (Voranmeldung, Jahresanmeldung) erklären muss.

---

1 Warenbewegungen vom Inland in einen anderen EU-Mitgliedstaat werden jedoch gem. § 3 Abs. 1a Nr. 1 UStG als Lieferung gegen Entgelt fingiert.

Stellen Sie im nachfolgenden Fall den Unternehmensbereich und die umsatzsteuerrechtlichen Auswirkungen fest.

A ist Inhaber eines Baugeschäftes. Daneben ist er noch als freier Architekt tätig. Außerdem besitzt er ein Mietshaus, welches er vermietet hat, und ein Einfamilienhaus, welches er mit seiner Familie bewohnt.

Zur Aufstockung seiner betrieblichen Mittel veräußert er ein geerbtes Gemälde, das bisher in seinem Einfamilienhaus hing, für 20 000 €. Den Erlös legt er in sein Bauunternehmen ein.

3 Unternehmensvermögen bei Gegenständen

Gegenstände, die dem Unternehmer gehören und die dem Unternehmensbereich zuzuordnen sind, werden als Gegenstände des **Unternehmensvermögens** bezeichnet. Erwirbt der Unternehmer einen Gegenstand, den er seinem Unternehmen zuordnet, ist er grundsätzlich[1] bezüglich der beim Erwerb anfallenden Umsatzsteuer zum Vorsteuerabzug berechtigt.

Ein Gegenstand, der ausschließlich unternehmerisch genutzt wird oder mit dem der Unternehmer Handel treibt, gehört grundsätzlich zum Unternehmensvermögen.

Bei Gegenständen, die sowohl unternehmerisch als auch außerunternehmerisch genutzt werden, hat der Unternehmer grundsätzlich ein Zuordnungswahlrecht. Im Wesentlichen handelt es sich hierbei um bebaute oder unbebaute Grundstücke und um Pkws. Ordnet der Unternehmer einen solchen Gegenstand dem Unternehmen voll zu, ist er grundsätzlich[1] zum vollen Vorsteuerabzug berechtigt und muss dafür die private Nutzung versteuern. Die Zuordnungsfreiheit wurde gem. § 15 Abs. 1 Satz 2 UStG geringfügig durch eine Bagatellgrenze eingeschränkt. Wird hiernach ein Gegenstand zu weniger als 10 % für das Unternehmen genutzt, kann er nicht dem unternehmerischen Bereich zugeordnet werden. Vorerst gilt diese Regelung allerdings nur bis 31.12.2009, da sie als Sondermaßnahme nach Art. 27 der 6. EG-RL genehmigt werden musste und diese Genehmigung bis 31.12.2009 erteilt wurde.

Auf die einkommensteuerliche Behandlung des Gegenstands ist lt. BFH nicht abzustellen. Lt. BFH geht das USt-Recht nicht von der Unterscheidung nach Vermögensarten, sondern nach Tätigkeitsarten aus. Aus diesem Grunde könne die einkommensteuerliche Regelung nicht übernommen werden. Insbesondere ist für die 10 %-Grenze nach § 15 Abs. 1 Satz 2 UStG nicht die Nutzung im KJ der erstmaligen Verwendung ausschlaggebend, sondern die auf absehbare Zeit beabsichtigte Nutzung. Der Prozentsatz der tatsächlichen unternehmerischen Nutzung im KJ der erstmaligen Verwendung ist lediglich ein widerlegbares Indiz für die beabsichtigte Nutzung.

---

[1] Vorbehaltlich der Vorsteuerabzugsverbote.

Darstellung des Begriffs Unternehmensvermögen

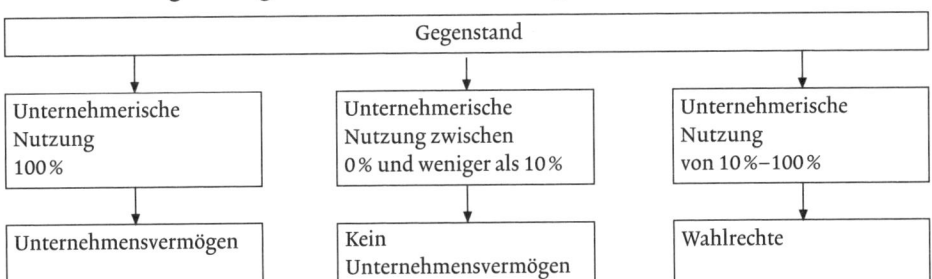

Hinsichtlich der gemischt genutzten Gegenstände, die der Unternehmer zu wenigstens 10% und bis zu weniger als 100% unternehmerisch nutzt, hat der Unternehmer folgende Wahlmöglichkeiten (vgl. A 192 Abs. 21 Nr. 2 UStR):

1. volle Zuordnung zum Unternehmensvermögen,
2. volle Zuordnung zum nichtunternehmerischen Bereich,
3. teilweise Zuordnung zu einem beliebigen Anteil zum unternehmerischen und zum nichtunternehmerischen Bereich (Trennungsprinzip).

3.1 Ausübung des Wahlrechtes

Hinsichtlich der Ausübung des Wahlrechts ist nach A 192 Abs. 21 Nr. 2 Satz 5 UStR Folgendes zu beachten:

Die Zuordnung eines Gegenstands zum Unternehmen erfordert eine durch Beweisanzeichen gestützte Zuordnungsentscheidung des Unternehmers bei Anschaffung, Herstellung oder Einlage des Gegenstands. Die Geltendmachung des Vorsteuerabzugs ist regelmäßig ein gewichtiges Indiz für, die Unterlassung des Vorsteuerabzugs ein ebenso gewichtiges Indiz gegen die Zuordnung eines Gegenstands zum Unternehmen. Ist ein Vorsteuerabzug nicht möglich, müssen andere Beweisanzeichen herangezogen werden (BFH vom 31.01.2002 BStBl II 2003, 813). Gibt es keine Beweisanzeichen für eine Zuordnung zum Unternehmen, kann diese nicht unterstellt werden (BFH vom 28.02.2002 BStBl II 2003, 815).

Besondere Bedeutung im Umsatzsteuerrecht kommt der Frage zu in welchem Umfang ein teilweise privat genutztes Gebäude im Fall der Anschaffung oder Herstellung dem Unternehmen zugeordnet wird, da die private Nutzung nach dem Urteil des EuGH vom 08.05.2003 (C 269/00) steuerpflichtig ist. Hierzu gilt nach A 192 Abs. 21 Nr. 2b UStR Folgendes:

Ist im Fall der Anschaffung oder Herstellung eines Gebäudes ein Vorsteuerabzug nicht möglich, kann eine teilweise oder vollständige Zuordnung zum Unternehmen angenommen werden, wenn der Unternehmer gegenüber dem Finanzamt durch eine schriftliche Erklärung spätestens bis zur Abgabe der Umsatzsteuererklärung für das Jahr, in dem die jeweilige Leistung bezogen worden ist, erklärt, dass und in welchem Umfang er das Gebäude dem Unternehmen zugeordnet hat. Entsprechendes gilt, wenn ein Vorsteuerabzug nur teilweise möglich ist und sich aus dem Umfang des geltend gemachten Vorsteuerabzuges nicht ergibt, mit welchem Anteil das Gebäude dem Unternehmen zugeordnet wurde. Gibt der Unternehmer keine entsprechende Erklärung ab und kann aus dem Umfang der Geltendmachung des Vorsteuerabzuges nicht auf die Zuordnung zum Unternehmen geschlossen werden, kann diese nicht unterstellt werden.

Aus der Verbuchung des Ankaufs des Gegenstandes, auch des Verkaufs, kann nicht auf eine Zuordnung des Gegenstandes zum Unternehmen geschlossen werden. Zwar kann auch die bilanzielle und ertragsteuerliche Behandlung eines Wirtschaftsguts ein Indiz für die umsatzsteuerliche Behandlung sein; so kann z.B. der Umstand, dass der Unternehmer ein Wirtschaftsgut, welches er als gewillkürtes Betriebsvermögen behandeln könnte, nicht bilanziert, ein Indiz dafür sein, dass er es auch umsatzsteuerrechtlich nicht seinem Unternehmen zuordnet (BFH vom 31.01.2002 BStBl II 2003, 813). Bei einem Gegenstand, der überwiegend betrieblich genutzt wird, kann aber aus dem Umstand, dass er ertragsteuerlich notwendig dem Betriebsvermögen zuzurechnen ist und vom Unternehmer entsprechend behandelt wird, nicht geschlossen werden, dass der Unternehmer ihn auch umsatzsteuerlich seinem Unternehmen zugeordnet hat.

Auch der Umstand, dass der Unternehmer für die laufenden Kosten einen Vorsteuerabzug geltend gemacht hat, ist kein Beweisanzeichen dafür, dass der Gegenstand dem Unternehmen zugeordnet worden ist.

Eine (vollständige) Zuordnung des Gegenstandes zum unternehmerischen Bereich kann allenfalls davon abgeleitet werden, dass der Unternehmer die private Verwendung des Gegenstandes gemäß § 3 Abs. 9a Nr. 1 UStG versteuert hat (BFH vom 31.01.2002 BStBl II 2003, 813).

3.2 Umsatzsteuerrechtliche Auswirkung der Zuordnung bei gemischter Nutzung von Pkws und Gebäuden

Die Zuordnung gemischt genutzter Gegenstände zum Unternehmen hat Auswirkungen auf den Vorsteuerabzug und die umsatzsteuerrechtliche Behandlung der privaten Nutzung. Da eine derartige Nutzung im Wesentlichen nur bei Pkws und Gebäuden vorkommt, wird nachfolgend nur dargestellt, wie sich die Zuordnung hierbei auswirkt. Dabei ist auch noch zu beachten, dass der Vorsteuerabzug nicht nur durch die Zuordnung zum Unternehmen, sondern auch durch Vorsteuerabzugsverbote beeinflusst wird. Deshalb werden nachfolgend nur Fälle dargestellt, in denen keine Vorsteuerabzugsverbote eingreifen. Die Pkw und Gebäude werden also im Rahmen der unternehmerischen Nutzung ausschließlich für steuerpflichtige Umsätze verwendet. Die Auswirkungen der Zuordnung bei gemischter Nutzung von Pkws und Gebäuden zeigen die folgenden Beispiele.

BEISPIELE

a) Der Unternehmer U erwarb am 01.03.01 einen Pkw, den er zu 90% für unternehmerische und zu 10% für nichtunternehmerische Zwecke zu nutzen beabsichtigte. Aufgrund des Fahrtenbuchs ergab sich nach Ablauf des KJ 01 eine unternehmerische Nutzung von 85%. Das Fahrzeug wird im KJ 02 veräußert.

aa) **Variante 1:** U ordnet den Pkw voll seinem unternehmerischen Bereich zu.
LÖSUNG
- Es ist der volle Vorsteuerabzug möglich,
- die Privatnutzung wird gem. § 3 Abs. 9a Nr. 1 UStG einer entgeltlichen sonstigen Leistung gleichgestellt,
- die Veräußerung ist voll steuerpflichtig.

bb) **Variante 2:** U ordnet den Pkw voll seinem nichtunternehmerischen Bereich zu.

LÖSUNG
- Anteilige Vorsteuern (85 %) aus Reparatur- und Wartungskosten, Treibstoffkosten, soweit unternehmerische Nutzung,
- die Privatnutzung ist nicht steuerbar,
- die Veräußerung ist nicht steuerbar.
- Nach A 192 Abs. 18 Nr. 2a) Sätze 6 und 7 UStR können Vorsteuerbeträge aus Benzin- und Wartungskosten im Verhältnis der unternehmerischen zur nichtunternehmerischen Nutzung abgezogen werden. Vorsteuerbeträge, die unmittelbar und ausschließlich auf die unternehmerische Verwendung des Fahrzeugs entfallen, z. B. Vorsteuerbeträge aus Reparaturaufwendungen aufgrund eines Unfalls während einer unternehmerisch veranlassten Fahrt, können in voller Höhe abgezogen werden.

cc) **Variante 3:** U ordnet den Pkw zu 90 % seinem unternehmerischen Bereich zu.
LÖSUNG
- Die Vorsteuer kann anteilig i. H. v. 90 % abgezogen werden,
- die Privatnutzung i. H. v. 5 % gem. § 3 Abs. 9a Nr. 1 UStG wird einer entgeltlichen sonstigen Leistung gleichgestellt,
- die Veräußerung ist zu 90 % steuerbar und steuerpflichtig.

Anmerkung: In der Praxis entscheiden sich die Unternehmer regelmäßig für die Variante 1, da sie ihnen den maximalen Vorsteuerabzug ermöglicht und außerdem die verfahrensmäßige Abwicklung am einfachsten ist. Die Unternehmer haben in dieser Variante sofort den vollen Vorsteuerabzug und müssen den Ausgleich für die private Nutzung erst nach erfolgter Privatnutzung durch deren Versteuerung vornehmen, also wenn deren Anteil sicher feststellbar ist. Die Variante 3 ist demgegenüber nur dann zu erwägen, wenn der private Nutzungsanteil nicht schwankt und von vornherein sicher feststellbar ist.
Fälle der Variante 2 kommen in der Praxis nur dann vor, wenn die Zuordnung zum Unternehmen wegen Unterschreitung der 10 %-Grenze nicht möglich ist.

b) Der Unternehmer U errichtet auf eigenem Grund und Boden ein Gebäude, welches er nach Fertigstellung, wie von vornherein geplant, entsprechend dem Verhältnis der Nutzfläche zu 60 % für unternehmerische und zu 40 % für nichtunternehmerische Zwecke verwendet. Die unternehmerische Nutzung erfolgt für steuerpflichtige Umsätze.

aa) **Variante 1:** U ordnet das Gebäude zu 100 % seinem unternehmerischen Bereich zu.
LÖSUNG
- Der Vorsteuerabzug ist i. H. v. 100 % zulässig.
- Die Privatnutzung ist gem. § 3 Abs. 9a Nr. 1 UStG steuerbar und steuerpflichtig.
- Die Veräußerung ist steuerbar, aber nach § 4 Nr. 9a UStG steuerfrei (bei Optionsmöglichkeit zur Steuerpflicht).

bb) **Variante 2:** U ordnet das Gebäude voll seinem nichtunternehmerischen Bereich zu.
LÖSUNG
- Es ist kein Vorsteuerabzug möglich,
- die Privatnutzung ist nicht steuerbar,
- die Veräußerung ist nicht steuerbar.

cc) **Variante 3:** U ordnet das Gebäude zu 60 % seinem unternehmerischen Bereich zu.
LÖSUNG
- Ein 60 %iger Vorsteuerabzug ist möglich,
- die Privatnutzung ist nicht steuerbar,
- die Veräußerung ist zu 60 % steuerbar, aber nach § 4 Nr. 9a UStG steuerfrei (bei Optionsmöglichkeit zur Steuerpflicht).

4 Unternehmensvermögen bei Nutzungsrechten

Es gibt Gegenstände, die zwar nicht im Eigentum des Unternehmers stehen (z. B. angemietete Gegenstände), jedoch ebenfalls im Unternehmen verwendet werden. Der Unternehmer hat in diesen Fällen nur ein Nutzungsrecht am Gegenstand.

Da der Gegenstand dem Unternehmer nicht gehört, kann er als solcher dem Unternehmen nicht zugeordnet werden.

Eine Zuordnung zum Unternehmen kann nur hinsichtlich des Nutzungsrechts erfolgen. Diesbezüglich gelten im Wesentlichen dieselben Grundsätze wie für die Zuordnung des Wirtschaftsguts. Dabei unterscheidet die Verwaltung allerdings zwischen nur einheitlich nutzbaren Gegenständen wie z. B. Pkws und in unterschiedlichen Teilen unterschiedlich nutzbaren Gegenständen z. B. Grundstücke und Gebäude.

Für nur einheitlich nutzbare Gegenstände z. B. Pkws gilt:

Bei einer unternehmerischen Nutzung von wenigstens 10 % kann das Nutzungsrecht

- zu 100 % dem Unternehmen zugeordnet werden,
- zu einem beliebigen Anteil dem Unternehmen zugeordnet werden oder
- voll dem nichtunternehmerischen Bereich zugeordnet werden.

Die Folgen sind dann dieselben wie bei der Zuordnung des Gegenstandes selbst, wobei an die Stelle der Vorsteuer aus dem Erwerb die Vorsteuer aus der Anmietung tritt.

> **BEISPIEL**
>
> Unternehmer A least ab dem 01.03.2008 einen Pkw im Rahmen des Miet-Leasings vom Leasing-Unternehmen L. Er nutzt den Pkw zu 70 % betrieblich und zu 30 % privat. Er macht die Umsatzsteuer aus den Leasing-Raten voll als Vorsteuer geltend.
>
> **LÖSUNG** Infolge der Geltendmachung des vollen Vorsteuerabzugs ordnet A das Nutzungsrecht seinem Unternehmen zu 100 % zulässigerweise zu (vgl. A 192 Abs. 21 Nr. 2a Satz 1 UStR). Zum Ausgleich unterliegt die private Verwendung des Pkw nach § 3 Abs. 9a Nr. 1 UStG der Umsatzsteuer (vgl. A 192 Abs. 21 Nr. 2a Satz 2 UStR).

Für in unterschiedlichen Teilen unterschiedlich nutzbare Gegenstände z. B. Gebäude gilt: Das Nutzungsrecht bezüglich jedes unterschiedlich genutzten Teils ist hinsichtlich der Zuordnung selbständig zu beurteilen.

> **BEISPIEL**
>
> Eigentümer E vermietet an den Steuerberater S ein zweigeschossiges Gebäude, welches S bezüglich des Erdgeschosses als Praxis und bezüglich des Obergeschosses als Wohnung nutzt.
>
> **LÖSUNG** S kann das Nutzungsrecht bezüglich des Erdgeschosses voll seinem Unternehmen zuordnen. Als Folge kann E hinsichtlich der Vermietung des Erdgeschosses gem. § 9 UStG auf die Befreiung gem. § 4 Nr. 12 UStG verzichten.
>
> Das Nutzungsrecht am Obergeschoss kann E seinem Unternehmen nicht zuordnen, da er es ausschließlich nichtunternehmerisch nutzt. Ein Verzicht auf die Befreiung gem. § 9 UStG ist damit ausgeschlossen.
>
> Könnte S das Nutzungsrecht am gesamten Gebäude insgesamt seinem Unternehmen zuordnen, wäre für E insgesamt ein Verzicht auf die Befreiung nach § 9 UStG möglich. Das Optionsverbot nach § 9 Abs. 2 UStG würde nicht eingreifen, da hinsichtlich der Wohnung eine gem. § 3 Abs. 9a Nr. 1 UStG steuerbare und steuerpflichtige Nutzungsentnahme vorläge.

5 Vertretbare Sachen

Ist ein Gegenstand nach Zahl, Maß oder Gewicht aufteilbar, ohne dabei seine Identität zu verlieren (vertretbare Sachen), wird nur der unternehmerisch genutzte Teil dieses Gegenstandes Unternehmensvermögen (Trennungsprinzip). Der restliche Teil ist dem nichtunternehmerischen Bereich zuzuordnen. Vgl. A 192 Abs. 21 Nr. 1 UStR.

Typische Beispiele für den Erwerb vertretbarer Sachen, die teils unternehmerisch, teils nichtunternehmerisch genutzt werden, ist der Bezug von Elektrizität und Wasser.

6 Grundgeschäfte

Treibt ein Unternehmer mit best. Gegenständen Handel und gehören diese zu seinem Grundgeschäft, ist davon auszugehen, dass diese Gegenstände grds. zum Unternehmensvermögen gehören. Dies gilt grds. auch dann, wenn beim Erwerb des betreffenden Gegenstandes von vornherein feststeht, dass sie der Unternehmer privat nutzen will. Der Unternehmer kann allerdings in diesem Fall ausdrücklich oder konkludent (indem er den an sich möglichen VStA nicht geltend macht) den Gegenstand dem außerunternehmerischen Bereich zuordnen.

FALL 25

Prüfen Sie in den nachfolgenden Sachverhalten, inwieweit Unternehmensvermögen vorliegt.

Sachverhalt	Unternehmens-vermögen	Umsatzsteuer-rechtliches Privatvermögen
1. Bauunternehmer B erwirbt im Großhandel eine Waschmaschine für seinen Haushalt. Die Rechnung lautet auf die Firma des B.		
2. Pkw-Händler P erwirbt beim Automobilwerk W einen Sportwagen, um ihn seiner Frau zu Weihnachten zu schenken.		
3. Der Unternehmer U erwirbt 80 000 Liter Heizöl. Davon verwendet er 40 000 Liter für seinen Fabrikationsbetrieb, 30 000 Liter für sein Miethaus und 10 000 Liter für sein eigengenutztes Einfamilienhaus.		
4. Rechtsanwalt R erwirbt einen Pkw, den er aufgrund der Erfordernisse seiner Anwaltspraxis zu etwa 30 % unternehmerisch nutzen will. Er hat die USt, die ihm für die Lieferung des Pkw gesondert in Rechnung gestellt wurde, als Vorsteuer abgezogen.		
5. Unternehmer A hat ein Haus mit zwei gleich großen Wohnungen erworben, von denen er sofort nach Erwerb eine Wohnung vermietet und eine selbst bewohnt.		
6. Friseurmeister F erwirbt einen Pkw, den er nach den Gegebenheiten seines Betriebs zu höchstens 8 % unternehmerisch und zu 92 % privat nutzen will.		
7. Unternehmer E hat ein Einfamilienhaus erworben, welches er sofort nach Erwerb an M vermietet.		
8. Unternehmer U erwirbt einen gebrauchten Pkw von einem Nichtunternehmer für 50 000 €. Er nutzt diesen Pkw zu 80 % für unternehmerische Zwecke. U macht aus den laufenden Kosten den vollen VStA geltend.		

7 Beginn und Ende der Unternehmertätigkeit

Vom Beginn und Ende der unternehmerischen Tätigkeit hängt es ab, ob steuerbare Umsätze getätigt werden, bzw. ob ein Vorsteuerabzug möglich ist.

7.1 Beginn der Unternehmertätigkeit

Die unternehmerische Tätigkeit beginnt bereits mit der ersten Vorbereitungshandlung, die im Zusammenhang mit der späteren Ausführung von Umsätzen steht (vgl. A 19 Abs. 1 UStR).

BEISPIEL

A will einen Antiquitätenhandel eröffnen. Am 07.01.01 erwirbt er einen Lieferwagen zum Transport von Antiquitäten. Am 01.02.01 mietet er Ladenräume an. Im Verlauf des 03.01 erwirbt er Einrichtungsgegenstände und Antiquitäten. Am 01.04.01 meldet er den Gewerbebetrieb bei der Stadt an. Am 07.04.01 tätigt er die ersten Verkäufe.

LÖSUNG Bereits der Erwerb des Lieferwagens am **07.01.01** stellt die erste unternehmerische Tätigkeit des A dar. Dies hat zur Folge, dass A bereits in der USt-Voranmeldung für **Januar 01** die bei Erwerb des Fahrzeugs angefallene Vorsteuer gegenüber dem Finanzamt geltend machen kann.

Gelegentlich kommt es vor, dass der Unternehmer, bevor es zur Ausführung von Umsätzen kommt, die Absicht, sich unternehmerisch zu betätigen, wieder aufgibt. Auch in diesem Fall bleibt die Unternehmereigenschaft und damit der Vorsteuerabzug erhalten (vgl. A 19 Abs. 1 Satz 2 und 3 UStR). Der Unternehmer muss in einem solchen Fall allerdings durch objektive Merkmale nachweisen oder glaubhaft machen, dass er ernsthaft die Absicht hatte, sich unternehmerisch zu betätigen (vgl. A 19 Abs. 2 bis 4 UStR).

7.2 Ende der Unternehmertätigkeit

Die unternehmerische Tätigkeit endet entweder mit dem Tod des Unternehmers oder mit seinem letzten Tätigwerden. Der Zeitpunkt der Einstellung oder Abmeldung eines Gewerbebetriebes ist unbeachtlich. Unternehmen und Unternehmereigenschaft erlöschen erst, wenn der Unternehmer alle Rechtsbeziehungen abgewickelt hat, die mit dem (aufgegebenen) Betrieb in Zusammenhang stehen (A 19 Abs. 6 Satz 3 UStR).

Die spätere Veräußerung von Gegenständen des Unternehmens oder die nachträgliche Vereinnahmung von Entgelten gehören noch zur Unternehmertätigkeit.

BEISPIEL

T ist Inhaber eines Tabakwarenladens und gibt das Geschäft auf. Er meldet es zum 31.12.01 ab. In der Zeit von Januar 02 bis März 02 veräußert er seine Restbestände an Tabakwaren. Die Einrichtungsgegenstände veräußert er am 01.04.02 an den Konkurrenten K. Den Erlös erhält er am 01.06.02.

LÖSUNG Die unternehmerische Tätigkeit endet frühestens am 01.06.02 mit der nachträglichen Vereinnahmung des Erlöses. Soweit T unter die Sollbesteuerung fällt, ist der Zeitpunkt der Vereinnahmung des Erlöses allerdings unbeachtlich.

Teil Q Unentgeltliche Leistungsabgaben

1 Allgemeines

Nach § 1 Abs. 1 Nr. 1 UStG sind nur die entgeltlichen Leistungen steuerbar. Um einen unversteuerten Endverbrauch zu vermeiden, stellt § 3 Abs. 1b und Abs. 9a UStG unter bestimmten Voraussetzungen unentgeltliche Leistungsabgaben und Entnahmen aus dem Unternehmen den entgeltlichen Leistungen gleich. Der deutsche Gesetzgeber folgt damit den Vorgaben in Art. 16 und 26 MwStSystRL. Soweit Gegenstände unentgeltlich abgegeben werden, ist die Gleichstellung mit entgeltlichen Leistungen davon abhängig, ob der Gegenstand oder seine Bestandteile wenigstens teilweise zum Vorsteuerabzug berechtigt hat.

Im Einzelnen unterscheidet das Gesetz folgende Gleichstellungstatbestände:

- die Entnahme eines Gegenstandes aus dem Unternehmen für Zwecke außerhalb des Unternehmens (§ 3 Abs. 1b Nr. 1 UStG),
- die unentgeltliche Zuwendung eines Gegenstandes an das Personal für dessen privaten Bedarf (§ 3 Abs. 1b Nr. 2 UStG),
- die unentgeltliche Zuwendung eines Gegenstandes für Zwecke des Unternehmens (§ 3 Abs. 1b Nr. 3 UStG),
- die Verwendung eines dem Unternehmen zugeordneten Gegenstandes für Zwecke außerhalb des Unternehmens oder für den privaten Bedarf des Personals (§ 3 Abs. 9a Nr. 1 UStG),
- die unentgeltliche Erbringung einer anderen sonstigen Leistung (als die Verwendung eines Gegenstandes) für Zwecke außerhalb des Unternehmens oder für den privaten Bedarf des Personals (§ 3 Abs. 9a Nr. 2 UStG).

2 Entnahme eines Gegenstandes gemäß § 3 Abs. 1b Nr. 1 UStG

Die Entnahme eines Gegenstandes wird gem. § 3 Abs. 1b Nr. 1 UStG einer entgeltlichen Lieferung gleichgestellt, wenn folgende Voraussetzungen vorliegen:

a) Gegenstand des Unternehmensvermögens,
b) Entnahme bzw. unentgeltliche Abgabe an Dritte für außerunternehmerische Zwecke,
c) der Gegenstand bzw. seine Bestandteile haben wenigstens teilweise zum Vorsteuerabzug berechtigt.

Sind die oben genannten Voraussetzungen erfüllt, so sind von den vier Tatbestandsmerkmalen für die Steuerbarkeit nach § 1 Abs. 1 Nr. 1 UStG drei erfüllt, nämlich:

a) Unternehmer,
b) Lieferung i. R. d. Unternehmens,
c) gegen Entgelt.

Für die Steuerbarkeit nach § 1 Abs. 1 Nr. 1 UStG fehlt dann lediglich noch das Tatbestandsmerkmal

d) Lieferung im Inland.

Hierfür greift die Spezialvorschrift des § 3f UStG ein. Der Lieferort ist dort, wo der Unternehmer sein Unternehmen betreibt. Hat der Unternehmer Betriebsstätten im Inland und im Ausland, ist der Lieferort bei der Betriebsstätte, von der aus die Lieferung bzw. Entnahme des Gegenstandes erfolgt ist.

> **BEISPIEL**
>
> Juwelier J betreibt in Ulm ein Schmuckgeschäft. Er schenkt seiner in den USA wohnhaften Tochter zum Geburtstag eine wertvolle Halskette aus seiner Schmuckkollektion. Anlässlich eines Besuches bei seiner Tochter übergibt J in Ohio/USA das Schmuckstück.
>
> **LÖSUNG** J tätigt mit der Schenkung eine unentgeltliche Abgabe eines Gegenstandes aus nichtunternehmerischen Gründen. Es liegt somit eine Lieferung gem. § 3 Abs. 1b Nr. 1 UStG vor, die als entgeltliche Lieferung behandelt wird. Da der Lieferort gem. § 3f UStG dort ist, wo J sein Unternehmen betreibt, handelt es sich um eine steuerbare entgeltliche Lieferung.

2.1 Steuerbefreiung für Lieferungen gemäß § 3 Abs. 1b Nr. 1 UStG

Soweit kein ausdrücklicher Ausschluss erfolgt, sind die im § 4 UStG vorhandenen Steuerbefreiungen für die steuerbaren Lieferungen gem. § 3 Abs. 1b Nr. 1 UStG anzuwenden.

In § 6 Abs. 5 UStG wird allerdings die Steuerfreiheit für Ausfuhrlieferungen in das Drittland ausgeschlossen.

Die restlichen Steuerbefreiungen für Lieferungen sind dagegen anzuwenden. Dies sind insbesondere:

- § 4 Nr. 1b UStG (innergemeinschaftliche Lieferung),
- § 4 Nr. 9a UStG (Grundstückslieferungen),
- § 4 Nr. 28 UStG.

Nach A 71 Abs. 1 Satz 1 UStR ist die Entnahme von Grundstücken nicht steuerfrei. Diese Regelung ist jedoch überholt durch das BMF-Schreiben vom 22.09.2008, UR 2008, 792, mit dem Deutschland auf die Einleitung eines Vertragsverletzungsverfahrens von Seiten der Kommission der EU reagiert. Die Änderung der Verwaltungsauffassung wird damit begründet, dass § 3 Abs. 1b UStG Art. 16 MwStSystRL umsetzt. Art. 16 MwStSystRL stellt die Entnahme eines Gegenstands durch einen Steuerpflichtigen aus seinem Unternehmen für seinen privaten Bedarf einer Lieferung gegen Entgelt gleich. Über die Gleichstellungsfiktion des Art. 16 MwStSystRL sind grundsätzlich auch die Steuerbefreiungsvorschriften auf Entnahmen anwendbar. Für den Fall einer nach § 3 Abs. 1b Satz 1 Nr. 1 und Satz 2 UStG steuerbaren Entnahme eines Grundstücks aus dem Unternehmen bedeutet dies, dass die Steuerbefreiung des § 4 Nr. 9 Buchst. a UStG unabhängig davon Anwendung findet, ob mit der Entnahme ein Rechtsträgerwechsel am Grundstück verbunden ist.

> **BEISPIEL**
>
> Juwelier J betreibt in Ulm ein Schmuckgeschäft. Er schenkt seiner in den USA wohnhaften Tochter zum Geburtstag eine wertvolle Halskette aus seiner Schmuckkollektion. Anlässlich eines Besuches bei seiner Tochter übergibt J in Ohio/USA das Schmuckstück.
>
> **LÖSUNG** Wie bereits oben ausgeführt ist die Lieferung gem. § 3 Abs. 1b Nr. 1 UStG steuerbar. Sie ist auch steuerpflichtig. Die Anwendung der Steuerbefreiungsvorschrift für Ausfuhrlieferungen wird durch § 6 Abs. 5 UStG ausdrücklich ausgeschlossen.

2.2 Steuersätze für Lieferungen gemäß § 3 Abs. 1b Nr. 1 UStG

Soweit für normale Lieferungen der ermäßigte Steuersatz zur Anwendung kommt, gilt dies auch für die Lieferungen gem. § 3 Abs. 1b Nr. 1 UStG. Eine Sonderregelung sieht das UStG nicht vor.

BEISPIEL

Gastwirt G in Frankfurt entnimmt regelmäßig für seinen Privathaushalt Speisen und Getränke aus seiner Gaststätte für den privaten Bedarf seiner Familie. Essen in den Gaststättenräumen wird von ihm und seiner Familie nicht eingenommen.
LÖSUNG G tätigt mit der Entnahme der Speisen und Getränke Lieferungen gem. § 3 Abs. 1b Nr. 1 UStG. Diese sind steuerbar und steuerpflichtig. Soweit es sich um die Entnahme von Lebensmitteln handelt, unterliegen die Lieferungen dem ermäßigten Steuersatz von 7%. Soweit Getränke (nicht Milch) entnommen werden, unterliegen die Lieferungen dem Regelsteuersatz. Die Besteuerung erfolgt in der Regel nach Pauschalsätzen (vgl. unten 2.3).

2.3 Bemessungsgrundlage bei Lieferungen gemäß § 3 Abs. 1b Nr. 1 UStG

Bei den Lieferungen gem. § 3 Abs. 1b Nr. 1 UStG fehlt es an einer Gegenleistung. Somit kann diese nicht – wie bei den normalen steuerpflichtig Leistungen – als Bemessungsgrundlage herangezogen werden. Deshalb ist bei den Lieferungen gem. § 3 Abs. 1b Nr. 1 UStG als Bemessungsgrundlage nach § 10 Abs. 4 Nr. 1 UStG der **Einkaufspreis** bzw. die **Selbstkosten** des entnommenen Gegenstandes abzüglich der USt (§ 10 Abs. 4 UStG letzter Satz) anzusetzen.

Der **Einkaufspreis** ist dann anzusetzen, wenn der Unternehmer den Gegenstand erworben hat und ihn unverändert in dem Zustand entnimmt, zu dem er ihn erworben hat. Zum Einkaufspreis hinzuzurechnen sind die Erwerbsnebenkosten. Hat sich der Einkaufspreis zwischen Erwerb und Entnahme geändert, ist nicht der tatsächlich aufgewendete Einkaufspreis (historische Einkaufpreis), sondern der (aktuelle) Einkaufspreis anzusetzen, den der Unternehmer beim Erwerb im Zeitpunkt der Entnahme aufwenden müsste (Wiederbeschaffungskosten).

MERKSATZ

Die Bemessungsgrundlage ist in diesen Fällen wie folgt zu ermitteln:
Einkaufspreis + Nebenkosten ./. USt

Hat der Unternehmer einen Gegenstand erworben, eine Zeitlang im Unternehmen genutzt und dann entnommen, ist als Bemessungsgrundlage der Einkaufspreis für einen gleichartigen Gegenstand anzusetzen, also der Betrag, den der Unternehmer im Zeitpunkt der Entnahme aufwenden müsste, um einen gleichartigen gebrauchten Gegenstand zu erwerben (Wiederbeschaffungskosten).

MERKSATZ

Die Bemessungsgrundlage ist in diesen Fällen wie folgt zu ermitteln:
Wiederbeschaffungskosten + Nebenkosten ./. USt

Die **Selbstkosten** sind anzusetzen, wenn der Unternehmer einen Gegenstand entnimmt, den er nicht erworben, sondern im Unternehmen selbst hergestellt hat. Haben sich zwischen der Herstellung und der Entnahme die Kosten für die Herstellung eines derartigen Gegenstandes geändert, so sind die Kosten anzusetzen, die entstanden wären, wenn der Gegenstand erst unmittelbar vor der Entnahme hergestellt worden wäre.

▌ Bemessungsgrundlage sind in diesen Fällen die Herstellungskosten (netto).

Die Bemessungsgrundlage wird bei bestimmten Unternehmen zur Vereinfachung anhand von amtlich festgesetzten Pauschalwerten ermittelt. Lt. BMF vom 28.12.2007 BStBl I 2008, 3 sind für das Kalenderjahr 2008 folgende Pauschbeträge maßgebend:

Gewerbezweig	Jahreswert für eine Person[1] ohne Umsatzsteuer		
	ermäßigter Steuersatz €	voller Steuersatz €	insgesamt €
Bäckerei	790	401	1191
Fleischerei	627	940	1567
Gast- und Speisewirtschaften			
mit Abgabe von kalten Speisen	752	1128	1880
mit Abgabe von kalten und warmen Speisen	1040	1855	2895
Getränke (Einzelhandel)	0	339	339
Café und Konditorei	802	690	1492
Milch, Milcherzeugnisse, Fettwaren und Eier (Einzelhandel)	477	63	540
Nahrungs- und Genussmittel (Einzelhandel)	1090	527	1617
Obst, Gemüse, Südfrüchte und Kartoffeln (Einzelhandel)	251	188	439

3 Unentgeltliche Zuwendung eines Gegenstandes an das Personal gemäß § 3 Abs. 1b Nr. 2 UStG

3.1 Allgemeines

Eine unentgeltliche Zuwendung eines Gegenstandes an das Personal wird gem. § 3 Abs. 1b Nr. 2 UStG unter bestimmten Voraussetzungen einer entgeltlichen Lieferung gleichgestellt. Keine unentgeltliche Zuwendung liegt vor, wenn der Arbeitnehmer für den Gegenstand anteilig seine Arbeitsleistung erbringt. In einem solchen Fall liegt ein tauschähnlicher Umsatz vor, der direkt (ohne § 3 Abs. 1b Nr. 2 UStG) nach § 1 Abs. 1 Nr. 1 UStG zu beurteilen ist. Dies ist jedenfalls dann der Fall, wenn der Arbeitnehmer regelmäßig derartige Zuwendungen erhält (sog. Deputat). Von einer unentgeltlichen Zuwendung kann jedoch ausgegangen werden, wenn er die Zuwendung eines Gegenstandes nur gelegentlich aus Anlass eines besonderen persönlichen Ereignisses (Geburt, Hochzeit, Jubiläum) erhält.

---

1 Für Kinder zwischen zwei und zwölf Jahren ist die Hälfte des Wertes anzusetzen.

Die Gleichstellung mit einer entgeltlichen Lieferung erfolgt unter folgenden Voraussetzungen:

a) Gegenstand des Unternehmensvermögens,
b) unentgeltliche Zuwendung an das Personal für dessen privaten Bedarf,
c) keine Aufmerksamkeiten,
d) der Gegenstand bzw. seine Bestandteile haben wenigstens teilweise zum Vorsteuerabzug berechtigt.

Zu c): Nach § 3 Abs. 1b Nr. 2 UStG werden grundsätzlich alle unentgeltlichen Sachzuwendungen an Arbeitnehmer als entgeltliche Lieferungen behandelt, soweit es sich nicht um Aufmerksamkeiten nach A 12 Abs. 3 UStR handelt. Solche Aufmerksamkeiten sind z. B. anzunehmen bei gelegentlichen Geschenken bis zu einem Wert von 40 €, z. B. Blumen, Genussmittel, ein Buch oder eine CD, die dem Arbeitnehmer oder seinen Angehörigen aus Anlass eines besonderen persönlichen Ereignisses zugewendet werden (vgl. A 12 Abs. 3 Satz 2 UStR). Gleiches gilt für Getränke und Genussmittel, die der Arbeitgeber dem Arbeitnehmer zum Verzehr im Betrieb unentgeltlich überlässt, einschließlich Speisen anlässlich eines außergewöhnlichen Arbeitseinsatzes.

LSt-Freibeträge oder lohnsteuerfreie Pauschbeträge sind bei der Umsatzsteuer nicht zu berücksichtigen. Dies gilt auch für den allgemeinen Freibetrag von 1 080 € nach § 8 Abs. 3 EStG (vgl. A 12 Abs. 8 Satz 4 UStR).

3.2 Lieferort, Steuerbefreiungen, Bemessungsgrundlage und Steuersatz

Sind die oben genannten Voraussetzungen erfüllt, so sind von den vier Tatbestandsmerkmalen für die Steuerbarkeit nach § 1 Abs. 1 Nr. 1 UStG drei erfüllt, nämlich

a) Unternehmer,
b) Lieferung i. R. d. Unternehmens,
c) gegen Entgelt.

Für die Steuerbarkeit nach § 1 Abs. 1 Nr. 1 UStG fehlt dann lediglich noch das Tatbestandsmerkmal

d) Lieferung im Inland.

Hierfür greift die Spezialvorschrift § 3 f UStG ein. Der Lieferort ist dort, wo der Unternehmer sein Unternehmen betreibt. Hat der Unternehmer Betriebsstätten im Inland und im Ausland, ist der Lieferort bei der Betriebsstätte, von der aus die Zuwendung des Gegenstandes erfolgt ist, also bei welcher der Arbeitnehmer tätig ist.

Ist der Umsatz danach steuerbar, sind die Befreiungen nach § 4 UStG zu prüfen mit Ausnahme der Befreiung der Ausfuhr nach § 4 Nr. 1a UStG. Diese Befreiung ist gem. § 6 Abs. 5 UStG ausgeschlossen.

Hinsichtlich des Steuersatzes gelten gegenüber den entgeltlichen Lieferungen keine Besonderheiten. Die Bemessungsgrundlage richtet sich nach § 10 Abs. 4 Nr. 1 UStG wie bei den Entnahmen nach § 3 Abs. 1b Nr. 1 UStG nach den Wiederbeschaffungskosten (vgl. 2.3 ohne die dort aufgeführten Pauschbeträge).

Soweit lohnsteuerrechtliche Pauschbeträge angesetzt werden, können diese aus Vereinfachungsgründen auch für die USt verwendet werden.

BEISPIEL

Unternehmer U schenkt der Mitarbeiterin M zum Geburtstag ein Buch zum Einkaufswert von 100 € netto.

LÖSUNG U tätigt eine unentgeltliche Abgabe an sein Personal. Die Abgabe begründet eine entgeltliche Lieferung gem. § 3 Abs. 1b Nr. 2 UStG, da die Hingabe des Buches keine Aufmerksamkeit i. S. v. § 3 Abs. 1b Nr. 2 UStG darstellt. Die Lieferung ist steuerbar und steuerpflichtig. Der Steuersatz beträgt 7%. Als Bemessungsgrundlage ist gem. § 10 Abs. 4 UStG der Einkaufspreis von 100 € anzusetzen. Die Umsatzsteuer beträgt 7 €.

4 Unentgeltliche Zuwendung eines Gegenstandes für Zwecke des Unternehmens gemäß § 3 Abs. 1b Nr. 3 UStG

4.1 Allgemeines

§ 3 Abs. 1b Nr. 3 UStG besteuert unentgeltliche Zuwendungen von Gegenständen, die aus unternehmerischen Gründen (z. B. zu Werbezwecken, zur Verkaufsförderung oder zur Imagepflege) erbracht werden (vgl. A 24b Abs. 8 UStR). Hierunter fallen gem. A 24b Abs. 9 UStR insbesondere Sachspenden an Vereine und Warenabgaben anlässlich von Preisausschreiben. Die Steuerbarkeit entfällt nach A 24b Abs. 9 Satz 5 UStR nicht, wenn der Empfänger die zugewendeten Gegenstände in seinem Unternehmen verwendet, obwohl der Empfänger mangels Rechnung mit gesondertem Umsatzsteuerausweis hieraus keinen Vorsteuerabzug geltend machen kann. Nicht besteuert wird allerdings die Zuwendung von Gegenständen, die nur im Unternehmen verwendbar sind, z. B. Verkaufshilfen wie Suppenständer, Süßwarenständer (vgl. A 24b Abs. 13 und 14 UStR).

Die unentgeltliche Zuwendung eines Gegenstandes für Zwecke des Unternehmens wird gem. § 3 Abs. 1b Nr. 3 UStG einer entgeltlichen Lieferung gleichgestellt, wenn folgende Voraussetzungen vorliegen:

a) Gegenstand des Unternehmensvermögens,
b) unentgeltliche Zuwendung aus unternehmerischem Anlass,
c) keine Geschenke von geringem Wert und keine Warenmuster,
d) der Gegenstand bzw. seine Bestandteile haben wenigstens teilweise zum Vorsteuerabzug berechtigt.

Zu c): Geschenke von geringem Wert sind entsprechend der Regelung in § 4 Abs. 5 Nr. 1 EStG dann gegeben, wenn die Anschaffungskosten bzw. Herstellungskosten pro Empfänger und Kalenderjahr insgesamt netto 35 € nicht übersteigen (vgl. A 24b Abs. 10 UStR). In diesem Fall ist das Geschenk nicht steuerbar.

Wird die Grenze von 35 € überschritten, liegt eine nach § 4 Abs. 5 Nr. 1 EStG nichtabzugsfähige Betriebsausgabe vor. Diese schließt i. d. R. den Vorsteuerabzug für das Geschenk gem. § 15 Abs. 1a Nr. 1 UStG aus. Als Folge liegt ebenfalls kein steuerbarer Umsatz gemäß § 3 Abs. 1b Nr. 3 UStG vor, da das Tatbestandsmerkmal Vorsteuerabzug (s. d)) nicht gegeben ist.

Nicht unter die Besteuerung fallen Zugaben, die bei der entgeltlichen Lieferung von Gegenständen zugegeben werden (z. B. zusätzliche Ware bei Abnahme einer bestimmten Menge). Näheres vgl. hierzu A 24b Abs. 16–18 UStR.

4.2 Lieferort, Steuerbefreiungen, Bemessungsgrundlage und Steuersatz

Die Ausführungen bei 3.2 zur Steuerbarkeit, zu den Steuerbefreiungen, den Steuersätzen und der Bemessungsgrundlage gelten entsprechend.

5 Besteuerungsverbot bei Lieferungen gemäß § 3 Abs. 1b Nr. 1 bis 3 UStG

Die unentgeltliche Abgabe von Gegenständen wird nur dann einer entgeltlichen Lieferung gleichgestellt, wenn der Gegenstand oder seine Bestandteile zum vollen oder teilweisen Vorsteuerabzug berechtigt haben (§ 3 Abs. 1b Satz 2 UStG). Ist dies nicht der Fall, liegt eine nichtsteuerbare Lieferung vor. Zu beachten ist, dass das Besteuerungsverbot nur be Lieferungen i. S. v. § 3 Abs. 1b UStG zur Anwendung kommt. Das Besteuerungsverbot gilt also nicht bei normalen entgeltlichen Lieferungen. Wird ein nicht mit Vorsteuer belasteter Gegenstand veräußert, ist diese Lieferung im Normalfall steuerbar und steuerpflichtig. Dies gilt insbesondere auch in den Fällen, in denen die Verwaltung davon ausgeht, dass die Arbeitnehmer für die Zuwendung als Gegenleistung eine anteilige Arbeitsleistung erbringen.

Haben nur Bestandteile des Liefergegenstandes zum Vorsteuerabzug berechtigt, liegt nur insoweit eine Lieferung nach § 3 Abs. 1b UStG vor (A 24b Abs. 2 UStR).

Bestandteile sind dabei solche Gegenstände, die mit dem Einbau (Werklieferung) ihre körperliche und wirtschaftliche Eigenart endgültig verloren haben. Sie müssen aber im Zeitpunkt der Entnahme zu einer nicht vollständig verbrauchten **Werterhöhung** des Wirtschaftsguts geführt haben (z. B. eine nachträglich in ein Kraftfahrzeug eingebaute Klimaanlage).

Der Einbau eines Bestandteils in ein Wirtschaftsgut hat nach der Rechtsprechung des Bundesfinanzhofs (vgl. BFH vom 18.10.2001 BStBl II 2002, 551) nur dann zu einer dauerhaften, im Zeitpunkt der Entnahme nicht vollständig verbrauchten Werterhöhung des Wirtschaftsguts geführt, wenn er nicht lediglich zur Werterhaltung des Wirtschaftsguts beigetragen hat.

Nach A 24b Abs. 4 UStR wird aus Vereinfachungsgründen keine dauerhafte Werterhöhung des Wirtschaftsguts angenommen, wenn die vorsteuerentlasteten Aufwendungen für den Einbau von Bestandteilen 20 % der Anschaffungskosten des Wirtschaftsguts oder einen Betrag von **1 000** € nicht übersteigen. In diesen Fällen verzichtet die Verwaltung auf eine Besteuerung der Bestandteile bei der Entnahme eines dem Unternehmen zugeordneten Wirtschaftsguts, das der Unternehmer ohne Berechtigung zum Vorsteuerabzug erworben hat.

Werden an einem Wirtschaftsgut mehrere Bestandteile in einem zeitlichen oder sachlichen Zusammenhang eingebaut, handelt es sich nicht um eine Maßnahme, auf die in der Summe die Bagatellregelung angewendet werden soll. Es ist vielmehr für jede einzelne Maßnahme die Vereinfachungsregelung zu prüfen.

6 Sonstige Leistungen nach § 3 Abs. 9a UStG

§ 3 Abs. 9a UStG unterscheidet bei der Entnahme bzw. unentgeltlichen Erbringung von sonstigen Leistungen die sonstigen Leistungen in
- Verwendung eines dem Unternehmen zugeordneten Gegenstandes und
- alle übrigen sonstige Leistungen.

In beiden Fällen muss die Leistung entweder für Zwecke außerhalb des Unternehmens oder für den privaten Bedarf des Personals erbracht werden. Anders als § 3 Abs. 1b UStG (Nr. 3) erfasst § 3 Abs. 9a UStG keine sonstigen Leistungen für unternehmerische Zwecke.

Die Unterscheidung in Leistungen, die in der Verwendung eines Gegenstandes bestehen, und in andere sonstige Leistungen entspricht der Unterscheidung in Art. 26 Abs. 1a und b MwStSystRL und beruht darauf, dass die Verwendung eines Gegenstandes nur dann einer entgeltlichen Leistung gleichgestellt wird, wenn der Gegenstand zum vollen oder teilweisen Vorsteuerabzug berechtigt hat.

7 Verwendung eines dem Unternehmen zugeordneten Gegenstandes nach § 3 Abs. 9a Nr. 1 UStG

Die Verwendung eines dem Unternehmen zugeordneten Gegenstandes wird nach § 3 Abs. 9a Nr. 1 UStG unter folgenden Voraussetzungen einer entgeltlichen sonstigen Leistung gleichgestellt:

a) Gegenstand des Unternehmensvermögens,
b) Verwendung für außerunternehmerische Zwecke oder für den privaten Bedarf des Personals, sofern keine Aufmerksamkeiten vorliegen,
c) der Gegenstand hat wenigstens teilweise zum Vorsteuerabzug berechtigt.

Zu b): Die Anwendung des § 3 Abs. 9a Nr. 1 UStG bei Verwendung eines Gegenstandes für den privaten Bedarf des Personals ist beschränkt auf:

1. Unentgeltliche Nutzungsüberlassungen

Die Verwendung eines Gegenstandes für den privaten Bedarf des Personals fällt nicht unter § 3 Abs. 9a Nr. 1 UStG, soweit der Arbeitnehmer als Gegenleistung für die Nutzungsüberlassung anteilig eine Arbeitsleistung erbringt.

Erwirbt der Unternehmer einen Firmenwagen, den er seinem Personal auch zur Nutzung für dessen privaten Bedarf zur Verfügung stellt, geht die Verwaltung grundsätzlich davon aus, es handle sich um tauschähnliche Umsätze, die unmittelbar zur Anwendung des § 1 Abs. 1 Nr. 1 UStG führen (vgl. hierzu 4.1 und 4.2.1.1, BMF vom 27.08.2004 BStBl I 2004, 864). Entgelt ist eine zusätzliche Arbeitsleistung.

Ebenso stellt die unentgeltliche Grundstücksüberlassung an Arbeitnehmer i. d. R. einen tauschähnlichen Umsatz dar, welcher direkt (ohne § 3 Abs. 9a Nr. 1 UStG) nach § 1 Abs. 1 Nr. 1 UStG steuerbar ist. Dieser Umsatz ist nach § 4 Nr. 12a UStG steuerfrei.

2. Nutzungsüberlassungen, die keine Aufmerksamkeiten darstellen

Aufmerksamkeiten liegen vor, wenn Gegenstände zwar einen privaten Bedarf des Arbeitnehmers befriedigen, jedoch überwiegend aus betrieblichen Gründen zur Nutzung überlassen werden, z. B. bei

– Bereitstellung von Aufenthaltsräumen,
– Überlassung typischer Berufskleidung,
– Bereitstellung von Parkplätzen auf dem Betriebsgelände.

Der Hauptanwendungsfall des § 3 Abs. 9a Nr. 1 UStG ist die private Nutzung eines zum Unternehmensvermögen gehörenden Pkw durch den Unternehmer selbst oder ihm nahestehende Personen.

Bei der Überlassung von Pkw an das Personal für dessen privaten Bedarf greift § 3 Abs. 9a Nr. 1 UStG nur ein, wenn dem Arbeitnehmer das Fahrzeug nur gelegentlich an nicht mehr als fünf Kalendertagen im Kalendermonat für private Zwecke überlassen wird (vgl. hierzu 4.2.2.1, BMF vom 27.08.2004 BStBl I 2004, 864).

Weiterhin kann nach § 3 Abs. 9a Nr. 1 UStG auch die private Grundstücksverwendung (z. B. zu Wohnzwecken) einer entgeltlichen Leistung gleichgestellt sein, sofern für das Grundstück teilweise ein Vorsteuerabzug möglich war.

7.1 Steuerbarkeitsprüfung bei der sonstigen Leistung nach § 3 Abs. 9a Nr. 1 UStG

Die Steuerbarkeitsprüfung beschränkt sich auf die Prüfung des Leistungsortes. Dieser bestimmt sich nach § 3 f UStG und ist dort, wo der Unternehmer sein Unternehmen betreibt. Wird die sonstige Leistung von einer Betriebsstätte ausgeführt, ist der Ort der Betriebsstätte maßgebend. Nicht maßgeblich ist, wo die sonstige Leistung genutzt wird oder wo der Leistungsempfänger sitzt.

BEISPIEL

V betreibt in Konstanz eine Videothek. Er verleiht seinem im nahegelegenen Kreuzlingen (Schweiz) wohnhaften Sohn kostenlos einen Videorecorder und Videofilme.
LÖSUNG Durch die unentgeltliche Abgabe des Videorecorders und der Videofilme tätigt V eine sonstige Leistung nach § 3 Abs. 9a Nr. 1 UStG. Der Leistungsort ist gem. § 3 f UStG dort, wo er sein Unternehmen betreibt. Die sonstige Leistung ist steuerbar und steuerpflichtig.

7.2 Steuerbefreiung für sonstige Leistungen nach § 3 Abs. 9a Nr. 1 UStG

Die im § 4 UStG vorhandenen Steuerbefreiungen gelten grundsätzlich auch für die steuerbaren sonstigen Leistungen nach § 3 Abs. 9a Nr. 1 UStG. Allerdings hat der EuGH mit Urteil vom 08.05.2003 (C 269/00) entschieden, dass die private Nutzung eines dem Unternehmen zugeordneten Gebäudes nicht unter die Befreiung nach Art. 13 Teil B Buchst. b der 6. EG-RL fällt und damit steuerpflichtig ist. Entsprechend hat der BFH mit Urteil vom 24.07.2003 BStBl II 2004, 371 entschieden, dass die private Nutzung des dem Unternehmen zugeordneten Gebäudes infolge richtlinienkonformer Auslegung des § 4 Nr. 12 UStG nicht steuerfrei ist. Begründet wird diese Auffassung damit, dass die Befreiungsvorschriften des Mehrwertsteuerrechts eng auszulegen sind. Die Finanzverwaltung wendet diese Rechtsprechung an (vgl. A 24c Abs. 7 UStR).

BEISPIELE

a) Unternehmer U besitzt ein gemischt genutztes Geschäftshaus. In dem Gebäude, welches U seinem unternehmerischen Bereich zugeordnet hat, befindet sich eine Wohnung, die von U und seiner Familie privat bewohnt wird. Bezüglich des betrieblich genutzten Gebäudeteils hat U einen Vorsteuerabzug vorgenommen.
LÖSUNG Bezüglich der Privatnutzung der Wohnung tätigt U eine sonstige Leistung nach § 3 Abs. 9a Nr. 1 UStG. Die sonstige Leistung ist steuerbar und steuerpflichtig. Infolgedessen darf U den vollen Vorsteuerabzug hinsichtlich des Gebäudes geltend machen.

b) Der freiberuflich tätige Arzt A (kein Kleinunternehmer nach § 19 UStG) hat ein zweigeschossiges Gebäude errichtet. Im Erdgeschoss betreibt er seine Arztpraxis. Das Obergeschoss bewohnt er mit seiner Familie. Er erklärt gegenüber dem Finanzamt, dass er das ganze Gebäude seinem Unternehmen zuordnet.

LÖSUNG Die Nutzung des Erdgeschosses erfolgt für die nach § 4 Nr. 14 UStG steuerfreien Umsätze des A. Infolgedessen ist er insoweit gem. § 15 Abs. 2 Nr. 1 UStG vom Vorsteuerabzug ausgeschlossen. Da er für die unternehmerische Nutzung des Gebäudes keinen Vorsteuerabzug hat, ist die private Nutzung des Obergeschosses nicht gem. § 3 Abs. 9a Nr. 1 UStG einer entgeltlichen sonstigen Leistung gleichgestellt. Die Nutzung des Obergeschosses ist daher nichtsteuerbar (vgl. A 24c Abs. 7, Beispiel 2 UStR).

7.3 Ermäßigter Steuersatz für sonstige Leistungen nach § 3 Abs. 9a Nr. 1 UStG

Da keine Sonderregelung vorliegt, gelten bezüglich des ermäßigten Steuersatzes die Vorschriften des § 12 Abs. 2 UStG. In Frage kommen folgende Vorschriften:

- § 12 Abs. 2 Nr. 2 UStG,
- § 12 Abs. 2 Nr. 6 UStG,
- § 12 Abs. 2 Nr. 8 UStG.

7.4 Bemessungsgrundlage bei unentgeltlichen Leistungen nach § 3 Abs. 9a Nr. 1 UStG

Bemessungsgrundlage sind gem. § 10 Abs. 4 Nr. 2 UStG die Ausgaben, soweit sie zum vollen oder teilweisen Vorsteuerabzug berechtigt haben. Die vorsteuerlosen Ausgaben sind somit aus der Bemessungsgrundlage auszuscheiden. Die Prüfung des Besteuerungsverbotes ist für jede Kostenart isoliert vorzunehmen.

Ausgaben fallen insbesondere beim Einsatz von Material und Arbeitskräften an. Soweit der Unternehmer bei einer sonstigen Leistung nach § 3 Abs. 9a Nr. 1 UStG seine eigene Arbeitskraft einsetzt, fallen keine Ausgaben an. Kosten für den Einsatz von Arbeitnehmern dürfen nicht angesetzt werden, da hierfür kein Vorsteuerabzug möglich ist.

7.4.1 Anschaffungs- oder Herstellungskosten als Bemessungsgrundlage

Zu den Ausgaben bei der Verwendung von Gegenständen i. S. v. § 3 Abs. 9a Nr. 1 UStG gehören auch die anteiligen Anschaffungskosten bzw. Herstellungskosten. Diese Kosten wurden bis 30.06.2004 entsprechend der einkommensteuerrechtlichen AfA ermittelt. Nach § 10 Abs. 4 Nr. 2 Satz 3 UStG sind die Anschaffungs- oder Herstellungskosten – sofern sie mindestens 500 € betragen – seit 01.07.2004, abweichend von der einkommensteuerrechtlichen AfA, gleichmäßig auf den nach § 15a UStG maßgeblichen Berichtigungszeitraum zu verteilen.

Das bedeutet, dass die Anschaffungskosten bzw. Herstellungskosten für bewegliche Wirtschaftsgüter höchstens auf fünf Jahre und bei Grundstücken auf zehn Jahre zu verteilen sind.

BEISPIEL

Unternehmer V erwirbt am 01.12.2008 einen Pkw für 30 000 € zuzüglich 5 700 € USt. Das Fahrzeug wird von ihm dem Unternehmen zugeordnet. Das Fahrzeug wird lt. Fahrtenbuch zu 30 % für private Zwecke genutzt.

LÖSUNG Die Privatnutzung des Pkw ist gem. § 3 Abs. 9a Nr. 1 UStG einer entgeltlichen sonstigen Leistung gleichgestellt. Sie ist steuerbar und steuerpflichtig. Zur Bemessungsgrundlage gehören u. a. die anteiligen Anschaffungskosten von 30 000 €, verteilt auf fünf Jahre. Für Dezember 06 belaufen sie sich auf 1/60 von 30 000 € = 500 €. Hiervon entfallen anteilig auf die Privatnutzung 30 % = 150 €.

Ist beim Erwerb des Pkw keine USt angefallen, weil der Unternehmer den Pkw:
- von einem Nichtunternehmer erworben hat,
- von einem § 19 Abs. 1-Unternehmer erworben hat,
- aus seinem nichtunternehmerischen Bereich eingelegt hat,

wird die Privatnutzung nicht gem. § 3 Abs. 9a UStG einer sonstigen Leistung gegen Entgelt gleichgestellt.

7.4.2 Steuern und Versicherungsbeiträge als Bemessungsgrundlage

Nach § 10 Abs. 4 Nr. 2 UStG gehören zur Bemessungsgrundlage nur diejenigen Ausgaben, die zum Vorsteuerabzug berechtigt haben.

Bei der steuerpflichtigen Privatnutzung von Gebäuden gehört somit die Grundsteuer und die Gebäudeversicherung nicht zur Bemessungsgrundlage.

Bei der Privatnutzung von Pkw gehört nicht zur Bemessungsgrundlage die Kfz-Steuer und die Kfz-Versicherung.

7.4.3 Unfallreparaturkosten als Bemessungsgrundlage bei nichtunternehmerischer Pkw-Nutzung

Fallen Reparaturkosten infolge eines Unfalles an, sind die Unfallkosten anteilig entsprechend der unternehmerischen und nichtunternehmerischen Nutzung aufzuteilen. Es wird nicht unterschieden, ob sich der Unfall auf einer betrieblichen oder einer privaten Fahrt ereignet hat. Der auf die nichtunternehmerische Nutzung entfallende Anteil gehört zur Bemessungsgrundlage für die sonstige Leistung nach § 3 Abs. 9a Nr. 1 UStG.

Erfolgt ein Kostenersatz der Unfallkosten, ist dieser Betrag aus der Bemessungsgrundlage auszuscheiden.

7.4.4 Ermittlung der Bemessungsgrundlage bei der nichtunternehmerischen Pkw-Nutzung

Zur Ermittlung der Bemessungsgrundlage bei der nichtunternehmerischen Pkw-Nutzung lässt die Verwaltung folgende drei Methoden zu (vgl. hierzu Tz. 2 BMF vom 27.08.2004 BStBl I 2004, 864)
1. Fahrtenbuchmethode,
2. 1 %-Regelung,
3. Methode der sachgerechten Schätzung.

Zu 1.: Der Unternehmer muss sämtliche Aufwendungen einschließlich anteilige Anschaffungskosten für das jeweilige Fahrzeug gesondert aufzeichnen. Er hat die Aufwendungen zu trennen in solche, die zum Vorsteuerabzug berechtigt haben und solche, bei denen kein Vorsteuerabzug möglich war. Daraus ermittelt er die Gesamtkosten, soweit sie zum Vorsteuerabzug berechtigt haben.

Weiterhin zeichnet er anhand des Fahrtenbuches sämtliche Fahrten nach km-Leistung und Anlass (betrieblich oder privat) auf. Der auf die Privatnutzung entfallende Anteil der Gesamtkosten ist als Bemessungsgrundlage zu versteuern.

BEISPIEL

Der Handelsvertreter H hat zu Beginn des KJ 08 einen Pkw angeschafft. Aus der Anschaffung des Pkw und den laufenden Kosten hat er die Vorsteuer zulässigerweise voll abgezogen. Die Kosten für den Pkw hat H vollständig aufgezeichnet und getrennt in solche, die zum Vorsteuerabzug berechtigt haben und solche, für die ein Vorsteuerabzug nicht möglich war. Die gesamten Kraftfahrzeugkosten im KJ 08 inklusive anteilige Anschaffungskosten betragen netto 29 700 €. Die Kosten, für die ein Vorsteuerabzug nicht möglich war, betragen insgesamt 3 280 €. Die Kosten, die zum Vorsteuerabzug berechtigt haben, belaufen sich auf 26 420 €.

H führt ein exaktes Fahrtenbuch. Hiernach ergab sich für das KJ 08 folgende Nutzung des Fahrzeugs:

betriebliche Fahrten	35 600 km
Privatfahrten	1 890 km
Summe der insgesamt gefahrenen km	37 490 km

LÖSUNG Der Anteil der Privatfahrten für das KJ 08 beträgt 1 890 km/37 490 km ×100 = 5,04 %. Der Anteil der Privatfahrten an den Gesamtkosten, soweit sie zum Vorsteuerabzug berechtigt haben, beträgt somit 5,04 % von 26 420 € = 1 331 €. Die USt hierfür beträgt 19 % von 1 331 €, d. h. 252,89 €.

Zu 2.: Der BFH hat mit Urteil vom 11.03.1999 UR 1999, 281 die 1%-Methode als unzulässigen Maßstab zur Ermittlung der Bemessungsgrundlage verworfen. Gleichwohl lässt die Verwaltung zu, dass Unternehmer die Bemessungsgrundlage nach dieser Methode ermitteln. Hiernach werden die Kosten für die private Nutzung pro Monat entsprechend der einkommensteuerrechtlichen Regelung mit 1% vom Bruttolistenpreis des Fahrzeugs pauschaliert. Davon wird 1/5 abgezogen, weil in der Pauschale auch Kosten enthalten sind, die nicht zum Vorsteuerabzug berechtigen.

Für Wirtschaftsjahre, die nach dem 31.12.2005 beginnen (§ 52 Abs. 16 Satz 15 EStG) ist die Listenpreisregelung für die private Kraftfahrzeugnutzung (1%-Regelung) nur noch anwendbar, wenn das Kfz zu mehr als 50% betrieblich genutzt wird (vgl. Gesetz zur Eindämmung missbräuchlicher Steuergestaltungen vom 28.04.2006 BGBl I 2006, 1095).

Ist die Anwendung der 1%-Regelung gem. § 6 Abs. 1 Nr. 4 Satz 2 EStG ausgeschlossen, weil das Fahrzeug zu weniger als 50% betrieblich genutzt wird, und wird der nichtunternehmerische Nutzungsanteil nicht durch ein ordnungsgemäßes Fahrtenbuch nachgewiesen, ist dieser Nutzungsanteil im Wege der Schätzung zu ermitteln, wobei der Umsatzbesteuerung grundsätzlich der für ertragsteuerliche Zwecke ermittelte private Nutzungsanteil zugrunde zu legen ist. Eine Anwendung der einkommensteuerlichen Listenpreisregelung ist in diesem Falle nicht mehr zulässig (vgl. BMF vom 07.07.2006, BStBl I 2006, 446).

BEISPIEL

Der Unternehmer U hat Anfang März 08 einen Pkw erworben, dessen Listenpreis 60 000 € zuzüglich 11 400 € USt beträgt. Er nutzt diesen Pkw etwa zu 50% betrieblich und zu 50% privat. Aus der Anschaffung des Pkw und den laufenden Kosten hat er die Vorsteuer zulässigerweise voll abgezogen. Für die Besteuerung seiner privaten Nutzung macht U zulässigerweise von der 1%-Regelung Gebrauch.

LÖSUNG Die Bemessungsgrundlage für die private Nutzung ermittelt sich wie folgt:

1% vom Listenpreis brutto (71 400 €)	714,00 €
abzüglich 1/5 für nicht zum Vorsteuerabzug berechtigende Kosten	./. 142,80 €
verbleibender Betrag	571,20 €
USt für Privatnutzung pro Monat 19% von 571,20 €	108,53 €
USt für Privatnutzung im KJ 08 9 × 108,53 €	976,77 €

Zu 3.: Führt der Unternehmer kein Fahrtenbuch und will er von der 1%-Regelung keinen Gebrauch machen, so ist die Bemessungsgrundlage wie bei der Fahrtenbuchmethode ausgehend von den tatsächlichen Gesamtkosten, soweit sie zum Vorsteuerabzug berechtigt haben, zu ermitteln. Der Anteil der privaten Nutzung ist in Ermangelung eines Fahrtenbuches zu schätzen. Bei der Schätzung sind alle Umstände des konkreten Falles zu berücksichtigen. Liegen geeignete Unterlagen für eine Schätzung nicht vor, ist der private Nutzungsanteil im Allgemeinen mit mindestens 50% zu schätzen (vgl. hierzu 2.3, BMF vom 27.08.2004 BStBl I 2004, 864).

Der Unternehmer hat zwischen der 1%-Regelung und der Kostenschätzmethode ein Wahlrecht und kann den für ihn günstigsten Wert anwenden.

7.4.5 Private Telefonbenutzung

Bei der privaten Telefonnutzung ist zu unterscheiden zwischen

a) Kosten des Unternehmers aus der Anschaffung von Fernsprechendgeräten, für die er den Vorsteuerabzug geltend gemacht hat,

b) Kosten für die Nutzung von Fernsprecheinrichtungen der DBP (Telekom) wie Grundgebühren und Gesprächsgebühren (Telefondienstleistungen).

Zu a): Hat der Unternehmer das Gerät seinem Unternehmen zugeordnet und die Vorsteuer aus der Anschaffung geltend gemacht, unterliegen die auf die private Verwendung entfallenden anteiligen Anschaffungskosten der Besteuerung nach § 3 Abs. 9a Nr. 1 UStG.

Zu b): Die Telefondienstleistungen werden von vornherein aufgeteilt in einen privaten und einen betrieblichen Teil. Nur die auf den betrieblichen Teil entfallenden Vorsteuern dürfen abgezogen werden (vgl. A 192 Abs. 21 Nr. 1 Satz 2 UStR). Da die privat in Anspruch genommenen Telefondienstleistungen direkt in den privaten Bereich eingehen, liegen keine Leistungsbezüge aus dem Unternehmen vor. § 3 Abs. 9a UStG findet keine Anwendung.

Ertragsteuerrechtlich wird die private Telefonnutzung mit pauschalen Beträgen geschätzt. Die Verwaltung lässt es zu, dass diese Werte auch für die Vorsteueraufteilung übernommen werden können. Die einkommensteuerlichen Werte sind dabei grundsätzlich Nettowerte. Die Vorsteuern, die auf diesen pauschalen Nettowert entfallen, sind deshalb monatlich von den Vorsteuern aus Telefonkosten zu kürzen.

BEISPIEL

Die Telefonkosten des Unternehmers U belaufen sich im Monat April 08 auf 250 € zuzügl. 47,50 € USt. Entsprechend der Übung der Finanzverwaltung werden pauschal 20 € netto für Privatgespräche angesetzt.

LÖSUNG Die abzugsfähige Vorsteuer für April berechnet sich wie folgt:

Vorsteuern aus Telefonkosten	47,50 €
./. Vorsteuerpauschale (19% × 20 € d.h. 3,80 €)	./. 3,80 €
Abzugsfähiger Vorsteueranteil	43,70 €

8 Unentgeltliche andere sonstige Leistungen nach § 3 Abs. 9a Nr. 2 UStG

Unentgeltliche andere sonstige Leistungen als Gegenstandsverwendungen werden nach § 3 Abs. 9a Nr. 2 UStG unter folgender Voraussetzung einer entgeltlichen sonstigen Leistung gleichgestellt:

- Leistung für außerunternehmerische Zwecke oder
- für den privaten Bedarf des Personals, sofern keine Aufmerksamkeiten vorliegen.

Anders als bei § 3 Abs. 9a Nr. 1 UStG ist die Gleichstellung mit einer entgeltlichen sonstigen Leistung nicht davon abhängig, dass eine Vorsteuerabzugsberechtigung für Vorbezüge hinsichtlich dieser Leistung bestanden hat.

Typische Leistungen nach § 3 Abs. 9a Nr. 2 UStG liegen vor

- bei Einnahme von Mahlzeiten des Gastwirts oder seiner Familienangehörigen in der Gastwirtschaft (als Bemessungsgrundlage werden hierfür jedoch Pauschalsätze vgl. 2.3 angesetzt),
- bei unentgeltlicher Essensabgabe an das Personal zum Verzehr an Ort und Stelle i. S. v. § 3 Abs. 9 Satz 4 UStG, sofern die Speisen nicht während eines außergewöhnlichen Arbeitseinsatzes abgegeben werden (vgl. A 12 Abs. 3 Satz 4 UStR),
- bei privater Inanspruchnahme von Beförderungen mit dem Firmenwagen incl. Chauffeur,
- Beförderungen von Arbeitnehmern von der Wohnung zur Arbeitsstätte,
- Einsatz von Arbeitnehmern (Dienstleistungen) des Unternehmens im privaten Bereich,
- Werkleistungen aus dem Unternehmen im Privatbereich.

8.1 Steuerbarkeitsprüfung bei der sonstigen Leistung nach § 3 Abs. 9a Nr. 2 UStG

Die Steuerbarkeitsprüfung beschränkt sich auf die Prüfung des Leistungsortes. Dieser ist nach § 3f UStG dort, wo der Unternehmer sein Unternehmen betreibt. Wird die sonstige Leistung von einer Betriebsstätte ausgeführt, ist der Ort der Betriebsstätte maßgebend.

8.2 Steuerbefreiung für sonstige Leistungen nach § 3 Abs. 9a Nr. 2 UStG

Einschränkungen bei der Anwendung von Steuerbefreiungen sieht das Gesetz grundsätzlich nicht vor. Lediglich die Steuerbefreiung für Lohnveredelungen gem. § 4 Nr. 1a i. V. m. § 7 UStG ist gem. § 7 Abs. 5 UStG ausgeschlossen. Es können folgende Steuerbefreiungen in Frage kommen:

- § 4 Nr. 11 UStG,
- § 4 Nr. 14 UStG.

BEISPIEL

Der Arzt A behandelt seine Frau und seine Kinder unentgeltlich. Hierbei entstehen ihm auch anteilige Personalkosten.
LÖSUNG A tätigt mit der Behandlung eine unentgeltliche sonstige Leistung. Da die Abgabe aus nichtunternehmerischen Gründen erfolgt, liegt der Tatbestand des § 3 Abs. 9a Nr. 2 UStG vor. Die sonstige Leistung wird einer entgeltlichen sonstigen Leistung gleichgestellt, fällt aber unter die Steuerbefreiung des § 4 Nr. 14 UStG.

8.3 Ermäßigter Steuersatz für sonstige Leistungen nach § 3 Abs. 9a Nr. 2 UStG

Da keine Sonderregelung vorliegt, gelten bezüglich des ermäßigten Steuersatzes die Vorschriften des § 12 Abs. 2 UStG. In Frage kommen folgende Vorschriften:

- § 12 Abs. 2 Nr. 7 UStG,
- § 12 Abs. 2 Nr. 8 UStG,
- § 12 Abs. 2 Nr. 10 UStG.

8.4 Bemessungsgrundlage für sonstige Leistungen nach § 3 Abs. 9a Nr. 2 UStG

Nach § 10 Abs. 4 Nr. 3 UStG sind bei Ausführung der sonstigen Leistung entstandene Ausgaben als Bemessungsgrundlage anzusetzen. Es ist hierbei nicht maßgebend, ob die Ausgaben zum vollen oder teilweisen Vorsteuerabzug berechtigt haben.

BEISPIEL

Konditormeister K in Stuttgart beauftragt die in seinem Betrieb angestellte Putzfrau (P), während der betrieblichen Arbeitszeit auch die Räume seiner Privatwohnung zu reinigen. Der Zeitaufwand beträgt im Monat April zehn Stunden. Die Lohnkosten der P belaufen sich auf 10 € pro Stunde.

LÖSUNG Mit dem Einsatz der P im Privathaushalt des K, tätigt K eine sonstige Leistung nach § 3 Abs. 9a Nr. 2 UStG. Die unentgeltliche sonstige Leistung nach § 3 Abs. 9a Nr. 2 UStG ist steuerbar. Der Leistungsort ist gem. § 3f UStG dort, wo K sein Unternehmen betreibt, hier in Stuttgart.

Die sonstige Leistung ist steuerpflichtig. Bemessungsgrundlage sind die anteiligen Lohnkosten, soweit sie auf dem Privateinsatz beruhen d. h. hier 100 €.

Die Umsatzsteuer beträgt 19 % × 100 € d. h. 19 €.

Die Verwaltung besteuert bestimmte sonstige Leistungen i. S. v. § 3 Abs. 9a Nr. 2 UStG pauschal. So wird für die unentgeltliche Essensabgabe an Arbeitnehmer in betriebseigenen Kantinen pro Mahlzeit ab dem KJ 2007 pauschal 2,57 € als Bruttobetrag angesetzt (vgl. R 8.1 Abs. 7 LStR 2008).

Hinsichtlich der Einnahme von Mahlzeiten des Gastwirts und seiner Familienangehörigen in den Gastwirtschaftsräumen können die bei 2.3 angegebenen Pauschalsätze mit dem Steuersatz von 19 % angesetzt werden. Dies sind bei der Abgabe von kalten und warmen Speisen 1 855 € pro erwachsene Person und Kalenderjahr.

FALL 26

Prüfen Sie, ob in den nachfolgenden Punkten eine unentgeltliche Leistungsabgabe nach § 3 Abs. 1b UStG oder § 3 Abs. 9a UStG vorliegt und ermitteln Sie im Falle der Steuerpflicht die USt.

1. Rechtsanwalt R in Ludwigsburg führt in eigener privater Sache beim Amtsgericht Stuttgart einen Prozess. Es sind ihm nach Abzug evtl. Vorsteuer für Papier, Porto und Personalkosten Aufwendungen i. H. v. 200 € entstanden. Einem Mandanten hätte er hierfür insgesamt 1 800 € berechnet.
2. Malermeister M lässt von Arbeitnehmern seines Betriebs sämtliche Malerarbeiten in seinem neuen Einfamilienhaus, in welches er selbst einziehen will, ausführen. Die hierbei verwendete Farbe kostete im Einkauf 150 € zuzüglich 28,50 € USt. Anteilige Arbeitslöhne fielen i. H. v. 800 € an. Einem Kunden hätte M 1 600 € zuzügl. 304 € USt berechnet.
3. Gastwirt W in Köln bezieht im KJ 01 für sich und seine Ehefrau die gesamten Speisen und Getränke aus seiner Gaststätte. In der Gaststätte werden kalte und warme Speisen abgegeben. Die Speisen und Getränke werden von den Eheleuten ausschließlich in ihren Privaträumen eingenommen.

4. G ist Eigentümer eines zweigeschossigen Hauses in Freiburg. Das Erdgeschoss hat er steuerpflichtig an Unternehmer vermietet. Das Obergeschoss bewohnt er selbst mit seiner Familie. Der Mietwert der Wohnung beträgt monatlich 600 €. Auf diese Wohnung entfallen monatlich 500 € anteilige Kosten. G hat die Vorsteuer aus den Herstellungskosten geltend gemacht, soweit sie auf das Erdgeschoss entfiel. Eine besondere Mitteilung an das Finanzamt über die Zuordnung des Hauses zum Unternehmensvermögen ist von G nicht erfolgt.

5. Unternehmer A hat Anfang April 01 einen Pkw zum Listenpreis von umgerechnet 50 000 € zuzügl. 9 500 € USt erworben und seinem Unternehmensvermögen zugeordnet. A nutzt den Pkw für private Zwecke und an 15 Tagen im Monat für Fahrten zwischen Wohnung und Betrieb. Die einfache Fahrstrecke (Entfernungskilometer) beträgt 35 km.

   A führt kein Fahrtenbuch. Einkommensteuerlich wird der Wert der Nutzungsentnahme nach der sog. 1 %-Regelung des § 6 Abs. 1 Nr. 4 Satz 2 EStG ermittelt.

6. Der Lebensmittelhändler L in Stuttgart benutzte lt. Fahrtenbuch seinen im KJ 01 angeschafften Geschäfts-Pkw (Bruttolistenpreis 71 400 €) im KJ 02 zu 60 % für unternehmerische Zwecke und zu 30 % für private Zwecke (überwiegend für eine Urlaubsfahrt in das Ausland). In der 60 % Nutzung für unternehmerische und 30 % Nutzung für private Zwecke sind noch nicht die Fahrten des L zwischen seiner Wohnung und dem Betrieb enthalten (einmal täglich an 15 Tagen im Monat, Entfernung 35 km). Sie belaufen sich auf insgesamt 10 % der Gesamtnutzung.

   Beim Erwerb des Pkws wurde vom Unternehmer der volle Vorsteuerabzug aus den Anschaffungskosten vorgenommen. Im KJ 02 sind im Zusammenhang mit dem Pkw umgerechnet folgende Kosten angefallen:

anteilige AK	12 000 €
Versicherung	2 400 €
Steuer	1 800 €
Benzinkosten	3 000 €
Reparaturkosten	3 600 €
Insgesamt	22 800 €

7. Wie 6., nur führt L kein Fahrtenbuch. Andere geeignete Unterlagen, aus denen sich der Anteil der privaten Nutzung ergibt, liegen nicht vor. L möchte umsatzsteuerrechtlich von der 1 %-Regelung Gebrauch machen.

8. Unternehmer U verursacht mit seinem im KJ 01 angeschafften Pkw anlässlich einer Privatfahrt im KJ 02 einen Unfall. Der Pkw wurde von U seinem Unternehmensvermögen zugerechnet und laut Fahrtenbuch zu 30 % für private Zwecke genutzt.

   Die Unfallkosten belaufen sich auf umgerechnet 10 000 € zuzügl. 1 900 € USt. Von seiner betrieblichen Vollkaskoversicherung wird U ein Betrag von 8 000 € ersetzt.

9. Wie 8., jedoch führt U kein Fahrtenbuch.

10. Unternehmer und Arbeitgeber B überlässt seinem Arbeitnehmer A einen Firmenwagen, dessen Bruttolistenpreis 50 000 € beträgt, für betriebliche Fahrten, für private Zwecke, für Fahrten zwischen Wohnung und Arbeitsstätte (Entfernung: 10 km). B möchte von den lohnsteuerrechtlichen Pauschalregelungen auch für die Umsatzsteuer Gebrauch machen. Wie hoch ist die monatlich anfallende USt hinsichtlich der Nutzungsüberlassung an A?

Teil R Innergemeinschaftlicher Erwerb

1 Allgemeines

Liegt eine innergemeinschaftliche Lieferung vor (Beginn und Ende des Warenweges in zwei verschiedenen Mitgliedstaaten), soll – wegen der unterschiedlich hohen Steuersätze – grundsätzlich die Besteuerung im Bestimmungsland erfolgen.

Aus Vereinfachungsgründen soll dabei der Leistungsempfänger, der normalerweise in dem Bestimmungsland ansässig ist, stellvertretend für den Leistungsgeber grundsätzlich die Besteuerung übernehmen. Aus diesem Grunde wurde die Umsatzart des innergemeinschaftlichen Erwerbs gem. § 1 Abs. 1 Nr. 5 UStG eingeführt. Während bei Einfuhren aus Drittländern die Belastung mit USt durch die Einfuhrumsatzsteuer erfolgt, erfolgt die Belastung von Lieferungen aus anderen Mitgliedstaaten i.d. R. durch die Erwerbsumsatzsteuer, wenn der Erwerber die Lieferung für sein Unternehmen bezieht.

2 Allgemeine Tatbestandsvoraussetzungen des innergemeinschaftlichen Erwerbs (§ 1a UStG)

Innergemeinschaftlicher Erwerb liegt grundsätzlich nach § 1a Abs. 1 UStG vor, wenn
a) ein Gegenstand bei einer Lieferung an den Abnehmer aus dem Gebiet eines anderen Mitgliedstaates der EU in das Inland gelangt (innergemeinschaftliche Lieferung),
b) der Abnehmer ein Unternehmer ist, der den Gegenstand für sein Unternehmen erwirbt,
c) der Lieferer ein Unternehmer ist, der die Lieferung gegen Entgelt im Rahmen seines Unternehmens bewirkt und in seinem Mitgliedstaat nicht aufgrund einer Sonderregelung für Kleinunternehmer steuerfrei ist,
d) der Erwerb im Inland erfolgt,
e) der Abnehmer ganz oder teilweise zum Vorsteuerabzug berechtigt ist und somit ein Erwerbsausschluss nach § 1a Abs. 3 UStG nicht zur Anwendung kommt (vgl. hierzu nachstehend 4).

Zu a): Bei der Lieferung muss es sich um eine Lieferung mit Warenbewegung i.S.d. § 3 Abs. 6 Satz 1 UStG handeln. Der Gegenstand kann durch den Abnehmer selbst oder einen Erfüllungsgehilfen des Abnehmers in dem anderen EU-Land abgeholt werden. Der Gegenstand kann auch durch den Lieferer oder einen Erfüllungsgehilfen des Lieferers vom anderen EU-Land ins Inland befördert oder versendet werden.

Zu b): Der Gegenstand muss beim Abnehmer Unternehmensvermögen werden (vgl. P 3)[1].

Zu c): Ist der Lieferer nach dem Recht des für seine Besteuerung zuständigen Mitgliedstaates als Kleinunternehmer von der Steuerpflicht befreit, liegt kein innergemeinschaftlicher Erwerb vor (§ 1a Abs. 1 Nr. 3b UStG). In diesem Falle muss eine Besteuerung des Verkaufsgeschäftes nicht erfolgen.

---

[1] Zur Wahrung der Übersichtlichkeit werden in diesem Band juristische Personen als Abnehmer nicht berücksichtigt.

Zu d): Der innergemeinschaftliche Erwerb ist nach § 1 Abs. 1 Nr. 5 UStG nur dann steuerbar, wenn er **im Inland** erfolgt.

Der innergemeinschaftliche Erwerb erfolgt gem. § 3d UStG im Inland, wenn sich der Gegenstand am Ende der Beförderung oder Versendung im Inland befindet. Berührt ein Gegenstand also das Inland nur im Wege der Durchfuhr, liegt kein steuerbarer innergemeinschaftlicher Erwerb vor.

Durch die gegenseitige Verwendung der Id-Nrn. wird das Vorliegen der Voraussetzungen signalisiert. Mit der Mitteilung seiner Id-Nr. gibt der Erwerber zu erkennen, dass er den Gegenstand für sein Unternehmen erwirbt. Andererseits gibt der Lieferer durch die Mitteilung seiner Nummer zum Ausdruck, dass er eine steuerbare Lieferung ausführt und nicht unter eine steuerbefreiende Kleinunternehmerregelung seines Mitgliedstaates fällt.

3 Weitere Fälle des innergemeinschaftlichen Erwerbs

Innergemeinschaftlicher Erwerb wird weiterhin nach § 1a Abs. 2 UStG fingiert beim rechtsgeschäftslosen Verbringen eines Gegenstands des Unternehmens (Unternehmensvermögen) aus dem Gebiet eines anderen Mitgliedstaates der EU in das Inland, wenn das Verbringen nicht nur vorübergehend ist (2, 6, 12, 18 bzw. 24 Monate, vgl. A 15b Abs. 10 bis 13 UStR).

Schließlich liegt innergemeinschaftlicher Erwerb auch außerhalb der Voraussetzungen des § 1a UStG immer dann vor, wenn ein Neufahrzeug i. S. v. § 1b Abs. 2 und 3 UStG bei einer Lieferung an den Abnehmer aus dem Gebiet eines anderen Mitgliedstaates der EU in das Inland gelangt (§ 1b UStG). In diesem Fall ist vor allem auch der Erwerb durch Privatleute steuerbar. Die Steuer wird dann im Wege der Einzelbesteuerung erhoben.

4 Ausnahmen vom innergemeinschaftlichen Erwerb

Vom innergemeinschaftlichen Erwerb ausgenommen sind Erwerbe durch bestimmte Unternehmer, die das UStG in die Nähe von Privatleuten rückt[1] (§ 1a Abs. 3 Nr. 1a bis c), sofern

- es sich nicht um neue Fahrzeuge bzw. verbrauchsteuerpflichtige Waren handelt (§ 1a Abs. 5 UStG),
- die Erwerbsschwelle von 12 500 € nicht überschritten wird (§ 1a Abs. 3 Nr. 2 UStG),
- auf die Anwendung der Erwerbsschwelle nicht verzichtet wird.

Bei der obigen Unternehmergruppe handelt es sich durchweg um Unternehmer, die zu 0 % zum Vorsteuerabzug berechtigt sind.

5 Steuerbefreiungen für den innergemeinschaftlichen Erwerb

Der innergemeinschaftliche Erwerb ist im Allgemeinen steuerpflichtig. Nach § 4b UStG ist er in bestimmten Fällen befreit. Auf diese Befreiungen wird hier jedoch nicht näher eingegangen.

---

1 Unternehmer nach § 19 Abs. 1 UStG, nach § 24 UStG sowie Unternehmer, die ausschließlich vorsteuerschädliche Ausgangsumsätze bewirken.

6 Berechnung der Steuer

Für den Erwerb eines Gegenstandes gelten nach § 12 UStG die gleichen Steuersätze wie für die Lieferung des Gegenstandes. Ebenso wie bei den Lieferungen ist Bemessungsgrundlage gem. § 10 Abs. 1 UStG das Entgelt. Da die USt in Form der ErwUSt vom Erwerber anzumelden ist, ist der ausgezahlte Betrag grundsätzlich als Nettobetrag zu behandeln.

Im Sonderfall des rechtsgeschäftslosen Verbringens ergibt sich die Bemessungsgrundlage aus § 10 Abs. 4 Nr. 1 UStG (vgl. Q 2.3).

7 Beispiele zum innergemeinschaftlichen Erwerb

BEISPIELE

a) Unternehmer A in Augsburg bestellt beim Unternehmer B in Brüssel eine Maschine zum Nettopreis von 50 000 € für seinen Fabrikationsbetrieb. B transportiert die Maschine direkt zu A nach Augsburg.
LÖSUNG Bei der Lieferung (innergemeinschaftliche Lieferung) von B an A gelangt die Maschine aus Belgien ins Inland. A erwirbt die Maschine für sein Unternehmen. B ist Unternehmer und bewirkt die Lieferung i. R. seines Unternehmens gegen Entgelt. Der Erwerb erfolgt gem. § 3d UStG im Inland, da sich die Maschine am Ende der Beförderung im Inland befindet. Somit sind alle Tatbestandsmerkmale des innergemeinschaftlichen Erwerbs gem. § 1 Abs. 1 Nr. 5 i. V. m. § 1a UStG erfüllt. Der Erwerb ist bei A steuerbar und steuerpflichtig. Die USt beträgt 19 % von 50 000 € d. h. 9 500 €.

b) Unternehmer A aus Aachen erwirbt auf einer Fachmesse in Paris vom Unternehmer L aus London einen Bürostuhl zum Nettopreis von 2 000 € für sein Unternehmen. Der Bürostuhl wird ihm sofort ausgehändigt und A nimmt ihn in seinem Pkw-Kombi mit nach Aachen.
LÖSUNG L erbringt an A eine innergemeinschaftliche Lieferung in Paris (Abholfall). Bei der Lieferung von L an A gelangt der Bürostuhl von Frankreich ins Inland. A erwirbt den Bürostuhl für sein Unternehmen. L ist Unternehmer und bewirkt die Lieferung i. R. seines Unternehmens gegen Entgelt. A erfüllt somit die Voraussetzungen des § 1a UStG und tätigt einen innergemeinschaftlichen Erwerb. Der Erwerb erfolgt gem. § 3d UStG im Inland, da sich der Bürostuhl am Ende der Beförderung durch A im Inland befindet. Somit sind alle Tatbestandsmerkmale des innergemeinschaftlichen Erwerbs gem. § 1 Abs. 1 Nr. 5 i. V. m. § 1a UStG erfüllt. Der Erwerb ist steuerbar und steuerpflichtig. Die USt beträgt 19 % von 2 000 € d. h. 380 €.

c) Unternehmer A aus Aachen erwirbt auf einer Fachmesse in Paris vom Unternehmer L aus London einen Bürostuhl zum Nettopreis von umgerechnet 1 000 € für das Studierzimmer seines Sohnes. Der Bürostuhl wird ihm sofort ausgehändigt und A nimmt ihn in seinem Pkw-Kombi mit nach Aachen.
LÖSUNG L tätigt eine Lieferung an A in Aachen. Da A den Bürostuhl nicht für sein Unternehmen erwirbt, ist er kein Erwerber i. S. d. § 1a UStG. Auch der innergemeinschaftliche Erwerb nach § 1b UStG scheidet aus, da kein neues Fahrzeug erworben wurde. A tätigt infolgedessen keinen innergemeinschaftlichen Erwerb.
Ist bei einer Lieferung aus einem EU-Land (Frankreich) in ein anderes EU-Land (Deutschland) der Abnehmer kein Unternehmer (kein Erwerber i. S. v. § 1a und b UStG), bestimmt sich der Lieferort bei der Lieferung des L grundsätzlich nach den Vorschriften des § 3 Abs. 6 UStG oder § 3c UStG. Die Vorschrift des § 3c UStG scheidet aber im vorliegenden Falle aus, weil keine Beförderung oder Versendung vom Lieferer L vorliegt. Der Lieferort bei L be-

stimmt sich nach § 3 Abs. 6 UStG und ist dort, wo mit der Beförderung begonnen wurde. Da dies in Paris ist, ist die Lieferung in Deutschland nicht steuerbar.

Die Lieferung des L fällt unter das französische UStG und unterliegt der französischen Umsatzsteuer. L muss dem A französische Umsatzsteuer berechnen.

d) Unternehmer U hat in Ulm einen Fabrikationsbetrieb. In Poznan (Polen) hat U ein Zweigwerk, in dem er bestimmte arbeitsintensive Maschinenteile vorfertigen lässt. Nach der Herstellung dieser Maschinenteile (Selbstkosten umgerechnet 50 000 €) werden sie nach Ulm befördert und in Maschinen eingebaut.

LÖSUNG Beim Transport der Maschinenteile von Poznan nach Ulm handelt es sich um ein rechtsgeschäftsloses Verbringen (keine Lieferung). Nach § 1a Abs. 2 Nr. 1 UStG gilt dieses Verbringen von Polen (übriges Gemeinschaftsgebiet) ins Inland als innergemeinschaftlicher Erwerb. Der Erwerb erfolgt gem. § 3d UStG im Inland, da sich die Maschinenteile am Ende der Beförderung durch A im Inland befinden. Der innergemeinschaftliche Erwerb ist somit steuerbar und steuerpflichtig. Die Bemessungsgrundlage bestimmt sich vorliegend gem. § 10 Abs. 4 Nr. 1 UStG nach den Selbstkosten von 50 000 €. Die USt beträgt 19 % von 50 000 €, d. h. 9 500 €.

e) Privatmann P in Freiburg erwirbt vom Händler M in Mulhouse (Frankreich) einen fabrikneuen Pkw zum Nettopreis von umgerechnet 50 000 €. P holt den Pkw von M in Mulhouse selbst ab und fährt mit ihm nach Freiburg. Bei der Kfz-Zulassungsstelle in Freiburg meldet P das Fahrzeug an.

LÖSUNG Der Pkw gelangt bei der Lieferung an P aus Frankreich ins Inland. Damit liegt gem. § 1b Abs. 1 UStG ein innergemeinschaftlicher Erwerb vor. Der Erwerb erfolgt gem. § 3d UStG im Inland, da sich der Pkw am Ende der Beförderung durch P im Inland befindet. Somit sind alle Tatbestandsmerkmale des innergemeinschaftlichen Erwerbs gem. § 1 Abs. 1 Nr. 5 i. V. m. § 1b UStG erfüllt. Der Erwerb durch P ist steuerbar und steuerpflichtig. Die USt beträgt 19 % von 50 000 € d. h. 9 500 €. Die USt wird von P im Wege der Einzelbesteuerung vom Finanzamt erhoben (vgl. § 16 Abs. 5a UStG).

8 Steuerliche Erfassung des innergemeinschaftlichen Erwerbs

Die ErwUSt ist in der normalen Voranmeldung anzumelden.

Die ErwUSt muss gem. § 13 Abs. 1 Nr. 6 UStG für den VZ angemeldet werden auf den das Datum der Eingangsrechnung lautet. Wird die Rechnung später oder überhaupt nicht ausgestellt, entsteht die ErwUSt spätestens mit Ablauf des VZ, der auf den VZ des Erwerbs folgt und ist für diesen Voranmeldungszeitraum anzumelden.

BEISPIELE

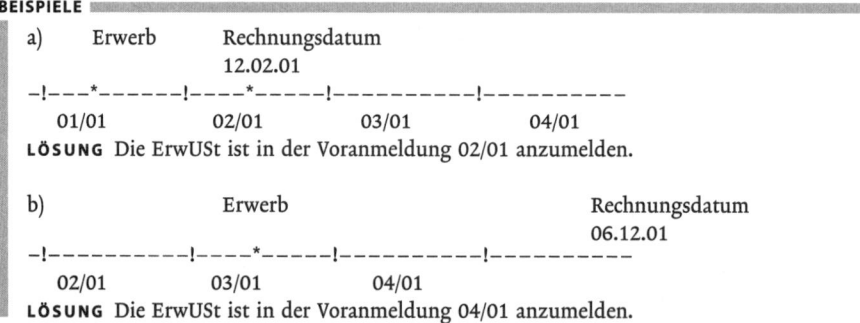

a)   Erwerb   Rechnungsdatum
                    12.02.01

–!–––*––––––!––––*–––––!––––––––––!–––––––––
   01/01   02/01   03/01   04/01

LÖSUNG Die ErwUSt ist in der Voranmeldung 02/01 anzumelden.

b)   Erwerb   Rechnungsdatum
                                                        06.12.01

–!––––––––––!––––*–––––!––––––––––!–––––––––
   02/01   03/01   04/01

LÖSUNG Die ErwUSt ist in der Voranmeldung 04/01 anzumelden.

8.1 Vorausrechnungen

Zwar entsteht die Steuer grundsätzlich mit Ausstellung der Rechnung. Nach Sinn und Zweck der Vorschriften kann die Steuer aber nicht schon entstehen, bevor die Lieferung erfolgt ist (vgl. Art. 68 Abs. 2 MwStSystRL). Somit entsteht die Erwerbsumsatzsteuer bei Vorausrechnungen erst, wenn die Lieferung erfolgt ist. Die Erwerbsumsatzsteuer ist dann für den Voranmeldungszeitraum anzumelden, in dem sie entstanden ist.

> **BEISPIEL**
> Der finnische Unternehmer U erteilt einem deutschen Abnehmer vereinbarungsgemäß am 12.01.05 eine Vorausrechnung. Die innergemeinschaftliche Lieferung wird erst am 13.02.05 ausgeführt. Der deutsche Abnehmer erfüllt die Voraussetzungen des § 1a UStG.
> **LÖSUNG** Der deutsche Abnehmer muss (bei monatlicher Abgabe) den innergemeinschaftlichen Erwerb nicht bereits in der Voranmeldung Januar 05 anmelden. Zu diesem Zeitpunkt ist zwar die maßgebliche Rechnung ausgestellt worden. Jedoch wird der innergemeinschaftliche Erwerb erst am 13.02.05 bewirkt.

8.2 Abschlagszahlungs- und Schlussrechnungen

Bei Zusendung von Abschlagszahlungsrechnungen ist beim Erwerber die ErwUSt noch nicht anzumelden. Maßgebend für den Zeitpunkt der Anmeldung ist die Ausstellung der Gesamtrechnung. Die ErwUSt entsteht in diesen Fällen erst mit dem Rechnungsdatum der Schlussrechnung. Wird die Schlussrechnung später oder überhaupt nicht ausgestellt, ist die ErwUSt spätestens in dem VZ anzumelden, der auf den VZ des Erwerbs folgt.

> **BEISPIEL**
> Für die Lieferung einer fertigen Maschine verlangt der englische Lieferant vom deutschen Käufer im Januar 04 und August 04 je zwei Abschlagszahlungen i. H. v. 250 000 €. Die Lieferung der Maschine erfolgt am 12.11.04. Das Datum der Schlussrechnung lautet auf den 10.01.05. Die Schlussrechnung beinhaltet folgende Abrechnung:
>
> 1 200 000 € ./. 500 000 € = 700 000 €.
>
> Die Voraussetzungen für einen innergemeinschaftlichen Erwerb beim Käufer sind erfüllt.
> **LÖSUNG** Der Käufer muss (bei monatlicher Abgabe der Voranmeldung) den innergemeinschaftlichen Erwerb im VZ Dezember 04 anmelden. Da das Schlussrechnungsdatum auf den 10.01.05 lautet, ist der Erwerb spätestens in dem Monat anzumelden, der auf den Erwerbsmonat folgt.
> Im Stadium der Abschlagszahlungsrechnung und der geleisteten Abschlagszahlungen ist bezüglich der ErwUSt nichts zu veranlassen.

Teil S Steuerschuldnerschaft des Leistungsempfängers (Umkehr der Steuerschuldnerschaft nach § 13b UStG)

1 Allgemeines

Im Normalfall muss der Unternehmer, der die stpfl. Leistung ausführt, auch die entstandene USt anmelden. In den Fällen des § 13b UStG wird dies dem Leistungsempfänger auferlegt.

D.h., der Leistungsempfänger ist der Steuerschuldner, er muss die Umsatzsteuer anmelden und kann sie gleichzeitig bei Vorliegen der Voraussetzungen des § 15 Abs. 1 Nr. 4 UStG als Vorsteuerabzug geltend machen. Der Leistungsgeber darf in diesen Fällen nur eine Nettorechnung mit Hinweis auf die Umkehr der Steuerschuldnerschaft erstellen (§ 14a Abs. 5 UStG).

Eine Umkehr der Steuerschuldnerschaft (so genanntes Reverse-Charge-Verfahren) ist gegeben bei steuerpflichtigen:

a) Werklieferungen und sonstigen Leistungen von im Ausland ansässigen Unternehmern (vgl. § 13b Abs. 1 Nr. 1 UStG),

b) Lieferungen sicherungsübereigneter Gegenstände durch den Sicherungsgeber an den Sicherungsnehmer außerhalb des Konkursverfahrens (vgl. § 13b Abs. 1 Nr. 2 UStG),

c) Umsätzen, die unter das Grunderwerbsteuergesetz fallen (§ 13b Abs. 1 Nr. 3 UStG),

d) Bauleistungen an Unternehmer, die ihrerseits Bauleistungen ausführen (§ 13b Abs. 1 Nr. 4 UStG),

e) Lieferungen nach § 3g UStG von Gas und Elektrizität von im Ausland ansässigen Unternehmern (§ 13b Abs. 1 Nr. 5 UStG).

Folge dieser Regelungen ist, dass im Falle eines steuerpflichtigen Umsatzes nunmehr grundsätzlich geprüft werden muss, ob der Leistungsgeber (Normalfall) oder der Leistungsempfänger (Fall des § 13b UStG) der Steuerschuldner ist.

Nachstehend wird auf die zwei wichtigsten Fälle der Steuerschuldnerschaft-Umkehr (steuerpflichtige Werklieferungen und sonstige Leistungen ausländischer Unternehmer und steuerpflichtige Bauleistungen) näher eingegangen.

2 Umkehr der Steuerschuld bei Werklieferungen und sonstigen Leistungen ausländischer Unternehmer (A 182a Abs. 2 UStR)

Die Steuerschuldnerschaft des Leistungsempfängers nach § 13b Abs. 1 Nr. 1 UStG kommt grundsätzlich dann zur Anwendung, wenn folgende Tatbestandsvoraussetzungen erfüllt sind:

a) Leistungsgeber ist ein nicht im Inland ansässiger Unternehmer,

b) Leistungsgeber erbringt eine steuerpflichtige Werklieferung oder steuerpflichtige sonstige Leistung,

c) der Leistungsempfänger ist ein Unternehmer bzw. eine juristische Person des öffentlichen Rechts. Es ist dabei nicht erforderlich, dass der leistungsempfangende Unternehmer die Leistung für sein Unternehmen bezogen hat (vgl. § 13b Abs. 2 Satz 3 UStG).

BEISPIELE

a) Der Maschinenhersteller M mit Sitz in Basel hat eine Druckmaschine an die Druckerei D in Göppingen verkauft. In der Zeit vom 07. bis 11.01.09 wurde bei der Druckerei D in Göppingen die Druckmaschine funktionsfähig montiert. M stellte D am 21.01.09 1 Mio € in Rechnung. Am 14.02.09 hat D an M 1 Mio € überwiesen.

LÖSUNG M erbringt an D eine Werklieferung i.S.d. § 3 Abs. 4 UStG. Die Verfügungsmacht wird gem. § 3 Abs. 7 Satz 1 UStG nach erfolgter Montage am 11.01.09 in Göppingen verschafft. Die Werklieferung wird damit im Inland gegen Entgelt erbracht und ist somit nach § 1 Abs. 1 Nr. 1 UStG steuerbar. Die Lieferung ist auch steuerpflichtig. Der Steuersatz beträgt nach § 12 Abs. 1 UStG 19 %.

D schuldet nach § 13b Abs. 1 Satz 1 Nr. 1 i.V.m. § 13b Abs. 2 UStG als Leistungsempfänger die Umsatzsteuer, da M als im Ausland (Schweiz) ansässiger Unternehmer an den Unternehmer D eine Werklieferung erbracht hat. Da nicht M, sondern D die Umsatzsteuer schuldet, ist der von M an D entrichtete Betrag von 1 Mio € ein Nettobetrag. Die von D geschuldete Umsatzsteuer beträgt somit 19 % von 1 Mio € = 190 000 €.

Nach § 13b Abs. 1 Satz 1 UStG entsteht die Steuer mit Ausstellung der Rechnung am 21.01.09, also im Voranmeldungszeitraum Januar 09.

D kann die Umsatzsteuer nach § 15 Abs. 1 Nr. 4 UStG für den Voranmeldungszeitraum Januar 09 als Vorsteuer abziehen.

M muss D eine Nettorechnung (ohne Umsatzsteuerausweis) ausstellen. In der Rechnung ist auf die Steuerschuldnerschaft des Leistungsempfängers hinzuweisen (§ 14a Abs. 5 UStG). Für den Fall, dass in der Rechnung dieser Hinweis fehlt, wird D gleichwohl von der Steuerschuldnerschaft nicht entbunden.

b) Der selbständige Ingenieur I hat die Außenfassade seines ausschließlich privat genutzten Einfamilienhauses in Kehl von dem französischen Unternehmer Z neu anstreichen lassen. Die Arbeiten waren am 30.01.09 beendet. Z stellte I am 06.03.09 9 000 € in Rechnung, die I am 19.03.09 überwiesen hat.

LÖSUNG Z erbringt an I am 30.01.09 eine sonstige Leistung (Werkleistung) nach § 3 Abs. 9 UStG. Gem. § 3a Abs. 2 Nr. 1c UStG ist der Leistungsort der Lageort des Grundstücks. Die sonstige Leistung wird damit im Inland gegen Entgelt erbracht und ist somit nach § 1 Abs. 1 Nr. 1 UStG steuerbar. Die sonstige Leistung ist auch steuerpflichtig. Der Steuersatz beträgt nach § 12 Abs. 1 UStG 19 %.

I ist Unternehmer. Er schuldet deshalb nach § 13b Abs. 1 Satz 1 Nr. 1 i.V.m. § 13b Abs. 2 UStG als Leistungsempfänger die Umsatzsteuer i.H.v. 1710 €. Es spielt keine Rolle, dass I die sonstige Leistung für seinen nichtunternehmerischen Bereich bezogen hat. Da nicht Z, sondern I die Umsatzsteuer schuldet, ist der von I an Z zu entrichtende Betrag von 9 000 € ein Nettobetrag. Die von D geschuldete Umsatzsteuer beträgt somit 19 % von 9 000 € = 1710 €.

Nach § 13b Abs. 1 Satz 1 UStG entsteht die Steuer mit Ausstellung der Rechnung, spätestens jedoch mit Ablauf des der Ausführung der Leistung folgenden Kalendermonats. D. h., im vorliegenden Fall entsteht die Steuer nicht am 06.03.09 (also im März), sondern bereits mit Ablauf des Monats Februar 09.

Da I die sonstige Leistung nicht für sein Unternehmen bezogen hat, kann er nach § 15 Abs. 1 UStG die Umsatzsteuer nicht als Vorsteuer abziehen.

Z muss I nach § 14a Abs. 5 UStG eine Rechnung (ohne Umsatzsteuerausweis) ausstellen, in welcher er auf die Steuerschuldnerschaft des I hinweist.

3 Steuerschuldnerschaft des Leistungsempfängers bei inländischen Bauleistungen (§ 13b Abs. 1 Nr. 4 UStG, A 182a Abs. 3 ff. UStR)

Eine Umkehr der Steuerschuldnerschaft liegt in diesen Fällen vor, wenn:
a) ein inländischer Unternehmer steuerpflichtige Bauleistungen erbringt,
b) der Leistungsempfänger dieser Bauleistungen selbst Bauleistungen ausführt.
Erbringt ein Unternehmer (LG) Bauleistungen an einen anderen Unternehmer (LE), der ebenfalls Bauleistungen erbringt, ist nach § 13b Abs. 1 Nr. 4 UStG der Leistungsempfänger alleiniger Schuldner der Umsatzsteuer. Dies gilt auch dann, wenn die Bauleistungen an den nichtunternehmerischen Bereich des Leistungsempfängers erbracht werden. Folge hieraus ist, dass der Leistungsgeber trotz steuerpflichtiger Leistung keine Umsatzsteuer in Rechnung stellen darf. Tut er dies fälschlicherweise, schuldet er die Umsatzsteuer gem. § 14c Abs. 1 UStG (vgl. A 182a Abs. 38 Satz 5 UStR). Der Leistungsempfänger kann diese Umsatzsteuer nicht als Vorsteuer geltend machen. Die § 14c Abs. 1-Steuer kann allerdings durch eine einfache Rechnungsberichtigung wiederum storniert werden.

Der Leistungsempfänger hat als alleiniger Steuerschuldner die Umsatzsteuer anzumelden, Bemessungsgrundlage ist der ausgezahlte Nettobetrag. Sofern die Bauleistung nicht an seinen außerunternehmerischen Bereich geht bzw. keine vorsteuerschädlichen Ausgangsumsätze vorliegen, kann der Leistungsempfänger die gemeldete § 13b-Steuer wiederum als Vorsteuerabzug geltend machen.

3.1 Bauleistungen i. S. d. § 13b Nr. 4 UStG

Unter dem Begriff Bauleistungen versteht man steuerpflichtige Werklieferungen und sonstige Leistungen, die der Herstellung, Instandsetzung, Instandhaltung, Änderung oder Beseitigung von Bauwerken dienen, mit Ausnahme von Planungs- und Überwachungsleistungen. Näheres hierzu vgl. A 182a Abs. 3–9 UStR.

Der Begriff des Bauwerks ist weit auszulegen und umfasst nicht nur Gebäude, sondern darüber hinaus sämtliche irgendwie mit dem Erdboden verbundene oder infolge ihrer eigenen Schwere auf ihm ruhende, aus Baustoffen oder Bauteilen hergestellte Anlagen (z. B. Brücken, Straßen oder Tunnel).

Die Leistung muss sich unmittelbar auf die Substanz des Bauwerks auswirken, d. h. es muss eine Substanzerweiterung, Substanzverbesserung, Substanzbeseitigung oder Substanzerhaltung bewirkt werden. Hierzu zählen auch Erhaltungsaufwendungen (z. B. Reparaturleistungen).

Zu den Bauleistungen rechnen z. B. (A 182a Abs. 3 bis 7 UStR):
- Herstellung von Bauwerken,
- Instandsetzung, Instandhaltung von Bauwerken,
- Änderung oder Beseitigung von Bauwerken,
- Einbau von Fenstern und Türen,
- Einbau von Bodenbelägen,
- Einbau von Aufzügen, Rolltreppen,
- Einbau von Heizungsanlagen,
- Einbau von Einrichtungsgegenständen, wenn sie mit einem Gebäude fest verbunden sind, wie z. B. Ladeneinbauten, Schaufensteranlagen.

Nicht zu den Bauleistungen gehören z. B. (A 182a Abs. 8 UStR):

- Materiallieferungen (z. B. durch Baustoffhändler oder Baumärkte), auch wenn der liefernde Unternehmer den Gegenstand der Lieferung im Auftrag des Leistungsempfängers herstellt, nicht aber selbst in ein Bauwerk einbaut,
- Anliefern von Beton (demgegenüber stellt das Anliefern und das anschließende fachgerechte Verarbeiten des Betons durch den Anliefernden eine Bauleistung dar),
- Lieferungen von Wasser und Energie.

3.2 Voraussetzungen für die Steuerschuldnerschaft des Leistungsempfängers

Werden obige Bauleistungen von einem im Inland ansässigen Unternehmer im Inland erbracht, ist der Leistungsempfänger nur dann Steuerschuldner, wenn er Unternehmer ist und selbst Bauleistungen im obigen Sinne erbringt.

Der Leistungsempfänger muss derartige Bauleistungen nachhaltig erbringen oder erbracht haben.

Hiervon ist auszugehen, wenn:

- der Leistungsempfänger im vorangegangenen Kalenderjahr Bauleistungen erbracht hat, deren Bemessungsgrundlage mehr als 10 % der Summe seiner steuerbaren Umsätze betragen hat, oder
- der Leistungsempfänger dem leistenden Unternehmer eine im Zeitpunkt der Ausführung des Umsatzes gültige Freistellungsbescheinigung nach § 48b EStG vorlegt (A 182a Abs. 11 UStR).

Unternehmer, die im Zeitpunkt der an sie ausgeführten Bauleistungen keine nachhaltigen Umsätze in Form von Bauleistungen erbracht haben, sind als Leistungsempfänger nicht Steuerschuldner, selbst wenn sie im weiteren Verlauf des Kalenderjahres derartige Umsätze erbringen.

Es ist nicht erforderlich, dass die an den Leistungsempfänger erbrachten Bauleistungen, für die er als Leistungsempfänger Steuerschuldner ist, mit von ihm erbrachten Bauleistungen unmittelbar zusammenhängen.

BEISPIELE

a) Der Bauunternehmer A beauftragt den Unternehmer B mit dem Einbau einer Heizungsanlage in sein Bürogebäude. A erbringt seinerseits nachhaltige Bauleistungen.

LÖSUNG Der Einbau der Heizungsanlage durch B ist eine unter § 13b Abs. 1 Satz 1 Nr. 4 Satz 1 UStG fallende Werklieferung. Für diesen Umsatz ist A Steuerschuldner, da er selbst nachhaltige Umsätze nach § 13b Abs. 1 Satz 1 Nr. 4 Satz 1 UStG erbringt. Unbeachtlich ist, dass der von B erbrachte Umsatz nicht mit den Ausgangsumsätzen des A in Zusammenhang steht.

b) Bauunternehmen B renoviert die Fassade eines steuerfrei vermieteten Mietshauses. Das Mietshaus gehört:

aa) dem Unternehmer U, der Heizungsanlagen installiert;

bb) den Eheleuten U (Ehegattengrundstücksgemeinschaft), die das Mietshaus gemeinsam vermietet haben.

LÖSUNG aa) Durch die Montage der Heizungsanlagen erbringt U Bauleistungen im obigen Sinne. Dadurch ist er infiziert und Steuerschuldner i. S. v. § 13b Abs. 1 Nr. 4 UStG. Folge hiervon ist, dass B eine Nettorechnung zu erstellen hat, in der er auf die Steuerschuldnerschaft des U hinweisen muss. U muss von dem an B ausgezahlten Nettobetrag 19 % Umsatzsteuer anmelden. Ein Vorsteuerabzug bezüglich dieser Umsatzsteuer ist bei U nicht möglich, da die Vorsteuer im Zusammenhang mit einem steuerfrei vermieteten Grundstück steht.

bb) Da der Empfänger der Bauleistungen die Ehegattengrundstücksgemeinschaft ist, die ihrerseits keine Bauleistungen erbringt, muss der Bauunternehmer B eine Rechnung mit Umsatzsteuer erstellen, da er der Steuerschuldner ist.

c) Der Installationsbetrieb I in Stgt erbringt an den Elektromeister E in Stgt Installationsleistungen für sein privat genutztes Einfamilienhaus. E erbringt seinerseits nachhaltig Bauleistungen an verschiedene Auftraggeber.

LÖSUNG I muss dem E eine Nettorechnung ausstellen und ihn auf seine Steuerschuld hinweisen. Die Voraussetzungen liegen vor, da die Bauleistung an einen Unternehmer erbracht wird, der seinerseits Bauleistungen erbringt. Weil die Bauleistung an den nichtunternehmerischen Bereich erbracht wird, muss E die Umsatzsteuer nach § 13b UStG anmelden, kann sie aber nicht als Vorsteuer geltend machen.

Teil T Prüfungsschema zur Feststellung der Umsatzsteuer bei Einzelsachverhalten

Zur systematischen Ermittlung der USt kann das nachfolgende Prüfungsschema eine Richtschnur sein.

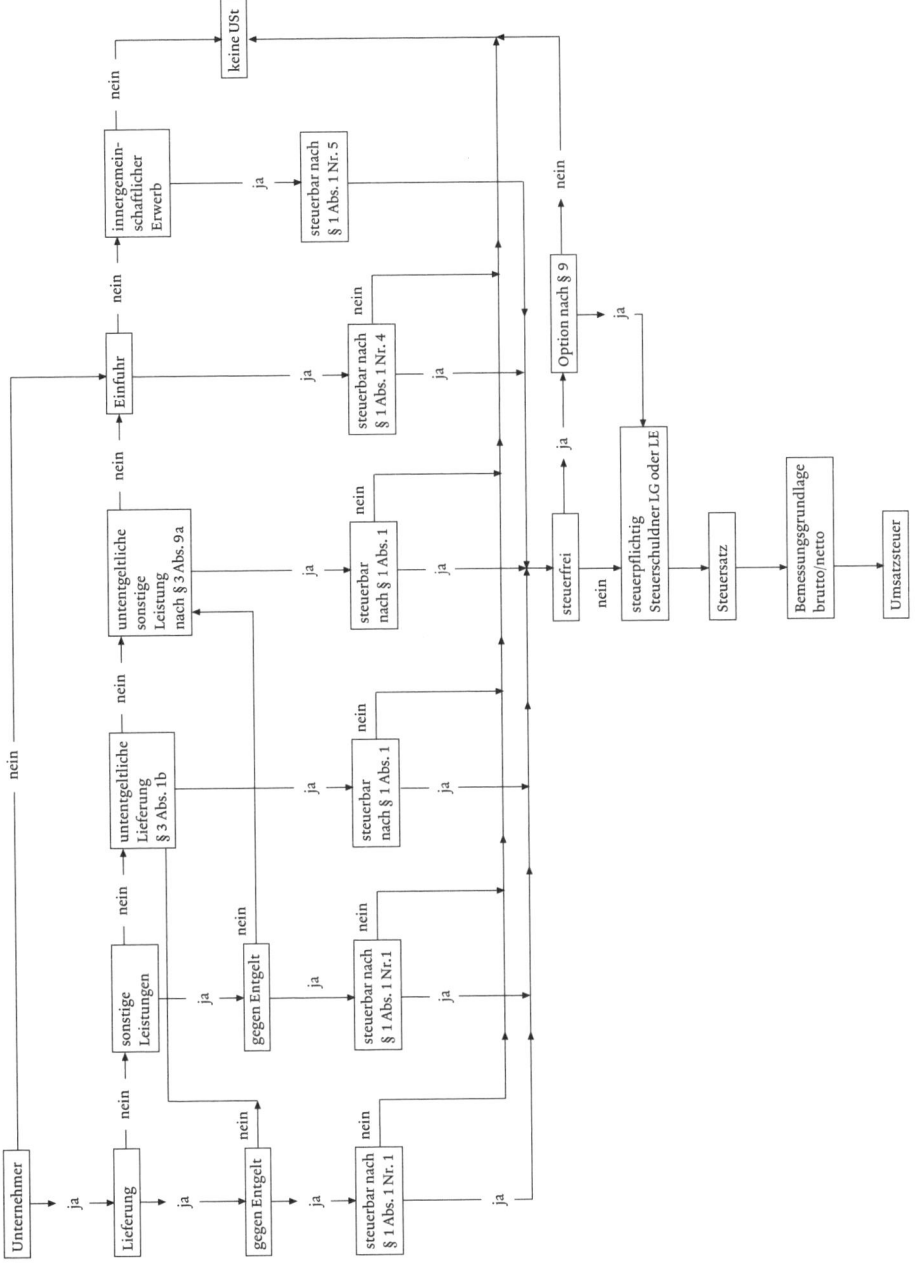

Teil U Vorsteuer (Eingangsumsatzsteuer)

1 Allgemeines

Im Teil B 1 haben Sie bereits die Vorsteuer als zweite Säule des USt-Systems kennen gelernt. Während der Gesetzgeber die Ausgangsumsatzsteuer im Wesentlichen in den §§ 1–13 UStG geregelt hat, finden Sie die Vorschriften über die **Vorsteuer** (Eingangs-USt) im Wesentlichen in den §§ 15 und 15a UStG. Der Gesetzgeber konnte sich bei der Vorsteuer insbesondere deshalb kurz fassen, weil sie im Allgemeinen nichts anderes als die Kehrseite der Ausgangsumsatzsteuer darstellt.

MERKSATZ

Die Ausgangs-USt beim leistenden Unternehmer ist die Vorsteuer (Eingangs-USt) beim leistungempfangenden Unternehmer.

Wegen der Trennung in Ausgangs- und Eingangs-USt unterscheidet man beim Unternehmer in der Unternehmenssphäre den Vorsteuer- und USt-Bereich. Beide Bereiche sind grundsätzlich voneinander unabhängig.

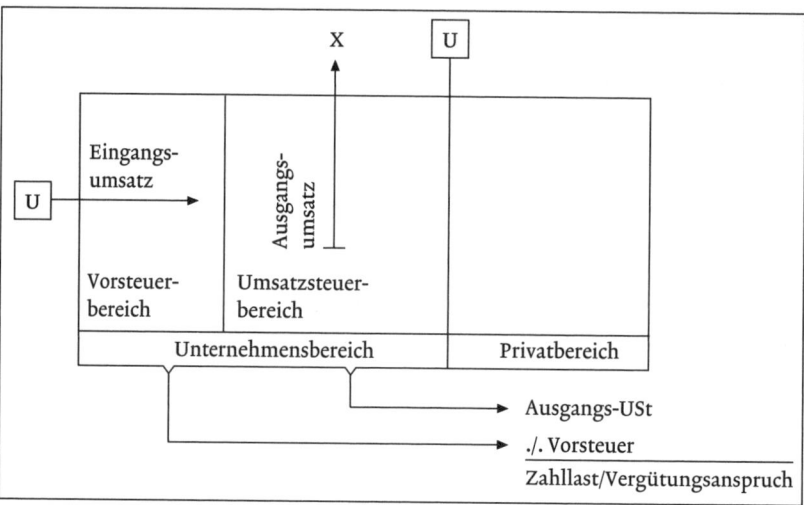

Die Vorsteuer ist grundsätzlich unabhängig von der Ausgangs-USt zu ermitteln.

BEISPIEL

Fabrikant F stellt Rollstühle für Querschnittsgelähmte her. Er erwirbt hierzu am 02.03.01 von Elektromotorenhersteller E 10 Elektromotoren zum Preis von je 800 € zuzügl. 152 € USt, für insgesamt also 8 000 € zuzügl. 1 520 € USt. Den ersten dieser Motoren baut er im April 01 in einen vom Körperbehinderten K bestellten Rollstuhl ein. Bei Auslieferung des Rollstuhls an K am 04.05.01 erteilt F dem K folgende Rechnung:

Rollstuhl ohne Motor	3 800 €
zuzüglich Elektromotor	1 000 €
Summe	4 800 €
zuzüglich 7 % USt	336 €
insgesamt	5 136 €

Die Lieferung des Rollstuhls einschließlich des Elektromotors unterliegt bei F gem. § 12 Abs. 2 Nr. 1 UStG i. V. m. Nr. 51 der Anlage 2 zum UStG dem ermäßigten Steuersatz. Die Lieferung der Elektromotoren von E an F unterliegt dagegen dem Regelsteuersatz.

F kann die ihm von E in Rechnung gestellte USt i. H. v. 1520 € sofort für den VZ März 01 in voller Höhe als Vorsteuer abziehen. F braucht also mit dem Vorsteuerabzug nicht zu warten, bis er die Elektromotoren für Ausgangsumsätze verwendet hat.

F kann Vorsteuer i. H. v. 19 % abziehen, obwohl er seinen Kunden für den Motor nur 7 % USt berechnen muss.

Eine Wechselbeziehung zwischen Ausgangsumsatz und Vorsteuer besteht nur in Bezug auf die Vorsteuerabzugsverbote im § 15 Abs. 1a und 2 UStG.

Ein Vorsteuerabzug, d. h. eine Verrechnung einer USt mit einer Ausgangs-USt ist in den folgenden Fällen möglich:

a) bei einer in einer Eingangsrechnung ausgewiesenen USt,
b) bei der Erwerbs-USt,
c) bei der § 13b-USt,
d) bei der Einfuhr-Umsatzsteuer.

Für die Frage des Vorsteuerabzugs bestehen jeweils unterschiedliche Voraussetzungen. Nachfolgend geht es zunächst nur um die Vorsteuer, die als Ausgangs-USt von einem anderen Unternehmer in Rechnung gestellt wurde.

2 Tatbestandsvoraussetzungen für den Vorsteuerabzug nach § 15 Abs. 1 Nr. 1 UStG

Ein Vorsteuerabzug aufgrund von Eingangsumsätzen ist nur dann möglich, wenn folgende Voraussetzungen vorliegen:

a) Unternehmer,
b) steuerpflichtige Leistungen (Eingangsumsätze),
c) Leistungen an das Unternehmen,
d) Rechnung mit den Anforderungen der §§ 14 und 14a UStG und der gesetzlich geschuldeten Steuer,
e) kein Vorsteuerabzugsverbot nach § 15 Abs. 1a und 2 UStG sowie nach Sonderregelungen, insbesondere für Kleinunternehmer nach § 19 Abs. 1 UStG und Land- und Forstwirte nach § 24 UStG.

Liegen die Voraussetzungen der Buchstaben a)–d) vor, ist die Vorsteuer **abziehbar**. Ist auch noch die Voraussetzung für den Buchstaben e) gegeben, kann die Vorsteuer von der Ausgangs-USt des Unternehmers abgezogen werden. Sie ist **abzugsfähig**.

Es ergibt sich damit bei der Vorsteuer der gleiche Aufbau wie bei der Ausgangs-USt.

Ausgangs-USt	Vorsteuer
Steuerbarer Umsatz	Abziehbare Vorsteuer (§ 15 Abs. 1 UStG)
↓	↓
Keine Steuerbefreiung	Kein Vorsteuerausschluss (§ 15 Abs. 1a und 2 UStG)
↓	↓
Steuerpflichtiger Umsatz	Abzugsfähige Vorsteuer

Ebenso wie ein steuerbarer Umsatz i.d.R. auch steuerpflichtig und nur ausnahmsweise steuerfrei ist, ist die abziehbare Vorsteuer i.d.R. auch abzugsfähig und fällt nur ausnahmsweise unter das Vorsteuerabzugsverbot. Vom Ergebnis her scheint es gleichgültig zu sein, ob eine Vorsteuer von vornherein **nicht abziehbar** oder ob sie zwar abziehbar aber **nicht abzugsfähig** ist, die Vorsteuer also in beiden Fällen nicht abgezogen werden darf.

Die Unterscheidung der **Nichtabziehbarkeit** (nach § 15 Abs. 1 UStG) von der **Nichtabzugsfähigkeit** (nach § 15 Abs. 1a, 1b und 2 UStG) ist jedoch i.R.d. Vorsteuerberichtigungsvorschrift des § 15a UStG von grundlegender Bedeutung.[1]

2.1 Steuerpflichtige Leistungen

Die Eingangsleistung muss steuerpflichtig sein. Nach § 15 Abs. 1 Nr. 1 Satz 1 UStG darf der Unternehmer nur die gesetzlich **geschuldete** USt als Vorsteuer abziehen. USt, welche lediglich aufgrund von § 14c Abs. 1 oder 2 UStG zu entrichten ist, darf dagegen nicht als Vorsteuer abgezogen werden (vgl. A 192 Abs. 1 Satz 2 UStR).

2.2 Leistungen an das Unternehmen

Die Leistungen müssen an das Unternehmen desjenigen erbracht werden, der die Vorsteuer abziehen will. Sie müssen dazu in den Unternehmensbereich eingehen.

Hierbei ist zu unterscheiden in

- Lieferungen,
- sonstige Leistungen, die in der Nutzungsüberlassung von Gegenständen bestehen, und
- andere sonstige Leistungen.

Eine **Lieferung** wird an das Unternehmen erbracht, wenn und soweit der Gegenstand Unternehmensvermögen wird (vgl. P 3).

---

1 Im § 15 UStG wird im Gegensatz zum hier verwendeten Begriffspaar »abziehbar« und »abzugsfähig« nur einheitlich der Begriff »abziehbar« verwendet. Im Hinblick auf die Systematik des § 15a UStG ist jedoch eine klare Abgrenzung der Fälle, in denen ein Vorsteuerabzug bereits wegen fehlender Voraussetzungen des § 15 Abs. 1 UStG scheitert, gegenüber den Fällen, in denen der Vorsteuerabzug nach § 15 Abs. 1a und 2 UStG ausgeschlossen ist, dringend erforderlich. Wenn also in diesem Lehrbuch der Begriff **abziehbare** Vorsteuer verwendet wird, heißt das nur, dass die Voraussetzungen des § 15 Abs. 1 UStG (Buchst. a–d) vorliegen, während über den Vorsteuerausschluss nach § 15 Abs. 1a oder Abs. 2 UStG noch keine Aussage getroffen ist.

Wird dagegen der Begriff **abzugsfähige** Vorsteuer verwendet, sind nicht nur die Voraussetzungen des § 15 Abs. 1 UStG erfüllt, sondern es greift auch der Vorsteuerausschluss nach § 15 Abs. 1a und Abs. 2 UStG nicht ein.

Eine **Nutzungsüberlassung** erfolgt an das Unternehmen, wenn und soweit das Nutzungsrecht Unternehmensvermögen wird (vgl. P 4).

Andere sonstige Leistungen werden an das Unternehmen erbracht, wenn sie dem Unternehmen ausschließlich zugute kommen. Dies ist z. B. der Fall, wenn eine Leistung (z. B. Werkleistung) an einem Gegenstand des Unternehmensvermögens erbracht wird. Dies gilt selbst dann, wenn der Gegenstand auch privat genutzt wird, weil die private Nutzung ein steuerpflichtiger Umsatz ist. Kommt eine andere sonstige Leistung nur teilweise dem Unternehmen zugute, so geht grundsätzlich nur dieser Leistungsteil ins Unternehmen (vgl. A 192 Abs. 21 Nr. 1 UStR).

2.3 Vorsteuerabzug aus laufenden Kosten bei Gegenständen im außerunternehmerischen Bereich

Nach dem EuGH-Urteil vom 08.03.2001, Rs. C – 415/98 – Bakcsi, UR 4/2001, 149 und dem BFH-Urteil vom 28.02.2002, Az. V R 25/96, BStBl II 2003, 815 ist der Vorsteuerabzug aus den laufenden Kosten eines Gegenstandes unabhängig von der Vorsteuerabzugsberechtigung aus den Anschaffungskosten des Gegenstandes zu beurteilen. Der Vorsteuerabzug aus laufenden Kosten orientiert sich daran, inwieweit der Gegenstand für steuerpflichtige Umsätze verwendet wird.

Ein Steuerpflichtiger, der ein Investitionsgut erwirbt, das er sowohl für unternehmerische als auch für private Zwecke nutzt, kann es in vollem Umfang in seinem Privatvermögen belassen und dadurch vollständig dem Mehrwertsteuersystem entziehen. Soweit der Unternehmer den Gegenstand für unternehmerische Zwecke nutzt, ist er lt. o. g. EuGH- und BFH-Urteilen anteilig zum Vorsteuerabzug aus den laufenden Kosten berechtigt.

Nach A 192 Abs. 21 Nr. 2a Satz 6 UStR kann der Unternehmer bei einem im außerunternehmerischen Bereich sich befindlichen Pkw Vorsteuerbeträge aus Benzin- und Wartungskosten im Verhältnis der unternehmerischen zur nichtunternehmerischen Nutzung abziehen. Vorsteuerbeträge, die unmittelbar und ausschließlich auf die unternehmerische Verwendung des Fahrzeugs entfallen, z. B. Vorsteuerbeträge aus Reparaturaufwendungen in Folge eines Unfalls während einer unternehmerisch veranlassten Fahrt, können unter den übrigen Voraussetzungen des § 15 UStG in voller Höhe abgezogen werden (vgl. A 192 Abs. 21 Nr. 2a Satz 7 UStR).

> **BEISPIEL**
>
> Unternehmer U erwirbt einen Pkw von einem Nichtunternehmer, den er sowohl unternehmerisch als auch privat nutzt und ordnet diesen seinem außerunternehmerischen Bereich zu (bei unternehmerischer Nutzung zwischen 10–100 % Wahlrecht möglich).
> Im Kalenderjahr 01 fallen Vorsteuern aus laufenden Kosten (Treibstoff, Wartung) in Höhe von 2 000 € an.
> a) U führt ein Fahrtenbuch und nutzt das Fahrzeug nachweislich zu 70 % für unternehmerische Zwecke.
> b) U führt kein Fahrtenbuch.
> **LÖSUNG** Die Vorsteuern aus den laufenden Kosten können entsprechend der steuerpflichtigen Nutzung anteilig geltend gemacht werden, auch wenn sich das Fahrzeug im außerunternehmerischen Bereich befindet. Falls kein Fahrtenbuch geführt wird und eine Schätzung erforderlich ist, kann nach der 50 %-Methode vorgegangen werden (50 % Vorsteuerabzug aus laufenden Kosten).
> Vorsteuerbeträge aus Unfallreparaturkosten anlässlich einer Betriebsfahrt können voll, Vorsteuerbeträge aus Unfallreparaturkosten anlässlich einer Privatfahrt können überhaupt nicht abgezogen werden.

2.4 Rechnung i. S. d. §§ 14 und 14a UStG

2.4.1 Allgemeines

Nach § 15 Abs. 1 Nr. 1 Satz 2 UStG setzt der Vorsteuerabzug voraus, dass der Unternehmer eine nach § 14, 14a UStG ausgestellte Rechnung besitzt.

Da der Vorsteuerabzug nach § 15 Abs. 1 Nr. 1 UStG zunächst einmal voraussetzt, dass derjenige, welcher die Vorsteuer abziehen will, Unternehmer ist und zum andern nach § 15 Abs. 1 Nr. 1 Vorsteuer nur dann abgezogen werden kann, wenn diese Vorsteuer vom leistenden Unternehmer gesetzlich geschuldet wird, sind für den Vorsteuerabzug nur diejenigen Abrechnungen von Interesse die zwischen einem leistenden Unternehmer und einem Unternehmer als Leistungsempfänger erfolgen. Die Abrechnung kann dabei von Seiten des leistenden Unternehmers als Rechnung erfolgen, sie kann jedoch auch von Seiten des Leistungsempfängers als Gutschrift[1] erfolgen (§ 14 Abs. 2 Satz 2 UStG). Die Abrechnung muss nicht als Rechnung bezeichnet sein. Nach § 14 Abs. 1 UStG ist eine Rechnung jedes Dokument, mit dem über eine Lieferung oder sonstige Leistung abgerechnet wird. Die Abrechnung kann auf Papier, aber auch auf elektronischem Weg übermittelt werden (§ 14 Abs. 1 Satz 2 UStG).

Die Abrechnung muss nicht durch den Leistenden selbst erfolgen, sondern kann auch von einem Dritten ausgestellt werden, wenn er im Namen und für Rechnung des Leistenden handelt (§ 14 Abs. 2 Satz 4 UStG).

Die Anforderungen an den Inhalt der Rechnung sind seit 01.01.2004 wesentlich verschärft worden. Während bis Ende 2003 bestimmte Angaben in der Rechnung wie zum Beispiel der Leistungszeitpunkt zwar erforderlich waren, um den zivilrechtlichen Anspruch des Leistungsempfängers auf Erteilung einer Rechnung zu erfüllen, jedoch nicht für die Geltendmachung des Vorsteuerabzugs erforderlich waren (zur Geltendmachung des Vorsteuerabzugs konnte der Leistungszeitpunkt auch auf andere Weise als in der Rechnung dargelegt werden), sind nun zahlreiche Angaben in der Rechnung zwingend für den Vorsteuerabzug erforderlich. Fehlen derartige Angaben oder sind sie unzutreffend, hat dies grundsätzlich den Verlust des Vorsteuerabzugs zur Folge.

2.5 Einzelheiten zur Rechnungserteilung

2.5.1 Erforderliche Angaben in der Rechnung

Nach § 14 Abs. 4 UStG muss eine zum Vorsteuerabzug berechtigende Rechnung folgende Angaben enthalten:
- Name und Anschrift des leistenden Unternehmers und des Leistungsempfängers,
- Steuernummer oder Umsatzsteuer-Identifikationsnummer des leistenden Unternehmers,
- Ausstellungsdatum,
- fortlaufende Nummer (Rechnungsnummer),
- Menge und Art der gelieferten Gegenstände oder Umfang und Art der sonstigen Leistung,
- Zeitpunkt der Leistung und Vereinnahmung des Entgelts,
- Entgelt,

---

[1] Auf Gutschriften wird in diesem Band nicht weiter eingegangen.

- im Voraus vereinbarte Minderung des Entgelts,
- Steuersatz und Steuerbetrag.

Darüber hinaus sind nach § 14a UStG weitere Angaben in der Rechnung erforderlich. Soweit es sich dabei um Angaben im Zusammenhang mit steuerpflichtigen Leistungen handelt, müssen diese Angaben ebenfalls vorliegen, damit die Rechnung den Leistungsempfänger zum Vorsteuerabzug berechtigt. So verlangt § 14a Abs. 1 UStG in den Fällen, in denen eine sonstige Leistung infolge der Verwendung einer deutschen USt-Id-Nr. im Inland erbracht wird, die Angabe der USt-Id-Nr. sowohl des leistenden Unternehmers als auch des Leistungsempfängers.

2.5.2 Einzelheiten zu den in § 14 Abs. 4 UStG vorgeschriebenen Angaben

In § 31 und 32 UStDV sind die Anforderungen auf den Rechnungsinhalt abgemildert. So kann eine Rechnung nach § 31 Abs. 1 Satz 1 UStDV aus mehreren Dokumenten bestehen, aus denen sich die geforderten Angaben ergeben. Wichtig ist dabei nur, dass in einem Dokument das Entgelt und der darauf entfallende Steuerbetrag jeweils zusammengefasst anzugeben sind und außerdem alle weiteren Dokumente bezeichnet sind, aus denen sich die noch fehlenden Angaben ergeben (§ 31 Abs. 1 Satz 2 UStDV). Insgesamt muss leicht und eindeutig nachprüfbar sein, ob die erforderlichen Angaben vorliegen (§ 31 Abs. 1 Satz 3 UStDV). Weitere Erleichterungen für den Vorsteuerabzug ergeben sich aus A 185 UStR.

2.5.2.1 Name und Anschrift des leistenden Unternehmers und des Leistungsempfängers

Nach § 31 Abs. 2 UStDV genügt es, wenn sich aufgrund der in der Rechnung aufgenommenen Bezeichnung der Name und die Anschrift eindeutig feststellen lassen. Es können auch Abkürzungen, Buchstaben, Zahlen oder Symbole verwendet werden, wenn ihre Bedeutung eindeutig festgelegt ist (in der Rechnung oder in anderen Unterlagen). Die erforderlichen Unterlagen müssen dabei sowohl beim Aussteller als auch beim Empfänger der Rechnung vorhanden sein (§ 31 Abs. 3 UStDV).

2.5.2.2 Menge und Art der gelieferten Gegenstände oder Umfang und Art der sonstigen Leistung

Nach § 31 Abs. 3 UStDV können hierfür Abkürzungen, Buchstaben, Zahlen oder Symbole verwendet werden, wenn ihre Bedeutung eindeutig festgelegt ist (in der Rechnung oder in anderen Unterlagen, zum Beispiel in Katalogen). Die erforderlichen Unterlagen müssen dabei sowohl beim Aussteller als auch beim Empfänger der Rechnung vorhanden sein (§ 31 Abs. 3 UStDV).

2.5.2.3 Zeitpunkt der Leistung und Vereinnahmung des Entgelts

Nach § 31 Abs. 4 UStDV braucht nicht der genaue Tage der Leistung angegeben zu sein. Es genügt die Angabe des Kalendermonats, in dem die Leistung ausgeführt wird.

Bei Mietverhältnissen über längere Zeit liegen in der Regel Teilleistungen vor. Für den Vorsteuerabzug bedarf es einer Rechnung, in welcher die jeweilige Teilleistung angegeben ist, über welche abgerechnet wird (zum Beispiel Miete für März 01). Nun kann zwar der Mietvertrag grundsätzlich als Rechnung angesehen werden, jedoch erfüllt er diese Voraussetzung nicht. Sie kann in diesem Fall dadurch erfüllt werden, dass eine Rechnung auch aus mehreren Dokumenten bestehen kann. Als solches ergänzendes Dokument kann der Zahlungsbeleg (zum Beispiel Überweisungsauftrag, Kontoauszug) angesehen werden. Dabei kann der Beleg auch von Leistungsempfänger ausgestellt werden (vgl. A 185 Abs. 17 i. V. m. A 183 Abs. 2 Satz 1 bis 3 UStR).

BEISPIEL

Im Mietvertrag über eine steuerpflichtige Grundstücksvermietung ist u. a. festgelegt, dass die Miete monatlich 1 000 € zuzüglich 190 € USt beträgt und jeweils bis zum 3. des betreffenden Mietmonats zu entrichten ist. Der Mieter M gibt seiner Bank einen Dauerauftrag, wonach die Miete jeweils zum 3. eines Monats zu überweisen ist.

LÖSUNG Der Mietvertrag zusammen mit dem Kontoauszug berechtigt M, den Vorsteuerabzug jeweils für die monatliche Teilleistung vorzunehmen, in der die Abbuchung erfolgt ist.

Der Zeitpunkt der Vereinnahmung des Entgelts ist anzugeben, wenn das Entgelt vor dem Zeitpunkt der Leistung entrichtet wird. Steht bei Rechnungserteilung der Zeitpunkt der Vereinnahmung des Entgelts noch nicht fest, ist allerdings nur kenntlich zu machen, dass über eine noch nicht erbrachte Leistung abgerechnet wird.

2.5.2.4 Steuernummer oder Umsatzsteuer-Identifikationsnummer des leistenden Unternehmers

Hat der leistende Unternehmer keine USt-Id-Nr., ist seine Steuernummer zwingend anzugeben. Ist die angegebene Steuernummer oder USt-Id-Nr. des leistenden Unternehmers falsch, so verliert der Leistungsempfänger dadurch die Berechtigung zum Vorsteuerabzug nur dann, wenn er dies erkennen konnte (A 192 Abs. 3 Sätze 1 bis 4 UStR).

2.5.2.5 Fortlaufende Nummer (Rechnungsnummer)

Zweck der Nummer ist es, sicherzustellen, dass die Rechnung einmalig ist. Es ist deshalb auch zulässig, mehrere Zahlen- oder Buchstabenreihen bzw. eine Kombination von Ziffern und Buchstaben zu wählen. Ist die angegebene Nummer falsch, so verliert der Leistungsempfänger dadurch die Berechtigung zum Vorsteuerabzug nur dann, wenn er dies erkennen konnte (A 192 Abs. 3 Sätze 1 bis 4 UStR).

2.5.2.6 Angabe des Entgelts

Nach § 14 Abs. 4 Nr. 7 UStG ist auf der Rechnung das nach Steuersätzen aufgeschlüsselte Entgelt als Nettobetrag anzugeben. Ist dieses Entgelt unrichtig angegeben, entfällt der Vorsteuerabzug. Ist allerdings das Netto-Entgelt deshalb falsch, weil eine überhöhte USt berechnet wurde, darf nach Verwaltungsauffassung wenigstens die gesetzlich geschuldete USt abgezogen werden (vgl. 2.5.2.8).

2.5.2.7 Im Voraus vereinbarte Minderung des Entgelts

Falls Boni, Skonti und Rabatte im Voraus vereinbart sind, ist diese Entgeltsminderung auf der Rechnung anzugeben. Steht allerdings im Zeitpunkt der Rechnungserteilung die Höhe der Entgeltsminderung noch nicht fest, ist nur auf die entsprechende Vereinbarung hinzuweisen.

2.5.2.8 Angabe des Steuersatzes und des Steuerbetrags

Infolge der Angabe des Steuersatzes und des Entgelts wird nachvollziehbar, ob der angegebene Steuerbetrag richtig ist. Ist die angegebene Steuer zu hoch, wird sie nach § 14c Abs. 1 UStG vom leistenden Unternehmer geschuldet, kann jedoch gleichwohl nicht als Vorsteuer abgezogen werden, da nach § 15 Abs. 1 Nr. 1 Satz 1 lediglich die gesetzlich geschuldete USt abgezogen werden darf. Es fragt sich, ob in diesem Fall überhaupt ein Vorsteuerabzug möglich ist, weil der angegebene Steuerbetrag unzutreffend ist. Nach Verwaltungsauffassung darf in diesem Fall jedoch wenigstens die gesetzlich geschuldete USt abgezogen werden (vgl. A 192 Abs. 1 Satz 2 und Abs. 3 Satz 11 UStR).

2.5.3 Fehlende oder unrichtige Angaben in der Rechnung

Fehlende bzw. unrichtige Angaben, die nach § 14 Abs. 4 UStG erforderlich sind, haben grundsätzlich den Verlust des Vorsteuerabzugs zur Folge. Gem. § 31 Abs. 5 UStDV kann jedoch eine solche Rechnung berichtigt werden. Dabei müssen nur die fehlenden oder unzutreffenden Angaben ergänzt oder berichtigt werden. Die Berichtigung muss durch ein Dokument erfolgen, das spezifisch und eindeutig auf die Rechnung bezogen ist. Dies ist regelmäßig der Fall, wenn in diesem Dokument die fortlaufende Nummer der ursprünglichen Rechnung angegeben ist.

Die Berichtigung einer Rechnung kann nur durch den Rechnungsaussteller selbst und nicht durch den Leistungsempfänger vorgenommen werden (vgl. A 188a Abs. 2 UStR).

2.5.4 Weitere Voraussetzungen nach § 14a UStG

§ 14a UStG bringt insbesondere auch Vorschriften für Rechnungen, die über steuerfreie Umsätze ausgestellt werden (§ 14a Abs. 3 und 4 UStG) und für Rechnungen die über Leistungen ausgestellt werden, bei denen die Steuerschuld auf den Leistungsempfänger übergeht. Da in diesen Fällen ein Vorsteuerabzug nach § 15 Abs. 1 Nr. 1 ohnehin nicht in Betracht kommt, sind sie für den Vorsteuerabzug uninteressant.

Von Bedeutung ist jedoch § 14a Abs. 1 UStG. Er betrifft die Fälle von sonstigen Leistungen, in denen der Leistungsort über die Verwendung einer USt-Id-Nr. ins Inland verlagert wurde und die Leistungen infolgedessen im Inland steuerpflichtig geworden sind. In der Rechnung muss dann sowohl die USt-Id-Nr. des leistenden Unternehmers als auch die USt-Id-Nr. des Leistungsempfängers angegeben sein. Fehlen diese Angaben, berechtigt die Rechnung nicht zum Vorsteuerabzug (§ 15 Abs. 1 Nr. 1 Satz 2 UStG).

2.5.5 Elektronische Abrechnung

Unter den Voraussetzungen des § 14 Abs. 3 UStG berechtigt auch eine auf elektronischem Weg übermittelte Rechnung zum Vorsteuerabzug.

Dies bedeutet, dass Rechnungen z. B. durch E-Mail oder durch Übersendung von maschinell lesbaren Datenträgern (CD-ROM, Diskette) übermittelt werden können.

Damit die elektronischen Abrechnungen als Rechnungen anerkannt werden können, müssen sie derart in den Machtbereich des Empfängers gelangt sein, dass dieser die Möglichkeit ihrer Kenntnisnahme hat.

Um eine Veränderung der elektronischen Abrechnungen auf ihrem Transport durch das offene Netz oder durch den Empfänger zu verhindern, muss die Abrechnung mit einer digitalen Signatur versehen sein (vgl. § 14 Abs. 3 Nr. 1 UStG). Eine zentrale Position i. R. d.

elektronischen Rechnung nimmt deshalb die digitale Signatur ein. Sie ist geregelt im Signaturgesetz vom 16.05.2001 (BGBl I 2001, 876).

Das Signaturverfahren baut auf zwei mathematischen Schlüsseln auf (so genanntes asymetrisches Verfahren):

a) dem privaten Schlüssel und

b) dem öffentlichen Schlüssel.

Die beiden Schlüssel unterscheiden sich zwar, sind aber eindeutig einander zugeordnet. Der persönliche private Schlüssel verbleibt immer bei dem Besitzer der Signatur und muss geheim gehalten werden. Der öffentliche Schlüssel kann bekannt gegeben werden.

In der Praxis soll wie folgt vorgegangen werden: Der Absender einer Rechnung erstellt eine E-Mail, die er irreversibel komprimiert. So entsteht ein so genannter digitaler Fingerabdruck. Dieser wird nun mit dem privaten Schlüssel des Absenders versehen und an den Originaltext als digitale Signatur angehängt und übermittelt. Die dadurch erzeugte Signatur identifiziert zum einen ihre Zugehörigkeit zu dieser E-Mail und zum anderen zu einem bestimmten Absender.

Kommt die E-Mail beim Empfänger an, wird die Signatur mit dem bekannten öffentlichen Schlüssel des Absenders entschlüsselt. Als Erzeugnis erhält der Empfänger das Komprimat des Absenders. Dann wird der Originaltext der E-Mail herangezogen und auf dieselbe Weise komprimiert. Nun ist ein Vergleich der beiden Komprimate möglich. Bei deren Übereinstimmung kann der Empfänger die Unverfälschtheit der Daten im Originaltext erkennen.

Die Ausgabe der beiden digitalen Schlüssel erfolgt durch anerkannte Zertifizierungsstellen, so genannte Trustcenter.

In der Praxis ist die elektronische Abrechnung ganz einfach: Die Rechnung wird im Computer erstellt. Ist sie fertig, muss nur noch der Befehl »Signieren« angeklickt werden. Dann wird der Anwender aufgefordert, seine Smartcard (ein kleines Plastikstück mit einem Chip darauf) in den Chipkartenleser zu stecken. Alles Weitere erledigt der Computer.

Damit die Sicherheit einer digitalen Signatur gewährleistet ist, darf sie nur von bestimmten Institutionen ausgestellt werden. Wer eine digitale Signatur erhalten möchte, muss sich an so genannte Zertifizierungsstellen (Trustcenter genannt), z. B. die Deutsche Telekom wenden.

2.6 Sonderfälle von Rechnungen

2.6.1 Kleinbetragsrechnungen i.S.d. § 33 UStDV

Bei Kleinbetragsrechnungen sind die Anforderungen für den Vorsteuerabzug nicht so streng wie vorstehend dargelegt. Nach § 31 UStDV ist bei einer so genannten Kleinbetragsrechnung für den Vorsteuerabzug erforderlich:

- Name und Anschrift des leistenden Unternehmers,
- Ausstellungsdatum,
- Bruttoentgelt,
- Steuersatz.

Entbehrlich ist also:

a) Angabe des Leistungsempfängers,

b) Angabe des Entgelts als Nettobetrag,

c) Angabe der Rechnungsnummer,

d) Angabe der Steuernummer bzw. USt-Id-Nr.,

e) Angabe des Steuerbetrages, sofern der Steuersatz (z. B. 19 %, 7 %) angegeben ist.

Die Angabe des Umrechnungsfaktors (z. B. 15,97 %) reicht nicht aus.

Eine Kleinbetragsrechnung liegt nur dann vor, wenn der Gesamtbetrag der Rechnung 150 € (brutto) nicht übersteigt. Rechnet der Leistungsgeber gegenüber einem Leistungsempfänger in einem Abrechnungspapier über mehrere Leistungen ab, darf die Summe der abgerechneten Beträge 150 € (brutto) nicht übersteigen.

BEISPIEL

Unternehmer A berechnet dem Unternehmer B für seine steuerpflichtige Warenlieferung, die dem Regelsteuersatz unterliegt (auszugsweise dargestellt)

Eisenrohre   100 €

Hierin ist die Umsatzsteuer mit 19 % enthalten.

B vermerkte auf dem Papier: »19 % aus 100 € = 15,97 €.«

LÖSUNG Die Umsatzsteuer ist zwar betragsmäßig nicht ausgewiesen. Es handelt sich jedoch um eine Kleinbetragsrechnung nach § 33 UStDV. Gem. § 35 Abs. 1 UStDV kann B selbst die Aufteilung in Entgelt und Umsatzsteuer vornehmen und darf die Umsatzsteuer dann als Vorsteuer abziehen. Die Aufteilung muss nicht auf der Rechnung selbst vorgenommen werden. Vielmehr kann der Unternehmer alle Kleinbetragsrechnungen eines Voranmeldungszeitraums mit demselben Steuersatz zusammen addieren und aus dem Gesamtbetrag die Vorsteuer mit dem maßgeblichen Umrechnungsfaktor herausrechnen.

2.6.2 Fahrausweise i. S. d. § 34 UStDV als zum Vorsteuerabzug berechtigende Rechnungen

Bei Fahrausweisen wird der Vorsteuerabzug gem. § 35 i. V. m. § 34 UStDV erleichtert. Auf dem Fahrausweis braucht nur angegeben zu sein:

- Name und Anschrift des leistenden Unternehmers,
- Ausstellungsdatum,
- Bruttoentgelt,
- Steuersatz.

Unterliegt die Beförderung dem ermäßigten Steuersatz nach § 12 Abs. 2 Nr. 10 UStG braucht auch der Steuersatz nicht angegeben zu sein. Aus solchen Fahrausweisen kann der Leistungsempfänger die Vorsteuer mit 7/107 herausrechnen.

Ist auf einer Fahrkarte der deutschen Bundesbahn nur die Tarifentfernung mit mehr als 50 km angegeben und kein Steuersatz, darf der Leistungsempfänger die Vorsteuer mit 19/119 aus dem angegebenen Bruttobetrag herausrechnen (§ 34 Abs. 1 Satz 2 i. V. m. § 35 Abs. 2 Nr. 2 UStDV).

BEISPIEL

Unternehmer A ist mit der S-Bahn von Ludwigsburg nach Stuttgart gefahren. Der Fahrausweis enthält den Fahrpreis von 2,80 €, jedoch keine Angabe über den Steuersatz und die Tarifentfernung.

LÖSUNG Es liegt ein Fahrausweis i. S. d. § 34 UStDV vor. Die Angabe des Steuersatzes bzw. der Tarifentfernung ist nach § 34 Abs. 1 Nr. 3 UStDV nur erforderlich, wenn die Vorsteuer auf der Basis eines Steuersatzes von 19 % herausgerechnet werden soll. Vorliegend kann also die Vorsteuer nach § 35 Abs. 2 Satz 3 UStDV auf der Basis eines Steuersatzes von 7 % herausgerechnet werden (vgl. § 12 Abs. 2 Nr. 10 UStG). Die Vorsteuer beträgt 7/107 von 2,80 € = 0,18 €.

2.6.3 Rechnungen in den Fällen der Mindestbemessungsgrundlage

Nach § 14 Abs. 4 Satz 2 UStG darf der Unternehmer auch die auf die Mindestbemessungsgrundlage entfallende USt gesondert in Rechnung stellen und der Rechnungsempfänger dementsprechend diese USt als Vorsteuer abziehen. Erforderlich ist dann, dass auf einer solchen Rechnung neben dem Rechnungsbetrag und den übrigen Anforderungen die Mindestbemessungsgrundlage und der darauf entfallende Steuerbetrag angegeben sind.

BEISPIEL

Die Ehefrau F vermietet im KJ 01 eine Lagerhalle steuerpflichtig (Option gem. § 9 UStG) an den Gewerbebetrieb ihres Mannes M. Die monatliche Miete beträgt 2 000 € zuzüglich die gesetzliche USt. Die anteiligen Ausgaben i. S. v. § 10 Abs. 4 Nr. 2 UStG für die Lagerhalle bei F belaufen sich, soweit sie zum Vorsteuerabzug berechtigt haben, auf monatlich 3 000 €. Die ortsübliche Nettomiete würde monatlich 4 000 € betragen.

LÖSUNG Die Vermietung von F an M ist steuerpflichtig. Da M eine der F nahe stehende Person ist und die Ausgaben der F höher sind als die Miete, greift nach § 10 Abs. 5 Nr. 1 i. V. m. § 10 Abs. 4 Nr. 2 UStG die Mindestbemessungsgrundlage ein. Die USt beträgt monatlich 19 % von 3 000 € = 570 €. Für diese USt kann die F dem M den Vorsteuerabzug ermöglichen, indem sie ihm folgende auszugsweise dargestellte Rechnung erteilt:

Miete Januar 01	2 000 €
zuzüglich 19 % USt aus der	
Mindestbemessungsgrundlage von 3 000 €	570 €
Rechnungsbetrag	2 570 €

2.7 Zeitpunkt des Vorsteuerabzugs

2.7.1 Allgemeines

Der Vorsteuerabzug kann grundsätzlich für den Voranmeldungszeitraum vorgenommen werden, in welchem sowohl die steuerpflichtige Eingangsleistung erbracht wurde als auch die Rechnung i. S. v. §§ 14 und 14a UStG vorliegt (vgl. Urteil des EuGH vom 29.04.2004 Rs. C 152/02). Wird also eine Rechnung im Voraus erteilt und die Eingangsleistung erst in einem nachfolgenden Voranmeldungszeitraum bewirkt, darf der Vorsteuerabzug erst für den Voranmeldungszeitraum vorgenommen werden, in welchem die Eingangsleistung bewirkt wurde.

Wird umgekehrt erst die Eingangsleistung bewirkt und die Rechnung erst in einem späteren Voranmeldungszeitraum erteilt, darf der Vorsteuerabzug erst für den Voranmeldungszeitraum vorgenommen werden, in dem die Rechnung erteilt wurde.

2.7.2 Vorsteuerabzug vor Bezug der Leistung nach § 15 Abs. 1 Nr. 1 Satz 3 UStG

Nach § 15 Abs. 1 Nr. 1 Satz 3 UStG darf die Vorsteuer bereits für einen früheren Voranmeldungszeitraum abgezogen werden als dem, in dem die Eingangsleistung an das Unternehmen erfolgt ist, sofern für die nachfolgende steuerpflichtige Eingangsleistung bereits eine Anzahlung bzw. Vorauszahlung erfolgt ist und eine Rechnung i. S. d. §§ 14 und 14a UStG vorliegt. § 15 Abs. 1 Nr. 1 Satz 3 UStG bewirkt lediglich eine Vorverlegung des Zeitpunkts des Vorsteuerabzugs.

Die in diesen Fällen für den Vorsteuerabzug erforderliche Rechnung mit gesondertem Umsatzsteuerausweis muss nach § 14 Abs. 5 UStG sinngemäß alle nach § 14 Abs. 1 bis 4 UStG erforderlichen Angaben enthalten. An die Stelle des Zeitpunkts der Leistung tritt die Angabe des voraussichtlichen Zeitpunkts der Leistung.

Bei dieser Rechnung kann es sich um eine Gesamtvorausrechnung handeln (vgl. A 187 Abs. 6 UStR). Es kann jedoch auch über die einzelne Anzahlung/Vorauszahlung oder über mehrere Anzahlungen/Vorauszahlungen zugleich abgerechnet werden (vgl. A 187 Abs. 5 UStR).

BEISPIEL

A hat den Bauunternehmer B mit der Erstellung des Rohbaus für eine Lagerhalle beauftragt. Im Voraus wurde dem A am 15.01.01 eine Rechnung erteilt mit allen nach § 14 und 14a UStG erforderlichen Angaben. Danach sind für den fertigen Rohbau insgesamt 500 000 € zuzüglich 19 % USt = 95 000 € zu entrichten. Entsprechend dem Baufortschritt sind zwei Abschlagszahlungen i. H. v. jeweils 238 000 € zu entrichten. Der Restbetrag ist nach Bauabnahme zu entrichten. Entsprechend dem Baufortschritt überweist A an B die Abschlagszahlungen am 20.03.01 und am 20.05.01 i. H. v. jeweils 238 000 €. Die Bauabnahme erfolgt am 30.06.01. Den Restbetrag von 119 000 € überweist A am 10.07.01.

LÖSUNG A hat am 30.06.01 mit der Bauabnahme die Werklieferung des Rohbaus erhalten. A darf die ihm hierfür in Rechnung gestellte USt i. H. v. 95 000 € als Vorsteuer abziehen. Er darf diese USt für den VZ Juni abziehen, sofern er sie nicht schon vorher aufgrund der Abschlagszahlungen nach § 15 Abs. 1 Nr. 1 Satz 3 UStG abziehen darf. Da eine Gesamtvorausrechnung vorliegt, ist der VStA i. H. v. jeweils 38 000 € bereits für die VZ März und Mai zulässig. Die restliche Vorsteuer von 19 000 € kann A für den VZ Juni abziehen.

2.8 Rechnungen mit falschem Umsatzsteuerausweis

2.8.1 Zu hoher Umsatzsteuerausweis (§ 14c Abs. 1 UStG)

Fälle des zu hohen Umsatzsteuerausweises sind u. a. (vgl. A 190c Abs. 1 UStR):
- für eine steuerpflichtige Leistung wurde eine höhere als die dafür geschuldete USt ausgewiesen,
- für eine steuerfreie Leistung wurde USt gesondert ausgewiesen,
- für eine nichtsteuerbare Leistung im Ausland wurde USt gesondert ausgewiesen,
- für eine nichtsteuerbare unentgeltliche Leistung wurde USt gesondert ausgewiesen,
- für eine nichtsteuerbare Geschäftsveräußerung i. S. d. § 1 Abs. 1a UStG wurde USt gesondert ausgewiesen.

Die zu hoch ausgewiesene USt schuldet der leistende Unternehmer nach § 14c Abs. 1 UStG.

Bei Kleinbetragsrechnungen i. S. v. § 33 UStDV ersetzt der angegebene Steuersatz den gesondert ausgewiesenen Steuerbetrag. Wird deshalb anstelle des zutreffenden Steuersatzes von 7 % fälschlich ein Steuersatz von 19 % angegeben, liegt ebenfalls ein zu hoher Umsatzsteuerausweis vor und die zu hoch ausgewiesene USt wird nach § 14c Abs. 1 UStG geschuldet (vgl. A 190c Abs. 2 UStR).

Die USt nach § 14c Abs. 1 UStG entsteht nach § 13 Abs. 1 Nr. 3 UStG in dem Zeitpunkt, in dem die übrige geschuldete Steuer entsteht. Wurde die Rechnung jedoch schon vor diesem Zeitpunkt erteilt, entsteht die USt nach § 14c Abs. 1 UStG bereits mit der Ausgabe der Rechnung. Wird die USt für einen steuerfreien oder nichtsteuerbaren Umsatz gesondert ausgewiesen, entsteht die Steuer im Zeitpunkt der Ausgabe der Rechnung.

Obwohl die ausgewiesene USt nach § 14c Abs. 1 UStG geschuldet wird, darf sie nicht als Vorsteuer abgezogen werden, da sie nicht i. S. v. § 15 Abs. 1 Nr. 1 Satz 1 UStG gesetzlich geschuldet wird. Eigentlich ist in diesem Fall überhaupt kein Vorsteuerabzug möglich, weil der angegebene Steuerbetrag unzutreffend ist und deshalb keine Rechnung i. S. v. § 14 Abs. 4 Nr. 8 UStG vorliegt. Nach Verwaltungsauffassung darf in diesem Fall jedoch wenigstens die gesetzlich geschuldete USt abgezogen werden (vgl. A 192 Abs. 3 Satz 11 UStR).

Der Unternehmer kann die nach § 14c Abs. 1 UStG geschuldete USt beseitigen, indem er den Steuerbetrag gegenüber dem Leistungsempfänger berichtigt (§ 14c Abs. 1 Satz 2 UStG). Die Berichtigung erfolgt durch eine schriftliche Berichtigungserklärung gegenüber dem Leistungsempfänger, die dem Leistungsempfänger tatsächlich zugehen muss. Mit dem Zugang entfällt die nach § 14c Abs. 1 UStG geschuldete USt. Wurde für eine nicht steuerbare Geschäftsveräußerung i. S. d. § 1 Abs. 1a UStG USt gesondert ausgewiesen, muss die Berichtigung allerdings im Verfahren nach § 14c Abs. 2 UStG vorgenommen werden (vgl. § 14c Abs. 1 Satz 3 UStG und 2.8.2).

2.8.2 Unberechtigter Umsatzsteuerausweis (§ 14c Abs. 2 UStG)

Fälle des unberechtigten Umsatzsteuerausweises sind u. a. (vgl. A 190d Abs. 2 UStR):

- Ein Unternehmer erteilt eine Schein-Rechnung mit gesondertem Steuerausweis, obwohl er eine Leistung nicht ausführt.
- Ein Unternehmer erteilt eine Rechnung mit gesondertem Steuerausweis, in der er statt des tatsächlich gelieferten Gegenstandes einen anderen, von ihm nicht gelieferten Gegenstand aufführt.
- Ein Nichtunternehmer erteilt eine Rechnung mit gesondertem Umsatzsteuerausweis für eine von ihm erbrachte entgeltliche Leistung.
- Ein Unternehmer erteilt eine Rechnung mit gesondertem Umsatzsteuerausweis für eine nicht im Rahmen seines Unternehmens von ihm erbrachte entgeltliche Leistung.

In diesen Fällen schuldet der Rechnungsaussteller die ausgewiesene Umsatzsteuer nach § 14c Abs. 2 UStG. Er schuldet die USt auch dann, wenn die Rechnung nicht alle nach § 14 und 14a UStG erforderlichen Angaben enthält (vgl. A 190d Abs. 1 Sätze 3 und 4 UStR). Erforderlich ist allerdings die Angabe des Rechnungsausstellers und des Entgelts (Nettobetrag). Die Umsatzsteuer nach § 14c Abs. 2 UStG entsteht nach § 13 Abs. 1 Nr. 4 UStG im Zeitpunkt der Ausgabe der Rechnung. Auch diese Umsatzsteuer kann der Unternehmer beseitigen. Er muss dabei jedoch das in § 14c Abs. 2 Satz 3 bis 5 UStG vorgeschriebenen Verfahren einschlagen. Dies bedeutet:

1. Durch den Umsatzsteuerausweis ist keine Gefährdung des Steueraufkommens eingetreten, weil der Rechnungsempfänger die ausgewiesene Umsatzsteuer nicht als Vorsteuer geltend gemacht hat, oder der Rechnungsempfänger die ausgewiesene Umsatzsteuer als Vorsteuer geltend gemacht hat, die Gefährdung des Steueraufkommens jedoch dadurch wieder beseitigt worden ist, dass die geltend gemachte Vorsteuer an das Finanzamt zurückgezahlt worden ist;

2. der Schuldner der Steuer nach § 14c Abs. 2 UStG beantragt die Berichtigung gesondert schriftlich beim Finanzamt;

3. das Finanzamt muss der Berichtigung zustimmen.

Sind diese drei vorgenannten Voraussetzungen erfüllt, kann der Schuldner der Steuer in entsprechender Anwendung des § 17 UStG den geschuldeten Steuerbetrag für den Voranmeldungszeitraum berichtigen, für den die eingetretene Gefährdung beseitigt worden ist, bzw. wenn überhaupt keine Gefährdung eingetreten ist bereits für den Voranmeldungszeitraum, in welchem die Steuer entstanden ist.

Kein Fall des § 14c Abs. 2 UStG liegt vor, wenn zwischen verschiedenen Unternehmensteilen eines Unternehmens abgerechnet wird. Es handelt sich dabei nicht um Rechnungen, sondern lediglich um innerbetriebliche Abrechnungen (vgl. A 183 Abs. 4 UStR).

2.8.3 Zu niedriger Umsatzsteuerausweis

Hat der Unternehmer die USt zu niedrig ausgewiesen, schuldet er gleichwohl die gesetzlich vorgeschriebene Steuer. Er hat in diesem Fall die USt unter Zugrundelegung des maßgeblichen Steuersatzes aus dem Gesamtrechnungsbetrag herauszurechnen.

BEISPIEL

Der Unternehmer U berechnet seinem Abnehmer A für die Lieferung von Fruchtsaft die USt mit 7%, obwohl hierfür nach § 12 Abs. 1 UStG eine USt von 19% geschuldet wird.

Berechnetes Entgelt	400 €
+ 7% Umsatzsteuer	28 €
Gesamtrechnungsbetrag	428 €

LÖSUNG U schuldet bei einem Bruttoentgelt von 428 € die USt mit 19/119 von 428 € = 68,34 €. Er kann seine USt-Schuld nicht dadurch mindern, dass er die USt zu niedrig ausweist. A hat aus der Rechnung den Vorsteuerabzug nur in Höhe der ausgewiesenen USt von 28 €.

FALL 27

Prüfen Sie in den nachfolgenden Fällen, ob und gegebenenfalls in welcher Höhe abziehbare Vorsteuern gegeben sind. Prüfen sie auch, ob und gegebenenfalls in welcher Höhe der Rechnungsaussteller USt nach § 14c Abs. 1 und 2 UStG schuldet.

1. Der Unternehmer U veräußert seinen Zweitwagen an den Pkw-Händler P und stellt ihm folgende auszugsweise dargestellte Rechnung aus:

Pkw	6000 €
zuzüglich 19% USt	1140 €
Gesamtbetrag:	7140 €

   Die Übergabe des Pkw und der Rechnung sowie die Bezahlung erfolgen am selben Tag. Der Zweitwagen wurde im KJ 01 angeschafft und wie von vornherein beabsichtigt höchstens zu 3% für das Unternehmen des U eingesetzt. Im Übrigen wurde er von der Ehefrau des U privat gefahren.

2. Der Unternehmer U ist Eigentümer mehrerer vermieteter Gebäude. U.a. vermietet er eine Wohnung zu Wohnzwecken an den Rechtsanwalt R. U erteilt dem R für Dezember 01 folgende auszugsweise dargestellte Abrechnung:

Miete für Dezember 01	1000 €
zuzüglich 19% USt	190 €
Gesamtbetrag:	1190 €

3. Handelsvertreter H lässt seinen Pkw, aus dessen Anschaffung er den vollen Vorsteuerabzug geltend gemacht hatte, am 15.01.01 in der Autowaschanlage der Firma A in Ludwigsburg waschen. Er erhält hierfür folgenden Beleg:

Firma A, Ludwigsburg	15.01.01
Autowäsche	6 €

   In diesem Betrag sind 19% USt enthalten.

4. Der Unternehmer A berechnet dem Unternehmer B für die Lieferung eines Büroschranks (auszugsweise dargestellt):

Büroschrank	3000 €
zuzüglich 19% USt	750 €
Gesamtbetrag:	3750 €

5. Das Möbelhaus M erteilt dem Fabrikanten F für die Lieferung einer Wohnzimmereinrichtung folgende auszugsweise dargestellte Rechnung:

Büroeinrichtung	9000 €
zuzüglich 19% USt	1710 €
Gesamtbetrag:	10710 €

6. Der Heizölhändler H liefert dem Fabrikanten F 50 000 Liter Heizöl. Auf Weisung des F füllt er davon 40 000 Liter in den Heizöltank der Fabrik und 10 000 Liter in den Heizöltank des eigen genutzten Einfamilienhauses des F. H erteilt dem F folgende auszugsweise dargestellte Rechnung:

Heizöl	20 000 €
zuzüglich 19 % USt	3 800 €
Gesamtbetrag:	23 800 €

7. Der Elektrogerätehändler E bestellte am 26.10.01 beim Großhändler G zehn Fernsehgeräte. G erteilte darauf dem E folgende auszugsweise dargestellte Rechnung, die dem E am 27.10.01 zuging.

10 Fernsehgeräte Typ A 239	18 000 €
zuzüglich 19 % USt	3 420 €
Gesamtbetrag:	21 420 €

   Bei Bezahlung innerhalb von 3 Tagen 3 % Skontoabzug.
   E überwies sofort den Rechnungsbetrag unter Abzug von 3 % Skonto i. H. v. 20 777,40 €. Der Betrag wurde dem Konto des G am 31.10.01 gutgeschrieben. Die Auslieferung der Fernsehgeräte erfolgte am 01.11.01.

8. Der Unternehmer A erteilt dem Unternehmer B für seine steuerpflichtige Warenlieferung, die dem Regelsteuersatz unterliegt, folgende auszugsweise dargestellte Rechnung:

Warenlieferung xyz	3 000 €
zuzüglich 19 % USt	570 €
Gesamtbetrag:	3 570 €

   Auf der Rechnung ist weder die Steuernummer noch die USt-IdNr. des A angegeben (vgl. § 14 Abs. 4 Nr. 2 UStG).

9. Der Unternehmer A hat am 01.05.2004 an den Unternehmer B ein Grundstück mit aufstehender Lagerhalle veräußert. Im notariellen Kaufvertrag wurde auf die Befreiung nach § 4 Nr. 9a UStG gem. § 9 Abs. 3 UStG verzichtet. A erteilt dem B folgende auszugsweise dargestellte Rechnung:

Grundstück mit Lagerhalle	200 000 €
zuzüglich 19 % USt	38 000 €
Gesamtbetrag:	238 000 €

2.9 Vorsteuerabzug aus Reisekosten

2.9.1 Vorsteuerabzug aus Übernachtungskosten

Der Unternehmer kann aus Rechnungen für Übernachtungen anlässlich einer Geschäftsreise des Unternehmers oder einer unternehmerisch bedingten Auswärtstätigkeit des Arbeitnehmers (Dienstreise, Einsatzwechseltätigkeit, Fahrtätigkeit, doppelte Haushaltsführung) unter den weiteren Voraussetzungen des § 15 UStG den Vorsteuerabzug in Anspruch nehmen.

Voraussetzung für den Vorsteuerabzug ist, dass der Unternehmer als Empfänger der Übernachtungsleistungen anzusehen ist (vgl. A 192 Abs. 16 Satz 1 UStR) und die Rechnung mit dem gesonderten Ausweis der Umsatzsteuer dementsprechend auf den Namen des Unternehmers – nicht jedoch auf den Namen des Arbeitnehmers – ausgestellt ist.

Aus Kleinbetragsrechnungen im Sinne des § 33 UStDV kann jedoch der Vorsteuerabzug auch dann gewährt werden, wenn darin der Unternehmer nicht bezeichnet ist. Soweit die Übernachtungskosten das Frühstück beinhalten, ist auch insoweit der Vorsteuerabzug zulässig. Bei Übernachtungskosten eines Einzelunternehmers oder eines Gesellschafters einer Personengesellschaft kann bei Übernachtungen in Luxushotels eine Beschränkung des Vorsteuerabzuges nach § 15 Abs. 1a UStG wegen unangemessener Aufwendungen gem. § 4 Abs. 5 Nr. 7 EStG in Frage kommen.

2.9.2 Vorsteuerabzug aus Verpflegungskosten

2.9.2.1 Verpflegungskosten des Unternehmers (Geschäftsreise)

Der Unternehmer kann auch aus den Verpflegungskosten anlässlich einer Geschäftsreise den Vorsteuerabzug unter den weiteren Voraussetzungen des § 15 UStG in Anspruch nehmen, wenn die Aufwendungen durch Rechnungen mit gesondertem Ausweis der Umsatzsteuer auf den Namen des Unternehmers bzw. durch Kleinbetragsrechnungen im Sinne des § 33 UStDV belegt sind. § 15 Abs. 1a Nr. 1 UStG i. V. m. § 4 Abs. 5 Satz 1 Nr. 7 EStG ist zu beachten.

> **BEISPIEL**
>
> Unternehmer U tätigt am 01.07.2008 eine Geschäftsreise mit einer Dauer von 9 Stunden. Anlässlich der Verpflegung liegt ein ordnungsgemäßer Beleg über 50 € zuzüglich 9,50 € USt vor. Einkommensteuerrechtlich steht ihm eine Pauschale für Verpflegungsmehraufwendungen in Höhe von 6 € zu (§ 4 Abs. 5 Nr. 5 EStG).
>
> **LÖSUNG** U kann einen Vorsteuerabzug in Höhe von 9,50 € geltend machen. Dass einkommensteuerrechtlich in Höhe von 44 € eine nicht abzugsfähige Betriebsausgabe gem. § 4 Abs. 5 Nr. 5 EStG vorliegt, ist umsatzsteuerrechtlich bedeutungslos. Das Vorsteuerabzugsverbot gem. § 15 Abs. 1a Nr. 1 UStG (Näheres hierzu vgl. 6.1) erfasst nicht den Tatbestand des § 4 Abs. 5 Nr. 5 EStG.

2.9.2.2 Verpflegungskosten des Arbeitnehmers

Der Unternehmer kann den Vorsteuerabzug aus Verpflegungskosten der Arbeitnehmer unter bestimmten Umständen ebenfalls in **voller Höhe** geltend machen.

Dies ist dann der Fall, wenn die Verpflegungsleistungen anlässlich einer unternehmerisch bedingten Auswärtstätigkeit des Arbeitnehmers vom Arbeitgeber empfangen (vgl. A 192 Abs. 16 Satz 1 UStR) und in voller Höhe getragen werden.

Voraussetzung hierfür ist, dass der Arbeitgeber die Aufwendungen durch Rechnungen mit gesondertem Ausweis der Umsatzsteuer, die auf den Namen des Unternehmers lauten, oder durch Kleinbetragsrechnungen im Sinne des § 33 UStDV nachweisen kann.

A 192 Abs. 16 Sätze 1 und 2 UStR lauten wie folgt:

»Eine Lieferung oder sonstige Leistung wird grundsätzlich an diejenige Person ausgeführt, die aus dem schuldrechtlichen Vertragsverhältnis, das dem Leistungsaustausch zugrunde liegt, berechtigt oder verpflichtet ist (BFH vom 13.09.1984 BStBl II 1985, 21). Leistungsempfänger ist somit regelmäßig der Auftraggeber oder Besteller einer Leistung.«

Wenn der Unternehmer die Aufwendungen für die Verpflegung der Arbeitnehmer nicht in voller Höhe trägt, geht die Verwaltung davon aus, dass die Speisen und Getränke vom Arbeitnehmer – nicht jedoch vom Unternehmer – empfangen worden sind und lässt in diesen Fällen den Vorsteuerabzug nicht zu. Deshalb reicht es für die Inanspruchnahme des Vorsteuerabzugs nicht aus, dass eine Rechnung über die Verpflegungskosten vorliegt. Die darin in Rechnung gestellten Beträge müssen außerdem in voller Höhe vom Arbeitgeber getragen (bezahlt) worden sein.

Wenn die vorstehend aufgeführten Voraussetzungen erfüllt sind, kann der Vorsteuerabzug aus Restaurantrechnungen usw. in voller Höhe in Anspruch genommen werden, wobei die Weitergabe der Speisen und Getränke vom Arbeitgeber an den Arbeitnehmer nicht als unentgeltliche Wertabgabe (Sachleistung) i. S. d. § 3 Abs. 9a Satz 1 Nr. 2 UStG zu besteuern ist. Die Verwaltung sieht die Verpflegungsleistungen des Arbeitgebers an den Arbeitnehmer während einer Auswärtstätigkeit – der Höhe nach unbegrenzt – als eine nicht umsatzsteuerbare Leistung im überwiegend betrieblichen Interesse des Arbeitgebers an (vgl. A 12 Abs. 4 Satz 1 UStR). Die gilt allerdings nur für Verpflegungsleistungen während einer Auswärtstätigkeit des Arbeitnehmers.

Dagegen muss nach wie vor die Abgabe von Speisen und Getränken an Arbeitnehmer durch eine unternehmenseigene Kantine oder durch eine vom Arbeitgeber nicht selbst betriebene Kantine als sog. Sachleistung (sonstige Leistung nach § 3 Abs. 9a UStG) versteuert werden.

BEISPIEL

Anlässlich einer Dienstreise fallen beim Arbeitnehmer S des Unternehmers A 150 € für zwei Übernachtungen mit Frühstück, 45 € für zwei Mittagessen und 50 € für zwei Abendessen an. Das Essen wird in dem betreffenden Hotel eingenommen, S stellt ausdrücklich klar, dass er das Essen im Namen der Fa. A bestellt. S erhält jeweils ordnungsgemäße Rechnungen, die auf den Namen von A ausgestellt sind. Die Dienstreise dauert von Montag 10:00 Uhr bis Mittwoch 13:00 Uhr.

S erhält die gesamten Kosten von der Fa. A erstattet.

Die lohnsteuerrechtlich zulässigen Verpflegungspauschalen für die Verpflegung betragen 42 €. Die tatsächlichen Verpflegungskosten belaufen sich auf 95 €.

LÖSUNG Soweit es sich um die Übernachtungskosten handelt, liegt eine ordnungsgemäße Rechnung vor. A ist grundsätzlich zum Vorsteuerabzug berechtigt. Die Übernachtungskosten sind nicht mehr um den Frühstückspreis zu kürzen.

A erhält danach für die angefallenen Übernachtungskosten 19/119 von 150 € = 23,95 € Vorsteuer.

Aus den ersetzten Verpflegungskosten kann er einen Vorsteuerabzug von 19/119 von 95 € = 15,17 € geltend machen.

Bezüglich der Verpflegungskosten muss ersichtlich sein, dass A Besteller des Essens ist. Dies ist einmal bei den Frühstückskosten aufgrund der Hotelrechnung der Fall, aber auch bei den übrigen Verpflegungskosten, da der Arbeitgeber hier die gesamten Verpflegungskosten übernommen hat.

Ein Vorsteuerabzug aus einkommensteuerrechtlichen oder lohnsteuerrechtlichen Reisekostenpauschbeträgen (sog. Tagegelder, Übernachtungsgelder, Kilometergelder) ist – aufgrund des Wegfalls der §§ 36 bis 38 UStDV ab 01.04.1999 – nicht mehr zulässig.

BEISPIEL

Handelsvertreter H in Stuttgart übernachtet anlässlich einer Geschäftsreise am 10.04.2008 in Frankfurt. Die Übernachtungskosten belaufen sich lt. ordnungsgemäßer Rechnung auf 150 € zuzüglich 28,50 € Umsatzsteuer. Für die Fahrt mit der DB von Stuttgart nach Frankfurt hat H lt. Fahrkarte der DB einen Betrag von 50 € aufgewendet. Die Fahrkarte enthält keine Angabe zur Umsatzsteuer. Sie enthält aber den Vermerk »Tarifentfernung 200 km«.

Für die Fahrten in Stuttgart und Frankfurt benutzte H ein Taxi. Er besitzt hierüber ordnungsgemäße Taxiquittungen über insgesamt 100 € zuzüglich 7 € Umsatzsteuer. Belege über Verpflegungskosten liegen nicht vor.

LÖSUNG Bei den Vorsteuern in Höhe von 28,50 € aus den Übernachtungskosten handelt es sich um eine abziehbare Vorsteuer nach § 15 Abs. 1 UStG, die in voller Höhe geltend gemacht werden kann.

Die Fahrkarte der DB ist gem. § 34 UStDV eine ordnungsgemäße Rechnung. Da bei einer Tarifentfernung von mehr als 50 km der Regelsteuersatz zur Anwendung kommt, liegt gem. § 15 Abs. 1 Nr. 1 UStG eine abziehbare Vorsteuer von 19/119 × 50 € = 7,98 € vor.

Das Gleiche gilt für die Vorsteuern aus den Taxirechnungen. Auch hier handelt es sich um ordnungsgemäße Rechnungen, die zum Vorsteuerabzug berechtigen. H kann einen Vorsteuerabzug in Höhe von 7 € geltend machen.

Anmerkung: Personenbeförderungen mit Taxis innerhalb geschlossener Ortschaften unterliegen gem. § 12 Abs. 2 Nr. 10 UStG dem ermäßigten Steuersatz.

3 Prüfungsschema zur Abziehbarkeit der Vorsteuer[1]

```
                                           nein
┌──────────────┐ ─────────────────────────────────────┐
│ Unternehmer  │                                        │
└──────────────┘                                        │
       │                                                │
       ja                                               │
       ▼                                                │
┌──────────────────────┐        nein                    │
│ steuerpflichtige      │ ──────────────────────────────┤
│ Leistungen            │                                │
│ (Eingangsumsätze)     │                                │
│ an das Unternehmen    │                                │
└──────────────────────┘                                ▼           ┌──────────────────────┐
       │                                                ◄─────────── │ kein Vorsteuerabzug  │
       ja                                               ▲           └──────────────────────┘
       ▼                                                │
┌──────────────────────────┐      nein                  │
│ Rechnung i. S. d. §§ 14   │ ───────────────────────────┤
│ und 14a UStG             │                             │
│ vom Leistungsgeber       │                             │
└──────────────────────────┘                            │
       │                                                 │
       ja                                                │
       ▼                                                 │
┌──────────────────────────┐      ja                     │
│ nach § 14c Abs. 1 oder 2  │ ────────────────────────────┘
│ UStG geschuldete USt     │
└──────────────────────────┘
       │
      nein
       ▼
┌────────────────────────────────────────┐
│ Vorsteuer ist abziehbar (§ 15 Abs. 1 UStG) │
└────────────────────────────────────────┘
       │
       ▼
┌──────────────────────────────┐
│ Prüfung eines Vorsteuer-      │
│ ausschlusses nach:            │
│ • § 15 Abs. 1a UStG           │
│ • § 15 Abs. 2 UStG            │
│ • § 19 Abs. 1 UStG            │
└──────────────────────────────┘
```

4 Abzug der Einfuhrumsatzsteuer als Vorsteuer

4.1 Allgemeines

Nach § 15 Abs. 1 Nr. 2 UStG kann ein **Unternehmer** die deutsche EUSt, die bei der Einfuhr von Gegenständen vom Drittlandsgebiet ins Inland entstanden ist, unter folgenden besonderen Voraussetzungen als Vorsteuer abziehen:

---

[1] Das Prüfungsschema umfasst nicht die Fälle des pauschalen Vorsteuerabzugs (§§ 23, 23a und 24 UStG).

- die EUSt muss **entrichtet** worden sein,
- der Unternehmer, der die Einfuhrumsatzsteuer als Vorsteuer geltend macht, hat im Zeitpunkt der Freigabe des Gegenstandes in den freien Verkehr die Verfügungsmacht am Gegenstand,
- der Gegenstand befindet sich im Zeitpunkt der Freigabe des Gegenstandes in den freien Verkehr im Unternehmensvermögen des Unternehmers, der die Einfuhrumsatzsteuer als Vorsteuer geltend macht,
- der Unternehmer, der die Einfuhrumsatzsteuer als Vorsteuer geltend macht, ist im Besitz des zollamtlichen Belegs über die Entrichtung der Einfuhrumsatzsteuer.
- kein Vorsteuerausschluss nach § 15 Abs. 1a und 2 UStG und keine Sonderregelung insbesondere nach §§ 19 und 24 UStG.

4.2 Entrichtung der Einfuhrumsatzsteuer

Die Entrichtung (Bezahlung) der EUSt ist durch einen zollamtlichen Beleg (Zollquittung, Ersatzbeleg) nachzuweisen. Dabei ist es gleichgültig, wer tatsächlich die EUSt entrichtet hat. Sie kann also auch von Erfüllungsgehilfen, Vorlieferern bzw. Abnehmern entrichtet worden sein.[1]

4.3 Einfuhr für das Unternehmen

Der Unternehmer kann die EUSt nur dann als Vorsteuer abziehen, wenn er im Zeitpunkt der Freigabe des Gegenstandes in den freien Verkehr die Verfügungsmacht am Gegenstand hatte. Erfolgt die Einfuhr im Zusammenhang mit einer Lieferung, ist zu prüfen, ob der Lieferer oder der Abnehmer im Zeitpunkt der Freigabe die Verfügungsmacht hatte. Befördert oder versendet der Lieferer den Gegenstand ins Inland und ist er bzw. sein Beauftragter Schuldner der Einfuhrumsatzsteuer, so ist nach § 3 Abs. 8 UStG davon auszugehen, dass der Lieferer im Zeitpunkt der Freigabe noch die Verfügungsmacht am Gegenstand hatte (vgl. A 199 Abs. 6 UStR). Wer Schuldner der Einfuhrumsatzsteuer ist, richtet sich danach, in wessen Namen die zollrechtliche Abfertigung des Gegenstandes beantragt wird.

Entrichtet dagegen der Abnehmer die Einfuhrumsatzsteuer, so ist davon auszugehen, dass er im Zeitpunkt der Freigabe die Verfügungsmacht am Gegenstand hat. In der Regel hat somit derjenige, der die Einfuhrumsatzsteuer entrichtet, bzw. derjenige, für den die Einfuhrumsatzsteuer entrichtet wird, auch den Vorsteuerabzug hinsichtlich der Einfuhrumsatzsteuer.

Weiterhin muss der Gegenstand dem Unternehmen desjenigen zugeordnet sein, der die Einfuhrumsatzsteuer abziehen will. Die Zuordnung des Gegenstandes zum Unternehmen richtet sich nach den unter 3 dargestellten Kriterien.

MERKSATZ

> Den Abzug der EUSt kann i. d. R. der Unternehmer vornehmen, der zugleich Schuldner der EUSt ist. Ist ein Erfüllungsgehilfe Schuldner der EUSt, so ist i. d. R. sein Auftraggeber zum Abzug der EUSt berechtigt.

---

1 In den Fällen des § 16 Abs. 2 Satz 4 UStG kann die EUSt auch schon vor ihrer Entrichtung als Vorsteuer abgezogen werden.

FALL 28

Prüfen Sie in den nachfolgenden Fällen, wer die EUSt abziehen darf!

1. Unternehmer U in Freiburg hat in Basel (Schweiz) eine Zweigniederlassung. U transportiert Ware aus seinem Zweigwerk in Basel zu seinem Betrieb in Freiburg. Bei der Einfuhr wurde von ihm EUSt erhoben.

2. Lieferer L in Basel (Schweiz) hat an den Abnehmer A in Freiburg eine Ware verkauft. L befördert die Ware mit eigenem Fahrzeug zu A nach Freiburg. Entsprechend der Lieferkondition »verzollt und versteuert«, meldet L die Ware bei der Einfuhr in die Bundesrepublik Deutschland zum freien Verkehr an und entrichtet die deutsche EUSt.

3. Lieferer L in Basel (Schweiz) hat an den Abnehmer A in Freiburg eine Ware verkauft. L befördert die Ware mit eigenem Fahrzeug zu A nach Freiburg. Entsprechend der Lieferkondition »unverzollt und unversteuert«, meldet L im Namen des A die Ware bei der Einfuhr in die Bundesrepublik Deutschland zum freien Verkehr an.

5 Vorsteuerabzug der Erwerbsumsatzsteuer

5.1 Allgemeines

Nach § 15 Abs. 1 Nr. 3 UStG kann ein Unternehmer **die Steuer für den innergemeinschaftlichen Erwerb von Gegenständen für sein Unternehmen** als Vorsteuer abziehen.

5.2 Einzelheiten

Die Voraussetzung »Erwerb von Gegenständen für sein Unternehmen« ist grundsätzlich in allen Fällen erfüllt, in denen beim Unternehmer die ErwUSt anfällt, da die Vorschriften insofern korrespondieren. Davon ausgenommen ist der Erwerb von neuen Fahrzeugen i. S. v. § 1b Abs. 2 und 3 UStG, da insofern die ErwUSt auch dann anfällt, wenn der Erwerber kein Unternehmer ist bzw. das Fahrzeug nicht für sein Unternehmen erwirbt.

Der Erwerber darf weiterhin die ErwUSt nur dann als Vorsteuer abziehen, wenn er nicht unter § 19 Abs. 1 UStG bzw. unter § 24 UStG fällt. Meist fällt jedoch in diesen Fällen eine ErwUSt wegen der Ausnahmeregelung des § 1a Abs. 3 UStG überhaupt nicht an. Auch bei derartigen Unternehmern kann jedoch ErwUSt anfallen, wenn sie

- die Erwerbsschwelle von 12 500 € nach § 1a Abs. 3 Nr. 2 UStG übersteigen,
- auf die Ausnahmenregelung nach § 1a Abs. 3 UStG verzichten (§ 1a Abs. 4 UStG),
- ein neues Fahrzeug i. S. v. § 1b Abs. 2 und 3 UStG erwerben (§ 1a Abs. 5 UStG),
- verbrauchssteuerpflichtige Waren erwerben.

In diesen Fällen darf die ErwUSt nicht als Vorsteuer abgezogen werden.

Schließlich darf der Unternehmer die der ErwUSt zugrunde liegende Leistung nicht für Umsätze bezogen haben, die den Vorsteuerabzug ausschließen (vgl. 6).

Sind die Voraussetzungen für den Abzug der ErwUSt als Vorsteuer beim Unternehmer gegeben, darf er sie für den VZ als Vorsteuer abziehen, in dem sie bei ihm anfällt. Sie wird dann in keiner Hinsicht kostenrelevant.

FALL 29

Prüfen Sie in den nachfolgenden Punkten, ob der Unternehmer E die bei ihm anfallende ErwUSt abziehen darf.

1. Unternehmer L in Straßburg lässt durch Frachtführer F im Januar 03 eine an den Einzelhändler E in Freiburg verkaufte Ware dorthin befördern. E unterliegt der Regelbesteuerung und hat die Ware für sein Unternehmen bezogen. Er veräußert die Ware stpfl. an seine Kunden. E erhält die Rechnung über die Warenlieferung mit der Ware.

2. E in Stuttgart ist Kleinunternehmer nach § 19 Abs. 1 UStG. Er erwirbt beim Unternehmer L in Paris eine Büromaschine für netto 5 000 €. E holt die Maschine im Januar gegen sofortige Rechnungserteilung und Barzahlung im Januar 03 bei L ab. E verzichtet gem. § 1a Abs. 4 UStG auf die Ausnahmeregelung von der Erwerbssteuer nach § 1a Abs. 3 UStG.

3. Unternehmer E in Freiburg hat in Straßburg (Frankreich) eine Zweigniederlassung. E transportiert im Januar 01 Ware aus seinem Zweigwerk in Straßburg zu seinem Betrieb in Freiburg.

6 Tatbestandsvoraussetzung kein Vorsteuerabzugsverbot

Sind die Vorsteuern nach § 15 Abs. 1 Nr. 1 UStG abziehbar, muss als letzter Akt geprüft werden, ob die Vorsteuerausschlüsse nach § 15 Abs. 1a und 2 UStG eingreifen.

Fällt die nach § 15 Abs. 1 UStG abziehbare Vorsteuer unter einen dieser Ausschlusstatbestände, ist sie ganz oder teilweise nicht abzugsfähig. D. h., sie kann überhaupt nicht oder nur teilweise mit der Ausgangsumsatzsteuer verrechnet werden.

Kommt kein Vorsteuerausschlusstatbestand zur Anwendung, ist die Vorsteuer abziehbar und abzugsfähig.

Eine abziehbare aber nichtabzugsfähige Vorsteuer kann evtl. unter den Tatbestand der Vorsteuerberichtigung gem. § 15a UStG fallen und dort eine Vorsteuerberichtigung auslösen. Liegt eine nach § 15 Abs. 1 UStG nicht abziehbare Vorsteuer vor, kommt bei dieser eine Vorsteuerberichtigung gem. § 15a UStG nicht in Frage.

6.1 Vorsteuerabzugsverbote nach § 15 Abs. 1a Nr. 1 UStG

Eine Vorsteuer fällt unter den Vorsteuerausschluss des § 15 Abs. 1a Nr. 1 UStG und ist nicht abzugsfähig, wenn sie im Zusammenhang steht mit Aufwendungen, für die einkommensteuerlich das Abzugsverbot des § 4 Abs. 5 Satz 1 Nr. 1, 3, 4 und 7 EStG oder des § 12 Nr. 1 EStG gilt.

Bei den einkommensteuerlichen Abzugsverboten nach § 4 Abs. 5 EStG ist zu beachten, dass die angemessenen Bewirtungskosten, soweit sie in Höhe von 30 % nichtabzugsfähig sind (§ 4 Abs. 5 Nr. 2 EStG,) die nicht abzugsfähigen Betriebsausgaben nach § 4 Abs. 5 Nr. 5 EStG (Mehraufwendungen für Verpflegung, soweit sie die einkommensteuerrechtlichen zulässigen Pauschalwerte überschreiten) und § 4 Abs. 5 Nr. 6 EStG (Fahrten zwischen Wohnung und Betriebsstätte, doppelte Haushaltsführung und häusliches Arbeitszimmer) nicht unter das Abzugsverbot gem. § 15 Abs. 1a Nr. 1 UStG fallen. Die mit diesen nicht abzugsfähigen Betriebsausgaben zusammenhängenden Vorsteuern sind somit abziehbar und abzugsfähig.

BEISPIELE

a) Unternehmer U schenkt am 03.05.01 seinem bestem Kunden zum Geburtstag ein Buch zum Einkaufspreis von 50 € zuzügl. 3,50 € Umsatzsteuer.

LÖSUNG Die Vorsteuer von 3,50 € ist abziehbar nach § 15 Abs. 1 UStG. Da sie aber auf eine nichtabzugsfähige Betriebsausgabe gem. § 4 Abs. 5 Nr. 1 EStG entfällt (Kundengeschenke im Wert von mehr als 35 € netto), ist sie gem. § 15 Abs. 1a Nr. 1 UStG nicht abzugsfähig. Die Lieferung des Buches an den Kunden ist nicht gem. § 3 Abs. 1b UStG einer entgeltlichen Lieferung gleichgestellt, weil U aus der Anschaffung des Buchs nicht zum Vorsteuerabzug berechtigt war (§ 3 Abs. 1b Satz 2 UStG).

b) Unternehmer U bewirtet am 10.04.2008 in Frankfurt drei Geschäftsfreunde anlässlich eines Vertragsabschlusses. Der im Übrigen ordnungsgemäße Bewirtungskostenbeleg beläuft sich auf 200 € zuzügl. 38 € USt. Die Bewirtungskosten werden von der Finanzverwaltung als angemessen anerkannt.

LÖSUNG Die Vorsteuer ist lt. BFH-Urteil vom 10.02.2005, Az. V – R 76/03 i. H. v. 38 € nach § 15 Abs. 1 Nr. 1 UStG abzugsfähig. Dass einkommensteuerlich gem. § 4 Abs. 5 Nr. 2 EStG angemessene Bewirtungskosten in Höhe von 30 % als nicht abzugsfähige Betriebsausgaben zu behandeln sind, spielt bei der Umsatzsteuer keine Rolle mehr (vgl. A 297 Abs. 6 UStR).

c) S ist selbständiger Steuerberater und besitzt in Stuttgart eine Kanzlei. Sein selbst bewohntes Einfamilienhaus (kein Unternehmensvermögen) befindet sich in Ludwigsburg. In seinem Einfamilienhaus hat er sich ein Arbeitszimmer eingerichtet. Hierin erledigt er etwa 30 % seiner Tätigkeit als Steuerberater. Auf das Arbeitszimmer entfallen 15 % der Nutzfläche des Gebäudes.

Auf das Arbeitszimmer entfallen im KJ 08 die folgende Ausgaben:

anteilige Anschaffungskosten	5 000 €
Zinsen	7 000 €
Versicherung/Steuer	1 000 €
Sonstige Raumkosten – netto	2 000 €
Kosten insgesamt	15 000 €

Bei den Ausgaben anteilige Anschaffungskosten, Zinsen, Versicherung, Steuer i. H. v. 13 000 € handelt es sich um vorsteuerlose Kosten. Auf die sonstigen Raumkosten entfällt eine Vorsteuer von 380 €. Nach § 4 Abs. 5 Nr. 6b EStG sind die insgesamten Kosten in Höhe von 15 000 € nichtabzugsfähige Betriebsausgaben, da die berufliche Nutzung nicht mehr als 50 % seiner gesamten beruflichen Tätigkeit ausmacht.

LÖSUNG Die Vorsteuer i. H. v. 380 € ist abziehbar. Nichtabzugsfähige Betriebsausgaben gem. § 4 Abs. 5 Nr. 6b EStG fallen nicht unter § 15 Abs. 1a UStG. Es tritt somit kein Vorsteuerausschluss ein. Die 380 € sind somit abziehbar und auch abzugsfähig.

S hätte zum Zeitpunkt der Errichtung das Einfamilienhaus auch seinem Unternehmensvermögen zuordnen können. In diesem Fall stellt die übrige private Nutzung des Gebäudes gem. § 3 Abs. 9a Nr. 1 UStG eine einer entgeltlichen sonstigen Leistung gleichgestellte Leistung dar. Sie ist steuerbar und nach dem Urteil des BFH vom 24.07.2003 BStBl II 2004, 371 (vgl. auch A 76 Abs. 3 UStR) steuerpflichtig. In diesem Falle könnte S die gesamte auf das Einfamilienhaus entfallende USt als Vorsteuer abziehen.

6.2 Nichtabzugsfähige Vorsteuer nach § 15 Abs. 2 UStG

Nach § 15 Abs. 2 UStG ist die abziehbare Vorsteuer nicht abzugsfähig, wenn der Unternehmer die der Vorsteuer zugrunde liegende Eingangsleistung zur Ausführung bestimmter in § 15 Abs. 2 i. V. m. Abs. 3 UStG aufgeführter Ausgangsumsätze verwendet oder zu verwenden beabsichtigt (vgl. A 203 Abs. 1 Sätze 6 und 7 UStR). Fällt die Vorsteuer zu einem Zeitpunkt an, zu dem noch keine Ausgangsumsätze getätigt werden, ist nach der Systematik des Umsatzsteuerrechts insbesondere im Hinblick auf die Vorsteuerberichtigung nach § 15a UStG der zu diesem Zeitpunkt beabsichtigte Umsatz maßgebend. Der Unternehmer muss dies durch objektive Fakten nachweisen können (subjektive Beweislast). Wird auf den beabsichtigten Umsatz abgestellt, ist dieser endgültig für die Frage des Vorsteuerabzuges maßgebend. Entspricht der spätere tatsächliche Umsatz nicht dem beabsichtigten Umsatz, hat dies auf die Vorsteuerabzugsberechtigung keinen Einfluss mehr. Eine Korrektur des Vorsteuerabzuges kann allenfalls i. R. d. § 15a UStG erfolgen (Näheres hierzu vgl. Teil U 7).

Die Eingangsleistung (Vorsteuer) wird zur Ausführung eines bestimmten Ausgangsumsatzes verwendet bzw. zu verwenden beabsichtigt, wenn ein wirtschaftlicher Zusammenhang zwischen Eingangsleistung (Vorsteuer) und Ausgangsumsatz gegeben ist. Der wirtschaftliche Zusammenhang liegt vor, wenn die Eingangsleistung (Vorsteuer) direkt oder indirekt in Ausgangsumsätze des Unternehmers einfließt bzw. einfließen soll.

Ein **direkter Zusammenhang** ist z. B. anzunehmen, wenn der Unternehmer Waren einkauft und sie veräußert.

Ein **indirekter Zusammenhang** liegt z. B. vor, wenn der Unternehmer eine Maschine einkauft und mit ihrer Hilfe Waren herstellt, die er weiterveräußert. Der indirekte Zusammenhang zwischen Eingangsleistung (Maschineneinkauf) und Ausgangsumsätzen (Warenveräußerungen) liegt in der Verwendung der Maschine zur Herstellung der Waren. Auch die Verwaltungsgemeinkosten eines Unternehmens stehen noch in einem indirekten wirtschaftlichen Zusammenhang mit seinen Ausgangsumsätzen.

Im Hinblick auf § 15 Abs. 2 UStG sind die vom Unternehmer beabsichtigten bzw. bewirkten Ausgangsumsätze in zwei Gruppen zu untergliedern:

1. in zum Vorsteuerabzug berechtigende Ausgangsumsätze (**Umsatzgruppe A**),
2. in **nicht** zum Vorsteuerabzug berechtigende Ausgangsumsätze (**Umsatzgruppe B**).

Vorsteuerbeträge, die wirtschaftlich den Ausgangsumsätzen der Umsatzgruppe A zuzurechnen sind, sind **abzugsfähig**.

Vorsteuerbeträge, die wirtschaftlich den Ausgangsumsätzen der Umsatzgruppe B zuzurechnen sind, sind **nicht abzugfähig**.

Zur Umsatzgruppe A gehören:

a) Steuerpflichtige Umsätze.

Zu den steuerpflichtigen Umsätzen gehören auch die Umsätze, bei denen zulässigerweise nach § 9 UStG auf die Steuerfreiheit verzichtet wurde.

b) Steuerfreie Umsätze nach § 4 Nr. 1–7 UStG.

Ist ein Umsatz sowohl nach § 4 Nr. 1–7 UStG als auch nach § 4 Nr. 8 ff. UStG steuerfrei, gehört er ebenfalls zur **Umsatzgruppe A**.

> **BEISPIEL**
>
> Ein Zahnarzt setzt einem amerikanischen Touristen ein künstliches Gebiss ein, welches er von einem selbständigen Zahntechniker für 2 000 € zuzügl. 140 € USt bezogen hat.
> **LÖSUNG** Die Werklieferung ist sowohl nach § 4 Nr. 1 UStG als auch nach § 4 Nr. 14 UStG steuerfrei. Die auf das Gebiss entfallenden Vorsteuern i. H. v. 140 € sind abzugsfähig. Maßgebend ist die Verwendugsabsicht im Zeitpunkt des Bezugs der Zahnprothese.

c) Steuerfreie Umsätze nach § 4 Nr. 8a–g UStG, wenn sie sich unmittelbar auf Gegenstände beziehen, die ins Drittlandsgebiet ausgeführt werden.

Es handelt sich um Umsätze, die Sie bereits bei den bedingt zum Vorsteuerabzug berechtigenden Steuerbefreiungen kennen gelernt haben.

> **BEISPIEL**
>
> Eine Bank gewährt einen Kredit zur Finanzierung einer Ausfuhrlieferung nach Brasilien.
> **LÖSUNG** Die mit dem nach § 4 Nr. 8a UStG steuerfreien Kredit im Zusammenhang stehenden Vorsteuern fallen gem. § 15 Abs. 3 Nr. 1b UStG nicht unter das Vorsteuerabzugsverbot nach § 15 Abs. 2 UStG.

d) Nichtsteuerbare Umsätze im Ausland, die im Inland unter Buchst. a)–c) fallen würden.[1]

> **BEISPIEL**
>
> Ein Unternehmer veräußert Waren auf einer Messe im Ausland.
> **LÖSUNG** Würden die Waren im Inland veräußert, wären die Lieferungen steuerbar und steuerpflichtig. Die für den Bezug der Waren angefallene Vorsteuer fällt somit nicht unter das Vorsteuerabzugsverbot nach § 15 Abs. 2 Nr. 2 UStG.

Zur Umsatzgruppe B gehören:
Alle Umsätze, die nicht der Umsatzgruppe A zuzurechnen sind. Es handelt sich um:
a) Steuerfreie Umsätze nach § 4 Nr. 8 ff. UStG.
Ausgenommen sind davon die bei der Umsatzgruppe A unter Buchst. c) erwähnten steuerfreien Umsätze.
b) Nichtsteuerbare Umsätze im Ausland, die im Inland unter Buchst. a) fallen würden.

> **BEISPIEL**
>
> Ein Unternehmer veräußert ein in der Schweiz gelegenes Grundstück seines Unternehmens an Privatleute.
> **LÖSUNG** Der Ort der Grundstückslieferung ist im Drittlandsgebiet. Die Lieferung ist somit nichtsteuerbar. Wäre der Ort im Inland, so wäre die Lieferung steuerbar. Sie wäre aber nach § 4 Nr. 9a UStG von der Umsatzsteuer befreit. Somit greift das Vorsteuerabzugsverbot nach § 15 Abs. 2 Nr. 2 UStG ein.

6.2.1 Vorsteuerabzugsverbot bei Warenuntergang

Führen vorsteuerbelastete Eingangsumsätze zu keinem Ausgangsumsatz (z. B. wegen Verderb oder Untergang der Waren), so kommt es für die Frage der Abzugsfähigkeit der Vorsteuer nach § 15 Abs. 2 UStG ebenfalls auf den beabsichtigten Umsatz an.

> **MERKSATZ**
>
> Tätigt ein Unternehmer ausschließlich Ausgangsumsätze der **Umsatzgruppe A,** greift das Vorsteuerabzugsverbot **nicht** ein und die gesamte abziehbare Vorsteuer ist auch **abzugfähig.**
> Tätigt ein Unternehmer nur Ausgangsumsätze der **Umsatzgruppe B,** greift das Vorsteuerabzugsverbot in vollem Umfang ein und die gesamte abziehbare Vorsteuer ist **nicht abzugfähig.**

6.2.2 Vorsteueraufteilung

Führt ein Unternehmer gleichzeitig Ausgangsumsätze der Gruppen A und B aus, müssen die bei ihm anfallenden Vorsteuerbeträge in **abzugsfähige** und **nichtabzugsfähige** Vorsteuern aufgeteilt werden. Für die Aufteilung der Vorsteuern gilt nach § 15 Abs. 4 UStG die **sog. konkrete Zurechnungsmethode.**

---

[1] Bei nichtsteuerbaren Umsätzen, die im Falle der Steuerbarkeit steuerfrei nach § 4 Nr. 8a–g UStG wären, tritt an die Stelle des Merkmals »sich unmittelbar auf Gegenstände beziehen, die ins Drittlandsgebiet ausgeführt werden« das Merkmal »der Leistungsempfänger im Drittlandsgebiet ansässig ist«.

6.2.3 **Konkrete Zurechnungsmethode**

Nach der konkreten Zurechnungsmethode muss jeder **einzelne** abziehbare Vorsteuerbetrag auf seine **Abzugsfähigkeit** untersucht werden. Demzufolge sind die Vorsteuerbeträge in drei Gruppen aufzuteilen:

1. in abzugsfähige Vorsteuern (Vorsteuergruppe A), die **ausschließlich** in wirtschaftlichem Zusammenhang mit Ausgangsumsätzen bzw. beabsichtigten Ausgangsumsätzen der Umsatzgruppe A stehen,

2. in nichtabzugsfähige Vorsteuern (Vorsteuergruppe B), die **ausschließlich** in wirtschaftlichem Zusammenhang mit Ausgangsumsätzen bzw. beabsichtigten Ausgangsumsätzen der Umsatzgruppe B stehen,

3. in zum Teil abzugsfähige Vorsteuern (Vorsteuergruppe C), die nach wirtschaftlicher Betrachtungsweise sowohl im Zusammenhang mit Ausgangsumsätzen bzw. beabsichtigten Umsätzen der Gruppe A als auch der Gruppe B stehen. Die Aufteilung der Vorsteuern der Vorsteuergruppe C in einen abzugsfähigen und einen nichtabzugsfähigen Anteil hat nach wirtschaftlich sachgerechten Kriterien zu erfolgen (z. B. nach der betrieblichen Kostenrechnung, notfalls auch im Wege der Schätzung).

Zu den Vorsteuern der **Vorsteuergruppe C** rechnen insbesondere:

- Vorsteuern auf Verwaltungsgemeinkosten, die in wirtschaftlichem Zusammenhang mit den Umsatzgruppen A und B stehen,
- Vorsteuern aus erworbenen Wirtschaftsgütern, die zur Ausführung von Umsätzen der Umsatzgruppen A und B verwendet werden.

BEISPIEL

Bei der Errichtung eines Mietshauses fallen Vorsteuern für den Rohbau an. Das Mietshaus wird nach Bauabnahme – entsprechend der Absicht – teilweise steuerpflichtig, teilweise steuerfrei nach § 4 Nr. 12a UStG vermietet.

LÖSUNG Die Vorsteuern für den Rohbau entfallen auf steuerfreie und steuerpflichtige Ausgangsumsätze. Sie müssen somit nach wirtschaftlich sachgerechten Kriterien in abzugsfähige und nichtabzugsfähige Teilbeträge aufgeteilt werden.

Ein wirtschaftlich sachgerechtes Kriterium für die Aufteilung der Vorsteuern bei Gebäuden ist in erster Linie das Verhältnis der Nutzfläche. Sind die Geschosse unterschiedlich hoch, erfolgt die Aufteilung nach dem Verhältnis des umbauten Raumes. In besonders gelagerten Fällen führt manchmal nur eine Aufteilung nach dem Verhältnis der Kosten zu einem sachgerechten Ergebnis (vgl. A 208 Abs. 2 UStR). Die Aufteilung der Vorsteuern nach dem Verhältnis der Mieteinnahmen ist im Normalfall nach § 15 Abs. 4 Satz 3 UStG ausgeschlossen.

FALL 30

Prüfen Sie in den nachfolgenden Punkten, ob abziehbare Vorsteuern vorliegen und ob diese ggf. abzugsfähig sind!

1. Fabrikant F bezieht am 15.02.01 vom Heizölhändler H 100 000 Liter Heizöl. Er erhält folgende, im Übrigen ordnungsgemäße Rechnung:

100 000 Liter Heizöl	40 000 €
+ 19 % USt	7 600 €
=	47 600 €

F lässt davon 70 000 Liter in seine Fabriktanks einfüllen. 20 000 Liter in den Tank eines ihm gehörenden Mietshauses, welches ausschließlich an Privatleute vermietet wird, und die restlichen 10 000 Liter in den Tank seines eigengenutzten Einfamilienhauses.

2. Tuchfabrikant T in Augsburg erwirbt vom Maschinenfabrikanten M in München eine Webmaschine. M berechnet T für die am 05.04.01 angelieferte Maschine in einer nach § 14 UStG ordnungsgemäßen Rechnung 200 000 € zuzügl. 38 000 € USt. Die Maschine soll entsprechend ihrer Vorgängerin zur Herstellung von Tuchen eingesetzt werden, mit denen T zu 40 % den deutschen Markt, zu 30 % den EU-Markt und zu 30 % den außereuropäischen Markt beliefert. Die Belieferung des deutschen und des EU-Marktes erfolgt in der Weise, dass T die Tuche mit eigenen Lkws zu seinen Abnehmern befördert.

7 Vorsteuerberichtigung nach § 15a UStG

7.1 Allgemeines

Die Vorsteuerberichtigungs-Vorschrift gem. § 15a UStG ist grundsätzlich eine Ergänzung zum Vorsteuerabzug und zwar insbesondere zum Vorsteuerabzugsverbot gem. § 15 Abs. 2 UStG.

Für die Vorsteuerabzugsberechtigung ist bei jedem Leistungsbezug zu prüfen, ob der Leistungsbezug für das Unternehmen erfolgt und der Unternehmer beabsichtigt, die Eingangsleistung zur Erzielung von zum Vorsteuerabzug berechtigenden Ausgangsumsätzen zu verwenden. Dabei ist auf die gesamte, im Zeitpunkt des Leistungsbezugs bekannte Verwendungsprognose abzustellen. § 15a UStG bezeichnet dies als **die für den ursprünglichen Vorsteuerabzug maßgebenden Verhältnisse.**

Ändern sich die für den ursprünglichen Vorsteuerabzug maßgebenden Verhältnisse im Berichtigungszeitraum des § 15a UStG, ist zu prüfen, ob dies zu einer Berichtigung des Vorsteuerabzuges gem. § 15a UStG führt. Die Vorsteuerberichtigung kann sich sowohl zugunsten als auch zuungunsten des Unternehmers auswirken.

Während sich bis Ende 2004 der Anwendungsbereich des § 15a UStG auf Vorsteuern für Anschaffungskosten und Herstellungskosten (auch nachträgliche) beschränkte, wurde der Anwendungsbereich durch Gesetzesänderung ab 01.01.2005 auch auf Vorsteuern für bestimmten Erhaltungsaufwand und anderweitige sonstige Leistungen erweitert. Die Erweiterung war zur Umsetzung der Rechtsprechung des EuGH erforderlich geworden. Eine Einschränkung wurde zugleich allerdings insoweit vorgenommen, als bestimmte Bagatellgrenzen in § 44 UStDV wesentlich angehoben wurden. Die Neufassung des § 15a UStG ist auf alle Vorsteuerbeträge anzuwenden, denen Umsätze zugrunde liegen, die nach dem 31.12.2004 ausgeführt werden (§ 27 Abs. 11 UStG). Vgl. hierzu auch BMF vom 06.12.2005, Az. IV A 5 – S 7316 – 25/05, BStBl I 2005, 1068.

Maßgebend für die Vorsteuerberichtigung ist dabei die Nutzung des Eingangsumsatzes innerhalb des Berichtigungszeitraums des § 15a UStG im Vergleich zu dem für den ursprünglichen Vorsteuerabzug maßgebenden Verhältnissen. Ergibt sich hierbei eine vorsteuerrelevante Nutzungsänderung z. B. von einer vorsteuerunschädlichen zu einer vorsteuerschädlichen Nutzung oder umgekehrt, führt dies zu einer Vorsteuerberichtigung. Die vorsteuerrelevante Nutzungsänderung muss dabei für jedes KJ des Berichtigungszeitraums des § 15a UStG prozentual ermittelt werden. Zu berechnen ist dabei der Prozentsatz der vorsteuerunschädlichen Nutzung.

Als Berechnungsgrundlage für die Berichtigung der Vorsteuer wird i. d. R. nur der anteilig auf das betr. Berichtigungsjahr entfallende abziehbare Vorsteueranteil herangezogen (Pro-Rata-Prinzip). Um den auf das Berichtigungsjahr entfallenden Vorsteueranteil errechnen zu können, muss der maßgebliche Berichtigungszeitraum ermittelt werden. Dieser entspricht z. B. bei beweglichen WG maximal fünf KJ (60 Monate). Bei Grundstücken umfasst der Berichtigungszeitraum maximal zehn KJ (120 Monate). Der Berichtigungszeitraum beginnt mit der erstmaligen Verwendung des Wirtschaftsguts. Der Berichtigungsbetrag ergibt sich dabei aus der Multiplikation des auf das betr. Folgejahr entfallenden abziehbaren Vorsteueranteils mit der betr. Prozentsatzdifferenz.

Wird das WG allerdings nur einmalig verwendet und führt dies zu einer vorsteuerrelevanten Nutzungsänderung, ist nach § 15a Abs. 2 Satz 2 UStG die komplette Berichtigung des Vorsteuerabzugs in dem Besteuerungszeitraum vorzunehmen, in dem das Wirtschaftsgut (einmalig) verwendet wird (Sofortprinzip). Die Berichtigung ist in diesem Falle nicht auf einen Berichtigungszeitraum beschränkt.

Die Vorsteuerberichtigung kommt in der Praxis am häufigsten im Zusammenhang mit Grundstücken vor.

Nachstehend soll anhand eines Grundfalles die Wirkungsweise der Vorsteuerberichtigung nach § 15a UStG dargestellt werden.

BEISPIELE

a) Unternehmer U errichtet ein Bürogebäude. Die im Zusammenhang mit der Anschaffung bzw. Herstellung des Bürogebäudes angefallenen Vorsteuerbeträge belaufen sich auf 1 Mio € Das Gebäude wird ab dem 01.01.01 – entsprechend der Absicht – zu 100% für vorsteuerunschädliche (stpfl.) Umsätze verwendet. Die tatsächliche Nutzung im KJ 02 und 03 beträgt 60% und im KJ 04 40% für steuerpflichtige Zwecke. Bezüglich der restlichen Nutzung liegt bei U eine vorsteuerschädliche Nutzung nach § 4 Nr. 12a UStG vor.

		– Folgejahre –									– Ende –
00	01	02	03	04	05	06	07	08	09	10	11
	100%	60%	60%	40%							

LÖSUNG

Vorsteuerabzug nach § 15 UStG

Sofern die Voraussetzungen des § 15 Abs. 1 Nr. 1 UStG vorliegen, sind die Vorsteuern grundsätzlich abziehbar.

Sie sind auch abzugsfähig, wenn das Vorsteuerabzugsverbot nach § 15 Abs. 2 UStG nicht greift. Maßgebend sind die Verhältnisse zum Zeitpunkt des Leistungsbezuges. Da hier eine Nutzung zu 100% für stpfl. Umsätze beabsichtigt ist, ist die Vorsteuer in vollem Umfang in Höhe von 1 000 000 € abzugsfähig.

Vorsteuerberichtigung nach § 15a UStG

Es ist zu prüfen, ob sich im Hinblick auf die vorsteuerunschädliche Nutzung gegenüber den für den ursprünglichen Vorsteuerabzug maßgebenden Verhältnissen ab dem Zeitpunkt der erstmaligen Verwendung eine Prozentsatzdifferenz ergibt.

Dies ist im KJ 02, 03 und 04 der Fall.

Die Prozentsatzdifferenz beträgt im KJ:

02: 100% ./. 60% = 40%,

03: 100% ./. 60% = 40%,

04: 100% ./. 40% = 60%.

Aufgrund der Prozentsatzdifferenz ergibt sich in den KJ 02–04 jeweils eine Vorsteuerberichtigung nach § 15a UStG. Da die Prozentsatzdifferenz positiv ist, liegt eine Vorsteuerberichtigung zuungunsten des Unternehmers vor.

Da es sich bei dem betr. WG um ein Grundstück handelt, beträgt der maßgebliche Berichtigungszeitraum zehn KJ. Die auf die KJ 02–04 entfallende anteilige abziehbare Vorsteuer beläuft sich somit pro KJ auf 12/120, d. h. 100 000 €.

Die Vorsteuerberichtigung berechnet sich wie folgt:
KJ 02: 100 000 € × 40 % = 40 000 €,
KJ 03: 100 000 € × 40 % = 40 000 €,
KJ 04: 100 000 € × 60 % = 60 000 €.
Da der Berichtigungsbetrag jeweils mehr als 6 000 € beträgt, ist die Vorsteuerberichtigung nach § 15a UStG jeweils anteilig für die einzelnen Voranmeldungszeiträume (VZ) des betreffenden Berichtigungsjahres anzumelden und zu entrichten (vgl. Umkehrschluss aus § 44 Abs. 4 Satz 1 UStDV). Demzufolge beträgt der auf die einzelnen VZ (Kalendermonate) der KJ 02 und 03 entfallende Betrag 1/12 von 40 000 €, d. h. 3 333,33 €. Der auf die einzelnen Voranmeldungszeiträume (Kalendermonate) des KJ 04 entfallende Betrag beläuft sich auf 1/12 von 60 000 € = 5 000 €.

b) Der Sachverhalt entspricht Beispiel a). Zum Zeitpunkt der Eingangsleistungen wurde vom Unternehmer U eine 100 %ige Nutzung für vorsteuerunschädliche Umsätze beabsichtigt. Dies konnte auch durch objektive Fakten belegt werden. Die tatsächliche Verwendung des Gebäudes erfolgt im KJ 01 zu 0 %, im KJ 02 zu 40 % und im KJ 03 zu 20 % für vorsteuerunschädliche (stpfl.) Umsätze.

		– Folgejahre –									– Ende –
00	01	02	03	04	05	06	07	08	09	10	11
	0 %	40 %	20 %								

Vorsteuerabzug nach § 15 UStG
Da zum Zeitpunkt der für den Vorsteuerabzug maßgebenden Verhältnisse eine 100 %ige stpfl. Nutzung anzunehmen ist, ist die Vorsteuer in Höhe von 1 000 000 € nach § 15 UStG abziehbar und abzugsfähig.

Vorsteuerberichtigung nach § 15a UStG
Da sich in den KJ 01–03 im Verhältnis zu den für den ursprünglichen Vorsteuerabzug maßgebenden Verhältnissen eine Prozentsatzdifferenz ergibt, ist in diesen KJ eine Vorsteuerberichtigung durchzuführen. Der auf diese Jahre entfallende Vorsteueranteil (10 %) beträgt 100 000 €.
Die Prozentsatzdifferenz beträgt im KJ:
01: 100 % ./. 0 % = +100 %,
02: 100 % ./. 40 % = + 60 %,
03: 100 % ./. 20 % = + 80 %.
Die Vorsteuerberichtigung berechnet sich wie folgt:
01: 100 000 € × +100 % = +100 000 €,
02: 100 000 € × +60 % = +60 000 €,
03: 100 000 € × +80 % = +80 000 €.
Weil die Prozentsatzdifferenz positiv ist, liegt eine Vorsteuerberichtigung zuungunsten des Unternehmers vor. Auch diese Vorsteuerberichtigung nach § 15a UStG zuungunsten des U ist jeweils anteilig für die einzelnen VZ des betreffenden Berichtigungsjahres anzumelden.

c) Die stpfl. Eigennutzung des Gebäudes erfolgt – entsprechend der Nutzungsabsicht bei Errichtung des Gebäudes – im KJ 01 zu 40 %, im KJ 02 zu 40 %, im KJ 03 zu 60 % und im KJ 04 zu 10 %. Am 01.01.05 wird das Bürogebäude steuerfrei nach § 4 Nr. 9a UStG an eine Bank veräußert (kein Fall des § 1 Abs. 1a UStG).

		– Folgejahre –									– Ende –
00	01	02	03	04	05	06	07	08	09	10	11
	40 %	40 %	60 %	10 %	*01.01.05 steuerfreie Veräußerung						

Vorsteuerabzug nach § 15 UStG

Da zum Zeitpunkt der für den Vorsteuerabzug maßgebenden Verhältnissen eine 40%ige Nutzung anzunehmen ist, ist die Vorsteuer i. H. v. 400 000 € nach § 15 UStG abziehbar und abzugsfähig.

Vorsteuerberichtigung nach § 15a UStG

Weil sich in den KJ 03 und 04 im Verhältnis zu den für den ursprünglichen Vorsteuerabzug maßgebenden Verhältnissen eine Prozentsatzdifferenz ergibt, ist in diesen KJ eine Vorsteuerberichtigung durchzuführen. Mangels Prozentsatzdifferenz entfällt im KJ 01 und 02 eine Vorsteuerberichtigung.

Der auf die einzelnen Jahre des Berichtigungszeitraums des § 15a UStG entfallende Vorsteueranteil beträgt 12/120 von 1 Mio = 100 000 €.

Die steuerfreie Veräußerung des Grundstücks am 01.01.05 ist gem. § 15a Abs. 8 UStG so zu behandeln, als ob der Unternehmer das Grundstück bis zum Ende des maßgeblichen Berichtigungszeitraumes für steuerfreie Umsätze nach § 4 Nr. 9a UStG verwenden würde. Also erfolgt die fiktive Nutzung für die Jahre 05 bis 10 zu 0% für vorsteuerunschädliche Umsätze. Aus diesem Grunde ergibt sich auch für die KJ 05 bis 10 eine Prozentsatzdifferenz, die zu einer Vorsteuerberichtigung nach § 15a UStG führt.

Die Prozentsatzdifferenz beträgt im KJ:

03: 40% ./. 60% = ./. 20%,

04: 40% ./. 10% = + 30%,

05–10: 40% ./. 0% = + 40%.

Die Vorsteuerberichtigung berechnet sich wie folgt:

KJ 03: 100 000 € ×./. 20% = ./. 20 000 €

KJ 04: 100 000 € ×+ 30% = + 30 000 €

KJ 05–10: 600 000 € ×+ 40% = + 240 000 €.

Die Vorsteuerberichtigung für die KJ 03 und 04 ist jeweils anteilig für die einzelnen Voranmeldungszeiträume der Jahre 03 und 04 vorzunehmen.

Die Vorsteuerberichtigung für die KJ 05–10 ist in einer Summe und zwar in der USt-Voranmeldung für den Monat Januar 05 durchzuführen (vgl. § 44 Abs. 4 UStDV).

Die Vorsteuerberichtigung im KJ 03 erfolgt zugunsten, im KJ 04 zuungunsten und für die Jahre 05–10 ebenfalls zuungunsten des Unternehmers.

7.2 Fallgruppen der Vorsteuerberichtigung nach § 15a UStG

§ 15a UStG unterscheidet hinsichtlich der Vorsteuerberichtigung nach § 15a UStG folgende Fallgruppen:

a) Vorsteuern auf Investitionsgüter (Wirtschaftsgüter, die dem Unternehmen auf eine gewisse Dauer dienen, in der Regel Anlagevermögen – § 15a Abs. 1 UStG),

b) Vorsteuern auf nachträgliche Anschaffungskosten bzw. Herstellungskosten für Investitionsgüter (§ 15a Abs. 6 i. V. m. Abs. 1 UStG),

c) Vorsteuern auf Wirtschaftsgüter des Umlaufvermögens (§ 15a Abs. 2 UStG ab 01.01.2005),

d) Vorsteuern auf nachträgliche Anschaffungskosten bzw. Herstellungskosten für Wirtschaftsgüter des Umlaufvermögens (§ 15a Abs. 6 i. V. m. Abs. 2 UStG, ab 01.01.2005),

e) Vorsteuern auf Leistungen, die in ein Wirtschaftsgut (Investitionsgut oder Umlaufvermögen) eingehen (Erhaltungsaufwand – § 15a Abs. 3 UStG, ab 01.01.2005),

f) Vorsteuern auf sonstige Leistungen, bei denen eine vorsteuerrelevante Verwendungsänderung erfolgt (§ 15a Abs. 4 UStG, ab 01.01.2005),

g) Wechsel der Besteuerungsform (§ 15a Abs. 7 UStG, ab 01.01.2005).

Nachfolgend werden im Einzelnen die Fallgruppen a), b) und e) näher kommentiert. Bei den restlichen Fallgruppen handelt es sich um Sonderfälle, die i.d.R nicht praxisrelevant sind. Hierzu Näheres vgl. A 217a, 217c bis 217e UStR.

7.3 **Vorsteuerberichtigungtatbestand nach § 15a Abs. 1 und 6 UStG (Fallgruppe a), b))**

Für die Vorsteuerberichtigung nach § 15a Abs. 1 UStG i.V.m. § 44 UStDV müssen folgende Tatbestandsmerkmale vorliegen:

a) WG, die nicht nur einmalig zur Ausführung von Umsätzen verwendet werden (Investitionsgüter),

b) abziehbare Vorsteuern aus Anschaffungskosten/Herstellungskosten bezüglich dieses WG nach § 15 Abs. 1 UStG,

c) vorsteuerrelevante Änderung der Nutzungsverhältnisse bezüglich des WG in einem Berichtigungsjahr,

d) Änderung der Nutzungsverhältnisse im maßgeblichen Berichtigungszeitraum.

Zu a): Investitionsgüter

Investitionsgüter sind in der Regel die Wirtschaftsgüter, die ertragsteuerrechtlich abnutzbares oder nicht abnutzbares (z.B. Grund und Boden) Anlagevermögen darstellen oder – sofern sie nicht zu einem Betriebsvermögen gehören – als entsprechende Wirtschaftsgüter anzusehen sind. Dies können auch immaterielle Wirtschaftsgüter, die Gegenstand einer Lieferung sind (z.B. bestimmte Computerprogramme, Firmenwert oder Mietereinbauten i.S.d. BMF vom 15.01.1976, Az. IV B 2 – S 2133 – 1/76, BStBl I 1976, 66), sein.

Nachträgliche Herstellungskosten werden ebenfalls wie ein selbständiges Investitionsgut behandelt. Für die Anwendung der Vorsteuerberichtigungs-Vorschrift des § 15a UStG ist es dabei ohne Bedeutung, wie die Anschaffungs- oder Herstellungskosten **einkommensteuerrechtlich** anzusetzen sind. Somit können auch solche Vorsteuern unter die Vorsteuerberichtigungs-Vorschrift des § 15a Abs. 1 UStG fallen, die auf Kosten entfallen, für die einkommensteuerrechtlich bezüglich der Aktivierung, Bilanzierung oder Abschreibung besondere Regelungen gelten (z.B. sofort absetzbare Beträge u.Ä.).

> **BEISPIEL**
>
> Unternehmer U erwirbt steuerfrei Grund und Boden, den er zunächst als Lagerplatz verwendet. Anlässlich des Erwerbs berechnete ihm der Notar Gebühren i.H.v. 5 000 € zuzügl. 950 € USt.
>
> **LÖSUNG** Bei den Vorsteuern aus der Notarrechnung handelt es sich um Vorsteuern aus einem Investitionsgut. Sie müssen somit bei einer Vorsteuerberichtigung berücksichtigt werden.

Für die Berichtigung des Vorsteuerabzugs ist von den gesamten Vorsteuerbeträgen auszugehen, die auf die Anschaffung oder Herstellung des WG entfallen. Es spielt dabei keine Rolle, in welchem KJ die einzelnen Vorsteuerbeträge zeitlich geltend gemacht worden sind.

> **BEISPIEL**
>
> Bei einem Gebäude sind im KJ 02 im Zuge der Errichtung 25 000 € Vorsteuern aus Anzahlungen, im KJ 03 Vorsteuern i.H.v. 65 000 € aus Anzahlungen und Schlussrechnungen und im KJ 04 Vorsteuern i.H.v. 42 000 € aus Schlussrechnungen geltend gemacht worden. Das Gebäude wird ab 01.01.03 erstmals – entsprechend der Absicht – zu 100% für stpfl. Zwecke genutzt.

LÖSUNG Der für die Vorsteuerberichtigung maßgebliche Betrag (abziehbare Vorsteuer) beträgt 132 000 €. In welchem VZ die Vorsteuern geltend gemacht werden müssen, ist unerheblich. Ob die Vorsteuern letztlich abgezogen werden können, richtet sich ausschließlich nach den für den Vorsteuerabzug maßgebenden Verhältnissen.

Ob eine Vorsteuerberichtigung gem. § 15a UStG zum Zuge kommt, richtet sich ausschließlich nach der Nutzung des Investitionsguts ab dem Zeitpunkt der erstmaligen Verwendung bis zum Ende des maßgeblichen Berichtigungszeitraums.

Das WG i. S. v. § 15a Abs. 1 UStG muss dem Unternehmen zugeordnet worden sein. Ist dies nicht der Fall, scheidet sowohl ein Vorsteuerabzug als auch eine Vorsteuerberichtigung aus. Zu beachten ist hierbei allerdings, dass auch die Vermietung eines Gebäudes (z. B. eines Einfamilienhauses) eine unternehmerische Nutzung i. S. d. UStG ist. Wird ein Gebäude in vollem Umfang vermietet, ist es zwingend dem Unternehmen zugeordnet. Bei nur teilweiser Vermietung und teilweiser Privatnutzung besteht das Zuordnungswahlrecht, sofern die Vermietung wenigstens 10 % der Nutzung des Gebäudes ausmacht.

Das WG i. S. v. § 15a Abs. 1 UStG muss dem Unternehmen auf eine gewisse Dauer dienen. Wird es nur punktuell z. B. durch Veräußerung genutzt, kommt eine Vorsteuerberichtigung nur nach § 15a Abs. 2 UStG in Betracht.

Kein WG i. S. d. § 15a Abs. 1 UStG ist der einkommensteuerrechtliche Erhaltungsaufwand. Allerdings kann hier ab dem 01.01.2005 der Vorsteuerberichtigungstatbestand des § 15a Abs. 3 UStG zur Anwendung kommen, wenn es sich um Leistungen handelt, die in ein Wirtschaftsgut (Investitionsgut) eingehen. Näheres vgl. 7.5.

Zu b): Abziehbare Vorsteuer aus Anschaffungskosten oder Herstellungskosten eines Investitionsguts

Eine abziehbare Vorsteuer liegt dann vor, wenn alle Tatbestandsvoraussetzungen des § 15 Abs. 1 UStG vorliegen (vgl. Teil U 2 bis 5):

Nicht maßgebend ist dagegen, dass das Abzugsverbot nach § 15 Abs. 1a und 2 UStG vorgelegen hat.

BEISPIELE

a) Unternehmer A (Regelbesteuerung) errichtet ein Gebäude, welches – entsprechend seiner Absicht – im KJ der erstmaligen Verwendung ausschließlich steuerfrei gem. § 4 Nr. 12a UStG vermietet wird. Aufgrund der beabsichtigten steuerfreien Vermietung machte A die ihm auf die Baukosten berechneten Vorsteuern i. H. v. 50 000 € nicht geltend.
LÖSUNG Die 50 000 € Vorsteuern stellen abziehbare Vorsteuern dar. Wird das Gebäude in einem Berichtigungsjahr zur Ausführung von stpfl. Umsätzen (ganz oder teilweise) genutzt, kann eine Vorsteuerberichtigung (in diesem Falle zugunsten) geltend gemacht werden.

b) A errichtet ein Gebäude, welches er – entsprechend seiner Absicht – im KJ der erstmaligen Verwendung ausschließlich (KJ 02) für private Zwecke nutzt. Im KJ 03 (Folgejahr) beginnt A eine unternehmerische Tätigkeit und verwendet das Gebäude ganz oder teilweise für unternehmerische stpfl. Zwecke. Die auf die Baukosten entfallenden Vorsteuern belaufen sich auf 50 000 €.
LÖSUNG Die 50 000 € Vorsteuern stellen **keine abziehbare Vorsteuern i. S. v. § 15 Abs. 1 UStG** dar, da das Gebäude zum Zeitpunkt der für den Vorsteuerabzug maßgebenden Verhältnisse nicht zu einem Unternehmen eines Unternehmers gehört hat.
Auch wenn das Gebäude in einem Berichtigungsjahr ganz oder teilweise unternehmerisch genutzt werden würde, käme eine Vorsteuerberichtigung (hier zugunsten) nicht in Frage, weil keine nach § 15 Abs. 1 UStG abziehbare Vorsteuer vorliegt.

c) Unternehmer A (Regelbesteuerung) erwirbt am 10.05.01 einen Landrover für 50 000 € zuzügl. 9 500 € USt. Im Zeitpunkt des Erwerbs hat er die Absicht, den Landrover zu etwa 95 % privat zu nutzen. Er benutzt das Fahrzeug nachweislich in der Zeit vom 10.05.01 bis 31.12.01 nur zu 6 % für unternehmerische Zwecke. Im darauffolgenden Jahr nutzt er das Fahrzeug unvorhergesehen zu 20 % für unternehmerische Zwecke.

LÖSUNG Die 9 500 € Vorsteuer sind gem. § 15 Abs. 1 Nr. 1 UStG nicht abziehbar. Da A im Zeitpunkt des Erwerbs beabsichtigte, das Fahrzeug zu weniger als 10 % unternehmerisch zu nutzen, hat er das Fahrzeug gem. § 15 Abs. 1 Satz 2 UStG nicht für sein Unternehmen bezogen. Die Voraussetzung »Lieferung an das Unternehmen« liegt nicht vor.

Bezüglich dieses Fahrzeuges kann weder ein Vorsteuerabzug noch in den Folgejahren eine Vorsteuerberichtigung geltend gemacht werden.

Zu c): Änderung der Nutzungsverhältnisse

Dies ist dann der Fall, wenn die Verwendung in einem Berichtigungsjahr, aufgrund des § 15 Abs. 2 UStG zu einem anderen (höheren oder niedrigeren) Vorsteuerabzug geführt hätte. Als Verwendung in diesem Sinne kommt in Betracht:

- die eigenbetriebliche Nutzung für Ausgangsumsätze,
- die außerunternehmerische Nutzung,
- die Veräußerung (Fiktion nach § 15a Abs. 8 UStG),
- die Lieferung nach § 3 Abs. 1b UStG (Fiktion nach § 15a Abs. 8 UStG).

Bei der Veräußerung bzw. der unentgeltlichen Abgabe (Lieferung gem. § 3 Abs. 1b UStG) ist fiktiv davon auszugehen, dass das WG weiterhin im Unternehmen genutzt wird. Die Nutzung ist dabei als steuerpflichtig zu behandeln, wenn die Veräußerung bzw. die unentgeltliche Abgabe steuerpflichtig ist. Ist die Veräußerung bzw. die unentgeltliche Gegenstandsabgabe steuerfrei, so ist auch die fiktive Nutzung als steuerfrei zu behandeln.

Die Änderung der Nutzungsverhältnisse ist prozentual zu ermitteln. Hierbei ist bei der Prozentsatzberechnung auf die Nutzung des Investitionsguts für vorsteuerunschädliche Zwecke (stpfl. oder steuerfreie Zwecke gem. § 4 Nr. 1–7 UStG) abzustellen. Es ist dabei zu ermitteln,

- zu wie viel Prozent eine vorsteuerunschädliche Nutzung des Gegenstandes im Zeitpunkt des Erwerbs, bezogen auf die gesamte Nutzungsdauer, beabsichtigt war und
- zu wie viel Prozent der Gegenstand in einem Berichtigungsjahr für vorsteuerunschädliche Ausgangsumsätze genutzt wird.

Ergibt sich bei den Prozenten eine Differenz, so liegt eine Änderung der Verhältnisse vor, die zu einer Vorsteuerberichtigung führen kann.

Bei der Errechnung des für das jeweilige Berichtigungsjahr maßgeblichen Prozentsatzes ist von den gesamten Verhältnissen des jeweiligen KJ auszugehen.

Zu d): Änderung im Berichtigungszeitraum

Bezüglich der Dauer des Berichtigungszeitraums ist zu unterscheiden, ob es sich um Grundstücke bzw. grundstücksgleiche Rechte oder um bewegliche WG handelt. Liegen Grundstücke oder grundstücksgleiche Rechte vor, beträgt der Berichtigungszeitraum zehn Jahre. Liegen andere bewegliche WG vor, beträgt der Berichtigungszeitraum höchstens fünf Jahre. Nach § 15a Abs. 5 Satz 2 UStG, wonach eine kürzere Verwendungsdauer entsprechend zu berücksichtigen ist, verkürzt sich der Berichtigungszeitraum, wenn entweder die betriebsgewöhnliche Nutzungsdauer oder die tatsächliche Nutzungsdauer kürzer ist. Im Konkurrenzfalle ist stets die kürzeste Nutzungsdauer maßgeblich.

Dies gilt im Grundsatz auch für Grundstücke und Gebäude, jedoch wird bei diesen die betriebsgewöhnliche bzw. die tatsächliche Nutzungsdauer regelmäßig länger als zehn Jahre sein.

Der Berichtigungszeitraum beginnt grundsätzlich mit der erstmaligen Verwendung des Gebäudes oder des Gebäudeteils. Für die nachträgliche Anschaffungs- oder Herstellungskosten (§ 15a Abs. 6 UStG) beginnt der Berichtigungszeitraum ab dem Zeitpunkt, ab dem der Unternehmer das in seiner Form geänderte Gebäude erstmalig zur Ausführung von Umsätzen verwendet.

Für das Ende des Berichtigungszeitraumes bestimmt die Vereinfachungsregelung des § 45 UStDV, dass das Ende des Berichtigungszeitraumes mit dem Ende des Vormonats zusammenfällt, sofern der Berichtigungszeitraum vor dem 16. des Folgemonats endet und auf das Ende des laufenden Monats aufzurunden ist, sofern der Berichtigungszeitraum nach dem 15. des laufenden Monats endet. Diese Vereinfachungsregelung ist nur dann vereinfachend, wenn in gleicher Weise auch bezüglich des Beginns des Berichtigungszeitraums verfahren wird. Deshalb ist § 45 UStDV nach seinem Sinn und Zweck auch auf den Beginn des Berichtigungszeitraumes anzuwenden.

Beginnt die erstmalige Verwendung in der ersten Hälfte des Monats, beginnt der Berichtigungszeitraum mit dem Beginn dieses Monats. Beginnt die erstmalige Verwendung in der zweiten Hälfte des Monats, beginnt der Berichtigungszeitraum mit dem Beginn des nächsten Monats.

BEISPIEL

Der Unternehmer A erwirbt im KJ 01 Grund und Boden, um ihn zu bebauen. Es wird ihm dabei keine USt in Rechnung gestellt. Der Bauantrag für das Gebäude wird im Dezember 03 gestellt.
Die Bauabnahme erfolgt am 16.09.04, die erstmalige Verwendung am 10.11.04.
LÖSUNG Das Investitionsgut »Gebäude« wird am 10.11.04 erstmalig verwendet. Der maßgebliche Vorsteuerberichtigungszeitraum beginnt somit am 10.11.04. Unter Beachtung der Vereinfachungsregelung gem. § 45 UStDV beginnt der Berichtigungszeitraum mit Beginn des 01.11.04. Da er eine Laufzeit von zehn Jahren hat, endet der Berichtigungszeitraum mit Ablauf des 31.10.14. Vorsteuerrelevante Nutzungsänderungen nach diesem Zeitpunkt sind umsatzsteuerrechtlich gegenstandslos.

7.4 Durchführung der Berichtigung

Die Vorsteuerberichtigung erfolgt in der Art und Weise, dass zunächst die abziehbare Vorsteuer nach § 15 Abs. 1 UStG auf den gesamten Berichtigungszeitraum anteilig verteilt wird. Ist die Vorsteuer in ihrer Abzugsfähigkeit nach den Verhältnissen im Berichtigungsjahr anders zu beurteilen wie zum Zeitpunkt der für den Vorsteuerabzug maßgebenden Verhältnisse, muss i. H. d. Differenz eine Vorsteuerberichtigung durchgeführt werden.

Zur Vereinfachung des Korrekturverfahrens wurden in § 44 UStDV ergänzende Bestimmungen getroffen. Diese sind:

a) § 44 Abs. 1 UStDV

Nach § 44 Abs. 1 UStDV unterbleibt jegliche Berichtigung nach § 15a UStG, wenn die insgesamt angefallene nach § 15 Abs. 1 Nr. 1 UStG abziehbare Vorsteuer 1 000 € nicht übersteigt. Damit wird erreicht, dass die Vorsteuerberichtigung nur in Fällen durchgeführt wird, in denen es vom wirtschaftlichen Ergebnis her einigermaßen lohnend erscheint (bei

Anschaffungskosten von mehr als 5263 € netto bei einem Steuersatz von 19%). Bagatell-berichtigungen sollen unterbleiben.

b) § 44 Abs. 2 UStDV

Nach § 44 Abs. 2 UStDV hat die Berichtigung für die KJ zu unterbleiben, in denen sich nur eine geringfügige Änderung der Verhältnisse ergibt. Dies ist dann der Fall, wenn sich die Verhältnisse um weniger als zehn Prozentpunkte ändern. Diese Vereinfachung ist allerdings betragsmäßig begrenzt. § 44 Abs. 2 Satz 2 UStDV bestimmt, dass eine Korrektur auch dann durchzuführen ist, soweit sich in dem betreffenden Jahr eine Vorsteuerberichtigung von mehr als 1000 € (zugunsten oder zuungunsten) ergibt.

c) § 44 Abs. 3 UStDV

§ 44 Abs. 3 UStDV bestimmt in den Fällen, in denen die insgesamt abziehbare Vorsteuer nach § 15 Abs. 1 Nr. 1 UStG **nicht mehr als 2500 €** beträgt, dass die Berichtigung erst in der USt-Erklärung des Jahres durchgeführt wird, in dem der maßgebliche Berichtigungszeitraum endet.

d) § 44 Abs. 4 UStDV

Nach § 44 Abs. 4 Satz 3 UStDV ist in den Fällen, in denen ein WG veräußert oder unentgeltlich abgegeben wird (Lieferung gem. § 3 Abs. 1b UStG) wird, die gesamte Vorsteuerberichtigung für den restlichen Berichtigungszeitraum bereits in dem VZ anzumelden, in dem die Entnahme oder Veräußerung durchgeführt worden ist. Zu diesem Zeitpunkt steht aufgrund der Fiktion des § 15a Abs. 8 i. V. m. Abs. 9 UStG bereits fest, inwieweit eine Korrektur nach § 15a UStG vorzunehmen ist. Bei einer Konkurrenz zwischen § 44 Abs. 3 und 4 UStDV geht Abs. 4 als Spezialregelung für die Veräußerung und Entnahme vor.

Grundsätzlich muss der Vorsteuerberichtigungsbetrag bereits anteilig in dem VZ des betreffenden KJ gemeldet werden. Übersteigt der Berichtigungsbetrag für ein KJ allerdings nicht 6000 €, so ist die Berichtigung des Vorsteuerabzugs nach § 15a UStG erst im Rahmen der Jahressteuerfestsetzung für das betreffende Berichtigungsjahr anzumelden (§ 44 Abs. 4 Satz 1 UStDV).

7.5 Vorsteuern auf Leistungen, die in ein Wirtschaftsgut (Investitionsgut oder Umlaufvermögen) eingehen (Erhaltungsaufwand), § 15a Abs. 3 UStG

Leistungen, die nicht in der Anschaffung oder Herstellung eines Wirtschaftsguts bestehen (Werklieferungen, sonstige Leistung), können auch unter den Berichtigungstatbestand des § 15a UStG fallen. Die Leistung muss unmittelbar an einem Wirtschaftsgut ausgeführt werden.

Nicht unter die Verpflichtung zur Berichtigung des Vorsteuerabzugs nach § 15a Abs. 3 UStG fallen Leistungen, die bereits im Zeitpunkt des Leistungsbezugs wirtschaftlich verbraucht sind.

Eine Leistung ist im Zeitpunkt des Leistungsbezugs dann nicht wirtschaftlich verbraucht, wenn ihr über den Zeitpunkt des Leistungsbezugs hinaus eine eigene Werthaltigkeit inne wohnt. Leistungen, die bereits im Zeitpunkt des Leistungsbezugs wirtschaftlich verbraucht sind, werden sich insbesondere auf die Unterhaltung und den laufenden Betrieb des Wirtschaftsguts beziehen.

Hierzu gehören z. B. bei Grundstücken:

- Reinigungsleistungen (auch Fensterreinigung),
- laufende Gartenpflege,
- Wartungsarbeiten z. B. an Aufzugs- oder Heizungsanlagen.

Soweit es sich um eine Leistung handelt, die nicht bereits im Zeitpunkt des Leistungsbezugs wirtschaftlich verbraucht ist, unterliegt diese der Berichtigungspflicht nach § 15a Abs. 3 UStG. Dazu gehören auch solche Leistungen, die dem Gebrauch oder der Erhaltung des Wirtschaftsguts dienen (Erhaltungsaufwand). Solche Leistungen sind z. B.

- der Fassadenanstrich eines Gebäudes,
- Fassadenreinigungen an einem Gebäude,
- Renovierungsarbeiten an (auch gemieteten) Gebäuden,
- die Generalüberholung einer Aufzugs- oder einer Heizungsanlage.

Für die an dem Wirtschaftsgut ausgeführten Leistungen gilt ein eigenständiger Berichtigungszeitraum, dessen Dauer sich danach bestimmt, **an welchem Wirtschaftsgut** nach § 15a Abs. 1 UStG die Leistung ausgeführt wird. Eine kürzere Verwendungsdauer der sonstigen Leistung ist jedoch zu berücksichtigen (§ 15a Abs. 5 Satz 2 UStG).

BEISPIEL

Vermieter V besitzt ein Geschäftshaus (Baujahr 1980), das er im Jahr 2007 nach Auszug der Mieter umfangreich renoviert. Im Rahmen der Renovierung werden folgende Maßnahmen durchgeführt:
- Dachdeckerarbeiten (Fertigstellung Mai 2007)
  für 90 000 € zuzüglich 17 100 € USt,
- Fassadenanstrich (Fertigstellung Juli 2007)
  für 50 000 € zuzüglich 9 500 € USt,
- Architektenleistungen (Beendigung August 2007)
  für 10 000 € zuzüglich 1 900 € USt.

Da V nach Beendigung der Renovierung die Räume steuerpflichtig vermieten will, nimmt er im Zeitpunkt des jeweiligen Leistungsbezugs den Vorsteuerabzug in Anspruch. Das Gebäude wird nach Abschluss der Arbeiten – entsprechend der Absicht – ab 01.01.2008 zu 100 % steuerpflichtig und ab 01.01.2009 aufgrund eines Mieterwechsels nur noch zu 50 % steuerpflichtig vermietet.

LÖSUNG Durch den Übergang von der 100 %igen steuerpflichtigen zur 50 %igen steuerpflichtigen Vermietung ist ab 01.01.2009 eine Änderung der Verhältnisse eingetreten. Es kommt hinsichtlich der Erhaltungsaufwendungen zu einer Vorsteuerberichtigung nach § 15a Abs. 3 UStG. Da es sich um Arbeiten an einem Wirtschaftsgut handelt, das nicht nur einmalig zur Erzielung von Umsätzen dient, ist die Berichtigung nach Maßgabe des § 15a Abs. 1 UStG durchzuführen. Da sämtliche Leistungen im Rahmen einer Maßnahme bezogen wurden, liegt gem. § 15a Abs. 3 Satz 2 UStG ein einheitliches Berichtigungsobjekt mit einem Vorsteuervolumen von insgesamt 28 500 € vor. Von einer Maßnahme kann nach A 217b Abs. 11 Satz 3 UStR ausgegangen werden, da die Leistungen für ein unbewegliches Wirtschaftsgut (Grundstück) innerhalb von sechs Monaten (Mai bis August) bezogen wurden.

Der Berichtigungszeitraum beginnt mit der erstmaligen Verwendung des Gebäudes nach erfolgtem Leistungsbezug (hier: 01.01.2008). Er dauert gem. A 217b Abs. 8 Satz 2 UStR entsprechend der Dauer des Berichtigungszeitraums beim Grundstück zehn Jahre. Damit beträgt die anteilig auf ein KJ des Berichtigungszeitraums entfallende Vorsteuer 2 850 €. Die Prozentsatzdifferenz für das KJ 2009 beträgt 50 %. Damit beträgt der Vorsteuerberichtigungsbetrag für das KJ 2009 50 % von 2 850 € = 1 425 €. Die Berichtigung ist gem. § 44 Abs. 4 Satz 1 UStDV erst im Rahmen der Umsatzsteuerjahresveranlagung für das KJ 2009 durchzuführen.

FALL 31

Prüfen Sie im nachfolgenden Fall, ob eine Vorsteuerberichtigung gem. § 15a UStG vorliegt und berechnen Sie ggf. den Berichtigungsbetrag.

Die Ehefrau F (der Regelbesteuerung unterliegende Unternehmerin) ist Bauherrin eines Gebäudes, welches zu ihrem einkommensteuerrechtlichen Privatvermögen gehört. Bezüglich der Errichtung dieses Gebäudes sind F 30 000 € Vorsteuern gesondert in Rechnung gestellt worden. Entsprechend ihrer Absicht zum Zeitpunkt der Eingangsumsätze vermietet F das Erdgeschoss des Gebäudes (40 % der Nutzfläche) ab dem 01.07.02 an ihren Ehemann M, der es für seine Praxis als selbständiger Rechtsanwalt nutzt. Den restlichen Teil des Gebäudes vermietete F steuerfrei an Privatleute zu Wohnzwecken. Bezüglich der Vermietung an M verzichtet F gem. § 9 UStG auf die Steuerbefreiung nach § 4 Nr. 12 UStG. Ab dem KJ 03 vermietet F weitere bisher steuerfrei vermietete Räume im Dachgeschoss (zusätzlich 20 % der Nutzfläche) an M für dessen Praxis. Auch insoweit verzichtet F gem. § 9 UStG auf die Steuerbefreiung nach § 4 Nr. 12 UStG.

Teil V Besteuerung der Kleinunternehmer

1 Allgemeines

Die Kleinunternehmerregelung nach § 19 UStG stellt eine Ausnahmeregelung dar, die i.d.R. im Ergebnis dazu führt, dass **Kleinunternehmer wie Nichtunternehmer behandelt** werden. Sie müssen keine USt abführen und haben keinen Vorsteuerabzug. Sie dürfen auch keine Rechnungen mit USt-Ausweis erteilen. Sie müssen lediglich eine wesentlich vereinfachte Jahresanmeldung abgeben, anhand der das Finanzamt überprüfen kann, ob die Kleinunternehmerregelung noch anwendbar ist.

Unter welchen Voraussetzungen ein Unternehmer unter die Kleinunternehmerregelung fällt, ist in § 19 UStG verhältnismäßig kompliziert geregelt, weil das Gesetz alle in Betracht kommenden Fälle erfassen muss. In der Praxis lässt sich jedoch in den meisten Fällen sehr einfach entscheiden, ob die Kleinunternehmerregelung eingreift. Sie betrifft im Wesentlichen folgende zwei Fallgruppen:

1. Der Unternehmer tätigt in geringem Umfang steuerpflichtige Umsätze, wobei seine normalen Einnahmen insgesamt im Jahr die Grenze von 17 500 € nicht übersteigen.
2. Der Unternehmer tätigt im Wesentlichen nur steuerfreie Umsätze, die den Vorsteuerabzug ausschließen.

Fällt ein Unternehmer unter eine der beiden Fallgruppen, ist er allerdings nicht zwingend der Kleinunternehmerregelung unterworfen. Er kann auf ihre Anwendung verzichten (**Option nach § 19 Abs. 2 UStG**) und wird dann wie ein normaler Unternehmer nach den allgemeinen Vorschriften des UStG besteuert. Der Verzicht auf die Kleinunternehmerregelung ist vor allem in Fällen angebracht, in denen die Umsätze im Wesentlichen an zum Vorsteuerabzug berechtigte Unternehmer erbracht werden.

Nachfolgend sollen Sie in die Lage versetzt werden, auch in nicht ganz einfach entscheidbaren Fällen festzustellen, ob die Kleinunternehmerregelung eingreift.

Grundlage für die Entscheidung, ob die Kleinunternehmerregelung des § 19 UStG anzuwenden ist, ist der Gesamtumsatz nach § 19 Abs. 3 UStG. Dieser Begriff ist auch für die sogenannte Istbesteuerung nach § 20 UStG von Bedeutung, der diesbezüglich auf § 19 Abs. 3 UStG verweist. Deshalb ist der Gesamtumsatz nach § 19 Abs. 3 UStG für die Anwendung des § 19 Abs. 1 UStG noch zu modifizieren. Als Ausgangsbasis ist jedoch der Gesamtumsatz zu ermitteln.

2 Gesamtumsatz i. S. d. § 19 UStG

Nach § 19 Abs. 3 UStG errechnet sich der Gesamtumsatz aus den vom Unternehmer **im KJ insgesamt** getätigten Umsätzen wie folgt:

Summe der steuerbaren Umsätze nach § 1 Abs. 1 Nr. 1 UStG
./. steuerfreie Umsätze nach § 4 Nr. 8i UStG
./. steuerfreie Umsätze nach § 4 Nr. 9b UStG
./. steuerfreie Umsätze nach § 4 Nr. 11–28 UStG
./. steuerfreie Hilfsumsätze[1] nach § 4 Nr. 8a–h UStG
./. steuerfreie Hilfsumsätze[1] nach § 4 Nr. 9a UStG
./. steuerfreie Hilfsumsätze[1] nach § 4 Nr. 10 UStG
= **Gesamtumsatz** nach § 19 Abs. 3 UStG

Der Gesamtumsatz i. S. d. § 19 Abs. 3 UStG versteht sich als **Nettoumsatz**. Evtl. enthaltene USt ist infolgedessen herauszurechnen.

Nicht zum Gesamtumsatz gehören die nichtsteuerbaren Auslandsumsätze, die Umsätze aus dem innergemeinschaftlichen Erwerb (§ 1 Abs. 1 Nr. 5 UStG) und aus der Einfuhr (§ 1 Abs. 1 Nr. 4 UStG) sowie die Eingangsumsätze, für welche der Leistungsempfänger die Umsatzsteuer im Reverse-Charge-Verfahren zu entrichten hat.

3 Kleinunternehmer nach § 19 Abs. 1 UStG

Wenn ein Unternehmer unter die Kleinunternehmerregelung nach § 19 Abs. 1 UStG fällt, wird er im Wesentlichen wie ein Privatmann behandelt. D.h., er muss **keine USt** entrichten, auch wenn er steuerbare und steuerpflichtige Umsätze tätigt. Andererseits hat er **keinen Vorsteuerabzug** und ist auch nicht zum gesonderten USt-Ausweis in einer Rechnung berechtigt. Er ist nach Verwaltungspraxis nicht verpflichtet, Voranmeldungen abzugeben (§ 18 Abs. 2 Satz 3 UStG). Er ist allerdings grundsätzlich verpflichtet eine vereinfachte Jahreserklärung abzugeben. Die Erklärung besteht darin, dass nur die in Teil B gefragten Angaben für Kleinunternehmer (Umsatz Veranlagungsjahr und Umsatz Vorjahr) auszufüllen sind.

Grundvoraussetzung für die Anwendung des § 19 Abs. 1 UStG ist, dass der Unternehmer im Inland oder in den in § 1 Abs. 3 UStG bezeichneten Gebieten ansässig ist (§ 19 Abs. 1 Satz 1 UStG).

Für die Prüfung, ob ein Unternehmer unter die Kleinunternehmerregelung fällt, stellt § 19 Abs. 1 UStG auf einen besonderen Umsatzbegriff (**Kleinunternehmer-Umsatz**) ab. Der Kleinunternehmer-Umsatz errechnet sich wie folgt:

Gesamtumsatz nach § 19 Abs. 3 UStG **zuzgl. USt**
./. Umsätze von Anlagevermögen zuzüglich USt
= Kleinunternehmer-Umsatz

Die dem Kleinunternehmer-Umsatz zugrunde liegenden Umsätze sind nach den im KJ **eingenommenen** Bruttoentgelten zu berechnen (Zuflussprinzip). Die USt darf von dem Betrag nicht abgezogen werden.

---

1 Vgl. P 2.2, Hilfsgeschäft.

Tätigt der Unternehmer nur steuerpflichtige Umsätze, ist die Summe der Einnahmen grundsätzlich mit dem Kleinunternehmer-Umsatz identisch. Dies gilt nur dann nicht, wenn sich darin Umsätze von WG des Anlagevermögens befinden. Diese sind auszuscheiden.

Nach § 19 Abs. 1 UStG fällt der Unternehmer unter die Kleinunternehmerregelung, wenn:

a) der Kleinunternehmer-Umsatz im Vorjahr **17 500 €** nicht überstiegen hat **und**
b) der **voraussichtliche** Kleinunternehmer-Umsatz im laufenden KJ **50 000 €** nicht übersteigen wird.

Ob ein Unternehmer unter die Kleinunternehmerregelung fällt, ist grundsätzlich für jedes KJ gesondert zu prüfen. Die Ermittlung des voraussichtlichen Kleinunternehmer-Umsatzes im laufenden KJ muss durch Schätzung nach den Verhältnissen zu Beginn des KJ erfolgen. Auch wenn sich nachträglich herausstellt, dass die Schätzung nicht zutraf, bleibt es bei der Kleinunternehmerregelung.

MERKSATZ

> Unter die Kleinunternehmerregelung fallen i. d. R. Arbeitnehmer mit einer selbständigen Nebentätigkeit, deren Einkommen aus der Nebentätigkeit ständig unter 17 500 € pro Jahr liegt, bzw. Unternehmer mit steuerfreien Grundgeschäften, z. B. Versicherungsvertreter, Ärzte, Grundstücksvermieter, da steuerfreie Umsätze nach § 4 Nr. 11–28 UStG nicht zum Gesamtumsatz und somit auch nicht zum Kleinunternehmerumsatz rechnen.

4 Option nach § 19 Abs. 2 UStG

Die Kleinunternehmerregelung nach § 19 Abs. 1 UStG wirkt sich i. d. R. nur dann günstig für den Unternehmer aus, wenn er Umsätze an den Endverbraucher tätigt. Bewirkt er jedoch seine Umsätze innerhalb der Unternehmerkette, ist die Kleinunternehmerregelung meist ungünstiger.

BEISPIEL

> H betätigt sich nebenberuflich als Handelsvertreter. Sein Auftraggeber zahlt ihm die USt zu seiner Provision nur dann zusätzlich, wenn er sie ihm gesondert in Rechnung stellt. Würde H also nicht der Kleinunternehmerregelung unterliegen, bekäme er eine um die USt erhöhte Provision und könnte andererseits die bei ihm **angefallenen Vorsteuern abziehen**.

Daher hat der Gesetzgeber in § 19 Abs. 2 UStG für den Unternehmer die Möglichkeit geschaffen, auf die Kleinunternehmerregelung zu verzichten. Diesen Verzicht muss der Unternehmer dem Finanzamt bis zur Unanfechtbarkeit der Steuerfestsetzung erklärt haben und bindet ihn für fünf Kalenderjahre. Die Option zur Regelbesteuerung kann auch konkludent dadurch erfolgen, dass der betreffende Unternehmer eine USt-Voranmeldung oder USt-Erklärung abgibt, den auf der Vorderseite der USt-Erklärung enthaltenen Abschnitt B »Angaben zur Besteuerung der Kleinunternehmer (§ 19 Abs. 1 UStG)« nicht ausfüllt und steuerpflichtige Umsätze versteuert (vgl. A 247 Abs. 1 Nr. 2 UStR). Nach Eintritt der Unanfechtbarkeit der Steuerfestsetzung des Jahres, für das der Unternehmer erstmals auf die Kleinunternehmerregelung verzichtet hat, unterliegt er auch in den vier Folgejahren (also insgesamt für fünf Jahre) nicht mehr der Kleinunternehmerregelung. Erst für die danach folgenden Jahre kann er den Verzicht rückgängig machen.

FALL 32

Prüfen Sie im nachfolgenden Fall, ob A in den **KJ 03–06** unter die Kleinunternehmerregelung oder unter die Regelbesteuerung fällt. Im letzteren Fall ist die Steuerschuld zu berechnen.

Gehen Sie dabei zur Vereinfachung davon aus, dass A außer den genannten Umsätzen keine weiteren Umsätze getätigt hat und ihm keine weiteren Vorsteuerbeträge in Rechnung gestellt worden sind.

Fall:

Arbeitnehmer A hat im KJ 01 ein Zweifamilienhaus mit zwei gleich großen Wohnungen gebaut, wovon er eine Wohnung selbst bewohnt und die andere Wohnung zum Preis von monatlich 500 € an Privatleute zu Wohnzwecken vermietet hat.

Im Januar 03 eröffnet A einen Flaschenbierhandel, den er nebenberuflich selbständig betreibt. Gegenüber dem Finanzamt erklärt er im Januar 03, dass er mit einem Jahresumsatz von etwa 20 000 € rechne.

Im KJ 03 erzielte A aus dieser Veräußerung von Flaschenbier Einnahmen i. H. v. insgesamt 25 000 €. Außerdem entnahm er Bier für seinen privaten Verbrauch zum Einkaufspreis von insgesamt 500 €. Für den Einkauf von Bier wurden ihm insgesamt 17 000 € zuzügl. 3 230 € USt berechnet.

Im KJ 04 beliefen sich seine Einnahmen aus Bierverkäufen auf nur 12 000 €. Für den privaten Verbrauch hat A Bier zum Einkaufspreis von insgesamt 500 € entnommen. Für den Einkauf von Bier wurden ihm insgesamt 8 500 € zuzügl. 1 615 € USt berechnet. Außerdem erwarb A zum Einkaufspreis von 10 000 € zuzügl. 1 900 € USt einen gebrauchten Lieferwagen, den er ausschließlich zum Biertransport benutzte.

Im KJ 05 lief der Flaschenbierhandel wider Erwarten gut, zumal A nach Kündigung durch seinen Arbeitgeber ab Juli 05 seine gesamte Arbeitskraft dem Flaschenbierhandel widmen konnte. A nahm aus dem Flaschenbierhandel insgesamt 60 000 € ein. Für seinen privaten Verbrauch hat er Bier zum Einkaufspreis von insgesamt 500 € entnommen. Für den Einkauf von Bier wurden ihm insgesamt 40 000 € zuzüglich 19 % USt = 7 600 € USt in Rechnung gestellt.

Im KJ 06 ging der Flaschenbierhandel wieder erheblich zurück, u.a. weil A wieder eine Anstellung fand und den Flaschenbierhandel nur noch nebenberuflich betrieb. Seine Einnahmen aus den Bierveräußerungen betrugen insgesamt 15 000 €. Für seinen privaten Verbrauch hat A Bier zum Einkaufspreis von 500 € (brutto) entnommen. Aus der Veräußerung seines Lieferwagens erzielte A insgesamt 3 000 €. Für den Einkauf von Bier wurden ihm insgesamt 10 000 € zuzüglich 19 % USt = 1 900 € USt in Rechnung gestellt.

Teil W Differenzbesteuerung (§ 25a UStG)

1 Allgemeines

Bei der Differenzbesteuerung nach § 25a UStG handelt es sich um eine von der Regelbesteuerung abweichende besondere Besteuerungsform. Fällt der Unternehmer unter die Differenzbesteuerung, braucht er lediglich die Differenz zwischen dem Einkaufspreis und dem Verkaufspreis der USt zu unterwerfen. Diese Regelung bringt erhebliche Erleichterungen insbesondere für den Gebrauchtwagenhandel, den Antiquitätenhandel und den Kunsthandel mit sich. Die Margenbesteuerung führt bei dem Verkauf von Gebrauchtwaren, Antiquitäten und Kunstgegenständen hinsichtlich der USt zum selben wirtschaftlichen Ergebnis wie der agenturmäßige Verkauf, der damit seine Bedeutung verliert.

2 Voraussetzungen für die Differenzbesteuerung

Die Differenzbesteuerung greift bei der Lieferung eines Gegenstandes ein, wenn:
1. der Unternehmer ein Wiederverkäufer ist,
2. der Gegenstand an den Wiederverkäufer im Gemeinschaftsgebiet geliefert wurde,
3. für diese Lieferung vom Lieferer die USt
   a) nicht geschuldet oder
   b) nach § 19 Abs. 1 UStG nicht erhoben oder
   c) die Differenzbesteuerung nach § 25a UStG vorgenommen wurde,
4. es sich bei dem Gegenstand weder um einen Edelstein noch um ein Edelmetall handelt.

Zu 1.: Die Regelung gilt nur für sog. Wiederverkäufer. Das sind nach der Definition des § 25a Abs. 1 Nr. 1 Satz 2 UStG Unternehmer, die gewerbsmäßig mit beweglichen körperlichen Gegenständen handeln oder auch alle, die Gegenstände im eigenen Namen öffentlich versteigern. Es muss sich also um Unternehmer handeln, bei denen der Handel mit beweglichen körperlichen Gegenstände zu den Grundgeschäften gehört.

Zu 2.: Wurden die Gegenstände an den Wiederverkäufer im Drittlandsgebiet geliefert, fällt EUSt bei der Einfuhr ins Gemeinschaftsgebiet an. Diese kann der Unternehmer als Vorsteuer abziehen. Daher besteht insoweit kein Anlass, die USt auf die Differenz zwischen Einkaufspreis und Verkaufspreis zu beschränken. Es gibt jedoch die Möglichkeit, unter den Voraussetzungen des § 25a Abs. 2 auch hierfür freiwillig die Differenzbesteuerung zu wählen. Das hat allerdings zur Folge, dass der Unternehmer dann die EUSt nicht als Vorsteuer abziehen darf (vgl. § 25a Abs. 5 Satz 3 UStG).

Zu 3.: Der Wiederverkäufer kann nur dann die Differenzbesteuerung in Anspruch nehmen, wenn sein Vorlieferer entweder Nichtunternehmer oder Kleinunternehmer war oder die Lieferung nicht im Rahmen seines Unternehmens bewirkt hat, die Lieferung steuerfrei war oder die Lieferung bereits der Differenzbesteuerung nach § 25a UStG unterlegen hat.

Zu 4.: Es darf sich nach § 25a Abs. 1 Nr. 3 UStG nicht um Edelsteine oder Edelmetalle handeln. Hierbei handelt es sich (entsprechend den angegebenen Zolltarifnummern) nur um Edelsteine und Edelmetalle in unbearbeiteter Form. Dagegen fallen Erzeugnisse aus diesen Materialien (z. B. Schmuckstücke) unter die Vorschrift des § 25a UStG.

3 Bemessungsgrundlage

Der Umsatz wird nach § 25a Abs. 3 UStG grundsätzlich nach der Differenz zwischen dem jeweiligen Einkaufspreis und dem jeweiligen Verkaufspreis bemessen, wobei die USt aus der Differenz herauszurechnen ist, da die USt nach § 25a Abs. 3 Satz 2 UStG nicht zur Bemessungsgrundlage gehört.

Nach § 25a Abs. 4 UStG kann der Wiederverkäufer vereinfacht die Bemessungsgrundlage als Gesamtdifferenz aus allen innerhalb eines Besteuerungszeitraums (KJ) getätigten Einkäufen und Verkäufen bilden. Entsprechend kann er zunächst bei seinen USt-Voranmeldungen verfahren, wobei in der Jahresveranlagung ein Ausgleich positiver und negativer Margen erfolgen kann.

Die Vereinfachung nach § 25a Abs. 4 UStG ist ausgeschlossen bezüglich der Gegenstände, deren Einkaufspreis jeweils 500 € übersteigt. Diese Gegenstände sind deshalb von den übrigen Gegenständen abgesondert zu erfassen. Die 500 €-Grenze gilt für den einzelnen Gegenstand. Insofern ist wieder der Begriff Sachgesamtheit relevant.

4 Ausweitung der Differenzbesteuerung nach § 25a Abs. 2 UStG auf vorsteuerbelastete Gegenstände

Bei Kunstgegenständen, Sammlungsstücken und Antiquitäten kann die Differenzbesteuerung auch dann angewandt werden, wenn der Unternehmer die Gegenstände

a) entweder eingeführt hat oder

b) wenn er Kunstgegenstände steuerpflichtig von einem Nicht-Wiederverkäufer erworben hat.

Macht der Unternehmer von dieser Möglichkeit Gebrauch, so muss er dies dem Finanzamt spätestens bei der Abgabe der ersten Voranmeldung für das betreffende KJ erklären. Die Erklärung bindet ihn dann für dieses und das folgende KJ.

Der Sinn dieser Regelung liegt vor allem in einer Vereinfachung hinsichtlich der Aufzeichnungspflicht. Dem Differenzbesteuerer werden nach § 25a Abs. 6 UStG besondere Aufzeichnungspflichten auferlegt. Wendet er neben der Differenzbesteuerung auch noch die Regelbesteuerung an, so hat er gem. § 25a Abs. 6 Satz 2 UStG diesbezüglich getrennte Aufzeichnungen zu führen.

BEISPIEL

Der Kunst- und Antiquitätenhändler A bezieht seine Ware zum Teil aus privaten Beständen (Nachlässen usw.), z. T. aus Einfuhren und z. T. direkt von schaffenden Künstlern.

LÖSUNG Sofern A nicht von der Regelung des § 25a Abs. 2 UStG Gebrauch macht, muss er die Erlöse jeweils trennen in Erlöse für Gegenstände, die der Regelbesteuerung unterliegen, und Erlöse, die der Regelung des § 25a UStG unterliegen.

Will A ab 01.01.01 von der Regelung des § 25a Abs. 2 UStG Gebrauch machen, so muss er dies bei Abgabe der USt-Voranmeldung für Januar 01 dem FA erklären. Die Erklärung bindet ihn insoweit auch für das Jahr 02. Als Folge der Option nach § 25a Abs. 2 UStG entfällt der Vorsteuerabzug bezüglich der EUSt bzw. der USt aus dem Erwerb der Kunstgegenstände von einem Nicht-Wiederverkäufer. A braucht dann aber die Erlöse nicht mehr zu trennen. Er muss lediglich die Erlöse für die Gegenstände besonders aufzeichnen, für die der Einkaufspreis 500 € überschritten hat. Dabei ist als Einkaufspreis für die eingeführten Waren der Zollwert zuzügl. die EUSt anzusetzen und für die vorsteuerbelasteten Kunstgegenstände der Bruttopreis (inkl. USt).

Darauf hinzuweisen ist hierbei, dass A jederzeit im Einzelfall gem. § 25a Abs. 8 UStG auf die Differenzbesteuerung verzichten kann, soweit er die Gesamtdifferenzbesteuerung nach § 25a Abs. 4 UStG nicht anwendet.

5 Steuersatz und Vorsteuerabzug

Der Steuersatz bei Anwendung der Differenzbesteuerung ist stets der Regelsteuersatz (§ 25a Abs. 5 UStG), auch wenn der Gegenstand nach den allgemeinen Vorschriften des UStG als Kunstgegenstand oder Sammlungsstück dem ermäßigten Steuersatz unterliegen würde.

Der Vorsteuerabzug ist grundsätzlich nicht ausgeschlossen. Lediglich der Vorsteuerabzug für die oben bei 4 genannten Fälle des § 25a Abs. 2 UStG hinsichtlich der für die Einfuhr entrichteten EUSt bzw. der Steuer für die Eingangslieferung des Kunstgegenstandes ist ausgeschlossen (§ 25a Abs. 5 Satz 2 UStG). Dagegen ist der Vorsteuerabzug z. B. für Reparaturen oder Gemeinkosten möglich. Ein Vorsteuerabzug aus dem Erwerb der Gegenstände ist nicht möglich, da nach den Voraussetzungen des § 25a Abs. 1 Nr. 2 UStG keine Vorsteuer anfällt.

6 Option zur Besteuerung nach den allgemeinen Vorschriften des Umsatzsteuergesetzes gemäß § 25a Abs. 8 UStG

Voraussetzung für die Option zur Besteuerung nach den allgemeinen Vorschriften des UStG bei einem einzelnen Umsatz ist, dass der Unternehmer nicht die Gesamtdifferenzbesteuerung nach § 25a Abs. 4 UStG anwendet. Da diese Regelung Gegenstände mit einem Einkaufspreis von mehr als 500 € ausnimmt, besteht insoweit stets die Möglichkeit, den Umsatz nach den allgemeinen Vorschriften des UStG zu versteuern. Die Option zur Besteuerung nach den allgemeinen Vorschriften des UStG macht z. B. insoweit einen Sinn, als bei Anwendung des § 25a UStG zwar nur die Marge besteuert wird, hierauf jedoch der Regelsteuersatz angewandt wird, während bei der Besteuerung nach den allgemeinen Vorschriften der ermäßigte Steuersatz in Betracht kommt, z. B. wenn ein Kunstgegenstand veräußert wird (§ 12 Abs. 2 Nr. 1 UStG i. V. m. Nr. 53 der Anlage 2 zum UStG). Die USt ist beim Verzicht auf die Anwendung des § 25a UStG u. U. niedriger wenn der Wiederverkäufer bei einem dem ermäßigten Steuersatz unterliegenden Gegenstand einen sehr hohen Rohgewinnaufschlag hat.

Eine Option zur Regelbesteuerung ist auch dann sinnvoll, wenn der Erwerber ein voll zum Vorsteuerabzug berechtigter Unternehmer ist, dem der Wiederverkäufer zusätzlich die USt kostenneutral auf den Verkaufspreis in Rechnung stellen kann.

BEISPIEL

Der Kunsthändler K erwirbt aus privater Hand einen Kunstgegenstand i. S. d. Nr. 53 der Anlage 2 zu § 12 Abs. 2 Nr. 1 und 2 UStG zum Preis von 2 000 € und veräußert ihn an einen Privatmann zum Preis von 5 000 €.

LÖSUNG Bei Anwendung der Differenzbesteuerung beträgt die USt 19 % aus 3 000 € (5 000 € ./. 2 000 €) = 19/119 von 3 000 €, d. h. 478,99 €.

Bei Verzicht auf die Differenzbesteuerung beträgt die USt 7 % aus 5 000 €, d. h. 7/107 × 5 000 € also 327,10 €.

7 Verbot des gesonderten Steuerausweises in einer Rechnung

Nach § 14a Abs. 6 Satz 2 UStG findet die Vorschrift über den gesonderten Steuerausweis in einer Rechnung (§ 14 Abs. 4 Satz 1 Nr. 8 UStG) keine Anwendung. Wenn der Unternehmer die sich aus § 25a UStG ergebende USt seinem Abnehmer gesondert in Rechnung stellt, führt die in Rechnung gestellte USt zu einer USt nach § 14c Abs. 2 UStG (vgl. A 276a Abs. 16 Satz 2 UStR). Diese Steuer fällt zusätzlich zu der Steuer nach § 25a UStG an.

8 Besonderheiten nach § 25a Abs. 7 UStG

8.1 Ausschluss der Differenzbesteuerung nach § 25a Abs. 7 Nr. 1a UStG

Die Differenzbesteuerung greift gem. § 25a Abs. 7 Nr. 1a UStG nicht ein, wenn auf die Lieferung an den Wiederverkäufer die Steuerbefreiung für innergemeinschaftliche Lieferungen angewendet worden ist. Diese Regelung ist notwendig, weil in diesen Fällen auf dem Eingangsumsatz an den Wiederverkäufer USt in Form der ErwUSt lastet, die der Wiederverkäufer stellvertretend für den Lieferer schuldet.

8.2 Ausschluss der Differenzbesteuerung nach § 25a Abs. 7 Nr. 1b UStG

Die Differenzbesteuerung greift gem. § 25a Abs. 7 Nr. 1b UStG nicht für die innergemeinschaftliche Lieferung eines neuen Fahrzeugs i. S. d. § 1b Abs. 2 und 3 UStG. Diese Lieferung ist auch beim Wiederverkäufer grundsätzlich als steuerfreie innergemeinschaftliche Lieferung zu behandeln. Dafür muss der Erwerber in dem anderen Mitgliedstaat immer USt in Form der ErwUSt anmelden.

8.3 Auswirkung der Differenzbesteuerung auf den innergemeinschaftlichen Warenverkehr

Bei Veräußerung von anderen Gegenständen als Neufahrzeugen (vgl. 8.2) von Deutschland in das übrige Gemeinschaftsgebiet schließt § 25a Abs. 7 Nr. 3 UStG die Steuerbefreiung für innergemeinschaftliche Lieferungen nach § 4 Nr. 1b UStG aus. Ebenso ist der Erwerb im Bestimmungsland entsprechend § 25a Abs. 7 Nr. 2 UStG nicht steuerbar. Weiterhin kann sich auch der Lieferort nicht nach § 3c UStG ins Bestimmungsland verlagern. Mit der Differenzbesteuerung wird also abschließend eine Besteuerung im Ursprungsland vorgenommen. Entsprechende Regelungen gelten gem. Art. 312 ff. MwStSystRL in den übrigen Mitgliedstaaten der EU.

Tätigt der Wiederverkäufer eine Weiterlieferung in das Dritt-Ausland kann er allerdings die Steuerbefreiung für Ausfuhrlieferungen nach § 4 Nr. 1a UStG in Anspruch nehmen. In diesen Fällen entfällt die Besteuerung der Marge.

9 Beispiele zur Differenzbesteuerung

BEISPIELE

a) Der Second-Hand-Shop S hat von der Privatperson P ein Brautkleid für 1 200 € angekauft und veräußert es für 2 000 € an ein Brautpaar.

LÖSUNG S ist Wiederverkäufer (vgl. § 25a Abs. 1 Nr. 1 Satz 2 UStG). Das Brautkleid wurde an S im Gemeinschaftsgebiet geliefert (§ 25a Abs. 1 Nr. 2 Satz 1 UStG). Für diese (nicht-steuerbare) Lieferung wurde USt nicht geschuldet (§ 25a Abs. 1 Nr. 2 Satz 2a UStG). Die Voraussetzungen für die Differenzbesteuerung nach § 25a UStG liegt damit vor. Die USt bemisst sich mit 19 % (§ 25a Abs. 5 Satz 1 UStG) von der Marge (§ 25a Abs. 3 Nr. 1 UStG) und beträgt somit 119/119 von 800 €, d. h. 127,73 €.

b) Autohändler A erwirbt am 02.07.01 vom Privatmann P einen Pkw für 20 000 €. Am 02.09.01 veräußert A den Pkw für 22 500 €. Für Schönheitsreparaturen an dem Pkw hatte A insgesamt Kosten i. H. v. 500 € zuzügl. 95 € USt.

LÖSUNG Alle Voraussetzungen für die Besteuerung nach § 25a UStG liegen bei A vor. A muss für den VZ September die Differenz von 2 500 € (22 500 € ./. 20 000 €) versteuern. Die USt beträgt 19/119 von 2 500 €, d. h. 399,16 €. Die aus den Schönheitsreparaturen angefallene USt von 95 € darf A als Vorsteuer geltend machen.

c) Autohändler A erwirbt am 02.07.01 vom Privatmann P einen Pkw für 20 000 €. Am 02.09.01 veräußert A den Pkw für 19 000 €. Für Schönheitsreparaturen an dem Pkw hatte A insgesamt Kosten i. H. v. 500 € zuzüglich 95 € USt.

LÖSUNG Alle Voraussetzungen für die Besteuerung nach § 25a UStG liegen bei A vor. Die Differenz zwischen Verkaufspreis und Einkaufspreis ist jedoch im vorliegenden Fall negativ. Es fällt daher keine USt bei A an. Die aus den Schönheitsreparaturen angefallene USt von 95 € darf A als Vorsteuer geltend machen.

Die Negativmarge kann nicht mit positiven Margen aus anderen Umsätzen nach § 25a UStG verrechnet werden. Zwar besteht nach § 25a Abs. 4 UStG die Möglichkeit, innerhalb eines Besteuerungszeitraums (KJ) eine Gesamtdifferenz mit der Möglichkeit eines Ausgleichs zwischen positiven und negativen Margen zu bilden, jedoch sind hiervon die Gegenstände ausgenommen, deren Einkaufspreis 500 € übersteigt.

d) Autohändler A erwirbt am 02.07.01 vom Privatmann P einen Pkw für 20 000 €. Am 02.09.01 veräußert A den Pkw für 22 000 € zuzügl. 4 180 € USt an den Unternehmer U, der das Fahrzeug für sein Unternehmen erwirbt. Für Schönheitsreparaturen an dem Pkw hatte A insgesamt Kosten i. H. v. 500 € zuzügl. 95 € USt.

LÖSUNG Alle Voraussetzungen für die Besteuerung nach § 25a UStG liegen bei A vor. Jedoch verzichtet A mit der gesonderten Inrechnungstellung der normalen USt konkludent auf die Anwendung des § 25a UStG. Die Umsatzsteuer fällt – wie berechnet – nach den allgemeinen Vorschriften des UStG mit 19 % von 22 000 €, d. h. 4 180 € an. Die Option zur Besteuerung nach den allgemeinen Vorschriften des UStG ist im vorliegenden Fall vorteilhafter als die Differenzbesteuerung, da A die USt i. H. v. 4 180 € dem U berechnen darf und U sie als Vorsteuer abziehen kann.

Die aus den Schönheitsreparaturen angefallene USt von 95 € darf A als Vorsteuer geltend machen.

e) Kunst- und Antiquitätenhändler K bezieht seine Ware teils von Privat, teils aus Einfuhren, teils aus sonstigen Quellen. Er hat gegenüber dem Finanzamt erklärt, er werde die Differenzbesteuerung auch auf die in § 25a Abs. 2 UStG genannten Gegenstände anwenden. Von einem Unternehmer erwarb er im März 01 ein Gemälde (Kunstgegenstand), das dieser bisher in seinem Büro als Anlagevermögen hängen hatte, für 5 000 € zuzügl. 350 € USt. K veräußert es im Juli an den Privatmann P für 7 000 €.

LÖSUNG Das Gemälde fällt aufgrund der Option nach § 25a Abs. 2 UStG unter die Differenzbesteuerung (steuerpflichtige Lieferung von einem Nicht-Wiederverkäufer gem. § 25a Abs. 2 Nr. 2 UStG). Die USt beträgt 19/119 von 1 650 € (7 000 € ./. 5 350 €), d. h. 263,45 €. Aus dem Erwerb des Bildes hat K gem. § 25a Abs. 5 Satz 2 UStG keinen Vorsteuerabzug.

K kann auch gem. § 25a Abs. 8 UStG auf die Differenzbesteuerung verzichten. In diesem Fall beträgt die USt bei K 7/107 von 7 000 €, d. h. 457,94 €. Aus dem Erwerb hat K für den VZ Juli den Vorsteuerabzug i. H. v. 350 €. Die Zahllast beträgt somit aus diesem Geschäft insgesamt nur 457,94 € ./. 350 €, d. h. 107,94 €.

Teil X Besteuerungsverfahren

1 Allgemeines

Die USt ist eine Veranlagungssteuer. Besteuerungszeitraum ist das KJ. Die USt unterscheidet sich von den anderen Veranlagungssteuern dadurch, dass bei ihr das **Selbstveranlagungsprinzip** gilt. Das bedeutet, dass der Unternehmer nach Ablauf eines KJ die endgültige Zahllast (bzw. den Vergütungsanspruch) selbst errechnen muss und dem Finanzamt in einer sog. **Jahressteueranmeldung** anzumelden hat (vgl. § 16 UStG). Darüber hinaus hat der Unternehmer im Rahmen eines **Voranmeldungsverfahrens** gem. § 18 UStG **USt-Vorauszahlungen** zu leisten.

2 Umsatzsteuer-Voranmeldungsverfahren

Die Vorauszahlungen hat der Unternehmer nach Ablauf eines bestimmten Zeitraumes (Voranmeldungszeitraum = VZ) ebenfalls selbst zu errechnen, dem Finanzamt anzumelden (USt-Voranmeldung) und abzuführen. Die Errechnung erfolgt anhand eines amtlich vorgeschriebenen Vordrucks nach folgendem stark vereinfachtem Schema:

Summe aller im VZ entstandenen Ausgangs-USt
./. Summe aller im VZ angefallenen abziehbaren und abzugsfähigen Vorsteuern
= Vorauszahlungs-Zahllast

2.1 Voranmeldungszeitraum

I. R. d. Voranmeldungsverfahrens hat der Unternehmer für jeden VZ eine USt-Voranmeldung abzugeben und seine Steuerschuld selbst zu berechnen.

Der VZ beträgt grundsätzlich ein Kalendervierteljahr (§ 18 Abs. 2 UStG).

Beträgt die Steuerschuld für das vorangegangene KJ mehr als 7 500 €[1], ist der Kalendermonat der VZ (§ 18 Abs. 2 UStG).

Beträgt die Steuerschuld im vorangegangenen KJ nicht mehr als 1 000 €[2], so kann der Unternehmer vom Finanzamt von der Verpflichtung zur Abgabe der Voranmeldung und Entrichtung der Vorauszahlungen befreit werden (vgl. § 18 Abs. 2 Satz 3 UStG).

Liegt die Steuerschuld im vorangegangenen KJ im positiven Bereich zwischen + 1 000 € und + 0 € wird die Vorschrift des § 18 Abs. 2 Satz 2 UStG von der Verwaltung in der Form angewandt, dass der Unternehmer von Amts wegen (also automatisch) von der Abgabe der vierteljährlichen Voranmeldungen befreit wird (vgl. A 225a Abs. 2 UStR).

Liegt die Steuerschuld im Rotbereich ./. 0 bis ./. 7 500 € wird der Unternehmer – entsprechend dem Gesetzeswortlaut – nur auf Antrag von der vierteljährlichen Abgabe befreit.

In den Fällen, in denen im Vorjahr eine Steuervergütung von mehr als 7 500 € vorliegt, kann im laufenden KJ, abweichend von der vierteljährlichen Abgabe, auch eine monatliche Abgabe der Voranmeldung beantragt werden (vgl. § 18 Abs. 2a UStG, A 225a Abs. 1 UStR).

---

1 Bis Ende 2008 6 136 €.
2 Bis Ende 2008 512 €.

BEISPIEL

Unternehmer U hat in seinen Voranmeldungen für 08 einen Überschuss von 15 000 € (Rotbetrag) erklärt.

LÖSUNG U hat im KJ 09 folgende Möglichkeiten bezüglich der Abgabe von Voranmeldungen:
a) Abgabe einer vierteljährlichen Voranmeldung (gesetzlicher Voranmeldezeitraum),
b) Antrag auf Befreiung von der Abgabe der vierteljährlichen Voranmeldungen (Steuerschuld unter +1 000 €-Grenze),
c) Antrag auf monatliche Abgabe von Voranmeldungen (Vorjahresüberschuss über der 7 500 €-Grenze).

Zu Lösungsvariante a) Auch wenn sich für U im KJ 09 voraussichtlich eine hohe Steuerschuld ergeben wird, bleibt es bei dem gesetzlichen VZ. Hat U in den Vorjahren eine Dauerfristverlängerung beantragt, läuft diese weiter. Er muss aufgrund des vierteljährlichen VZ allerdings keine Sondervorauszahlungen leisten (§ 48 UStDV).

Zu Lösungsvariante b) Weil die Vorjahressteuerschuld des U unter der 1 000 €-Grenze und im Rotbereich liegt, kann er von der Abgabe der vierteljährlichen Voranmeldungen befreit werden. Nach A 225a Abs. 2 UStR soll diesem Antrag regelmäßig stattgegeben werden.

Zu Lösungsvariante c) Da der Vorjahresüberschuss des U auch über der 7 500 €-Grenze liegt, kann er auch die monatliche Abgabe einer Voranmeldung beantragen. Hierbei ist aber die Ausschlussfrist (Frist bis Ablauf der gesetzlichen Frist für eine monatliche Voranmeldung für den Monat Januar) zu beachten. Der Antrag kann konkludent durch fristgerechte Abgabe der Voranmeldung für den Monat Januar 09 erfolgen. Dauerfristverlängerungen werden bei der Frist von der Verwaltung berücksichtigt.

2.1.1 Nachträgliche Änderung der Steuer für das Vorjahr

Die Einordnung des Unternehmers will die Verwaltung bis Ende Februar durchgeführt haben. Ändert sich nach der Einordnung die Steuerschuld des Unternehmers, z. B. durch eine berichtigte Voranmeldung, ist die Änderung im laufenden KJ insoweit noch zu berücksichtigen, soweit sich diese Änderung für das betr. KJ noch auswirkt.

BEISPIEL

Unternehmer U hat für das KJ 08 eine Steuerschuld von 8 000 € angemeldet. Er gibt somit ab 09 seine Voranmeldungen monatlich ab.
Am 20.05.09 reicht U eine berichtigte Voranmeldung für Dezember 08 ein. Aufgrund der Berichtigung beträgt die Steuerschuld 08 nunmehr nur noch 5 500 €.

LÖSUNG Lt. A 225a Abs. 3 UStR muss U ab dem 3. VJ 09 auf die Abgabe von vierteljährlichen Voranmeldungen umstellen. Für die Monate Mai und Juni 09 muss er noch monatlich Voranmeldungen abgeben.

2.1.2 Verkürzung des Voranmeldungszeitraums bei Unternehmensneugründungen

Nimmt der Unternehmer seine gewerbliche oder berufliche Tätigkeit auf, ist gem. § 18 Abs. 2 Satz 4 UStG im laufenden und folgenden KJ VZ der Kalendermonat. Mit dieser Regelung soll erreicht werden, dass die Finanzämter zeitnäher Informationen über Unternehmer erhalten, die ihre Tätigkeit neu aufnehmen. Nach früherer Rechtslage hatten die Unternehmensgründer aufgrund eigener Selbsteinschätzung der zu zahlenden Steuer Voranmeldungen erst vierteljährlich abgegeben. Durch die Umstellung auf die monatliche Abgabe können die Finanzämter die Unternehmensgründungsfälle zeitnäher auf Scheingründungen überprüfen und evtl. Betrugsfälle besser aufdecken.

Sofern es sich um Unternehmer handelt, die nur steuerfreie Umsätze tätigen oder aufgrund der Schätzung unter die Kleinunternehmerregelung des § 19 UStG fallen, entfällt die monatliche Abgabe der Voranmeldungen (keine gesetzliche Abgabepflicht). Näheres vgl. A 230a Abs. 1 Satz 2 UStR.

Übersicht über den Abgabezeitraum der Voranmeldungen (Vorjahreswerte)	
Umsatzsteuer > 7 500 €	→ Monatliche Abgabe
Umsatzsteuer < 7 500 €	→ Vierteljährliche Abgabe
Umsatzsteuer von + 1 000 € bis 0 €	→ Keine Abgabe
Umsatzsteuer von 0 € bis ./. 7 500 €	→ Vierteljährliche Abgabe, auf Antrag keine Abgabe
Umsatzsteuervergütung > 7 500 €	→ Vierteljährliche Abgabe oder auf Antrag keine Abgabe oder Wahlweise monatliche Abgabe
Unternehmensneugründung	→ Monatliche Abgabe im laufenden und folgenden Kalenderjahr

3 Entstehungszeitpunkt der Ausgangsumsatzsteuer für Leistungen

Für die Erfassung der entstandenen USt im richtigen VZ muss man den Entstehungszeitpunkt der Ausgangs-USt bestimmen können. Hierbei ist in Bezug auf die Haupt-Umsatzart »Lieferungen und sonstige Leistungen« grundsätzlich zu unterscheiden zwischen der Besteuerung:
- nach vereinbarten Entgelten (**Soll-Besteuerung**) und
- nach vereinnahmten Entgelten (**Ist-Besteuerung**).

4 Ist-Besteuerung

Die Ist-Besteuerung stellt gegenüber der Soll-Besteuerung die Ausnahme dar. Sie ist **antragsbedingt** und kann nur unter den im § 20 UStG genannten Voraussetzungen gestattet werden. Diese Voraussetzungen liegen z. B. dann vor, wenn
- der Gesamtumsatz nach § 19 Abs. 3 UStG (vgl. V 2) beim Unternehmer im Vorjahr nicht mehr als 250 000 € betragen hat[1] oder
- wenn der Unternehmer Freiberufler i. S. d. § 18 Abs. 1 Nr. 1 EStG ist.

Bei der Ist-Besteuerung entsteht die Ausgangs-USt gem. § 13 Abs. 1 Nr. 1b UStG mit Ablauf des VZ, in dem das Entgelt **vereinnahmt** worden (zugeflossen) ist.

BEISPIELE

a) Unternehmer U (Ist-Besteuerung) liefert Ware im Dezember 01, sein Abnehmer erhält die Rechnung im Januar 02 und zahlt im Februar 02.
LÖSUNG Die USt entsteht mit Ablauf des VZ der Vereinnahmung, also mit Ablauf des VZ Februar 02.

1 Für die in den neuen Bundesländern ansässigen Unternehmen gilt vorübergehend bis zum 31.12.2009 eine Umsatzgrenze von 500 000 €. Die 250 000 €-Grenze gilt ab 01.07.2006.

b) Bauunternehmer B (Ist-Besteuerung) erhält von dem Abnehmer A für die Errichtung eines Rohbaues folgende Abschlagszahlungen:

am 15.04.01	10 000 €
am 10.06.01	30 000 €

B stellte den Rohbau am 05.09.01 fertig. Die Schlussrechnung über insgesamt 80 000 € ./. 40 000 € geleistete Vorauszahlungen, also 40 000 € erhielt A am 02.10.01. Den Restbetrag von 40 000 € bezahlte er am 06.11.01.

LÖSUNG Die Ausgangs-USt entsteht jeweils mit Ablauf des VZ, in dem die einzelne Zahlung vereinnahmt wurde. Auf die Ausführung der Leistung bzw. Rechnungsstellung kommt es nicht an.

Die USt entsteht somit bezüglich der Zahlung:

vom 15.04.01 im **VZ** April 01 i. H. v.	1 596,64 €,
vom 10.06.01 im **VZ** Juni 01 i. H. v.	4 789,91 €,
vom 06.11.01 im **VZ** November 01 i. H. v.	6 386,55 €.

5 Soll-Besteuerung

5.1 Allgemeines

Die Soll-Besteuerung ist die **Regelbesteuerungsart**. Sie kommt immer dann zur Anwendung, wenn die Ausnahme der Ist-Besteuerung nicht eingreift.

Bei der Soll-Besteuerung entsteht die Ausgangs-USt für entgeltliche Lieferungen und sonstige Leistungen gem. § 13 Abs. 1 Nr. 1a UStG, sofern keine Vorauszahlungen oder Abschlagszahlungen geleistet wurden, mit **Ablauf des VZ**, in dem die Leistung ausgeführt worden ist. Dies ist bei der Lieferung der **VZ**, in dem die Verfügungsmacht verschafft, bei der sonstigen Leistung der **VZ**, in dem die sonstige Leistung **vollständig** ausgeführt worden ist.

Insbesondere bei Vermietungsleistungen auf Dauer, bei denen die Mietzahlungen auf längere Zeit gestundet wurden, würde dies dazu führen, dass die Ausgangs-USt für diese Umsätze erst bei der späteren Zahlung oder bei Beendigung des Mietverhältnisses entstehen würde. Nach § 13 Abs. 1 Nr. 1a Satz 2 UStG entsteht die USt in derartigen Fällen jedoch bereits mit Ablauf des Mietzahlungszeitraums, da eine sog. **Teilleistung** vorliegt.

5.2 Teilleistungen

Teilleistungen liegen dann vor, wenn
* eine einheitliche Leistung in wirtschaftlich sinnvolle Leistungsteile aufgespalten werden kann (z. B. Vermietungsleistung nach Stunden, Tagen, Monaten) und
* das Entgelt für einen solchen Leistungsteil gesondert vereinbart worden ist (z. B. monatliche Miete).

Liegen Teilleistungen vor, entsteht die Ausgangs-USt bereits mit Ablauf des **VZ**, in dem die **Teilleistung** vollständig ausgeführt worden ist.

BEISPIEL

Unternehmer V vermietet an den Unternehmer M ein Ladenlokal. V hat auf die Steuerbefreiung nach § 4 Nr. 12a UStG verzichtet. Die Miete i. H. v. insgesamt 920 € ist jeweils zum Ersten eines Monats zu entrichten. Wegen Liquiditätsschwierigkeiten zahlt aber M die Miete für Januar bis April erst im Mai.

Bei der Vermietungsleistung handelt es sich um monatliche **Teilleistungen.** Die USt entsteht mit Ausführung der monatlichen Teilleistung. Sie entsteht also nicht etwa mit Ablauf des Monats Mai, in dem die Zahlung geleistet wurde, sondern jeweils mit Ablauf der Mietmonate Januar, Februar, März und April. Die Teilleistungszeiträume decken sich vorliegend mit den VZ.

5.3 Ist-Besteuerung bei Vorauszahlungen

Bei Vorauszahlungen bzw. Abschlagszahlungen entsteht die Ausgangs-USt bereits vor Ausführung der Leistung (Teilleistung) mit Ablauf des **VZ,** in dem die **Zahlung** dem Unternehmer zugeflossen ist. Im Falle der Vorauszahlungen wird somit durch § 13 Abs. 1 Nr. 1a Satz 4 UStG das Prinzip der Soll-Besteuerung außer Kraft gesetzt.

Die Ist-Besteuerung greift nach § 13 Abs. 1 Nr. 1a Satz 4 UStG ein, wenn das Entgelt bzw. ein Teil des Entgelts bereits in einem früheren Voranmeldungszeitraum als dem Voranmeldungszeitraum vereinnahmt wird, in dem die stpfl. Leistung (bzw. Teilleistung) bewirkt wird.

> **BEISPIELE**
>
> a) Unternehmer U (Soll-Besteuerung) liefert Ware im Dezember 01, sein Abnehmer erhält die Rechnung mit gesondertem USt-Ausweis im Januar 02 und zahlt im Februar 02.
> **LÖSUNG** Da das Entgelt erst nach Ausführung der Leistung vereinnahmt worden ist, entsteht die USt mit Ablauf des **VZ,** in dem die Warenlieferung ausgeführt worden ist, also im **VZ** Dezember 01.
>
> b) Bauunternehmer B (Soll-Besteuerung) erhält von dem Abnehmer A für die Errichtung eines Rohbaues folgende Abschlagszahlungen
>
> am 15.04.01   10 000 €,
> am 10.06.01   30 000 €.
> B stellte den Rohbau am 05.09.01 fertig. Die Schlussrechnung über insgesamt 80 000 € ./. 40 000 € geleistete Vorauszahlungen, d.h. 40 000 € erhielt A am 02.10.01. Den Restbetrag von 40 000 € bezahlte er am 06.11.01.
> **LÖSUNG** B erbringt an A eine steuerbare und steuerpflichtige Werklieferung. Die USt beträgt hierfür insgesamt 19/119 von 80 000 €, d.h. 12 773,11 €. Sie entsteht mit Ablauf des VZ September, da die Werklieferung im September bewirkt wurde, sofern sie nicht schon zuvor aufgrund der Ist-Besteuerung entstanden ist. Dies ist bezüglich der Abschlagszahlungen vom April und Juni der Fall.
> Die USt für die Abschlagszahlung im April entsteht mit Ablauf des VZ April i.H.v. 19/119 von 10 000 €, d.h. 1 596,64 €.
> Die USt für die Abschlagszahlung im Juni entsteht mit Ablauf des VZ Juni i.H.v. 19/119 von 30 000 €, d.h. 4 789,91 €.
> Somit entsteht im VZ September lediglich die restliche USt von 6 386,56 €.

6 Entstehungszeitpunkt der Ausgangsumsatzsteuer bei unentgeltlichen Leistungen i.S.d. § 3 Abs. 1b und 9a UStG

In diesen Fällen gibt es keine Unterscheidung zwischen Ist- und Soll-Besteuerung. Die Ausgangs-USt entsteht nach § 13 Abs. 1 Nr. 2 UStG mit Ablauf des VZ, in dem die unentgeltlichen Leistungen i.S.d. § 3 Abs. 1b und 9a UStG ausgeführt worden sind.

7 Entstehungszeitpunkt der Steuer gemäß § 14c Abs. 1 und 2 UStG

Die **USt nach § 14c Abs. 1 UStG** entsteht gem. § 13 Abs. 1 Nr. 3 UStG gleichzeitig mit der übrigen USt für die zugrunde liegenden Umsätze, also jeweils mit Ablauf eines VZ. In den Fällen, in denen sich eine Steuer nach § 14c Abs. 1 UStG ergibt, weil die Leistung entweder steuerfrei oder nichtsteuerbar ist (vgl. T 2.8.1), entsteht die Steuer nach § 14c Abs. 1 UStG mit der Ausgabe der Rechnung.

Wird bei einer steuerpflichtigen Leistung die USt in einer Vorausrechnung überhöht ausgewiesen, entsteht die Steuer nach § 14c Abs. 1 UStG auch bereits mit der Ausgabe der Rechnung, während die richtige Steuer zu dem Zeitpunkt entsteht, der sich nach § 13 Abs. 1 Nr. 1 UStG ergibt – in dem VZ, in dem die Leistung erbracht wurde (bei Soll-Besteuerung) bzw. das Entgelt vereinnahmt wurde (bei Ist-Besteuerung).

Die **USt nach § 14c Abs. 2 UStG** entsteht gem. § 13 Abs. 1 Nr. 4 UStG stets im Zeitpunkt der Ausgabe der Rechnung.

8 Entstehungszeitpunkt der Erwerbsumsatzsteuer

Die ErwUSt entsteht nach § 13 Abs. 1 Nr. 6 UStG grundsätzlich im Zeitpunkt der Ausstellung der Rechnung (Rechnungsdatum). Wird keine Rechnung erteilt oder wird die Rechnung erst nach Ablauf des dem Erwerb folgenden Kalendermonats erteilt, entsteht die ErwUSt mit Ablauf des dem Erwerb folgenden Kalendermonats. In den Fällen der Vorausrechnungen entsteht die Steuer erst mit dem Erwerb (vgl. R 8.1)

Die ErwUSt für den Erwerb von Fahrzeugen durch Privatleute entsteht gem. § 13 Abs. 1 Nr. 7 UStG immer am Tag des Erwerbs.

9 Entstehungszeitpunkt der abzugsfähigen Vorsteuern

Die Unterscheidung zwischen Ist- und Soll-Besteuerung ist für den Vorsteuerabzug unbeachtlich.

Die abzugsfähige Vorsteuer kann grundsätzlich in dem VZ abgezogen werden, in dem sämtliche Voraussetzungen für die Abziehbarkeit vorliegen (vgl. U 2). Dies ist insbesondere dann der Fall, wenn

- die Leistung bzw. Teilleistung an das Unternehmen ausgeführt worden ist und
- eine ordnungsgemäße Rechnung mit gesondertem USt-Ausweis vorliegt.

Ausnahme: Der Unternehmer hat bereits **vor** Ausführung der Leistung an sein Unternehmen eine Zahlung (Vorauszahlung, Abschlagszahlung) geleistet und hierüber eine Rechnung mit **gesondertem USt-Ausweis** erhalten.

In diesem Fall kann der Unternehmer die Vorsteuer gem. § 15 Abs. 1 Nr. 1 Satz 2 UStG (vgl. T 2.6) bereits für den VZ abziehen, in dem

- die Zahlung geleistet worden ist und
- die Rechnung vorliegt.

Unternehmer U (Soll-Besteuerung) liefert Ware im Dezember 01. U hat seinem Abnehmer A die Rechnung mit gesondertem USt-Ausweis bereits im Oktober 01 erteilt, A hat die Zahlung im November 01 im Voraus geleistet.

LÖSUNG A kann die ihm in Rechnung gestellte USt bereits für den VZ November als Vorsteuer abziehen, da zu diesem Zeitpunkt die Rechnung vorliegt und die Zahlung geleistet ist. Entsprechend muss U die Versteuerung bereits für den VZ November 01 vornehmen.

10 Abgabezeitpunkt der Steueranmeldungen und Fälligkeit der Steuer

10.1 Abgabefrist

Die Voranmeldung ist bis zum 10. Tag nach Ablauf des VZ abzugeben. Von Seiten der Finanzverwaltung können bei verspäteter Abgabe grundsätzlich Verspätungszuschläge nach § 152 AO festgesetzt werden.

Ab dem **01.01.2005** sind die USt-Voranmeldungen dem Finanzamt nur noch auf elektronischem Weg zu übermitteln. Auf Antrag kann das Finanzamt auf eine elektronische Übermittlung verzichten, z. B. wenn der Unternehmer nicht über die technischen Voraussetzungen verfügt, die für die Übermittlung nach der Steuerdaten-Übermittlungsverordnung eingehalten werden müssen. Näheres vgl. hierzu A 225 Abs. 1 UStR.

Sofern die Voranmeldung noch auf Papier abgegeben werden darf, ist es lt. BFH vom 04.07.2002 BStBl II 2003, 45 auch zulässig, die Voranmeldung dem Finanzamt per Telefax zu übermitteln.

Näheres zum elektronischen Meldeverfahren vgl. im Internet http://www.elster.de.

10.2 Zahlungsfrist

Die selbst angemeldete Steuerschuld wird grundsätzlich am 10. Tage nach Ablauf des betr. Voranmeldungszeitraums fällig (§ 18 Abs. 1 Satz 3 UStG). Wird die USt nicht bis zum Ablauf des Fälligkeitstags entrichtet, fallen grundsätzlich Säumniszuschläge nach § 240 AO an (für jeden angefangenen Säumnismonat 1% der Steuerschuld). Wird allerdings die Voranmeldung erst nach Eintritt der gesetzlichen Fälligkeit abgegeben, fallen Säumniszuschläge nach § 240 Abs. 1 Satz 3 AO erst ab dem Tag des Eingangs der Voranmeldung beim Finanzamt an.

Nach § 240 Abs. 3 AO ist hierbei eine Schonfrist von drei Tagen vorgesehen. D. h., erfolgt die Gutschrift innerhalb von drei Tagen auf dem Konto des Finanzamts, wird kein Säumniszuschlag erhoben. Die Zahlungsschonfrist gilt jedoch nicht bei Bar- oder Scheckzahlungen, sie kann somit nur bei Überweisungen zur Anwendung kommen.

Wird mit Überweisungsträger bezahlt, kommt es auf die Gutschrift auf dem Konto des Finanzamtes an. Wird mit Scheck (Verrechnungsscheck) bezahlt, gilt die Steuerschuld gemäß § 224 Abs. 2 Nr. 1 AO am dritten Tag nach Scheckeingang als bezahlt. Auf die Gutschrift auf dem Finanzamtskonto kommt es dann nicht an.

Die Zahlung kann auch durch eine dem Finanzamt gegebene Einzugsermächtigung erfolgen (§ 224 Abs. 2 Nr. 3 AO). Im Falle einer Einzugsermächtigung gilt die Zahlung immer am Fälligkeitstag als bewirkt und zwar auch dann, wenn die Abbuchung nach dem Fälligkeitstag erfolgt ist.

BEISPIEL

Die USt-Voranmeldung Dezember 2008 wird vom Unternehmer U am 10.01.2009 elektronisch an das Finanzamt abgesandt. U zahlt die selbst errechnete Steuerschuld mit Scheck, den er beim Finanzamt ebenfalls am 10.01.2009 einreicht.

LÖSUNG Weil die Voranmeldung noch am 10.01.2009 abgegeben wurde, fallen keine Verspätungszuschläge an. Da die Steuer am 10.01.2009 fällig geworden ist, hätte der Scheck am 07.01.2009 beim Finanzamt eingehen müssen. Mit dem Scheckeingang am 10.01.2009 gilt die Zahlung gem. § 224 Abs. 2 Nr. 1 AO erst am 13.01.2009 als erfolgt. Die Dreitage-Schonfrist für Säumniszuschläge gem. § 240 Abs. 3 AO gilt nur bei Überweisungen und nicht bei Scheckzahlungen. Es ist somit ein Säumniszuschlag von 1 % verwirkt worden.

Schiebt der Steuerpflichtige den Eintritt der Säumnis hinaus, indem er seine Voranmeldung nicht rechtzeitig abgibt, kann das Finanzamt dieses Verhalten durch Festsetzung eines Verspätungszuschlags nach § 152 AO ahnden.

10.3 Erstattung von Umsatzsteuer gegen Sicherheitsleistung

Sind die angemeldeten Vorsteuern höher als die USt kommt es zu einer USt-Vergütung. Die Vergütung wird fällig, wenn das Finanzamt gem. § 168 AO der Auszahlung zustimmt.

Bei höheren Beträgen ist hierbei grundsätzlich eine USt-Sonderprüfung erforderlich. Dies führt zu einer Verzögerung des Auszahlungsbetrages. Wird dies vom Unternehmer nicht gewollt, kann das Finanzamt im Einvernehmen mit dem Unternehmer die Auszahlung sofort durchführen, wenn vom Unternehmer eine Sicherheitsleistung gem. § 18f UStG erfolgt.

Nach dem Grundsatz der Verhältnismäßigkeit kann die Sicherheitsleistung längstens für die Dauer der notwendigen Prüfung verlangt werden.

Die Sicherheitsleistung muss nicht zwingend in voller Höhe des zu sichernden Steueranspruchs erfolgen; die Liquidität des Unternehmers ist angemessen zu berücksichtigen.

10.4 Rechtsfolgen vorsätzlich nicht bezahlter Umsatzsteuer

Wird die angemeldete Steuerschuld vom Unternehmer vorsätzlich nicht zum Fälligkeitspunkt entrichtet, kann gegen ihn ein Bußgeld festgesetzt oder in besonders schweren Fällen ein Strafverfahren eingeleitet werden.

Nach § 26b UStG handelt ordnungswidrig, wer die in einer Rechnung i. S. v. § 14 UStG ausgewiesene Umsatzsteuer zu einem im § 18 Abs. 1 Satz 3 oder Abs. 4 Satz 1 oder Satz 2 UStG genannten Fälligkeitszeitpunkt vorsätzlich nicht oder nicht vollständig entrichtet.

Die Ordnungswidrigkeit kann mit einer Geldbuße bis zu 50 000 € geahndet werden.

Gem. § 26c UStG wird mit Freiheitsstrafe bis zu fünf Jahren oder mit Geldstrafe bestraft, wer in den Fällen des § 26b UStG gewerbsmäßig oder als Mitglied einer Bande, die sich zur fortgesetzten Begehung solcher Handlungen verbunden hat, handelt.

11 Dauerfristverlängerung

Nach § 46 UStDV hat das Finanzamt dem Unternehmer grundsätzlich auf Antrag die Fristen für die Abgabe der Voranmeldungen und die Entrichtung der Vorauszahlungen um einen Monat zu verlängern. Nach § 47 UStDV ist die Fristverlängerung bei den Unternehmern, die die Voranmeldung monatlich abzugeben haben, unter der Auflage zu gewähren, dass sie eine Sondervorauszahlung auf die Steuer eines jeden KJ entrichten. Die Sondervorauszahlung beträgt nach § 47 Abs. 1 Satz 2 UStDV 1/11 der Summe der Vorauszahlung für das vorangegangene KJ.

Hat der Unternehmer seine unternehmerische Tätigkeit nur in einem Teil des vorangegangenen KJ ausgeübt, so ist die Summe der Vorauszahlungen dieses Zeitraums in eine Jahressumme umzurechnen (§ 47 Abs. 2 Satz 1 UStDV). Angefangene Kalendermonate sind hierbei zur Vereinfachung als volle Kalendermonate zu behandeln (§ 47 Abs. 2 Satz 2 UStDV).

Hat der Unternehmer seine unternehmerische Tätigkeit begonnen, so ist die Sondervorauszahlung für das Erstjahr auf der Grundlage der zu erwartenden Vorauszahlungen des Erstjahres zu berechnen (§ 47 Abs. 3 UStDV).

Die Sondervorauszahlung hat der Unternehmer auf dem amtlich vorgeschriebenen Vordruck für den Antrag auf Fristverlängerung selbst zu berechnen und anzumelden. Der Antrag ist spätestens zu dem Zeitpunkt einzureichen, an dem die Voranmeldung, für die die Fristverlängerung erstmals gelten soll, nach § 18 Abs. 1 und 2 UStG abzugeben ist. Zugleich ist die angemeldete Sondervorauszahlung zu entrichten (vgl. hierzu § 48 Abs. 1 UStDV).

Nach Bewilligung der Fristverlängerung hat der Unternehmer die weiteren Sondervorauszahlungen für die folgenden KJ jeweils bis zum gesetzlichen Zeitpunkt der Abgabe der Voranmeldung für Januar zu berechnen, anzumelden und zu entrichten (§ 48 Abs. 2 UStDV).

BEISPIEL

Unternehmer A beantragt beim Finanzamt Ludwigsburg Dauerfristverlängerung für die VZ Januar 02 ff. Die Summe der USt-Vorauszahlungen des KJ 01 beträgt 10 000 €. Die Zahllast für die Voranmeldung Januar beläuft sich auf 1 600 €. Die Zahllast für die Umsatzsteuervoranmeldungen Februar bis November 02 beträgt insgesamt 12 000 €, die Zahllast für die Voranmeldung Dezember 02 beläuft sich auf 2 500 €.

LÖSUNG A hat bis zum 10.02.02 eine Sondervorauszahlung i. H. v. 1/11 der Summe der USt-Vorauszahlungen des KJ 01 zu entrichten. Die Sondervorauszahlung beträgt 1/11 von 10 000 €, d. h. 909,09 €.

Die USt-Voranmeldung für Januar 02 ist von A einen Monat später, also erst am 10.03.03 beim Finanzamt einzureichen. Bis dahin muss auch die angemeldete Steuer von 1 600 € entrichtet sein. Entsprechend ist mit der Voranmeldung Februar–November 02 zu verfahren.

Bei der bis zum 10.02.03 abzugebenden Voranmeldung für den Monat Dezember 02 ist zu beachten, dass hier von der USt-Vorauszahlungsschuld von 2 500 € die für das KJ 02 entrichtete Sondervorauszahlung wieder abzuziehen ist (vgl. § 48 Abs. 4 UStDV). Die zu zahlende USt-Schuld lt. Voranmeldung Dezember 02 beträgt somit 1 590,91 €.

Weiterhin muss bis zum 10.02.03 eine neue Sondervorauszahlung für das KJ 03 (1/11 der USt-Vorauszahlungsschuld 02 = 1/11 von 16 100 € (1 600 € + 12 000 € + 2 500 €) = 1 463,64 €) angemeldet und entrichtet werden.

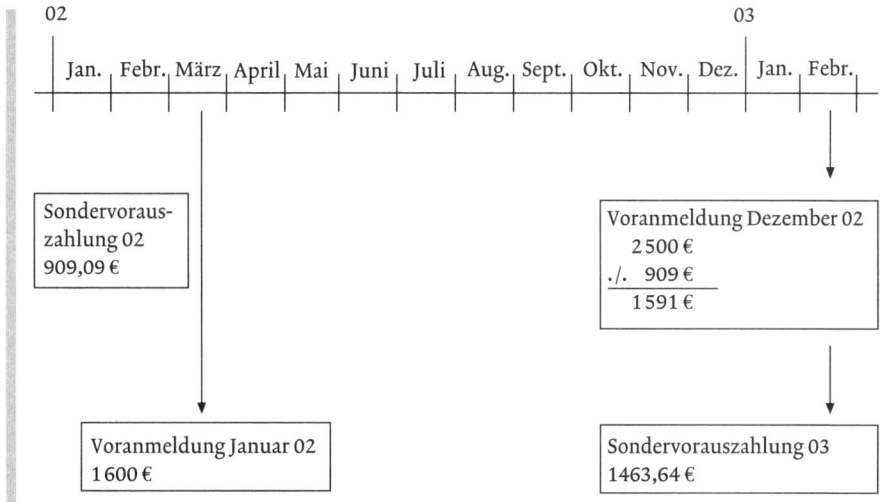

Bei Vierteljahresanmeldern (§ 18 Abs. 2 Satz 1 UStG) entfällt die Sondervorauszahlung.

Die Dauerfristverlängerung kann auch in den Fällen gewährt werden, in denen mit der unternehmerischen Tätigkeit während des KJ begonnen wird. In diesem Falle ist die Sondervorauszahlung zu dem Zeitpunkt anzumelden, zu dem die Steuerschuld für die erste Voranmeldung hätte bezahlt werden müssen.

Für die Berechnung der Sondervorauszahlung muss die Steuerschuld des Restjahres geschätzt werden und dann der auf einen Durchschnittsmonat entfallende Betrag als Sondervorauszahlung angemeldet werden.

12 Zusammenfassende Meldung

Nach § 18a UStG hat der Unternehmer, der innergemeinschaftliche Warenlieferungen ausgeführt hat, hierüber beim Bundeszentralamt für Steuern eine zusammenfassende Meldung (ZM) abzugeben. Meldezeitraum ist das Kalendervierteljahr (Quartal). Die ZM ist bis zum zehnten Tag nach Ablauf des Quartals, bei Dauerfristverlängerung (vgl. 11) bis zum zehnten Tag nach Ablauf des auf das Quartal folgenden Kalendermonats abzugeben.

In die ZM sind insbesondere die Entgelte aller tatsächlichen und fiktiven innergemeinschaftlichen Lieferungen aufzunehmen. Die innergemeinschaftlichen Lieferungen sind unter sinngemäßer Anwendung des § 13 Abs. 1 Nr. 6 UStG für den Monat (Kalendervierteljahr) zu melden, auf den das Rechnungsdatum lautet, spätestens jedoch in dem Monat, der auf den Monat der innergemeinschaftlichen Lieferung folgt. Da die ZM vierteljährlich abzugeben ist, ist der betr. Monat dem entsprechenden Kalendervierteljahr zuzuordnen.

Durch diese Regelung soll sichergestellt werden, dass die Meldung für dasselbe Kalendervierteljahr erfolgt, für welches der Erwerber in dem Mitgliedstaat, in dem der Meldevorgang der ErwUSt zu unterwerfen ist, seinen Erwerb anzumelden hat.

Die Meldung ist auf einem amtlich vorgeschriebenen Vordruck abzugeben. Sie muss insbesondere enthalten:

- die USt-Id-Nr. des jeweiligen Erwerbers,
- die Summe der Lieferentgelte je Meldezeitraum und je Erwerber.

Gibt der Unternehmer entgegen seiner Verpflichtung die ZM nicht ab, kann die Abgabe durch die Verhängung eines Zwangsgeldes erzwungen werden. Darüber hinaus kann bei vorsätzlicher oder leichtfertiger Nichtabgabe der ZM gem. § 26a UStG ein Bußgeld bis zu 5 000 € gegen den Meldepflichtigen verhängt werden. Die Verhängung eines Bußgeldes ist auch möglich bei unrichtiger, unvollständiger oder verspäteter Abgabe, sofern dem Unternehmer Vorsatz oder Leichtfertigkeit nachzuweisen ist.

Für die verspätete Abgabe der zusammenfassenden Meldung kann weiterhin ein Verspätungszuschlag erhoben werden. Dieser beträgt bis zu 1 % der zu meldenden Bemessungsgrundlagen, höchstens jedoch 2 500 € pro zusammenfassende Meldung (§ 18a Abs. 8 Satz 2 UStG).

Unrichtige oder unvollständige zusammenfassende Meldungen müssen innerhalb von drei Monaten berichtigt werden, wenn der Unternehmer ihre Unrichtigkeit erkennt (§ 18a Abs. 7 UStG). Z. B. muss die versehentliche Nichtangabe des Erwerbers nachgemeldet oder die Angabe einer falschen Id-Nr. berichtigt werden.

Nach § 18a Abs. 1 UStG müssen Zusammenfassende Meldungen auf elektronischem Weg abgegeben werden. Das Finanzamt kann allerdings zur Vermeidung von unbilligen Härten eine Ausnahme von der elektronischen Datenübermittlung gestatten.

13 Vergütung der Vorsteuerbeträge (Vergütungsverfahren)

Vorsteuerabzugsberechtigt ist grundsätzlich auch der Unternehmer, der im Inland weder seinen Sitz (Wohnort) hat, noch Ausgangsumsätze tätigt. Da das USt-Voranmeldungsverfahren auf derartige Unternehmer keine Anwendung findet, kann ihm die Vorsteuer nur in einem besonderen Verfahren (dem sog. **Vergütungsverfahren**) erstattet werden. Das Gleiche gilt für die Unternehmer, die aufgrund des Reverse-Charge-Verfahrens nach § 13b Abs. 2 UStG keine USt anzumelden und abzuführen haben. Näheres hierzu vgl. §§ 59–61 UStDV.

Die Möglichkeit, Vorsteuern im Vergütungsverfahren erstattet zu bekommen, ist allerdings für Unternehmer, die im Drittlandsgebiet ansässig sind, eingeschränkt. Sie sind grundsätzlich vom Vorsteuerabzug im Vergütungsverfahren ausgeschlossen, soweit es sich um Vorsteuerbeträge handelt, die auf den Bezug von Kraftstoffen entfallen (§ 18 Abs. 9 Satz 7 UStG).

Darüber hinaus wird ihnen nach § 18 Abs. 9 Satz 6 UStG die Vorsteuer nur vergütet, wenn in dem Land, in dem sie ihren Sitz haben

- entweder keine USt oder ähnliche Steuer erhoben wird oder
- die USt im Falle der Erhebung einem im Inland ansässigen Unternehmer vergütet wird (Gegenseitigkeitsprinzip).

Bei welchen Drittstaaten die Voraussetzungen für eine Vorsteuervergütung vorliegen, hat das BMF in einem Verzeichnis veröffentlicht (vgl. BMF vom 10.11.2008 BStBl II 2008, 967).

14 Allgemeine Nachschau

Gem. § 27b UStG können zur Sicherstellung einer gleichmäßigen Festsetzung und Erhebung der Umsatzsteuer die damit betrauten Amtsträger der Finanzbehörde ohne vorherige Ankündigung und außerhalb einer Außenprüfung Grundstücke und Räume von Personen, die eine gewerbliche oder berufliche Tätigkeit selbständig ausüben, während der Geschäfts- und Arbeitszeiten betreten, um Sachverhalte festzustellen, die für die Besteuerung erheblich sein können. Wohnräume dürfen gegen den Willen des Inhabers nur zur Verhütung dringender Gefahren für die öffentliche Sicherheit und Ordnung betreten werden.

Wenn die bei der allgemeinen Nachschau getroffenen Feststellungen hierzu Anlass geben, kann ohne vorherige Prüfungsanordnung (§ 196 AO) zu einer Außenprüfung nach § 193 AO übergegangen werden. Auf den Übergang zur Außenprüfung wird schriftlich hingewiesen.

Werden anlässlich der Umsatzsteuer-Nachschau Verhältnisse festgestellt, die für die Festsetzung und Erhebung anderer Steuern als der Umsatzsteuer erheblich sein können, so ist die Auswertung der Feststellungen insoweit zulässig, als ihre Kenntnis für die Besteuerung der in Abs. 1 genannten Personen oder anderer Personen von Bedeutung sein kann.

15 Haftung des Leistungsempfängers für die schuldhaft nicht abgeführte Steuer des Leistungsgebers (§ 25d UStG)

Der Rechnungsempfänger haftet für die ihm berechnete Umsatzsteuer des Rechnungsausstellers, wenn dieser die ausgewiesene Umsatzsteuer vorsätzlich nicht entrichtet hat.

Die Haftung beim Rechnungsempfänger tritt ein, wenn der Rechnungsempfänger von der vorsätzlichen Nichtentrichtung Kenntnis gehabt hat oder nach der Sorgfalt eines ordentlichen Kaufmanns hätte haben müssen. Erfüllen mehrere Unternehmer den Tatbestand, so haften diese als Gesamtschuldner.

Rechtstreue Unternehmer, die die unlautere Nichtentrichtung des Rechnungsausstellers trotz Beachtung der Sorgfalt eines ordentlichen Kaufmanns nicht erkennen konnten, können nicht zur Haftung herangezogen werden.

Praktische Folge der Regelung ist eine Neutralisierung der Vorsteuer.

Handelt es sich um eine Scheinrechnung wird dem Leistungsempfänger der Vorsteuerabzug versagt. Der Rechnungsaussteller schuldet die unzulässig ausgewiesene Umsatzsteuer gem. § 14c Abs. 2 UStG. Soweit keine Gefährdung des Steueraufkommens vorliegt, kann die Steuer nach § 14c Abs. 2 UStG im Verfahren nach § 14c Abs. 2 Satz 3 bis 5 UStG allerdings durch Rechnungsberichtigung beseitigt werden.

> **BEISPIEL**
>
> A ist an der A-GmbH Geschäftsführer und an der B-KG Komplementärgesellschafter. Zwischen der A-GmbH und der B-KG wird ein Liefergeschäft mit einem Rechnungsbetrag von 1 000 000 € zuzüglich 190 000 € Umsatzsteuer vereinbart. Der Betrag wird von der B-KG bezahlt. Die Umsatzsteuer aus dem Liefergeschäft wird von der A-GmbH vorsätzlich nicht angemeldet.
>
> **LÖSUNG** Da A aufgrund seiner Geschäftsführerstellung für die Nichtabführung der Umsatzsteuer bei der A-GmbH verantwortlich war, liegen die Haftungsvoraussetzungen bei der KG in vollem Umfange vor, da die KG über ihren Komplementär A Kenntnis hatte oder zumindest nach der Sorgfalt eines ordentlichen Kaufmanns hätte haben müssen, dass die ausgewiesene Umsatzsteuer vorsätzlich nicht entrichtet wurde.

Teil Y Lösungshinweise zu den Fällen 1–32

Lösung zu Fall 1

1. Mit der Veräußerung der Maschine tätigt F eine Lieferung i. S. d. § 1 Abs. 1 Nr. 1 UStG. Diese Lieferung erfolgt von einem Unternehmer im Rahmen seines Unternehmens, gegen Entgelt jedoch nicht im Inland. Da ein Tatbestandsmerkmal für die Steuerbarkeit fehlt, ist die Lieferung **nichtsteuerbar**.

2. Es liegt wiederum eine Lieferung i. S. d. § 1 Abs. 1 Nr. 1 UStG vor. Da A jedoch kein Unternehmer ist, ist die Lieferung **nichtsteuerbar**.

3. L entnimmt Gegenstände aus seinem Unternehmen für private Zwecke, also für Zwecke, die außerhalb seines Unternehmens liegen. Die Entnahmen werden gem. § 3 Abs. 1b Nr. 1 UStG entgeltlichen Lieferungen gleichgestellt. Da die Entnahmen im Inland erfolgen, liegen steuerbare Lieferungen vor. Die Lieferungen sind mangels Steuerbefreiung auch steuerpflichtig.

4. M erbringt an P eine sonstige Leistung (Vermietungsleistung) gegen Entgelt. M ist Unternehmer und erbringt die Leistung im Rahmen seines Unternehmens. Der Leistungsort ist im Inland. Damit sind alle Tatbestandsmerkmale des § 1 Abs. 1 Nr. 1 UStG erfüllt. Die Leistung ist steuerbar. Eine Steuerbefreiung greift nicht ein. Die Leistung ist daher auch steuerpflichtig.

5. A tätigt mit der Veräußerung der Waschmaschine eine Lieferung i. S. d. § 1 Abs. 1 Nr. 1 UStG. Die Lieferung erfolgt von einem Unternehmer, gegen Entgelt, im Inland, jedoch **nicht im Rahmen seines Unternehmens**. Da ein Tatbestandsmerkmal für die Steuerbarkeit fehlt, ist die Lieferung **nichtsteuerbar**.

Lösung zu Fall 2

1. Wasser ist eine vertretbare Sache und damit ein Liefergegenstand. Da es unverpackt geliefert wird, ist der Kaufvertrag maßgebend. Dieser beinhaltet die Lieferung von Wasser für den Dreimonatszeitraum. Es liegt somit nur **ein** Liefergegenstand vor.

2. Personen sind keine Sachen. Somit liegt kein Liefergegenstand vor. Der Händler erbringt in diesem Fall eine steuerbare und steuerpflichtige sonstige Leistung.

3. Lebende Tiere sind zwar keine Sachen. Die für Sachen geltenden Vorschriften sind aber gem. § 90a BGB entsprechend anzuwenden. Es liegen somit **zwei** Liefergegenstände vor.

4. Die Fahrkarte verkörpert das Recht, eine Beförderungsleistung entgegenzunehmen. Rechte sind auch dann keine Liefergegenstände, wenn sie durch Beweisurkunden verbrieft werden. Somit liegt kein Liefergegenstand vor. Die Bundesbahn erbringt eine steuerbare und steuerpflichtige sonstige Leistung.

5. In der Übergabe des Manuskriptes liegt die Übertragung eines Verwertungsrechtes. Die Übergabe des Manuskriptes ist gegenüber der Übertragung des Rechts von nur untergeordneter Bedeutung und dient lediglich zur Sichtbarmachung der geistigen Leistung. Es liegt daher kein Liefergegenstand i. S. d. UStG vor. S erbringt eine sonstige Leistung, die unter das Urheberrecht fällt[1].

---

1 Vgl. A 24 Abs. 3 Satz 2 UStR.

6. Bücher sind vertretbare Sachen. Sie werden nach ihrer **Zahl** gehandelt. Somit liegen zehn Liefergegenstände vor.

7. Bilder sind nach der Verkehrsauffassung Sachen. Es liegt somit ein Liefergegenstand vor.

8. Es liegt eine Sachgesamtheit und somit **eine** Lieferung vor. Würden bei Übergabe des Werkzeugkastens einzelne Teile des Inhalts fehlen, wäre insgesamt noch nicht geliefert.

Lösung zu Fall 3

1. Der bloße Abschluss eines Kaufvertrags stellt umsatzsteuerrechtlich noch keine Lieferung dar. Die Lieferung erfolgt erst mit Beginn der Beförderung des Liefergegenstandes (Beförderung Lieferer oder Abnehmer). Da es dazu nicht gekommen ist, liegt keine Lieferung vor.

2. Es liegt hier ein Verkaufsgeschäft ohne Beförderung oder Versendung des Liefergegenstandes vor. Verschaffung der Verfügungsmacht (= Lieferung) erfolgt in diesen Fällen durch Übergang des bürgerlichen oder des wirtschaftlichen Eigentums.
   Erfolgt der Übergang von Nutzen und Lasten vor der Eintragung des neuen Eigentümers ins Grundbuch (Regelfall), liegt zu diesem Zeitpunkt bereits das wirtschaftliche Eigentum vor. Die Verschaffung der Verfügungsmacht und somit die Lieferung ist nach der wirtschaftlichen Betrachtungsweise bereits zu diesem Zeitpunkt erfolgt. Umsatzsteuerrechtlich liegt also bereits am 01.01.02 eine Lieferung von F an U vor.

3. In der Bestellung als solcher liegt erst der Abschluss eines Kaufvertrages und somit noch keine Verschaffung der Verfügungsmacht. Mit der Montage der Reifen findet am 20.10.01 eine Übereignung von vier Gegenständen gem. § 929 Satz 1 BGB statt. Zu diesem Zeitpunkt liegen vier Lieferungen von R an K vor. Vertretbar ist auch, eine Sachgesamtheit anzunehmen. Es liegt dann nur eine Lieferung vor, die mit der vollständigen Montage aller vier Reifen ausgeführt ist.

4. T hat mit K zunächst nur einen Kaufvertrag über den Erwerb des Teppichs abgeschlossen. Eine Verschaffung der Verfügungsmacht am 29.09.01 ist nicht erfolgt, da K den Teppich nicht abgeholt (Beginn der Beförderung) hat, noch zu diesem Zeitpunkt bürgerlicher oder wirtschaftlicher Eigentümer geworden ist. Die Verschaffung der Verfügungsmacht hätte mindestens vorausgesetzt, dass T den für K bestimmten Teppich besonders kennzeichnet. Der dem K übergebene Gutschein ist kein Liefergegenstand i. S. d. UStG. Es liegt insoweit keine Lieferung an K vor. Der Gutschein stellt wirtschaftlich lediglich eine Rückzahlung der 500 € dar. Im Hinblick auf die beabsichtigte Lieferung hat T für den VZ September die Anzahlung von 500 € zu versteuern. Die USt hierfür beträgt 19/119 von 500 € = 79,83 €. Da K im Oktober vom Kauf zurücktritt, kann T die Versteuerung der Anzahlung für den VZ Oktober rückgängig machen.

5. Bezüglich des bestellten Bildes erfolgt die Lieferung an H (Verschaffung der Verfügungsmacht) bereits mit dem Beginn der Beförderung durch D in Prag, da zu diesem Zeitpunkt eine Leistungsaustauschvereinbarung und ein Lieferwillen vorliegt.
   Bezüglich der zwei zur Ansicht mitgebrachten Bilder lag bei Beginn der Beförderung noch keine Leistungsaustauschvereinbarung vor. Somit kann eine Lieferung erst angenommen werden, wenn feststeht, dass H die Bilder behalten will und bereit ist, hierfür einen Kaufpreis zu entrichten[1]. Dies ist bezüglich eines der mitgebrachten Bilder erfolgt. Somit ist dieses Bild erst mit der Eigentumsübertragung in Ludwigsburg geliefert (Lieferung ohne Warenweg).

---

[1] BFH vom 06.12.2007 VR 24/05.

Bezüglich des wieder mitgenommenen Bildes liegt keine Verschaffung der Verfügungsmacht vor.

6. Darin, dass sich S die Schachtel Konfekt aneignet, liegt keine Verschaffung der Verfügungsmacht. Es fehlt am Lieferwillen des Geschäftsinhabers. Dieser Lieferwille liegt erst in dem Zeitpunkt vor, zu dem S im Hinblick auf die Bezahlung des Kaufpreises die Schachtel belassen wird. In diesem Moment wurde jedoch ein Leistungsaustausch (Verkaufsgeschäft) mit dem Minderjährigen vereinbart. Nach der Rechtsprechung des BFH[1] ist ein wirksamer Vertrag für die Verschaffung der Verfügungsmacht keine notwendige Voraussetzung, sofern tatsächlich ein Leistungsaustausch erfolgte. Mit der Übergabe des Konfekts (Abholfall) liegt eine Lieferung vor, da die Verkäuferin dem Minderjährigen die Schachtel Konfekt willentlich übergeben hat und somit auch der bisher fehlende Lieferwille vorliegt. Zeitgleich erfolgt zwar auch der Übergang des wirtschaftlichen Eigentums, da der Minderjährige wie ein Eigentümer über den Gegenstand verfügen kann. Weil es aber auf den Beginn der Beförderung vorrangig ankommt, ist dies nicht mehr maßgebend.

7. Beim Tisch und der Couch handelt es sich jeweils um einen Liefergegenstand. Der Tisch wird sofort am 30.11.01 mit Beginn der Beförderung (Abholfall) geliefert. Bezüglich der Couch liegt am 30.11.01 noch keine Lieferung vor, da zunächst nur ein Kaufvertrag abgeschlossen wurde.

   Die Lieferung der Couch erfolgte mit deren Übergabe an den Rollfuhrunternehmer R am 15.12.01.

8. Die Übergabe des Gutscheins ist lediglich eine Art Ersatzgeld. Es liegt keine Übergabe eines Gegenstandes im umsatzsteuerrechtlichen Sinne und somit keine Lieferung von R an seine Angestellten dar. Die »Ersatzgeldhingabe« ist ein nichtsteuerbarer Vorgang.

   Die Kaufverträge über die Waren werden unmittelbar zwischen der Bäckerei bzw. der Metzgerei und den Angestellten abgeschlossen. Demzufolge erfolgen die Lieferungen unmittelbar zwischen der Bäckerei, Metzgerei und den Angestellten. Der Lieferzeitpunkt ist der Zeitpunkt der Übergabe der Ware.

9. Da es sich um Kommissionsware handelt, wird der Buchhändler (sog. Sortimenter) nicht Eigentümer der Bücher. Bei einer Veräußerung der Bücher durch den Buchhändler geht das Eigentum unmittelbar vom Verlag auf die Käufer über. Durch das Versenden der Bücher an den Buchhändler gibt V die Verfügungsmacht an den Büchern dem Buchhändler noch nicht ab. Es handelt sich insoweit um ein rechtsgeschäftsloses Verbringen (BFH vom 25.11.1986 BStBl II 1987, 278 und A 30 Abs. 2 Satz 4 UStR). Mit dem Verkauf der Bücher vom Buchhändler (B) an die Käufer erbringt B und nicht etwa der Verlag V Lieferungen an den jeweiligen Vertragspartner, weil B die Kaufverträge im eigenen Namen abgeschlossen hat (also insg. 5 Lieferungen). Der Lieferung des jeweiligen Buches von B an den Käufer geht auf Grund der Sonderregelung des § 3 Abs. 3 UStG jeweils eine Lieferung von V an B unmittelbar voraus. So liefert V an B insgesamt 5 von den 10 übersandten Büchern. Die Rückgabe der 5 unverkauften Exemplare an den Verlag stellt wiederum ein rechtsgeschäftsloses Verbringen dar.

Lösung zu Fall 4

1. L, vertreten durch seinen Erfüllungsgehilfen LA, übereignet mit der Übergabe im Ladengeschäft die Ware nach § 929 BGB dem A, vertreten durch seinen Erfüllungsgehil-

---

1 BFH vom 24.02.2005 BFH/NV 2005, 1160, unter II.1.b.

fen AA. Somit liefert L an A mit Beginn der Beförderung durch AA. Es liegt eine Beförderungslieferung nach § 3 Abs. 6 Satz 1 UStG durch den Abnehmer A vor.

2. L tätigt mit Beginn der Beförderung durch LA eine Beförderungslieferung an A. Die notwendige Voraussetzung, dass zu diesem Zeitpunkt eine Leistungsaustauschvereinbarung und ein Lieferwillen vorliegt ist erfüllt[1]. Der Zeitpunkt des bürgerlichen Eigentumsübergangs (Übergabe der Ware von LF an AA) ist nicht maßgebend.

   Es liegt eine gebrochene Beförderungs/Versendungslieferung gem. § 3 Abs. 6 Satz 1 UStG vor, weil nacheinander der unselbständige Erfüllungsgehilfe LA und danach der selbständige Erfüllungsgehilfe LF des Lieferanten L die Ware im Auftrag des L zum Abnehmer A transportieren.

3. L tätigt mit Beginn der Beförderung durch LA eine gebrochene Beförderungs-/Versendungslieferung an A. Die notwendige Voraussetzung, dass zu diesem Zeitpunkt eine Leistungsaustauschvereinbarung und ein Lieferwillen vorliegt, ist erfüllt. Der Zeitpunkt des bürgerlichen Eigentumsübergangs (Übergabe der Ware von LA an AF) ist nicht maßgebend.

   L, vertreten durch seinen Erfüllungsgehilfen LA, verschafft dem A, vertreten durch seinen selbständigen Erfüllungsgehilfen AF, Verfügungsmacht (§ 3 Abs. 1 UStG). Es liegt eine gebrochene Beförderungs-/Versendungslieferung gem. § 3 Abs. 6 Satz 1 UStG vor, weil der unselbständige Erfüllungsgehilfe LA des Lieferanten L die Ware im Auftrag des L zum Erfüllungsgehilfen AF des Abnehmers A transportiert und AF als Erfüllungsgehilfe des A die Ware weiter zum Betrieb des A transportiert.

4. L tätigt mit Beginn der Beförderung durch LA eine gebrochene Beförderungs-/Versendungslieferung an A. Die notwendige Voraussetzung, dass zu diesem Zeitpunkt eine Leistungsaustauschvereinbarung und ein Lieferwillen vorliegt, ist erfüllt. Der Zeitpunkt des bürgerlichen Eigentumsübergangs (Übergabe der Ware von LF an AF) ist nicht maßgebend.

   L schaltet bei seiner Lieferung an A zunächst seinen unselbständigen Erfüllungshilfen LA und anschließend seinen selbständigen Erfüllungsgehilfen LF ein und verschafft damit seinem Abnehmer A, vertreten durch dessen selbständigen Erfüllungsgehilfen AF die Verfügungsmacht an der Ware (§ 3 Abs. 1 UStG). Es liegt eine gebrochene Beförderungs-/Versendungslieferung gem. § 3 Abs. 6 UStG vor, weil nacheinander der unselbständige Erfüllungsgehilfe LA und danach der selbständige Erfüllungsgehilfe LF des Lieferanten L die Ware im Auftrag des L zum Erfüllungsgehilfen AF des Abnehmers A transportieren und AF als Erfüllungsgehilfe des A die Ware weiter zum Betrieb des A transportiert.

5. L tätigt mit Beginn der Beförderung durch LA eine gebrochene Beförderungslieferung an A. Die notwendige Voraussetzung, dass zu diesem Zeitpunkt eine Leistungsaustauschvereinbarung und ein Lieferwillen vorliegt, ist erfüllt. Der Zeitpunkt des bürgerlichen Eigentumsübergangs (Übergabe der Ware von L an AW) ist nicht maßgebend.

   L verschafft dem A, vertreten durch seinen selbständigen Erfüllungsgehilfen AW, Verfügungsmacht (§ 3 Abs. 1 UStG). Es liegt eine Beförderungslieferung gem. § 3 Abs. 6 Satz 1 UStG vor, weil L die Ware zum Erfüllungsgehilfen AW des Abnehmers A transportiert. Die Bearbeitung der Ware durch AW erfolgt außerhalb des Leistungsaus-

---

1 BFH vom 06.12.2007 VR 24/05 und A 185 Abs. 16 Nr. 2 UStR.

tauschs zwischen L und A, weil L dem A die unbearbeitete Ware schuldet. Der nachfolgende Transport der bearbeiteten Ware durch AW erfolgt außerhalb des § 3 Abs. 6 Satz 1 UStG und stellt somit ein rechtsgeschäftsloses Verbringen dar.

Lösung zu Fall 5

1. K schließt mit C, C mit B und B mit A über die Waschmaschine einen Kaufvertrag (Umsatzgeschäft) ab. A versendet über seinen selbständigen Erfüllungsgehilfen F als erster Unternehmer in der Reihe die Waschmaschine unmittelbar zu K, dem letzten Abnehmer in der Reihe. Es liegt somit ein Reihengeschäft vor. Im Rahmen des Reihengeschäfts erfolgen Lieferungen von A an B, B an C und C an K. Bei der Lieferung von A an B handelt es sich um eine Versendungslieferung mit Warenweg von A zu K. Lieferzeitpunkt[1] ist der Beginn der Versendung durch A am 30.09.02. Bei den Lieferungen von B an C und von C an K handelt es sich um Lieferungen ohne Warenweg. Lieferzeitpunkt für diese Lieferungen ist der Zeitpunkt am Ende des Warenweges (Übergabezeitpunkt[2] an K, also der 04.10.01).

2. Im Falle eines Reihengeschäfts läge eine Lieferung von P an K und von K an E vor. K hat mit P einen Kaufvertrag über einen Pkw abgeschlossen, während K mit E einen Kaufvertrag über die Rechte aus einem Kaufvertrag abgeschlossen hat. Es wurden zwar zwei Umsatzgeschäfte abgeschlossen, aber nicht über denselben Gegenstand. Deshalb liegt kein Reihengeschäft vor. Durch den Erwerb der Rechte aus dem Kaufvertrag tritt E in die Rechtsstellung des K ein. Der Abnehmer K wird lediglich durch den Abnehmer E ersetzt. E ist also kein Dritter i. S. d. § 3 Abs. 1 UStG. Es liegt infolgedessen nur eine unmittelbare Lieferung von P an E vor.

   Anmerkung: Die Übertragung der Rechte aus dem Kaufvertrag durch K an E stellt eine sonstige Leistung dar, die steuerbar, jedoch als Forderungsabtretung nach § 4 Nr. 8c UStG steuerfrei ist.

3. Die Unternehmer F und G schließen über denselben Liefergegenstand, die zerlegte Schrankwand je einen Kaufvertrag ab und erfüllen diese Kaufverträge dadurch, dass der Liefergegenstand unmittelbar von F zum Bahnhof in Köln zur Verfügung des H transportiert wird. Es liegt somit zwischen F, G und H ein Reihengeschäft vor. Im Rahmen dieses Reihengeschäfts liefert F an G und G an H. Bei der Lieferung von F an G liegt eine Versendungslieferung mit Warenweg von Frankfurt nach Köln vor. Lieferzeitpunkt ist hier der Beginn der Versendung am 30.06.01. Bei der Lieferung von H an K handelt es sich um eine Lieferung ohne Warenweg. Lieferzeitpunkt ist der am Ende des Warenweges befindliche Übergabezeitpunkt an H am 02.07.01.

   Liefergegenstand zwischen H und K ist dagegen die aufgebaute Schrankwand. Die Lieferung von H an K ist daher erst bewirkt, nachdem die Schrankwand bei K aufgebaut und von K abgenommen worden ist. Die Lieferung wurde daher am 02.07.01 ausgeführt.

[1] A 185 Abs. 16 Nr. 2 UStR.
[2] A 31a Abs. 16b Satz 3 UStR.

Lösung zu Fall 6

	Inland	Gemein-schaftsgebiet	Übriges Gemein-schaftsgebiet	Drittlandsgebiet
1. Stuttgart	×	×		
2. Dresden	×	×		
3. Insel Helgoland				× (Zollfreies Gebiet)
4. Berlin	×	×		
5. Insel Sylt	×	×		
6. Monaco		×	×	
7. Freihafen Hamburg				×
8. Mittelberg		×	×	
9. Büsingen				×
10. Rom		×	×	
11. Moskau				×
12. Bodensee bei Bregenz		×	×	
13. Amerikanische Kaserne in Stuttgart	×	×		
14. Deutsche Botschaft in Prag		×	×	
15. Deutsches Schiff auf hoher See				×
16. Zolllager in Hamburg	×	×		
17. Umsatzsteuerlager in Stuttgart	×	×		

Lösung zu Fall 7

1. A tätigt eine Lieferung an B. Die Lieferung erfolgt am 01.01.02 mit Übergang von Nutzen und Lasten (wirtschaftliches Eigentum). Lieferort ist nach § 3 Abs. 7 Satz 1 UStG, wo sich das Grundstück befindet (Insel Helgoland) und nicht etwa dort, wo der Kaufvertrag abgeschlossen wurde. Die Insel Helgoland ist nach § 1 Abs. 2 UStG Ausland. Die Lieferung ist somit gem. § 1 Abs. 1 Nr. 1 UStG nichtsteuerbar.

2. Der Kfz-Händler H in Straßburg liefert an K. Die Lieferung erfolgt mit Beginn der Beförderung durch K, also am 15.08.01. Der Ort der Lieferung ist gem. § 3 Abs. 6 Satz 1 UStG dort wo K den Pkw abholt und mit der Beförderung des Pkw zu sich beginnt, also in Freiburg. Freiburg ist gem. § 1 Abs. 2 UStG Inland. Die Lieferung ist somit steuerbar.

3. Es liegt mangels Lieferwillens keine Lieferung von M an K vor, obwohl die tatsächliche Verfügungsmacht am Pkw (durch Unterschlagung) auf K übergeht. K tätigt am

17.01.01 eine Lieferung an A. Da K mit dem H einen Leistungsaustausch (Verkaufsgeschäft) vereinbart und da nach der Rechtsprechung des BFH[1] ein wirksamer bzw. rechtmäßiger Vertrag für die Verschaffung der Verfügungsmacht keine notwendige Voraussetzung ist, wird mit der Übergabe des Pkw dem H am Diebesgut Verfügungsmacht verschafft. Ort dieser Lieferung ist nach § 3 Abs. 7 Satz 1 bzw. § 3 Abs. 6 Satz 1 UStG Amsterdam. Die Lieferung ist somit im übrigen Gemeinschaftsgebiet ausgeführt worden und gem. § 1 Abs. 1 Nr. 1 UStG nichtsteuerbar.

4. Der Kaufvertrag zwischen M und F über die Maschine wird erfüllt. Somit erbringt M eine Lieferung an F. Die Lieferung erfolgt mit Beginn der Beförderung am 31.01.01, da eine Lieferung mit Warenweg vorliegt und zu diesem Zeitpunkt bereits eine Leistungsaustauschvereinbarung und der Liefergegenstand gegeben sind. Da die Maschine bei der Lieferung an F zu F befördert bzw. versandt wird, liegt eine gebrochene Beförderungs-Versendungslieferung von M an F vor. Hierbei ist A als unselbständiger Erfüllungsgehilfe des M und E als selbständiger Erfüllungsgehilfe des F eingeschaltet. Der Lieferort ist somit gem. § 3 Abs. 6 Satz 1 UStG dort, wo die Beförderung beginnt, also in München. Die Lieferung ist somit steuerbar.

5. Da der Kaufvertrag von G gegenüber K erfüllt wird, tätigt G eine Lieferung des Zellstoffs an K. Da der Zellstoff durch den selbständigen Erfüllungsgehilfen F des G im Auftrag des G zu K transportiert wird, liegt eine Versendungslieferung nach § 3 Abs. 6 Satz 1 UStG vor. Der Ort der Lieferung wäre demnach im Freihafen. Nach § 3 Abs. 8 UStG verlagert sich jedoch der Lieferort ins Inland, da F als Beauftragter des G den Zellstoff beim Zollamt angemeldet hat und somit F Schuldner der EUSt ist. Die Schuldnerschaft ist dem Lieferer G zuzurechnen. Entsprechend dem Lieferort ist die Lieferung mit der zollamtlichen Abfertigung am 16.05.01 bewirkt.

6. Mit der Bestellung kommt ein Kaufvertag zwischen M und H zustande. Da der Kaufvertrag von M gegenüber K erfüllt wird, tätigt M eine Lieferung der Polstergarnituren an H. Die Polstergarnituren werden durch den von H beauftragten Frachtführer F zu H versandt. Somit liegt eine Versendungslieferung nach § 3 Abs. 6 Satz 1 UStG vor. Der Lieferort ist in Konstanz. Die Lieferungen sind steuerbar. Sie erfolgen mit dem Beginn der Versendung am 02.02.01.

7. Mit der Veräußerung des Buches von B an K erbringt dieser eine Lieferung an K. Es handelt sich um eine Beförderungslieferung (Beförderung durch den Abnehmer) nach § 3 Abs. 6 Satz 1 UStG. Der Lieferort ist in Zagreb und die Lieferung ist nichtsteuerbar. Eine logische Sekunde zuvor hat V dieses Buch an B geliefert. Der Ort der Lieferung ist nach § 3 Abs. 7 Satz 1 UStG ebenfalls in Zagreb. Die Lieferung ist nichtsteuerbar. Bezüglich der übrigen Bücher bleibt vorläufig V Eigentümer und somit sind diesbezüglich keine Lieferungen erfolgt. Der Transport der Bücher von Heidelberg nach Zagreb ist ein rechtsgeschäftsloses Verbringen.

8. Mit der Übergabe des Videorecorders im Geschäft des H geht die Verfügungsmacht auf P über (Beförderungsbeginn durch Abnehmer). Damit hat H an P geliefert. Es handelt sich um einen Abholfall durch den Abnehmer, der als Beförderungslieferung nach § 3 Abs. 6 Satz 1 UStG zu beurteilen ist. Der Lieferort ist somit in Karlsruhe. Die Lieferung ist steuerbar.

9. Da der Kaufvertrag zwischen dem Ehepaar Gartier und dem deutschen Einrichtungshaus E erfüllt wird, erbringt E eine Lieferung der Wohnzimmereinrichtung an das

---

1 BFH vom 24.02.2005 BFH/NV 2005, 1160, unter II.1.b.

Ehepaar Gartier. Da das Ehepaar als Abnehmer die Wohnzimmereinrichtung durch den Spediteur abholen lässt, liegt eine Versendungslieferung durch den Abnehmer nach § 3 Abs. 6 Satz 1 UStG vor. Der Lieferort ist dort, wo die Versendung beginnt, also in Aachen. Die Lieferung ist steuerbar. Eine Verlagerung des Lieferorts nach § 3c UStG kann bei der Versendung durch den Abnehmer nicht eintreten. Die Regelung des § 3c UStG könnte nur dann zur Anwendung kommen, wenn der Lieferer die Versendung vorgenommen hätte. Die Lieferung erfolgt mit dem Beginn der Versendung.

10. W tätigt an P eine Lieferung von 200 Flaschen Wein. W versendet den Wein zu P. Somit ist der Lieferort an und für sich nach § 3 Abs. 6 Satz 1 UStG in Frankreich. Da es sich jedoch um eine Versendung durch den Lieferer handelt und P als Privatmann keine Erwerbsbesteuerung im Inland vornehmen muss, verlagert sich der Lieferort nach § 3c UStG nach Deutschland. Beim Wein handelt es sich um eine verbrauchsteuerpflichtige Ware (§ 1a Abs. 5 Satz 2 UStG). Deshalb spielt die Lieferschwelle nach § 3c Abs. 3 Nr. 1 gem. § 3c Abs. 5 UStG keine Rolle. Die Lieferung an P ist steuerbar und steuerpflichtig. Die Lieferung erfolgt mit dem Beginn der Versendung.

Lösung zu Fall 8

1. Z hat mit W und W mit F über den Whisky jeweils einen Kaufvertrag abgeschlossen. Beide Kaufverträge werden erfüllt. Somit erbringt Z an W und W an F jeweils eine Lieferung. Da die Ware unmittelbar vom ersten Unternehmer Z zum letzten Abnehmer F transportiert wird, liegt ein Reihengeschäft vor. Der Whisky wird von Z als Lieferer versandt, der Warenweg muss daher seiner Lieferung zugerechnet werden. Somit erbringt Z eine Versendungslieferung gem. § 3 Abs. 6 Satz 1 UStG. Der Lieferort ist grundsätzlich am Ort des Beginns der Versendung, also in Zürich. Es tritt jedoch gem. § 3 Abs. 8 UStG eine Verlagerung des Lieferorts ins Inland ein, da aufgrund der Lieferbedingung »verzollt und versteuert« Z Schuldner der deutschen EUSt wird. Damit ist die Lieferung des Z an W steuerbar und steuerpflichtig. Die Lieferung erfolgt am 07.05.01 mit der zollamtlichen Abfertigung.

   Da zwar mehrere Lieferungen vorliegen, aber nur ein Warenweg vorliegt, ist gem. § 3 Abs. 6 Satz 5 UStG nur die Lieferung des Z eine Versendungslieferung. Der Ort der Lieferung des W bestimmt sich nach § 3 Abs. 7 Satz 2 Nr. 2 UStG und ist daher im Inland. Damit ist auch die Lieferung des W an F steuerbar und steuerpflichtig. Die Lieferung erfolgt am 07.05.01 mit der Übergabe an F (Ende des Warenweges).

   Z darf als Einführer die EUSt gem. § 15 Abs. 1 Nr. 2 UStG als Vorsteuer abziehen.

2. Der Whisky wird – wie in Nr. 1 – von Z als Lieferer versandt. Somit erbringt Z eine Versendungslieferung gem. § 3 Abs. 6 Satz 1 UStG. Der Lieferort ist am Ort des Beginns der Versendung, also in Zürich. Es tritt keine Verlagerung des Lieferorts ins Inland gem. § 3 Abs. 8 UStG ein, da aufgrund der Lieferbedingung »unverzollt und unversteuert« nicht Z, sondern W Schuldner der deutschen EUSt wird. Damit ist die Lieferung des Z an W nichtsteuerbar. Bei der Lieferung von W an F handelt es sich um die restliche Lieferung ohne Warenweg. Der Lieferort bestimmt sich – wie in Nr. 1 – nach § 3 Abs. 7 Satz 2 Nr. 2 UStG und befindet sich in Freiburg. Die Lieferung ist steuerbar und steuerpflichtig. Die Lieferung erfolgt am 07.05.01 mit der Übergaben an F. W hat in seiner Eigenschaft als Schuldner der EUSt den Whisky für sein Unternehmen eingeführt. Somit darf W die EUSt, die er als Schuldner auch kostenmäßig tragen muss, gem. § 15 Abs. 1 Nr. 2 UStG als Vorsteuer abziehen.

3. L hat mit H und H mit K über die Spezialmaschine jeweils einen Kaufvertrag abgeschlossen. Beide Kaufverträge werden erfüllt. Somit erbringt L an H und H an K jeweils eine Lieferung.

Die Lieferung von L an H ist eine gebrochene Beförderungs-Versendungslieferung bei der der Lieferort dort ist, wo A als unselbständiger Erfüllungsgehilfe des L mit der Beförderung beginnt, also im Freihafen Hamburg. Da der Freihafen umsatzsteuerrechtlich Ausland ist, ist die Lieferung des L nichtsteuerbar. Eine Verlagerung des Lieferorts ins Inland gem. § 3 Abs. 8 UStG tritt nicht ein, weil nicht L als Versender Schuldner der EUSt ist. Die Lieferung erfolgt am 15.04.01 mit Beginn der Beförderung durch A.

Die Lieferung von H an K ist eine weitere Versendungslieferung, die sich an die vorangehende Versendungslieferung anschließt. Ein Reihengeschäft i. S. v. § 3 Abs. 6 Satz 1 UStG liegt nicht vor, da die Maschine nicht unmittelbar von L zu K befördert oder versendet wird. Der Ort dieser Lieferung bestimmt sich somit ebenfalls nach § 3 Abs. 6 Satz 1 UStG nach dem Ort, wo die Versendung an K beginnt. Dies ist in Stuttgart. Die Lieferung von H an K ist steuerbar und steuerpflichtig. Die Lieferung erfolgt am 04.05.01 mit Beginn der Versendung durch R.

Da R als Erfüllungsgehilfe des H die Abfertigung der Maschine zum freien Verkehr beantragt hat, darf H als Einführer die Einfuhrumsatzsteuer gemäß § 15 Abs. 1 Nr. 2 UStG als Vorsteuer abziehen.

Lösung zu Fall 9

1. In der Veräußerung des Entwurfes liegt die Übertragung eines Verwertungsrechtes. Die Übergabe der Skizze ist gegenüber der Übertragung des Rechts von nur untergeordneter Bedeutung und dient lediglich der Sichtbarmachung der künstlerischen Leistung. Es liegt somit keine Lieferung, sondern eine sonstige Leistung vor.
2. Es liegt eine Vermietungsleistung und damit ein typischer Fall einer sonstigen Leistung vor.
3. Die Darlehensgewährung ist eine sonstige Leistung von der B-Bank an E.
4. Die Hingabe des Geldes hat hier lediglich Zahlungsfunktion. Somit liegt umsatzsteuerrechtlich überhaupt keine Leistung vor.
5. Das Einfamilienhaus ist ein Gegenstand i. S. v. § 3 Abs. 1 UStG. Es liegt somit eine Lieferung vor. Damit ist noch nicht geklärt, ob diese Lieferung auch steuerbar ist. Eine steuerbare Lieferung setzt u. a. voraus, dass die Lieferung i. R. d. Unternehmens erfolgt. Diese Voraussetzung liegt möglicherweise nicht vor.
6. Die Theaterkarte verkörpert das Recht, die Theatervorführung zu besuchen. Rechte sind auch dann keine Liefergegenstände, wenn sie durch Beweisurkunden verbrieft werden (vgl. A 24 Abs. 1 Satz 5 UStR). Somit liegt gegenüber K eine sonstige Leistung (Werkleistung) vor, welche in der Theateraufführung besteht.
7. Obwohl das Verpflichtungsgeschäft wegen Verstoßes gegen die guten Sitten (§ 138 BGB) möglicherweise nicht rechtswirksam ist, liegt dennoch eine sonstige Leistung von P an A vor. Bei P als Leistungsgeberin liegt ein Leistungswille und bei A als Leistungsempfänger liegt ein Empfangswille vor.
8. Ein wirksames Verpflichtungsgeschäft zwischen A und B ist wegen Verstoßes gegen ein gesetzliches Verbot (§ 134 BGB) nicht zustande gekommen. Da jedoch beim Leistungsgeber A ein Leistungswille und beim Leistungsempfänger B ein Empfangswille

vorliegt, ist eine sonstige Leistung von A an B gegeben. Geht man allerdings davon aus, dass das Verprügeln eines anderen absolut verboten ist, darf diese Leistung nicht besteuert werden (vgl. EuGH-Urteile vom 05.07.1988, Rs. 289/86 und Rs. 269/86 UR 1989, 309, 312).

9. Es liegt eine Beförderungsleistung und damit ein typischer Fall einer sonstigen Leistung vor.

10. Der Verzicht ist zum Inhalt eines Verpflichtungsgeschäftes gemacht worden. Die Erfüllung dieses Verpflichtungsgeschäftes stellt eine sonstige Leistung dar (vgl. § 3 Abs. 9 Satz 2 und § 3a Abs. 4 Nr. 8 UStG).

11. Der Verkauf des Eisbechers in den Räumen des Unternehmers C stellt eine Abgabe von Speisen zum Verzehr an Ort und Stelle dar. C erbringt an G eine sonstige Leistung.

Lösung zu Fall 10

1. G steht mit seinem Arbeitgeber F in einem Dienstverhältnis, auf Grund dessen er eine Dienstleistung an F erbringt. Diese ist jedoch mangels Unternehmereigenschaft des G (unselbständiger Arbeitnehmer) nicht steuerbar. F erbringt an seinen Auftraggeber H auf Grund eines Werkvertrages eine Werkleistung. Er bedient sich dabei seines unselbständigen Erfüllungsgehilfen G.

2. H erbringt auf Grund des Mietvertrages eine Vermietungsleistung (sonstige Leistung) an F. F erbringt seinerseits auf Grund des Mietvertrages mit G eine Vermietungsleistung (sonstige Leistung) an G.

3. M führt mit der Erstellung des Gutachtens gegenüber seinem Auftraggeber A eine sonstige Leistung i.S.d. § 3a Abs. 2 Nr. 1c UStG aus. A erbringt seinerseits dieselbe Leistung an seinen Auftraggeber B. A kauft gewissermaßen die sonstige Leistung bei M ein und verkauft sie an B weiter.

4. Der Kaufvertrag über den Baukran ist unmittelbar zwischen der Fa. W und der Fa. E zustande gekommen, da H im Namen und für Rechnung der Fa. W gehandelt hat. Somit erfolgte die Lieferung des Baukrans unmittelbar von der Fa. W an die Fa. E.
H vermittelt lediglich den Verkauf des Baukrans. Er erbringt demnach eine Vermittlungsleistung (sonstige Leistung) an seinen Auftraggeber W.

Lösung zu Fall 11

1. A erbringt an B eine sonstige Leistung i.S.v. § 3a Abs. 2 Nr. 1c UStG bzw. ab KJ 2010 § 3a Abs. 3 Nr. 1c UStG. Der Leistungsort ist demzufolge in Konstanz (Lageort). Die Leistung ist steuerbar.

2. Mit der Gebäudereinigung erbringt R sonstige Leistungen im Zusammenhang mit einem Grundstück (§ 3a Abs. 2 Satz 1 UStG, Beispiel in A 34 Abs. 1 UStR bzw. ab KJ 2010 § 3a Abs. 3 Satz 1 UStG). Der Leistungsort ist somit jeweils dort, wo das Grundstück liegt (Lageort).

a) Der Leistungsort ist Singen. Die Leistung ist steuerbar.

b) Der Leistungsort ist Singen. Die Leistung ist steuerbar.

c) Der Leistungsort ist Schaffhausen (Schweiz). Die Leistung ist nichtsteuerbar.

3. U erbringt mit der Installation von Aufzugsanlagen Werklieferungen. Mit den Reparaturen erbringt er Werklieferungen, wenn er Hauptstoffe verwendet. Verwendet er keine selbst beschafften Hauptstoffe, erbringt er Werkleistungen (sonstige Leistun-

gen). Mit der Wartung der Aufzüge erbringt U ebenfalls Werkleistungen. Bei den Werkleistungen an den Aufzügen erbringt U sonstige Leistungen an einem Grundstück, da die Aufzüge wesentliche Bestandteile der Gebäude und damit der Grundstücke sind (vgl. Beispiel in A 34 Abs. 1 UStR).

a) Ort der Werkleistung ist nach § 3a Abs. 2 Nr. 1 Satz 1 UStG bzw. ab KJ 2010 § 3a Abs. 3 Satz 1 UStG Kehl (vgl. A 34 Abs. 1 UStR). Die sonstige Leistung ist steuerbar.

b) Ort der Werkleistung ist nach § 3a Abs. 2 Nr. 1 Satz 1 UStG bzw. ab KJ 2010 § 3a Abs. 3 Satz 1 UStG Straßburg (vgl. A 34 Abs. 1 UStR). Die sonstige Leistung ist nichtsteuerbar.

4. **Lösung nach den bis 31.12.2009 geltenden Regelungen:**
Es handelt sich um die Vermietung eines Beförderungsmittels, da keine bestimmte Beförderung geschuldet wird (vgl. A 33a Abs. 4 UStR). Die Vermietung von Beförderungsmitteln ist keine sonstige Leistung i. S. v. § 3a Abs. 4 Nr. 11 UStG, da sie dort ausdrücklich ausgenommen sind. Der Leistungsort richtet sich daher nach § 3a Abs. 1 UStG und ist am Sitzort des O in Karlsruhe. Der Einsatzort des Omnibusses ist also nicht maßgeblich. Die Leistung ist in Deutschland steuerbar.

Lösung nach den ab 01.01.2010 geltenden Regelungen:
Die Leistung erfolgt an einen Leistungsempfänger nach § 3a Abs. 2 UStG. Somit ist der Leistungsort gem. § 3a Abs. 2 UStG am Leistungsempfängerort in Straßburg. Die Leistung ist in Deutschland nicht steuerbar.

5. Im Gegensatz zu Nr. 4 wird eine bestimmte Beförderung geschuldet. Es handelt sich somit um eine Beförderungsleistung (vgl. A 33a Abs. 4 Satz 4 UStR). Der Leistungsort bestimmt sich bei der Personenbeförderung nach § 3b Abs. 1 UStG. Er richtet sich nach der Beförderungsstrecke und ist gem. § 3b Abs. 1 Satz 2 UStG entsprechend der Beförderungsstrecke in einen inländischen und einen ausländischen Leistungsteil aufzuteilen. Daher sind nur 130/400, d. h. 32,5 % der Leistung steuerbar.

6. F erbringt an U eine Beförderungsleistung von Gegenständen.
Lösung nach den bis 31.12.2009 geltenden Regelungen:
Die Beförderung beginnt im Inland und endet im Drittlandsgebiet. Der Leistungsort richtet sich daher nach § 3b Abs. 1 UStG. Die Beförderungsleistung ist entsprechend der Beförderungsstrecke in einen steuerbaren inländischen Teil und in einen nichtsteuerbaren ausländischen Anteil aufzuteilen. Somit sind 230/270, d. h. 85,2 % der sonstigen Leistung steuerbar. Dieser steuerbare Leistungsteil ist nach § 4 Nr. 3a Doppelbuchst. aa UStG steuerfrei.

Lösung nach den ab 01.01.2010 geltenden Regelungen:
Die Leistung erfolgt an einen Leistungsempfänger nach § 3a Abs. 2 UStG. Der Leistungsort ist somit nach § 3a Abs. 2 am Leistungsempfängerort Stuttgart. Die Leistung ist voll steuerbar. Sie ist allerdings nach § 4 Nr. 3a Doppelbuchst. aa steuerfrei.

7. **Lösung nach den bis 31.12.2009 geltenden Regelungen:**
S erbringt eine sonstige Leistung aus der Tätigkeit eines Steuerberaters i. S. v. § 3a Abs. 4 Nr. 3 UStG. Die Leistung wird an den Unternehmer F für dessen Unternehmen erbracht. Somit ist der Leistungsort gem. § 3a Abs. 3 Satz 1 UStG am Sitzort der Fa. F in London. Die Leistung ist nicht steuerbar.

Lösung nach den ab 01.01.2010 geltenden Regelungen:
Die Leistung erfolgt an einen Leistungsempfänger nach § 3a Abs. 2 UStG. Der Leistungsort ist somit nach § 3a Abs. 2 UStG am Leistungsempfängerort London. Die Leistung ist in Deutschland nicht steuerbar.

8. **Lösung nach den bis 31.12.2009 geltenden Regelungen:**
S erbringt eine sonstige Leistung aus der Tätigkeit eines Steuerberaters i. S. v. § 3a Abs. 4 Nr. 3 UStG. Die Leistung wird an den Unternehmer F für dessen Unternehmen erbracht. Die Leistung ist für die Betriebsstätte in Stuttgart bestimmt. Somit ist der Leistungsort gem. § 3a Abs. 3 Satz 2 UStG in Stuttgart am Sitzort der Betriebsstätte. Die Leistung ist steuerbar.
Lösung nach den ab 01.01.2010 geltenden Regelungen:
Die Leistung erfolgt an einen Leistungsempfänger nach § 3a Abs. 2 UStG. Der Leistungsort ist somit nach § 3a Abs. 2 UStG am Leistungsempfängerort. Da die Leistung für die Betriebsstätte in Stuttgart bestimmt ist, ist der Leistungsempfängerort in Stuttgart. Die Leistung ist steuerbar und steuerpflichtig.

9. **Lösung nach den bis 31.12.2009 geltenden Regelungen:**
D erbringt sonstige Leistungen aus der Tätigkeit als Dolmetscher i. S. v. § 3a Abs. 4 Nr. 3 UStG. Die Leistung wird an den Unternehmer F für dessen Unternehmen erbracht. Somit ist der Leistungsort gem. § 3a Abs. 3 Satz 1 UStG am Sitzort der Fa. F in Stuttgart. Die Leistung ist steuerbar und steuerpflichtig. Die Steuerschuld geht im Reverse-Charge-Verfahren gemäß § 13b UStG von D auf F über.
Lösung nach den ab 01.01.2010 geltenden Regelungen:
Die Leistung erfolgt an einen Leistungsempfänger nach § 3a Abs. 2 UStG. Der Leistungsort ist somit nach § 3a Abs. 2 UStG am Leistungsempfängerort Stuttgart. Die Leistung ist steuerbar und steuerpflichtig. Die Steuerschuld geht im Reverse-Charge-Verfahren gem. § 13b UStG von D auf F über.

10. **Lösung nach den bis 31.12.2009 geltenden Regelungen:**
Bei dem Baukran handelt es sich um kein Beförderungsmittel i. S. v. § 3a Abs. 4 Nr. 11 UStG (vgl. A 33a Abs. 2 Satz 3 UStR). Der Baukran ist in erster Linie ein Werkzeug. Es liegt somit eine sonstige Leistung i. S. v. § 3a Abs. 4 Nr. 11 UStG vor. Der Leistungsort richtet sich grundsätzlich nach § 3a Abs. 3 UStG.
a) Die Leistung erfolgt an die Betriebsstätte in Nürnberg der Fa. B. Der Leistungsort ist daher nach § 3a Abs. 3 Satz 2 UStG Nürnberg. Die Leistung ist steuerbar.
b) Die Leistung erfolgt an die Fa. B. Diese hat keine Betriebsstätte in Nürnberg. Der Leistungsort ist daher am Sitzort der Fa. B in Budweis. Die Leistung ist nicht steuerbar.
c) Die Leistung erfolgt an die Betriebsstätte in Budapest der Fa. T. Der Leistungsort ist daher nach § 3a Abs. 3 Satz 2 UStG Budapest. Die Leistung ist nichtsteuerbar.
d) Die Leistung erfolgt an die Fa. T. Diese hat keine Betriebsstätte in Budapest. Der Leistungsort ist daher am Sitzort der Fa. T in Stuttgart. Die Leistung ist steuerbar.
Lösung nach den ab 01.01.2010 geltenden Regelungen:
Die Vermietungsleistung erfolgt an Leistungsempfänger nach § 3a Abs. 2 UStG. Der Leistungsort ist somit gem. § 3a Abs. 2 UStG am Leistungsempfängerort.
a) Die Leistung erfolgt an die Betriebsstätte in Nürnberg. Der Leistungsempfängerort ist somit in Nürnberg. Die Leistung ist steuerbar und steuerpflichtig.
b) Der Leistungsort ist gem. § 3a Abs. 2 UStG am Leistungsempfängerort. Da B keine Betriebsstätte in Nürnberg hat, ist der Leistungsempfängerort in Budweis. Die Leistung ist in Deutschland nicht steuerbar.
c) Die Leistung erfolgt an die Betriebsstätte in Budapest. Der Leistungsempfängerort ist somit in Budapest. Die Leistung ist nicht steuerbar.
d) Der Leistungsort ist gem. § 3a Abs. 2 UStG am Leistungsempfängerort. Da T keine Betriebsstätte in Budapest hat, ist der Leistungsempfängerort in Stuttgart. Die Leistung ist in Deutschland steuerbar und steuerpflichtig.

11. V erbringt mit der Vermögensverwaltung eine sonstige Leistung an die Privatperson A. Für diese Leistung greift keine der Ausnahmeregelungen. Der Leistungsort richtet sich daher nach § 3a Abs. 1 UStG (vgl. A 33 Abs. 4 UStR). Somit ist der Leistungsort gem. § 3a Abs. 1 UStG am Sitzort des V in Stuttgart. Die Leistung ist steuerbar.

12. B tätigt eine sonstige Leistung (Vermietungsleistung) i. S.d. § 3a **Abs. 2** Nr. 1a UStG bzw. ab KJ 2010 § 3a Abs. 3 Nr. 1a UStG. Ort der sonstigen Leistung ist Jungholz als Lageort des Grundstücks. Die sonstige Leistung ist daher nichtsteuerbar. Durch das Einrücken der Annonce erbringt die Stuttgarter Zeitung eine Werbeleistung an B.

    Lösung nach den bis 31.12.2009 geltenden Regelungen:
    Es handelt sich um eine Leistung nach § 3a Abs. 4 Nr. 2 UStG. § 3a Abs. 2 Nr. 1 UStG findet keine Anwendung, da ein unmittelbarer Zusammenhang mit einem Grundstück fehlt (vgl. A 34 Abs. 9 Nr. 2 UStR). Da die Leistung an einen Unternehmer für sein Unternehmen erfolgt, ist nach § 3a Abs. 3 UStG der Leistungsort dort, wo B sein Unternehmen betreibt, also in Stuttgart. B unterhält in Jungholz keine Betriebsstätte.

    Lösung nach den ab 01.01.2010 geltenden Regelungen:
    Es handelt sich um keine Leistung im Zusammenhang mit einem Grundstück, da ein unmittelbarer Zusammenhang mit einem Grundstück fehlt (A 34 Abs. 9 Nr. 2 UStR). Die Leistung erfolgt an einen Leistungsempfänger nach § 3a Abs. 2 UStG. Der Leistungsort ist somit nach § 3a Abs. 2 UStG am Leistungsempfängerort Stuttgart, da B keine Betriebsstätte in Jungholz unterhält. Die Leistung ist steuerbar und steuerpflichtig..

13. **Lösung nach den bis 31.12.2009 geltenden Regelungen:**
    Ort dieser Vermietungsleistung ist gem. § 3a Abs. 3 Satz 1 i. V. m. Abs. 4 Nr. 11 UStG Zürich (Sitz des LE). Die sonstige Leistung ist somit nicht steuerbar.

    Lösung nach den ab 01.01.2010 geltenden Regelungen:
    Die Leistung erfolgt an einen Leistungsempfänger nach § 3a Abs. 2 UStG. Der Leistungsort ist somit nach § 3a Abs. 2 UStG am Leistungsempfängerort Zürich. Die Leistung ist nicht steuerbar.

14. **Lösung nach den bis 31.12.2009 geltenden Regelungen:**
    Der Abschleppwagen stellt ein Beförderungsmittel dar. § 3a Abs. 3 Satz 1 i.V.m. Abs. 4 Nr. 11 UStG kommt daher nicht zur Anwendung. Der Leistungsort richtet sich grundsätzlich nach § 3a Abs. 1 UStG. Er läge damit im Drittlandsgebiet. Da die Nutzung im Inland erfolgt, verlagert sich der Leistungsort nach § 1 Abs. 1 Nr. 3 UStDV ins Inland. Die anfallende USt geht im Reverse-Charge-Verfahren gemäß § 13b UStG von Z auf S über (Näheres vgl. S).

    Lösung nach den ab 01.01.2010 geltenden Regelungen:
    Die Leistung erfolgt an einen Leistungsempfänger nach § 3a Abs. 2 UStG. Der Leistungsort ist somit nach § 3a Abs. 2 UStG am Leistungsempfängerort Stuttgart. Die Leistung ist steuerbar und steuerpflichtig. Die Steuerschuld geht im Reverse-Charge-Verfahren gem. § 13b UStG von Z auf S über.

15. **Lösung nach den bis 31.12.2009 geltenden Regelungen:**
    Da Wohnmobile hauptsächlich der Personenbeförderung dienen, handelt es sich um Beförderungsmittel. Der Leistungsort bestimmt sich deshalb nicht nach § 3a Abs. 3 Satz 1 i.V.m. Abs. 4 Nr. 11 UStG, sondern nach § 3a Abs. 1 UStG. Leistungsort ist Ludwigsburg, und zwar auch dann, wenn die Nutzung im Ausland erfolgt. Die Vermietung der Wohnmobile ist somit stets steuerbar und steuerpflichtig.

    Lösung nach den ab 01.01.2010 geltenden Regelungen:
    Da es sich um eine kurzfristige Vermietung von Beförderungsmitteln handelt, bestimmt sich der Leistungsort gem. § 3a Abs. 3 Nr. 2 UStG nach dem Übergabeort Ludwigsburg. Die Leistungen sind steuerbar und steuerpflichtig.

16. **Lösung nach den bis 31.12.2009 geltenden Regelungen:**
Der Bagger ist kein Beförderungsmittel i. S. v. § 3a UStG, sondern ein Werkzeug (A 33a Abs. 2 UStR). Somit liegt eine sonstige Leistung gem. § 3a Abs. 4 Nr. 11 UStG vor. Der Ort dieser Leistung ist nach § 3a Abs. 3 Satz 1 UStG dort, wo der leistungsempfangende Unternehmer B sein Unternehmen betreibt, also in Stuttgart. Die Leistung des A ist daher steuerbar und steuerpflichtig. Die Steuerschuld geht im Reverse-Charge-Verfahren gemäß § 13b UStG von A auf B über.
Lösung nach den ab 01.01.2010 geltenden Regelungen:
Die Leistung erfolgt an einen Leistungsempfänger nach § 3a Abs. 2 UStG. Der Leistungsort ist somit nach § 3a Abs. 2 UStG am Leistungsempfägerort Stuttgart. Die Leistung ist steuerbar und steuerpflichtig. Die Steuerschuld geht im Reverse-Charge-Verfahren gem. § 13b UStG von A auf B über. Würde B in Zürich eine Betriebsstätte unterhalten, für die der Bagger eingesetzt wird, wäre der Leistungsort der Ort dieser Betriebsstätte in Zürich. Die Leistung wäre dann nichtsteuerbar.

17. **Lösung nach den bis 31.12.2009 geltenden Regelungen:**
A erbringt sonstige Leistungen gem. § 3a Abs. 4 Nr. 11 UStG. Nach § 3a Abs. 3 UStG bestimmt sich der Ort dieser Leistungen in den vorliegenden Fällen nach § 3a Abs. 1 UStG, da die Leistungsempfänger weder Unternehmer sind noch ihren Wohnsitz im Drittlandsgebiet haben. Der Ort der sonstigen Leistungen ist danach in Zürich am Sitzort des A. Die sonstigen Leistungen des A sind nicht steuerbar.
Lösung nach den ab 01.01.2010 geltenden Regelungen:
A erbringt Leistungen gem. § 3a Abs. 4 Nr. 10 UStG an übrige Leistungsempfänger (keine Leistungsempfänger nach § 3a Abs. 2 UStG). Da die Leistungsempfänger im Gemeinschaftsgebiet wohnen, bestimmt sich der Leistungsort gem. § 3a Abs. 1 UStG nach dem Dienstleisterort Zürich. Die Leistungen sind nicht steuerbar.

18. **Lösung nach den bis 31.12.2009 geltenden Regelungen:**
Die Container sind keine Beförderungsmittel (A 33a Abs. 2 Satz 3 UStR), da sie selbst befördert werden müssen. Die Vermietungsleistungen des A fallen deshalb unter § 3a Abs. 4 Nr. 11 UStG. Nach § 3a Abs. 3 Satz 1 UStG ist der Ort dieser Vermietungsleistungen am Sitzort des leistungsempfangenden Unternehmers B in Zürich. Die überwiegende Nutzung im Inland hat für den umsatzsteuerrechtlichen Leistungsort keine Bedeutung. Die Vermietungsleistungen von A an B sind nicht steuerbar.
Lösung nach den ab 01.01.2010 geltenden Regelungen:
A erbringt Leistungen gem. § 3a Abs. 4 Nr. 10 UStG (keine Vermietung von Beförderungsmitteln) an einen Leistungsempfänger nach § 3a Abs. 2 UStG. Der Leistungsort bestimmt sich somit gem. § 3a Abs. 2 UStG nach dem Leistungsempfängerort Zürich. Die Leistungen sind nicht steuerbar.

19. **Lösung nach den bis 31.12.2009 geltenden Regelungen:**
R erbringt eine sonstige Leistung nach § 3 Abs. 4 Nr. 3 UStG an die Fa. B. Der Leistungsort ist nach § 3a Abs. 3 Satz 1 UStG am Ort des leistungsempfangenden Unternehmens in Barcelona. Die Leistung des R ist nicht steuerbar.
Lösung nach den ab 1.1.2010 geltenden Regelungen:
R erbringt seine sonstige Leistung an einen Leistungsempfänger nach § 3a Abs. 2 UStG. Der Leistungsort bestimmt sich somit gem. § 3a Abs. 2 UStG nach dem Leistungsempfängerort Barcelona. Die Leistung ist in Deutschland nicht steuerbar.

20. R erbringt an K eine sonstige Leistung nach § 3a Abs. 2 Nr. 3a UStG bzw. ab 01.01.2010 § 3a Abs. 3 Nr. 3a UStG (künstlerische oder unterhaltende Leistung). Die

Leistung ist steuerbar, da R ausschließlich in Stuttgart tätig wird. Die Steuerschuld geht im Reverse-Charge-Verfahren gemäß § 13b UStG von R auf K über.

Die Konzertagentur K erbringt ebenfalls eine Leistung nach § 3a Abs. 2 Nr. 3a UStG, da sie eine Leistung nach § 3a Abs. 2 Nr. 3a UStG veranstaltet. Der Leistungsort für K ist dort, wo sie über ihren Erfüllungsgehilfen R tätig wird, also ebenfalls in Stuttgart. Die Leistung des K ist ebenfalls steuerbar. A erbringt an K eine Vermittlungsleistung.

Lösung nach den bis 31.12.2009 geltenden Regelungen:

Die Vermittlungsleistung wird nach § 3a Abs. 2 Nr. 4 Satz 1 UStG dort bewirkt, wo die Leistung von K erbracht wird. Die Leistung des A ist somit ebenfalls steuerbar. R erbringt eine weitere sonstige Leistung an P. Hierbei handelt es sich um die Einräumung eines Urheberrechts und somit um eine Leistung i. S. d. § 3a Abs. 4 Nr. 1 UStG. Der Leistungsort bestimmt sich gem. § 3a Abs. 3 Satz 1 UStG nach dem Sitzort des leistungsempfangenden Unternehmers P in Wien. Die Leistung des R ist somit nicht steuerbar.

Lösung nach den ab 01.01.2010 geltenden Regelungen:

A erbringt ihre Vermittlungsleistung an K, einen Leistungsempfänger nach § 3a Abs. 2 UStG. Der Leistungsort bestimmt sich somit gem. § 3a Abs. 2 UStG nach dem Leistungsempfängerort Zürich. Die Leistung ist in Deutschland nicht steuerbar.

R erbringt mit der Einräumung des Urheberrechts eine weitere sonstige Leistung gem. § 3a Abs. 4 Nr. 1 UStG an P. P ist ein Leistungsempfänger nach § 3a Abs. 2 UStG. Somit ist der Leistungsort nach § 3a Abs. 2 UStG am Leistungsempfängerort Wien. Die Leistung ist in Deutschland nicht steuerbar.

21. **Lösung nach den bis 31.12.2009 geltenden Regelungen:**

A erbringt eine sonstige Leistung gem. § 3a Abs. 4 Nr. 3 UStG. Der Leistungsort ist gem. § 3a Abs. 3 Satz 1 UStG am Sitzort der leistungsempfangenden Gesellschaft G, also in Frankreich. Die Leistung des A ist daher nicht nach dem deutschen USt-Recht steuerbar. Sie fällt jedoch unter das französische USt-Recht. Die Steuerschuld bezüglich der französischen Umsatzsteuer geht im Reverse-Charge-Verfahren (entsprechend § 13b UStG) von A auf G über.

Lösung nach den ab 01.01.2010 geltenden Regelungen:

A erbringt eine Leistung nach § 3a Abs. 4 Nr. 3 UStG an G. G ist ein Leistungsempfänger nach § 3a Abs. 2 UStG. Somit bestimmt sich der Leistungsort gem. § 3a Abs. 2 UStG nach dem Leistungsempfängerort Lyon. Die Leistung ist in Deutschland nicht steuerbar.

22. **Lösung nach den bis 31.12.2009 geltenden Regelungen:**

Die sonstige Leistung des P fällt unter § 3a Abs. 4 Nr. 1 UStG, da P an seinen Berichten ein Urheberrecht hat und dieses auf die FAZ überträgt (vgl. A 168 Abs. 9 UStR). Der Ort der sonstigen Leistung ist gem. § 3a Abs. 3 Satz 1 UStG beim leistungsempfangenden Unternehmer, der FAZ. Die sonstige Leistung des P ist somit steuerbar und steuerpflichtig. Die Steuerschuld geht im Reverse-Charge-Verfahren gemäß § 13b UStG von P auf die FAZ über. Näheres hierzu vgl. S.

Lösung nach den ab 01.01.2010 geltenden Regelungen:

P erbringt an die FAZ Leistungen nach dem Urheberrechtsgesetz i. S. v. § 3a Abs. 4 Nr. 1 UStG. Die Leistungen erfolgen an einen Leistungsempfänger nach § 3a Abs. 2 UStG. Der Leistungsort bestimmt sich somit gem. § 3a Abs. 2 UStG nach dem Leistungsempfängerort Frankfurt. Die Leistungen sind steuerbar und steuerpflichtig. Die Steuerschuld geht im Reverse-Charge-Verfahren gem. § 13b UStG von P auf die FAZ über.

23. **Lösung nach den bis 31.12.2009 geltenden Regelungen:**
    K räumt F ein Recht zur Nutzung eines Patents ein (Lizenz). Die sonstige Leistung fällt unter § 3a Abs. 4 Nr. 1 UStG. Der nach § 3a Abs. 3 Satz 1 zu bestimmende Ort ist beim leistungsempfangenden Unternehmer F in Frankreich. Die sonstige Leistung ist deshalb nach deutschem USt-Recht nichtsteuerbar. Sie fällt jedoch unter das französische USt-Recht.
    Lösung nach den ab 01.01.2010 geltenden Regelungen:
    K erbringt mit der Lizenzgewährung eine sonstige Leistung nach § 3a Abs. 4 Nr. 1 UStG an F. Die Leistung erfolgt an einen Leistungsempfänger nach § 3a Abs. 2 UStG. Der Leistungsort bestimmt sich somit gem. § 3a Abs. 2 UStG nach dem Leistungsempfängerort Reims. Die Leistung ist in Deutschland nicht steuerbar.

24. **Lösung nach den bis 31.12.2009 geltenden Regelungen:**
    Flott erbringt eine sonstige Leistung nach § 3a Abs. 4 Nr. 3 UStG an die Fa. X. Der Leistungsort ist gem. § 3a Abs. 3 Satz 1 UStG am Ort des leistungsempfangenden Unternehmers in Italien. Die Leistung des Flott ist nicht steuerbar.
    Lösung nach den ab 01.01.2010 geltenden Regelungen:
    Flott erbringt an X eine sonstige Leistung nach § 3a Abs. 4 Nr. 3 UStG. Die Leistung erfolgt an einen Leistungsempfänger nach § 3a Abs. 2 UStG. Der Leistungsort bestimmt sich somit gem. § 3a Abs. 2 UStG nach dem Leistungsempfängerort Italien. Die Leistung ist in Deutschland nicht steuerbar.

25. **Lösung nach den bis 31.12.2009 geltenden Regelungen:**
    S erbringt an die Fa. X eine Beförderungsleistung. Weil S Gegenstände befördert und die Beförderungsleistung in Deutschland beginnt und in Frankreich endet, handelt es sich um eine innergemeinschaftliche Beförderungsleistung gem. § 3b Abs. 3 UStG. Da X dem S seine französische Id-Nr. bekannt gibt, gilt die Beförderungsleistung in Frankreich als ausgeführt (§ 3b Abs. 3 Satz 2 UStG).
    Lösung nach den ab 01.01.2010 geltenden Regelungen:
    S erbringt eine Güterbeförderung an X. Die Leistung erfolgt an einen Leistungsempfänger nach § 3a Abs. 2 UStG. Der Leistungsort bestimmt sich somit gem. § 3a Abs. 2 UStG nach dem Leistungsempfängerort Marseille. Die Leistung ist in Deutschland nicht steuerbar.
    S erbringt eine nichtsteuerbare Beförderungsleistung.

26. **Lösung nach den bis 31.12.2009 geltenden Regelungen:**
    H erbringt eine Vermittlungsleistung an die Fa. X in Stgt. H vermittelt den Verkauf einer Maschine. Die Vermittlungsleistung fällt somit unter § 3a Abs. 2 Nr. 4 UStG. Da die Fa. X gegenüber dem H keine Id-Nr. eines anderen Mitgliedstaates verwendet, ist der Ort der Vermittlungsleistung dort, wo der Ort der vermittelten Leistung ist.
    Ort der zwischen der Fa. X und der Fa. Y vermittelten Lieferung ist gem. § 3 Abs. 6 Satz 1 UStG in Stuttgart (Beförderungslieferung). Somit ist auch der Ort der Vermittlungsleistung in Stuttgart.
    Lösung nach den ab 01.01.2010 geltenden Regelungen:
    H erbringt seine Vermittlungsleistung an X, einen Leistungsempfänger nach § 3a Abs. 2 UStG. Der Leistungsort bestimmt sich somit gem. § 3a Abs. 2 UStG nach dem Leistungsempfängerort Stuttgart. Die Leistung ist steuerbar und steuerpflichtig.

27. **Lösung nach den bis 31.12.2009 geltenden Regelungen:**
    H erbringt eine Vermittlungsleistung an O in Norwegen. Da H Handelsware vermittelt, muss der Ort der Vermittlungsleistung nach § 3a Abs. 2 Nr. 4 UStG bestimmt wer-

den. Wegen der Nichtverwendung einer Id-Nr. ist in beiden Fällen der Leistungsort dort, wo der Ort des vermittelten Umsatzes ist.

a) Liefert O zur Kondition »verzollt und versteuert«, verlagert sich der Lieferort nach § 3 Abs. 8 UStG und befindet sich im Einfuhrland Deutschland. Demgemäß ist auch der Ort der Vermittlungsleistung im Inland.

b) Liefert O zur Kondition »unverzollt und unversteuert«, bestimmt sich der Lieferort nach § 3 Abs. 6 Satz 1 UStG und liegt im Drittausland. Demgemäß ist auch der Vermittlungsleistungsort im Ausland und nicht steuerbar.

Lösung nach den ab 01.01.2010 geltenden Regelungen:

H erbringt eine Vermittlungsleistung an O, einen Leistungsempfänger nach § 3a Abs. 2 UStG. Der Leistungsort bestimmt sich somit gem. § 3a Abs. 2 UStG nach dem Leistungsempfängerort Norwegen. Die Leistung ist sowohl in Variante a) als auch in Variante b) nicht steuerbar, da es auf den Ort der vermittelten Lieferungen nicht ankommt.

28. **Lösung nach den bis 31.12.2009 geltenden Regelungen:**

F erbringt an den Auftraggeber E eine sonstige Leistung i. S. v. § 3a Abs. 2 Nr. 3c UStG (Arbeiten an beweglichen körperlichen Gegenständen). Der Leistungsort ist grundsätzlich dort, wo F ausschließlich oder zum wesentlichen Teil tätig wird. Der wesentliche Teil der Leistung liegt in dem Ablagern des Sondermülls auf der hierfür zugelassenen Mülldeponie. Somit ist der Leistungsort grundsätzlich gem. § 3a Abs. 2 Nr. 3 Satz 1 UStG in Frankreich. Es fragt sich, ob sich der Leistungsort durch die Verwendung der deutschen USt-Id-Nr. des E nach Deutschland verlagert. Da der Sondermüll jedoch in Frankreich verbleibt, findet gem. § 3a Abs. 2 Nr. 3c Satz 3 UStG die Verlagerung nach Satz 2 nicht statt. Der Leistungsort des F ist also in Frankreich und seine Leistung ist in Deutschland nichtsteuerbar.

E erbringt an den Auftraggeber I eine sonstige Leistung i. S. v. § 3a Abs. 2 Nr. 3c UStG (Arbeiten an beweglichen körperlichen Gegenständen). Der Leistungsort ist grundsätzlich dort, wo E ausschließlich oder zum wesentlichen Teil tätig wird. Der wesentliche Teil der Leistung liegt in dem Sortieren und Verwerten des Abfalls als so genannte Wertstoffe. Somit ist der Leistungsort des E in Frankfurt. Eine Verlagerung des Leistungsorts gem. § 3a Abs. 2 Nr. 3c Satz 2 UStG nach Italien scheidet aus, da der Industrieabfall zum überwiegenden Teil im Inland verbleibt (§ 3a Abs. 2 Nr. 3c Satz 3 UStG).

Lösung nach den ab 01.01.2010 geltenden Regelungen:

F erbringt an seinen Auftraggeber E eine sonstige Leistung i. S. v. § 3a Abs. 3 Nr. 3c UStG. Die Leistung erfolgt an einen Leistungsempfänger nach § 3a Abs. 2 UStG. Der Leistungsort ist somit gem. § 3a Abs. 2 UStG am Leistungsempfängerort Frankfurt. Die Leistung ist steuerbar und steuerpflichtig. Die Steuerschuld geht im Reverse-Charge-Verfahren gem. § 13b UStG von F auf E über.

E erbringt an seinen Auftraggeber I ebenfalls eine sonstige Leistung i. S. v. § 3a Abs. 3 Nr. 3c UStG. Die Leistung erfolgt an einen Leistungsempfänger nach § 3a Abs. 2 UStG. Der Leistungsort ist somit gem. § 3a Abs. 2 UStG am Leistungsempfängerort Frankfurt (Ort der leistungsempfangenden Zweigniederlassung). Die Leistung ist steuerbar und steuerpflichtig.

29.

a) **Lösung nach den bis 31.12.2009 geltenden Regelungen:**

Es liegen sonstige Leistungen gem. § 3a Abs. 4 Nr. 14 UStG vor. Da es sich bei den Leistungsempfängern um Unternehmer handelt, bestimmt sich der Leistungsort nach

§ 3a Abs. 3 Satz 1 UStG. Er ist am Sitzort der Unternehmer. Soweit die Unternehmer in Deutschland ansässig sind, ist die sonstige Leistung steuerbar und steuerpflichtig. Gem. § 13b UStG ist der Leistungsempfänger (Unternehmer mit Sitz in Deutschland) der alleinige Steuerschuldner. Die Fa. Jenesson PTLP darf nur eine Nettorechnung erstellen. Seitens der Kunden in Österreich ist der Leistungsort in Österreich. Da auch hier die sog. Reverse-Charge-Regelung gilt, müssen auch hier die Leistungsempfänger (Steuerschuldner) die Umsatzsteuer anmelden.

b) Sind die Leistungsempfänger Nichtunternehmer mit Wohnort innerhalb der EU kommt die Leistungsortregelung des § 3a Abs. 3a UStG zur Anwendung. Danach ist der Sitzort des Leistungsempfängers der Ort der sonstigen Leistung. Soweit es sich um Leistungsempfänger in Deutschland handelt, ist die sonstige Leistung hier steuerbar und steuerpflichtig. Sofern der Leistungsempfänger kein Unternehmer ist, schuldet die Fa. Jenesson PTLP die deutsche Umsatzsteuer bzw. bei österreichischen Privatabnehmern die österreichische Umsatzsteuer.

Gem. § 18 Abs. 4c UStG hat die Fa. Jenesson PTLP allerdings nunmehr die Möglichkeit, sich nur in einem Mitgliedstaat (z. B. Deutschland) registrieren zu lassen und hier dann sowohl die deutsche als auch die österreichische Umsatzsteuer anzumelden. Die Registrierung und die Meldung hat grundsätzlich elektronisch zu erfolgen. In Deutschland ist hierfür das Bundeszentralamt für Steuern zuständig.

Lösung nach den ab 01.01.2010 geltenden Regelungen:

a) Jennesson PTLP erbringt sonstige Leistungen i. S. v. § 3a Abs. 4 Nr. 13 UStG. Die Leistungen erfolgen an Leistungsempfänger nach § 3a Abs. 2 UStG. Der Leistungsort ist somit gem. § 3a Abs. 2 UStG am Leistungsempfängerort Deutschland bzw. Österreich. Die Leistungen an die Leistungsempfänger in Deutschland sind in Deutschland steuerbar und steuerpflichtig. Die Leistungen an die Leistungsempfänger in Österreich sind in Österreich steuerbar und steuerpflichtig.

Die Steuerschuld geht im Reverse-Charge-Verfahren entsprechend § 13b UStG auf die Leistungsempfänger über.

b) Die Leistungen erfolgen an übrige Leistungsempfänger (keine Leistungsempfänger nach § 3a Abs. 2 UStG). Da die Leistungsempfänger ihren Wohnort im Gemeinschaftsgebiet haben und Jennesson PTLP im Drittlandsgebiet ansässig ist, ist der Leistungsort gem. § 3a Abs. 5 UStG am jeweiligen Wohnort des Leistungsempfängers. Hinsichtlich der Besteuerung gilt das sog. Einortprinzip. Jennesson PTLP kann nach § 18 Abs. 4c und 4d UStG seine sämtlichen Umsätze in der EU in einem von ihm gewählten Mitgliedstaat anmelden.

Lösung zu Fall 12

1. Frachtführer F erbringt gegenüber seinem Auftraggeber G eine sonstige Leistung (Beförderungsleistung). Bei F liegt nur ein Leistungselement vor. Infolgedessen taucht bei ihm die Frage von Haupt- und Nebenleistung nicht auf.

   G erbringt gegenüber M eine Versendungslieferung, bestehend aus den beiden Elementen Lieferung und Beförderung. Die Beförderung kommt üblicherweise bei Warenlieferungen vor und ist gegenüber der Lieferung von untergeordneter Bedeutung. Sie stellt deshalb bei G nur eine Nebenleistung zur Lieferung dar.

2. H erbringt gegenüber M eine sonstige Leistung (Vermietungsleistung). Neben dem Leistungselement Vermietung eines Grundstücksteils ist noch das Leistungselement

Wärmelieferung gegeben. Die Wärmelieferung kommt üblicherweise im Gefolge der Vermietungsleistung vor und ist nach der Verkehrsanschauung gegenüber der Vermietungsleistung von nur untergeordneter Bedeutung. Die Wärmelieferung ist demnach Nebenleistung zur Vermietungsleistung.

3. V tätigt an K eine Beförderungslieferung. Neben der Lieferung des Fernsehgerätes liegen noch weitere Leistungselemente vor:
- Lieferung von Verpackungsmaterial,
- Beförderungsleistung,
- Versicherungsleistung.

Sämtliche weiteren Leistungselemente treten üblicherweise im Versandhandel auf und sind gegenüber der Lieferung von untergeordneter Bedeutung. Sie stellen somit Nebenleistungen zur Lieferung dar und teilen deren umsatzsteuerrechtliches Schicksal.

4. V erbringt gegenüber M zwei Leistungselemente, nämlich die Vermietung der Wohnung und die Vermietung der Garage. Die Vermietung der Garage kommt üblicherweise im Gefolge der Wohnungsvermietung vor und ist ihr gegenüber von nur untergeordneter Bedeutung. Die Vermietung der Garage ist demnach Nebenleistung zur Wohnungsvermietung. Die Leistung ist insgesamt nach § 4 Nr. 12 UStG steuerfrei.
Wäre die Garagenvermietung eine selbständige Leistung, wäre diese nach § 4 Nr. 12 Satz 2 UStG steuerpflichtig (vgl. A 77 Abs. 3 Satz 3 UStR).

Lösung zu Fall 13

1. Das Verpflichtungsgeschäft ist ein Kaufvertrag (der Vertragsgegenstand ist bereits beim Kauf vorhanden). Es handelt sich somit weder um eine Werklieferung noch um eine Werkleistung, sondern um eine normale Lieferung.

2. Gegenstand des Werkvertrages ist die Herstellung eines Liefergegenstandes (Anzug). Der vom Werkunternehmer S beschaffte Anzugsstoff ist Hauptstoff. S erbringt daher eine Werklieferung gem. § 3 Abs. 4 UStG.

3. Gegenstand des Werkvertrages ist die Herstellung eines Liefergegenstandes (Anzug). Knöpfe, Nähgarn und Futter sind nach der Verkehrsauffassung keine Hauptstoffe, denn sie sind im Vergleich zum fertigen Anzug nur von untergeordneter Bedeutung. Es kommt nicht darauf an, dass sie für den Anzug unentbehrlich sind. Weil von S **keine** Hauptstoffe, sondern nur Nebenstoffe beschafft wurden, liegt eine Werkleistung vor.

4. Gegenstand des Werkvertrages ist die Bearbeitung (Reparatur) eines Liefergegenstandes (Pkw). Bei der Bearbeitung wird ein Hauptstoff (Austauschmotor) verwendet. Da der Austauschmotor vom Werkunternehmer beschafft wurde, handelt es sich um eine Werklieferung gem. § 3 Abs. 4 UStG.

5. Gegenstand des Werkvertrages ist die Bearbeitung (Reparatur) eines Liefergegenstandes (Motor). Dabei werden jedoch keine Hauptstoffe verwendet. Schrauben und Splinte sind nach der Verkehrsauffassung im Verhältnis zum reparierten Motor von nur untergeordneter Bedeutung (vgl. A 27 Abs. 1 Satz 7 UStR). W führt deshalb eine Werkleistung aus.

6. Gegenstand des Werkvertrages ist die Reparatur des verbeulten Kotflügels. Für die Reparatur wird an Material ausschließlich Lack verwendet. Lack ist nach der Verkehrsauffassung gegenüber dem auszubessernden Kotflügel von nur untergeordneter Bedeutung und daher kein Hauptstoff. Somit liegt eine Werkleistung vor.

7. Gegenstand des Werkvertrages ist die Bearbeitung eines Liefergegenstandes (Papier). Die bei der Bearbeitung verwendete Druckerschwärze ist kein Hauptstoff. Sie ist nach der Verkehrsauffassung gegenüber dem fertigen Werk (bedrucktes Papier) von nur untergeordneter Bedeutung. Im Vordergrund steht die geleistete Arbeit. Demzufolge erbringt D eine Werkleistung.

8. Gegenstand des Werkvertrages ist die Herstellung des Liefergegenstandes Rohbau. Das Baumaterial für die Herstellung eines Rohbaues stellt Hauptstoff dar. B führt daher eine Werklieferung aus (vgl. auch § 3 Abs. 4 Satz 2 UStG).

9. Gegenstand des Werkvertrages ist die Bearbeitung eines Liefergegenstandes (bebautes Grundstück). Für diese Bearbeitung werden keine Hauptstoffe verwendet. Farbe ist im Verhältnis zum ausgemalten Gebäude nur von untergeordneter Bedeutung. Es liegt somit eine Werkleistung vor.

10. Gegenstand des Werkvertrages ist die Bearbeitung eines Liefergegenstandes (Zimmer). Die dabei verwendeten Tapeten sind Hauptstoffe. Sie sind nach der Verkehrsauffassung im Verhältnis zum tapezierten Zimmer von nicht nur untergeordneter Bedeutung (vgl. BFH vom 16.05.1963 BStBl III 1963, 346). Der Hauptstoff wurde jedoch vom Besteller beschafft, da er in dessen Namen und auf dessen Rechnung erworben worden ist. M erbringt eine Werkleistung.

11. Gegenstand des Vertrages ist gewissermaßen das Abschreiben einiger Buchseiten mit modernen technischen Mitteln. Die Verwendung des Kopierpapiers und der schwarzen Farbe ist somit nur Zutat zu der eigentlichen Leistung. Damit liegt eine sonstige Leistung vor (vgl. Rn. 153 des BMF vom 05.08.2004 BStBl I 2004, 638).

Lösung zu Fall 14

S montiert im Auftrag von M die Küchenteile. Gegenstand des Werkvertrages ist die Montage (Bearbeitung) eines Liefergegenstandes. Weil S hierbei keine zusätzlichen Hauptstoffe verwendet, liegt eine Werkleistung an M vor.
Lösung nach den bis 31.12.2009 geltenden Regelungen:
Bei dieser Werkleistung handelt es sich um eine sonstige Leistung i. S. d. § 3a Abs. 2 Nr. 3c UStG. Da S ausschließlich in Hamburg tätig geworden ist, liegt der Leistungsort in Hamburg. Die Werkleistung ist somit steuerbar.
Lösung nach den ab 01.01.2010 geltenden Regelungen:
Die Werkleistung erfogt an einen Leistungsempfänger nach § 3a Abs. 2 UStG. Der Leistungsort bestimmt sich somit gem. § 3a Abs. 2 UStG nach dem Leistungsempfängerort Zürich. Die Leistung ist in Deutschland nicht steuerbar.

M hat mit B einen Werkvertrag abgeschlossen. Gegenstand des Werkvertrages ist die Herstellung eines Liefergegenstandes (eingebaute Küche). Sämtliche Hauptstoffe hierfür wurden vom Werkunternehmer beschafft. Es liegt deshalb gem. § 3 Abs. 4 UStG eine Werklieferung vor. Weil nicht das fertige Werk versandt wurde, bestimmt sich der Lieferort ausschließlich nach § 3 Abs. 7 Satz 1 UStG. Ort der Werklieferung ist daher Hamburg als Montageort. Die Werklieferung des M ist steuerbar.

Anmerkung: Die Werklieferung ist auch steuerpflichtig. M muss sich im Inland registrieren lassen und die Umsatzsteuer anmelden.

M hat mit F einen Beförderungsvertrag über den Transport der Küchenteile abgeschlossen. F erbringt somit eine Beförderungsleistung an M. Weil mit der Beförderung im Drittlandsgebiet Schweiz begonnen wurde, handelt es sich um keine innergemeinschaftliche Beförderungsleistung. Die Beförderungsleistung fällt unter die Vorschrift des § 3b Abs. 1 UStG. Danach ist bei einer grenzüberschreitenden Beförderungsleistung der auf das Inland entfallende Anteil steuerbar.

Anmerkung: Dieser inländische Beförderungsanteil ist nach § 4 Nr. 3a UStG steuerfrei.

Lösung zu Fall 15

1. Es liegt ein Reihengeschäft vor. Im Rahmen dieses Reihengeschäfts liefert A an W und W an S. Die Spezialmaschine wird i.R.d. Reihengeschäfts von Stuttgart nach Amsterdam befördert. Die Beförderung kann nach § 3 Abs. 6 Satz 5 UStG nur einer der beiden Lieferungen zugerechnet werden, hier also nur der Lieferung des A an W. Da die Maschine bei der Lieferung von A an W von Deutschland in die Niederlande gelangt, sind die Sonderregelungen für den innergemeinschaftlichen Warenverkehr einschlägig. Zunächst ist zu prüfen, ob W einen innergemeinschaftlichen Erwerb tätigt. Dies ist der Fall, da W die Maschine zum Weiterverkauf, also für sein Unternehmen erwirbt. Infolge des innergemeinschaftlichen Erwerbs durch W, kann sich der Lieferort für die Lieferung des A an W nicht gemäß § 3c UStG nach den Niederlanden verlagern, denn § 3c Abs. 2 Nr. 1 UStG ist nicht erfüllt. Der Lieferort für die Lieferung des A an W ist somit nach § 3 Abs. 6 Satz 1 UStG am Ort des Beginns der Beförderung in Stuttgart. Die Lieferung des A ist steuerbar, jedoch nach § 4 Nr. 1b i.V.m. § 6a UStG als innergemeinschaftliche Lieferung steuerfrei.

   Der Lieferung von A an W folgt logisch die Lieferung von W an S nach. Der Lieferort für die Lieferung des W an S ist somit gem. § 3 Abs. 7 Satz 2 Nr. 2 UStG in den Niederlanden und daher in Deutschland nichtsteuerbar. Die Lieferung ist in den Niederlanden steuerbar und steuerpflichtig. W muss dem S eine Rechnung mit niederländischer USt erteilen.

2. Es liegt ein Reihengeschäft vor. Im Rahmen dieses Reihengeschäfts liefert A an W und W an S. Die Spezialmaschine wird i.R.d. Reihengeschäfts von Stuttgart nach Zürich befördert. Die Beförderung kann nach § 3 Abs. 6 Satz 5 UStG nur einer der beiden Lieferungen zugerechnet werden, hier also nur der Lieferung A an W. Der Ort der Lieferung A an W ist somit nach § 3 Abs. 6 Satz 1 UStG in Stuttgart. Die Lieferung ist steuerbar. Da die Spezialmaschine bei dieser Lieferung von Deutschland in das Drittlandsgebiet Schweiz gelangt, ist zu prüfen, ob A eine steuerfreie Ausfuhrlieferung tätigt. Die Ausfuhr erfolgt durch A als Lieferer. Somit greift die Befreiung nach § 4 Nr. 1a i.V.m. § 6 Abs. 1 Nr. 1 UStG. Die Lieferung des A an W ist daher steuerfrei.

   Die Lieferung von W an S folgt der Lieferung des A an W nach. Der Lieferort für die Lieferung des W an S ist somit gem. § 3 Abs. 7 Satz 2 Nr. 2 UStG in der Schweiz und daher in Deutschland nichtsteuerbar.

3. A erbringt an E eine Versendungslieferung nach § 3 Abs. 6 Satz 1 UStG. Der Lieferort ist daher Stuttgart. Die Lieferung des A an E ist steuerbar.

   Die Druckmaschine gelangt bei der Lieferung an E in den Freihafen (Gebiet nach § 1 Abs. 3 UStG). Es kommt somit die Befreiung der Ausfuhr nach § 4 Nr. 1a i.V.m. § 6 Abs. 1 Nr. 3 UStG in Frage. E ist inländischer Unternehmer. Die Lieferung erfolgt an sein Unternehmen. Damit sind alle Voraussetzungen für diese Befreiung erfüllt und die Lieferung A an E ist steuerfrei.

   Der Lieferung von A an E schließt sich eine Lieferung von E an K an. Es handelt sich um kein Reihengeschäft, da bei Beginn der Versendung zu E K als Abnehmer des E noch nicht feststand. Auch E erbringt eine Versendungslieferung nach § 3 Abs. 6 Satz 1 UStG an K. Ort der Lieferung ist der Freihafen. Die Lieferung E an K ist daher nichtsteuerbar.

4. L tätigt mit dem Verkauf des Leders an F eine Lieferung von Leder. Unbeachtlich ist hierbei, dass die Ware nicht sofort an F ausgeliefert und im Inland von einem Beauftragten des F bearbeitet wird. Durch die Beförderung des Leders durch L zum von F Beauftragten H, tätigt L eine Beförderungslieferung gem. § 3 Abs. 6 Satz 1 UStG. Ort der Lieferung ist der Beförderungsbeginn, hier Stuttgart. Die Lieferung des L ist somit steuerbar. Der Liefergegenstand Leder wird in bearbeiteter Form (gefärbtes Leder) in das übrige Gemeinschaftsgebiet transportiert.

    Es ist somit zu prüfen, ob eine steuerfreie innergemeinschaftliche Lieferung vorliegt. Nach § 6a Abs. 1 Satz 2 UStG ist es für die Annahme der Steuerfreiheit unbeachtlich, dass das Leder vor der Versendung durch Beauftragte bearbeitet worden ist. Aufgrund des Erwerbs des Leders durch F für sein Unternehmen, muss F den Erwerb in Frankreich der französischen ErwUSt unterwerfen.

    Die Lederlieferung ist somit steuerfrei gem. § 4 Abs. 1 Nr. 1b i. V. m. § 6a UStG.

    Mit dem Färben des Leders erbringt H an F eine Werkleistung.

    Lösung nach den bis 31.12.2009 geltenden Regelungen:

    Der Leistungsort bestimmt sich nach § 3a Abs. 2 Nr. 3c UStG. Danach ist grundsätzlich der Tätigkeitsort in Ludwigsburg der Leistungsort. Weil F aber gegenüber H eine Id-Nr. eines anderen Mitgliedstaates verwendet und das gefärbte Leder nicht im Mitgliedstaat des Tätigkeitsorts verbleibt, verlagert sich der Leistungsort in das Ausstellerland der Id-Nr., also nach Frankreich. Die Werkleistung ist nichtsteuerbar. Eine Steuerbefreiung ist nicht zu prüfen.

    Lösung nach den ab 01.01.2010 geltenden Regelungen:

    H erbringt seine Werkleistung an einen Leistungsempfänger nach § 3a Abs. 2 UStG. Der Leistungsort bestimmt sich somit gem. § 3a Abs. 2 UStG nach dem Leistungsempfängerort Paris. Die Leistung ist in Deutschland nicht steuerbar.

5. Mit der Reparatur erbringt W eine Werkleistung an T, denn er verwendet keine Hauptstoffe. Ort der Werkleistung ist gem. § 3a Abs. 2 Nr. 3c UStG bzw. ab KJ 2010 nach § 3a Abs. 3 Nr. 3c UStG München. Die Werkleistung ist steuerbar. Eine nach § 7 UStG steuerfreie Lohnveredelung kommt nicht in Betracht. Eine Lohnveredelung nach § 7 Abs. 1 Satz 1 UStG liegt nur dann vor, wenn der Pkw zum Zwecke der Be- oder Verarbeitung eingeführt worden ist. Dies ist hier nicht der Fall. Die Werkleistung des W ist somit steuerpflichtig.

6. Aufgrund des Warenwegs vom Inland in das Drittlandsgebiet liegt bei beiden Liefergegenständen keine innergemeinschaftliche Lieferung vor.

    Bezüglich des Fernsehgeräts liegt eine Beförderungslieferung von E an S gem. § 3 Abs. 6 Satz 1 UStG durch den Abnehmer S vor. Ort der Lieferung ist Tübingen. Die Lieferung ist steuerbar. Das Fernsehgerät wird vom Abnehmer ins Drittlandsgebiet ausgeführt. Deshalb ist die Steuerbefreiungsvorschrift des § 6 Abs. 1 Nr. 2 UStG i. V. m. § 6 Abs. 3a UStG zu prüfen. Sie greift nur ein, wenn S ausländischer Abnehmer ist. Dies trifft nicht zu. Die Lieferung des Fernsehgerätes ist somit steuerpflichtig.

    Bezüglich des Kühlschrankes liegt eine Versendungslieferung gem. § 3 Abs. 6 Satz 1 UStG durch den Lieferer E an S vor. Ort der Lieferung ist Tübingen, dort, wo der Kühlschrank dem Spediteur übergeben wurde.

    Dadurch, dass der Lieferant den Kühlschrank ins Drittlandsgebiet versendet, greift die Steuerbefreiung nach § 6 Abs. 1 Nr. 1 UStG ein. In diesem Falle ist für die Befreiung nicht erforderlich, dass ein ausländischer Abnehmer vorliegt.

Lösung zu Fall 16

1. Umsätze bei G
Vermietung der Fremdenzimmer

G tätigt gem. § 1 Abs. 1 Nr. 1 UStG steuerbare Vermietungsleistungen an Hotelgäste. Es handelt sich um reine Grundstücksmietverträge i. S. v. § 4 Nr. 12a UStG. Die kurzfristige Vermietung an Gäste ist jedoch auf Grund der Ausnahmeregelung des § 4 Nr. 12 letzter Satz UStG von der Steuerbefreiung ausgenommen und daher steuerpflichtig.

Aufstellung des Zigarettenautomaten

Die Duldung der Aufstellung des Zigarettenautomaten stellt eine sonstige Leistung des G an S dar. Das Entgelt liegt in der prozentualen Gewinnbeteiligung. Die sonstige Leistung ist deshalb steuerbar.

Steuerbefreiungsprüfung der sonstigen Leistung an S

Die von G an S erbrachte Leistung besteht sowohl in der Überlassung eines Grundstückteiles als auch in der Erlaubnis, sich in der Gaststätte gewerblich zu betätigen. Nach der Verkehrsauffassung ist die Grundstücksüberlassung im Verhältnis zur Gestattung der Gewerbeausübung von nur untergeordneter Bedeutung. Es liegt also ein Vertrag besonderer Art vor. Die sonstige Leistung des G an S ist steuerpflichtig.

Betrieb der Kegelbahn

Mit dem Betrieb der Kegelbahn erbringt G an die Kegler Leistungen, die keine Grundstücksvermietung im Sinne des § 4 Nr. 12 UStG darstellen. Aus der Sicht des Durchschnittsverbrauchers ist nämlich diese Leistung als Leistung aufgrund eines Vertrages besonderer Art anzusehen, bei der das Element Grundstücksvermietung in den Hintergrund tritt mit der Folge, dass die gesamte Leistung steuerpflichtig ist.

2. Umsätze bei P

Die Vermietung von P an G ist wegen des einheitlichen Mietvertrages **eine einheitliche sonstige Leistung** (Vermietungsleistung).

Soweit P das zweite Stockwerk für seine Tätigkeit als selbständiger Rechtsanwalt nutzt, liegt keine Vermietung, sondern ein nichtsteuerbarer Innenumsatz vor. Zum Unternehmen des P gehört die gesamte unternehmerische Tätigkeit. Diese umfasst seine Tätigkeit als selbständiger Rechtsanwalt und seine Tätigkeit als Grundstücksvermieter. Näheres hierzu vgl. P 2.1. Der Innenumsatz mündet in die steuerpflichtigen Umsätze des P als Rechtsanwalt.

Mit der Vermietung des dritten Stockwerks an A tätigt P eine weitere sonstige Leistung. Sämtliche Vermietungsleistungen sind steuerbar, weil sie vom Unternehmer P entgeltlich im Rahmen seines Unternehmens im Inland erbracht worden sind.

Steuerfreiheitsprüfung bezüglich der Vermietung an G

Es liegt eine Vermietung von Grundstücksteilen vor. Dies gilt auch bezüglich der Kegelbahn, da eine langfristige Vermietung vorliegt und die Kegelbahn wesentlicher Bestandteil des Grundstücks ist. Grundsätzlich greift somit die Steuerbefreiung des § 4 Nr. 12a UStG ein. Bezüglich der Kegelbahn greift allerdings die Ausnahmeregelung des § 4 Nr. 12 letzter Satz UStG ein, soweit es sich um die Vermietung der Betriebsvorrichtung handelt (vgl. A 86 Abs. 1 Nr. 5 UStR). Steuerfrei ist jedoch grundsätzlich die Vermietung des Erdgeschosses, des ersten Stockwerks und der Kellerräume einschließlich des Gebäudeteils, in dem die Betriebsvorrichtung »Kegelbahn« installiert ist.

Wegen des im KJ 01 erklärten Verzichts auf die Steuerbefreiung nach § 4 Nr. 12a UStG kommt nun jedoch auch für den an und für sich steuerfreien Anteil die Steuerpflicht in Betracht. Die Verzichtserklärung wurde nicht widerrufen und ist also noch gültig. Die Voraussetzungen für eine wirksame Verzichtserklärung liegen auch im KJ 03 vor, denn P vermietet an einen Unternehmer (G), der den Mietgegenstand ausschließlich gewerblich und damit für sein Unternehmen nutzt. § 9 Abs. 2 UStG greift generell nicht ein, da es sich lt. Sachverhalt um ein Altgebäude i. S. d. § 27 Abs. 2 UStG handelt. Infolge der wirksamen Option nach § 9 UStG ist der gesamte Umsatz an G steuerpflichtig.

Steuerfreiheitsprüfung bezüglich der Vermietung an A

Die Vermietung an A ist grundsätzlich nach § 4 Nr. 12a UStG steuerfrei. P hat jedoch auf diese Befreiung wirksam verzichtet, da A das dritte Stockwerk eigenbetrieblich nutzt. Die Nutzung erfolgt zwar für steuerfreie und damit vorsteuerschädliche Umsätze nach § 4 Nr. 14 UStG. Gleichwohl greift das Optionsverbot nach § 9 Abs. 2 UStG nicht ein, weil es sich nach dem Sachverhalt um ein Altgebäude handelt. Somit ist die Vermietung von P an A steuerpflichtig.

Verkauf des Grundstücks an G

Die Lieferung des Grundstücks an G erfolgt im Zeitpunkt des Übergangs von Nutzen und Lasten, also am 01.09.04 (vgl. C 4.1). Die Lieferung ist steuerbar gem. § 1 Abs. 1 Nr. 1 UStG.

Hinweis: Es handelt sich nicht um eine Geschäftsveräußerung i. S. v. § 1 Abs. 1a UStG. Der Erwerber G tritt nicht in bestehende Mietverträge des P ein und führt somit nicht das Vermietungsunternehmen des P fort.

Steuerfreiheitsprüfung des Grundstücksverkaufes

Der Grundstücksverkauf fällt grundsätzlich unter das GrEStG, die Lieferung ist daher insoweit nach § 4 Nr. 9a UStG steuerfrei. Dies gilt allerdings nicht bezüglich der Betriebsvorrichtung Kegelbahn. Die Lieferung ist infolgedessen in einen steuerpflichtigen und einen steuerfreien Anteil aufzuspalten.

Eine Option nach § 9 UStG wäre zwar möglich, weil die Grundstückslieferung an G als Unternehmer erfolgt und dieser das Grundstück voll unternehmerisch nutzt (teils eigenbetrieblich, teils durch Vermietung). Da die Option jedoch nur für die **Vermietung**sumsätze erklärt wurde, liegt ein wirksamer Verzicht auf die Steuerfreiheit des steuerfreien Teils der Grundstückslieferung nicht vor.

Im Übrigen hätte der Verzicht auf die Befreiung der Grundstückslieferung im notariellen Vertrag vereinbart werden müssen (§ 9 Abs. 3 Satz 2 UStG).

Nach der Veräußerung des Grundstücks erbringt G an P bezüglich des 2. Obergeschosses eine steuerbare Vermietungsleistung. Sie ist grundsätzlich nach § 4 Nr. 12 UStG steuerfrei. G könnte jedoch gemäß § 9 Abs. 1 UStG auf die Befreiung verzichten. Das Optionsverbot gemäß § 9 Abs. 2 UStG ist von vornherein nicht zu prüfen, da das Gebäude weiterhin ein Altgebäude i. S. v. § 27 Abs. 2 UStG ist.

Lösung zu Fall 17

1. H erbringt mit der Beherbergung des A eine Vermietungsleistung. Das Frühstück ist dazu Nebenleistung, da es nach der Verkehrsauffassung gegenüber der Beherbergung nur von untergeordneter Bedeutung ist und üblicherweise im Gefolge der Beherbergung vorkommt.

Auch die Nutzungsüberlassung der Garage und des Telefons kann noch als übliche Nebenleistung zur Beherbergung angesehen werden.

Die Kurtaxe ist ein Beitrag, den die Kurgemeinde von A für das Recht erhebt, die Kureinrichtungen zu benützen. Insoweit liegt eine Leistung der Kurgemeinde und nicht des H an A vor. Weil verschiedene Leistungsgeber vorhanden sind, kann diese Leistung keine Nebenleistung zur Beherbergung sein.

Die von H erbrachte einheitliche Beherbergungsleistung ist steuerbar gem. § 1 Abs. 1 Nr. 1 UStG und auch steuerpflichtig, denn die Ausnahmeregelung des § 4 Nr. 12 letzter Satz UStG trifft zu.

Die 4 € für die Kurtaxe wendet A nicht für die Leistung des H, sondern für die an ihn erbrachte Leistung der Kurgemeinde auf. Es handelt sich insoweit um einen durchlaufenden Posten, da H diesen Betrag im Namen der Kurgemeinde von A erhebt und darüber mit der Gemeinde abrechnet. H ist weder **Schuldner** noch **Gläubiger** dieses Betrages und tritt nur als Mittelsperson zwischen der Kurgemeinde und A auf (vgl. A 152 Abs. 2 Sätze 2 und 3 UStR).

Die 5 € Trinkgeld fließen unmittelbar dem Personal zu und werden nicht für die an A erbrachte Leistung des H aufgewandt. Auch sie gehören nicht zum Entgelt bei H.

Bei dem für die Telefonbenutzung berechneten Betrag handelt es sich **nicht** um einen **durchlaufenden Posten.** H ist gegenüber der Deutschen Telekom Schuldner der Telefongebühren. Er kann also nicht als Mittelsperson zwischen A und der Deutschen Telekom angesehen werden.

Der insgesamt von A für die steuerpflichtige Beherbergung aufzuwendende Betrag beläuft sich auf 170 €. Die USt beträgt 19/119 von 170 € = 27,14 €. Das Entgelt beträgt 142,86 €.

Anmerkung: Auch wenn die Garagenüberlassung als selbständige Leistung anzusehen wäre, würde sich an der Höhe der bei H anfallenden USt nichts ändern, denn die Vermietung von Parkplätzen ist ebenfalls nach § 4 Nr. 12a letzter Satz UStG steuerpflichtig.

Die sonstige Leistung der Gemeinde ist steuerbar und steuerpflichtig. Hierfür muss A insgesamt 4 € aufwenden. Die USt bei der Gemeinde beträgt 19/119 von 4 € = 0,64 €.

2. Es handelt sich um eine steuerbare und steuerpflichtige Beförderungslieferung von G an O. Die Verpackung und der Transport der Ware stellen dazu Nebenleistungen dar.

O hat zunächst für die Lieferung insgesamt 1 498 € (80 % des Rechnungsbetrages) aufzuwenden. Das Entgelt mindert sich wegen der erfolgreichen Mängelrüge. Der Skontoabzug mindert dagegen das Entgelt erst bei Bezahlung, also im nachfolgenden VZ.

Die USt bei G beträgt im VZ Juni 01 7/107 von 1 498 €, d. h. 98,00 €. Das Entgelt beträgt 1 400 €.

Im VZ Juli 01 tritt durch den Skontoabzug eine nachträgliche Entgeltsminderung nach § 17 Abs. 1 Nr. 1 UStG mit der Folge ein, dass die USt entsprechend zu berichtigen ist.

Der insgesamt entrichtete Betrag ist 1 453,06 €.

Die USt beträgt 7/107 von 1 453,06 €, d. h. 95,06 €.

G hat seine USt somit um 2,94 € (98,00 € ./. 95,06 €) für den Voranmeldungszeitraum Juli zu berichtigen.

3. B tätigt an die Teilnehmer eine grenzüberschreitende Beförderungsleistung, bei der gem. § 3b Abs. 1 Satz 2 UStG nur der inländische Teil steuerbar ist. Dieser Teil ist auch steuerpflichtig. Für die Berechnung der USt ist das Gesamtentgelt aufzuteilen

und der auf den inländischen Streckenanteil entfallende Entgeltsanteil zu ermitteln (vgl. A 42a Abs. 5 Nr. 2 UStR).

$$\frac{\text{Brutto-Gesamtentgelt } (1\,200\,\text{€}) \times \text{Inlands-km } (100\,\text{km})}{\text{Gesamt-km } (300\,\text{km})} = \begin{array}{l}\text{Steuerpflichtiger Entgelts-}\\\text{anteil brutto } (400\,\text{€})\end{array}$$

Die USt beträgt somit 19/119 von 400 € = 63,86 €. Das Entgelt beträgt 336,14 €.

Lösung zu Fall 18

1. Gegrillte Hähnchen fallen unter die Nr. 28 der Anlage zum UStG und unterliegen grundsätzlich dem ermäßigten Steuersatz. Besondere Verzehrvorrichtungen werden zwar in der Gastwirtschaft bereitgehalten, da sie jedoch von den Käufern nicht in Anspruch genommen werden, überwiegt aus der Sicht des Durchnittsverbrauchers das Lieferelement. Daher liegen Lieferungen und keine sonstige Leistungen vor. Es bleibt beim ermäßigten Steuersatz.

2. Tageszeitungen und Zeitschriften gehören zu Nr. 49b der Anlage. Sie unterliegen somit gem. § 12 Abs. 2 Nr. 1 UStG dem ermäßigten Steuersatz.

3. Gas ist als Energieträger kein Gegenstand der Anlage und unterliegt nach § 12 Abs. 1 UStG dem Regelsteuersatz.

4. Nahrungsmittel fallen grundsätzlich unter die Anlage (z. B. Nr. 28, 31, 32, 33). Am Ausgabeort werden Verzehrvorrichtungen vom Auftraggeber bereitgehalten. Da aber von der Fernküche im Darreichungsbereich keine besonderen Dienstleistungen erbracht werden, überwiegt das Lieferelement. Die Fernküche tätigt somit keine sonstigen Leistungen gem. § 3 Abs. 9 Satz 4 UStG, sondern Lieferungen. Der Steuersatz beträgt 7 % gem. § 12 Abs. 2 Nr. 1 UStG.

5. Die sonstige Leistung des Steuerberaters S fällt unter den Regelsteuersatz gem. § 12 Abs. 1 UStG.

6. Die in der Aufsichtsratstätigkeit bestehende Leistung des A (selbständiger Unternehmer) unterliegt dem Regelsteuersatz gem. § 12 Abs. 1 UStG.

7. Leitungswasser fällt unter Nr. 34 der Anlage mit dem ermäßigten Steuersatz gem. § 12 Abs. 2 Nr. 1 UStG.

8. Teeblätter gehören zu Nr. 12 der Anlage. Die Verpackung teilt das Schicksal der Teeblätter. Die Lieferungen unterliegen insgesamt dem ermäßigten Steuersatz gem. § 12 Abs. 2 Nr. 1 UStG.

9. Das Brauereipferd fällt unter Nr. 1a der Anlage mit dem ermäßigten Steuersatz gem. § 12 Abs. 2 Nr. 1 UStG.

10. Die sonstige Leistung des Architekten fällt gem. § 12 Abs. 1 UStG unter den Regelsteuersatz.

11. Tomaten fallen unter Nr. 10b der Anlage. Die Verpackung teilt als Nebenleistung das Schicksal der Tomatenlieferung. Ermäßigter Steuersatz gem. § 12 Abs. 2 Nr. 1 UStG.

12. Es handelt sich um eine Lieferung. Speiseeis fällt unter Nr. 33 der Anlage. Es liegt kein Verzehr an Ort und Stelle vor, weil das Eis nicht dazu bestimmt ist, am Kiosk (Ausgabeort) verzehrt zu werden. Steuersatz 7 % nach § 12 Abs. 2 Nr. 1 UStG.

13. Brot fällt unter Nr. 31 der Anlage. Ermäßigter Steuersatz nach § 12 Abs. 2 Nr. 1 UStG.

14. Sekt ist wie die meisten Getränke kein Gegenstand der Anlage. Regelsteuersatz nach § 12 Abs. 1 UStG.

15. Obst- und Gemüsesäfte fallen nicht unter die Anlage. Regelsteuersatz nach § 12 Abs. 1 UStG.

16. Arzneimittel sind keine Gegenstände der Anlage. Regelsteuersatz gem. § 12 Abs. 1 UStG.

17. Der Zeichentisch ist kein Gegenstand der Anlage. Die Lieferung unterliegt daher dem Regelsteuersatz gem. § 12 Abs. 1 UStG.

18. Die sonstige Leistung von Z (Vortragstätigkeit) stellt keine heilberufliche Tätigkeit i. S. v. § 4 Nr. 14 Satz 1 UStG dar. Sie ist somit steuerpflichtig und unterliegt dem Regelsteuersatz gem. § 12 Abs. 1 UStG. § 12 Abs. 2 Nr. 6 UStG greift nicht ein, weil es sich um keine Leistung handelt, die auf Grund der Ausnahmeregelung des § 4 Nr. 14b UStG (Lieferung von selbsthergestellten Zahnprothesen) steuerpflichtig ist.

19. Schnittblumen fallen unter Nr. 8 der Anlage. Ermäßigter Steuersatz gem. § 12 Abs. 2 Nr. 1 UStG.

20. Bücher sind Gegenstände der Nr. 49a der Anlage. Die Vermietung der Bücher (sonstige Leistung) wird gem. § 12 Abs. 2 Nr. 2 UStG mit dem ermäßigten Steuersatz besteuert

21. Mineralwasser ist kein Wasser i. S. d. Nr. 34 der Anlage (als Trinkwasser in zur Abgabe an den Verbraucher bestimmten Fertigpackungen ausdrücklich von der Ermäßigung ausgenommen). Es unterliegt gem. § 12 Abs. 1 UStG dem Regelsteuersatz.

22. Zubereiteter Kaffee als Getränk fällt nicht unter Nr. 12 der Anlage (vgl. Kapitel 9 des Zolltarifs). Regelsteuersatz nach § 12 Abs. 1 UStG.

23. Schokolade fällt unter Nr. 30 der Anlage. Ermäßigter Steuersatz gem. § 12 Abs. 2 Nr. 1 UStG.

24. Sammlerbriefmarken fallen unter Nr. 49f der Anlage. Ermäßigter Steuersatz gem. § 12 Abs. 2 Nr. 1 UStG.

25. Es liegt eine sonstige Leistung des R vor, bei der die Zurverfügungstellung der Pferde und der Halle Nebenleistung zum Reitunterricht sind. Die sonstige Leistung in Form der Erteilung des Reitunterrichts unterliegt gem. § 12 Abs. 1 UStG dem Regelsteuersatz. Das Gleiche gilt auch für die Nebenleistungen, insbesondere die Zurverfügungstellung der Pferde. Als selbständige Hauptleistung würde die Zurverfügungstellung (Vermietung) von Pferden gem. § 12 Abs. 2 Nr. 2 UStG dem ermäßigten Steuersatz unterliegen.

26. Kunstgegenstände fallen unter Nr. 53 der Anlage. Die Vermietungsleistung unterliegt daher gem. § 12 Abs. 2 Nr. 2 UStG dem ermäßigten Steuersatz.

Lösung zu Fall 19

1. Da verzehrfertige Speisen im Restaurant abgegeben werden, überwiegt das Element der Dienstleistungen. Es liegen sonstige Leistungen vor. Entsprechend dem Bestellerprinzip erbringt G eine sonstige Leistung an S und S eine sonstige Leistung an seine Angestellten. Da es sich um sonstige Leistungen handelt, liegt kein Reihengeschäft nach § 3 Abs. 6 Satz 5 UStG vor.

Leistung G an S

Mit der Essensabgabe tätigt G an S eine sonstige Leistung. Die sonstige Leistung unterliegt dem Regelsteuersatz. S wendet pro Essensabgabe insgesamt 7 € auf. Die USt beträgt 19/119 von 7 € = 1,12 €.

Leistung S an Angestellte

Die Angestellten wenden je Essen insgesamt 5 € auf. Auch bei dem Rechtsverhältnis zwischen S und seinen Angestellten muss bei der Weitergabe des Essens eine sonstige Leistung angenommen werden. S muss hier als Generalunternehmer angesehen werden, der über seinen Subunternehmer G die Speisen mit überwiegenden Dienstleistungen an seine AN ausliefert. Nachdem S das Essen **an seine Arbeitnehmer** unter seinem Einkaufspreis abgibt, kommt gem. § 10 Abs. 5 Nr. 2 UStG i. V. m. § 10 Abs. 4 Nr. 2 UStG die Mindestbemessungsgrundlage zum Zuge (vgl. A 12 Abs. 12 Beispiel 3 Satz 6 UStR).

Dabei ist gem. § 10 Abs. 4 Nr. 2 UStG auf den Einkaufspreis von brutto 7 € abzustellen. Die USt beträgt 119/119 von 7 € = 1,12 €.

2. Z erbringt an P eine einheitliche steuerbare Werklieferung. Nach § 4 Nr. 14 UStG ist die zahnärztliche Leistung zwar grundsätzlich steuerfrei, jedoch gilt dies nicht für die Lieferung der Zahnprothese, die Z in seinem eigenen Labor hergestellt hat (§ 4 Nr. 14b UStG). Der auf den künstlichen Zahn entfallende Entgeltsanteil ist deshalb steuerpflichtig. Da es sich insoweit um eine Werklieferung handelt, die gem. § 4 Nr. 14b UStG von der Steuerbefreiung ausgeschlossen ist, unterliegt dieser Leistungsteil nach § 12 Abs. 2 Nr. 6 UStG dem ermäßigten Steuersatz.

Die USt beträgt somit 6,54 % von 250 €, d. h. 16,35 €.

3. Die Abgabe der Speisen und Getränke durch die GmbH stellen keine sonstigen Leistungen dar. Es liegen Lieferungen gem. § 12 Abs. 2 Nr. 1 UStG vor, weil im Darreichungsbereich das Element der gastähnlichen Dienstleistungen nicht vorliegt. Das bloße Anliefern und Abgeben der Speisen und Getränke gehört zu den nicht maßgeblichen Vermarktungselementen. Das Buffet im Gesamtbetrag von 1 150 € unterliegt damit dem ermäßigten Steuersatz. Die Getränke im Gesamtbetrag von 278 € sind dagegen mit dem Regelsteuersatz zu besteuern, da sie nicht in der Anlage 2 zum UStG aufgeführt sind. Die Transportkosten im Gesamtbetrag von 30 € sind Nebenleistungen zu diesen Lieferungen. Sie sind mangels anderer Aufteilungskriterien im Verhältnis der Beträge auf die Lieferungen aufzuteilen. Auf die Lieferungen zum ermäßigten Steuersatz entfallen hiervon somit

$$\frac{30\,€ \times 1\,050\,€}{1\,328\,€} = 23{,}72\,€$$

Auf die Lieferungen zum Regelsteuersatz entfallen 30 € ./. 23,72 € = 6,28 €.

Die Umsatzsteuer berechnet sich somit wie folgt:

Lieferungen zum Steuersatz von 19 %	USt
278 € + 6,28 € = 284,28 €	19/119 = 45,39 €
Lieferungen zum Steuersatz von 7 %	USt
1 050 € + 23,72 € = 1 073,72 €	7/107 = 70,24 €

Lösung zu Fall 20

1. Gem. § 3 Abs. 12 UStG liegt ein Tausch mit Baraufgabe vor. Das Entgelt für eine Lieferung besteht in einer Gegenlieferung, und der Wertunterschied wird in bar ausgeglichen. Sowohl K als auch H erbringen eine steuerpflichtige Lieferung. Das Entgelt und die USt berechnen sich wie folgt:

Kfz-Händler K

Gemeiner Wert des von H erhaltenen Pkws	4 000,00 €
+ empfangener Barausgleich	18 800,00 €
Bruttobetrag	22 800,00 €
./. USt (19/119 von 22 800 €)	./. 3 640,34 €
Entgelt	19 159,66 €

Handelsvertreter H

Gemeiner Wert des von K erhaltenen Pkws	
(Listenpreis)	22 800,00 €
./. hingegebener Barausgleich	./. 18 800,00 €
Bruttobetrag	4 000,00 €
./. USt (19/119 von 4 000 €)	./. 638,65 €
Entgelt	3 361,35 €

Die Veräußerung des Pkws von H an K wird als sog. Hilfsgeschäft bezeichnet.

2. Auch hier liegt ein Tausch mit Baraufgabe gem. § 3 Abs. 12 UStG vor. Da K für das in Zahlung genommene Fahrzeug 5 000 € anrechnet, obwohl dieses nur einen Wert von 4 000 € hat, gewährt K dem R wirtschaftlich gesehen auf das Neufahrzeug einen verdeckten Preisnachlass. Bei der Lieferung des R an den K handelt es sich um ein Hilfsgeschäft.

K erbringt mit der Lieferung des Pkws an R wiederum eine steuerbare und steuerpflichtige Lieferung. Entgelt und USt errechnen sich wie folgt:

Kfz-Händler K

Gemeiner Wert des von H erhaltenen Pkws	4 000,00 €
+ empfangener Barausgleich	16 300,00 €
Bruttobetrag	20 300,00 €
./. USt (19/119 von 20 300 €)	./. 3 241,18 €
Entgelt	17 058,84 €

Obwohl K für den Pkw des R 5 000 € anrechnet, muss für die Berechnung des Entgelts nach der zwingenden Vorschrift des § 10 Abs. 2 Satz 2 UStG nach wir vor vom **gemeinen Wert** ausgegangen werden. Die Mehranrechnung wirkt sich bei K wirtschaftlich als Preisnachlass für die Lieferung seines Pkws aus (sog. verdeckter Preisnachlass).

Rechtsanwalt R

Mit der Veräußerung des Pkws tätigt R ein sog. Hilfsgeschäft und damit eine Lieferung im Rahmen seines Unternehmens. Die Lieferung ist steuerbar und steuerpflichtig und unterliegt gem. § 12 Abs. 1 UStG dem Regelsteuersatz. USt und Entgelt errechnen sich wie folgt:

Gemeiner Wert des von K erhaltenen Pkws	
(Listenpreis)	21 300,00 €
./. hingegebener Barausgleich	./. 16 300,00 €
Bruttobetrag	5 000,00 €
./. USt (19/119 von 5 000 €)	./. 798,32 €
Entgelt	4 201,68 €

Lösung zu Fall 21

1. Die Lieferung der Röhren von G an E ist steuerbar und steuerpflichtig. Für diese 100 Lieferungen hat E zunächst insgesamt 2 380 € aufzuwenden. Die Möglichkeit des Skontoabzuges mindert den aufzuwendenden Betrag zunächst nicht, sondern erst bei Bezahlung der Rechnung. Die USt beträgt somit (Steuersatz 19 %) 19/119 von 2 380 €, d. h. 380 €. Durch die auf Grund der Mängelrüge erfolgte Rückgabe der Röhren wird die Lieferung annulliert. Da G die Lieferungen in der Voranmeldung für **Juni 01** versteuern muss, hat er in entsprechender Anwendung des § 17 Abs. 1 UStG die USt im VZ **Juli 01** um 380 € zu berichtigen.

2. Mit der Übergabe des Fernsehgerätes an K erbringt E am 01.02.01 eine steuerbare und steuerpflichtige Lieferung. Obwohl sich E das Eigentum vorbehalten hat, geht das wirtschaftliche Eigentum zu diesem Zeitpunkt auf E über. Die Lieferung hat E in der Voranmeldung für Februar 01 zu versteuern. Bemessungsgrundlage ist alles, was K vereinbarungsgemäß aufzuwenden hat abzüglich 19 % USt.
Die **USt** beträgt 19/119 von 2 000 €, d. h. 319,33 €.
Die Abholung des Fernsehgerätes auf Grund der Nichtzahlung der Raten stellt eine Rückgabe dar. Dadurch wird die ursprüngliche Lieferung annulliert. Die USt ist in entsprechender Anwendung des § 17 Abs. 1 UStG im VZ der Rückholung (November 01) i. H. v. 319,33 € zu berichtigen.
Da E und K für diesen Fall der Rücknahme hilfsweise eine Vermietung des Fernsehgerätes vereinbart haben, tritt nun an die Stelle der Lieferung eine Vermietungsleistung für die Zeit vom 01.02.01 bis 01.11.01. Diese Vermietungsleistung ist steuerbar und steuerpflichtig. Insgesamt hat K für diese Leistung 900 € (monatlich 100 €) aufgewendet. Die USt bei einem Steuersatz von 19 % beträgt 19/119 von 900 €, d. h. 143,70 €.
E muss im VZ November 01 Folgendes melden:
USt: ./. 319,33 €
USt: +143,70 €
Im Ergebnis berichtigt E in der Voranmeldung November 01 seine USt um ./. 175,63 €.

Lösung zu Fall 22

1. I. R. d. Kommissionsgeschäfts liegen bezüglich der am 10.12.01 verkauften Schrankwand zwei Lieferungen vor, nämlich eine Lieferung von F an M gem. § 3 Abs. 3 UStG und eine Weiterlieferung von M an K.

Umsatzsteuerrechtliche Behandlung bei M
Die Lieferung von M an K erfolgt am 13.12.01 mit der Auslieferung der Schrankwand. Es handelt sich um eine steuerbare und stpfl. Beförderungslieferung gem. § 3 Abs. 6 Satz 1 UStG. K wendet für diese Lieferung insgesamt 7 378 € auf. Die USt beträgt 19/119 von 7 378 €, d. h. 1 178 €.

Umsatzsteuerrechtliche Behandlung bei F
Die Lieferung von F an M erfolgt zu dem Zeitpunkt, an dem M dem K Verfügungsmacht über die Schrankwand verschafft hat (vgl. A 24 Abs. 2 Satz 9 UStR). Damit ist auch die Lieferung von F an M steuerbar und stpfl.
Auf Grund der Abrechnung vom 17.12.01 wendet M gegenüber F für die Lieferung insgesamt 5 950 € auf. Die Umsatzsteuer bei F beträgt somit 19/119 von 5 950 € = 950 €.

Diese USt muss F für den VZ Dezember 01 versteuern. Bei dem Transport der Schrank-wände am 15.11.01 von F zu M handelte es sich lediglich um ein rechtsgeschäftsloses Verbringen.

Anmerkung: Auf den Vorsteuerabzug wird hier noch nicht eingegangen.

2. **Umsatzsteuerrechtliche Behandlung bei G**

Der Verkauf des Hauses von G im Namen und für Rechnung des P stellt ein Agentur-geschäft dar. G erbringt eine steuerbare und steuerpflichtige Vermittlungsleistung an P. P wendet hierfür insgesamt 10 800 € auf.

Die USt beträgt (Steuersatz 19 %) 19/119 von 10 800 € = 1 724,37 €.

Umsatzsteuerrechtliche Behandlung bei P

P erbringt auf Grund der Veräußerung des Hauses durch seinen Erfüllungsgehilfen G unmittelbar eine Lieferung an A. Diese Lieferung ist jedoch nichtsteuerbar, weil P kein Unternehmer ist.

Lösung zu Fall 23

1. A ist als Arbeitnehmer kein Unternehmer. Er könnte zwar außerhalb seines Arbeits-verhältnisses Unternehmer sein. Dies wäre aber nur dann der Fall, wenn er nachhaltig Motorräder veräußern würde. Die einmalige Veräußerung des Motorrades ohne Wie-derholungsabsicht begründet keine Unternehmereigenschaft.

2. Der Betrieb der Kantine erfolgt außerhalb des Dienstverhältnisses von H. Folglich ist H mit dieser Tätigkeit selbständig. Da auch Nachhaltigkeit gegeben ist, ist H Unter-nehmer (gewerbliche Tätigkeit).

3. Da G die elektronischen Schaltelemente im Namen des A und für dessen Rechnung veräußert, ist A der Lieferant. A übt als Inhaber des Fabrikationsbetriebes eine ge-werbliche Betätigung selbständig aus. A ist folglich Unternehmer. Die Staatsangehö-rigkeit spielt für die Unternehmereigenschaft keine Rolle (§ 1 Abs. 2 Satz 3 UStG). G steht als Geschäftsführer in einem Dienstverhältnis und ist mangels Selbständigkeit mit dieser Tätigkeit kein Unternehmer.

4. Die Unternehmereigenschaft des H hängt davon ab, ob er gegenüber S selbständig ist. Die Tätigkeit des H weist Merkmale auf, die zum Teil für ein Dienstverhältnis und zum Teil für Selbständigkeit sprechen.

a) Indizien, die auf **Selbständigkeit** hinweisen, sind:
- die Möglichkeit, Kundenbesuche nach eigener Auswahl und Zeiteinteilung durch-zuführen,
- Erhalt einer Provision.

b) Für ein **Dienstverhältnis** (Unselbständigkeit) spricht:
- die Verpflichtung, seine Arbeitskraft ausschließlich der Fa. S zur Verfügung zu stellen,
- der Erhalt eines Fixums,
- die Verpflichtung, täglich einen Reisebericht zu erstellen,
- der Anspruch auf Jahresurlaub und betriebliche Altersversorgung.
  Die Merkmale der Unselbständigkeit und der Selbständigkeit sind gegeneinander ab-zuwägen. Maßgebend ist das Gesamtbild der Verhältnisse. Danach überwiegen – ins-besondere auf Grund des Anspruches auf Jahresurlaub und auf betriebliche Altersversorgung – die Merkmale der Unselbständigkeit. S ist daher Arbeitnehmer und kein Unternehmer.

Kriterien, die nach dem Sozialversicherungsrecht oder dem Arbeitsrecht zu einer arbeitnehmerähnlichen Tätigkeit oder zu einer Scheinselbständigkeit führen, sind nach dem BFH vom 02.12.1998 (BStBl II 1999, 534) für die Umsatzsteuer ohne Bedeutung.

5. Soweit der Betreiber einer unter §§ 3 bis 8 EEG fallenden Anlage zur Stromgewinnung den erzeugten Strom ganz oder teilweise, regelmäßig und nicht nur gelegentlich in das allgemeine Stromnetz einspeist, dient diese Anlage ausschließlich der nachhaltigen Erzielung von Einnahmen aus der Stromerzeugung. Das Betreiben einer solchen Anlage durch sonst nicht unternehmerisch tätige Personen ist daher unabhängig von der leistungsmäßigen Auslegung der Anlage und dem Entstehen von Stromüberschüssen eine nachhaltige Tätigkeit und begründet die Unternehmereigenschaft.

Sofern nur gelegentlich Strom in das allgemeine Stromnetz abgegeben wird, ist der Anlagenbetreiber nicht Unternehmer.

Wenn eine physische Einspeisung des erzeugten Stroms in das allgemeine Stromnetz nicht möglich ist (z. B. auf Grund unterschiedlicher Netzspannungen), liegt ein Leistungsaustausch zwischen dem Betreiber der Anlage und dem des allgemeinen Stromnetzes nicht vor, da der Betreiber den Strom selbst verbrauchen muss. Eine Unternehmereigenschaft des Betreibers der Anlage ist insoweit auch dann nicht gegeben, wenn der Netzbetreiber in diesen Fällen eine Vergütung nach dem EEG für den in der Anlage erzeugten Strom zahlt (A 18 Abs. 5 UStR).

Lösung zu Fall 24

Zum **Unternehmensbereich** (Rahmen des Unternehmens) gehören:
- die freiberufliche Tätigkeit als Architekt,
- die gewerbliche Betätigung als Bauunternehmer,
- die Vermietung des Mietshauses.

Zum **außerunternehmerischen Bereich** (nicht i. R. d. Unternehmens) gehören:
- die Nutzung des Einfamilienhauses. Es fehlt hier die Absicht, Einnahmen zu erzielen,
- die Veräußerung des Gemäldes ist für sich gesehen keine nachhaltige Tätigkeit. Es liegt auch kein Hilfs- oder Nebengeschäft vor. Die Lieferung erfolgt nicht i. R. d. Unternehmens und ist deshalb nichtsteuerbar.

Die Geldeinlage ist kein umsatzsteuerrechtlich relevanter Tatbestand.

Lösung zu Fall 25

1. Da die Waschmaschine ausschließlich privat genutzt wird und B auch nicht mit Waschmaschinen handelt, ist sie von vornherein Privatvermögen. Es spielt keine Rolle, dass B im Namen der Firma einkauft. B hat kein Zuordnungswahlrecht.
2. Weil P mit Pkws handelt, wird der Sportwagen zunächst Unternehmensvermögen. Er erwirbt den Sportwagen unter Einsatz seiner betrieblichen Organisation. Erst mit der Schenkung an seine Frau wird der Pkw aus dem Unternehmen entnommen. Die Entnahme des Pkw ist gem. § 3 Abs. 1b Nr. 1 UStG wie eine entgeltliche Lieferung zu behandeln. Nähere Ausführungen hierzu vgl. Q.
3. Das Heizöl ist als vertretbare Sache aufteilbar. Der auf den Fabrikationsbetrieb und auf das Mietshaus entfallende Anteil i. H. v. insgesamt 70 000 Liter ist Unternehmensvermögen (zum Vorsteuerabzug vgl. Fall 28 Nr. 1). Insoweit soll eine ausschließliche unternehmerische Nutzung erfolgen. Der auf das Einfamilienhaus entfallende Anteil i. H. v. 10 000 Litern ist zur Privatnutzung bestimmt und somit Privatvermögen.

4. R hat durch die Inanspruchnahme des vollen Vorsteuerabzuges konkludent zum Ausdruck gebracht, dass er den Pkw zu 100% als Unternehmensvermögen behandeln will. Der Pkw wird dadurch Unternehmensvermögen.

5. A ist allein schon wegen der Vermietung der Wohnung Unternehmer. Das Haus wird bezüglich des vermieteten Teils unternehmerisch genutzt.

   A hat folgende Möglichkeiten:

a) A kann das Zweifamilienhaus aufteilen und es zu 50% seinem unternehmerischen Bereich zuordnen.

b) Statt dessen kann A das Zweifamilienhaus seinem Unternehmen auch zu 100% zuordnen. Da die Vermietung nach § 4 Nr. 12a UStG steuerfrei ist, hat er für den unternehmerisch genutzten Teil des Gebäudes keinen Vorsteuerabzug. Infolgedessen ist die Privatnutzung des Gebäudes nicht gem. § 3 Abs. 9a Nr. 1 UStG einer entgeltlichen sonstigen Leistung gleichgestellt. Sie ist nichtsteuerbar. A hat folglich überhaupt keinen Vorsteuerabzug (vgl. A 24c Abs. 7 Beispiel 1 UStR).

c) R ordnet das Zweifamilienhaus seinem unternehmerischen Bereich überhaupt nicht zu. Hinsichtlich der Vermietung tätigt er gleichwohl einen steuerbaren, jedoch nach § 4 Nr. 12 UStG steuerfreien Umsatz. Für die Steuerbarkeit der Vermietung ist nicht erforderlich, dass ein Gegenstand des Unternehmens vermietet wird.

6. Der Pkw wird zu weniger als 10% für unternehmerische Zwecke genutzt. Nach § 15 Abs. 1 Satz 2 UStG gehört damit der Pkw zum nichtunternehmerischen Bereich des F. Er stellt kein Unternehmensvermögen dar.

7. E ist allein schon wegen der Vermietung des Einfamilienhauses Unternehmer. Das Einfamilienhaus wird durch die Vermietung ausschließlich unternehmerisch genutzt und ist deshalb zu 100% Unternehmensvermögen. E hat kein Zuordnungswahlrecht.

8. Bei einer unternehmerischen Nutzung zwischen 10%–100% hat der Unternehmer ein Zuordnungswahlrecht. Das Zuordnungswahlrecht kann konkludent durch die Inanspruchnahme bzw. Nichtinanspruchnahme des Vorsteuerabzuges aus den Anschaffungskosten vorgenommen werden.

   Ist ein Vorsteuerabzug aus den Anschaffungskosten nicht möglich (Erwerb des Gegenstandes von privat), müssen andere Beweisanzeichen herangezogen werden (A 192 Abs. 21 Satz 7 UStR).

   Da U aus den laufenden Kosten den vollen Vorsteuerabzug geltend macht, bringt er konkludent zum Ausdruck, dass er den Pkw zu 100% seinem Unternehmen zuordnet. Nur bei 100% Zuordnung zum Unternehmen darf er auch für den privat genutzten Teil des Pkw den Vorsteuerabzug aus den laufenden Kosten vornehmen.

Lösung zu Fall 26

1. Die Führung eines Prozesses gehört zu den Grundgeschäften eines Rechtsanwalts. Es liegt somit eine Wertabgabe aus dem Unternehmen des R zu privaten Zwecken vor. Dadurch ist der Tatbestand des § 3 Abs. 9 a Nr. 2 UStG erfüllt. Die unentgeltliche Leistungsabgabe ist einer entgeltlichen sonstigen Leistung gleichzustellen. Die sonstige Leistung ist steuerbar (Leistungsort gem. § 3 f UStG ist Ludwigsburg) und steuerpflichtig. Bemessungsgrundlage sind gem. § 10 Abs. 4 Nr. 3 UStG die bei der Prozessführung entstandenen Kosten ohne die USt. Zu beachten ist, dass beim Tatbestand des § 3 Abs. 9a Nr. 2 UStG auch die vorsteuerlosen Kosten (hier: Personalkosten) zur Bemessungsgrundlage gehören. Das sonst einem Dritten berechnete Entgelt ist nicht maßgeblich. Die USt beträgt **19% von 200 €, d.h. 38 €.**

2. Mit Hilfe seiner Erfüllungsgehilfen tätigt M eine Wertabgabe aus außerunternehmerischen Gründen. Eine entsprechende Leistung einem Dritten gegenüber wäre eine Werkleistung. Ein Vorgang, der Dritten gegenüber als sonstige Leistung – einschließlich Werkleistung – zu beurteilen wäre, fällt unter den Tatbestand des § 3 Abs. 9a Nr. 2 UStG. Das gilt auch insoweit, als dabei Gegenstände in Form von Zutaten oder Nebenstoffen verwendet werden, das Dienstleistungselement aber überwiegt (vgl. BFH vom 09.06.2005, Az. V R 50/02, BStBl II 2006, 98). Der Grundsatz der Einheitlichkeit der Leistung (vgl. A 29 UStR) gilt auch für die unentgeltlichen Wertabgaben (vgl. BFH vom 03.11.1983 BStBl II 1984, 169).

Die sonstige Leistung gem. § 3 Abs. 9a Nr. 2 UStG ist steuerbar und steuerpflichtig. Bemessungsgrundlage sind gem. § 10 Abs. 4 Nr. 3 UStG die hierbei angefallenen **Ausgaben** und nicht der Betrag, den ein Dritter hätte bezahlen müssen. Ausgaben fielen i. H. v. 150 € für Farbe und i. H. v 800 € für anteilige Arbeitslöhne an. Die USt beträgt **19 % von 950 €, d. h. 180,50 €.**

3. Der Verzehr der Speisen und Getränke durch W und seine Ehefrau stellt eine Wertabgabe des Unternehmens aus unternehmensfremden Gründen dar. Da die Eheleute die Speisen nicht in ihrer Gaststätte, sondern in den Privaträumen zu sich nehmen, liegt keine »unentgeltliche« Abgabe von Speisen und Getränke zum Verzehr an Ort und Stelle vor, die als entgeltliche sonstige Leistung nach § 3 Abs. 9 Nr. 2 UStG zu behandeln wäre. Vielmehr handelt sich um die Entnahme von Gegenständen. Es liegt somit der Tatbestand des § 3 Abs. 1b Nr. 1 UStG vor. Die Entnahme wird einer entgeltlichen Lieferung gleichgestellt, die steuerbar und steuerpflichtig ist. Der Steuersatz beträgt für Getränke 19 % und für Speisen gem. § 12 Abs. 2 Nr. 1 UStG 7 %.

Als Bemessungsgrundlage sind die Einkaufspreise für die Getränke bzw. die Selbstkosten für die Mahlzeiten anzusetzen. In der Praxis werden derartige Fälle pauschal anhand amtlicher Richtsätze abgewickelt (vgl. Q 2.3). Danach wird bei Gastwirtschaften (vgl. Q 2.3) mit Abgabe von kalten und warmen Speisen für eine erwachsene Person pro Jahr als Nettobemessungsgrundlage angesetzt:

Gewerbezweig	**Jahreswert** für eine Person ohne Umsatzsteuer		
	ermäßigter Steuersatz €	voller Steuersatz €	insgesamt €
Gast- und Speisewirtschaften mit Abgabe von kalten und warmen Speisen	1 040	1 855	2 895

Die USt berechnet sich also wie folgt:

2 × 1 040 € = 2 080 € ×	7 % =	145,60 €
2 × 1 855 € = 3 710 € ×	19 % =	704,90 €
Umsatzsteuer insgesamt:		850,50 €

4. Da das Gebäude zu 50 % unternehmerisch genutzt wird, hat G ein Zuordnungswahlrecht. Da G nur die auf das Erdgeschoss entfallende Vorsteuer geltend gemacht hat und er auch nicht ausdrücklich dem Finanzamt erklärt hat, er wolle das gesamte Gebäude seinem Unternehmen zuordnen, ist davon auszugehen, dass er nur das Erdgeschoss seinem Unternehmen zugeordnet hat. Deshalb ist die Nutzung des Ober-

geschosses nicht gem. § 3 Abs. 9a Nr. 1 UStG einer entgeltlichen sonstigen Leistung gleichgestellt. Sie ist nichtsteuerbar.

5. Die Privatnutzung des Fahrzeugs ist gem. § 3 Abs. 9a Nr. 1 UStG einer entgeltlichen sonstigen Leistung gleichgestellt. Sie ist steuerbar und steuerpflichtig. Die Fahrten des A zwischen seiner Wohnung und dem Betrieb gehören zur unternehmerischen Nutzung.

Nach der 1%-Regelung wird die Bemessungsgrundlage wie folgt ermittelt:

1% vom Listenpreis brutto 59 500 €	595,00 €
abzüglich 20% für nicht vorsteuerbelastete Kosten	./. 119,00 €
Bemessungsgrundlage für einen Monat	476,00 €
USt 19% für einen Monat	90,44 €
USt für 01 (9 Monate)	813,96 €

6. Die Privatnutzung des Fahrzeugs ist gem. § 3 Abs. 9a Nr. 1 UStG einer entgeltlichen sonstigen Leistung gleichgestellt. Sie ist steuerbar und steuerpflichtig. Bemessungsgrundlage gem. § 10 Abs. 4 Nr. 2 UStG sind die auf die Privatnutzung entfallenden Ausgaben, soweit eine Vorsteuerabzugsberechtigung vorliegt. Die zum Vorsteuerabzug berechtigenden Ausgaben belaufen sich auf 22 800 € ./. 4 200 € (Versicherung und Steuer), d. h. 18 600 €. Die Nutzung des Fahrzeuges zwischen Wohnung und Betrieb ist eine unternehmerische Nutzung und muss dieser zugerechnet werden. Der lt. Fahrtenbuch auf die Privatnutzung entfallende Anteil beträgt somit 30%.

Die Bemessungsgrundlage für die Privatfahrten berechnet sich mit 30% von 18 600 €, d. h. 5 580 €. Die USt beträgt 19% von 5 580 €, d. h. 1 060,20 €.

7. Es liegt, wie oben in Nr. 6 ausgeführt, eine steuerbare und steuerpflichtige sonstige Leistung gem. § 3 Abs. 9a Nr. 1 UStG vor. Da L die 1%-Regelung anwenden will und die Verwaltung dies zulässt, ermittelt sich die USt für die private Nutzung wie folgt:

1% vom Listenpreis brutto (71 400 €)	714,00 €
abzüglich 1/5 für nicht zum Vorsteuerabzug berechtigende Kosten	./. 142,80 €
Bemessungsgrundlage pro Monat	571,20 €
USt für Privatnutzung pro Monat 19% von 571,20 €	108,53 €
USt für Privatnutzung pro Jahr 12 × 108,53 €	1 302,34 €

8. U tätigt mit der Privatnutzung des Pkws eine steuerpflichtige sonstige Leistung nach § 3 Abs. 9a Nr. 1 UStG. Lt. Verwaltungsmeinung werden die Kosten anlässlich eines Unfalls wie normale Reparaturkosten behandelt. D. h., sie gehören anteilig i. H. v. 30% zur Bemessungsgrundlage für die sonstige Leistung nach § 3 Abs. 9a Nr. 1 UStG. Der Kostenersatz durch die Versicherung ist jedoch zu kürzen.

Von den Reparaturkosten anlässlich des Unfalles sind somit 30% von 2 000 €, d. h. 600 € der Bemessungsgrundlage für die steuerpflichtige sonstige Leistung nach § 3 Abs. 9a Nr. 1 UStG hinzuzurechnen und dort zu versteuern.

9. Sofern U als Bemessungsgrundlage für die steuerpflichtige sonstige Leistung nach § 3 Abs. 9 a Nr. 1 UStG die Listenpreisregelung anwendet, ist davon auszugehen, dass der anteilige Kostenanteil bereits in der 1% Listenpreispauschale enthalten ist. Einer zusätzlichen Erfassung der anteiligen Reparaturkosten bedarf es in diesem Falle nicht.

10. B erbringt an seinen Arbeitnehmer eine sonstige Leistung in Form einer Vermietung eines Beförderungsmittel. Es liegt kein Tatbestand nach § 3 Abs. 9a Nr. 1 UStG vor. Lt. Verwaltungsmeinung steht der Nutzungsüberlassung ein Entgelt in Form einer zusätzlichen Arbeitsleistung gegenüber.

Umsatzsteuerrechtlich liegt ein tauschähnlicher Umsatz vor. Als Bemessungsgrundlage ist grundsätzlich der Wert der Nutzungsüberlassungsleistung anzusetzen. Aus Vereinfachungsgründen können aber auch die lohnsteuerlichen Pauschalwerte angesetzt werden.

Die Bemessungsgrundlage errechnet sich wie folgt:
für die allgemeine Privatnutzung
1 % von (50 000 €) Bruttolistenpreis × 1 Monat   500 €
für Fahrten zwischen Wohnung und Arbeitsstätte
0,03 % von (50 000 €) Bruttolistenpreis × (10) Entfernungs-km × 1 Monat   150 €
Bruttowert der sonstigen Leistung an den Arbeitnehmer   650 €
Die USt beträgt 19/119 × 650 €, d. h. 103,78 €.
B kann im Zusammenhang mit dem Fahrzeug einen vollen Vorsteuerabzug geltend machen.
(Vgl. Tz. 4.2.1.3 des BMF vom 27.08.2004 BStBl I 2004, 864.)

Lösung zu Fall 27

1. Da der Pkw wie von vornherein beabsichtigt nicht zu wenigstens 10 % für das Unternehmen des U verwendet wurde, konnte er nach § 15 Abs. 1 Satz 2 UStG nicht dem Unternehmen zugeordnet werden. Damit hat U zu Unrecht den Vorsteuerabzug aus der Anschaffung des Pkw vorgenommen.
Die Veräußerung des nicht zum Unternehmen des U gehörenden Pkw ist nichtsteuerbar. Da U für diese Lieferung USt gesondert in einer Rechnung ausgewiesen hat, schuldet er diese USt nach § 14c Abs. 2 UStG (vgl. A 190d Abs. 2 Nr. 4 UStR).
Da die ausgewiesene USt nicht gesetzlich i. S. v. § 15 Abs. 1 Nr. 1 Satz 1 UStG geschuldet wird, hat P aus der Pkw-Lieferung des U keinen Vorsteuerabzug.

2. Die Vermietung von U an R ist nach § 4 Nr. 12a UStG steuerfrei. Da R die Wohnung zu Wohnzwecken nutzt, kann U bereits nach § 9 Abs. 1 UStG nicht auf die Befreiung verzichten. Damit weist U für einen steuerfreien Umsatz USt gesondert aus. Diese USt schuldet U nach § 14c Abs. 1 UStG. A hat daraus keinen Vorsteuerabzug, da er
a) die Leistung nicht für sein Unternehmen bezieht,
b) die ausgewiesene USt keine gesetzlich geschuldete USt i. S. v. § 15 Abs. 1 Nr. 1 Satz 1 UStG ist.
U kann die USt nach § 14c Abs. 1 UStG durch eine schriftliche Berichtigungserklärung gegenüber R beseitigen. Die Beseitigung erfolgt durch entsprechende Stornierung in der USt-Anmeldung.

3. Da H aus der Anschaffung des Pkw den vollen Vorsteuerabzug geltend gemacht hat, ist davon auszugehen, dass er den Pkw zulässigerweise seinem Unternehmen zugeordnet hat. Damit erfolgte die Wagenwäsche für das Unternehmen des H. In dem Beleg fehlen verschiedene nach § 14 Abs. 4 UStG geforderte Angaben. Es handelt sich jedoch um eine Kleinbetragsrechnung i. S. v. § 33 UStDV, da der Rechnungsbetrag 150 € nicht übersteigt. Alle nach § 33 UStDV erforderlichen Angaben liegen vor. Somit darf H die USt mit 19/119 aus dem Betrag von 6 € = 0,96 € herausrechnen und als Vorsteuer abziehen.

4. In der Rechnung ist die USt zu hoch ausgewiesen. Bei einem Nettobetrag von 3 000 € beträgt die USt nicht 750 €, sondern 570 €. Es ist dem A also ein so genannter Zahlendreher unterlaufen. Bei einem Bruttoentgelt von 3 750 € beträgt die USt 19/119 von

3 750 € = 598,74 €. Da alle übrigen Voraussetzungen für den Vorsteuerabzug bei B erfüllt sind, darf B diese USt als Vorsteuer abziehen.

A schuldet die zu hoch ausgewiesene USt i. H. v. 750 € ./. 598,74 € = 151,26 € nach § 14c Abs. 1 UStG. A kann die USt nach § 14c Abs. 1 UStG durch eine schriftliche Berichtigungserklärung gegenüber B beseitigen.

5. Es liegt eine so genannte Scheinrechnung vor. M rechnet über eine nicht erbrachte Lieferung einer Büroeinrichtung ab und schuldet die ausgewiesene USt nach § 14c Abs. 2 UStG.

   F darf aus der Rechnung keinen Vorsteuerabzug vornehmen, da

   a) die ausgewiesene USt keine gesetzlich geschuldete USt i. S. v. § 15 Abs. 1 Nr. 1 Satz 1 UStG ist.

   b) B keine derartige Leistung für sein Unternehmen bezogen hat,

   c) aus der Lieferung der Wohnzimmereinrichtung für ihn von vornherein kein Vorsteuerabzug in Betracht kommt, da die Lieferung nicht an sein Unternehmen erfolgte.

   Unter Beachtung des nach § 14c Abs. 2 Satz 3 bis 5 UStG vorgeschriebenen Verfahrens kann die USt nach § 14c Abs. 2 UStG wieder beseitigt werden.

6. Bei der Lieferung des Heizöls handelt es sich um eine vertretbare Sache. Da das Heizöl teilweise zur Verwendung im Unternehmen und zum Teil zur Verwendung im Privatbereich bestimmt ist, hat nach A 192 Abs. 21 Nr. 1 UStR eine Aufteilung zu erfolgen. Nur der Teil des Heizöls ist für das Unternehmen des F bezogen, der in den Fabriktank eingefüllt wird. Daher darf F die ausgewiesene USt nur anteilig als Vorsteuer abziehen. Der abziehbare Teil beträgt $\dfrac{3\,800 \times 40\,000}{50\,000} = 3\,040$ €.

7. G erbrachte am 01.11.01 steuerpflichtige Lieferungen der Fernsehgeräte an E. Die USt beträgt aufgrund der infolge des Skontoabzugs eingetretenen Entgeltsminderung 19/119 von 20 777,40 € = 3 317,40 €. Diese USt hat G bereits für den Voranmeldungszeitraum der Vereinnahmung (Oktober) anzumelden und abzuführen.

   Bei E liegen alle Voraussetzungen für den Vorsteuerabzug aus der Lieferung der Fernsehgeräte vor. Da E die Rechnung bereits im Oktober erhalten hat und im Oktober auch bereits die Zahlung geleistet hat, darf er die Vorsteuer bereits für den Voranmeldungszeitraum Oktober geltend machen.

8. Da für den Vorsteuerabzug eine Rechnung nach § 14 UStG vorliegen muss und auf der Rechnung die Angaben nach § 14 Abs. 4 Nr. 2 UStG fehlen, darf B aus der Rechnung keinen Vorsteuerabzug vornehmen.

9. Die Grundstückslieferung ist infolge der zulässigen Option nach § 9 UStG steuerpflichtig. Allerdings schuldet die aus der Option resultierende USt nicht der Lieferer A, sondern gem. § 13b Abs. 2 i. V. m. Abs. 1 Nr. 3 UStG der Abnehmer B. Da A keine USt schuldet, darf er dem B keine USt berechnen (vgl. § 14a Abs. 5 UStG). A schuldet die ausgewiesene USt nach § 14c Abs. 1 UStG.

   Die von B aus der an ihn erfolgten Lieferung geschuldete USt nach § 13b Abs. 2 i. V. m. Abs. 1 Nr. 3 UStG darf B nach § 15 Abs. 1 Nr. 4 UStG (nicht nach § 15 Abs. 1 Nr. 1 UStG) als Vorsteuer abziehen.

Lösung zu Fall 28

1. Der Transport der Ware von Basel nach Freiburg ist ein rechtsgeschäftsloses Verbringen, also keine Lieferung. Da die Ware dem Unternehmen des U zugeordnet ist, darf U die von ihm erhobene EUSt als Vorsteuer geltend machen.

2. Da L die deutsche EUSt als Schuldner entrichtet hat, verlagert sich sein Lieferort gem. § 3 Abs. 8 UStG von Basel (Drittlandsgebiet) ins Inland. Damit hat er im Zeitpunkt der Freigabe der Ware in den freien Verkehr die Verfügungsmacht an der Ware. L ist somit nach § 15 Abs. 1 Nr. 2 UStG berechtigt, die EUSt als Vorsteuer geltend zu machen.

3. Da die deutsche EUSt nicht für L, sondern für A als Schuldner entrichtet wurde, greift § 3 Abs. 8 UStG nicht ein. Lieferort und Lieferzeitpunkt für L ist nach § 3 Abs. 6 Satz 1 UStG Basel.
Damit ist davon auszugehen, dass A im Zeitpunkt der Freigabe der Ware in den freien Verkehr die Verfügungsmacht an der Ware hatte und somit nach § 15 Abs. 1 Nr. 2 UStG zum Abzug der Einfuhrumsatzsteuer berechtigt ist.

Lösung zu Fall 29

E tätigt mit dem Wareneinkauf aus einem anderen Mitgliedstaat die Umsatzart innergemeinschaftlicher Erwerb gem. § 1 Abs. 1a UStG. Der innergemeinschaftliche Erwerb ist steuerbar und steuerpflichtig.

1. Bei E fällt mit der Rechnungserteilung (Rechnungsdatum), also für den VZ Januar 03 die ErwUSt an. Gleichzeitig darf E für den VZ Januar 03 diese ErwUSt als Vorsteuer geltend machen.

2. E unterliegt aufgrund seines Verzichts nach § 1a Abs. 4 UStG der ErwUSt. Als Kleinunternehmer darf er jedoch die ErwUSt nicht als Vorsteuer geltend machen. Der Sinn des Verzichts nach § 1a Abs. 4 UStG liegt darin, dass die ErwUSt bei E niedriger ist als die anderfalls bei L anfallende französische USt.

3. Der Transport der Ware von Straßburg nach Freiburg ist ein rechtsgeschäftsloses Verbringen, also keine Lieferung. Nach § 1a Abs. 2 UStG gilt dieses Verbringen als innergemeinschaftlicher Erwerb gegen Entgelt. Somit fällt hierfür bei E gem. § 13 Abs. 1 Nr. 6 mit Ablauf des Voranmeldungszeitraums Februar 01 ErwUSt an. Diese ErwUSt darf E gleichzeitig als Vorsteuer abziehen.

Lösung zu Fall 30

1. F erhält vom Unternehmer H für eine Lieferung USt in einer nach § 14 UStG ordnungsgemäßen Rechnung gesondert in Rechnung gestellt. Das gelieferte Heizöl ist als vertretbare Sache aufteilbar. Der auf den Fabrikationsbetrieb und auf das Mietshaus entfallende Anteil i. H. v. insgesamt 90 000 Litern ist Unternehmensvermögen. Der auf das Einfamilienhaus entfallende Anteil von 10 000 Litern ist zur privaten Nutzung bestimmt und somit Privatvermögen. Dementsprechend ist nur die auf 90 000 Liter entfallende Vorsteuer abziehbar. Sie beträgt 9/10 von 7 600 €, d. h. 6 840 €.
Die abziehbare Vorsteuer steht zugleich im wirtschaftlichen Zusammenhang mit nach § 4 Nr. 12a UStG steuerfreien Mietumsätzen (Umsatzgruppe B, Abzugsverbot gem. § 15 Abs. 2 Nr. 1 UStG) und mit steuerpflichtigen Umsätzen des Fabrikationsbetriebes (Umsatzgruppe A). Es hat daher eine Vorsteueraufteilung nach § 15 Abs. 4 UStG in einen abzugsfähigen und einen nichtabzugsfähigen Anteil zu erfolgen. Die Aufteilung

erfolgt nach dem Verhältnis des in der Fabrik und im Mietshaus verwendeten Öls. Auf die Fabrik entfallen:

$$\frac{70\,000 \times 6\,840}{90\,000} = 5\,320\,€$$

Die restliche abziehbare Vorsteuer i. H. v. 1 520 € ist nicht abzugsfähig.

2. Die gesamte Vorsteuer i. H. v. 32 000 € ist abziehbar, da sämtliche Tatbestandsvoraussetzungen des § 15 Abs. 1 UStG hierfür vorliegen.

Die Vorsteuer ist voll abzugsfähig, wenn sämtliche Ausgangsumsätze, die im wirtschaftlichen Zusammenhang mit der Maschine stehen, unter die Umsatzgruppe A fallen. Es ist somit zu prüfen, wie die Tuchlieferungen umsatzsteuerrechtlich zu behandeln sind.

a) Lieferungen für den deutschen Markt

Sie sind steuerpflichtig und fallen unter die Umsatzgruppe A.

b) Lieferungen ins EU-Ausland

Die Lieferungen sind, soweit sie an Unternehmer für deren Unternehmen erfolgen, nach § 3 Abs. 6 Satz 1 UStG im Inland bewirkt und steuerbar. Sie sind als innergemeinschaftliche Lieferungen nach § 4 Nr. 1b i. V. m. § 6a UStG steuerfrei und fallen damit unter die Umsatzgruppe A.

Soweit die Lieferungen an Privatleute erfolgen, kann der Lieferort nach § 3c UStG im Bestimmungsland sein, also in dem anderen Mitgliedstaat. Die Lieferung ist nicht steuerbar nach dem deutschen UStG. Bei Ausführung im Inland wären sie steuerpflichtig. Sie fallen deshalb ebenfalls unter die Umsatzsteuergruppe A. Kommt § 3c UStG nicht zur Anwendung und ist der Lieferort gem. § 3 Abs. 6 UStG im Inland, ist die Lieferung steuerpflichtig und fällt ebenfalls unter die Umsatzgruppe A.

c) Lieferungen ins Dritt-Ausland

Diese Lieferungen sind im Normalfall steuerfrei nach § 4 Nr. 1a i. V. m. § 6 Abs. 1 Nr. 1 bzw. Nr. 2 UStG, andernfalls steuerpflichtig (z. B. bei fehlendem Ausfuhrnachweis). Sie fallen infolgedessen unter die Umsatzgruppe A.

Die abziehbare Vorsteuer i. H. v. 32 000 € ist auch abzugsfähig. Sie steht ausschließlich im Zusammenhang mit Ausgangsumsätzen der Umsatzgruppe A.

Lösung zu Fall 31

Die Vermietung des Gebäudes stellt umsatzsteuerrechtlich eine unternehmerische Tätigkeit dar (§ 2 UStG) und ist somit steuerbar. Die Vermietung ist grundsätzlich nach § 4 Nr. 12a UStG steuerfrei.

Da M das Erdgeschoss für seine steuerpflichtigen Umsätze als Rechtsanwalt nutzt, ist der Verzicht der F gem. § 9 UStG auf die Befreiung gem. § 4 Nr. 12 UStG zulässig. Die Vermietung an M ist in vollem Umfang steuerpflichtig.

Da F das Gebäude insgesamt vermietet, ist es notwendigerweise zu 100 % Unternehmensvermögen. Damit sind die Vorsteuern aus der Errichtung des Gebäudes i. H. v. 30 000 € gem. § 15 Abs. 1 UStG abziehbar. Aufgrund des Vorsteuerabzugsverbots nach § 15 Abs. 2 UStG kann sie allerdings nur 40 % dieser Vorsteuern, d. h. 12 000 € als Vorsteuer abziehen.

Im KJ 03 erhöht sich die steuerpflichtige Nutzung des Gebäudes auf 60 %. Dadurch tritt eine vorsteuerrelevante Nutzungsänderung gegenüber den für den Vorsteuerabzug maßgebenden Verhältnissen i. H. v. 40 % ./. 60 % = ./. 20 % ein. Diese führt zu einer Vorsteuerberichtigung nach § 15a UStG.

Die Vorsteuerberichtigung berechnet sich wie folgt:

anteilige auf das KJ 03 entfallende abziehbare Vorsteuer	3 000 €
Berichtigungsbetrag: 3 000 € × ./. 20 % = ./. 600 €	./. 600 €

Es handelt sich um eine Vorsteuerberichtigung zugunsten der F. Die Vorsteuerberichtigung ist gem. § 44 Abs. 4 Satz 1 UStDV in der Jahreserklärung 03 geltend zu machen.

Lösung zu Fall 32

KJ 03

Zunächst ist zu prüfen, ob A im KJ 03 unter die Kleinunternehmerregelung gem. § 19 Abs. 1 UStG fällt. Es ist somit der tatsächliche Kleinunternehmer-Umsatz des KJ 02 und der voraussichtliche Kleinunternehmer-Umsatz des KJ 03 zu ermitteln.

Der Kleinunternehmer-Umsatz im KJ 02 belief sich auf 0 €, weil A ausschließlich steuerfreie Vermietungsumsätze nach § 4 Nr. 12a UStG getätigt hat.

Der voraussichtliche Kleinunternehmer-Umsatz im KJ 03 liegt nach den glaubhaften Angaben des A bei 20 000 €, also unter 50 000 €. Daher unterliegt A im KJ 03 der Kleinunternehmerregelung. Eine Option nach § 19 Abs. 2 UStG ist nicht erfolgt und wäre auch nicht zu empfehlen.

A schuldet keine USt, kann allerdings auch keinen Vorsteuerabzug aus dem Biereinkauf geltend machen.

KJ 04

Auch hier ist zunächst zu untersuchen, ob A unter § 19 Abs. 1 UStG fällt. Der tatsächliche Kleinunternehmer-Umsatz im KJ 03 lag aufgrund der steuerpflichtigen Lieferungen von Flaschenbier (brutto 25 000 €) zuzügl. der steuerpflichtigen Lieferung gem. § 3 Abs. 1b Nr. 1 UStG (brutto 500 €) über 17 500 €. Infolgedessen unterliegt A im KJ 04 nicht der Kleinunternehmerregelung. Für das KJ 04 ist also eine Zahllast zu errechnen.

Berechnung der Ausgangsumsatzsteuer

Steuerpflichtige Bierlieferungen brutto	12 000,00 €
+ steuerpflichtige Lieferung gem. § 3 Abs. 1b Nr. 1 UStG (Einkaufspreis brutto)	500,00 €
= Summe der **steuerpflichtigen** Umsätze	12 500,00 €
Darin enthaltene USt (Steuersatz 19 %) (19/119 von 12 500 €)	1 995,80 €

Berechnung der Vorsteuer

Biereinkäufe	1 615,00 €
Erwerb des Lieferwagens	1 900,00 €
= Summe der **abzugsfähigen** Vorsteuer	3 515,00 €

Berechnung der Zahllast

Ausgangsumsatzsteuer	1 995,80 €
./. Vorsteuer	3 515,00 €
= Steuervergütungsanspruch	1 519,20 €

KJ 05

Es ist zunächst zu prüfen, ob A unter die Kleinunternehmerregelung fällt. Der tatsächliche Kleinunternehmer-Umsatz des KJ 04 beträgt 12 500 €. Die im KJ 04 getätigten steuerfreien Vermietungsumsätze gehören nicht zum Gesamtumsatz und damit nicht zum

Kleinunternehmer-Umsatz. Der voraussichtliche Kleinunternehmer-Umsatz des KJ 05 liegt nicht über 50 000 €, denn zu Beginn des KJ 05 zeichnete sich die überraschend gute Geschäftsentwicklung noch nicht ab. Auf den tatsächlich erzielten Gesamtumsatz kommt es nicht an. A unterliegt deshalb im KJ 05 der Kleinunternehmerregelung. Eine Zahllast ist also nicht zu errechnen.

Prüfung einer Vorsteuerberichtigung bezüglich Lieferwagen

Die Kleinunternehmerregelung nach § 19 Abs. 1 UStG hat die gleiche Wirkung wie ein Vorsteuerabzugsverbot (vgl. § 19 Abs. 1 Satz 4 UStG). Deshalb führt ein Wechsel von der Regelbesteuerung zur Kleinunternehmerregelung zu einer Änderung der Verhältnisse nach § 15a Abs. 7 UStG.

Dies ist bezüglich des Lieferwagens der Fall. A hat den Lieferwagen im Kj. 04 erworben und einen Vorsteuerabzug in Höhe von 1 900 € geltend gemacht. Der Übergang zur Kleinunternehmerregelung im KJ 05 stellt eine vorsteuerschädliche Nutzungsänderung von 100 % dar.

Aufgrund des nach § 15a Abs. 1 UStG fünfjährigen Berichtigungszeitraums muss A somit seine im KJ 04 abgezogene Vorsteuer um 1/5 von 1 900 € = 380 € nach § 15a UStG zu seinen Ungunsten berichtigen. Die Berichtigung ist gem. § 44 Abs. 3 UStDV erst bei der Jahresveranlagung für das KJ 09 vorzunehmen.

KJ 06

Die Kleinunternehmerregelung kommt für das KJ 06 nicht in Frage, da der tatsächliche Kleinunternehmer-Umsatz des KJ 05 eindeutig über 17 500 € lag.

Berechnung der Ausgangsumsatzsteuer

Steuerpflichtige Bierlieferungen brutto	15 000,00 €
+ steuerpflichtige Lieferung gem. § 3 Abs. 1b Nr. 1 UStG (Einkaufspreis brutto)	500,00 €
+ steuerpflichtige Lieferung Lieferwagen	3 000,00 €
= Summe der **steuerpflichtigen** Umsätze	18 500,00 €
Darin enthaltene Umsatzsteuer (19/119 von 18 500 €)	2 953,78 €

Berechnung der Vorsteuer

Biereinkäufe	1 900,00 €

Berechnung der Zahllast

Ausgangsumsatzsteuer	2 953,78 €
./. Vorsteuer	1 900,00 €
= Zahllast	1 053,78 €

Da A im KJ 06 unter die Regelbesteuerung fällt, ist für das KJ 06 keine Vorsteuerberichtigung nach § 15a UStG bezüglich des Lieferwagens vorzunehmen.

Aufgrund des Umsatzes im KJ 06 fällt A im KJ 07 wieder unter die Kleinunternehmerregelung nach § 19 Abs. 1 UStG.

Teil Z1 Komplexe Übungsfälle

Übungsfall 1

Bearbeitungszeit: 3 Stunden
Hilfsmittel: Beck'sche Textausgaben:
Steuergesetze I, Steuerrichtlinien Textsammlung, Steuererlasse

I. Sachverhalt

1. Eigentümerin des Hauses Feuchtstr. 17 in Stuttgart (Altgebäude i. S. v. § 27 Abs. 2 Nr. 1 bis 3 UStG) ist die Brauerei Bock. Das Haus hat vier Stockwerke. Davon hat sie im KJ 01 das EG und das 1. OG an den Gastwirt Geidel für monatlich 4000 € zuzügl. 760 € USt vermietet (vgl. Nr. 2). Das 2. OG hat sie an den praktischen Arzt Avian für monatlich 1500 € zuzüglich 285 € Umsatzsteuer vermietet, der darin mit Hilfe von zwei angestellten Arzthelferinnen seine Arztpraxis betreibt. Das dritte OG hat sie an den Architekten Turner für monatlich 1700 € zuzügl. 323 € USt vermietet, der darin ein Architekturbüro mit fünf Angestellten betreibt.

2. Gastwirt Geidel betreibt in den angemieteten Räumen die Gastwirtschaft zur Goldenen Gans. Die eigentliche Gastwirtschaft mit Abgabe von kalten und warmen Speisen befindet sich im EG (Nutzfläche 200 m²).
   Im 1. OG (Nutzfläche 200 m²) befinden sich Nebenzimmer, die sich für besondere Veranstaltungen wie Betriebsfeiern, Hochzeiten usw. eignen, und außerdem fünf Gästezimmer mit einer Fläche von je 15 m².
   Geidel hat eines dieser Gästezimmer an seinen Kellner Kümpflein für monatlich 200 € vermietet. Im Vertrag mit Kümpflein war vereinbart, dass das Mietsverhältnis endet, wenn Kümpflein als Kellner bei Geidel ausscheidet.
   Die übrigen Gästezimmer werden für 70 € pro Zimmer und Übernachtung vermietet. In diesem Betrag sind jeweils 8 € für das Frühstück eingerechnet, welches von den Gästen in der Zeit von 7 Uhr bis 10.30 Uhr in der Gaststätte im EG eingenommen werden kann. Für Übernachtungen mit Frühstück im KJ 01 hat Geidel insgesamt 32 000 € eingenommen. Darüber hinaus haben Gäste Trinkgeld i. H. v. insgesamt 1500 € für das Zimmermädchen auf den Zimmern liegen lassen. Dieses Geld überließ Geidel in vollem Umfang dem Zimmermädchen.

3. Funk, Inhaber der Fa. Funk, veranstaltete am 24.02.01 im Nebenzimmer des Geidel eine Betriebsfeier. Dabei ging es auf Betreiben des Funk so hoch her, dass schließlich sämtliche Belegschaftsmitglieder des Funk auf dem Tisch standen. Der Tisch brach zusammen. Geidel beauftragte die Schreinerfirma Sitzlack mit der Reparatur des Tisches. Sitzlack sandte dem Geidel nach Durchführung der Reparatur Anfang März hierfür eine Rechnung über 300 € zuzügl. 57 € USt in einfacher Ausfertigung. Geidel schickte die Rechnung an Funk weiter, der den Betrag von 357 € auch sofort an Sitzlack überwies.

4. Mit dem Architekturbüro Turner hat Geidel vereinbart, dass die Belegschaft von Turner ein jeweils bestimmtes Mittagessen (Tagesessen) zum Vorzugspreis einnehmen kann. Die Abwicklung erfolgte in der Weise, dass die Angestellten von Turner bei ih-

rem Arbeitgeber Essensmarken erwerben und gegen Abgabe einer solchen Essensmarke das Tagesessen erhalten. Geidel rechnete hierüber jeweils zum Monatsende mit Turner ab, wobei er pro Essen 7,50 € berechnete. Die Abrechnung erfolgte stets entsprechend der nachfolgend auszugsweise dargestellten Abrechnung für den Monat September:

60 Essen à 7,50 €	450,00 €
enthaltene USt Steuersatz 19 %	./. 71,85 €
Nettoentgelt	378,15 €

Turner berechnete seinen Arbeitnehmern pro Essensmarke 6 €.

5. Avian bezog von der Zeitschriftenhandlung Zang verschiedene Illustrierte für sein Wartezimmer. Er erhielt hierüber jeweils zum Jahresende von Zang eine Gesamtrechnung, die Avian dann sofort bezahlte. Die Gesamtrechnung, die Avian im Dezember 01 erhielt, hatte (auszugsweise) folgenden Inhalt:

»Für den Bezug folgender Zeitschriften (nach Name, Nr. und Betrag genau bezeichnet) berechne ich Ihnen

Nettobetrag	800 €
zuzüglich 19 % USt	152 €
Gesamtbetrag:	952 €

Avian legte sämtliche von Zang bezogenen Zeitschriften jeweils eine Woche lang in seinem Wartezimmer aus und gab sie dann an Geidel weiter. Avian hatte mit Geidel diesbezüglich vereinbart, dass Geidel dafür ein Drittel des in der jährlichen Gesamtrechnung berechneten Betrages übernimmt. Geidel legte die Zeitschriften in seiner Gastwirtschaft aus. Für das KJ 01 erteilte Avian dem Geidel folgende Rechnung:

»Für die Illustrierten berechne ich Ihnen 1/3 des Gesamtpreises von 952 €, d.h. 317,33 €. In diesem Betrag sind 19 % USt enthalten.«

6. Turner bestellte für sein Architekturbüro bei der Fa. Ruck in Stuttgart einen neuen Zeichentisch. Die Fa. Ruck hatte diesen Zeichentisch nicht selbst vorrätig und bestellte ihn deshalb bei der Fa. Virebent in Basel (Schweiz) mit dem Auftrag, den Zeichentisch zur Lieferbedingung »verzollt und versteuert« direkt zu Turner zu transportieren. Entsprechend den Vereinbarungen transportierte die Fa. Virebent den Zeichentisch mit einem firmeneigenen Lieferwagen am 01.11.01 zu Turner und entrichtete an der Grenze die deutsche EUSt.

Die Fa. Virebent erteilte Ruck vereinbarungsgemäß hierüber folgende auszugsweise dargestellte Rechnung:

Zeichentisch	3 500 €
Verpackung (pauschal)	200 €
Transport	250 €
deutsche EUSt	640 €
Gesamtbetrag	4 590 €

Schon vor Anlieferung des Zeichentisches hatte Ruck dem Turner für den Zeichentisch am 12.10.01 folgende auszugsweise dargestellte Rechnung geschickt:

Zeichentisch netto	5 000 €
zuzügl. 19 % USt	950 €
Gesamtbetrag	5 950 €

Bei Zahlung innerhalb von zwei Monaten 3 % Skonto. Bis zur vollständigen Bezahlung bleibt das Eigentum vorbehalten.

Turner zahlte unter Abzug von 3 % Skonto am 12.12.01 an Ruck 5 771,50 €.

Wegen der Anlieferung des neuen Zeichentisches war ein alter Zeichentisch im Büro des Turner überzählig. Turner schenkte ihn am 24.12.01 seinem Sohn Siegfried. Die Wiederbeschaffungskosten für einen solchen gebrauchten Zeichentisch betragen 300 € (netto).

7. Turner ist mit seinem Pkw (Unternehmensvermögen) im KJ 01 insgesamt 15 000 km gefahren. Über seine Fahrten führte er ordnungsgemäß ein Fahrtenbuch. Von den gefahrenen 15 000 km legte er 9 000 km im Rahmen seiner Tätigkeit als Architekt zurück. Die restlichen 6 000 km kamen durch Privatfahrten zusammen. Dabei entfielen 3 000 km auf die Schweiz, da Turner im Tessin ein Ferienhaus besitzt, das er mehrfach im Jahr aufsucht. Die insgesamt im KJ bei Turner für den Pkw angefallenen laufenden und fixen Kosten betragen 9 000 € inclusive 20 % AfA auf die Anschaffungkosten. Hierin sind Kosten für Steuer und Versicherung i. H. v. insgesamt 1 000 € enthalten.

8. In der Nachbarschaft seines Ferienhauses im Tessin hat auch der Unternehmer Urtel aus Graz (Österreich) seine Villa. Turner ist mit Urtel seit längerem befreundet und hat ihn auch schon in Graz besucht. Dabei hat Turner dem Urtel derart einleuchtende Vorschläge für die Umgestaltung seines Fabrikgebäudes in Graz unterbreitet, dass Urtel dem Turner im August 01 den Auftrag erteilte, entsprechende Pläne zu erarbeiten. Turner erstellte den Plan für das Fabrikgebäude in seinem Büro in Stuttgart. Nach Fertigstellung sandte er ihn im Oktober 01 zu Urtel nach Graz. Er berechnete Urtel hierfür den Freundschaftspreis von 1 000 €, da Urtel auf die Erteilung einer ordnungsgemäßen Rechnung mit USt-Ausweis verzichtete. Dem Turner waren bei der Erstellung des Planes Kosten i. H. v. 800 € entstanden (insbesondere für Arbeitslöhne seiner Mitarbeiter).

II. Allgemeine Hinweise

Sofern sich aus dem Sachverhalt nichts Gegenteiliges ergibt, ist davon auszugehen, dass die Rechnungen die Voraussetzungen der §§ 14 und 14a UStG erfüllen. Bei auszugsweise dargestellten Rechnungen ist davon auszugehen, dass die Anforderungen nach § 14 Abs. 4 UStG erfüllt sind, wohingegen zu prüfen ist, ob die Voraussetzungen nach § 14 Abs. 4 Nr. 7 und 8 UStG vorliegen.

Im übrigen ist davon auszugehen, dass evtl. erforderliche Beleg- oder Buchnachweise vorliegen.

Keiner der Unternehmer unterliegt der Besteuerung nach § 19 UStG. Alle Unternehmer versteuern nach vereinbarten Entgelten.

III. Aufgabe

Der Sachverhalt ist auf seine umsatzsteuerrechtlichen Auswirkungen bei **sämtlichen beteiligten Unternehmern** zu untersuchen. Zu den auftauchenden Fragen ist gutachtlich Stellung zu nehmen.

Auf den Entstehungszeitpunkt der USt und des Vorsteueranspruchs ist lediglich bei Nr. 6 des Sachverhalts einzugehen.

Die im Sachverhalt auftauchenden Namen dürfen durch die Anfangsbuchstaben abgekürzt werden.

Übungsfall 2

Bearbeitungszeit: 3 Stunden
Hilfsmittel: Beck'sche Textausgaben:
Steuergesetze I Textsammlung, Steuerrichtlinien Textsammlung, Steuererlasse

I. Sachverhalt

1. Unternehmer A erwarb im Jahr 01 von dem Privatmann P (Hobbyschreiner) eine Hobelmaschine zum Preis von 5 950 € für seine Schreinerei. Auf Verlangen des A stellt P dem A hierüber eine den Anforderungen des § 14 UStG genügende Rechnung über 5 000 € zuzügl. 950 € USt aus. A nützte diese Maschine ausschließlich in seinem Unternehmen. Im Januar 03 fand die Maschine infolge der Neuanschaffung einer anderen Hobelmaschine keine Verwendung mehr im Betrieb des A. Die Maschine wurde in einem Lagerraum des Betriebs zwecks Veräußerung gelagert. Am 08.02.03 veräußerte A die Maschine für 2 000 € an einen Privatmann.

2. Fabrikant F in Weiden bestellte beim Großhändler G in Stuttgart Tuche zum Preis von 20 000 € zuzügl. 3 800 € USt. G erteilte dem F hierüber eine den formalen Anforderungen des § 14 Abs. 4 UStG entsprechende Rechnung mit gesondertem Ausweis der USt i. H. v. 3 800 €. G bestellte die Tuche seinerseits bei der Tuchfabrik T in Izmir (Türkei) zum Preis von 15 000 €. Vereinbarungsgemäß holte F die Tuche direkt bei T in Izmir ab. F entrichtet als Schuldner die deutsche EUSt.

3. Obst- und Gemüsehändler O in Ludwigsburg bestellte beim Großhändler G in Stuttgart 1 000 Sack Kartoffeln. G übergab am 30.11.02 einem Frachtführer die Kartoffeln zum Transport zu O. Der Versand erfolgt nach den vereinbarten Lieferbedingungen auf Gefahr des O. Der Frachtführer lieferte die Ware am 01.01.03 bei O zusammen mit der Rechnung des G ab. Die Rechnung ist nachfolgend auszugsweise dargestellt:

1 000 Sack Kartoffeln à 3,50 €	3 500 €
zuzügl. 19 % USt	665 €
zuzügl. Verpackung à 0,20 €/Sack	200 €
zuzügl. Transport	325 €
Gesamtbetrag	4 690 €

Bei Barzahlung bis 02.02.03 wird ein Skontoabzug von 2 % gewährt.
O zahlte am 02.02.03 unter Abzug des Skontos von 93,80 € an G 4 690 €.

4. Steuerberater S lud am 23.12.02 die Angestellten in seiner Steuerberaterpraxis zu Förderung eines guten Betriebsklimas zu einer Weihnachtsfeier im Restaurant R ein. R vermittelte dem S hierzu die aus drei Personen bestehende Musikergruppe M, welche der Veranstaltung einen musikalischen Rahmen gab. R gab der M hierfür im Namen des S 100 €. M erteilte hierüber unter dem Datum vom 23.12.02 folgenden mit ihrem Namen und ihrer Anschrift versehenen Beleg:

»Es wird bestätigt, dass wir für die musikalische Betreuung der Weihnachtsfeier am 23.12.02 den Betrag von 100 € erhalten haben. In diesem Betrag sind 19 % USt enthalten.«

R erteilte S bezüglich dieser Veranstaltung folgende zwei auszugsweise dargestellten Abrechnungen.

Abrechnung 1, die R dem S noch am 23.12.02 aushändigte:

Bewirtung am 23.12.02:

15 Personen à 50 €	750,00 €
zuzügl. an M verauslagter Betrag (vgl. beigefügter Beleg)	100,00 €
Summe	850,00 €
zuzügl. 19 % USt von 850 €	61,50 €
Gesamtbetrag	911,50 €

S, der mit der Bewirtung sehr zufrieden und von der gelungenen Weihnachtsfeier sehr beeindruckt war, gab R diesbezüglich sofort einen Scheck über 1 000 €, zumal S erkannt hatte, dass sich R zu seinen Ungunsten verrechnet hatte.

Abrechnung 2:

8 Gläser à 4 €	32,00 €
zuzügl. 19 % USt	6,08 €
Gesamtbetrag	38,08 €

Diesen Betrag überwies S dem R.
Die Gläser berechnete R dem S, weil ein Angestellter des S versehentlich einen Tisch umgeworfen hatte und die Gläser dabei zu Bruch gingen.

Hinweise: Auf eventuelle Ausgangsumsätze des S aufgrund des vorliegenden Sachverhaltes ist nicht einzugehen. Es ist davon auszugehen, dass bei S kein Vorsteuerabzugsverbot nach § 15 Abs. 2 UStG eingreift.
Die Leistung der M unterliegt nach § 12 Abs. 2 Nr. 7a UStG dem ermäßigten Steuersatz.

5. B hat einen gutgehenden Gewerbebetrieb. Zur inflationssicheren Anlage seiner Gewinne errichtete B im Jahr 02 auf einem ihm gehörenden Grundstück ein Gebäude mit zwei Stockwerken, Erdgeschoss (EG) und Obergeschoss (OG). Das EG vermietete B ab 01.01.03 als Praxisräume an einen Rechtsanwalt für eine monatliche Miete von 2 000 € zuzügl. 380 € USt. Das OG vermietete B an einen Privatmieter als Wohnung für eine Miete von monatlich 1 300 €. Beide Geschosse sind gleich groß. Für die Errichtung des Gebäudes wurde B im Jahr 02 USt i. H. v. 80 000 € von den beteiligten Bauunternehmern in nach § 14 UStG ordnungsgemäßen Rechnungen berechnet.
   Auf dem Grundstück befinden sich vier Pkw-Stellplätze. Hiervon vermietete B zum Preis von jeweils 50 €/Monat zwei an den Rechtsanwalt, einen an den Privatmieter und einen an dessen Sohn, der noch bei seinen Eltern wohnt.

6. Taxiunternehmer T beförderte den Unternehmer U anlässlich einer Geschäftsreise des U vom Bahnhof in Stuttgart zu seinem Geschäftspartner in Stuttgart. T berechnete U hierfür einen Fahrpreis von 28 €. Die Quittung über 28 € versah T mit dem Stempel: »In diesem Betrag ist die USt von 19 % enthalten«. U gab T 30 € mit der Bemerkung »stimmt so!«.

7. Anlässlich einer dreitägigen Geschäftsreise im Raum Stuttgart mietete der in Frankfurt ansässige Unternehmer U (Inhaber eines Fabrikationsbetriebs) von dem Mietwagenunternehmen M einen Mietwagen an. M erteilte U hierüber folgende auszugsweise dargestellte Rechnung, welche U sofort in voller Höhe beglich:

Grundgebühr für 3 Tage à 100 €	300,00 €
zuzügl. für 280 gefahrene km à 0,47 €	131,60 €
Summe	431,60 €
zuzügl. 19% USt	82,00 €
Gesamtbetrag	613,60 €

Vor der Ablieferung hat U das bei Übernahme vollgetankte Fahrzeug wieder vollgetankt. Der Tankbeleg enthält das Ausstellungsdatum und lautet auf 39,76 € zuzügl. 7,55 € Umsatzsteuer.

U nutzte das angemietete Fahrzeug ausschließlich für unternehmerische Zwecke.

8. Gewerbetreibender G in Ludwigsburg erwarb am 01.07.02 einen neuen Pkw zum Listenpreis von 65 000 € zuzügl. 12 350 € USt. G nutzt diesen Pkw nachweislich zu 70% betrieblich und zu 30% privat. Aus dem Erwerb möchte G den Vorsteuerabzug vornehmen. Für das KJ 02 sind G bezüglich des Fahrzeugs folgende Kosten entstanden:

AfA 20%	13 000 €	
Haftpflichtversicherung	1 062 €	
Vollkaskoversicherung	1 289 €	
Kfz-Steuer	1 113 €	
Treibstoff	3 730 €	zuzügl. 708,70 € USt
Wartung	2 190 €	zuzügl. 416,10 € USt
Reparaturkosten infolge eines Unfalls auf einer betrieblichen Fahrt	9 540 €	zuzügl. 1 812,60 € USt
Summe	31 924 €	zuzügl. 2 937,40 € USt

Von den Reparaturkosten hat die Kaskoversicherung dem G 9 040 € auf sein betriebliches Konto überwiesen.

9. Rechtsanwalt R in Mannheim führte für einen in Brüssel (Belgien) wohnhaften Mandanten einen privaten Schadensersatzprozess. Bei Übernahme des Mandats am 29.06.02 verlangte und erhielt R von seinem Mandanten sofort einen Vorschuss von 1 200 € für seine künftigen Bemühungen. Sofort nach Abschluss des – leider verlorengegangenen – Prozesses erteilte R dem Mandanten am 27.01.03 folgende auszugsweise dargestellte Rechnung:

Meine Gebühren laut Vereinbarung	3 790 €
zuzügl. Schreib- und Portokosten	300 €
Summe	4 090 €
zuzügl. in Ihrem Namen verauslagte Gerichtsgebühren	980 €
abzüglich Vorschuss	./. 1 200 €
noch von Ihnen zu begleichender Betrag	3 870 €

II. Aufgaben und allgemeine Hinweise

Prüfen Sie die Sachverhalte – soweit nicht ausdrücklich eine andere Aufgabe gestellt wurde – bei allen namentlich bezeichneten Personen (z. B. A, B, C usw.) auf ihre umsatzsteuerrechtlichen Auswirkungen (Ausgangsumsatzsteuer und Vorsteuer).

Selbstverständliches ist ohne Begründung darzustellen, Problematisches ist angemessen und unter Angabe der in Frage kommenden Vorschriften des UStG zu begründen.

Soweit für einen Unternehmer Wahlrechte und Optionsmöglichkeiten bestehen, ist davon auszugehen, dass er von der für ihn günstigsten Möglichkeit Gebrauch macht.

Soweit als Kaufpreis ein Nettobetrag zuzügl. USt-Betrag angegeben ist, ist davon auszugehen, dass eine den formellen Anforderungen des § 14 Abs. 4 UStG entsprechende Rechnung mit gesondertem USt-Ausweis i. H. d. angegebenen USt-Betrages erteilt wurde. Auszugsweise dargestellte Rechnungen sind ordungsgemäß, soweit sich nicht aus der Darstellung etwas anderes ergibt.

Soweit eine USt nach § 14c Abs. 1 UStG entsteht, ist die Höhe dieser Steuer anzugeben.

Auf den Ort eines Umsatzes ist nicht einzugehen, wenn der Sachverhalt keine Ortsangaben enthält. In diesem Fall ist von vornherein davon auszugehen, dass der Umsatzort im Inland liegt.

Auf den Zeitpunkt einer Leistung ist nur dann einzugehen, wenn die tatsächlichen Angaben im Sachverhalt einen solchen Zeitpunkt bestimmen lassen.

Sollte ein Sachverhalt als lückenhaft empfunden werden, sind die Lücken mit Hilfe der typisierenden Betrachtungsweise auszufüllen.

Soweit Orte außerhalb der Bundesrepublik Deutschland genannt sind, ist der Staat angegeben, dem sie zugehören.

Im Falle der Vorsteueraufteilung im Zusammenhang mit Gebäuden ist die Aufteilung nach der Nutzfläche vorzunehmen.

Übungsfall 3

Bearbeitungszeit: 3 Stunden
Hilfsmittel: Beck'sche Textausgaben:
Steuergesetze I Textsammlung, Steuerrichtlinien Textsammlung, Steuererlasse

I. Sachverhalt

1. Der Bauunternehmer Braun (B) in Stuttgart hat vom Unternehmen Uschenin (U) in Rovno (Ukraine) den Auftrag erhalten, in Rovno ein größeres Bauvorhaben zu erstellen. Mit dem Bau soll allerdings erst im Frühjahr 2009 begonnen werden. Zu den im November 2008 teils in Stuttgart und teils in Rovno stattgefundenen Vertragsverhandlungen wurde von B der in Stuttgart ansässige Rechtsanwalt Roth (R) hinzugezogen. U zog seinerseits den in Rovno ansässigen Dolmetscher Donez (D) hinzu. D erhielt von U für seine Übersetzungsdienste insgesamt 1 200 €. R berechnete dem B für seine Dienste als Rechtsanwalt 5 000 €.

2. Um den Auftrag (vgl. 1.) ausführen zu können, beauftragte Braun (B) den Transportunternehmer Treiber (T) in Reutlingen, verschiedene Baumaschinen des B, die sich auf einer Baustelle des B in Lublin (Polen) befanden, in Lublin abzuholen und nach Rovno

zu transportieren. T holte die Baumaschinen am 30.07.2008 ab und lieferte sie auf direktem Weg auf der Baustelle in Rovno am 01.08.2008 an.

3. Bei dem Transport von Lublin nach Rovno (vgl. 2.) wurde der von Treiber (T) angestellte Fahrer in Polen ertappt, wie er die zulässige Geschwindigkeit erheblich überschritt. Da dem Fahrer deswegen der Entzug seines polnischen Führerscheins drohte, beauftragte T den Rechtsanwalt Wund (W) aus Reutlingen, die Interessen des Fahrers wahrzunehmen. Es gelang W, den Entzug des Führerscheins abzuwenden. W berechnete dem T für seine Bemühungen 1 200 € zuzüglich 228 € USt. In den 1 200 € waren für den Fahrer verauslagte Gerichtsgebühren in Höhe von 200 € enthalten.

4. Koll (K) ist Inhaber einer Kfz-Werkstatt in Ludwigsburg. Daneben betreibt er auch eine Fahrzeugvermietung. Im April 2008 erwarb K drei Kleinbusse (K1, K2 und K3) zum Preis von jeweils 25 000 € zuzüglich 4 750 € USt. K baute die Fahrzeuge zu Wohnmobilen aus. Er erwarb hierzu Einrichtungsgegenstände (z. B. Einbauschränke usw.) zum Listenpreis von 12 000 € zuzüglich 2 280 € je Fahrzeug, insgesamt also für 36 000 € zuzüglich 6 840 €. Da er sie gleich dreifach bestellte, erhielt er einen Preisnachlass von 30 % und musste somit insgesamt nur 29 988 € bezahlen. Beim Ausbau fielen für K Personalkosten in Höhe von 4 000 € je Fahrzeug an. Aus der Anschaffung der Fahrzeuge und der Einrichtungsgegenstände machte K den Vorsteuerabzug voll geltend.

Das Wohnmobil K1 schenkte K im Juni 2008 seinem Sohn zum soeben bestandenen Abitur, der sich damit sofort auf Weltreise begab.

Das Wohnmobil K2 vermietete K für jeweils ein bis vier Wochen an Urlaubsreisende, die sich damit sofort zu Urlauben in die südlichen Länder Europas aufmachten. K erzielte hieraus im Kalenderjahr 2008 Einnahmen in Höhe von insgesamt 28 000 €.

Das Wohnmobil K3 vermietete K ebenfalls an Urlaubsreisende. Für den Monat August 2008 reservierte er das Fahrzeug allerdings für sich, um mit seiner Ehefrau zusammen Italien zu erkunden. An laufenden Kosten fielen im August an:

Für Treibstoff im Inland:	200 € zuzüglich 38 € USt
Für Treibstoff und Mautgebühren im Ausland	600 €
Anteilige Steuer und Versicherung	350 €

5. Der Kegelfreund Frieder des Koll (K) brachte seinen Pkw zu K, nachdem er den Benziner versehentlich mit Diesel betankt hatte. K musste den Motor vollständig reinigen, wozu er weitgehend zerlegt werden musste. Dem K entstanden hierdurch Personalkosten in Höhe von 800 €. Als F sein wieder fahrbereites Fahrzeug in Empfang nahm und nach dem Preis für die Reparatur fragte, winkte K unter Hinweis auf ihre alte Freundschaft ab.

6. Koll (K) ist Eigentümer eines im Jahr 1995 errichteten dreigeschossigen Wohn- und Geschäftshauses in Ludwigsburg. Alle Geschosse haben dieselbe Nutzfläche. Das Erdgeschoss ist vermietet an das Ladengeschäft des türkischen Staatsangehörigen Gül (G). K berechnet dem G hierfür eine Miete von monatlich 2 000 € zuzüglich 380 € USt. Das Sortiment des G ist in erster Linie ausgerichtet auf den Bedarf türkischer Landsleute. In geringen Umfang vermittelt G seinen Landsleuten auch Versicherungen. Diese Umsätze behandelt er zutreffend als steuerfrei gemäß § 4 Nr. 11 UStG. G nutzt sämtliche angemieteten Räume für diese Vermittlungstätigkeit zu etwa 7 %.

Das 1. Obergeschoss hat K an den freiberuflich tätigen Arzt Abel (A) für monatlich 1 200 € zuzüglich 228 € USt vermietet. A nutzt die Räume für seine freiberufliche Tätigkeit als Arzt. In geringem Umfang (zu etwa 4 %) führt A auch Schönheitsoperationen aus, die nicht heilberuflich indiziert sind.

Das 2. Obergeschoss ist vermietet an den Steuerberater Straub (S) für monatlich 1 000 € zuzüglich 190 € USt. S nutzt die Räume ausschließlich für seine Tätigkeit als Steuerberater.

Neben der Miete berechnet K den Mietern eine monatliche Heizungspauschale von 200 €, die unabhängig vom tatsächlichen Verbrauch zu zahlen waren. Die Miete einschließlich der Heizkostenpauschale wird von den Mietern jeweils zu Beginn des Mietmonats per Dauerauftrag überwiesen.

Im Juli 2008 ließ K die Außenfassade des Gebäudes neu streichen. Der Malermeister Moll (M) berechnete dem K im Juli 2008 hierfür 7 000 € zuzüglich 1 330 € USt. Da der sich ergebende Farbton nicht den Vorstellungen des K entsprach, leistete K im August 2008 hierauf lediglich eine Teilzahlung von 5 000 €. Hinsichtlich der Restzahlung einigten sich K und M darauf, dass sie erst erfolgen sollte, wenn M im Juni 2009 durch einen weiteren Anstrich nachgebessert hat.

Im September 2008 wurde die Ladentür im Erdgeschoss vermutlich aus fremdenfeindlichen Motiven beschädigt. K beauftragte den Schreinermeister Zimmer (Z) eine neue Tür einzusetzen. Z berechnete dem K hierfür 3 500 € zuzüglich 665 € USt. Die Gebäudeversicherung des K ersetzte dem K hiervon 3 500 €.

7. Schreinermeister Hack (H) betreibt in Bietigheim eine Möbelhandlung auf eigenem bebauten Grundstück. Das gesamte von H im Kalenderjahr 1993 errichtete Gebäude (Gesamtnutzfläche 1 000 qm) dient dem Gewerbebetrieb des H mit Ausnahme des Dachgeschosses (Nutzfläche 100 qm), welches er für eigene Wohnzwecke nutzt. Im Kalenderjahr 2008 sind außer der AfA für das Gebäude Kosten in Höhe von 6 000 € zuzüglich 1 140 € USt und vorsteuerlose Kosten in Höhe von 4 000 € angefallen.

8. Anlässlich einer Möbelmesse in Frankfurt schloss Hack (H) am 20.09.2008 einen Kaufvertrag mit dem Hersteller Bünzli (B) aus Basel (Schweiz) über einen besonders kunstvoll mit Intarsien ausgelegten Tisch. B erteilte H diesbezüglich sofort eine Rechnung über 3 000 € zuzüglich 7 % USt = 210 €. H leistete auch sofort eine Anzahlung in Höhe von 1 200 €. Den Tisch konnte H gleichwohl nicht sofort mitnehmen, da ihn B als Ausstellungsstück bis zum Ende der Messe benötigte. Erst am 02.10.2008 konnte H den Tisch bei B in Basel mit seinem eigenen Fahrzeug gegen Zahlung des Restkaufpreises abholen.

II. Aufgabe und allgemeine Hinweise

a) Die Sachverhalte sind bei allen namentlich genannten Personen, **deren Namen bei ihrer erstmaligen Erwähnung in Klammern eine Abkürzung beigefügt ist,** auf ihre umsatzsteuerrechtlichen Auswirkungen im KJ 2008 zu untersuchen. Soweit im Sachverhalt nichts Gegenteiliges aufgeführt ist, spielen sich die Geschäftsvorfälle im Inland im KJ 2008 ab. Alle angegebenen Orte ohne Länderbezeichnung liegen im Inland. Eine Umsatzsteuer ist nur dann zu errechnen, wenn die dafür erforderlichen Angaben zur Bemessungsgrundlage aus dem Sachverhalt ersichtlich sind. Soweit der Sachverhalt die dazu erforderlichen Angaben enthält, ist anzugeben, in welchen Voranmeldungszeitraum die Umsätze und Vorsteuern fallen. Auf den Vorsteuerabzug ist auch dann einzugehen, wenn keine zum Vorsteuerabzug berechtigende Rechnung vorliegt, der Leistungsempfänger jedoch bei Vorliegen einer entsprechenden Rechnung einen Vorsteuerabzug geltend machen könnte.

b) Soweit ein Unternehmer für einen steuerfreien Umsatz Umsatzsteuer gesondert in Rechnung stellt, ist davon auszugehen, dass er auf die Steuerfreiheit gemäß § 9 UStG verzichten will.

c) Soweit Gegenstände dem Unternehmen zugeordnet werden können, ist von einer weitestgehenden Zuordnung zum Unternehmen auszugehen.

d) Die Beteiligten streben stets einen möglichst hohen Vorsteuerabzug und eine möglichst geringe Umsatzsteuerbelastung an.

e) Erforderliche Belege und Nachweise liegen vor, soweit sich aus dem Sachverhalt nichts Gegenteiliges ergibt. Soweit der Preis aufgeteilt ist in Entgelt und Umsatzsteuer, ist davon auszugehen, dass ordnungsgemäße zum Vorsteuerabzug berechtigende Rechnungen vorliegen. Jedoch sind die Angaben nach § 14 Abs. 4 Nr. 7 und 8 UStG zu überprüfen, soweit im Sachverhalt nicht angegeben ist, dass die Rechnung ordnungsgemäß ausgestellt ist.

f) Soweit sich aus dem Sachverhalt nichts anderes ergibt, fallen die Unternehmer unter die Regelbesteuerung, unterliegen der Sollbesteuerung und geben monatliche Umsatzsteuervoranmeldungen ab.

g) Die Ortsregelung nach § 3 Abs. 8 UStG kommt nicht zur Anwendung.

h) Soweit der Sachverhalt als lückenhaft empfunden wird, sind die Lücken mit der typisierenden Betrachtungsweise aufzufüllen.

i) Soweit unterschiedliche Auffassungen zur umsatzsteuerrechtlichen Behandlung eines Sachverhalts vertreten werden, ist die Verwaltungsmeinung darzustellen.

Teil Z2 Lösungshinweise zu den Übungsfällen

Lösung zu Übungsfall 1

Zu 1.: Die Brauerei Bock ist Unternehmerin. In den Rahmen ihres Unternehmens fällt auch die Vermietung des Hauses Feuchtstr. 17. Sämtliche Vermietungen bezüglich dieses Hauses sind steuerbar. Es greift jedoch grundsätzlich die Steuerbefreiung nach § 4 Nr. 12a UStG ein, sofern nicht der Verzicht auf diese Steuerbefreiung nach § 9 UStG zulässig ist. Hierbei ist jede Vermietung für sich zu untersuchen:

Vermietung an Geidel

Geidel ist als Gastwirt Unternehmer. Er mietet das EG und das 1. OG für sein Unternehmen an. Dies gilt auch bezüglich der Gästezimmer einschließlich des Zimmers, welches Geidel an K vermietet, da Geidel auch mit der Vermietung an K unternehmerisch tätig ist (siehe unten zu 2.). Die Voraussetzungen für den Verzicht der Brauerei Bock auf die Steuerbefreiung nach § 9 Abs. 1 UStG sind somit gegeben. Der Ausschluss der Optionsmöglichkeit nach § 9 Abs. 2 UStG greift gem. § 27 Abs. 2 UStG nicht ein, da es sich um ein Altgebäude handelt. Die Brauerei Bock hat entsprechend § 9 UStG ihren Vermietungsumsatz als steuerpflichtig behandelt. Die USt beträgt, wie ausgewiesen monatlich 760 €.

Vermietung an Avian

Die Vermietung erfolgt ebenfalls an einen Unternehmer für dessen freiberufliches Unternehmen. Somit war auch hier die Behandlung der Vermietung als steuerpflichtig zulässig. Dass Avian als Arzt steuerfreie Umsätze tätigt, schließt die Option gem. § 9 Abs. 1 UStG bei der Vermietung an Avian nicht aus, da es sich auch um ein Altgebäude i. S. d. § 27 Abs. 2 Nr. 3 handelt, bei dem § 9 Abs. 2 UStG nicht eingreift. Die USt bei Bock beträgt diesbezüglich, wie ausgewiesen monatlich 285 €.

Vermietung an Turner

Die Vermietung erfolgt ebenfalls an einen Unternehmer für dessen freiberufliches Unternehmen. Somit war auch hier die Behandlung der Vermietung als steuerpflichtig zulässig. Die USt bei Bock beträgt diesbezüglich, wie ausgewiesen 323 €.

Vorsteuerabzug bei Geidel

Die Geidel in Rechnung gestellte USt von monatlich 760 € erfüllt sämtliche Voraussetzungen nach § 15 Abs. 1 UStG. Bezüglich des Abzugsverbots nach § 15 Abs. 2 UStG ist lediglich die nach § 4 Nr. 12a UStG steuerfreie Vermietung an K zu beachten (Näheres hierzu vgl. Zu 2.). Im Übrigen dienen die angemieteten Räume der Ausführung steuerpflichtiger Umsätze (Näheres hierzu vgl. Zu 2.). Die Geidel in Rechnung gestellte USt ist gem. § 15 Abs. 4 UStG nach wirtschaftlich sachgerechten Kriterien aufzuteilen. Als wirtschaftlich sachgerechtes Kriterium gilt bei Gebäuden i. d. R. das Verhältnis der Nutzfläche. Somit fallen 15/400, d. h. 28,50 € unter das Vorsteuerabzugsverbot. Geidel darf also nur 731,50 € als Vorsteuer aus der Anmietung geltend machen.

Vorsteuerabzug bei Avian

Avian tätigt mit Hilfe der angemieteten Räume ausschließlich steuerfreie Umsätze nach § 4 Nr. 14 UStG. Die ihm von Bock in Rechnung gestellte USt fällt in vollem Umfang unter das Vorsteuerabzugsverbot nach § 15 Abs. 2 UStG. Er darf also keine Vorsteuer aus der Anmietung geltend machen.

Vorsteuerabzug bei Turner

Turner tätigt als freiberuflicher Architekt steuerpflichtige Umsätze. Die angemieteten Räume dienen ausschließlich der Ausführung derartiger Umsätze. Dies gilt auch, soweit Turner nichtsteuerbare Umsätze im Ausland tätigt (vgl. Zu 8.), da dies gem. § 15 Abs. 2 Nr. 2 UStG nur dann zu einem Vorsteuerabzugsverbot führen würde, wenn die Umsätze im Falle ihrer Steuerbarkeit steuerfrei wären. Somit greift bei Turner das Vorsteuerabzugsverbot gem. § 15 Abs. 2 UStG nicht ein. Er darf die Umsatzsteuer i. H. v. 323 € monatlich als Vorsteuer abziehen.

Zu 2.: Die Vermietung des Zimmers an Kümpflein ist schon für sich gesehen eine nachhaltige Tätigkeit in Einnahmeerzielungsabsicht und somit steuerbar. Sie ist jedoch nach § 4 Nr. 12a UStG steuerfrei. Die Ausnahmeregelung des § 4 Nr. 12 Satz 2 UStG greift nicht ein, da es sich um einen Mietvertrag auf unbestimmte Zeit und somit um keine kurzfristige Beherbergung handelt. Geidel braucht also aus der von Kümpflein bezahlten Miete keine USt abführen.

Die Vermietung der übrigen Gästezimmer erfolgt i. R. d. Gaststättenunternehmens des Geidel und ist ebenfalls steuerbar. Die Befreiung nach § 4 Nr. 12a UStG greift nicht ein, da Geidel diese Zimmer zur kurzfristigen Beherbergung von Fremden bereithält. Die Vermietung ist daher steuerpflichtig. Nebenleistung zu dieser Vermietung ist jeweils auch die Verabreichung des Frühstücks, da das Frühstück eng mit der Übernachtung zusammenhängt, üblicherweise im Zusammenhang mit der Beherbergung angeboten wird und gegenüber der Beherbergung von nur untergeordneter Bedeutung ist. Der Steuersatz beträgt 19 %, das Bruttoentgelt insgesamt 32 000 € im KJ 01. Die USt hieraus beträgt somit 19/119 von 32 000 € = 5 109,24 €.

Das Trinkgeld, welches die Gäste hinterlassen haben, war unmittelbar für das Zimmermädchen bestimmt und somit von den Gästen nicht für die Leistung des Geidel aufgewendet worden. Es gehört somit nicht zum Entgelt (A 149 Abs. 5 Satz 3 UStR).

Zu 3.: Reparatur des Tisches durch Sitzlack

Es handelt sich um eine steuerbare und steuerpflichtige Leistung des Sitzlack (Werklieferung oder Werkleistung). Da Geidel Sitzlack mit der Reparatur beauftragt hat, erbringt Sitzlack diese Leistung gegenüber Geidel und nicht gegenüber Funk. Die USt beträgt, wie in der Rechnung an Geidel ausgewiesen 57 €.

Die Zahlung der Rechnung durch Funk stellt gegenüber Geidel eine reine Schadensersatzzahlung dar, wobei die Zahlung im abgekürzten Zahlungsweg an Sitzlack erfolgt. Geidel braucht den von Funk an Sitzlack bezahlten Betrag nicht zu versteuern.

Vorsteuerabzug aus der Rechnung des Sitzlack

Aus der Rechnung des Sitzlack darf Funk keine Vorsteuer abziehen, da Sitzlack dem Funk gegenüber keine Leistung erbracht hat und außerdem Funk auch keine auf ihn als Leistungsempfänger ausgestellte Rechnung in den Händen hat.

Aus dieser Rechnung wäre an sich Geidel zum Vorsteuerabzug berechtigt, da bei ihm zunächst alle Voraussetzungen nach § 15 Abs. 1 UStG vorgelegen haben und auch das Vorsteuerabzugsverbot nach § 15 Abs. 2 UStG nicht eingreift. Indem Geidel jedoch die Rechnung an Funk weitergegeben hat, ist das Tatbestandsmerkmal der Rechnung nach § 15 Abs. 1 UStG weggefallen. Geidel darf daher die Vorsteuer aus der Rechnung so lange nicht geltend machen, solange er nicht entweder die Rechnung von Funk zurückerhält oder sich von Sitzlack eine neue Rechnung geben lässt.

Zu 4.: Wirtschaftlich gesehen liegt in dem Verkauf der Essensmarken an die Angestellten der Verkauf des Essens. Deshalb hat sowohl Geidel mit Turner als auch Turner mit seinen Angestellten Kaufverträge über das Essen abgeschlossen. Da die Kaufverträge erfüllt werden, liegen Essensleistungen von Geidel an Turner und Essensleistungen von Turner an seine Angestellten vor. Sämtliche Leistungen sind steuerbar und steuerpflichtig.

Die Speisen und Getränke werden zum Verzehr an Ort und Stelle abgegeben, da sie nach den Umständen der Abgabe dazu bestimmt sind, an einem Ort verzehrt zu werden, der mit dem Abgabeort in einem räumlichen Zusammenhang steht, und besondere Vorrichtungen für den Verzehr an Ort und Stelle bereitgehalten werden.

In diesem Falle ist gem. § 3 Abs. 9 UStG die Abgabe von Speisen und Getränken zum Verzehr an Ort und Stelle als eine sonstige Leistung zu behandeln, da die Dienstleistungselemente die Lieferelemente überwiegen.

Liegt bei der Speisen- und Getränkeabgabe eine sonstige Leistung vor, kommt grundsätzlich der Regelsteuersatz zur Anwendung. Der ermäßigte Steuersatz nach § 12 Abs. 2 Nr. 1 UStG i. V. m. der Anlage 2 zum UStG setzt Lieferungen voraus.

Turner wendet für die erhaltene sonstige Leistung insgesamt 450 € auf. Die USt für die Speisenabgabe im September beträgt somit wie ausgewiesen 71,85 €.

Die Angestellten wenden je Essen insgesamt 6 € auf. Da jedoch der Einkaufspreis pro Essen 7,50 € beträgt, greift die Mindestbemessungsgrundlage gem. § 10 Abs. 5 Nr. 2 UStG ein. Es muss danach mindestens der Einkaufspreis versteuert werden. Die USt, die Turner für die Essenslieferungen im September an seine Angestellten zu entrichten hat, beträgt somit 19 % aus 450 €, d. h. 71,85 €.

Vorsteuerabzug aus der Rechnung an Geidel

Bezüglich der Turner in Rechnung gestellten USt von 71,85 € liegen sämtliche Voraussetzungen nach § 15 Abs. 1 UStG vor. Ein Abzugsverbot nach § 15 Abs. 2 UStG greift nicht ein. Turner darf somit die USt i. H. v. 71,85 € als Vorsteuer geltend machen.

Zu 5.: Die Zeitschriftenlieferungen von Zang an Avian sind steuerbar und steuerpflichtig. Der Steuersatz beträgt gem. § 12 Abs. 2 Nr. 1 UStG i. V. m. Nr. 49b der Anlage zum UStG 7 %. Die USt beträgt somit bei brutto 952 € 7/107 von 952 € = 62,28 €. Zang hat jedoch in der Rechnung USt i. H. v. 152 € ausgewiesen und schuldet daher die zu hoch ausgewiesene Umsatzsteuer i. H. v. 89,72 € (152 € ./. 62,28 €) gem. § 14c Abs. 1 UStG. Er kann seine Rechnung allerdings gegenüber Avian insoweit berichtigen mit der Folge, dass dann die Steuer nach § 14c Abs. 1 UStG wieder wegfällt.

Mit der Weitergabe der Zeitungen an Geidel erbringt Avian Lieferungen an Geidel. Sie sind Hilfsgeschäft i. R. d. Unternehmens des Avian und somit steuerbar. Es kommt jedoch die Steuerbefreiung nach § 4 Nr. 28 UStG in Betracht. Avian hat die Zeitschriften in seinem Unternehmen ausschließlich für steuerfreie Umsätze nach § 4 Nr. 14 UStG genutzt.

Somit greift die Befreiung nach § 4 Nr. 28 UStG ein. Die Weiterlieferung an Geidel ist steuerfrei. Ein Verzicht auf diese Befreiung nach § 9 UStG ist nicht zulässig. Nun hat Avian dem Geidel für diese steuerfreien Lieferungen eine Rechnung erteilt, worin er vermerkt hat, in den 317,33 € sei USt i. H. v. 19 % enthalten. Dies könnte bei Avian zu einer Steuer nach § 14c Abs. 1 UStG führen, wenn es sich um eine Kleinbetragsrechnung i. S. v. § 33 UStDV handeln würde (vgl. A 190c Abs. 2 UStR). Die Voraussetzungen des § 33 UStDV liegen jedoch nicht vor, denn der Gesamtbetrag der Rechnung liegt über der 150 €-Grenze. Mangels Ausweises des USt-Betrages liegt bei Avian keine Steuer nach § 14c Abs. 1 UStG vor.

Vorsteuerabzug aus der Rechnung des Zang bei Avian

Avian darf die Vorsteuer nicht abziehen, da bei ihm aufgrund seiner steuerfreien Umsätze nach § 4 Nr. 14 UStG das Vorsteuerabzugsverbot nach § 15 Abs. 2 UStG eingreift.

Vorsteuerabzug aus der Rechnung des Avian bei Geidel

Wie oben bereits festgestellt wurde, ist die Rechnung nicht ordnungsgemäß i. S. d. § 14 UStG. Geidel ist somit nicht zum Vorsteuerabzug berechtigt. Geidel hat auch keinen Anspruch auf Erteilung einer Rechnung mit USt-Ausweis, da die Lieferungen des Avian an Geidel, wie oben dargestellt wurde, nach § 4 Nr. 28 UStG steuerfrei sind.

Zu 6.: Virebent und Ruck haben über denselben Liefergegenstand (Zeichentisch) Kaufverträge abgeschlossen.

Da beide Verträge erfüllt werden, liefert Virebent an Ruck und Ruck an Turner.

Da über ein und denselben Gegenstand mehrere Liefergeschäfte abgeschlossen worden sind und der Zeichentisch unmittelbar vom ersten Unternehmer (V) an den letzten Abnehmer (T) transportiert wurde, liegt ein Reihengeschäft gem. § 3 Abs. 6 Satz 5 UStG vor. Der Warenweg (Beförderung) muss der Lieferung V an R zugerechnet werden, da V die Beförderung übernommen hat. Bei der Lieferung R an T handelt es sich um eine Lieferung ohne Warenbewegung.

Lieferung des Virebent an Ruck

Virebent befördert als Lieferer des Ruck den Zeichentisch im Auftrag des Ruck an Turner. Virebent erbringt damit eine Beförderungslieferung, deren Ort grundsätzlich nach § 3 Abs. 6 Satz 1 UStG am Ort des Beginns der Beförderung in der Schweiz ist. Da allerdings Virebent Schuldner der deutschen EUSt ist, verlagert sich sein Lieferort nach § 3 Abs. 8 UStG ins Inland. Die Lieferung des Virebent an Ruck ist damit steuerbar und steuerpflichtig. Der Steuersatz beträgt 19 %. Das Gesamtentgelt beträgt 4 590 €. Bei der Verpackung und dem Transport handelt es sich um Nebenleistungen. Somit sind die hierfür entrichteten Beträge in das Gesamtentgelt einzubeziehen.

Dasselbe gilt für die weiterberechnete EUSt. Sie stellt keinen durchlaufenden Posten dar, weil V Schuldner ist, und muss somit der Bruttobemessungsgrundlage zugerechnet werden. Die Weiterberechnung ist zwar fehlerhaft, da diese EUSt nur von V als Vorsteuer abgezogen werden kann.

Da die Lieferung des V an R erst nach Entrichtung der Einfuhrumsatzsteuer im Inland erfolgt, ist davon auszugehen, dass V den Gegenstand für sein Unternehmen eingeführt hat. Solange aber die fehlerhafte Rechnung bestehen bleibt, bzw. von R akzeptiert wird, ist sie der Bruttobemessungsgrundlage zuzurechnen. Die USt beträgt somit 19/119 von 4 590 € = 732,86.

Folge der steuerpflichtigen Lieferung ist, dass V sich in Deutschland registrieren lassen und die USt im normalen Besteuerungsverfahren erklären muss.

Lieferung des Ruck an Turner

Die i. R. d. Reihengeschäftes erfolgte Lieferung von R an T ist eine Lieferung ohne Warenbewegung. Da die Lieferung der Beförderungslieferung folgt, bestimmt sich der Lieferort nach § 3 Abs. 7 Satz 2 Nr. 2 UStG. Er ist dort, wo der Warenweg endet (Stuttgart).

Die Lieferung des R an T ist damit steuerbar und steuerpflichtig. Die USt beträgt zunächst im Voranmeldungszeitraum der Lieferung November, wie ausgewiesen, 19% aus 5 950 €, d. h. 950 €. Der Skontoabzug beeinflusst das Entgelt erst nachträglich im Monat der Zahlung. Im Dezember 01 ermäßigt sich dann das Bruttoentgelt von 5 950 € um 178,50 €. Dies führt im Dezember 01 zu USt-Minderung von 19/119 von 178,50 € = 28,50 €. Sie entsteht mit Ablauf des Voranmeldungszeitraums der Lieferung, also mit Ablauf November.

Schenkung des Zeichentisches an Siegfried

Da die Schenkung aus privatem Anlass erfolgt, tätigt Turner bezüglich des Zeichentisches eine Lieferung gem. § 3 Abs. 1b Nr. 1 UStG. Sie ist steuerbar und steuerpflichtig. Bemessungsgrundlage ist gem. § 10 Abs. 4 Nr. 1 UStG der Einkaufspreis für einen gleichartigen Gegenstand, also die Wiederbeschaffungskosten. Die USt beträgt 19% von 300 €, d. h. 57 €.

Vorsteuerabzug bezüglich der deutschen EUSt

Da sich der Lieferort für V gem. § 3 Abs. 8 UStG ins Inland verlagert, ist davon auszugehen, dass V bei der Einfuhr im Inland noch die Verfügungsmacht am Zeichentisch hatte. Somit kann Virebent die EUSt als Vorsteuer geltend machen.

Vorsteuerabzug des Ruck aus der Rechnung des Virebent

Die Rechnung des Virebent weist keine USt gesondert aus. Die EUSt ist keine USt i. S. d. § 14 UStG. Abgesehen davon wären alle übrigen Merkmale für den Vorsteuerabzug nach § 15 Abs. 1 UStG vorhanden. Ein Vorsteuerabzugsverbot nach § 15 Abs. 2 UStG würde ebenfalls nicht eingreifen. Ruck soll sich von Virebent eine berichtigte Rechnung geben lassen und darf dann die Vorsteuer abziehen.

Vorsteuerabzug des Turner aus der Rechnung des Ruck

Es liegen bei Turner alle Voraussetzungen für den Vorsteuerabzug nach § 15 Abs. 1 UStG vor. Ein Abzugsverbot nach § 15 Abs. 2 UStG greift nicht ein. Somit darf Turner für den VZ November 01 Vorsteuer i. H. v. 950 € geltend machen. Turner muss den Vorsteuerabzug für den VZ Dezember um 28,51 € berichtigen (§ 17 Abs. 1 Nr. 2 UStG).

Zu 7.: Die Privatnutzung des Pkw ist gem. § 3 Abs. 9a Nr. 1 UStG einer entgeltlichen sonstigen Leistung gleichgestellt. Der Leistungsort ist gem. § 3f UStG in Stuttgart, dort, wo Turner sein Unternehmen betreibt. Die sonstige Leistung ist steuerbar und steuerpflichtig. Gem. § 10 Abs. 4 Nr. 2 UStG sind als Bemessungsgrundlage die anteiligen Ausgaben, soweit sie auf die Privatnutzung entfallen, anzusetzen. Die Anschaffungskosten sind zutreffend gem. § 10 Abs. 4 Nr. 2 Satz 2 UStG entsprechend dem Berichtigungszeitraum des § 15a UStG mit 1/5 = 20% angesetzt. Soweit Kosten nicht zum Vorsteuerabzug berechtigt haben, sind sie aus der Bemessungsgrundlage auszuscheiden.

Die anzusetzenden Gesamtkosten betragen 9 000 € ./. 1 000 €, d. h. 8 000 €.
Der Anteil der Privatnutzung beträgt 6 000 km/15 000 km, d. h. 40 %.
Die anteiligen Kosten belaufen sich somit auf 8 000 € × 40 %, d. h. 3 200 €.
Die Umsatzsteuer beträgt 19 % × 3 200 €, d. h. 608 €.

Zu 8.: Mit der Erstellung des Bauplanes erbringt Turner eine sonstige Leistung an Urtel. Es handelt sich um eine sonstige Leistung, die der Vorbereitung von Bauleistungen dient. Der Leistungsort bestimmt sich gem. § 3a Abs. 2 Nr. 1c UStG nach dem Lageort des Grundstücks. Die Leistung des Turner ist somit nichtsteuerbar. Es spielt also keine Rolle, dass der Plan in Stuttgart erstellt wurde. Turner hat Urtel zu Recht keine Rechnung mit USt-Ausweis erteilt.

Vorsteuerabzug bei Urtel

Urtel hat keine Rechnung mit USt-Ausweis und kann daher auch keinen Vorsteuerabzug geltend machen. Er hat auch kein Recht auf Erteilung einer Rechnung mit deutscher USt, da die Leistung des Turner an Urtel nichtsteuerbar ist.

Lösung zu Übungsfall 2

Zu 1.: Lieferung P an A
Die Lieferung ist mangels Unternehmereigenschaft des P nicht steuerbar. P hat allerdings für die Lieferung USt berechnet und schuldet die in dem Abrechnungspapier gesondert ausgewiesene USt i. H. v. 950 € nach § 14c Abs. 2 UStG.

Lieferung A an den Privatmann:
A nutzte die Maschine ausschließlich für sein Unternehmen. Sie war daher bei A Unternehmensvermögen. Die Veräußerung erfolgte somit i. R. seines Unternehmens. Die am 08.02.03 erfolgte Lieferung ist steuerbar und steuerpflichtig. Die USt beträgt 19/119 von 2 000 €, d. h. 319,33 €. Sie entsteht im Ablauf des VZ Februar 03.

Vorsteuerabzug des A aus der Anschaffung von P
Der Lieferant P ist nicht Unternehmer. Außerdem wird die ausgewiesene USt nicht regulär, sondern nach § 14c Abs. 2 UStG geschuldet. Somit liegen nicht alle Voraussetzungen für den Vorsteuerabzug nach § 15 UStG vor. A darf die Vorsteuer von 950 € nicht abziehen.

Zu 2.:
F hat mit G und G mit T über die Tuche einen Kaufvertrag abgeschlossen. Da beide Kaufverträge erfüllt werden, liefert T die Tuche an G und G die Tuche an F. Beide Lieferungen erfolgen gleichzeitig bei Übergabe der Tuche an F. Beide Lieferungen erfolgen i. R. eines Reihengeschäftes. Es wurden über denselben Gegenstand mehrere Umsatzgeschäfte abgeschlossen, und die Ware wird unmittelbar vom ersten Unternehmer dem letzten Abnehmer übergeben. Da F als Abnehmer die Tuche zu sich befördert, liegt bei der Lieferung an F eine Beförderungslieferung nach § 3 Abs. 6 Satz 1 UStG vor. Der Ort der Lieferung des G ist somit grundsätzlich am Ort des Beginns der Beförderung in der Türkei. Eine Verlagerung des Lieferortes nach § 3 Abs. 8 UStG scheidet aus, da Schuldner der EUSt der Abnehmer F und nicht der Lieferer G ist. Die Lieferung ist nichtsteuerbar.

G hat bei einer nichtsteuerbaren Auslandslieferung USt gesondert in Rechnung gestellt. Es handelt sich um einen zu hohen USt-Ausweis, G schuldet die ausgewiesene USt nach § 14c Abs. 1 UStG.

Die Lieferung T an G ist die Lieferung ohne Warenweg. Der Ort der Lieferung ist nach § 3 Abs. 7 Satz 2 Nr. 1 in der Türkei. Die Lieferung ist ebenfalls nichtsteuerbar.

Vorsteuerabzug des F aus der Rechnung des G
Die zu hoch ausgewiesene USt wird nicht aufgrund einer steuerpflichtigen Leistung, sondern aufgrund des § 14c Abs. 1 UStG geschuldet. Sie kann somit bei F nicht als Vorsteuer abgezogen werden (§ 15 Abs. 1 Nr. 1 Satz 1 UStG).

Die EUSt darf F abziehen, da F die Verfügungsmacht in der Türkei erhalten hat und somit bei der Einfuhr im Inland die Verfügungsmacht an den Tuchen hat.

Zu 3.:
G erbringt an O am 30.11.02 gem. § 3 Abs. 6 Satz 1 UStG 1 000 steuerbare und steuerpflichtige Lieferungen. Die Verpackung und der Transport sind Nebenleistungen zu diesen Lieferungen und teilen ihr Schicksal. Der Steuersatz beträgt gem. § 12 Abs. 2 Nr. 1 UStG i. V. m. Nr. 10a der Anlage 2 zum UStG 7 %. Bemessungsgrundlage ist alles, was O vereinbarungsgemäß für die Kartoffeln (einschließlich der Nebenleistungen) aufzuwenden hat, abzüglich der USt. Der Skontoabzug mindert dabei die Bemessungsgrundlage erst im VZ der Bezahlung. Somit beträgt die Bemessungsgrundlage für die im VZ November 02 zu

versteuernden Lieferungen brutto 4 690 €. Die USt beträgt hieraus 7/107 von 4 690 €, d.h. 306,82 €. Da G für die Lieferungen jedoch 665 € USt gesondert ausgewiesen hat, schuldet er den zu hoch ausgewiesenen Teil von 358,18 € nach § 14c Abs. 1 UStG. G kann diese USt durch schriftliche Mitteilung an O berichtigen.

Soweit G die ausgewiesene USt aufgrund einer steuerpflichtigen Lieferung schuldet, liegen bei O alle Voraussetzungen für den Vorsteuerabzug gem. § 15 UStG vor. Dies ist bei einem Betrag i. H. v. 306,82 € der Fall.

Die zu hoch ausgewiesene USt i. H. v. 358,18 € wird nicht aufgrund einer steuerpflichtigen Leistung, sondern aufgrund des § 14c Abs. 1 UStG geschuldet. Sie kann somit bei O nicht als Vorsteuer abgezogen werden (vgl. § 15 Abs. 1 Nr. 1 Satz 1 UStG).

Im VZ Februar 02 liegt eine nachträgliche Änderung der Bemessungsgrundlage gem. § 17 UStG vor. G und O müssen entsprechend ihre USt bzw. Vorsteuer berichtigen. Die Berichtigung der USt bei G beträgt einschließlich der USt nach § 14c Abs. 1 UStG 19/119 × 93,80 € = 14,98 €. Die Berichtigung der Vorsteuer bei O beträgt 7/107 aus 93,80 € = 6,14 €.

Zu 4.: Leistung des M

M erbringt an S eine steuerbare und steuerpflichtige Leistung. Die Leistung erfolgt an S, da R nur als Vermittler auftritt und auch die Bezahlung im Namen des S erfolgte. Die USt für die Leistung beträgt 7/107 von 100 €, d. h. 6,54 € (Steuersatz 7 %, § 12 Abs. 2 Nr. 7 UStG). M hat in der Rechnung durch die Angabe des Steuersatzes von 19 % eine zu hohe USt ausgewiesen. Bei Kleinbetragsrechnungen bis zu 100 € genügt die Angabe des Steuersatzes (vgl. A 190c Abs. 2 UStR). Die zu hoch ausgewiesene USt wird nach § 14c Abs. 1 UStG geschuldet. Sie beträgt 15,97 € ./. 6,54 € = 9,43 €. Sie kann durch schriftliche Mitteilung an S berichtigt werden.

Leistung des R

Hinsichtlich der Gläser hat R keine Leistungen (Lieferungen) an S erbracht. Es handelt sich vielmehr um Schadensersatz (vgl. A 3 Abs. 1 Satz 3 UStR). Die in der Abrechnung ausgewiesene USt i. H. v. 6,08 € schuldet R nach § 14c Abs. 2 UStG. S hat diesbezüglich keinen Vorsteuerabzug, da die Voraussetzungen nach § 15 Abs. 1 UStG nicht erfüllt sind.

Hinsichtlich der Bewirtung liegen gem. § 3 Abs. 9 Satz 4 UStG sonstige Leistungen vor. Deshalb greift auch hinsichtlich der Essensabgabe der ermäßigte Steuersatz gem. § 12 Abs. 2 Nr. 1 UStG nicht ein. Somit unterliegen sämtliche Leistungen dem Regelsteuersatz.

Zur Bemessungsgrundlage gehört alles, was S für die Leistungen des R aufwendet, jedoch abzüglich der USt. Auch das freiwillig an R gezahlte Trinkgeld gehört dazu (vgl. A 149 Abs. 5 Satz 1 UStR). Bei den 100 € für M handelt es sich um einen durchlaufenden Posten (§ 10 Abs. 1 Satz 6 UStG). Als Bruttoentgelt verbleiben somit 1 000 € ./. 100 €, d. h. 900 €. Die USt hieraus beträgt 19/119 von 900 € = 143,70 €. R schuldet diesen Betrag, auch wenn er fehlerhaft 61,50 € USt berechnet hat.

Vorsteuerabzug des S aus dem Beleg des M

Es handelt sich um eine Kleinbetragsrechnung nach § 33 UStDV. Der angegebene Steuersatz ersetzt den gesondert ausgewiesenen USt-Betrag. Auch kann die Angabe des Leistungsempfängers fehlen. S ist aber nur insoweit zum Vorsteuerabzug berechtigt, als die USt für eine steuerpflichtige Leistung ausgewiesen ist (§ 15 Abs. 1 Nr. 1 Satz 1 UStG, A 192 Abs. 1 Satz 2 UStR). Die zu hoch ausgewiesene USt kann S nicht als Vorsteuerabzug geltend machen. S ist i. H. v. 6,54 € zum Vorsteuerabzug berechtigt.

Vorsteuerabzug des S aus der Rechnung des R hinsichtlich der Bewirtung

Die Bewirtungskosten sind bei R Betriebsausgaben. Die zugrunde liegenden Leistungen erfolgten somit an das Unternehmen des S. S hat über die Leistungen auch eine Rechnung mit gesondertem USt-Ausweis i. H. v. 61,50 € erhalten. Die ausgewiesene USt ist zwar zu niedrig, kann jedoch in der ausgewiesenen Höhe als Vorsteuer abgezogen werden. Es bleibt S unbenommen, von R eine berichtigte Rechnung zu verlangen.

Zu 5.: B ist mit der Vermietung der beiden Stockwerke unternehmerisch tätig. Das Gebäude wird von ihm zu 100 % unternehmerisch genutzt und ist daher bei ihm Unternehmensvermögen. Die Vermietungen an den Rechtsanwalt und den Privatvermieter sind steuerbar, jedoch grundsätzlich nach § 4 Nr. 12 UStG steuerfrei.

Bezüglich des EG verzichtet B jedoch zulässigerweise gem. § 9 Abs. 1 UStG auf die Befreiung. Die Vermietung ist daher steuerpflichtig. Die USt beträgt für die monatliche Teilleistung 380 €.

Die Vermietung der Pkw-Stellplätze ist gem. § 4 Nr. 12 Satz 2 UStG steuerpflichtig. Eine Steuerfreiheit kann nur insoweit eingreifen, als die Vermietung der Stellplätze Nebenleistungen zu einer steuerfreien Grundstücksvermietung ist. Dies ist der Fall bezüglich der Vermietung des Platzes an den Privatmieter.

Die Vermietung an den Rechtsanwalt ist steuerpflichtig, gleichgültig, ob man eine unselbständige Nebenleistung zur steuerpflichtigen Vermietung des EG annimmt oder ob es sich um selbständige Vermietungen von Fahrzeugabstellplätzen handelt. Die USt hierfür beträgt pro Platz mtl. 19/119 von 50 € = 7,98 €.

Die Vermietung an den Sohn des Privatmieters ist ebenfalls steuerpflichtig. Eine Nebenleistung kann nicht angenommen werden, da B überhaupt nur diese eine Leistung an den Sohn erbringt. Die Umsatzsteuer beträgt mtl. 19/119 von 50 € = 7,98 €.

Vorsteuerabzug des B aus der Errichtung des Gebäudes

Da das Gebäude Unternehmensvermögen des B ist, sind die Leistungen der Bauunternehmer an sein Unternehmen erbracht worden. Die 80 000 € USt, die B in Rechnung gestellt wurden, erfüllen alle Voraussetzungen nach § 15 Abs. 1 UStG. Die Vorsteuer steht jedoch zum Teil (bezüglich des OG) im wirtschaftlichen Zusammenhang mit steuerfreien Ausgangsumsätzen nach § 4 Nr. 12 UStG. Insoweit greift das Abzugsverbot gem. § 15 Abs. 2 Nr. 1 UStG. Die Vorsteuer ist gem. § 15 Abs. 4 UStG, entsprechend den Nutzflächen aufzuteilen, somit darf B nur 1/2 der Vorsteuer von 80 000 €, d. h. 40 000 € im Jahr 02 abziehen.

Zu 6.: T erbringt an U eine Beförderungsleistung. Sie ist steuerbar und steuerpflichtig. Der Steuersatz beträgt nach § 12 Abs. 2 Nr. 10 UStG 7 %. Zur Bemessungsgrundlage bei T gehört auch das freiwillig bezahlte Trinkgeld. Die USt bei T beträgt somit 7/107 von 30 €, d. h. 1,96 €. Bei der Quittung handelt es sich um eine Kleinbetragsrechnung nach § 33 UStDV. Die Angabe des Steuersatzes ersetzt die Angabe des Steuerbetrags, entspricht also der Angabe von 4,47 € (19/119 von 28 €) USt. Da T anstelle des richtigen Steuersatzes von 7 % den Steuersatz mit 19 % angegeben hat, hat er die USt zu hoch ausgewiesen und schuldet den zu hoch ausgewiesenen Betrag von 2,51 € (4,47 € ./. 1,96 €) nach § 14c Abs. 1 UStG.

Vorsteuerabzug des U

U ist zum Vorsteuerabzug berechtigt, soweit T ihm USt ausgewiesen hat, die aufgrund einer steuerpflichtigen Leistung entstanden ist und deshalb gesetzlich geschuldet wird. Bezüglich der zu hoch ausgewiesenen USt im Betrag von 2,51 € ist U nicht zum Vorsteuerabzug berechtigt.

Zu 7.: M erbringt an U eine steuerbare und steuerpflichtige Vermietung eines Beförderungsmittels. Die USt bei M beträgt 19/119 von 613,60 € = 97,97 €. Aufgrund eines Additionsfehlers um 100 € hat M also statt 513,60 € 613,60 € verlangt und erhalten. Dies hat zufolge, dass die anfallende USt 97,97 € beträgt und die mit 82 € ausgewiesene USt zu niedrig ist.

Vorsteuerabzug des U aus der Rechnung des M

Da U den Mietwagen ausschließlich unternehmerisch nutzt, darf er die ausgewiesene USt i. H. v. 82 € voll als Vorsteuer abziehen. Um einen Vorsteuerabzug i. H. v. 97,97 € zu erlangen, muss sich U von M eine berichtigte Rechnung erteilen lassen. Wenn er den Fehler bemerkt, wird er die Rechnung allerdings dahin berichtigen lassen, dass der Endbetrag auf 513,60 € reduziert wird. Dann ist die USt mit 82 € richtig ausgewiesen.

Vorsteuerabzug des U aus dem Tankbeleg

Der Tankbeleg stellt eine Kleinbetragsrechnung nach § 33 UStDV dar. Deshalb braucht auf dem Beleg der Leistungsempfänger nicht angegeben sein. U darf die ausgewiesene USt von 7,55 € in vollem Umfang als Vorsteuer abziehen.

Zu 8.: Aufgrund der teilweisen unternehmerischen Nutzung kann G den Pkw seinem Unternehmen zuordnen. Die Zuordnung nimmt G durch die Geltendmachung des Vorsteuerabzugs vor. Der Pkw wird damit zu 100 % Unternehmensvermögen. Für den Vorsteuerabzug aus der Anschaffung des Pkw liegen damit alle Voraussetzungen nach § 15 Abs. 1 UStG für eine abziehbare Vorsteuer vor. G darf die Vorsteuer aus der Anschaffung des Pkw sowie aus den laufenden Kosten in vollem Umfang abziehen.

Die private Nutzung von 30 % ist gem. § 3 Abs. 9a Nr. 1 UStG einer entgeltlichen sonstigen Leistung gleichgestellt. Sie ist steuerbar und steuerpflichtig. Bemessungsgrundlage sind gem. § 10 Abs. 4 Nr. 2 UStG die auf die private Nutzung entfallenden anteiligen Kosten, soweit sie zum Vorsteuerabzug berechtigen. Diese zum Vorsteuerabzug berechtigenden Kosten berechnen sich wie folgt:

Anteilige Anschaffungskosten gemäß § 10 Abs. 4 Nr. 2 Sätze 2 und 3 UStG	13 000 €
Treibstoff	3 730 €
Wartung	2 190 €
Reparaturkosten 9 540 € abzüglich des von der Kaskoversicherung ersetzten Betrags von 9 040 €	500 €
Summe der zum Vorsteuerabzug berechtigenden Kosten insgesamt	19 420 €
hiervon entfallen anteilig auf die Privatnutzung 30 %	5 826 €

Die USt für Privatnutzung beträgt 19 % von 5 826 € = 1 106,94 €.

Zu 9.: R erbringt an den Mandanten eine Leistung i. S. v. § 3a Abs. 4 Nr. 3 UStG. Da der Mandant jedoch weder Unternehmer ist noch seinen Wohnort außerhalb der EU hat, ergibt sich kein Leistungsort nach § 3a Abs. 3 UStG. Der Leistungsort bestimmt sich daher nach § 3a Abs. 1 UStG und ist in Mannheim. Die Leistung des R ist daher steuerbar und steuerpflichtig. Der Steuersatz beträgt 19 %. Entgelt ist alles, was der Mandant für die Leistung des R aufwendet, jedoch abzüglich der USt und der verauslagten Gerichtsgebühren (durchlaufende Posten). Die USt beträgt somit 19/119 von 4090 €, d. h. 653,02 €. Sie entsteht mit Ablauf des VZ Januar 03, sofern sie nicht schon aufgrund des Zuflussprinzips zuvor entstanden ist. Dies ist bezüglich des Vorschusses von 1200 € im Juni 02 der Fall. Insoweit ist die USt gem. § 13 Abs. 1 Nr. 1a Satz 4 UStG mit Ablauf des VZ Juni 02 i. H. v. 19/119 von 1200 €, d. h. 191,60 € entstanden. Mit Ablauf des VZ Januar 03 entstand dann die restliche USt von 653,02 ./. 191,60 = 461,42 €.

Lösung zu Übungsfall 3

Zu 1.

Da R im Auftrag von B tätig wird, erbringt er seine Leistung als Rechtsanwalt an B. Es handelt sich um eine sonstige Leistung nach § 3a Abs. 4 Nr. 3 UStG und nicht um eine Leistung i. S. v. § 3a Abs. 2 Nr. 1 UStG (vgl. A 34 Abs. 9 Nr. 4 UStR). Der Leistungsort ist nach § 3a Abs. 3 Satz 1 UStG am Sitz des leistungsempfangenden Unternehmers B in Stuttgart. Die Leistung des R ist somit steuerbar und steuerpflichtig. Die USt beträgt 19/119 von 5000 € = 798,32 €. Sie entsteht im Voranmeldungszeitraum der Leistung, also im November 2008.

Da keine Rechnung des R mit gesondertem Umsatzsteuerausweis vorliegt, kann B für die an ihn erbrachte Leistung keinen Vorsteuerabzug geltend machen. Im Falle der Erteilung einer ordnungsgemäßen Rechnung wäre B allerdings zum Vorsteuerabzug berechtigt, da kein Vorsteuerabzugsverbot greift. Die Durchführung des Bauvorhabens wäre im Inland steuerpflichtig.

Die Ausführung des Bauvorhabens durch B stellt erst im KJ 2009 eine Lieferung (Werklieferung) von B an U dar. Es handelt sich um eine unbewegte Lieferung, deren Lieferort nach § 3 Abs. 7 Satz 1 UStG in der Ukraine liegt. Diese künftige Lieferung ist nicht steuerbar.

D dolmetscht im Auftrag des U und erbringt somit diese Leistung an U. Der Leistungsort richtet sich gem. § 3a Abs. 3 Satz 1 i. V. m. Abs. 4 Nr. 3 UStG (Leistung aus der Tätigkeit als Dolmetscher) nach den Unternehmenssitz des leistungsempfangenden Unternehmers U. Der Leistungsort ist damit in der Ukraine. Die Leistung ist in Deutschland nicht steuerbar.

Zu 2.

T erbringt an B eine Beförderungsleistung. Nach § 3b Abs. 1 UStG entspricht der Leistungsort der Beförderungsstrecke. Da sich die Beförderungsstrecke ausschließlich im Ausland befindet, ist die Beförderungsleistung nicht steuerbar.

Zu 3.

Da W im Auftrag des T tätig wird, erbringt er seine Leistung als Rechtsanwalt an T. Der Leistungsort ist gem. § 3a Abs. 3 Satz 1 i. V. m. Abs. 4 Nr. 3 UStG in Reutlingen. Die Leistung ist steuerbar und steuerpflichtig. Bei den für den Fahrer verauslagten Gerichtsgebühren handelt es sich um einen durchlaufenden Posten (vgl. A 152 Abs. 2 Satz 4 UStR). Somit vermindert sich das Bruttoentgelt von 1428 € auf 1228 €. Die USt beträgt 19/119 von 1228 € = 196,07 €. W hat die USt um 31,93 € (228 € ./. 196,07 €) zu hoch ausgewiesen und schuldet diesen Betrag gem. § 14c Abs. 1 UStG. Durch Rechnungsberichtigung kann W diese Steuer beseitigen.

T hat als Leistungsempfänger aus der Leistung des W den Vorsteuerabzug. Er darf die Vorsteuer allerdings nur i. H. d. gesetzlich geschuldeten Steuer von 196,07 € geltend machen (vgl. A 192 Abs. 3 Satz 11 UStR).

Zu 4.

Da K eine Autovermietung betreibt, kann er sämtliche Kleinbusse seinem Unternehmen zuordnen. Die Zuordnung nimmt er durch die Geltendmachung des Vorsteuerabzugs vor. Die Einrichtungsgegenstände für den Ausbau werden somit ebenfalls für sein Unternehmen erworben. K hat deshalb zu Recht den Vorsteuerabzug sowohl aus dem Erwerb der Fahrzeuge als auch aus dem Erwerb der Einrichtungsgegenstnde vorgenommen. Infolge des Preisnachlasses von 30 % vermindert sich der Vorsteuerabzug allerdings gem. § 17 UStG von 6 840 € auf 4 788 €.

Mit der Schenkung des K1 an den Sohn entnimmt er den K1 aus seinem Unternehmen. Die Entnahme ist gem. § 3 Abs. 1b Nr. 1 UStG einer entgeltlichen Lieferung gleichgestellt. Sie ist steuerbar und steuerpflichtig. Da K den K1 als Wohnmobil selbst hergestellt hat, sind Bemessungsgrundlage gem. § 10 Abs. 4 Nr. 1 die Selbstkosten. Sie ermitteln sich wie folgt:

Anschaffungskosten K1	25 000 €
Einrichtungsgegenstände (70 % von 12 000 €	8 400 €
Einbaukosten	4 000 €
Summe:	37 400 €

Die USt beträgt somit 19 % von 37 400 € = 7 106 €. Sie entsteht im Voranmeldungszeitraum Juni 08.

Die Vermietungen des K2 sind sonstige Leistungen. Da K ein Beförderungsmittel vermietet, bestimmt sich der Leistungsort nicht nach § 3a Abs. 3 i. V. m. Abs. 4 Nr. 11 UStG, sondern gem. § 3a Abs. 1 UStG. Somit sind sämtliche Leistungen im Inland erbracht und damit steuerbar und steuerpflichtig. Die USt beträgt 19/119 von 28 000 € = 4 470,59 €.

Die Eigennutzung des K3 ist gem. § 3a Abs. 9a Nr. 1 UStG einer entgeltlichen sonstigen Leistung gleichgestellt. Der Leistungsort ist gemäß § 3f UStG im Inland. Die Leistungsentnahme ist somit steuerbar und steuerpflichtig. Bemessungsgrundlage sind nach § 10 Abs. 4 Nr. 2 UStG die auf die Privatnutzung entfallenden Ausgaben, soweit sie zum Vorsteuerabzug berechtigt haben. Dazu gehören auch die Herstellungskosten, verteilt auf fünf Jahre entsprechend dem Berichtigungszeitraum des § 15a UStG, soweit sie zum Vorsteuerabzug berechtigt haben. Die Ausgaben ermitteln sich wie folgt:

Anschaffungskosten K1	25 000 €
Einrichtungsgegenstnde 70 % von 12 000 €	8 400 €
Zum Vorsteuerabzug berechtigende Herstellungskosten	33 400 €
Anteilige Herstellungskosten für August 08 1/60	556,67 €
Zum Vorsteuerabzug berechtigende laufende Kosten	200 €
Summe der Ausgaben	756,67 €

Die USt beträgt 19 % von 756,67 € = 143,77 €.

Zu 5.

K erbringt aus privaten Gründen unentgeltlich eine sonstige Leistung an Frieder. Die Leistung ist gem. § 3 Abs. 9a Nr. 2 UStG einer entgeltlichen sonstigen Leistung gleichgestellt. Sie ist steuerbar und steuerpflichtig. Bemessungsgrundlage sind nach § 10 Abs. 4 Nr. 3 UStG die hierbei entstandenen Ausgaben von 800 €. Die Umsatzsteuer beträgt 19 % von 800 € = 152 €.

Zu 6.

Die Vermietung des K an G ist als Grundstücksvermietung gem. § 4 Nr. 12 UStG steuerfrei. Da K dem B Umsatzsteuer berechnet, ist davon auszugehen, dass er auf die Befreiung nach § 9 UStG verzichten will. Die Voraussetzungen des § 9 Abs. 1 UStG sind erfüllt, da die Vermietung an das Unternehmen des G erfolgt. Allerdings greift das Optionsverbot nach § 9 Abs. 2 UStG ein, da G die Räume nicht ausschließlich für zum Vorsteuerabzug berechtigende Umsätze verwendet. Mit seinen steuerfreien, den Vorsteuerabzug ausschließenden Umsätzen überschreitet G die Bagatellgrenze von 5 % (vgl. A 148a Abs. 3 UStR). Somit ist die Vermietung an G zwingend steuerfrei. K schuldet die ausgewiesene USt nach § 14c Abs. 1 UStG. Da diese USt nicht gesetzlich geschuldet ist, darf sie G auch nicht anteilig als Vorsteuer abziehen.

Die Vermietung des K an A ist als Grundstücksvermietung gem. § 4 Nr. 12 UStG steuerfrei. Da K dem A USt berechnet, ist davon auszugehen, dass er auf die Befreiung nach § 9 UStG verzichten will. Die Voraussetzungen des § 9 Abs. 1 UStG sind erfüllt, da die Vermietung an das Unternehmen des A erfolgt. Allerdings greift das Optionsverbot nach § 9 Abs. 2 UStG ein, da G die Räume nicht ausschließlich für zum Vorsteuerabzug berechtigende Umsätze verwendet. Mit seinen steuerfreien Umsätzen nach § 4 Nr. 14 UStG fällt A unter das Vorsteuerabzugsverbot nach § 15 Abs. 2 Nr. 1 UStG. Lediglich die Schönheitsoperationen sind steuerpflichtig. Diese geringfügige steuerpflichtige Nutzung verhindert jedoch nicht das Optionsverbot nach § 9 Abs. 2 UStG. Somit ist die Vermietung an A zwingend steuerfrei. K schuldet die ausgewiesene Umsatzsteuer nach § 14c Abs. 1 UStG. Da diese USt nicht gesetzlich geschuldet ist, darf sie A auch nicht anteilig als Vorsteuer abziehen.

Die Vermietung des K an S ist als Grundstücksvermietung gem. § 4 Nr. 12 UStG steuerfrei. Da K dem S Umsatzsteuer berechnet, ist davon auszugehen, dass er auf die Befreiung nach § 9 UStG verzichten will. Die Voraussetzungen des § 9 Abs. 1 UStG sind erfüllt, da die Vermietung an das Unternehmen des S erfolgt. Das Optionsverbot nach § 9 Abs. 2 UStG greift nicht ein, da S die Räume ausschließlich für seine steuerpflichtigen und damit zum Vorsteuerabzug berechtigenden Umsätze verwendet. Die USt beträgt für die monatlichen Teilleistungen wie ausgewiesen 19 % von 1 000 € = 190 €. Diese USt darf S als Vorsteuer abziehen.

Die Heizungspauschale ist Entgelt für eine Nebenleistung zur Grundstücksvermietung und teilt deren Schicksal. Somit erhöht sich die Bemessungsgrundlage für die Vermietung an S und die monatlichen Teilleistungen. Die USt beträgt somit monatlich 19/119 aus 1 390 € = 221,93 €. S darf jedoch die Vorsteuer nur in Höhe von monatlich 190 € abziehen, da nur insoweit ein gesonderter Umsatzsteuerausweis vorliegt.

Die sonstige Leistung des Z an K ist erst mit dem weiteren Anstrich im Juni 2009 erbracht. Sie ist dann steuerbar und steuerpflichtig. Da K hierauf eine Teilzahlung von 5 000 € erbracht hat, greift insoweit die Mindestistbesteuerung. M hat daher hieraus für den Voranmeldungszeitraum August 2008 19/119 von 5 000 € = 798,32 € USt abzuführen. Diese USt erfüllt für K die Voraussetzungen des § 15 Abs. 1 UStG, da der Umsatzsteuer ausweis anteilig in der Rechnung vom Juli 2008 enthalten ist. Allerdings greift teilweise das Vorsteuerabzugsverbot nach § 15 Abs. 2 Nr. 1 UStG, da lediglich die Vermietung an S steuerpflichtig ist. Die Vorsteuer ist nach § 15 Abs. 4 UStG im Wege einer sachgerechten Schätzung nach wirtschaftlichen Kriterien aufzuteilen. Bei Gebäuden ist die Aufteilung grundsätzlich nach dem Verhältnis der Nutzflächen vorzunehmen (vgl. A 208 Abs. 2 Satz 15 UStR). Somit darf K 1/3 der Vorsteuer von 798,32 € = 266,11 € abziehen.

Z erbringt mit dem Einbau der Tür eine steuerbare und steuerpflichtige Lieferung (Werklieferung) an K. Die USt beträgt wie ausgewiesen 19/119 von 4165 € = 665 €. Sie erfüllt bei K die Voraussetzungen des § 15 Abs. 1 UStG. Da diese Tür jedoch ausschließlich im Zusammenhang mit der steuerfreien Vermietung an G steht, greift in vollem Umfang das Vorsteuerabzugsverbot nach § 15 Abs. 2 Nr. 1 UStG.

Die Zahlung der Gebäudeversicherung ist echter Schadensersatz und umsatzsteuerrechtlich nicht relevant. Unerheblich ist auch, dass der Schaden bei K mangels Vorsteuerabzugs nicht 3500 €, sondern 4165 € ausmacht.

Zu 7.

Das gesamte Grundstück ist nach c) der allgemeinen Hinweise dem Unternehmen des H zugeordnet. Die Nutzung für eigene Wohnzwecke ist somit nach § 3 Abs. 9a Nr. 1 UStG einer entgeltlichen sonstigen Leistung gleichgestellt. Da H das Gebäude selbst errichtet hat, ist davon auszugehen, dass er hierfür mindestens teilweise den Vorsteuerabzug geltend gemacht hat. Diese Nutzungsentnahme ist nicht nach § 4 Nr. 12 UStG befreit (vgl. A 76 Abs. 3 Satz 6 UStR) und somit steuerpflichtig. Bemessungsgrundlage sind nach § 10 Abs. 4 Nr. 2 UStG die hierauf entfallenden Ausgaben, soweit sie zum Vorsteuerabzug berechtigt haben. Die Anschaffungskosten/Herstellungskosten sind entsprechend dem Berichtigungszeitraum des § 15a UStG auf zehn Jahre zu verteilen und damit bereits verbraucht. Es verbleiben die zum Vorsteuerabzug berechtigenden Kosten in Höhe von 6000 €. Hiervon entfallen auf das Dachgeschoss anteilig 1/10 = 600 €. Die USt beträgt damit 19 % von 600 € = 114 €.

Da H das gesamte Grundstück steuerpflichtig nutzt, darf er die Vorsteuer in Höhe von 1140 € aus den Kosten von 6000 € voll abziehen.

Zu 8.

Die Lieferung des Tisches von B an H erfolgt erst mit der Übergabe an H am 02.10.2008. Der Lieferort bestimmt sich nach § 3 Abs. 6 Satz 1 UStG und ist damit in Basel. Die Lieferung ist somit nicht steuerbar. Da B für diesen Umsatz USt ausgewiesen hat, schuldet er die ausgewiesene Umsatzsteuer nach § 14c Abs. 1 UStG (vgl. A 190c Abs. 1 Nr. 3 UStG). Da diese USt nicht gesetzlich geschuldet ist, darf H sie nicht als Vorsteuer abziehen. Im Übrigen würde im Falle der Steuerpflicht nicht der ermäßigte Steuersatz, sondern der Regelsteuersatz Anwendung finden.

Zeittafel zur geschichtlichen Entwicklung der Umsatzsteuer

17. Jahrhundert	Einführung der USt in Form der sog. Akzise (Binnenzölle, Markt- und Verkehrsabgaben)
26.06.1916	Warenumsatzstempelabgabe für gewerbliche Waren- und Werklieferungen; Steuersatz 0,1 %
26.07.1918	Einführung der USt als selbständige Reichssteuer; Besteuerung von allen Leistungen aus selbständiger Tätigkeit (Ausnahme: freie Berufe) sowie des Eigenverbrauchs; federführend Dr. Popitz, Referent im Preußischen Innenministerium; Steuersatz 0,5 %
24.12.1919	Einführung der USt-Pflicht für die Freien Berufe; Erhöhung des Steuersatzes auf 1,5 %
1922	Anhebung des Steuersatzes auf 2 %
1924	Anhebung des Steuersatzes auf 2,5 %
1925	Schrittweise Senkung des Steuersatzes auf 2 %, 1,5 % und 1 %
1926	Senkung des Steuersatzes auf 0,75 %
1930	Erhöhung des Steuersatzes auf 0,85 %
1932	Erhöhung des Steuersatzes auf 2 %
16.10.1934	Einführung des sog. Großhandelsprivilegs, Einführung des ermäßigten Steuersatzes mit 0,5 %
1945	Erhöhung des Regelsteuersatzes auf 3 %, des ermäßigten Steuersatzes auf 0,75 %
1951	Erhöhung des Regelsteuersatzes auf 4 %, des ermäßigten Steuersatzes auf 1 %
1961	Aufgliederung des Regelsteuersatzes in 4 %, 3 % und 1,5 %
29.05.1967	Verabschiedung des Mehrwertsteuergesetzes, Beschränkung der bisherigen Allphasenbruttobesteuerung auf Kleinunternehmer
01.01.1968	Inkrafttreten des Mehrwertsteuergesetzes, Regelsteuersatz 10 %, ermäßigter Steuersatz 5 %
01.07.1968	Erhöhung des Regelsteuersatzes auf 11 %, des ermäßigten Steuersatzes auf 5,5 %
01.01.1970	Umsatzsteuer (bisher reine Bundessteuer) wird Gemeinschaftssteuer
01.01.1978	Erhöhung des Regelsteuersatzes auf 12 %, des ermäßigten Steuersatzes auf 6 %
01.07.1979	Erhöhung des Regelsteuersatzes auf 13 %, des ermäßigten Steuersatzes auf 6,5 %
01.01.1980	Inkrafttreten des UStG 80 Umfassende Änderung zur Vereinheitlichung der USt in der EG, vollständige Abschaffung der Allphasenbruttobesteuerung
01.01.1982	Wegfall des ermäßigten Steuersatzes für freiberuflich tätige Unternehmer

01.07. 1983	Erhöhung des Regelsteuersatzes auf 14%, des ermäßigten Steuersatzes auf 7%
01.01.1984	Griechenland wird EG-Ausland (bisher Dritt-Ausland)
01.01.1985	Änderungen beim Ort der sonstigen Leistungen sowie bei den Steuerbefreiungen nach §§ 4 Nr. 12c, 6 Abs. 3 UStG und der Optionsvorschrift des § 9 UStG
01.01.1986	Spanien und Portugal werden EG-Ausland (bisher Dritt-Ausland)
01.01.1990	Erhöhung der Umsatzgrenze nach § 19 Abs. 1 UStG auf 25 000 DM; Abschaffung des Steuerabzugsbetrages nach § 19 Abs. 3 UStG; Einführung des Vorsteuerabzuges aus Minderbemessungsgrundlage; Ausweitung des Aufwendungs-Eigenverbrauchs nach § 1 Abs. 1 Nr. 2c UStG auf nichtabzugsfähige Ausgaben nach § 12 Nr. 1 EStG; Änderung der Bemessungsgrundlage beim Gegenstands-Eigenverbrauch
01.07.1990	Einführung der Differenzbesteuerung bei Kfz (§ 25a UStG); Einführung des USt-Systems in der DDR
01.01.1991	Eingliederung der Gebiete der ehemaligen DDR (Beitrittsgebiete)
01.01.1993	Erhöhung des Regelsteuersatzes von 14 auf 15%; grundlegende Änderungen des UStG durch das sog. Binnenmarktgesetz infolge des Wegfalls der EUSt im innergemeinschaftlichen Warenverkehr
01.01.1994	Wegfall der Besteuerung der Geschäftsveräußerung (§ 1 Abs. 1a UStG)
01.01.1995	Eintritt von Österreich, Finnland und Schweden in die EU; Erweiterung der Differenzbesteuerung nach § 25a UStG auf alle beweglichen körperlichen Gegenstände
01.01.1996	Erhöhung der Umsatzgrenze nach § 19 Abs. 1 UStG auf 32 500 DM
01.01.1997	Aufhebung der Regelungen zum Lieferzeitpunkt, Änderung der Regelungen zum Lieferort, Neuregelung des Reihengeschäftes; Einführung des Fiskalvertreters für ausländische Unternehmer in bestimmten Fällen
01.04.1998	Erhöhung des Regelsteuersatzes von 15 auf 16%
01.07.1998	Erhöhung der Durchschnittsätze bei der Land- und Forstwirtschaft in § 24 Abs. 1 UStG von 9,5 auf 10% und 5 auf 6%
01.04.1999	Abschaffung der herkömmlichen Eigenverbrauchsregeln und Zuordnung der bisherigen Besteuerungsfälle als Untertatbestände zu den Lieferungen und sonstigen Leistungen; Neuregelung der Steuerbefreiung des § 4 Nr. 21b UStG für selbständige Lehrer und private Schulen; Einführung von Vorsteuerabzugsverboten im Zusammenhang mit: – nichtabzugsfähigen Betriebsausgaben nach § 4 Abs. 5 Nr. 1–4, 7, Abs. 7 oder § 12 Nr. 1 EStG – Reisekosten aus Übernachtung und Verpflegung – Umzugskosten für einen Wohnungswechsel; Einführung eines 50%igen Vorsteuerausschlusses für zum Teil privat genutzte Fahrzeuge und Wegfall der bisherigen Besteuerung der Privatnutzung; Ermäßigung der Durchschnittsätze bei der Land- und Forstwirtschaft in § 24 Abs. 1 UStG von 10% auf 9% und von 6% auf 5%; Einführung einer 10%-Grenze beim Erwerb von Gegenständen

01.01.2000	Erweiterung der Lieferschwellenregelung nach § 3c UStG auf das laufende KJ; Einführung einer 12000 DM-Grenze zum Zeitpunkt der Anmeldung von Vorsteuerberichtigungen nach § 15a UStG
01.01.2002	Monatliche Abgabepflicht von Voranmeldungen bei Unternehmensneugründungen; Sicherheitsleistungen bei USt-Vergütungen; Haftungspflicht für schuldhaft nicht abgeführte Steuer; Bußgeldvorschrift für Schädigung des USt-Aufkommens; Strafrechtsvorschrift für die gewerbsmäßige oder bandenmäßige Schädigung des USt-Aufkommens; unangekündigte Nachschau bei USt-Prüfungen; Einführung der Steuerschuldnerschaft des Leistungsempfängers nach § 13b UStG in bestimmten Fällen (Reverse-Charge-Verfahren)
01.07.2002	Sonderregelungen für auf elektronischem Wege erbrachte sonstige Leistungen von Unternehmern im Drittlandsgebiet an Leistungsempfänger in der EU (§ 3a Abs. 3a UStG) und abweichendes Besteuerungsverfahren (§ 18 Abs. 4c UStG)
01.01.2004	Einführung eines Steuerlagers im Umsatzsteuerrecht; Erweiterung des Reverse-Charge-Verfahrens nach § 13b UStG auf alle unter das Grunderwerbsteuergesetz fallenden Umsätze sowie auf bestimmte Bauleistungen; Anerkennung der Leistungskommission durch den deutschen Gesetzgeber; Aufnahme von Haftungsvorschriften ins UStG (§§ 13c und 13d UStG); Erweiterung der Anforderungen an zum Vorsteuerabzug berechtigende Rechnungen; Abschaffung der Sonderregelungen nach § 15 Abs. 1b UStG bei privater Kfz-Nutzung
16.12.2004	Einführung eines ermäßigten Steuersatzes für Musiker, Sänger und Schauspieler (§ 12 Abs. 2 Nr. 7a UStG)
01.01.2005	Erweiterung der Tatbestände der Vorsteuerberichtigungsvorschrift nach § 15a UStG
01.01.2005	Einführung der generellen Abgabepflicht von USt-Voranmeldungen auf elektronischem Wege
06.05.2006	Einführung der generellen Steuerpflicht für Geldspielautomatenumsätze
01.07.2006	Verdoppelung der Umsatzgrenze für Ist-Besteuerung nach § 20 UStG auf 250000 € in den alten Bundesländern
01.01.2007	Erhöhung des Regelsteuersatzes von 16% auf 19% Erhöhung der Durchschnittssätze für land- und forstwirtschaftliche Betriebe nach § 24 UStG von 5% auf 5,5% und von 9% auf 10,7%
12.02.2008	Verabschiedung des sogenannten Mehrwertsteuerpakets (Richtlinie 2008/8/EG) durch den Rat der EU mit: – Änderungen hinsichtlich des Orts der Dienstleistungen – Erweiterung des Reverse-Charge-Verfahrens

– Ausdehnung der Zusammenfassenden Meldung auf innergemeinschaftliche Dienstleistungen

– Änderung der Zuammenarbeitsverordnung zwecks erhöhtem Informationsaustausch

Die Änderungen sind von den Mitgliedstaaten zum 01.01.2010 in das nationale Umsatzsteuerrecht umzusetzen

01.01.2010   Wesentliche Änderungen beim Ort der sonstigen Leistung durch das Steueränderungsgesetz 2009 zur Umsetzung der Richtlinie 2008/8/EG

Stichwortregister